Direito das Sucessões

DIMAS MESSIAS DE CARVALHO

Direito das Sucessões

6ª edição
2020

saraiva jur

saraiva EDUCAÇÃO | saraiva jur

Av. Paulista, 901, 3º andar
Bela Vista – São Paulo – SP – CEP: 01311-100

SAC | sac.sets@somoseducacao.com.br

Direção executiva	Flávia Alves Bravin
Direção editorial	Renata Pascual Müller
Gerência editorial	Roberto Navarro
Gerência de produção e planejamento	Ana Paula Santos Matos
Gerência de projetos e serviços editoriais	Fernando Penteado
Consultoria acadêmica	Murilo Angeli Dias dos Santos
Planejamento	Clarissa Boraschi Maria (coord.)
Novos projetos	Melissa Rodriguez Arnal da Silva Leite
Edição	Eveline Gonçalves Denardi (coord.) Marisa Amaro dos Reis
Produção editorial	Fernanda Matajs (coord.) Rosana Peroni Fazolari
Arte e digital	Mônica Landi (coord.) Amanda Mota Loyola Camilla Felix Cianelli Chaves Claudirene de Moura Santos Silva Deborah Mattos Guilherme H. M. Salvador Tiago Dela Rosa
Projetos e serviços editoriais	Breno Lopes de Souza Josiane de Araujo Rodrigues Kelli Priscila Pinto Laura Paraíso Buldrini Filogônio Marília Cordeiro Mônica Gonçalves Dias
Diagramação	NSM Soluções Gráficas Ltda.
Revisão	Amélia Ward
Capa	Deborah Mattos
Imagem de capa	iStock/GettyImagesPlus/Sloop Communications
Produção gráfica	Marli Rampim Sergio Luiz Pereira Lopes
Impressão e acabamento	

DADOS INTERNACIONAIS DE CATALOGAÇÃO NA PUBLICAÇÃO (CIP)
ANGÉLICA ILACQUA CRB-8/7057

Carvalho, Dimas Messias de
Direito das sucessões / Dimas Messias de Carvalho. – 6. ed. – São Paulo: Saraiva Educação, 2020.
590 p.

Bibliografia
ISBN 978-65-5559-120-0 (impresso)

1. Herança e sucessão - Brasil. I. Título.

20-0381 CDD 340

Índice para catálogo sistemático:

1. Herança e sucessão : Brasil 347.65(81)

Data de fechamento da edição: 5-6-2020

Dúvidas? Acesse www.editorasaraiva.com.br/direito

CL 606639 CAE 728422

Dedico à minha mãe Divina,
à Mara,
aos meus filhos Dimas Daniel,
Marcos Vinícius e Amanda,
e à minha neta Mariana.

Agradecimentos

Agradeço a Deus.

À UNIFENAS por me abrir as portas para o magistério desde 1993 e publicar em 2005 meu primeiro livro: *DIREITO DE FAMÍLIA de acordo com o Código Civil de 2002*, e ao UNILAVRAS onde lecionei por vários anos.

À Júnia de Cássia Rafael pelo auxílio na digitação e correções e ao Ronner Botelho Soares, do IBDFAM, pela ajuda nas pesquisas.

Ao Desembargador Newton Teixeira por incentivar, divulgar e apoiar nosso trabalho desde a publicação do primeiro livro em 2005.

Aos mestres, colegas de magistério, promotores, juízes e advogados pelo constante apoio e citações.

Aos professores de Direito das Sucessões e colegas do IBDFAM pela indicação e adoção do livro, em especial aos juristas Conrado Paulino da Rosa, Bráulio Dinarte da Silva Pinto, Maria Luiza Póvoa Cruz, José Roberto Moreira Filho, Luciana Faísca Nahas e Thais Camara Maia Fernandes Coelho pelos convites para lecionar nas pós graduações de direito sucessório e sempre citarem e divulgarem o livro.

Aos alunos e ex-alunos, porque deles recebo eterno incentivo, carinho, afeto e amizade.

Aos meus familiares, por compreenderem a razão de minha ausência durante a produção desta obra.

Homenagem

O sentimento, o vínculo e a relação afetiva entre pais e filhos são de tamanha grandeza que somente quem possui filhos é capaz de avaliar, a ponto de o genitor desejar transferir aos filhos tudo o que lhe causa conforto, alegria e realizações, como as vitórias no campo profissional, o afeto, um grande amor, serenidade, segurança, prazer, e assumir, para poupá-lo, todas as desventuras do ser humano, como as dores do corpo e da alma, as desilusões, frustrações, tristezas, humilhações, fome e até a morte.

(Dimas Messias de Carvalho. *Direito de Família de acordo com o Código Civil de 2002*. Atenas/Unifenas. 2005, p. 192-193).

Ao Guilherme, filho querido e amado, que partiu tão precocemente, doce presença em nossas mentes e corações, fortalecida cada vez mais pela saudade de seu sorriso generoso, de sua alma bondosa e pela certeza do reencontro, algum dia, na imensidão da eternidade.

Sumário

13

14

15

16

17

PREFÁCIO DA 6ª EDIÇÃO

Quando o Prof. Dimas Messias de Carvalho me pediu para escrever este prefácio, para a novíssima edição de seu formidável livro *Direito das Sucessões - Inventário e Partilha* -, me senti muito feliz. Afinal, este "trabalho" é daqueles que realizamos com honra, orgulho, prazer e devoção. É provável que o leitor, ao abrir o livro pela primeira vez, depois de ver a capa, as orelhas de abertura e de encerramento e a contracapa leia o prefácio. Por isso, a responsabilidade de quem o faz é muito grande.

Além disso, há essa alegria indescritível que é fazer o prefácio de uma obra e esperar que o autor fique satisfeito com o que foi dito e que se buscou espelhar. O Prof. Dimas Messias é uma pessoa especial, inteligente, competente e culta. E eu teria gostado de escrever tudo o que sente meu coração e me transmite a alma. Daí ter feito as escolhas que fiz, no preparo desse texto que visa a apresentar a obra para quem dela toma conhecimento pela primeira vez.

Certamente eu teria gostado de contar a respeito da pessoalidade e afetividade do autor e da maneira como construiu a sua maravilhosa família e seu entorno afetivo. Esta história ficará para uma outra ocasião, e tomara que ele mesmo possa nos contar a todos - como contou a mim, certa vez, tornando eterna a memória dos fatos. Mas estou aqui para falar desta nova edição de sua obra. E é o que passo, enfim, a fazer, mais uma vez agradecendo pela honra imensa.

A 6ª edição do livro *Direito das Sucessões - Inventário e Partilha* mantém as mesmas características das edições anteriores, ou seja, um livro didático, prático e que aborda os mais recentes debates do direito sucessório na academia e as jurisprudências mais abalizadas e atualizadas.

Quando conheci o Prof. Dimas Messias, ele era, na época, Promotor de Justiça em Minas Gerais e também professor de Direito de Família na UNIFENAS. Esse primeiro encontro se deu no I Congresso Brasileiro de Direito de Família, ocorrido em outubro de 1997, em Belo Horizonte, ocasião em que foi criado o IBDFAM - Instituto Brasileiro de Direito de Família. Desde então venho convivendo com ele seguidamente, nos congressos de Direito de Família pelo nosso Brasil afora, bem como acompanho a carreira desse típico mineiro do interior, com sua simplicidade no trato com as pessoas, mas encorpando seus conhecimentos jurídicos na sua área de atuação, sempre atento às mudanças sociais e atuando para divulgar e aplicar um Direito de Família e das Sucessões mais humanizado e despido de preconceitos. E lá se vão 23 anos.

Servidor público desde 1979 e advogado desde 1988, Dimas Messias ingressou no Ministério Público mineiro em 1990, atuando em várias áreas do *Parquet* e em diversas Comarcas, até se estabilizar na 1ª Vara Cível na Comarca de Lavras, com atribuições de Família, Sucessões e Infância e Juventude, entre outras, preferindo viver no interior. Somente na proximidade de sua aposentadoria promoveu-se a promotor especial. Durante sua carreira recebeu várias homenagens do povo mineiro pela excelência dos serviços prestados, como a Medalha Alferes Tiradentes, Medalha Santos Dumont, Medalha da Inconfidência, a mais alta comenda de Minas Gerais, e a Comenda Ambiental. É membro e diretor estadual do IBDFAM, membro da ALL - Academia Lavrense de Letras e membro das comissões de Família e de Sucessões da OAB/MG.

No magistério, Dimas Messias - mestre em Direito Constitucional e com várias pós-graduações - é professor na UNIFENAS para a disciplina de Direito de Família e Direito das Sucessões desde 1993, e lá leciona até os dias atuais. Foi professor das mesmas disciplinas no UNILAVRAS de 2004 a 2018 e leciona em cursos de pós-graduação em vários Estados.

No ano de 2005, Dimas Messias publicou pela Editora Atenas seu primeiro livro, *Direito de Família de acordo com o Código Civil de 2002*, e em 2007, *Direito das Sucessões - inventário e partilha*, pela Editora Del Rey, inesquecível editora que acolheu tantos de nós, como a mim mesma, por volta do ano 2000. Desde então não parou de escrever, completando com a presente obra - agora autor pela conceituada Editora Saraiva - e incluindo os publicados em coautoria, 27 livros. Trata-se de significativo acervo, por certo.

Após aposentar-se no Ministério Público voltou a dedicar-se à advocacia especializada e consultoria em Direito de Família e Sucessões, sócio do escritório CARVALHO & DIMAS CARVALHO, com unidades nas Comarcas de Perdões e Lavras e atuação em todo o país.

A 6ª edição do *Direito das Sucessões – Inventário e Partilha* resume toda essa experiência prática no Ministério Público e na advocacia, aliada aos constantes estudos e atualizações ao lecionar nas Universidades, em cursos de pós-graduação e especialmente em palestras nos Congressos e debates no IBDFAM, importando em um livro encorpado com doutrina, jurisprudências e orientações práticas, com gráficos ilustrativos para melhor compreensão desse intrincado ramo de direito.

O Autor aborda em vinte capítulos todas as questões tormentosas da parte geral do Direito das Sucessões, a sucessão legítima, a sucessão testamentária, as modalidades de inventário judicial, inventário administrativo, inclusive com testamento, partilha e a invalidade da partilha, de forma didática e de fácil compreensão.

As opiniões doutrinárias e controvertidas são apresentadas, analisadas e confrontadas com a mais recente jurisprudência, possibilitando ao leitor uma melhor compreensão de cada tema abordado, tanto para os estudantes quanto para os profissionais do direito. Trata-se de obra que se renova, portanto, e que deve estar presente nas prateleiras das bibliotecas pessoais de todos os que – como ele e eu – têm especial encanto e apreço pelo Direito de Família e, principalmente, pelo Direito das Sucessões.

São Paulo, 3 de maio de 2020.

GISELDA MARIA FERNANDES NOVAES HIRONAKA
Professora Titular de Direito Civil da Faculdade de Direito da USP.
Membro fundador e Diretora Nacional (região Sudeste) do IBDFAM.
Ex-Procuradora Federal.

Prefácio da 1ª Edição

É com prazer e honra que apresentamos, à comunidade jurídica deste enorme Brasil, esta obra dos juristas mineiros Dimas Messias de Carvalho e Dimas Daniel de Carvalho, pai e filho, respectivamente. Dimas Messias, como bom mineiro, trabalhando em silêncio, em Lavras, tem no "legado" excelentes trabalhos jurídicos, evidentemente que sem prejuízo de sua atividade como dinâmico e exemplar Promotor de Justiça e como Professor, estimado por todos daquela região.

Como dito antes, a obra em comento, Direito das Sucessões - Inventário e Partilha, é lançada em parceria; pai e filho se juntam e concluem a empreitada, com mérito, eis que é um trabalho prático, inclusive com esquemas, sem prejuízo da parte doutrinária. Parabéns, jovens autores! Temos lutado constantemente contra um direito apenas da Academia, sem nenhuma utilidade no dia-a-dia daqueles que militam nos auditórios forenses. A obra desses dois jovens juristas mineiros, de imediato, pode ser utilizada por professores, alunos, juízes e advogados.

Conhecemos os dois juristas Dimas no Curso de Especialização em Direito de Família e Sucessões, em Belo Horizonte, do qual fui, na época, um dos coordenadores. Na verdade, o Dimas pai (também jovem, a exemplo do filho), já era conceituado jurista mineiro, com vários artigos publicados, e no prelo se encontrava outra excelente obra: *Curso de Direito de Família*, editado pela Atenas/Unifenas, em 2005.

No lançamento daquele livro, em Lavras, também tive o prazer de estar presente. Lá compareceu toda a comunidade jurídica da região, bem como inúmeros alunos do professor Dimas Messias, em uma demonstração de amizade, gratidão e também "solidariedade"... Foi uma noite de gala inesquecível. Minas ganhava naquele momento, em caráter definitivo, mais um notável jurista.

A primeira obra de Dimas Messias de Carvalho, *Curso de Direito de Família*, foi por nós adotada, e bem recepcionada pelos alunos, na Escola Superior Dom Helder Câmara. Ao lê-la, percebemos de imediato que era uma obra didática, de fácil entendimento. Não adianta, nem é pedagógico, escrever obras de leituras difíceis. Dimas Messias, sem perder a erudição, soube e sabe, conforme se nota também desta obra, ensinar também através dos livros.

Com relação ao Curso de Especialização em Direito de Família e Sucessão, citado pelos juristas Dimas na apresentação deste hercúleo trabalho, há de se esclarecer, para tranquilidade de nova consciência, que Dimas Messias não precisava de tal estudo. Já sabia por demais. E, mesmo assim, em uma demonstração de humildade, geralmente olvidada por aqueles que ocupam posição de destaque perante a sociedade, cumpriram Dimas Messias e Dimas Daniel todas as etapas, com louvor, no aludido curso, apresentando excelentes monografias, apesar de morarem há mais de 200 Km de distância desta capital.

Porém, foi naquele curso de especialização que pude conhecer também o Dimas Daniel de Carvalho, o filho. Um jovem advogado, com um futuro brilhante, graças aos constantes incentivos da família. Diria que o Dimas Daniel tem já luz própria e para sempre.

Os Dimas continuam com um linguajar didático, e a obra *Direito das sucessões* enfrenta várias matérias ainda não pacificadas no direito das sucessões, a exemplo da exclusão do cônjuge na sucessão, se estiver separado de fato há mais de dois anos, admitindo-se, entretanto, que o cônjuge herdeiro comprove que não teve culpa no rompimento da convivência, sendo reconhecido, neste caso, o seu direito sucessório.

Como bem o disseram esses juristas, a inovação, antes mencionada, "repita-se, com certeza vai causar divergentes posições jurídicas, ao introduzir discussão de culpa por separação de casal no direito sucessório, matéria de direito de família, que, obviamente, por tratar-se de alta indagação, deve ser resolvida nas vias ordinárias, com pedido de reserva de bens no inventário, proporcionando discussões intermináveis, chegando ao absurdo do consorte, separado de fato há mais de vinte anos, pleitear os direitos sucessórios do ex-cônjuge, sob fundamento de que foi abandono e não teve culpa na separação".

Os autores também enfrentam e solucionam várias outras questões polêmicas, objeto já de inúmeros projetos de leis, com o escopo de modificar o novel Código Civil. As soluções apresentadas pela jovem dupla de juristas de nossas Minas Gerais são coerentes com o desenvolvimento de toda a obra, como acontece com o cônjuge quando concorrer na herança com filhos, no regime de comunhão parcial, sugerindo os juristas que a cota-parte do cônjuge incida apenas sobre o patrimônio particular do falecido.

Também enfrentam, de maneira cabal, a questão referente à cota-parte dos filhos só do falecido e dos filhos comuns, quando ultrapassarem a três. Nota-se que, com relação a tal questão, há, no momento, no mínimo, oito colocações divergentes.

A esses dois juristas das Alterosas, caríssimos amigos, deixamos aqui os nossos sinceros respeito e carinho, por mais esta excelente obra.

Belo Horizonte, junho de 2007.

NEWTON TEIXEIRA CARVALHO

Desembargador do Tribunal de Justiça de Minas Gerais.

Ex Presidente do IBDFAM/MG.

Professor de Direito da Escola Superior Dom Helder Câmara.

Especialista em Direito de Empresa pela Fundação Dom Cabral.

Mestre em Direito Processual Civil pela PUC Minas.

Doutor em Processo Civil pela PUC Minas.

Apresentação da 6ª Edição

Existem autores e juristas que marcam, indelevelmente, suas posições na nossa doutrina, principalmente se tais posições vêm alicerçadas em profundo conhecimento jurídico, sensibilidade humana e clareza nas suas exposições. DIMAS MESSIAS DE CARVALHO é um desses nobres juristas, que é incapaz de ser "mais um", mas que está no "time daqueles que são os primeiros e mais importantes". Quer como doutrinador, quer como pessoa, quer como amigo, DIMAS está na estirpe dos que mais se destacam.

Tenho maior orgulho de fazer a apresentação do autor desta obra, porque simplesmente deixo o meu coração falar, com a bagagem de 37 anos de advocacia e magistério jurídico, dedicado ao Direito de Família e ao Direito Sucessório, dizendo que estamos diante de uma das mais importantes obras da doutrina brasileira de Direito Sucessório. Sou um apaixonado pelo que faço e sou apaixonado pelo Direito Sucessório. Por isso, ler esta 6ª edição do DIREITO DAS SUCESSÕES, do Prof. DIMAS MESSIAS DE CARVALHO, foi uma alegria e uma satisfação imensas, pois vê-lo abordar temas como: a abertura da sucessão e o princípio da *saisine*; a cessão de direitos hereditários; a aceitação e a renúncia da herança; as formas de exclusão da herança; os herdeiros legítimos e a succssão do cônjuge e do companheiro(a) sobrevivente, na concorrência com os demais herdeiros, são uma reafirmação dos meus conceitos e das minhas crenças na forma como devem ser partilhadas as heranças, com a finalidade de preservar as famílias a partir de aquinhoamentos decorrentes da morte do autor da herança.

A sensibilidade com que trata o direito sucessório nas uniões estáveis homoafetivas, a partir do reconhecimento da inconstitucionalidade do art. 1.790 do Código Civil, pelo Supremo Tribunal Federal, guindam esta obra entre aquelas que retratam o mais moderno pensamento jurídico da atualidade e que contempla todos os segmentos da sociedade brasileira.

A firmeza de conteúdos expostos na sucessão testamentária, num momento em que esta começa a ter uma relevância cada vez maior, a partir da tentativa de fazer preponderar o Princípio da Autonomia da Vontade em detrimento da sucessão legítima, deixa claro que é preciso que tenhamos conhecimento pleno do que temos, em nosso direito posto, para termos condições de analisar o que queremos e para onde devemos ir. Quanto mais conteúdo tivermos – como aqueles que desta obra emergem – mais condições teremos de encontrar o verdadeiro caminho do futuro para o Direito Sucessório Brasileiro.

Porém, a obra do DIMAS não para aqui. O Direito Material só se justifica se tiver aplicabilidade prática. Neste legado do Autor temos os pontos de Inventário e Partilha, como forma de aplicabilidade de todos os princípios e normas de Direito Sucessório, na arrecadação e divisão dos bens da herança entre os sucessores.

Tenho certeza de que esta obra vai acrescentar – como as suas cinco edições anteriores já vinham acrescentando – muito material e conteúdo de estudo, reflexão, humanismo e sapiência a todos os operadores do Direito, que tiverem acesso a este brilhante livro.

Parabéns ao Prof. DIMAS MESSIAS DE CARVALHO e àqueles que, como eu, são apaixonados pelo Direito das Sucessões, pois temos aqui uma obra exemplar, que vai contribuir, em muito, para os estudos de todos nós.

BRAULIO DINARTE DA SILVA PINTO

Advogado e Professor de Direito de Família e Sucessões.

Ex-Vice-Presidente e Presidente da Ordem dos Advogados do Brasil, Seccional do Estado do Rio Grande do Sul.

Presidente do IBDFAM/RS – Instituto Brasileiro de Direito de Família, Seccional do Estado do Rio Grande do Sul.

Nota do Autor à 6ª Edição

Há mais de três décadas que atuamos no direito sucessório, iniciando no escritório de advocacia a partir do ano de 1987. No ano de 1990 ingressei mediante concurso público no Ministério Público do Estado de Minas Gerais, atuando nos inventários e outras ações sucessórias com interesses de incapazes ou existência de testamentos. Após aposentar no serviço público em 2011, voltei à advocacia especializada em família e sucessões.

Desde o ano de 1993 leciono Direito de Família e Direito das Sucessões no curso de Direito da UNIFENAS e, posteriormente, por longo período no Centro Universitário de Lavras (UNILAVRAS), em cursos preparatórios para concursos públicos e em cursos de pós-graduação por todo o Brasil, vivenciando, tanto na atividade prática quanto na atividade de docente, as profundas modificações introduzidas pela Constituição Federal, a atualização da legislação infraconstitucional e a interpretação dos tribunais.

As modificações e a evolução das famílias foram significantes nas últimas décadas, substituindo a tradicional família brasileira, constituída pelo vínculo do casamento, pela família afetiva, gerando vários modelos, todos protegidos constitucionalmente. O judiciário tem agido ativamente para suprir as omissões legislativas e conferir igualdade de tratamento nos diversos arranjos familiares, protegendo a liberdade de escolha e a dignidade de seus membros.

As significativas mudanças no conceito de família importaram em revisão no direito sucessório, notadamente na ordem de vocação hereditária.

O rumo norteador do livro, especialmente nessa 6ª edição, caminha nas experiências adquiridas na prática profissional, pesquisas acadêmicas e docência, de acordo com os novos modelos de família e consequentemente de sucessores.

Buscou-se um instrumento prático e eficaz para aplicação no dia-a-dia por juízes, advogados e promotores, com jurisprudências e esquemas gráficos de procedimentos; um instrumento de pesquisa com o auxílio da mais abalizada doutrina; e um instrumento didático para ajudar os professores e permitir aos alunos a compreensão do Direito das Sucessões.

Não se furtou a abordagem de temas espinhosos, como a igualdade do cônjuge e companheiro na qualidade de herdeiro; a sucessão do cônjuge e do companheiro envolvendo meação e a condição de herdeiro concorrente, tanto com filhos comuns quanto autor da herança, nos diversos regimes de bens; a utilização de alvarás no inventário; as inovações do inventário e partilha extrajudicial e as questões não previstas na lei, com abordagem e comentários de provimentos de Corregedorias de Justiça e resoluções do Conselho Nacional de Justiça (CNJ); os impostos de transmissão *causa mortis* e *inter vivos* incidentes na partilha e sua regulamentação em vários estados; os procedimentos do inventário comum e os ritos de arrolamento de acordo com o novo Código de Processo Civil; a indivisão da partilha e usucapião entre herdeiros; as formas de partilha e as hipóteses e os procedimentos para invalidá-la, entre outros.

Assim, reapresentamos à comunidade jurídica nosso *Direito das Sucessões – Inventário e Partilha*, 6ª edição, atualizado e ampliado, com doutrina, jurisprudência e esquemas práticos, de acordo com o novo Código de Processo Civil e os recentes julgados do Superior Tribunal de Justiça e do Supremo Tribunal Federal, publicado pela Editora Saraiva.

Uma boa leitura!

PROF. DIMAS MESSIAS DE CARVALHO

Apresente suas críticas e sugestões.

Fale com o autor: dimasmessiasdecarvalho@outlook.com.br

1

INTRODUÇÃO

1.1. HISTÓRICO

O direito sucessório somente ocorre com a morte de uma pessoa. A morte importa na transferência de seu patrimônio, ativo e passivo, aos seus sucessores. A transferência de suas relações jurídicas ocorre em função da morte, existindo uma estreita relação do direito das sucessões com o direito de família e o direito de propriedade. Mas não basta apenas o falecimento do titular dos direitos para a sucessão hereditária, é necessária a existência de sucessores (herdeiros ou legatários) que aceitem a transmissão. Inexistindo beneficiados, a herança será declarada vacante e os bens serão transferidos ao Município.

O direito das sucessões, portanto, disciplina a transmissão do patrimônio de uma pessoa falecida aos seus sucessores, incluindo o ativo e o passivo. Assim, como lembra Paulo Lôbo, "o direito das sucessões não é dos mortos, mas sim dos vivos. São estes os reais titulares e destinatários dele". Complementa que "para que haja a sucessão hereditária são necessários dois requisitos: primeiro, o falecimento da pessoa física (*de cujus*); segundo, a sobrevivência do beneficiário, herdeiro ou legatário (princípio da coexistência)"[1].

---

[1] LÔBO, Paulo Luiz Netto. *Direito civil*: sucessões. 3. ed. São Paulo: Saraiva, 2016. p. 15.

A transmissão dos bens não era praticada entre os povos primitivos, pois não é proveniente da natureza humana, mas da evolução cultural da humanidade. Nos grupos primitivos (tribos, clã) não havia sucessão pois a propriedade era comum, o grupo continuava independentemente da morte de um de seus membros, tocando aos demais a parte ideal de seus pertences pessoais, quando não eram enterrados com o falecido, como ocorria com alguns povos. A fase do nomadismo de caçadores foi superada com a revolução agrícola na Mesopotâmia e no Egito (10.000 a.C.), e depois na China (5.000 a.C.), Europa (4.500 a.C.) e Américas (2.500 a.C.). O direito das sucessões surgiu com a revolução urbana, a escrituração ideográfica e a numeração[2].

Apesar de relativamente recente na história da humanidade, a transmissão dos bens após a morte encontra-se consagrada no direito egípcio, hindu e babilônico, entre outros, dezenas de séculos antes da era cristã. Nas sociedades mais antigas, possuía íntima conexão com o culto familiar, cabendo ao herdeiro cultuar o altar doméstico do falecido, mantendo o sacerdócio desse culto, evitando que seu túmulo ficasse em abandono. A sucessão se transmitia apenas pela linha masculina (o filho era o sacerdote da religião doméstica). Os antepassados eram cultuados pelos sucessores, que deviam manter acesa a chama do altar e fazer orações. Não existiam cemitérios públicos, e os mortos eram sepultados em locais próximos às casas[3]. O culto hereditário não acabava com o falecimento da pessoa, ficando vinculado ao direito de propriedade. Assim, o culto e a propriedade eram estreitamente vinculados na família antiga, mantendo-se a religião doméstica atrelada à propriedade. Enquanto existisse a propriedade, o culto familiar era mantido, o fogo não podia se apagar e os túmulos dos antepassados não eram abandonados[4].

Nos grupos primitivos (tribos, clãs) as coisas eram comuns, portanto não ocorria sucessão, já que o grupo continuava e os bens do falecido eram distribuídos entre todos. Posteriormente, com o surgimento das famílias e a religião doméstica, o culto tornou-se inseparável do patrimônio. Cabia aos

---

2 LÔBO, Paulo Luiz Netto. Op. cit., p. 19-20.

3 RODRIGUES, Silvio. *Direito civil.* Direito das sucessões. 19. ed. São Paulo: Saraiva, 1995. v. 7. p. 4-7.

4 RODRIGUES, Silvio. Op. cit., p. 7.

sucessores manter vivo o culto dos antepassados e cuidar dos túmulos dos falecidos, realizando as oferendas religiosas. Para manter a integridade da família, o filho mais velho (primogênito) recebia os poderes e ocupava o lugar do chefe falecido, ficando os demais irmãos sob sua tutela[5].

César Fiuza ensina no mesmo sentido que, originariamente, não se cogitava de sucessão *mortis causa*, pois os bens do falecido pertenciam ao grupo, já que não havia propriedade individual. Com o advento da propriedade individual, surgiu a ideia de sucessão. De início, tinha fundamento religioso, exigindo que o falecido tivesse um continuador de seu culto, que lhe fizesse os sacrifícios apropriados e oportunos, oferecendo o banquete fúnebre. O patrimônio era da família, que cultuava seus antepassados como deuses domésticos. A sucessão era calcada no direito de primogenitura, sendo o falecido sucedido na chefia da família e do patrimônio familiar pelo primeiro filho varão (primogênito). Posteriormente, a ideia de sucessão desenvolveu-se e passou a ter fundamento econômico. O desejo de segurança inspira o acúmulo patrimonial; a proteção da prole inspira sua transmissão[6].

Assim, outro fundamento da sucessão, além da concepção religiosa, era o propósito de manter forte e poderosa a família. A herança era transmitida apenas ao primogênito varão, impedindo a divisão da fortuna entre vários filhos.

Rolf Madaleno leciona que o direito sucessório, na sua primitiva versão, não contemplava o domínio individual, surgindo no Direito Romano a imagem da continuidade da pessoa em razão do culto familiar que não podia ser interrompido. Cabia ao herdeiro varão mais velho as funções de sacerdote e chefe da família, constituindo os bens em patrimônio familiar. Cabia ao primogênito as funções sacerdotais e manter acesa a chama da fogueira do culto doméstico e continuar as oferendas aos antepassados, razão pela qual a filha mulher não herdava, pois ao casar adotava a crença do seu marido[7].

---

5 CARVALHO, Luiz Paulo Vieira de. *Direito das sucessões*. 2. ed. São Paulo: Atlas, 2015. p. 1-2.

6 FIUZA, César. *Direito civil* – curso completo. 4. ed. Belo Horizonte: Del Rey, 2001. p. 646-647.

7 MADALENO, Rolf. *Sucessão legítima*. Rio de Janeiro: Forense, 2019. p. 12-13.

SUCESSÃO NA ANTIGUIDADE	Concepção religiosa Fortalecimento da família

Hoje, na quase totalidade dos países, a sucessão legítima se processa entre os herdeiros do mesmo grau em partes iguais, mantendo-se a titularidade dos bens na família.

O direito hereditário encontra opositores entre alguns socialistas que negam legitimidade à propriedade privada e consideram que o processo de sucessão cria e incentiva a desigualdade entre os homens, alimentando a injustiça social, além do que, pessoas aquinhoadas com herança não precisam trabalhar, diminuindo a mão de obra.

Os argumentos em contrário são no sentido de que o homem, visando adquirir riqueza em seu interesse, aumenta o patrimônio da sociedade e, almejando assegurar o bem-estar de seus sucessores, poupa e busca aumentar os seus bens. Não admitida a sucessão hereditária, faltaria a ele incentivo para aumentar e conservar a riqueza, esbanjando o patrimônio nos últimos anos de sua vida.

Ao permitir a transmissão dos bens aos herdeiros, estimula-se a produção de riquezas e conservam-se unidades econômicas a serviço do bem comum, aumentando o patrimônio da sociedade, desempenhando, pois, o direito das sucessões, importante função social.

A experiência da extinta União Soviética demonstrou, na prática, a inconveniência da supressão do direito sucessório *causa mortis*. Além de não conseguir manter a proibição, tal orientação resultou em consequências tão prejudiciais para a economia nacional que o legislador russo teve de recuar e restabelecer a possibilidade da transmissão de herança[8].

No Brasil, o direito das sucessões sofreu grande influência do direito romano, com seu materialismo e individualismo, e do direito canônico, especialmente em relação à sucessão testamentária, incentivando os fiéis a se mostrarem agradecidos à igreja, deixando-lhe parte dos bens. Vigorava o direito das sucessões de Portugal, compilado nas Ordenações do Reino,

---

[8] RODRIGUES, Silvio. Op. cit., p. 4-7.

até a entrada em vigor do Código Civil de 1916. Os filhos recebiam tratamento diferenciado no direito sucessório, excluindo da sucessão os extramatrimoniais que não podiam ser reconhecidos, mas paulatinamente foram conquistando direitos sucessórios. O mesmo ocorria com os filhos adotivos, que eram preteridos em favor dos biológicos[9].

A companheira não possuía direitos sucessórios. A Constituição Federal de 1988 excluiu todas as desigualdades entre os filhos e reconheceu outras entidades familiares além do casamento, prevendo a Lei n. 8.971/1994 o direito de o companheiro participar da sucessão hereditária do outro. O Código Civil de 2002 acolheu as transformações sociais e regula o direito sucessório incluindo os companheiros, apesar de conferir no art. 1.790 direitos desiguais em relação ao cônjuge, nitidamente inconstitucional, regredindo os direitos conquistados na ordem de vocação hereditária pela Lei n. 8.971/1994.

O Supremo Tribunal Federal, na sessão plenária em 10 de maio de 2017, afastou a diferença entre cônjuges e companheiros para fins sucessórios, considerando inconstitucional a distinção e determinando a aplicação a ambos do regime do art. 1.829 do Código Civil.

1.2. ACEPÇÃO JURÍDICA DE SUCESSÃO

Juridicamente, na sucessão, uma pessoa insere-se na titularidade de uma relação jurídica que lhe advém de uma outra pessoa, ou, por outras palavras, é a continuação em outrem de uma relação jurídica que cessou para o respectivo sujeito, constituindo um dos modos, ou títulos, de transmissão ou de aquisição de bens ou de direitos patrimoniais[10].

Na sucessão, portanto, permanece a relação jurídica, apesar da mudança dos titulares, exceto os direitos personalíssimos que se extinguem com a morte, como poder familiar, tutela, curatela, direitos políticos, penas ou são inerentes à pessoa do falecido, como direito de habitação, usufruto, alimentos e dissolução do casamento.

---

9 LÔBO, Paulo Luiz Netto. *Direito civil:* sucessões. 2. ed. São Paulo: Saraiva, 2014. p. 19-24.

10 OLIVEIRA, Itabaiana de. *Tratado de direitos das sucessões*. 4. ed. São Paulo: Max Limonad, 1952. v. 1. p. 52.

O vocábulo sucessão apresenta significados diversos, se observado o sentido amplo ou o sentido restrito.

No sentido amplo, aplica-se a todos os modos derivados de aquisição do domínio, indicando o ato pelo qual alguém sucede a outrem, investindo--se, no todo ou em parte, nos direitos que lhe pertenciam[11]. Como leciona Carlos Roberto Gonçalves, "significa o ato pelo qual uma pessoa assume o lugar de outra, substituindo-a na titularidade de determinados bens"[12], a substituição em um direito patrimonial.

Pode ser por ato *inter vivos*, quando ocorre em vida, por declaração de vontade ou disposição legal, a título gratuito, como a doação, ou oneroso, como a compra e venda, ou *causa mortis* oriunda do falecimento de seu titular, mediante sucessão legítima ou testamentária.

SUCESSÃO EM SENTIDO AMPLO {
- *Inter vivos*
- *Causa mortis*

Em sentido estrito, é a transferência, total ou parcial, da herança aos herdeiros ou a sucessão *causa mortis*.

A sucessão *causa mortis* pode ser a título universal, ou sucessão hereditária, quando o patrimônio todo (espólio) é transferido. Universalidade de direitos é o complexo de relações jurídicas de uma pessoa, dotadas de valor econômico (art. 91, CC). Para a lei, morto é coisa. Transfere-se ao sucessor herdeiro a totalidade do patrimônio ou uma fração determinada, abrangendo tanto o seu ativo como o seu passivo. Herdeiro é tanto aquele que recebe a totalidade do patrimônio como quem herda uma fração maior ou menor, havendo exata correspondência entre o ativo e o passivo.

Pode ser, ainda, a título singular ou legado, quando é transferido ao legatário um bem específico e determinado, sem ter de responder pelo pas-

---

11 DINIZ, Maria Helena. *Curso de direito civil brasileiro*. Direito das sucessões. 17. ed. São Paulo: Saraiva, 2003. v. 6. p. 15.

12 GONÇALVES, Carlos Roberto. *Direito civil brasileiro:* direito das sucessões. 11. ed. São Paulo: Saraiva, 2017. v. 7. p. 19.

sivo da herança. Não recebe uma fração, mas um bem certo, e só responde por algum débito se o *de cujus* tiver onerado ao legado.

A sucessão em sentido estrito, resultante da morte do titular do patrimônio, pode ser, portanto, testamentária, a título universal com nomeação de herdeiros ou a título singular com nomeação de legatários, ou legítima, sempre a título universal com a indicação dos herdeiros pela lei.

SUCESSÃO EM SENTIDO ESTRITO *CAUSA MORTIS*		
	Testamentária	Universal - herdeiros
		Singular - legatário
	Legítima ou *ab intestato*	Universal

A sucessão, sob o ponto de vista jurídico, em sentido estrito, é a transferência da titularidade de direitos, eventualmente obrigações, oriundas do falecimento de seu titular, em virtude de declaração de vontade ou de disposição legal. É o modo de transmissão da herança. A sucessão hereditária ocorre com o falecimento do titular do patrimônio, pessoa física, natural, não se aplicando às pessoas jurídicas, que se extingue, funde ou transforma.

A sucessão em sentido estrito pode se apresentar no sentido objetivo e subjetivo.

No sentido objetivo, a sucessão hereditária é todo o conjunto de regras jurídicas que regulam a transmissão dos bens e, eventualmente, obrigações, em razão da morte de uma pessoa, a seus sucessores, mantendo-se os direitos ou, na definição de Luiz Paulo Vieira de Carvalho, "o patrimônio transferido, a universalidade, a massa de bens, que, com os elementos negativos (dívidas e outros), ficam com a morte do defunto, para outrem"[13].

No sentido subjetivo, é o direito do herdeiro (ou legatário) de receber o acervo hereditário, o direito de recolher os bens da herança, que pode ser exercido ou não, facultando ao sucessor renunciá-lo. O direito à herança é

[13] CARVALHO, Luiz Paulo Vieira de. Op. cit., p. 23.

garantido constitucionalmente como direito e garantia fundamental no art. 5º, XXX, da CF[14].

A herança somente ocorre com a morte do titular dos direitos, que passa a ser denominado autor da herança, *de cujus* ou falecido. A expressão *de cujus*, de origem latina e largamente utilizada, tem origem na frase *cujus sucessione agitur*, ou seja, "aquele de cuja sucessão se trata"[15], o autor da herança.

O direito das sucessões tem por objeto apurar e transmitir o patrimônio do falecido aos seus sucessores legítimos ou testamentários e, na ausência destes, recolher o patrimônio ao poder público, último depositário da herança.

A sucessão testamentária ocorre quando o autor da herança, mediante testamento, declara sua vontade na transmissão de seus bens, enquanto a sucessão legítima, na ausência ou invalidade do testamento, é regulada pela lei, que estabelece a ordem de vocação hereditária.

SUCESSÃO *CAUSA MORTIS*	Declaração de vontade – testamento
	Disposição legal – legítima

A sucessão pressupõe a morte, natural ou presumida, quando termina a existência da pessoa natural, dispondo o art. 6º do Código Civil que: "a existência da pessoa natural termina com a morte; presume-se esta, quanto aos ausentes, nos casos em que a lei autoriza a abertura de sucessão definitiva".

É no momento da morte, pelo princípio da *saisine*, que se dá a abertura da sucessão e transmissão imediata dos bens aos herdeiros, testamentários ou legítimos, portanto, a morte, abertura da sucessão e transmissão da herança ocorrem em um só momento, nos termos do art. 1.784 do Código Civil. A herança só existe após a morte do titular dos direitos, tanto que o

---

14 "Art. 5º (...)
(...)
XXX – é garantido o direito de herança; (...)."

15 GONÇALVES, Carlos Roberto. Op. cit., v. 7. p. 20.

Código Civil dispõe no art. 426 que "não pode ser objeto de contrato a herança de pessoa viva", vedando-se o *pactu corvinus*, ou seja, a proibição de dispor da herança de pessoa ainda viva, o que leva a sensação de desejo de morte do possível titular do patrimônio a ser herdado, para dispor de seus pertences. Por isso a expressão *corvinus*, que vem de corvos, que se alimenta de restos mortais. A doutrina usa comumente a expressão *pacta corvina*.

A morte se prova pelo registro de óbito, lavrado mediante declaração de óbito, ocorrendo morte natural, ou sentença declaratória, na hipótese de morte presumida ou ausência, conforme dispõe o art. 9º, I e IV, do Código Civil:

> Art. 9º Serão registrados em registro público:
>
> I – os nascimentos, casamentos e óbitos;
>
> (...)
>
> IV – a sentença declaratória de ausência e de morte presumida.

Enquanto viva, a pessoa tem patrimônio, que é o atributo da personalidade. Morta, seu patrimônio transfere-se imediatamente aos herdeiros, logo, a morte do titular do patrimônio é a fonte da herança aos seus sucessores, que assumem a titularidade dos direitos.

Patrimônio é a universalidade de direitos e obrigações, sendo impossível dissociar a ideia da pessoa física da ideia de patrimônio, pois este é inerente à pessoa, tanto que o Código Civil veda a doação de todos os bens, sem reserva de renda (art. 548 do CC). Toda pessoa, por mais carente que seja, possui patrimônio, pois, em sentido amplo, inclui todos os bens corpóreos e incorpóreos, tratando-se de uma construção jurídica e não de uma realidade no mundo fático. Somente no sentido técnico ou restrito o patrimônio é entendido como o conjunto de relações jurídicas avaliáveis monetariamente[16].

Em vida, a sucessão só ocorre a título singular, ou seja, não existe sucessão universal de todos os bens e direitos do titular.

---

[16] CARVALHO, Luiz Paulo Vieira de. *Direito civil:* questões fundamentais. 4. ed. Niterói: Impetus, 2010. p. 53.

A herança é uma universalidade de bens, direitos e obrigações, sendo representada ativa e passivamente até a partilha pelo inventariante. Não é dotada de personalidade própria, daí não ser uma pessoa jurídica, posto que a posse e o domínio são imediatamente transferidos aos herdeiros (art. 1.791, *caput*, do CC).

O Código Civil dispõe que, até ultimar a partilha, o direito à propriedade e a posse da herança são indivisíveis e regular-se-ão pelas normas relativas ao condomínio, sendo ineficaz a cessão pelo coerdeiro sobre qualquer bem considerado singularmente ou sem autorização judicial, se pendente a indivisibilidade, conforme regra expressa dos arts. 1.791 e 1.793, §§ 2º e 3º[17].

Aplicando-se as normas relativas ao condomínio, o coerdeiro não poderá ceder sua quota hereditária a pessoa estranha, se outro coerdeiro a quiser, tanto por tanto, podendo depositar o preço e haver para si a quota cedida a estranho no prazo de cento e oitenta dias após a transmissão, salvo se lhe foi dado conhecimento da cessão e não quis exercer o direito de preferência, conforme disposto nos arts. 1.794 e 1.795 do Código Civil.

O herdeiro, portanto, não pode ceder bem considerado singularmente, salvo com autorização judicial, mas pode ceder seu direito à sucessão hereditária, ou parte dele, por escritura pública (art. 1.793 do CC), observando o direito de preferência dos coerdeiros.

Se os bens da herança já foram partilhados em frações ideais e não divididos entre os herdeiros, extinguiu-se o espólio, mas foi instituído um condomínio, mantendo-se o direito de preferência do condômino, pois dispõe o art. 504, 1ª parte, do Código Civil que "não pode um condômino

---

[17] "Art. 1.791. A herança defere-se como um todo unitário, ainda que vários sejam os herdeiros.

Parágrafo único. Até a partilha, o direito dos coerdeiros, quanto à propriedade e posse da herança, será indivisível, e regular-se-á pelas normas relativas ao condomínio."

"Art. 1.793. O direito à sucessão aberta, bem como o quinhão de que disponha o coerdeiro, pode ser objeto de cessão por escritura pública.

§ 1º (...)

§ 2º É ineficaz a cessão, pelo coerdeiro, de seu direito hereditário sobre qualquer bem da herança considerado singularmente.

§ 3º Ineficaz é a disposição, sem prévia autorização do juiz da sucessão, por qualquer herdeiro, de bem componente do acervo hereditário, pendente a indivisibilidade."

em coisa indivisível vender sua parte a estranhos, se outro consorte a quiser, tanto por tanto". Se o bem, entretanto, já estiver dividido entre eles, não mais existe condomínio, podendo o condômino alienar livremente o bem recebido por herança.

1.3. PRINCÍPIOS E FUNDAMENTOS DO DIREITO DAS SUCESSÕES

Diversos princípios regulam o direito sucessório e devem ser observados na transmissão da herança. Pablo Stolze e Rodolfo Pamplona apresentam seis princípios específicos: princípio da *saisine*; princípio *(non) ultra vires hereditatis*; princípio da função social da herança; princípio da territorialidade; princípio da temporariedade; e princípio do respeito à vontade manifestada[18].

1.3.1. Princípio da função social da herança

O princípio da função social da herança ressalta a redistribuição do patrimônio do falecido aos herdeiros e legatários, garantindo-lhes, por vezes, a subsistência, exercendo o papel de garantia da solidariedade familiar, como ocorre com a legítima dos herdeiros necessários. Ocorrendo estreita relação entre a sucessão hereditária e a propriedade privada, a mudança da titularidade não altera os deveres e as obrigações na função social da propriedade, que determina que os interesses dos titulares observem e coexistam harmoniosamente, sem conflitos, com os interesses sociais[19]. Assim, a herança exerce uma função social tanto na solidariedade familiar quanto no exercício do direito de propriedade do novo titular.

1.3.2. Princípio da territorialidade

O princípio da territorialidade, que será melhor abordado ao tratarmos da transmissão da herança, estabelece qual legislação é aplicável no direito

[18] GAGLIANO, Pablo Stolze; PAMPLONA FILHO, Rodolfo. *Manual de direito civil.* São Paulo: Saraiva, 2017. p. 1.434-1.443.

[19] LÔBO, Paulo Luiz Netto. Op. cit., 3. ed., p. 44-45.

sucessório e a competência para a abertura do inventário. A sucessão abre-se no local do último domicílio do autor da herança e, caso ele não possuísse domicílio certo, no local onde se situam os bens (art. 48 do CPC).

A lei que regula a sucessão é a do país do domicílio do falecido, entretanto, a Constituição Federal (art. 5º, XXXI) e a LINDB (art. 10, § 1º) determinam que a lei brasileira regula a sucessão de bens de estrangeiros situados no Brasil em benefício do cônjuge e filhos brasileiros, exceto se a lei estrangeira lhes for mais favorável.

1.3.3. Princípio de *saisine*

Saisine, no direito sucessório, significa a posse imediata pelos herdeiros dos bens da herança no momento da morte de seu autor. Morto o titular, a posse é transmitida de imediato aos sucessores, de forma plena e ampla, ainda que ficta, conforme determina o art. 1.784 do Código Civil. O princípio da *saisine* será novamente abordado no item 2.2 ao tratar especificamente da abertura da sucessão.

1.3.4. Princípio *non ultra vires hereditatis*

Este princípio, que significa "não além das forças da herança", se opõe ao princípio *ultra vires hereditatis* (além do conteúdo da herança), que vigorava no Direito Romano e no Direito Brasileiro antes do Código Civil de 1916 e obrigava o herdeiro a pagar as dívidas do espólio com seus bens particulares se a herança não bastasse. A herança, portanto, podia ser danosa ao herdeiro se o passivo fosse superior ao ativo, respondendo o sucessor por dívidas além das forças da herança. Para evitar o pagamento de dívidas superiores ao acervo hereditário, os herdeiros passaram a "aceitar a herança sob o benefício do inventário", ou seja, a aceitação era condicional à superioridade do ativo somente se a herança fosse benéfica.

O art. 1.587 do Código Civil de 1916, reproduzido no art. 1.792 do Código Civil de 2002, introduziu o princípio de que "o herdeiro não responde por encargos superiores à força da herança". Assim, a herança responde pelas dívidas do falecido, mas até o limite de suas forças, aplicando-se o princípio do *non ultra vires hereditatis* (não além das forças da herança).

1.3.5. Princípio da temporariedade

De extrema importância, determina este princípio que se aplica o direito sucessório vigente no momento da morte do autor da herança, dispondo o art. 1.787 do Código Civil que "regula a sucessão e a legitimação para suceder a lei vigente ao tempo da abertura daquela".

Assim, a ordem de vocação hereditária e todas as regras do direito sucessório serão as vigentes no momento da abertura da sucessão, e não da abertura do inventário ou da partilha. Se a pessoa faleceu antes de 2003, ainda que o inventário e a partilha ocorram na vigência do Código Civil de 2002, aplicam-se as regras do Código Civil de 1916, que não previa, por exemplo, a concorrência sucessória entre os cônjuges e companheiros com os descendentes e ascendentes.

1.3.6. Princípio do respeito à vontade manifestada

Trata-se de princípio que determina a obediência à vontade do autor da herança manifestada em testamento e prevalece sobre a sucessão legítima, exceto quanto à legítima resguardada aos herdeiros necessários (metade da herança - art. 1.789 do CC).

O princípio do respeito à vontade do testador encontra guarida no art. 1.788 do Código Civil, que dispõe que a herança será deferida aos herdeiros legítimos somente se não houver testamento ou se for nulo ou caduco. Logo, existindo testamento válido, prevalece a vontade manifestada do autor da herança.

1.3.7. Fundamentos do Direito Sucessório

Rolf Madaleno apresenta como fundamentos do Direito Sucessório a proteção e segurança da família e a continuidade das relações jurídicas do autor da herança. Ressalta que o direito à sucessão legítima ou testamentária é direito fundamental e que a organização da família conduz à sucessão legítima, que inclui a sucessão necessária, garantindo aos parentes e familiares mais próximos (descendentes, ascendentes, cônjuges e para uma corrente os companheiros) "as riquezas patrimoniais e com ela a sua organização, além de pela via reflexa manter um Estado forte e economicamente estável". A continuidade das relações jurídicas atende a uma exigência social, permitindo a continuidade das relações comerciais, mantendo-se as obrigações e os créditos do falecido, bem como a titularidade dos bens deixados, evitando-se o caos social se ficassem sem titulares[20].

[20] MADALENO, Rolf. *Sucessão legítima*, cit., p. 15.

2

Transmissão da Herança

2.1. INTRODUÇÃO E LEI APLICÁVEL NA SUCESSÃO INTERNACIONAL

A herança, que às vezes é confundida com espólio ou monte, abrange a totalidade dos bens, direitos e obrigações que se transmite aos herdeiros e legatários com a morte, sendo considerada bem imóvel (arts. 80, II[1], e 1.793 do CC), obedecendo a todas as normas peculiares desses bens.

A herança, do latim *hereditas* (ação de herdar) e *heres* (herdeiro), em sentido geral ou amplo, abrange toda a universalidade de bens, direitos e obrigações. No sentido estrito, é entendida como a quota-parte do herdeiro, a parcela que irá receber, que possui direito. A herança possui duração temporária, permanecendo da morte do *de cujus* até a partilha dos bens, momento em que se extingue o espólio. Tecnicamente, o legado, que é um bem

---

1 "Art. 80. Consideram-se imóveis para os efeitos legais:
I – (...)
II – o direito à sucessão aberta."

certo e específico, individualizado, deixado pelo autor da herança ao legatário, não integra a herança em sentido estrito[2], mas compõe o espólio.

A denominação espólio é utilizada como o patrimônio do falecido até a conclusão do inventário e partilha, a universalidade do acervo hereditário que pertence a todos os herdeiros, se diferenciando, nesse sentido, da herança, que é a fração ideal de cada um. O espólio, apesar de não possuir personalidade própria, possui legitimidade para demandar e ser demandado (ativa e passiva), representado pelo inventariante. Como esclarece Rodrigo da Cunha Pereira, "trata-se de uma modalidade de representação anômala já que há um representante sem que exista a pessoa do representado". É uma ficção jurídica para executar o inventário[3].

Inventário é processo judicial ou administrativo de levantamento e apuração dos bens do autor da herança para repartir entre os herdeiros.

Não se confunde herança com meação, direito próprio do cônjuge ou companheiro sobrevivente em razão do regime de bens, resultante do direito de família. O meeiro não herda, recebe os bens que lhe pertencem por direito próprio em razão da extinção do regime de bens, em face da dissolução do casamento ou da união estável, pela morte do consorte. Como existia uma comunhão de bens durante a união do meeiro com o falecido, todo o patrimônio comum será inventariado para, ao final, na partilha, serem identificadas a meação e a herança. Não ocorre transmissão de bens ao meeiro, apenas será recebida a meação em face da dissolução do casamento ou da união estável pela morte. Como o bem pertence ao meeiro por direito próprio, não incide impostos *causa mortis* na meação, apenas na herança.

O cônjuge ou companheiro pode, todavia, como será visto, assumir a qualidade de herdeiro concorrente com os descendentes ou ascendentes do falecido ou ser herdeiro único, de acordo com a ordem de vocação hereditária ou por disposição de última vontade do autor da herança. Nesse caso, ocorrerá transmissão de bens recebidos por herança e incidirá o imposto de transmissão.

---

2 PEREIRA, Rodrigo da Cunha. *Dicionário de direito de família e sucessões*. São Paulo: Saraiva, 2015. p. 369-370.

3 PEREIRA, Rodrigo da Cunha. Op. cit., p. 271.

A herança transmite-se imediatamente aos herdeiros com a morte do titular, passando a integrar seu patrimônio. Assim, transmite-se a herança no momento da abertura da sucessão, mesmo que o herdeiro não tenha ciência da morte do titular do patrimônio, e não com a abertura de inventário ou a partilha. Oportuno diferenciar abertura da sucessão (morte) com abertura de inventário, que ocorre posteriormente, conforme leciona Conrado Paulino da Rosa:

> Importante desde já referirmos que a abertura da sucessão em nada se aproxima com o início do inventário judicial ou extrajudicial: ela é apenas a declaração de que, com a morte, as relações jurídicas do falecido são, de imediato, transferidas aos herdeiros (desde logo e ainda que seus parentes ou todos aqueles que mantenham relações jurídicas com o finado ainda não tenham tomado conhecimento do ocorrido)[4].

A lei do domicílio do autor da herança é a que regula a sucessão por morte e também por ausência, quaisquer que sejam a natureza e a situação dos bens. Conforme determina o art. 10 da LINDB, "a sucessão por morte ou por ausência obedece à lei do país em que domiciliado o defunto ou o desaparecido, qualquer que seja a natureza e a situação dos bens". O § 2º do referido dispositivo legal complementa que "a lei do domicílio do herdeiro ou legatário regula a capacidade para suceder". O Código de Processo Civil reafirma que o foro do domicílio do autor da herança, no Brasil, é o competente para a abertura do inventário (art. 48), enquanto o art. 1.785 do Código Civil dispõe que "a sucessão se abre no lugar do último domicílio do falecido". Prevalece, portanto, a lei do domicílio do falecido para regular os direitos sucessórios, mesmo estando os bens localizados em outro país.

Assim, se um brasileiro possui domicílio em Portugal, ainda que possua bens no Brasil, a lei do domicílio do falecido (Portugal) é que irá determinar a ordem de vocação hereditária e a qualidade dos herdeiros. O inventário dos bens situados no Brasil, todavia, necessariamente será processado no Brasil, conforme determinação do art. 23, II, do Código de Processo Civil[5],

---

[4] ROSA, Conrado Paulino da; RODRIGUES, Marco Antônio. *Inventário e partilha*. 4. ed. Salvador: Editora JusPodivm, 2019. p. 23.

[5] "Art. 23. Compete à autoridade judiciária brasileira, com exclusão de qualquer outra:
I – (...)

com exclusão de qualquer outra autoridade judiciária. Luiz Paulo Vieira de Carvalho exemplifica as hipóteses, envolvendo estrangeiro ou brasileiro com bens no Brasil e domicílio em outro país:

> Por todo o referido, vejamos um exemplo: suponha-se que um sueco seja domiciliado na África do Sul e tenha bens no Brasil e em diferentes países.
>
> Com a sua morte, no que tange aos bens situados no Brasil, será o juiz brasileiro o competente para processar o inventário e a partilha, nos termos do art. 23, inciso II, do Código de Processo Civil.
>
> Já no que concerne à transmissão hereditária pertinente (quem são os vocacionados legais, necessários ou facultativos, testamentários, legatários, etc.), esta obedecerá à lei do país em que o morto era domiciliado, ou seja, a legislação da África do Sul, aplicando-se tal legislação devidamente traduzida, salvo se o juiz conhecê-la, e com a prova de que o texto está em vigor, na forma dos arts. 10, 14, e 17, todos da Lei de Introdução às Normas de Direito Brasileiro – LINDB.
>
> O mesmo ocorreria se o morto fosse brasileiro e domiciliado na África do Sul: os bens situados no Brasil deveriam ser inventariados e partilhados por magistrado brasileiro, repetimos, do mesmo modo que a maioria das legislações alienígenas, ao dispor que, em relação aos bens situados nos respectivos países, serão os mesmos inventariados pelos juízes locais, seja de acordo com a lei da nacionalidade, seja de acordo com a lei do domicílio[6].

A sucessão, assim, será regulada por um único direito, optando o Brasil no direito internacional privado pelo sistema de unidade sucessória, ou seja, pela lei do local do domicílio. A unidade sucessória é benéfica por evitar conflitos legislativos, conferir direitos iguais e importar em segurança jurídica para os herdeiros e credores. Apesar da universalidade e critério único adotado pelo Brasil, o procedimento de inventário e partilha e con-

---

II – em matéria de sucessão hereditária, proceder à confirmação de testamento particular e ao inventário e à partilha de bens situados no Brasil, ainda que o autor da herança seja de nacionalidade estrangeira ou tenha domicílio fora do território nacional;"

6 CARVALHO, Luiz Paulo Vieira de. *Direito das sucessões*. 4. ed. São Paulo: Atlas, 2019. p. 126 e 127.

firmação de testamento, quanto aos bens situados no Brasil, é de competência dos juízes brasileiros (art. 23, II, CPC).

Luiz Paulo Vieira de Carvalho esclarece que esse regramento está vinculado ao conceito de soberania, não produzindo efeitos no Brasil, quanto aos bens aqui situados, a decisão proferida por magistrado estrangeiro referente ao inventário e partilha, permitindo-se o duplo domicílio sucessório: a) a qualidade de herdeiro e a ordem de vocação hereditária, ou seja, quem são os sucessores, regendo materialmente a sucessão, obedece a *lex domicili* (a lei do domicílio) do falecido (art. 10, *caput*, LINDB); b) a capacidade para suceder (art.10, § 2º, LINDB) será a *lex domicili* do herdeiro ou legatário, bem como os procedimentos de inventário, partilha, confirmação e outras ações sucessórias (art. 23, II, CPC). Assim, como já pacificado nas cortes superiores, as questões sobre os bens situados no Brasil serão decididas pelo juiz brasileiro, enquanto as questões sucessórias e negociais dos bens situados no exterior, mesmo que o falecido seja brasileiro, serão decididas pelo juiz estrangeiro[7].

Não se confunde, portanto, qualidade de herdeiro e ordem de vocação hereditária com capacidade de suceder. A qualidade de herdeiro e a ordem de vocação hereditária, ou seja, dizer quem é o herdeiro, é regida pela lei do domicílio do autor (art. 10, *caput*, LINDB). Resolvido quem é o herdeiro pela lei do domicílio do falecido, caberá examinar se ele é capaz ou incapaz de receber a herança sendo competente nesse caso a lei do domicílio do herdeiro ou do legatário (art.10, § 2º, LINDB)[8].

Ressalta-se que, na sucessão de bens de estrangeiros situados no Brasil, a regra do domicílio do falecido é excepcionada em favor de filhos ou de cônjuge ou companheiros brasileiros, quando a lei nacional for mais benéfica, conforme dispõem o art. 5º, XXXI, da Constituição Federal[9] e o art. 10, § 1º, da LINDB, com a redação dada pela Lei n. 9.047/1995, ao determinar que:

---

7 CARVALHO, Luiz Paulo Vieira de. *Direito das sucessões*. 4. ed., cit., p. 123 e 124.

8 STJ, REsp n. 61.434, Rel. Min. César Asfor Rocha, j. 17-6-1997.

9 "Art. 5º (...)
(...)
XXXI – a sucessão de bens de estrangeiros situados no País será regulada pela lei brasileira em benefício do cônjuge ou dos filhos brasileiros, sempre que não lhes seja mais favorável a lei pessoal do 'de cujus';"

> Art. 10. (...)
>
> § 1º "a sucessão de bens de estrangeiros, situados no País, será regulada pela lei brasileira em benefício do cônjuge ou dos filhos brasileiros, ou de quem os represente, sempre que não lhes seja mais favorável a lei pessoal do *de cujus*".

O objetivo é proteger os filhos e o cônjuge brasileiro, também o companheiro, que teve igualado seus direitos sucessórios ao cônjuge no julgamento pelo STF do RE 878.694/MG, quando a lei pessoal (do domicílio – art. 10, *caput*, LINDB) do falecido não for a mais benéfica. A título de exemplo, se na legislação estrangeira caber ao cônjuge, em concorrência com um dos genitores do falecido, um terço da herança, será aplicada a legislação brasileira por ser mais benéfica quanto aos bens localizados no Brasil, cabendo-lhe a metade da herança. Em sentido diverso, o Código Civil Português é mais benéfico ao cônjuge, pois concorrendo com os pais do falecido herdará dois terços da herança. Assim, nesse caso, aplicará a legislação estrangeira ao cônjuge brasileiro também quanto aos bens situados no Brasil.

O foro competente para inventário, partilha, arrecadação dos bens e cumprimento do testamento é o do último domicílio do falecido (art. 1.785 do CC e art. 48 do CPC). Se o autor da herança não possuía domicílio certo, a competência para abertura do inventário será do foro em que se situam os bens imóveis, podendo ser em qualquer deles se possuir bens em comarcas diversas, mesmo que tenha falecido em outro local, modificando corretamente a competência da legislação anterior, que estipulava o local do óbito. Se o falecido não possuir bens imóveis, a competência será do foro de qualquer local em que possua bens (art. 48, parágrafo único, do CPC).

2.2. ABERTURA DA SUCESSÃO E O PRINCÍPIO DA *SAISINE*

A abertura da sucessão ocorre com a morte da pessoa física, transmitindo-se de imediato a herança aos herdeiros. Assim, morte, abertura da sucessão e transmissão da herança ocorrem em um só momento.

Antes da morte existe apenas uma expectativa de direito dos eventuais herdeiros, denominada na doutrina de designação sucessória, com a indicação dos sucessores em razão da disposição da lei (sucessão legítima) ou pela vontade do autor da herança (sucessão testamentária). A designação sucessória indica os potenciais herdeiros, mas somente se aperfeiçoarão se sobreviverem ao falecido, ocorrendo o princípio da coexistência previsto no art. 1.798 do Código Civil. A designação sucessória é instável, pois pode ir alterando com nascimento ou morte de herdeiro, modificação do testamento, entre outras hipóteses. Com a morte do autor da herança a designação sucessória converte-se em ordem de vocação hereditária e torna-se em regra imutável[10], somente alterando com a renúncia ou exclusão do herdeiro.

Em vida do autor do patrimônio não existem direitos hereditários, tanto que não pode ser objeto de contrato a herança de pessoa viva (art. 426 do CC). O art. 426 do Código Civil veda, como já visto, a *pacta corvina* ou *pactu corvinus*, ou seja, o contrato que transfere a herança de pessoa viva, desejando sua morte, como os corvos que se alimentam de restos mortais.

Não basta, porém, a morte. É necessário também a aceitação da herança. Herdeiro é o aceitante. O renunciante não é herdeiro, pois a sucessão hereditária não se operou plenamente. Por sucessão também se entende, no sentido subjetivo, o direito do sucessor de exigir os bens do sucedido, bem como o direito deste de aceitar ou renunciar à herança.

Giselda Hironaka[11] ensina, e ainda cita Orlando Gomes, que a sucessão pressupõe a morte, que se prova pela inserção em registro público da declaração de óbito ou da sentença que declarar a ausência ou a morte presumida. Pressupõe, ainda, a vocação hereditária que pode ter sido instituída pelo *de cujus* quando em vida (fonte imediata) ou por disposição da lei (fonte mediata). A vocação hereditária instituída pelo testador pode ocorrer de forma ampla ou restrita, conforme seu testamento tenha abarcado a totalidade ou apenas parte de seu patrimônio, por sua vontade ou imposição da lei, para preservar a legítima dos herdeiros necessários (art. 1.789 do CC). A disposição legal supletiva supre a vontade do autor da herança, segundo critérios presumidos pelo legislador, indicando a quem ele gostaria de transmitir o seu patrimônio caso tivesse podido testar (art. 1.788 do CC).

A morte é pressuposto para a abertura da sucessão, natural ou presumida, pondo fim à existência da pessoa física (art. 6º do CC).

A morte natural ou biológica, também denominada de morte real, ocorre quando cessam as atividades do cérebro da pessoa, sendo comprova-

---

10 CARVALHO, Luiz Paulo Vieira de. *Direito das sucessões*. 4. ed., cit., p. 71.

11 HIRONAKA, Giselda Maria Fernandes Novaes et al. *Direito das sucessões*. Belo Horizonte: IBDFAM/Del Rey, 2004. p. 2.

da pela presença do cadáver e atestada por médicos ou testemunhas, na falta ou impossibilidade da presença de médicos (arts. 77 e 83 da Lei n. 6.015/1973).

Em razão da Lei de Remoção dos Órgãos (Lei n. 9.434/1997), ensina Luiz Paulo Vieira de Carvalho, que atualmente a medicina considera que a morte ocorre no momento da morte encefálica (art. 3º), ou seja, quando cessam totalmente as atividades cerebrais, e não mais pela cessação das funções circulatórias e respiratória, pela paralisação definitiva da atividade cardíaca[12].

O Conselho Federal de Medicina expediu a Resolução n. 2.173, de 23 de novembro de 2017, que define os critérios do diagnóstico de morte encefálica. Existindo suspeita de morte, o paciente, com a nova resolução do CFM, deve ser observado e tratado por, no mínimo, seis horas (antes o médico podia iniciar imediatamente o protocolo de confirmação). O exame clínico deve ser realizado por dois médicos, com intervalo de uma hora entre um e outro, devendo ser observados nos exames os seguintes sinais: coma não perceptivo (coma profundo); ausência de reatividade supraespinhal, ou seja, ausência de reflexos motores; ausência de respiração (apneia persistente); presença de lesão encefálica de origem conhecida e irreversível, capaz de causar morte encefálica; e temperatura corporal superior a 35°C (arts. 1º a 3º).

A morte presumida ocorre quando o cadáver não é localizado, nas hipóteses de ausência; de quem estava em grave perigo de vida; dos desaparecidos ou feitos prisioneiros em guerra (art. 7º do CC); e dos desaparecidos em razão de participação em atividades políticas no período de 2 de setembro de 1961 a 5 de outubro de 1988 (Lei n. 9.140/1995).

MORTE
- Natural ou real
- Presumida
  - Ausência
  - Perigo de vida
  - Desaparecido/prisioneiro na guerra
  - Desaparecido em atividade política

[12] CARVALHO, Luiz Paulo Vieira de. Op. cit., p. 62-63.

A justificação da morte presumida é feita judicialmente, por qualquer interessado, observando o procedimento justificatório previsto no art. 88 da Lei dos Registros Públicos (Lei n. 6.015/1973)[13], exigindo-se a demonstração da ocorrência do fato (catástrofe, desaparecimento etc.), que a pessoa estava no local, que não foi mais vista e que o cadáver não foi localizado. Tem-se admitido a competência da justiça brasileira para o procedimento de justificação de morte presumida de brasileiros, ainda que o acidente tenha ocorrido além das fronteiras nacionais, especialmente em acidentes aéreos e marítimos, processando-se no foro do domicílio do desaparecido[14].

A presunção de morte por ausência é prevista no art. 6º, 2ª parte, do Código Civil, ao dispor que a existência da pessoa termina com a morte, presumindo-se esta, "quanto aos ausentes, nos casos em que a lei autoriza a abertura da sucessão definitiva". Ausente é a pessoa que desaparece de seu domicílio sem deixar notícias. Os interessados ou o Ministério Público (ou o juiz de ofício) podem requerer em juízo a declaração provisória de ausência e a nomeação de curador para arrecadar e administrar os bens do ausente, publicando-se editais de dois em dois meses durante um ano. Transcorrido um ano de arrecadação dos bens, admite-se aos interessados requerer a abertura da sucessão provisória. Passado o prazo de dez anos do trânsito em julgado da sentença de abertura da sucessão provisória ou de cinco anos das últimas notícias do desaparecido, se possuía mais de oitenta anos de idade, os interessados podem requerer a sucessão definitiva e a declaração de morte presumida do ausente (arts. 37 e 38 do CC).

A morte presumida por ausência exige, portanto, o transcurso do prazo de dez anos da sucessão provisória dos bens do ausente ou de cinco anos das últimas notícias se possuía mais de oitenta anos.

Além da ausência, o Código Civil regula no art. 7º outras hipóteses de morte presumida, sem decretação de ausência, nos casos de situação de perigo de vida e desaparecido em guerra, dispondo que a morte pode ser

---

[13] "Art. 88. Poderão os Juízes togados admitir justificação para o assento de óbito de pessoas desaparecidas em naufrágio, inundação, incêndio, terremoto ou qualquer outra catástrofe, quando estiver provada a sua presença no local do desastre e não for possível encontrar-se o cadáver para exame."

[14] CENEVITA, Walter. *Lei dos Registros Públicos comentada.* 18. ed. São Paulo: Saraiva, 2008. p. 205.

declarada "se for extremamente provável a morte de quem estava em perigo de vida", ou, ainda, "se alguém desaparecido em campanha ou feito prisioneiro, não for encontrado até dois anos após o término da guerra".

Em ambos os casos, a morte presumida "somente poderá ser requerida depois de esgotadas as buscas e averiguações, devendo a sentença fixar a data provável do falecimento" (art. 7º, parágrafo único, do CC).

A morte presumida, portanto, ocorre quando, em circunstâncias graves, existe a presunção de óbito, mas o cadáver não foi encontrado ou identificado.

A Lei n. 6.015/1973 já regulava a morte presumida, justificada perante o juiz para o assento de óbito, nos casos de pessoas desaparecidas em naufrágio, inundação, incêndio, terremoto ou qualquer outra catástrofe, que configura o perigo de vida exigido pelo atual Código Civil, quando não encontrado o cadáver, desde que comprovada a presença da pessoa no local, ou desaparecido em campanha, existindo fatos convincentes do óbito.

Também se reconhecem presumidamente mortas, nos termos da Lei n. 9.140/1995, as pessoas desaparecidas em razão de participação em atividades políticas no período de 2 de setembro de 1961 a 15 de agosto de 1979, sendo o período ampliado pela Lei n. 10.536/2002, que deu nova redação ao art. 1º da Lei n. 9.140/1995[15], para 5 de outubro de 1988.

A declaração de ausência, apesar de pontos comuns, difere da declaração de morte presumida, comprovada mediante processo justificatório que se insere na jurisdição voluntária, havendo julgamento final por sentença, após o juiz apreciar as provas orais e documentais, com intervenção obrigatória do Ministério Público, ficando os autos arquivados no registro civil (art. 88 c/c art. 11 da LRP), estabelecendo o Código Civil que só pode ser requerida depois de esgotadas as buscas e averiguações, devendo a sentença fixar a data provável do falecimento (art. 7º, parágrafo único, do CC).

A declaração da ausência também difere da herança jacente, pois nesta existe a morte sem a existência de herdeiros conhecidos, enquanto na-

[15] "Art. 1º São reconhecidos como mortas, para todos os efeitos legais, as pessoas que tenham participado, ou tenham sido acusadas de participação, em atividades políticas, no período de 2 de setembro de 1961 a 5 de outubro de 1988, e que, por este motivo, tenham sido detidas por agentes públicos, achando-se, deste então, desaparecidas, sem que delas haja notícias."

quela existe um desaparecimento, com suspeita de morte, e herdeiros geralmente conhecidos, apesar da possibilidade de ocorrer ausência e de a sucessão se converter em herança jacente e vacante[16].

A morte natural, comprovada pelo cadáver e atestada por médico ou testemunhas, não exige declaração judicial, lavrando-se o assento de óbito mediante declaração ao oficial do registro civil. O art. 77 da Lei n. 6.015/1973 dispõe que nenhum sepultamento será feito sem certidão de óbito, extraída após a lavratura do assento de óbito, no local onde ocorreu o falecimento.

O assento de óbito será lavrado mediante atestado de médico, se houver no lugar, ou, em caso contrário, de duas pessoas qualificadas que tenham presenciado ou verificado o falecimento. Acrescenta o art. 83 da Lei n. 6.015/1973 que, na hipótese de acontecer sepultamento sem lavratura do assento de óbito, o que pode ocorrer em pequenas localidades, este pode ser efetuado posteriormente. Caso não exista atestado médico ou declaração de duas pessoas qualificadas, pode ser efetuada a declaração de duas testemunhas que tenham assistido ao falecimento ou ao funeral e possam certificar, por conhecerem ou mediante informação que tenham colhido, a identidade do falecido.

A herança, com a morte, transmite-se imediatamente aos herdeiros, independentemente da situação de fato, pois, a despeito de a herança se encontrar na detenção de terceiros, o herdeiro adquire a qualidade de possuidor, em face do princípio da transmissão *ex lege* dos bens hereditários ou direito de *saisine*[17].

O direito de *saisine* (*droit de saisine*) surgiu no direito francês para evitar os abusos do senhor feudal, que exigia dos herdeiros do arrendatário falecido o pagamento de uma contribuição para pleitearem a imissão na posse. Para evitar o pagamento desse tributo feudal, adotou-se a ficção de que o falecido havia transmitido ao seu herdeiro, no momento de sua morte, a posse de todos os seus bens[18]. Rolf Madaleno leciona que surgiu na

---

16 VENOSA, Sílvio de Salvo. *Direito civil*: direito das sucessões. 3. ed. São Paulo: Atlas, 2003. v. 7. p. 70.

17 RODRIGUES, Silvio. *Direito civil*. Direito das sucessões. 19. ed. São Paulo: Saraiva, 1995. v. 7. p. 13-15.

18 CAPITANT, Colin. *Cours elémentaire de droit vivil e français*. 9. ed. Paris: Dalloz. t. III. p. 1.024.

Idade Média, adotando a fórmula *le mort saisit le vif*, ou seja, o morto sucede o vivo, permitindo ao herdeiro entrar na posse ficta dos bens deixados pelo falecido de imediato, sem necessidade da posse de fato e aceitação da herança, sem existência de intervalo entre a morte e a posse, evitando que a herança ficasse sem titular. Assim os herdeiros do vassalo que possuía a posse da terra não precisavam mais efetuar pagamento ao senhor feudal para o resgate da posse do falecido[19].

Saisine quer dizer posse e expressa a ideia de que a posse da herança se transmite *incontinenti* aos herdeiros, sendo introduzida no direito português pelo alvará de 9 de novembro de 1754 e, após consolidado por Teixeira de Freitas, o princípio foi adotado no Brasil pelo art. 1.572 do Código Civil de 1916 e mantido no art. 1.784 do atual Código Civil, que dispõe que, "aberta a sucessão, a herança transmite-se, desde logo, aos herdeiros legítimos e testamentários".

Rodrigo da Cunha Pereira leciona que no Brasil a *saisine* é ampla e plena, não dependendo o herdeiro de outras formalidades ou prática de qualquer outro ato, como prévia aceitação da herança, para investir-se no domínio e posse dos bens hereditários. A respeito do conceito e origem do princípio da *saisine* leciona que:

> Princípio de origem francesa, pelo qual se estabelece que a propriedade dos bens do *de cujus* se transmite aos seus herdeiros de imediato no momento de sua morte. É o direito de receber bem ou direito fundado na morte, por imperativo da lei. Surgiu na época medieval e foi aplicada pelo Direito Francês durante o feudalismo. Com a morte do arrendatário, a terra arrendada era devolvida ao senhor, obrigando que os herdeiros pleiteassem a imissão na posse, e para tal, lhes era cobrado um tributo. Para não pagarem a tributação requerida, criou-se a ficção da transmissão pelo morto, da posse de todos os seus bens no momento imediato da sua morte aos seus herdeiros. Essa ideia permanece até hoje[20].

Paulo Stolze e Rodolfo Pamplona lecionam que a palavra francesa *saisine*, derivada do verbo *saisir*, possui diversos significados (colher, apreen-

---

19 MADALENO, Rolf. *Sucessão legítima*, cit., p. 40.

20 PEREIRA, Rodrigo da Cunha. Op. cit., p. 583.

der, agarrar, confiscar, apoderar, entre outros). No direito sucessório tem o significado de posse, ou melhor, a posse imediata pelos herdeiros dos bens do falecido, evitando os abusos para a aquisição pelos sucessores dos bens da herança ou que se possa dar-lhes a natureza de coisa abandonada ou de coisa de ninguém. Confere aos herdeiros o direito de posse por imperativo legal, ainda que por ficção jurídica, no momento da abertura da sucessão, do acervo hereditário[21].

O herdeiro, mesmo não tendo a posse direta, assume a qualidade de possuidor, cuja consequência maior é a prerrogativa de recorrer aos interditos possessórios para defesa dos bens herdados, posto que a herança se defere como um todo unitário, ainda que vários sejam os herdeiros (art. 1.791, *caput*, do CC), remanescendo a posse direta com quem possui a coisa com legitimidade. O parágrafo único do art. 1.791 do Código Civil acrescenta que, "até a partilha, o direito dos coerdeiros, quanto à propriedade e posse da herança, será indivisível, e regular-se-á pelas normas relativas ao condomínio".

Assim, com a morte, a herança se transmite imediatamente aos herdeiros. Normalmente, o cônjuge ou companheiro sobrevivente possui a posse direta, quando inventariante. Também o herdeiro ou a pessoa que estiver na posse e administração dos bens tem a posse direta (arts. 615 e 617 do CPC), na ausência de cônjuge ou companheiro, e os demais herdeiros têm a posse indireta (arts. 1.197 e 1.797 do CC).

Maria Berenice Dias ressalta, entretanto, que os herdeiros possuem a propriedade e a posse de direitos, somente adquirindo a posse direta dos bens com a partilha[22].

Ao legatário não é transferida imediatamente a posse dos bens (arts. 1.923 c/c § 1º c/c 1.206 c/c 1.784 do CC), mas apenas o domínio.

O direito de *saisine* é uma ficção legal que impede a jacência imediata (art. 1.819 do CC), sendo necessário procedimento para arrecadação dos bens e edital para chamamento dos possíveis sucessores, para posteriormente, não existindo habilitação, o juiz declarar vacante a herança e consequente ausência de transmissão aos herdeiros, recolhendo-se os bens ao Município.

---

21 GAGLIANO, Pablo Stolze; PAMPLONA FILHO, Rodolfo. *Manual de direito civil*. São Paulo: Saraiva, 2017. p. 1.434-1.437.

22 DIAS, Maria Berenice. *Manual das sucessões*. São Paulo: RT, 2008. p. 99.

A aceitação ou a renúncia da herança são retroativas desde a morte de seu autor, pois como visto abre-se a sucessão hereditária no momento da morte (arts. 1.784 c/c 1.206 c/c 1.207 do CC).

A capacidade para suceder é a do tempo da abertura da sucessão, assim, leis posteriores, como as Leis n. 8.971/1994 (art. 2º, III) e n. 9.278/1996 (arts. 5º e 7º, parágrafo único), e o art. 1.790 do Código Civil não retroagem para beneficiar ou prejudicar o companheiro ou colaterais, dispondo o art. 1.787 do Código Civil que "regula a sucessão e a legitimação para suceder a lei vigente ao tempo da abertura daquela".

O Código Civil dispõe que estão legitimados a suceder, na sucessão legítima, as pessoas nascidas ou já concebidas (nascituro) no momento da abertura da sucessão (art. 1.798). O direito sucessório é omisso quanto à situação jurídica dos embriões excedentários, pois não existe legislação regulando o processo de reprodução humana assistida. Na omissão legislativa, caberá à doutrina e à jurisprudência apresentar soluções na hipótese de utilização dos embriões excedentários após a morte do doador.

Admite-se, ainda, na sucessão testamentária, o testador nomear herdeiros a prole eventual de pessoas certas e vivas na abertura da sucessão, confiando os bens a um curador pelo prazo de dois anos para concepção do herdeiro esperado (arts. 1.799, I, e 1.800, *caput*, § 4º, do CC), retornando os bens aos herdeiros legítimos, se não ocorrer concepção, assim como pessoas jurídicas já existentes ou para criação de fundação (art. 1.799, II e III, do CC).

O Código Civil também permite, na sucessão testamentária, nomear herdeiros a prole eventual de pessoas certas por prazo superior a dois anos, mas, nesse caso, somente mediante substituição fideicomissária (arts. 1.951 e 1.952).

2.3. COMORIÊNCIA

A comoriência se dá na presunção de morte simultânea, quando ocorre a morte de duas ou mais pessoas e não existem meios de apurar quem faleceu primeiro (art. 8º do CC).

A presunção de simultaneamente mortos ocorre especialmente nos casos de acidentes, em que as pessoas de uma família encontravam-se em um mesmo local, mas nada impede que ocorra em locais diversos, aplicando-se comoriência se não puder identificar quem faleceu primeiro.

Na dúvida, a presunção legal é de morte simultânea, não existindo qualquer indício de que o mais velho faleceu primeiro, entretanto a presunção é relativa, podendo ser afastada por perícia médica ou até mesmo por testemunhas idôneas que presenciaram o óbito. Pode ocorrer, por exemplo, quando, em um acidente envolvendo veículos, as pessoas, ao prestarem socorro, comprovam que o motorista faleceu e um dos passageiros ainda estava respirando, mas falece logo depois.

O efeito da comoriência no direito sucessório é de que não existe transmissão de herança entre os comorientes, por não saber quem morreu primeiro para transmitir os bens ao seu herdeiro que faleceu depois.

Assim, se marido e mulher, sem descendentes e ascendentes, faleceram em comoriência, os bens de cada um serão herdados por seus respectivos parentes colaterais. Se, entretanto, um deles falecer primeiro e o outro logo após, o último herdará todos os bens do cônjuge falecido primeiro, ocorrendo transmissão entre eles. Esses bens, em seguida, serão herdados apenas pelos parentes colaterais do cônjuge falecido posteriormente.

Conrado Paulino da Rosa ressalta o peculiar interesse da comoriência no Direito Sucessório, pois se os falecidos forem herdeiros recíprocos poderão suceder ou não um ao outro, dependendo da identificação do exato momento da morte ou presumindo comorientes. Cita Giselda Hironaka para acrescentar quanto a comorientes recíprocos que:

> Em casos assim, a lei opera uma presunção que determina que as mortes tenham ocorrido, todas, em um mesmo instante, simultaneamente, de modo que cada falecido deixará herança aos seus próprios sucessores vivos, não ocorrendo a transmissão sucessória entre os comorientes. Isso ocorre dessa forma porque o Direito Sucessório não admite a *transmissão da herança ao vazio*, vale dizer, não admite deferência sucessória a pessoa que se encontrava também morta, ainda que portasse, antes dos óbitos, a condição de herdeiro do autor dessa herança[23].

---

[23] ROSA, Conrado Paulino da; RODRIGUES, Marco Antônio. *Inventário e partilha*. 4. ed., cit., p. 35.

3

Modalidades de Sucessão

A sucessão *causa mortis* pode ser testamentária, legítima e mista ou híbrida.

Sucessão testamentária é a oriunda de testamento válido, de disposição de última vontade do autor da herança, estabelecendo os herdeiros ou legatários que serão chamados a suceder e os bens que irão compor os quinhões ou o legado.

A sucessão legítima ou *ab intestato* é a resultante da lei nos casos de ausência, nulidade, anulabilidade ou caducidade do testamento. A lei estabelece a vocação hereditária e a ordem de prioridades em que as pessoas são chamadas a suceder (ordem de vocação hereditária). Presume-se que a ordem sucessória legal foi acolhida pelo autor da herança, que não quis alterá-la por testamento.

A sucessão mista ocorre quando a sucessão testamentária não abrange todos os bens, coexistindo a sucessão testamentária e a legítima, que não se excluem. Assim, os bens indicados pelo testador caberão aos herdeiros testamentários ou legatários, cumprindo o testamento. Os demais bens, omissos no testamento ou excluídos por alguma razão (exclusão do herdeiro, nulidade da cláusula testamentária, renúncia, pré-morte do herdeiro), caberão aos herdeiros legítimos, obedecendo a ordem de vocação hereditária prevista na lei.

Euclides de Oliveira e Sebastião Amorim acrescentam, ainda, a sucessão anômala, que ocorre nos casos dos bens que dispensam inventário, como os previstos na Lei n. 6.858/1980, ou seja, os valores devidos em razão do trabalho aos empregados, FGTS, PIS-PASEP, pequenas aplicações financeiras quando não existem outros bens a inventariar, bem como o recebimento de benefícios previdenciários e indenizações de seguro de vida, que são pagos aos dependentes ou beneficiários sem observar a ordem sucessória, em razão da natureza securitária[1].

Sob o ponto de vista jurídico, a mais importante é a testamentária. Dentro de certos parâmetros, o que o testador dispor é lei, prevalecendo a sua vontade.

A morte *ab intestato* ocorre quando não há testamento; há testamento, porém é nulo (inobservou as formalidades legais); ou há testamento, mas é caduco (não produz efeitos), como, p. ex., legatário pré-morto, marítimo não confirmado.

Se o falecido não deixou testamento, a herança vai para os herdeiros legítimos, obedecendo à ordem de vocação hereditária prevista no art. 1.829 do Código Civil, que defere a sucessão legítima aos descendentes, ascendentes, cônjuge e colaterais até o quarto grau (primos, tios-avós e sobrinhos-netos). O art. 1.790 do Código Civil, que reconhece o direito ao(à) companheiro(a) de participar da sucessão do outro foi julgado inconstitucional pelo Supremo Tribunal Federal, aplicando-se a mesma ordem prevista ao cônjuge.

Inexistindo herdeiros, a herança é jacente (sem existência de herdeiro titular) e, depois de declarada vaga (vacante), passa, após o prazo de cinco anos da morte, para o patrimônio público.

A sucessão legítima é subsidiária à sucessão testamentária, exceto quanto aos herdeiros necessários, que obrigatoriamente sempre herdam, no mínimo, a metade da herança, chamada de legítima. Dispõe o art. 1.789 do

---

1 OLIVEIRA, Euclides Benedito de; AMORIM, Sebastião Luiz. *Inventários e partilhas: direito das sucessões*. 23. ed. São Paulo: Livraria e Editora Universitária de Direito, 2013. p. 40.

Código Civil que "havendo herdeiros necessários, o testador só poderá dispor da metade da herança". Na sucessão legítima existem duas classes de herdeiros: necessários e facultativos.

Herdeiros necessários ou reservatários são os descendentes, ascendentes e cônjuges, conforme previsto no art. 1.845 do Código Civil, a quem é reservada a metade da herança. Determina o art. 1.846 do Código Civil que "pertence aos herdeiros necessários, de pleno direito, a metade dos bens da herança, constituindo a legítima". A doutrina e a jurisprudência vêm debatendo sobre a situação do companheiro estar incluído na categoria de herdeiro necessário ou não, face o princípio da igualdade e isonomia nas diversas espécies de família. Predomina o entendimento de que não deve existir hierarquização entre cônjuge e companheiro e desigualdade no tratamento estatal no regime sucessório, restando inconstitucional distinção entre eles, razão pela qual o companheiro deve ser incluído entre os herdeiros necessários.

O Brasil, diverso de outros países, adota um critério fixo sobre o valor da legítima (metade da herança), como uma garantia mínima reservada àquelas pessoas mais próximas do autor da herança e que ele por solidariedade familiar deve proteger, não podendo excluir da sucessão, salvo se ocorrerem as causas que autorizam a deserdação. A existência dos herdeiros necessários coloca limites na liberdade de testar, impedindo o autor da herança de dispor da totalidade de seus bens. Parte da doutrina vem insurgindo contra a restrição absoluta da liberdade de testar todo o patrimônio, por ferir a liberdade do autor da herança e muitas vezes incentivar demandas entre pais e filhos em razão da legítima. Essa corrente defende a obrigatoriedade apenas quanto aos filhos menores, em razão do poder familiar, ou em caso de enfermidade do herdeiro maior[2], em obediência ao princípio da solidariedade familiar.

Herdeiros facultativos são os parentes colaterais que herdam se não houver herdeiros necessários e podem ser excluídos da sucessão pelo testador sem reserva de parte da herança (art. 1.850 do CC), sem necessidade de justificativa, bastando serem omitidos no testamento.

---

[2] FARIAS, Cristiano Chaves de; ROSENVALD, Nelson. *Curso de direito civil.* Sucessões. São Paulo: Atlas, 2015. v. 7. p. 29.

O Código Civil não incluiu o companheiro na ordem de vocação hereditária prevista no art. 1.829, entre os herdeiros necessários ou facultativos, dispõe, entretanto, no art. 1.790, que participará da sucessão concorrendo com todos os herdeiros nos bens adquiridos a título oneroso na constância da união estável. A situação do companheiro, diversa do cônjuge na qualidade de herdeiro necessário, como acima abordado, desperta inconformismo, em razão da distinção no modelo familiar, ignorando a proteção constitucional à união estável. Face à redação do art. 1.790 do Código Civil, determinando a participação do companheiro na sucessão do outro, parte majoritária da doutrina, entre eles Marcelo Truzzi, defende que não pode ser afastado por vontade do autor da herança, como ocorre com os colaterais, mesmo não ostentando a qualidade de herdeiro necessário, garantindo-lhe a participação sucessória[3].

O Supremo Tribunal Federal, no julgamento do RE 878.694, por maioria declarou inconstitucional o art. 1.790 do Código Civil e equiparou os direitos sucessórios do companheiro aos do cônjuge, não sendo cabível distinção nos regimes sucessórios oriundos do casamento ou união estável, o que leva a conclusão que o companheiro é herdeiro necessário.

- HERDEIROS LEGÍTIMOS
  - Necessários
    - Descendentes
    - Ascendentes
    - Cônjuge ou companheiro
  - Facultativos
    - Colaterais

O poder público não é herdeiro, é o último depositário da herança, não possuindo direito de *saisine*, que só vale para herdeiros, não ocorrendo de imediato a transmissão da herança, mas somente após a sentença de vacância e o transcurso do prazo de cinco anos da morte do autor da herança. É o último depositário da herança, na ausência ou exclusão de herdeiros ou legatários.

---

3 OTERO, Marcelo Truzzi. *Justa causa testamentária*. Porto Alegre: Livraria do Advogado, 2012. p. 27-28.

4

Vocação Hereditária

4.1. INTRODUÇÃO

Vocação hereditária é a legitimidade que as pessoas possuem para a sucessão *causa mortis* estabelecida pela lei ou pela última vontade do titular dos bens. Rodrigo da Cunha Pereira leciona que a ordem de vocação hereditária, que vem do latim *vocare*, de chamar, "é a ordem de prioridade estabelecida pela lei das pessoas que irão suceder o *de cujus* com base no critério dos laços familiares"[1].

Rolf Madaleno esclarece que:

> A vocação hereditária diz respeito àquelas pessoas que estão legalmente capacitadas a sucederem o autor da herança, tanto pela via legítima como pela sucessão testamentária, e bem assim pela eventual coexistência das duas espécies de sucessões, pois um herdeiro pode ter sido beneficiado por testamento a par de também constar na ordem de vocação da lei[2].

---

1 PEREIRA, Rodrigo da Cunha. *Dicionário de direito de família e sucessões*. São Paulo: Saraiva, 2015. p. 493.

2 MADALENO, Rolf. *Sucessão legítima*, cit., p. 99.

Pode ser instituída, assim, por manifestação de vontade direta e expressa do testador (imediata) ou supletiva, por meio da ordem de preferência estabelecida pela lei, presumindo a vontade do autor da herança (mediata), possibilitando a existência da sucessão testamentária, legítima ou concomitantes (mista). Dispõe o art. 1.786 do Código Civil que "a sucessão dá-se por lei ou disposição de última vontade".

Ocorrendo a morte sem que o autor tenha deixado testamento - *ab intestato* –, ou se o testamento caducar, ou for julgado nulo, a sucessão será legítima, aplicando-se a ordem de vocação hereditária prevista na lei. O mesmo ocorre quanto aos bens que não estiverem previstos no testamento, aplicando-se quanto a estes a sucessão legítima, conforme disposto no art. 1.788 do Código Civil[3].

A vocação hereditária pode, portanto, ocorrer por vontade direta do testador - fonte imediata –, ou, na ausência do testamento, pela ordem de preferências estabelecidas pela lei - fonte mediata –, ou, ainda, mediante uma vocação híbrida ou mista, concorrendo na sucessão bens compreendidos por testamento e outros regulados pela ordem de vocação hereditária prevista na lei.

É oportuno diferenciar vocação hereditária, que são as pessoas que podem ser chamadas a suceder, como os parentes em linha reta, cônjuges, companheiros e colaterais na sucessão legítima, e os herdeiros e legatários instituídos por testamento, e a ordem na vocação hereditária, que estabelece quais herdeiros serão chamados em primeiro lugar para suceder.

VOCAÇÃO HEREDITÁRIA	
	Testamento - fonte imediata
	Lei - fonte mediata
	Mista - testamento e lei

[3] "Art. 1.788. Morrendo a pessoa sem testamento, transmite a herança aos herdeiros legítimos; o mesmo ocorrerá quanto aos bens que não forem compreendidos no testamento; e subsiste a sucessão legítima se o testamento caducar, ou for julgado nulo."

4.2. CAPACIDADE SUCESSÓRIA

4.2.1. Noções gerais – legitimados a suceder

A capacidade para suceder é apurada no momento da abertura da sucessão, aplicando-se a legislação vigente, dispondo o art. 1.787 do Código Civil que "regula a sucessão e a legitimação para suceder a lei vigente ao tempo da abertura daquela".

Assim, para suceder, é necessário que o herdeiro tenha capacidade sucessória, que possua legitimidade para suceder no momento da abertura da sucessão, tanto na sucessão legítima quanto na sucessão testamentária, no momento da morte do autor da herança. A morte do autor da herança, portanto, é que faz nascer a sucessão hereditária, ou em outras palavras, a morte dá vida aos direitos hereditários dos sucessores.

O principal pressuposto para apurar a capacidade sucessória, observando a disposição testamentária ou a ordem de vocação hereditária prevista na lei vigente no momento da morte, ensinam José Roberto Moreira e Januza Caroline, é a morte do autor da herança. Acrescentam que: "Entende-se capacidade sucessória como a aptidão para receber bens da herança, sendo que tal capacidade é pressuposto indispensável ao recolhimento da herança pelo interessado"[4].

O outro pressuposto para a capacidade sucessória é que o herdeiro ou legatário sobreviva ao autor da herança, que exista (salvo as exceções legais) no momento da morte.

Como lembra Luiz Paulo Vieira de Carvalho, para ter capacidade sucessória é necessário que a pessoa exista no momento da abertura da sucessão, é preciso haver o sucessor, ou seja, coexistirem o autor da herança e o herdeiro ou legatário, excepcionando o nascituro, a prole eventual e a fundação. É o denominado princípio da coexistência[5].

---

[4] MOREIRA FILHO, José Roberto; CORREIA, Januza Caroline Gonçalves. Inseminação artificial homóloga *post mortem* e as suas consequências no direito de família e das sucessões. In: CARVALHO, Dimas Messias de. *Direito das sucessões:* inventário e partilha. 4. ed. Lavras: Unilavras, 2016. p. 75.

[5] CARVALHO, Luiz Paulo Vieira de. *Direito das sucessões*. 4. ed., cit., p. 192.

Possuem capacidade sucessória, na sucessão legítima, as pessoas físicas existentes e o nascituro[6], admitindo-se na sucessão testamentária serem chamadas a suceder, além das pessoas nascidas ou concebidas, a prole eventual de pessoas certas existentes ao tempo da morte, as pessoas jurídicas e as fundações a serem constituídas[7].

Paulo Lôbo leciona que estão legitimados a suceder no direito brasileiro:

a) as pessoas físicas;

b) os nascituros;

c) as pessoas físicas ainda não concebidas, ou prole eventual das pessoas, contempladas em testamento. São os ainda *nondum concepti*, entes humanos futuros ou prole eventual, destinatários de sucessão testamentária (art. 1.799, I, do CC), ou de outros negócios jurídicos unilaterais, ou de estipulação em favor de terceiro;

d) as pessoas jurídicas, designadas em testamento;

e) as entidades não personificadas, porém existentes, como as sociedades em comum ou as sociedades em conta de participação, designadas em testamento;

f) as pessoas jurídicas futuras, que serão constituídas com legados deixados pelo testador, sob a forma de fundações[8].

4.2.2. Capacidade sucessória do nascituro

Nascituro é o ser já concebido, mas que ainda não nasceu, não possuindo, portanto, personalidade civil (art. 2º do CC)[9]. O princípio geral, em

---

[6] "Art. 1.798. Legitimam-se a suceder as pessoas nascidas ou já concebidas no momento da abertura da sucessão."

[7] "Art. 1.799. Na sucessão testamentária podem ainda ser chamados a suceder:

I – os filhos, ainda não concebidos, de pessoas indicadas pelo testador, desde que vivas estas ao abrir-se a sucessão;

II – as pessoas jurídicas;

III – as pessoas jurídicas, cuja organização for determinada pelo testador sob a forma de fundação."

[8] LÔBO, Paulo Luiz Netto. *Direito civil:* sucessões. 3. ed. São Paulo: Saraiva, 2016. p. 66.

[9] "Art. 2º A personalidade civil da pessoa começa do nascimento com vida; mas a lei põe a salvo, desde a concepção, os direitos do nascituro."

razão do princípio da coexistência no direito sucessório, ou seja, a existência do sucessor no momento da abertura da sucessão, é de que possuem legitimação para a herança ou o legado as pessoas físicas ou jurídicas existentes. As exceções são o nascituro, a prole eventual e a fundação.

A capacidade sucessória do nascituro pode ocorrer tanto na sucessão legítima quanto na sucessão testamentária.

A condição para o nascituro herdar é que nasça com vida, ficando seu quinhão por ocasião da partilha em poder do inventariante até o nascimento (art. 650 do CPC)[10]. Nascendo com vida, adquire personalidade civil e recebe o quinhão. Nascendo sem vida, não ocorrerá qualquer transmissão de direitos e o quinhão retornará ao acervo hereditário.

O nascituro possui capacidade sucessória, mas condicionada ao nascimento com vida. A doutrina se divide em corrente natalista e corrente concepcionista quanto à condição do nascimento vivo do nascituro, conforme lembram José Roberto Moreira e Januza Caroline. Ambas as correntes ressaltam que o nascituro recebe a herança *in utero*, mas, para a natalista, a condição é suspensiva, condicionada ao nascimento com vida, assim, a herança não lhe pertence enquanto estiver sendo gestado, restando resguardados seus direitos, conforme determina o art. 2º do Código Civil, até o seu nascimento vivo, ocasião em que será cumprida a condição e receberá a herança. Para a corrente concepcionista, desde a concepção o nascituro recebe a herança, mas sob a condição resolutiva de não nascer sem vida. Nascendo morto, ocorre a condição resolutiva de sua herança, que passará aos demais herdeiros. Concluem os autores citados, entretanto, que:

> Sugere-se que não há relevância prática entre os dois modos de ver a situação hereditária do nascituro, pois tanto a doutrina natalista quando a doutrina concepcionista são unânimes em afirmar que o natimorto perde ou não recebe a herança que lhe foi deixada, transmitindo-se aos demais herdeiros do *de cujus* como se o nascituro nunca houvesse existido, mas, enquanto em gestação, tem o seu direito hereditário preservado[11].

---

[10] "Art. 650. Se um dos interessados for nascituro, o quinhão que lhe caberá será reservado em poder do inventariante até o seu nascimento."

[11] MOREIRA FILHO, José Roberto; CORREIA, Januza Caroline Gonçalves. Op. cit., p. 78-79.

Considerando que somente com o nascimento com vida é conferida personalidade civil à pessoa, resguardando-se os direitos do nascituro, não há como receber a herança, que somente ocorrerá com o nascimento vivo, importando, portanto, em condição suspensiva.

Nascendo morto os bens que lhe caberiam serão recolhidos pelos herdeiros legítimos, observando a ordem de vocação hereditária, ou pelos herdeiros testamentários se existir previsão de substituição do herdeiro nascituro.

Nascendo vivo transfere de imediato a herança, ainda que o já agora nascido venha a falecer logo após. Nesse caso seus direitos sucessórios serão transmitidos de imediato aos seus próprios herdeiros, ou seja, aos pais[12].

4.2.3. Capacidade sucessória da prole eventual

Prole são os filhos de uma pessoa ou de um casal. Prole eventual são os herdeiros ou legatários que, por ocasião da morte do autor da herança, ainda não haviam sido concebidos. Se já concebido, o filho é nascituro. O direito sucessório da prole eventual, como ocorre com o nascituro, fica condicionado ao evento futuro e incerto, à concepção e ao nascimento com vida[13].

A capacidade sucessória da prole eventual somente ocorre mediante testamento, não existindo previsão na sucessão legítima. É o que lecionam José Roberto Moreira e Janusa Caroline:

> A prole eventual somente terá capacidade de herdar se o *de cujus* deixar testamento válido e eficaz que a contemple. Assim, tal capacidade somente será aferida na sucessão testamentária e nunca na sucessão *ab intestato.*
>
> O direito sucessório da prole eventual é necessariamente condicional por estar subordinado a evento futuro e incerto, ou seja, a concepção e o nascimento das pessoas que o testador esperava ter por herdeiro[14].

---

[12] CARVALHO, Luiz Paulo Vieira de. *Direito das sucessões*. 4. ed., cit., p. 201.

[13] PEREIRA, Rodrigo da Cunha. Op. cit., p. 600.

[14] MOREIRA FILHO, José Roberto; CORREIA, Januza Caroline Gonçalves. Op. cit., p. 79-80.

Duas são as hipóteses de nomeação da prole eventual.

A primeira, diretamente, nos termos do art. 1.799, I, do Código Civil, sendo os bens confiados, após a partilha, à pessoa indicada para ter o herdeiro ou, na impossibilidade, a curador nomeado pelo juiz. Na nomeação direta, o herdeiro esperado deve ser concebido no prazo de dois anos a contar da abertura da sucessão, sob pena de os bens reservados serem destinados aos herdeiros legítimos.

A segunda hipótese de nomeação da prole eventual é mediante substituição fideicomissária, que somente se permite em favor dos não concebidos ao tempo da morte do testador. Na substituição fideicomissária, para que os bens não fiquem vagos, sem um proprietário no período compreendido entre a abertura da sucessão e o nascimento incerto do herdeiro, o testador nomeia um herdeiro, denominado fiduciário, que receberá a propriedade da herança, mas restrita e resolúvel, para devolver ao fideicomissário, resolvendo-se o direito daquele com o nascimento do herdeiro fideicomissário, podendo ser condicionado, ainda, com a morte do fiduciário ou a certo tempo[15].

A possibilidade de o testador indicar a origem da prole eventual, biológica ou por outra origem, ou quais filhos serão beneficiados, para receber a herança ou o legado demanda reflexão. José Roberto Moreira e Januza Caroline salientam que:

> É necessário reconhecer que o testador pode livremente estipular as disposições que regulam o direito hereditário da prole eventual. Em face disso, é possível que o mesmo estipule que somente os filhos do sexo masculino de determinada pessoa que nascerem após a sua morte serão os beneficiados com o legado. Pode, também, dizer que apenas os dois primeiros filhos serão beneficiados, ou, ainda, que ficam excluídos do legado os filhos advindos de técnicas de Reprodução Humana Assistida (RHA), ou aqueles que tenham sido adotados após a sua morte ou após a feitura do testamento, por exemplo.

---

15 "Art. 1.951. Pode o testador instituir herdeiros ou legatários, estabelecendo que, por ocasião de sua morte, a herança ou o legado se transmita ao fiduciário, resolvendo-se o direito deste, por sua morte, a certo tempo ou sob certa condição, em favor de outrem, que se qualifica de fideicomissário."

> Tal "liberdade discriminatória" deve-se ao fato de que não se aplica aqui o princípio constitucional de igualdade entre os filhos, pois a prole eventual refere-se a filhos de pessoas designadas pelo testador e não seus próprios filhos. Ora, se é possível que uma pessoa possa testar, estipulando um legado à outra, sem beneficiar os irmãos que esta última porventura tenha, é lógico que tal possibilidade, também, aplica-se à prole eventual.
>
> Mas, se o testador apenas mencionar em seu testamento que deixa determinado bem ou bens aos filhos de uma pessoa que nascerem após a sua morte, sem ressalvas e nem imposições, tal disposição, de acordo com os ditames constitucionais, beneficiará todos os filhos da pessoa indicada, sem quaisquer discriminações relativas à origem da filiação[16].

Sílvio de Salvo Venosa, na esteira desse pensamento, diz: "Cremos que na atual legislação incumbe ao testador excluir expressamente os filhos adotivos se não desejar incluí-los, por força do art. 41 da Lei n. 8.069/1990"[17].

Evidentemente que o testador pode escolher, entre os filhos de terceiros, qual deles quer beneficiar, se todos, se alguns ou apenas um. Entretanto, ao discriminar em face da origem, se consanguíneos, por reprodução heteróloga ou adoção, ou mesmo socioafetivos, pode-se questionar violação dos arts. 1.593[18] e 1.596 do Código Civil e o art. 227, § 6º[19], da Constituição Federal, e alegar nulidade da exigência de origem, por restar inconstitucional. Assim, a nomeação será válida, não substituindo apenas a exclusão do filho quanto à sua origem. Predomina, todavia, o entendimento de que o testador pode excluir os filhos de terceiros para beneficiar, não restando inconstitucional, por exemplo, beneficiar apenas os biológicos ou escolher só um deles.

---

16 MOREIRA FILHO, José Roberto; CORREIA, Januza Caroline Gonçalves. Op. cit., p. 80.

17 VENOSA, Sílvio de Salvo. *Direito civil*: direito das sucessões. 3. ed. São Paulo: Atlas, 2003. v. 7. p. 151.

18 "Art. 1.593. O parentesco é natural ou civil, conforme resulte de consanguinidade ou outra origem."

19 "Art. 227. (...)

§ 6º Os filhos, havidos ou não da relação do casamento, ou por adoção, terão os mesmos direitos e qualificações, proibidas quaisquer designações discriminatórias relativas à filiação."

O fideicomisso pode caducar por diversas hipóteses, como será abordado ao tratarmos da substituição fideicomissária, consolidando a propriedade no fiduciário.

4.2.4. Vocação hereditária e reprodução assistida *post mortem*

Douglas Phillips Freitas ressalta que o Código Civil, em seu art. 1.597, III[20], prevê a possibilidade de reprodução medicamente assistida homóloga após a morte e a presunção de que o filho foi concebido na constância do casamento, entretanto, o direito sucessório não prevê sua vocação hereditária na sucessão legítima, salvo se estivesse concebido (nascituro) na ocasião da morte. Ressalta que a legislação se encontra em descompasso com a realidade e não prevê direitos sucessórios aos filhos concebidos por reprodução assistida após a morte do autor da herança na sucessão legítima, já que na sucessão testamentária a doutrina apresenta como solução a indicação da prole futura (eventual) no testamento. Conclui o autor que, havendo ou não testamento, devem ser reservados os bens dessa prole eventual, posto que, por força de resolução do Conselho Federal de Medicina, o autor da herança manifestou sua vontade e consentimento no banco de sêmen, evitando-se futuro litígio ou prejuízo ao direito constitucional da herança[21].

A solução apresentada, entretanto, enfrenta uma questão de ordem prática e jurídica. O nascimento da prole é condicional, pois o material genético pode ou não ser utilizado, a inseminação pode ter sucesso ou não e o número de filhos também pode não ser previsível em razão da quantidade de material congelado.

O princípio da igualdade dos filhos, não importando a origem ou a época do nascimento, garante direitos sucessórios aos descendentes havidos mediante reprodução assistida após a morte. O Código Civil reconhece como presumidamente concebidos na constância do casamento os filhos havidos por fecundação homóloga, mesmo que falecido o marido, e a qualquer

---

20 "Art. 1.597. Presumem-se concebidos na constância do casamento os filhos:
(...)
III – havidos por fecundação artificial homóloga, mesmo que falecido o marido; (...)."

21 FREITAS, Douglas Phillips. Reprodução assistida após a morte e o direito de herança. In: CARVALHO, Dimas Messias de. *Direito das sucessões:* inventário e partilha. 4. ed. Lavras: Unilavras, 2016. p. 54-58.

tempo quando se tratar de embriões excedentários na concepção homóloga (art. 1.597, III e IV), o que se aplica para fins de estabelecimento da paternidade (e maternidade) com todos os seus efeitos, inclusive sucessórios.

A solução prática e jurídica, ocorrendo a inseminação antes da partilha, é aplicar as mesmas regras do nascituro na reprodução assistida, reservando o quinhão em poder do inventariante, após habilitação, no rol dos herdeiros.

Ocorrendo a inseminação após a partilha, a solução é aguardar o nascimento com vida e aplicar os mesmos procedimentos da paternidade/maternidade reconhecida depois de concluído o inventário, ou seja, pleitear o reconhecimento da qualidade de herdeiro em ação de petição de herança e a nulidade da partilha, promovendo-se outra com a inclusão do filho havido por reprodução assistida *post mortem*.

José Roberto Moreira Filho e Januza Correia acolhem o mesmo entendimento, ressaltando, inclusive, não correr a prescrição ou decadência do direito sucessório por não ter nascido o filho:

> Devemos considerar, ainda, que não ocorre prescrição e nem decadência dos direitos sucessórios, pois não estando o filho nem nascido e nem concebido não lhe poderiam ser imputados tais efeitos, pela sua inexistência e por não ter alcançado a maioridade, nos termos dos artigos 197, inciso II e 198, inciso I, ambos do CC/02, o que permite o pleito da herança a qualquer momento após o nascimento do filho.
>
> Garantido, portanto, o direito sucessório ao filho nascido das técnicas de RHA *post mortem* sua habilitação ou pleito da herança deve observar o que dispõe legislação Civil e Processual Civil, ou seja, se o inventário já estiver findo, com partilha devidamente homologada, o filho deverá pleitear seus direitos sucessórios através de petição de herança (art. 1.824 a 1.828 do CC/02) dirigida diretamente contra cada um dos herdeiros contemplados e exigindo-lhes que lhe entreguem seu quinhão devido, seja através de entrega de bens herdados, de bens particulares e/ou através de pagamento em dinheiro do seu quinhão hereditário. Se o inventário ainda estiver em trâmite quando do nascimento do filho o mesmo, representado por sua genitora, deverá ingressar no inventário através de processo de habilitação (arts. 1.055 a 1.062 do CPC) e exigir que seja integrado ao rol de herdeiros[22].

---

[22] MOREIRA FILHO, José Roberto; CORREIA, Januza Caroline Gonçalves. Op. cit., p. 88.

5

Administração da Herança e Usufruto pelo Herdeiro de um Bem Individualizado

A abertura da sucessão importa na transmissão imediata da herança aos sucessores por força do princípio da *saisine*, entretanto, é transferida como um todo unitário, uma universalidade de bens, direitos e obrigações individual, que permanece até a efetiva partilha dos bens aos herdeiros e a entrega dos legados, aplicando-se as regras relativas ao condomínio, como já visto na acepção jurídica de sucessão. Carlos Roberto Gonçalves, referindo-se ao art. 1.791 do Código Civil[1], ressalta duas ideias fundamentais do direito sucessório:

a) a da devolução unitária da herança aos herdeiros; e

b) a noção de indivisibilidade do monte hereditário, no momento da abertura da sucessão, até a partilha final[2].

---

[1] Art. 1.791. A herança defere-se como um todo unitário, ainda que vários sejam os herdeiros.

[2] GONÇALVES, Carlos Roberto. *Direito civil brasileiro:* direito das sucessões. 11. ed. São Paulo: Saraiva, 2017. v. 7. p. 50.

Enquanto não ocorrer a partilha, não possuem os herdeiros a propriedade exclusiva sobre um bem certo e individualizado, necessitando o acervo hereditário ser administrado, como um todo, pelo administrador provisório até a abertura do inventário e, após, pelo inventariante.

O Código de Processo Civil de 2015, entretanto, trouxe uma importante inovação, ao autorizar que o juiz conceda a posse e o usufruto de um bem individualizado ao herdeiro, com a condição de que tal bem integre sua cota na partilha, cabendo-lhe a administração e todos os ônus e bônus. Dispõe o parágrafo único do art. 647 que:

> Art. 647. (...)
>
> Parágrafo único. O juiz poderá, em decisão fundamentada, deferir antecipadamente a qualquer dos herdeiros o exercício dos direitos de usar e de fruir de determinado bem, com a condição de que, ao término do inventário, tal bem integre a cota desse herdeiro, cabendo a este, desde o deferimento, todos os ônus e bônus decorrentes do exercício daqueles direitos.

Excluída a hipótese *supra*, a gestão da herança será exercida por um administrador provisório até o termo de compromisso do inventariante, representando o espólio ativa e passivamente e respondendo pelos danos que causar caso tenha agido com dolo ou culpa (arts. 613[3] e 614[4] do CPC). A administração provisória da herança será exercida pelo cônjuge ou companheiro, sob a condição de que convivia com o outro ao tempo da morte, e, sucessivamente, pelo herdeiro que estiver na posse e administração dos bens, dando preferência ao mais velho, pelo testamenteiro ou por pessoa de confiança do juiz, na inexistência, recusa ou afastamento das anteriores (art. 1.797 do CC).

Aberto o inventário e nomeado o inventariante, este exercerá a administração da herança até o trânsito em julgado da partilha, conforme dispõe o art. 1.991 do Código Civil:

---

[3] "Art. 613. Até que o inventariante preste o compromisso, continuará o espólio na posse do administrador provisório."

[4] "Art. 614. O administrador provisório representa ativa e passivamente o espólio, é obrigado a trazer ao acervo os frutos que desde a abertura da sucessão percebeu, tem direito ao reembolso das despesas necessárias e úteis que fez e responde pelo dano a que, por dolo ou culpa, der causa."

> "Art. 1.991. Desde a assinatura do compromisso até a homologação da partilha, a administração da herança será exercida pelo inventariante".

A nomeação do inventariante possui uma ordem de preferência, iniciando pelo cônjuge ou companheiro, seguido do herdeiro que se achar na posse dos bens, por qualquer herdeiro maior, se nenhum estiver na posse, pelo herdeiro menor, por seu representante legal, pelo testamenteiro, pelo cessionário, pelo inventariante judicial e, por fim, pelo inventariante dativo (art. 617 do CPC).

6

Cessão dos Direitos Hereditários

A herança transmite-se aos herdeiros legítimos ou testamentários de imediato, na abertura da sucessão, sendo os direitos hereditários considerados como bens imóveis para os efeitos legais, incorporando ao patrimônio dos sucessores. Assim, o direito à sucessão aberta possui valor jurídico com conteúdo patrimonial, autorizando a circulação jurídica, mediante contrato oneroso ou gratuito do titular com terceiros. O herdeiro pode, portanto, alienar seus direitos sucessórios, no todo ou em parte, mediante negócio jurídico denominado cessão de direitos hereditários ou cessão de herança, exceto se o falecido os gravou com cláusula de inalienabilidade[1].

A cessão de direitos hereditários, obviamente, só pode ser efetuada após a abertura da sucessão, posto que é nulo qualquer contrato de herança de pessoa viva, e mediante escritura pública, conforme exige o *caput* do art. 1.793 do Código Civil, ao dispor que "o direito a sucessão aberta, bem como o quinhão de que disponha o coerdeiro, pode ser objeto de cessão por escritura pública".

---

[1] FARIAS, Cristiano Chaves de; ROSENVALD, Nelson. *Curso de direito civil.* Sucessões. São Paulo: Atlas, 2015. v. 7. p. 146-147.

Carlos Roberto Gonçalves leciona que o direito de herança possui conteúdo econômico e pode ser transferido mediante cessão, tratando-se de negócio jurídico translativo *inter vivos*. Tratando-se de cessão gratuita, equipara-se à doação; se onerosa, assemelha-se à compra e venda. A cessão, entretanto, somente ocorre antes da partilha, quando ainda se trata de direitos indivisíveis. Após a partilha, o negócio jurídico será compra e venda ou doação, já que os bens estão identificados, conforme esclarece o citado autor:

> Todavia, aberta a sucessão, mostra-se lícita a cessão de direitos hereditários, ainda que o inventário não tenha sido aberto. Se não foi imposta aos bens deixados pelo *de cujus* nenhuma cláusula de inalienabilidade, desde a abertura da sucessão já pode o herdeiro promover a transferência de seus direitos ou quinhão, através da aludida cessão. Não poderá mais fazê-lo, no entanto, depois de julgada a partilha, uma vez que a indivisão estará extinta e cada herdeiro é dono dos bens que couberem no seu quinhão.
>
> Nessa hipótese estando definidos concretamente os bens atribuídos a cada herdeiro, qualquer alienação será considerada uma venda, e não uma cessão, já que este vocábulo só se aplica à transmissão de bens incorpóreos[2].

A cessão pode ser de todo direito ou de apenas uma parte, uma fração ou parcela da quota-parte dos direitos hereditários, mas do todo indivisível, da universalidade de uma fração abstrata, já que "é ineficaz a cessão, pelo coerdeiro, de seu direito hereditário sobre qualquer bem da herança considerado singularmente" (art. 1.793, § 2º, do CC). Somente após a partilha poderá o herdeiro alienar os bens específicos, singulares, de seu quinhão.

Rolf Madaleno ressalta o caráter aleatório da cessão de direitos hereditários como uma de suas principais características, pois normalmente é celebrado sem que as partes tenham a exata noção da extensão da herança, que somente será efetivamente apurada após o levantamento do patrimônio líquido partilhável. Esclarece, entretanto, que os efeitos da *alea* podem ser graduados, evitando disputas judiciais em casos de distorções e lesões excessivas, como, por exemplo, o surgimento de herdeiro desconhecido, res-

---

2 GONÇALVES, Carlos Roberto. *Direito civil brasileiro:* direito das sucessões. 11. ed. São Paulo: Saraiva, 2017. v. 7. p. 55.

salva para dívidas e até mesmo especificando os bens do espólio, excluindo outros que surgirem. Acrescenta que:

> Nada impede que as partes graduem os efeitos da *alea*, pois, se nada graduarem, por exemplo, a aparição de bens desconhecidos não daria lugar ao reajuste do preço, como nada mudaria com relação ao preço se surgirem variações significativas entre o ativo e o passivo da herança, como, por exemplo, quando surge uma enorme dívida deixada pelo defunto e que não havia sido apurada e tampouco habilitada[3].

A forma da cessão dos direitos hereditários exige escritura pública e, exceto no regime de separação total de bens, autorização do cônjuge, mediante outorga uxória ou marital. O adquirente, denominado cessionário, assume a posição jurídica do herdeiro cedente em todos os direitos e obrigações, figurando em seu lugar na partilha[4].

Na cessão dos direitos hereditários é resguardado o direito de preferência ou prelação dos demais coerdeiros, determinando o art. 1.794 do Código Civil que "o coerdeiro não poderá ceder a sua quota hereditária a pessoa estranha à sucessão, se outro coerdeiro a quiser, tanto por tanto".

Ocorrendo a cessão da quota hereditária na forma onerosa, o coerdeiro que não teve conhecimento para exercer o direito de preferência poderá, dentro do prazo de cento e oitenta dias contados da transmissão, promover a ação de preempção, depositando o preço da cessão, e requerer adjudicação compulsória dos direitos hereditários (art. 1.795 do CC).

Existindo mais de um coerdeiro que queira exercer o direito de preferência, a adjudicação do quinhão cedido será distribuída entre eles proporcionalmente às quotas hereditárias (art. 1.795, parágrafo único, do CC).

---

[3] MADALENO, Rolf. *Sucessão legítima*, cit., p. 89.

[4] GONÇALVES, Carlos Roberto. Op. cit., p. 57.

7

Herança Jacente e Recolhimento da Herança pelo Município

O falecimento do autor da herança importa na transferência imediata dos bens aos sucessores, legítimos ou testamentários, evitando-se que a herança fique sem um titular. Pode ocorrer, entretanto, de, após a morte, de os sucessores não se apresentarem e não serem conhecidos, ocorrendo a jacência da herança.

Herança jacente é aquela cujos herdeiros ainda não são conhecidos, não sabendo se existem ou não. O Estado, para evitar perecimento da riqueza, já que o patrimônio não pode ficar sem titular, ordena a arrecadação para entregá-la aos herdeiros que comprovem sua condição legal. Após diligências, se não aparecerem herdeiros legítimos ou testamentários, a herança, até então jacente, é declarada vacante para o fim de incorporar-se ao patrimônio público.

Conrado Paulino da Rosa cita Euclides de Oliveira e Sebastião Amorim, para esclarecer que a herança jacente é "aquela cujos sucessores ainda não são conhecidos ou que não foi aceita pelas pessoas com direito à sucessão", podendo ser acrescida ainda se todos os herdeiros forem excluídos. A situação de jacência é temporária e provisória, pois se mantém apenas até o surgimento de herdeiros ou ser declarada vacante e passar para o Município[5].

A jacência da herança não se confunde com a vacância. A jacência é uma fase preliminar (uma situação de fato) para apurar se existem herdeiros, arrecadar e administrar os bens da herança até o surgimento de herdeiros ou a declaração de vacância (mediante sentença).

A jacência da herança, nos termos do art. 1.819 do Código Civil[6], se dá em face do desconhecimento de herdeiros testamentários (ou legatários) ou legítimos da pessoa falecida, atingindo, portanto, a sucessão legítima e testamentária. Salomão Cateb apresenta as duas formas de herança jacente:

> I – Inexistindo testamento e sendo a sucessão legítima:
>
> a) se o falecido não deixar cônjuge, companheiro, nem herdeiros legítimos, descendente ou ascendente, colateral sucessível, notoriamente conhecido;
>
> b) se os herdeiros, descendentes ou ascendentes, cônjuge ou companheiro, renunciarem à herança, e não houver colateral sucessível, notoriamente conhecido.
>
> II – Existindo testamento, tratando-se, portanto, de sucessão testamentária:
>
> a) se o falecido não deixar cônjuge, companheiro, nem herdeiros descendentes ou ascendentes;
>
> b) se o herdeiro nomeado não existir, ou não aceitar a herança;
>
> c) se, em qualquer dos casos previstos nos dois números antecedentes, não houver colateral sucessível, notoriamente conhecido;
>
> d) se, verificada alguma das hipóteses dos três números anteriores, não houver testamenteiro nomeado, o nomeado não existir, ou não aceitar a testamentária[7].

---

5 ROSA, Conrado Paulino da; RODRIGUES, Marco Antônio. *Inventário e partilha*. 4. ed., cit., p. 187.

6 "Art. 1.819. Falecendo alguém sem deixar testamento nem herdeiro legítimo notoriamente conhecido, os bens da herança, depois de arrecadados, ficarão sob a guarda e administração de um curador, até a sua entrega ao sucessor devidamente habilitado ou à declaração de sua vacância."

7 CATEB, Salomão de Araújo. *Direito das sucessões*. 8. ed. São Paulo: Atlas, 2015. p. 74.

Também se opera a jacência se os únicos herdeiros forem excluídos da sucessão, por indignidade ou deserdação.

O pedido para arrecadação dos bens e declaração de vacância pode ser formulado por qualquer interessado ou iniciado de ofício pelo juiz do domicílio do falecido (art. 738 do CPC). Consideram-se interessados em especial os credores, síndico de falência, fazenda pública e o Município de localização dos bens.

Não surgindo herdeiro conhecido ou não existindo testamento, opera-se a jacência e o juiz nomeia um curador para administrar e conservar a herança até a declaração de vacância e entrega ao Município. Até que a herança seja declarada vacante e entregue ao Município, ela permanece jacente.

A jacência, portanto, é situação de fato, enquanto a vacância é situação de direito, declarada por sentença, após o processo de arrecadação e inventário dos bens, a publicação de editais na forma do *caput* do art. 741 do Código de Processo Civil[8] e o transcurso do prazo de um ano da publicação do primeiro edital, desde que não exista herdeiro habilitado ou pendência de habilitação, conforme o art. 1.820 do Código Civil[9].

As providências iniciais têm por objetivo a arrecadação e a administração dos bens, conservando-os até a declaração da vacância ou a devolução da herança aos herdeiros que se habilitarem. Leciona Luiz Paulo Vieira de Carvalho que:

> Assim, esse procedimento – a abranger a herança jacente e herança vacante –, em uma primeira fase, tem por escopo inicial a arrecadação dos bens pertinentes, sua conservação e administração, o pagamento dos débitos pendentes, a pesquisa acerca da existência concreta de sucessores do de-

[8] "Art. 741. Ultimada a arrecadação, o juiz mandará expedir edital, que será publicado na rede mundial de computadores, no sítio do tribunal a que estiver vinculado o juízo e na plataforma de editais do Conselho Nacional de Justiça, onde permanecerá por 3 (três) meses, ou, não havendo sítio, no órgão oficial e na imprensa da comarca, por 3 (três) vezes com intervalos de 1 (um) mês, para que os sucessores do falecido venham a habilitar-se no prazo de 6 (seis) meses contado da primeira publicação."

[9] "Art. 1.820. Praticadas as diligências de arrecadação e ultimado o inventário, serão expedidos editais na forma da lei processual, e, decorrido um ano de sua primeira publicação, sem que haja herdeiro habilitado, ou penda habilitação, será a herança declarada vacante."

funto, para que, então, por fim, em uma segunda fase, uma vez constatada a inexistência destes, seja o patrimônio líquido entregue ao Poder Público[10].

Incumbe ao curador nomeado representar a herança em juízo ou fora dele, guardar e conservar os bens da herança, apresentar balancete mensal da receita e despesa e prestar contas no final de sua gestão (art. 739 do CPC).

Na arrecadação dos bens, o juiz ordenará ao oficial de justiça, acompanhado de escrivão e do curador, que arrole e descreva todos os bens, comparecendo pessoalmente à residência do morto ou requisitando à autoridade policial que compareça, acompanhado de duas testemunhas, para arrecadação e arrolamento dos bens. O juiz examinará reservadamente papéis, cartas e documentos, mandando empacotar os que não forem de seu interesse para serem entregues aos sucessores ou queimados, quando declarados vacantes. Durante a arrecadação o juiz, ou a autoridade policial, inquirirá moradores da casa e vizinhos sobre a qualificação do falecido, o paradeiro de sucessores e a existência de outros bens, lavrando-se auto de inquirição e informação (art. 740 do CPC).

Procedida à arrecadação, o juiz mandará expedir edital para ser publicado na rede mundial de computadores, no sítio do tribunal a que pertence e na plataforma de editais do Conselho Nacional de Justiça – CNJ, permanecendo por três meses. Se o tribunal não possuir sítio para publicação dos editais, adota-se o procedimento que era previsto no Código de Processo Civil de 1973, com publicação na imprensa local e no órgão oficial, a cada trinta dias, por três vezes, convocando os herdeiros a se habilitarem no processo de arrecadação no prazo de seis meses do primeiro edital. Existindo informações de sucessor ou testamenteiro, serão citados independentemente do edital. Tratando-se de falecido estrangeiro, será comunicado o fato ao consulado (art. 741, §§ 1º e 2º, do CPC).

Comparecendo herdeiro e julgada procedente a sua habilitação, reconhecida a qualidade do testamenteiro, comprovada a identidade do cônjuge sobrevivente ou a união estável do companheiro, suspende-se a arrecadação, que se converte em inventário.

---

[10] CARVALHO, Luiz Paulo Vieira de. *Direito das sucessões*. 4. ed. São Paulo: Atlas, 2019. p. 298.

Transcorrido um ano da publicação do primeiro edital, não havendo herdeiro habilitado, por não ter comparecido ou porque foi julgada a habilitação improcedente, o juiz declara a herança vacante (art. 743 do CPC e art. 1.820 do CC). Se existirem várias habilitações pendentes, somente após o julgamento da última declara-se, na mesma sentença, a vacância. O Código Civil dispensa o prazo de um ano, se todos os herdeiros chamados a suceder renunciarem (art. 1.823 do CC), ocorrendo a declaração da vacância desde logo.

O juiz pode autorizar a alienação de bens quando for necessário e conveniente, entretanto, os bens com valor de afeição, como retratos, objetos pessoais, livros e obras de arte, só serão alienados depois de declarada a vacância da herança.

Não se confunde, portanto, a herança jacente com a herança vacante, ou herança vaga, pois esta ocorre após ser apurado e o juiz declarar a ausência de sucessores legítimos ou testamentários, entregando os bens hereditários ao Município em caráter provisório (propriedade resolúvel) ou definitivo (propriedade irrestrita), evitando que o acervo fique sem destinação[11].

Dois são, portanto, os pressupostos para a declaração da vacância: (a) inexistência ou renúncia dos herdeiros; e (b) transcorrer um ano da publicação do primeiro edital convocando os sucessores para se habilitarem.

PRESSUPOSTOS – DECLARAÇÃO DE VACÂNCIA	Inexistência ou renúncia dos herdeiros
	Transcurso do prazo de um ano de publicação do primeiro edital

Na declaração de vacância os bens são transferidos ao Município, mas a propriedade é resolúvel, pois os sucessores que não se habilitaram possuem o prazo de cinco anos para reivindicá-los em petição de herança.

Os bens arrecadados serão transferidos para o poder público (Município) definitivamente após cinco anos da abertura da sucessão (morte),

[11] CARVALHO, Luiz Paulo Vieira de. Op. cit., p. 266.

evidentemente depois do trânsito em julgado da sentença que declarou a vacância. Depois de incorporado o bem, os herdeiros não poderão mais se habilitar, dispondo o art. 1.822 do Código Civil que:

> Art. 1.822. A declaração de vacância da herança não prejudicará os herdeiros que legalmente se habilitarem; mas, decorridos cinco anos da abertura da sucessão, os bens arrecadados passarão ao domínio do município ou do Distrito Federal, se localizados nas respectivas circunscrições, incorporando-se ao domínio da União quando situados em território federal.

Assim, os requisitos para a transferência dos bens ao patrimônio público são o trânsito em julgado da sentença de vacância e o transcurso de prazo de cinco anos da abertura da sucessão.

REQUISITOS PARA TRANSFERÊNCIA DOS BENS AO PATRIMÔNIO PÚBLICO	
	Declaração de vacância transitada em julgado
	Transcurso do prazo de cinco anos da morte

Dispõe o Código Civil que os colaterais que não se habilitarem até a declaração de vacância, serão excluídos da sucessão, independentemente do transcurso do prazo de cinco anos da morte, conforme determina o parágrafo único do art. 1.822.

Comparecendo antes do trânsito em julgado da declaração da vacância algum herdeiro ou legatário, e se for habilitada ou reconhecida a qualidade do testamenteiro, a arrecadação, como visto, converte-se em inventário.

Após o trânsito em julgado da vacância, os herdeiros e credores podem reclamar seus direitos por ação direta de petição de herança (e não mais pedido de habilitação) até o prazo de cinco anos após a morte (art. 743, § 2º, do CPC c/c art. 1.822 do CC). O herdeiro, portanto, deve reclamar o direito por ação direta de petição de herança, objetivando o reconhecimento de seus direitos e a entrega dos bens, o que é desnecessário quando se habilita oportunamente, já que, com a morte, ele adquire a propriedade e a posse dos bens independentemente de ato seu.

A ação de petição de herança tem por objeto o reconhecimento da qualidade hereditária com a atribuição do acervo, total ou fracionado.

Transitada em julgado a sentença de vacância, os colaterais, nos termos do Código Civil, são afastados da sucessão legítima, e os bens são entregues à Fazenda[12]. Extrai-se a carta de adjudicação, depois do trânsito em julgado da sentença de vacância, em favor do Município, servindo como título para transferência dos bens móveis, levantamento de valores e registro dos bens imóveis[13].

Maria Helena Diniz, na vigência do Código Civil de 1916, após incluir entre os efeitos da vacância a exclusão da sucessão legítima dos colaterais que não forem notoriamente conhecidos, entendia, entretanto, que, pela redação do art. 1.158 do Código de Processo Civil de 1973, poderiam os colaterais reclamar seu direito por ação direta de petição de herança[14].

O art. 743, § 2º, do atual Código de Processo Civil, que é de redação mais recente que o parágrafo único do art. 1.822 do Código Civil, dispõe que, "transitada em julgado a sentença que declarou a vacância, o cônjuge, o companheiro, os herdeiros e os credores só poderão reclamar o seu direito por ação direta".

Assim, a questão não é pacífica, considerando a redação mais recente do Código de Processo Civil de 2015, que não exclui os colaterais, na expressão genérica de "herdeiros", de reclamar os direitos por ação direta, após o trânsito em julgado da sentença declaratória de vacância.

Nos termos do Código Civil, entretanto, após o trânsito em julgado da sentença de vacância, está precluso o direito dos colaterais, mesmo se forem conhecidos, de pleitear os bens vagos. Parece predominar o entendimento de que não existe incompatibilidade entre o disposto na lei processual, que trata os herdeiros de forma genérica, e o disposto na lei substantiva, que restringe o direito aos herdeiros na linha oblíqua. Em face do princípio da especialidade, todavia, por ser mais recente a redação da lei processual sem

---

12 RODRIGUES, Silvio. *Direito civil.* Direito das sucessões. 19. ed. São Paulo: Saraiva, 1995. v. 7. p. 44.

13 OLIVEIRA, Euclides Benedito de; AMORIM, Sebastião Luiz. *Inventários e partilhas:* direito das sucessões. 23. ed. São Paulo: Livraria e Editora Universitária de Direito, 2013. p. 188.

14 DINIZ, Maria Helena. *Código Civil anotado.* 3. ed. São Paulo: Saraiva, 1997. p. 996.

restrição aos colaterais, parte da doutrina defende que também os sucessores na via oblíqua podem reclamar o direito por ação direta de petição de herança. Essa discussão já ocorreu no Código Civil de 1916 e no Código de Processo Civil de 1973, perdendo o legislador uma ótima oportunidade para solucionar o debate.

O Código Civil dispõe expressamente que, se os colaterais (e não apenas os não conhecidos) não se habilitarem até a declaração de vacância, ficam excluídos da sucessão, especificando os herdeiros, o que merece prevalecer em face da generalidade da lei processual, que estaria se referindo apenas aos herdeiros em linha reta, compatibilizando os dispositivos legais.

Carlos Roberto Gonçalves ressalta, ao tratar dos efeitos da declaração de vacância, que um dos efeitos importantes é afastar a classe dos herdeiros colaterais da sucessão legítima, conforme determina o parágrafo único do art. 1.822 do Código Civil[15].

Divergindo desse entendimento, Luiz Paulo Vieira de Carvalho ressalta que a Constituição Federal assegura o direito à herança (art. 5º, XXX), o Código Civil contempla os colaterais na ordem de vocação hereditária (art. 1.829) e o Código de Processo Civil dispõe, em seu art. 743, § 2º, que "os herdeiros", de forma genérica, o que inclui os colaterais, podem reclamar seu direito por ação direta após o trânsito em julgado da declaração de vacância. Conclui que o parágrafo único do art. 1.822 do Código Civil "não mais subsiste em nosso ordenamento, incompatível com o novo diploma processual civil"[16].

Rolf Madaleno acolhe o entendimento de Luiz Paulo Vieira de Carvalho, de inconstitucionalidade do parágrafo único do art. 1.822 do Código Civil, por contrariar o direito de herança previsto no art. 5º, XXX, da Constituição Federal. Fundamenta que nada justifica a exclusão e que, nos termos do art. 743, § 2º, CPC, o cônjuge, companheiros, herdeiros, não diferenciando se são necessários ou facultativos como os colaterais, ou se testamentários (o que inclui herdeiros e legatários), bem como os credores, poderão reclamar seu direito por ação direta de petição de herança. Ressalta, ainda, que

---

15 GONÇALVES, Carlos Roberto. *Direito civil brasileiro:* direito das sucessões. 11. ed. São Paulo: Saraiva, 2017. v. 7. p. 140.

16 CARVALHO, Luiz Paulo Vieira de. Op. cit., 3. ed., p. 272-273.

os colaterais, por serem herdeiros facultativos, podem ser afastados por vontade do testador, o que não se confunde com a previsão do parágrafo único do art. 1.822, do Código Civil, não acolhido pelo art. 743, § 2º, do Código de Processo Civil[17].

Resumindo, predomina o entendimento da possibilidade de também os herdeiros colaterais pleitearem seus direitos sucessórios por petição de herança, após o trânsito em julgado da sentença de vacância, como os demais herdeiros. Fundamenta-se a possibilidade por duas razões: a) o parágrafo único do art. 1.822, do Código Civil, é inconstitucional face o direito de herança previsto no art. 5º, XXX, da Constituição Federal, e b) o parágrafo único do art. 1.822, do Código Civil, foi tacitamente revogado pelo art. 743, § 2º, do Código de Processo Civil.

Por fim, Euclides de Oliveira e Sebastião Amorim[18] fazem oportuna distinção entre *bens vacantes* e *coisas vagas*. Embora se costume referir como vagos os bens vacantes, porque são vocábulos de igual origem etimológica, é conveniente lembrar que variam os conceitos. O Código de Processo Civil trata da herança jacente nos arts. 738 a 743, dos bens dos ausentes nos arts. 744 a 745, e das coisas vagas no art. 746. O Código Civil cuida das coisas vagas nos arts. 1.233 a 1.237, ao tratar da propriedade na Seção II – Da Descoberta, e cuida da herança jacente no direito das sucessões nos arts. 1.819 a 1.823.

Considera-se *vaga* a coisa alheia perdida, cabendo ao descobridor restituí-la ao dono ou legítimo possuidor, promovendo diligências para encontrá-lo, ou apresentando diretamente ao juiz ou à autoridade policial (art. 746 do CPC), possuindo direito a uma recompensa não inferior a cinco por cento de seu valor e à indenização pelas despesas que houver feito (arts. 1.233 e 1.234 do CC).

A coisa vaga, portanto, difere da herança jacente, quando uma pessoa falece sem herdeiros conhecidos, e dos bens dos ausentes, quando uma pessoa desaparece sem deixar paradeiro, podendo deixar herdeiros ou não.

---

17 MADALENO, Rolf. *Sucessão legítima*, cit., p. 230.

18 OLIVEIRA, Euclides Benedito de; AMORIM, Sebastião Luiz. *Inventários e partilhas*: direito das sucessões. Teoria e prática. 17. ed. São Paulo: Livraria e Editora Universitária de Direito, 2004. p. 229-231.

8

Aceitação e Renúncia da Herança

O princípio da *saisine* dispõe que a herança se transmite imediatamente aos herdeiros no momento da morte, de forma instantânea, entretanto, o herdeiro não é obrigado a aceitá-la, podendo repudiá-la mediante a renúncia aos seus direitos sucessórios. A legislação brasileira incentiva a aceitação, não exigindo para tanto qualquer ato formal, operando-se a transmissão definitiva dos bens (art. 1.804 do CC), de forma automática, se praticar atos que demonstrem a aceitação.

Conrado Paulino da Rosa esclarece que com a abertura da sucessão, os bens hereditários, por força da *saisine*, são colocados à disposição dos vocacionados a recebê-los. Nesse momento ocorre a delação, isto é, o oferecimento da herança. Os sucessores poderão: a) aceitar a herança, confirmando-se a transmissão pré-existente em razão da *saisine*; ou b) repudiá-la, renunciando ao direito garantido pela vocação hereditária[1].

---

1 ROSA, Conrado Paulino da; RODRIGUES, Marco Antônio. *Inventário e partilha*. 4. ed., cit., p. 50.

8.1. ACEITAÇÃO DA HERANÇA

Aceitação da herança é o reconhecimento da condição de herdeiro, que aceita o seu quinhão hereditário transmitido por força do direito de *saisine*. A sucessão hereditária ocorre no momento em que o herdeiro aceita a herança, operando-se, todavia, desde a morte. A aceitação ou adição da herança é o ato pelo qual o herdeiro concorda com a transmissão hereditária, tratando-se de uma confirmação, pois a aquisição opera-se automaticamente (art. 1.784 do CC). A transmissão dos bens somente não se verificará se for renunciada, portanto a deliberação do herdeiro não se resolve propriamente com a aceitação, mas com a renúncia[2]. Dispõe o art. 1.804 do Código Civil que:

> Art. 1.804. Aceita a herança, torna-se definitiva a sua transmissão ao herdeiro, desde a abertura da sucessão.
>
> Parágrafo único. A transmissão tem-se por não verificada quando o herdeiro renuncia à herança.

A aceitação da herança pode ser expressa, tácita ou presumida:

a) expressa: quando se faz por declaração escrita do herdeiro, aceitando a herança;

b) tácita: quando o herdeiro pratica atos compatíveis com a aceitação da herança, sem, contudo, fazer declaração expressa, como, p. ex., se habilita nos autos do inventário ou aliena os direitos sucessórios;

c) presumida: quando decorre do silêncio do herdeiro ao ser notificado para manifestar se aceita a herança. Diante da inércia, qualquer herdeiro pode acionar o outro, vinte dias após a abertura da sucessão, para que, no denominado prazo de deliberação, em trinta dias declare se aceita a herança. Se o herdeiro permanecer silente, presume-se que aceitou.

As espécies tácita ou expressa de aceitação da herança estão reguladas no art. 1.805 do Código Civil, ao dispor que "a aceitação da herança, quando expressa, faz-se por declaração escrita; quando tácita, há de resultar tão somente de atos próprios da qualidade de herdeiro".

---

[2] GONÇALVES, Carlos Roberto. *Direito civil brasileiro:* direito das sucessões. 11. ed. São Paulo: Saraiva, 2017. v. 7. p. 88-89.

O art. 1.807, também do Código Civil, disciplina a aceitação presumida ao dispor que "o interessado em que o herdeiro declare se aceita ou não a herança poderá, vinte dias após aberta a sucessão, requerer ao juiz prazo razoável, não maior de trinta dias, para, nele, se pronunciar o herdeiro, sob pena de se haver a herança por aceita".

A aceitação da herança raramente é formal, de forma expressa, ocorrendo sempre de forma tácita, informal, admitindo-se, ainda, presumidamente.

ACEITAÇÃO DA HERANÇA	
	Expressa - art. 1.805, 1ª parte, do CC
	Tácita - art. 1.805, 2ª parte, do CC
	Presumida - art. 1.807 do CC

Carlos Roberto Gonçalves[3] leciona que a aceitação da herança pode ser direta ou indireta.

A aceitação é direta quando a manifestação da aceitação é efetuada pelo próprio sucessor.

A aceitação é indireta quando é efetuada pelos sucessores do herdeiro, nos termos do art. 1.809, *caput*, do Código Civil[4]; por mandatário (procurador) do herdeiro; por gestor de negócios (art. 861 do CC), mas esta posição é controvertida; pelo tutor ou curador do sucessor (arts. 1.748, II, e 1.781 do CC); pelos credores do herdeiro que renunciou, mediante autorização judicial, até o limite da dívida, devolvendo-se aos demais herdeiros o remanescente da herança, se houver (art. 1.813 do CC).

No direito contemporâneo, diverso do que ocorria no Direito das Ordenações, a aceitação se faz automaticamente em benefício de inventário, ou seja, o herdeiro não é responsável por dívidas superiores às forças da herança, não responde por encargos que ultrapassem o patrimônio do falecido. A aceitação da herança é incondicional, não admitindo a imposição de

---

3 GONÇALVES, Carlos Roberto. Op. cit., v. 7. p. 88-89.

4 "Art. 1.809. Falecendo o herdeiro antes de declarar se aceita a herança, o poder de aceitar passa-lhe aos herdeiros, a menos que se trate de vocação adstrita a uma condição suspensiva, ainda não verificada."

condições ou prazos, tratando-se de um ato puro, sendo que parte da doutrina considera que possui a natureza jurídica de negócio jurídico unilateral, e outra, que se trata de ato jurídico em sentido estrito (art. 185 do CC)[5].

A aceitação é irretratável, indivisível, não podendo aceitar apenas uma parte da herança e renunciar a outra, e possui eficácia *ex tunc*, retroagindo desde a abertura da sucessão (arts. 1.812, 1.808 e 1.804, *caput*, do CC). O Código Civil de 1916 admitia que a aceitação pudesse ser retratada desde que não prejudicasse os direitos dos credores (art. 1.590, parte final), o atual Código Civil não admite essa possibilidade, dispondo que são irrevogáveis os atos de aceitação e renúncia da herança (art. 1.812).

Aceita a herança, opera-se a transmissão dos bens hereditários. Arrependendo-se, o herdeiro deverá transmitir seus direitos sucessórios, não podendo retratar a aceitação e renunciar.

É informal a aceitação e pode ser efetuada pelo representante do incapaz. Falecendo o herdeiro antes de declarar se aceita a herança, seus sucessores podem aceitá-la (indireta), desde que também aceitem a herança do herdeiro falecido. Nesse caso, ocorrem duas sucessões. A primeira, do autor da herança ao herdeiro que faleceu antes de aceitá-la, e a segunda, do herdeiro falecido aos seus sucessores, que podem aceitar ou renunciar a primeira. Nos termos do parágrafo único do art. 1.809 do Código Civil, só podem aceitar a primeira se também aceitarem a segunda.

O legado é um bem certo e determinado, instituído por testamento a título singular, e nada impede que o herdeiro também seja legatário. Nesse caso, pode aceitar a herança e renunciar o legado ou vice-versa.

O Código Civil acrescenta, ainda, que, na mesma sucessão com títulos sucessórios diversos (ex.: inventário conjunto de pai e mãe que faleceram em acidente), pode deliberar livremente os quinhões que aceita ou renuncia, ou seja, pode aceitar a herança de um e renunciar a do outro.

A individualidade da aceitação e renúncia da herança está prevista no art. 1.808 do Código Civil, que dispõe:

> Art. 1.808. Não se pode aceitar ou renunciar a herança em parte, sob condição ou a termo.

---

5 CARVALHO, Luiz Paulo Vieira de. *Direito das sucessões*. 3. ed. São Paulo: Atlas, 2017. p. 200-201.

§ 1º O herdeiro, a quem se testarem legados, pode aceitá-los, renunciando a herança; ou, aceitando-a, repudiá-los.

§ 2º O herdeiro, chamado, na mesma sucessão, a mais de um quinhão hereditário, sob títulos sucessórios diversos, pode livremente deliberar quanto aos quinhões que aceita e aos que renuncia.

O herdeiro, ao aceitar a herança, responde pelo passivo, entretanto, apenas até os seus limites, incumbindo-lhe a prova do excesso do encargo, salvo se houver inventário demonstrando o valor dos bens herdados (arts. 1.792 e 1.821 do CC).

Não importa aceitação o herdeiro praticar atos oficiosos, como funeral do falecido, atos conservatórios, de administração ou guarda provisória dos bens sem compatibilidade com a aceitação da herança ou, ainda, ceder gratuita, pura e simplesmente a herança aos coerdeiros (arts. 1.804 e 1.805, §§ 1º e 2º, do CC).

Não se verifica a transmissão da herança ao herdeiro quando se renuncia a herança.

8.2. RENÚNCIA DA HERANÇA

8.2.1. Conceito de renúncia

A lei não impõe a obrigatoriedade de receber a herança, podendo o titular do direito hereditário abdicar, tanto na sucessão legítima quanto na testamentária, por meio da renúncia ou repúdio da herança.

A renúncia da herança surge como o ato jurídico unilateral, por meio do qual o herdeiro declara não aceitar a herança, repudiando a transmissão que a lei opera em razão da ordem de vocação hereditária ou testamentária, despojando-se da sua titularidade. Possui efeitos *ex tunc*, retornando até a abertura da sucessão para fulminar a transmissão. A homologação judicial da renúncia é desnecessária, porque, como ato de vontade unilateral, torna-se perfeita pela simples manifestação do titular da herança[6].

[6] FARIA, Cristiano Chaves de. Incidentes à transmissão da herança: aceitação, renúncia, cessão de direitos hereditários e petição de herança. In: HIRONAKA, Giselda Maria Fernandes Novaes; PEREIRA, Rodrigo da Cunha. *Direito das sucessões e o novo Código Civil.* Belo Horizonte: Del Rey, 2004. p. 47.

É um ato jurídico unilateral em que o herdeiro declara a sua intenção em repudiar a herança, sendo havido como se nunca tivesse sido herdeiro, já que retroage à data da abertura da sucessão[7].

8.2.2. Formalidades e requisitos da renúncia da herança

Como qualquer renúncia em direito, só vale se for expressa, por escritura pública ou termo nos autos. É ato solene, público, na forma escrita, requisitos sem os quais não produz efeitos, devendo obedecer à forma prescrita na lei, sob pena de nulidade (art. 166, IV, do CC).

O art. 1.806 do Código Civil dispõe que "a renúncia da herança deve constar expressamente de instrumento público ou termo judicial". A renúncia, portanto, não pode ser tácita ou presumida. Necessita de ato jurídico positivo, mediante escritura pública juntada nos autos, que traduza uma manifestação da vontade de repudiar a herança, por termo judicial de renúncia lavrado nos autos do inventário, forma mais simples e menos onerosa. A mesma fé pública de que goza o tabelião de notas também goza o escrivão judicial[8].

O Superior Tribunal de Justiça, em julgado que reconheceu a validade do ato de renúncia à herança, ressalta os requisitos e efeitos da renúncia e a diferença com o ato de aceitação, conforme consta na ementa:

> RECURSO ESPECIAL. SUCESSÃO. RENÚNCIA À HERANÇA. ATO FORMAL E SOLENE. ESCRITURA PÚBLICA. ATO NÃO SUJEITO À CONDIÇÃO OU TERMO. EFEITO DA RENÚNCIA: RENUNCIANTES CONSIDERADOS COMO NÃO EXISTENTES.
>
> 1. A qualidade de herdeiro legítimo ou testamentário não pode ser compulsoriamente imposta, garantindo-se ao titular da vocação hereditária o direito de abdicar ou declinar da herança por meio da renúncia expressa, preferindo conservar-se completamente estranho à sucessão.
>
> 2. Ao contrário da informalidade do ato de aceitação da herança, a renúncia exige forma expressa, cuja solenidade deve constar de instrumento

---

7 GONÇALVES, Carlos Roberto. Op. cit., v. 7. p. 88-89.

8 GONÇALVES, Carlos Roberto. Op. cit., v. 7. p. 88-89.

público ou por termos nos autos (art. 1.807), ocorrendo a sucessão como se o renunciante nunca tivesse existido, acrescendo-se sua porção hereditária à dos outros herdeiros da mesma classe.

3. A renúncia e a aceitação à herança são atos jurídicos puros não sujeitos a elementos acidentais. Essa a regra estabelecida no *caput* do art. 1.808 do Código Civil, segundo o qual não se pode aceitar ou renunciar a herança em partes, sob condição (evento futuro incerto) ou termo (evento futuro e certo).

4. No caso dos autos, a renúncia operada pelos recorrentes realizou-se nos termos da legislação de regência, produzindo todos os seus efeitos: a) ocorreu após a abertura da sucessão, antes que os herdeiros aceitassem a herança, mesmo que presumidamente, nos termos do art. 1.807, do CC/2002; b) observou-se a forma por escritura pública; c) por agentes capazes, havendo de se considerar que os efeitos advindos do ato se verificaram.

5. Nessa linha, perfeita a renúncia, considera-se como se nunca tivessem existido os renunciantes, não remanescendo nenhum direito sobre o bem objeto do negócio acusado de nulo, nem sobre bem algum do patrimônio[9].

Exige-se, assim, para a renúncia, os seguintes requisitos: a) que ocorra após a morte do autor da herança; b) que a forma seja por escritura pública ou termo nos autos do inventário; e c) que o renunciante seja capaz.

A renúncia, para ser efetuada por procurador, também exige instrumento público, a teor do art. 1.806 do Código Civil, não se admitindo que seja constituído mediante instrumento particular. A herança é considerada bem imóvel e a renúncia de direitos reais sobre imóveis exige documento público para conferir validade ao negócio jurídico (arts. 104 e 108 do CC), o que inclui a constituição do procurador. O Superior Tribunal de Justiça já decidiu que "a constituição de mandatário para a renúncia à herança deve obedecer à mesma forma, não tendo validade a outorga por instrumento particular"[10].

A renúncia só pode ser praticada pelo herdeiro capaz. Não é possível a renúncia pelo representante legal em nome do incapaz (art. 1.749, II, do

---

[9] STJ, REsp 1.433.650-GO, Rel. Min. Luis Felipe Salomão, j. 19-11-2019.

[10] STJ, REsp 1.236.671/SP, Rel. p. acórdão Min. Sidnei Beneti, j. 9-10-2012.

CC), não se vislumbrando necessidade de ato ou interesse do incapaz para justificar autorização judicial para renúncia do menor representado pelos pais, nos termos do art. 1.691 do Código Civil. A autorização judicial para o representante legal repudiar a herança, representando o menor, somente poderia ocorrer se demonstrado evidente interesse ou necessidade, situação que não se vislumbra, exceto se as dívidas do espólio ultrapassarem o acervo patrimonial. Assim, o herdeiro incapaz não pode renunciar, pois seus direitos são indisponíveis.

O herdeiro casado só pode renunciar com autorização do cônjuge, exceto no regime de separação total de bens (arts. 80, II, e 1.647, I, do CC) ou se existir autorização expressa no pacto antenupcial, quando o regime de bens do casamento for o de participação final nos aquestos (art. 1.656 do CC). Existe dissidência nesse entendimento, sob o fundamento de que a renúncia é negócio jurídico unilateral e não translativo de direitos, possuindo caráter abdicativo, conforme escólio de Euclides de Oliveira e Sebastião Amorim:

> A renúncia é negócio jurídico unilateral, pelo qual o herdeiro declara não aceitar a herança. Não é de caráter translativo, mas abdicativo. Assim, não importa em transmissão de bens ou direitos, nem se confunde com a cessão da herança. Distingue-se, também, da desistência, que sobrevém ao ato de aceitação da herança.
>
> Por ser de caráter abdicativo, e não translativo de direitos, a renúncia pura e simples constitui ato pessoal do herdeiro, que não demanda outorga uxória. Mas a questão não é tranquila, a saber se exigível o consentimento do cônjuge para efetivação da renúncia da herança por herdeiro casado. Forte corrente doutrinária, baseando-se no fato de que a sucessão aberta se considera bem imóvel (art. 80, II, do CC), e que atos de alienação de imóvel exigem a anuência do cônjuge (art. 1.647, inc. I, do CC), exceto no caso de regime de separação absoluta de bens (do art. 1.687 do CC), ou quando houver estipulação expressa no caso do regime da participação final nos aquestos (art. 1.656 do CC).
>
> A jurisprudência entende que "a ausência de consentimento torna o ato anulável, uma vez passível de ratificação" (*RT* 675/102)[11].

---

[11] OLIVEIRA, Euclides Benedito de; AMORIM, Sebastião Luiz. *Inventários e partilhas:*

Cristiano Chaves de Faria leciona que a renúncia à herança resulta, inequivocamente, em ato de disposição de bens e, dependendo do regime (comunhão de bens), importa redução da meação, exigindo-se outorga do cônjuge, sob pena de ineficácia em relação ao consorte preterido e não anulabilidade, como preconiza o art. 1.649 do Código Civil, podendo, entretanto, ser suprida a ausência por ato judicial ou ratificação posterior. A posição contrária, também citada pelo autor, afirma ser desnecessária a outorga, porque o titular é o herdeiro do falecido e não o seu cônjuge, justificando-se por tratar-se de não aceitação da herança, o que importaria em consequências distintas do ato de disposição[12].

A renúncia à meação do cônjuge ou companheiro sobrevivente não se confunde com a renúncia à herança, por tratar-se de direito próprio do sobrevivente. A doutrina e a jurisprudência divergem sobre a possibilidade de renúncia à meação por termo nos autos e a possibilidade de ser parcial, renunciando-se à nua-propriedade e reservando o usufruto vitalício. Na verdade, trata-se de uma doação, normalmente pelo genitor sobrevivente, aos filhos. O Tribunal de Justiça do Estado de São Paulo tem admitido a renúncia à meação por termo nos autos independentemente do cumprimento da obrigação tributária incidente. Nesse sentido:

> Inventário. Renúncia à meação pelo viúvo meeiro. Exigência de escritura pública. Inconformismo. Acolhimento. Ato solene que, para todos os efeitos, representa transmissão de bem imóvel por força de lei. Possibilidade de ser tomada por termo nos autos, independentemente do cumprimento da obrigação tributária incidente. Decisão reformada. Recurso provido[13].

O Superior Tribunal de Justiça, entretanto, decidiu que a meação não se confunde com a herança, não admitindo renúncia por termo nos autos, e também que o ato para dispor da meação não se equipara à cessão de direitos hereditários. Acrescenta a ementa que "o ato de disposição patrimonial

---

direito das sucessões. 23. ed. São Paulo: Livraria e Editora Universitária de Direito, 2013. p. 59-60.

12 FARIAS, Cristiano Chaves de. Op. cit., p. 48-49.

13 TJSP, AI 2060286.56.2013.8.26.0000, 8ª Câm. de Direito Privado, Rel. Des. Grava Brasil, j. 26-2-2014.

representado pela cessão gratuita da meação em favor dos herdeiros configura uma verdadeira doação, a qual, nos termos do art. 541 do Código Civil, far-se-á por Escritura Pública ou instrumento particular, sendo que, na hipótese, deve ser adotado o instrumento público, por conta do disposto no art. 108 do Código Civil"[14].

A posição predominante na doutrina, em face da semelhança da disposição da meação e dos direitos hereditários, implicando efetiva cessão de direitos, é a possibilidade da renúncia à meação por termo nos autos, considerando a mesma fé pública do escrivão judicial com que goza o tabelião de notas, acompanhando as decisões dos tribunais estaduais. Na renúncia à meação, entretanto, por ser imprópria, importando cessão de direitos, incide o imposto de transmissão, podendo ser total ou parcial, com reserva de usufruto[15].

8.2.3. Limitação e irrevogabilidade da renúncia

Aquele que renuncia abre mão de seu direito hereditário, não é herdeiro, por não ocorrer transmissão, porém não pode causar prejuízo a terceiro com seu ato, cabendo ao prejudicado, notadamente o credor, habilitar-se no inventário até o valor do crédito e no limite do quinhão, no prazo de trinta dias após o conhecimento do fato, para receber a dívida, prevalecendo a renúncia quanto ao remanescente da herança, se houver (art. 1.813 do CC).

A renúncia à herança pode ser uma maneira velada de cometer fraude contra os credores do herdeiro, pois, ao abdicar da herança, transmite gratuitamente os bens aos demais herdeiros, acrescendo suas partes ou chamando a suceder a classe seguinte, razão pela qual se permite ao credor aceitá-la, em nome do renunciante, para garantir o pagamento das dívidas, devolvendo-se o remanescente aos herdeiros. Nesse sentido é a jurisprudência:

> AGRAVO DE INSTRUMENTO – DIREITO DAS SUCESSÕES – RENÚNCIA À HERANÇA – PREJUÍZO DE CREDOR – ACEITAÇÃO DO QUINHÃO CORRESPONDENTE EM NOME DO DEVEDOR – ART. 1.813, DO CC/2002.

---

14 STJ, REsp 1.196.992/MS, 3ª Turma, Rel. Min. Nancy Andrighi, j. 6-8-2013.

15 OLIVEIRA, Euclides Benedito de; AMORIM, Sebastião Luiz. Op. cit., p. 59-60.

- Consoante dicção do art. 1.813 do CC/2002, o herdeiro que renunciar os seus direitos hereditários pode ser substituído por seus credores, mediante autorização judicial, cabendo a estes tão somente o quinhão que caberia ao devedor renunciante[16].

A renúncia é formal, irrevogável e indivisível, não se podendo renunciar uma parte da herança e aceitar outra, ou sob condição ou a termo, podendo, todavia, aceitar o legado e renunciar a herança ou vice-versa. Pode, ainda, o herdeiro, se possuir direitos a mais de um quinhão, renunciar um e aceitar outro (art. 1.808 e parágrafos do CC), como ocorre, por exemplo, no inventário conjunto do pai e da mãe.

Dispõe o art. 1.812 do Código Civil que "são irrevogáveis os atos de aceitação ou de renúncia da herança".

O herdeiro incapaz não pode renunciar, pois seus direitos são indisponíveis.

8.2.4. Renúncia de herança em pacto nupcial e contrato de união estável

A legislação veda renúncia à herança se vivo o autor, ao dispor no art. 426 do Código Civil que "não pode ser objeto de contrato a herança de pessoa viva", o que é acolhido de forma pacífica na jurisprudência e predominante na doutrina.

O Código Civil de 2002, entretanto, inovou no direito sucessório ao considerar o cônjuge herdeiro concorrente com os descendentes e ascendentes, diverso do que ocorria na vigência do CC/1916, quando possuía apenas direito ao usufruto. Concorrendo com descendentes o cônjuge não é herdeiro concorrente, nos termos do art. 1.829, I, do Código Civil[17], apenas se for casado no regime de separação obrigatória e na comunhão universal de bens, posto que herdeiro concorrente nos bens particulares no regime da

---

[16] TJMG, AI 1.0433.05.157280-1/001, Rel. Des. Elias Camilo, j. 27-10-2011.

[17] "Art. 1.829. A sucessão legítima defere-se na ordem seguinte:

I – aos descendentes, em concorrência com o cônjuge sobrevivente, salvo se casado este com o falecido no regime da comunhão universal, ou no da separação obrigatória de bens (art. 1.640, parágrafo único); ou se, no regime da comunhão parcial, o autor da herança não houver deixado bens particulares;"

comunhão parcial. Concorrendo com ascendentes o cônjuge será sempre herdeiro concorrente, independente do regime de bens (inciso II)[18].

A mesma concorrência sucessória do cônjuge se aplica aos companheiros, após o julgamento pelo Supremo Tribunal Federal do RE 878.694/MG[19], julgando inconstitucional o art. 1.790 do Código Civil, que trata dos direitos sucessórios dos companheiros, e determinando a aplicação do mesmo regime dos cônjuges, previsto no art. 1.829 do mesmo diploma legal.

A concorrência, especialmente com os descendentes no regime de separação de bens, acabou por trazer aos casais que não querem comunicação patrimonial em vida, e também depois da morte, uma situação incontornável, especialmente naquelas hipóteses das pessoas que já foram casadas, já criaram os filhos, possuem independência financeira e não querem que o novo cônjuge ou companheiro seja seu herdeiro.

Surgiu na doutrina defensores da possibilidade de relativizar a proibição de renúncia sobre herança de pessoa viva, quando firmada em pacto antenupcial, pois na realidade não estaria ocorrendo um contrato de herança sobre os bens de pessoa viva, mas uma abdicação do direito de recebê-los, não configurando *pacta corvina*.

Pacto antenupcial, também denominado convenção antenupcial, é um contrato solene, efetuado por escritura pública no Cartório de Notas, antes do casamento, em que os nubentes dispõem sobre o regime de bens e outras questões patrimoniais e não patrimoniais, que vigorará entre eles durante o casamento[20].

Na união estável os companheiros podem firmar contrato escrito, antes ou na vigência da convivência, por escritura pública ou contrato particular. A renúncia, entretanto, exige escritura pública.

No Brasil, o pacto sucessório, ou *pacta corvina*, é proibido. O principal fundamento é que o patrimônio é do vivo e pode dispor, gozar ou empobrecer antes de sua morte, por isso não existe herança de pessoa viva. Ocorre também por questões de ordem moral, evitando que o beneficiado deseje a

---

18 "II – aos ascendentes, em concorrência com o cônjuge;"

19 STF, RE 878.694/MG, Rel. Min. Luis Roberto Barroso, j. 10-5-2017.

20 CARVALHO, Dimas Messias de. *Direito das famílias*. 7. ed. São Paulo: Saraiva, 2019. p. 270.

morte do proprietário dos bens. A justificativa da vedação também ocorre para que o herdeiro não seja tentado a vender a herança que ainda não recebeu, dilapidando o futuro patrimônio. José Fernando Simão, após apresentar os fundamentos acima, sugere que a vedação seja flexibilizada, autorizando a modificação do regime, prevista em pacto antenupcial, em caso de morte, como ocorre no direito português[21].

Rolf Madaleno leciona que o direito brasileiro acolheu a orientação francesa e proibiu o pacto sucessório, vedando a renúncia à herança sem qualquer critério crítico e técnico. Ressalta que, mediante uma leitura atenta do art. 426 do Código Civil, não pode ser aplicado no pacto negativo, ou seja, quando o cônjuge renuncia antecipadamente ao direito de herança. Trata-se de direito disponível dos cônjuges e companheiros, que podem, dentro da autonomia privada, abdicar antecipadamente de seus direitos sucessórios. Optando os cônjuges em não partilhar os bens em vida em caso de divórcio, não há como imaginar que a incomunicabilidade dos bens no regime de separação não seja estendida em caso de dissolução da união pela morte, respeitando a autonomia da vontade[22].

Mário Luiz Delgado e Jânio Urbano Marinho Júnior comungam o mesmo entendimento de Rolf Madaleno, no sentido de se promover uma leitura mais restritiva do art. 426 do Código Civil e descortinar novos horizontes para os pactos sucessórios no Brasil, adequados com o princípio da autonomia privada, já que a renúncia dos direitos de herança, em pacto antenupcial ou contrato de convivência, não configura ato imoral e a flexibilização é uma tendência mundial[23].

Os fundamentos da possibilidade de renúncia da herança em pacto antenupcial no regime de separação convencional podem ser estendidos também para o regime de separação obrigatória, em especial nos casamentos dos maiores de 70 anos, nas hipóteses de aplicação da Súmula 377 do STF.

---

[21] SIMÃO, José Fernando. *Repensando a noção de pacto sucessório*: de "lege ferenda". Disponível em: <www.cartaforense.com.br>. Acesso em: 21-4-2020.

[22] MADALENO, Rolf. Renúncia da herança no pacto antenupcial. *Revista IBDFAM família e sucessões*, v. 27, Belo Horizonte: IBDFAM, 2018. p. 50 e 51.

[23] DELGADO, Mário Luiz; MARINHO JÚNIOR, Jânio Urbano. Posso renunciar à herança em pacto antenupcial? *Revista IBDFAM família e sucessões*, v. 31, Belo Horizonte: IBDFAM, 2019. p. 19 e 20.

A doutrina predominante, entretanto, é no sentido da nulidade da cláusula de renúncia dos direitos sucessórios no pacto antenupcial, em face da vedação legal do artigo 426 do Código Civil. A jurisprudência é pacífica no sentido da impossibilidade de renúncia antes da morte do autor da herança.

No julgado citado no item 8.2.2, o Superior Tribunal de Justiça inclui, entre os requisitos da renúncia, que deve ocorrer "após a abertura da sucessão, antes que os herdeiros aceitassem a herança"[24]. No mesmo sentido já decidiu que "a disposição de herança, seja sob a forma de cessão dos direitos hereditários ou de renúncia, pressupõe a abertura da sucessão, sendo vedada transação sobre herança de pessoa viva"[25].

8.2.5. Espécies de renúncia

A renúncia da herança é um ato jurídico unilateral puro e simples, de forma solene, em que o herdeiro abdica dos seus direitos hereditários. O herdeiro rejeita sua condição de sucessor em face do direito de *saisine*. A doutrina, entretanto, reconhece duas espécies de renúncia: a abdicativa, que é a renúncia propriamente dita, e a translativa, que é uma cessão de direitos hereditários.

A abdicativa ou renúncia propriamente dita, prevista no Código Civil, acresce as partes de todos os herdeiros da mesma classe, indistintamente, e, se for o único desta, chama a suceder os herdeiros da classe seguinte, conforme dispõe o art. 1.810 do Código Civil: "Na sucessão legítima, a parte do renunciante acresce à dos outros herdeiros da mesma classe e, sendo ele o único desta, devolve-se aos da subsequente".

Com a renúncia, o herdeiro se autoexclui da sucessão e sua parte acresce a dos outros herdeiros da mesma classe. Se for o único da sua classe, serão chamados os herdeiros da classe seguinte, pois não pode ser representado por seus descendentes, que somente herdarão por direito próprio (art. 1.811 do CC).

A renúncia translativa não é propriamente uma renúncia, sendo, na realidade, uma aceitação tácita seguida de uma cessão de direitos heredita-

---

[24] STJ, REsp 1.433.650-GO, Rel. Min. Luis Felipe Salomão, j. 19-11-2019.

[25] STJ, Ag. Int. no REsp 1.341.825/SC, Rel. Min. Raul Araújo, j. 15-12-2016.

rios. É ato complexo e existem dois tributos: o *causa mortis*, por ter aceito, e o *inter vivos*, por ter transferido. Não se pode renunciar em favor de determinado herdeiro, nem condicionalmente (é incondicional).

RENÚNCIA	Abdicativa ou própria – autoexclusão, ato unilateral
	Translativa ou imprópria – cessão de direitos hereditários (doação), ato complexo

O juiz Antônio Carlos Parreira ensina que:

> Constantemente, se vê nos inventários, herdeiros renunciarem à herança em favor de outro herdeiro ou do cônjuge ou companheiro sobrevivente, ou, o que é pior, este renunciar à meação em favor de um ou mais herdeiros.
>
> Na verdade, o Código Civil contempla apenas a hipótese de renúncia da herança sem beneficiário determinado, antes de praticado ato pelo herdeiro que importe em sua aceitação, não havendo previsão legal para a renúncia da meação. Mas, na prática, a doutrina e a jurisprudência acabaram por admitir a chamada *renúncia translativa*, expressão esta sobre a qual, certa feita, consagrado jurista escreveu que o *substantivo briga com o adjetivo*, porquanto quem renuncia nada transfere.
>
> Tais renúncias nada mais são do que doações disfarçadas, pois somente se aceitar a herança poderá o renunciante transferir os bens que a integram para pessoa por ele determinada. Caso contrário, havendo renúncia pura e simples, como prevista na lei, a parte do renunciante acresce por vontade da norma legal (e não dele) à dos outros herdeiros da mesma classe, ou da subsequente, conforme o art. 1.810 do Código Civil.
>
> Da mesma forma, mesmo antes do evento morte, o cônjuge ou companheiro meeiro já era proprietário da meação dos bens comuns, importando em doação sua *renúncia translativa* em favor de um ou mais herdeiros.
>
> Não obstante, seja a expressão utilizada doação, ou *renúncia translativa*, ou renúncia em benefício determinado ou renúncia em favor de alguém, há na espécie transmissão gratuita de bens, por ato *inter vivos*, impondo-se o

prévio recolhimento do imposto de transmissão respectivo ou reconhecimento pelo fisco da isenção[26].

A renúncia translativa, também chamada de imprópria, embora não seja tecnicamente uma renúncia, é tida por válida e admitem-se os efeitos obrigacionais dela decorrentes, como forma de doação, se a título gratuito, ou de compra e venda, se a título oneroso, tratando-se, portanto, de cessão de direitos hereditários. Se a título gratuito, por equivaler a doação, é restrita à metade dos bens do herdeiro renunciante que tenha herdeiros necessários e, na inexistência de outros bens, devem ser reservados bens suficientes para a subsistência do doador (arts. 549, 1.789, 1.845 e 548 do CC). Na mesma ordem de ideias, com restrições na jurisprudência, alguns juízes têm admitido a renúncia à meação. Embora inconfundível com a renúncia à herança, posto que o meeiro é titular por direito próprio dos bens da meação, dela se aproxima no ponto em que implica efetiva cessão de direitos, que se efetiva por escritura pública, admitindo, ainda, parte da doutrina e da jurisprudência, por termo judicial nos autos, aplicando por extensão o disposto no art. 1.806 do Código Civil[27]. O Superior Tribunal de Justiça não admitiu renúncia à meação por termo nos autos do inventário, exigindo escritura pública de doação, conforme ementa:

> SUCESSÕES. RECURSO ESPECIAL. MEAÇÃO. ATO DE DISPOSIÇÃO EM FAVOR DOS HERDEIROS. DOAÇÃO. ATO "INTER VIVOS". FORMA. ESCRITURA PÚBLICA. 1. Discussão relativa à necessidade de lavratura de escritura pública para prática de ato de disposição da meação da viúva em favor dos herdeiros. 2. O ato para dispor da meação não se equipara à cessão de direitos hereditários, prevista no art. 1.793 do Código Civil, porque esta pressupõe a condição de herdeiro para que possa ser efetivada. 3. Embora o art. 1.806 do Código Civil admita que a renúncia à herança possa ser efetivada por instrumento público ou termo judicial, a meação não se confunde com a herança. 4. A renúncia da herança pressupõe a abertura da sucessão e só pode ser realizada por aqueles que ostentam a condição de herdeiro. 5. O ato de disposição patrimonial representado

---

26 PARREIRA, Antonio Carlos. Escrituras de inventários, separações e divórcios: alguns cuidados. *Jus Navigandi*, Teresina, ano 11, n. 1293, jan. 2007, p. 2.

27 PARREIRA, Antônio Carlos. Op. cit., p. 2.

pela cessão gratuita da meação em favor dos herdeiros configura uma verdadeira doação, a qual, nos termos do art. 541 do Código Civil, far-se-á por Escritura Pública ou instrumento particular, sendo que, na hipótese, deve ser adotado o instrumento público, por conta do disposto no art. 108 do Código Civil[28].

O Tribunal de Justiça de São Paulo, entretanto, após o julgamento acima pelo STJ, vem reiteradamente decidindo pela possibilidade de renúncia da meação por termo nos autos. Apesar de tecnicamente não ser uma renúncia, aplica-se por analogia o art. 1.806 do Código Civil. Nesse sentido:

> Inventário – Renúncia de meação em favor de herdeira, com reserva de usufruto para viúvo – Desnecessidade de formalização por meio de escritura pública – Ato translativo que pode ser tomado por termo nos autos – Inteligência do artigo 1.806 do Código Civil – Agravo provido[29].

De modo diverso o Tribunal de Justiça do Mato Grosso do Sul acolheu o precedente do STJ (REsp 1.196.992/MS) e decidiu pela impossibilidade do viúvo meeiro renunciar no arrolamento sumário em favor dos herdeiros, fundamentando que "a meação, como sabido, não é herança, mas patrimônio particular do cônjuge quando há bens a serem partilhados". Decidiu que a doação deverá observar as formalidades prescritas no art. 541 do Código Civil, *in casu* por escritura pública, e determinou a partilha conferindo ao viúvo a metade dos bens em face da meação[30]. Com a renúncia à meação, não haverá incidência de imposto *causa mortis*, já que não existe transmissão de bens do falecido, e sim transferência de bens do meeiro titular, incidindo apenas o imposto *inter vivos*.

8.2.6. Efeitos da renúncia

O herdeiro que renunciou não pode ser representado, ou seja, ninguém é chamado para substituí-lo por representação. Eventualmente, seus descen-

---

[28] STJ, REsp 1.196.992/MS, Rel. Min. Nancy Andrighi, j. 6-8-2013.

[29] TJSP, AI 2127188-49.2017.8.26.0000, Rel. Natan Zelinschi de Arruda, j. 19-9-2018.

[30] TJMS, AC 0817919-63.2017.8.12.0001, Rel. Des. Paulo Alberto de Oliveira, j. 30-3-2020.

dentes podem herdar por cabeça, se não houver outro herdeiro da mesma classe do renunciante, conforme dispõe o art. 1.811 do Código Civil:

> Art. 1.811. Ninguém pode suceder, representando herdeiro renunciante. Se, porém, ele for o único legítimo da sua classe, ou se todos os outros da mesma classe renunciarem a herança, poderão os filhos vir à sucessão, por direito próprio, e por cabeça.

Assim, se o herdeiro renunciante possuía um irmão e três filhos, ao renunciar seu quinhão, acresce o do irmão, que ficará com a totalidade da herança, já que o renunciante não pode ser representado por seus descendentes. Entretanto, se o irmão do herdeiro renunciante faleceu antes do autor da herança, com a renúncia não restaram herdeiros em 1º grau, sendo chamados a suceder os herdeiros em 2º grau (netos), por direito próprio ou cabeça. Se o herdeiro falecido possuía, por exemplo, um filho, a herança será dividida igualmente entre os netos, cabendo o quinhão de um quarto para cada um.

Uma questão complexa e que tem demandado debates é se o quinhão do renunciante acresce apenas as partes dos herdeiros da mesma classe, em razão da redação do art. 1.811, ou acresce o monte, mesmo que existam herdeiros concorrentes de outras classes, como o cônjuge ou companheiro e herdeiros por representação.

Na hipótese de o falecido deixar, por exemplo, bens particulares, cônjuge ou companheira, um filho premorto com descendentes e quatro filhos vivos, quais seriam os efeitos da renúncia de três deles? Acresce apenas o quinhão do único filho vivo que restou na herança (da mesma classe) ou se mantém o monte e beneficia todos, indistintamente? Os filhos do herdeiro falecido são descendentes em 2º grau e o cônjuge (aplicando a mesma regra à companheira por força da decisão do Supremo Tribunal Federal no RE 646.721/RS, que reconheceu a inconstitucionalidade do art. 1.790 do CC) é herdeiro na 3ª classe da ordem de vocação hereditária, mas concorre com os descendentes e ascendentes.

A melhor conclusão é de que as quotas que porventura caberiam aos renunciantes se mantêm indistintamente no monte, pois, se renunciaram, é como se não tivessem existido. Assim, restou na sucessão um filho vivo, um filho premorto, representado por seus filhos, e o cônjuge ou companheiro, partilhando-se a herança para os três igualmente.

A renúncia é autoexclusão, o herdeiro não é excluído, exclui-se, da sucessão. Produz os seguintes efeitos, conforme orienta Carlos Roberto Gonçalves:

a) exclusão da sucessão do herdeiro renunciante, que abdicou da herança e será excluído e considerado como se jamais fosse chamado;

b) acréscimo da quota do renunciante à dos outros herdeiros da mesma classe (e também dos herdeiros concorrentes, como visto), em face da vedação de representação de seus descendentes;

c) proibição de representação do herdeiro renunciante, já que o art. 1.811, primeira parte, do Código Civil, dispõe, expressamente, que "ninguém pode suceder, representando herdeiro renunciante"[31];

d) chamamento à sucessão da classe subsequente, na hipótese de o herdeiro renunciante ser o único de sua classe (art. 1.810, parte final, do CC).

[31] GONÇALVES, Carlos Roberto. Op. cit., p. 107-108.

9

Exclusão do Herdeiro

Os sucessores podem ser excluídos da herança quando praticarem atos graves e condenáveis contra o *de cujus* ou, em alguns casos, contra pessoas próximas a ele, demonstrando que não são merecedores de serem beneficiados com seu patrimônio. Trata-se de condutas praticadas pelo herdeiro (ou legatário) contra a pessoa e a honra do autor da herança, seus familiares próximos, cônjuge ou companheiro. Luiz Paulo Vieira de Carvalho ressalta que "tais atos revelam profunda ingratidão ou desapreço em face daquele que, real ou presumidamente, lhe tinha profundo afeto, sendo merecedor, portanto, de ser privado do referido patrimônio"[1]. Acrescenta Paulo Lôbo que:

> (...) as condutas podem ser qualificadas como ilícitos penais ou como imorais, mas são tidas como suficientemente graves e atentatórias, de modo a ensejarem sanção específica, no campo civil, que é a exclusão da herança a que fariam jus os que as cometeram[2].

1 CARVALHO, Luiz Paulo Vieira de. *Direito das sucessões*. 3. ed. São Paulo: Atlas, 2017. p. 235.

2 LÔBO, Paulo Luiz Netto. *Direito civil:* sucessões. 3. ed. São Paulo: Saraiva, 2016. p. 186-187.

A exclusão do herdeiro somente ocorre mediante decisão judicial, em ação própria, ao aplicar uma pena (sanção civil) de ordem ética, consistente na perda dos direitos hereditários, ao sucessor que praticou ato injusto contra o autor da herança[3].

A legislação apresenta dois institutos que permitem o afastamento do beneficiário ingrato, posto que a sucessão hereditária assenta na afeição real ou presumida do falecido pelo sucessor, afeição que deve despertar neste último um sentimento de gratidão. A quebra desse dever de gratidão acarreta a perda da sucessão[4], que pode ocorrer por indignidade ou deserdação.

O Código Civil trata da exclusão do herdeiro por indignidade no Título I - Da Sucessão em Geral, Capítulo V, posto que atinge tanto a sucessão legítima quanto a testamentária, e da exclusão por deserdação, admitida apenas por testamento, no Título III - Da Sucessão Testamentária, Capítulo X, no que é acompanhado praticamente por todos os autores, entretanto, como são institutos paralelos, trataremos no mesmo capítulo.

9.1. EXCLUSÃO POR INDIGNIDADE

9.1.1. Conceito e causas da exclusão por indignidade

A indignidade é uma pena civil que impede que o herdeiro ou legatário extraia vantagem do patrimônio da pessoa a quem ofendeu, com atos criminosos contra a sua vida, honra ou liberdade de testar. O Código Civil inclui entre os ofendidos por tentativa ou por homicídio consumado, além do autor da herança, o cônjuge, companheiro, descendente ou ascendente do autor da herança e, nos crimes contra a honra, seu cônjuge ou companheiro, ao dispor no art. 1.814 que:

> Art. 1.814. São excluídos da sucessão os herdeiros ou legatários:
>
> I - que houverem sido autores, coautores ou partícipes de homicídio doloso, ou tentativa deste, contra a pessoa de cuja sucessão se tratar, seu cônjuge, companheiro, ascendente ou descendente;

---

[3] PEREIRA, Rodrigo da Cunha. *Dicionário de direito de família e sucessões*. São Paulo: Saraiva, 2015. p. 283.

[4] RODRIGUES, Silvio. *Direito civil*. Direito das sucessões. 19. ed. São Paulo: Saraiva, 1995. v. 7. p. 46.

> II – que houverem acusado caluniosamente em juízo o autor da herança ou incorrerem em crime contra a sua honra, ou de seu cônjuge ou companheiro;
>
> III – que, por violência ou meios fraudulentos, inibirem ou obstarem o autor da herança de dispor livremente de seus bens por ato de última vontade.

Os herdeiros ou legatários são excluídos da sucessão mediante ação civil ordinária, proposta por qualquer interessado na sucessão, nos casos taxativos previstos na lei, ou seja, os que houverem sido autores, coautores ou partícipes de homicídio doloso, ou tentativa deste, contra a pessoa de cuja sucessão se tratar, seu cônjuge, companheiro, ascendente ou descendente; houverem acusado caluniosamente em juízo o autor da herança ou incorrerem em crime contra a sua honra, ou de seu cônjuge ou companheiro; por violência ou meios fraudulentos, inibirem ou obstarem o autor da herança de dispor livremente de seus bens por ato de última vontade.

No inciso I autoriza-se a exclusão por indignidade do herdeiro ou legatário que participou, na qualidade de autor, coautor, partícipe ou autor intelectual, de homicídio consumado ou tentativa contra o autor da herança, seu cônjuge ou companheiro, seus descendentes e ascendentes, de forma dolosa.

Paulo Lôbo lembra que "o homicídio, ou sua tentativa, terão de ser dolosos, ou seja, quando ficar comprovado que houve intenção de matar". Logo, se o crime foi culposo, sem intenção de matar, não existe ato de indignidade e o herdeiro não é excluído[5].

O inciso II permite a exclusão do herdeiro ou legatário em duas hipóteses: a primeira quando acusar caluniosamente o autor da herança em juízo, normalmente lançada por escrito em processos ou debates orais. Nessa hipótese, caracteriza conduta indigna apenas quando lançada contra o autor da herança.

A segunda hipótese ocorre com a prática de atos considerados como crimes contra a honra do autor da herança, ou à sua memória, e de seu cônjuge ou companheiro. Novamente a lição de Paulo Lôbo:

> Consideram-se crimes contra a honra, segundo a legislação penal, a calúnia (imputação falsa de fato definido como crime a pessoa viva ou morta, ou

[5] LÔBO, Paulo Luiz Netto. Op. cit., p. 187.

sua divulgação), a difamação (imputação de fato ofensivo à reputação da pessoa, ainda que verdadeiro) e a injúria (ofensa à dignidade ou ao decoro da pessoa, que pode ser desconsiderada pelo juiz se a ofensa tiver sido provocada pelo ofendido ou se tiver sido revide imediato à injúria cometida pelo próprio ofendido)[6].

O inciso III, por fim, caracteriza conduta indigna inibir (cercear a liberdade) ou obstar (impedir) o testador de dispor dos bens, mediante violência (ação física) ou fraude (ação psicológica). Assim, pune o herdeiro que, por violência, impede a feitura do testamento; altera o que estava pronto abusando da confiança ou induzindo em erro o testador; ou, ainda, oculta, inutiliza, vicia, falsifica ou embaraça o cumprimento da disposição de última vontade[7].

CAUSAS DE INDIGNIDADE (ART. 1.814 DO CC)	
	• Autoria, coautoria ou partícipe em homicídio ou tentativa de homicídio (autor da herança, cônjuge, companheiro, descendente e ascendente)
	• Acusação caluniosa/crimes contra a honra (autor da herança, cônjuge e companheiro)
	• Inibição para testar por violência ou meios fraudulentos (somente o autor da herança)

As causas de exclusão do herdeiro ou legatário são taxativas, por restringir o direito constitucional à herança (art. 5º, XXX, da CF), não admitindo interpretação extensiva, ainda que o ato seja extremamente reprovável, como lamentavelmente ocorre com o abandono dos pais idosos pelos filhos, violando o art. 229 da Constituição Federal, abandono que pode ser econômico, social ou afetivo. A jurisprudência é forte no sentido de que,

> (...) por importar inequívoca restrição ao direito de herança garantido pelo art. 5º, XXX, da Carta Magna, não se pode conferir interpretação extensi-

---

6 LÔBO, Paulo Luiz Netto. Op. cit., p. 188.

7 GONÇALVES, Carlos Roberto. *Direito civil brasileiro:* direito das sucessões. 11. ed. São Paulo: Saraiva, 2017. v. 7. p. 120.

va aos atos de indignidade descritos no rol do art. 1.814 do CCB/2002, razão pela qual só é juridicamente possível o pedido de exclusão de herdeiro da sucessão que tenha por lastro uma das hipóteses taxativamente previstas nesse preceito legal[8].

O Superior Tribunal de Justiça já decidiu, entretanto, que, apesar de o instituto da indignidade não comportar interpretação extensiva, a prática de maus-tratos e desamparo à pessoa incapacitada mentalmente ou com grave enfermidade, devidamente comprovada, importa em atentado à vida, com previsibilidade de morte, enquadrando na disposição do art. 1.814, I, do Código Civil e autorizando a declaração de indignidade[9].

Os atos de indignidade têm encontrado na jurisprudência aplicação não apenas na exclusão de herdeiros ou legatários, estendendo em outras hipóteses[10], como, por exemplo, excluir o beneficiário de plano de pecúlio deixado pela vítima, ao algoz que cometer crime de lesão corporal seguida de morte e ocultação de cadáver[11]. Também se amplia para excluir como beneficiário de seguro de vida o assassino da pessoa que o indicou para receber o benefício[12]. Por fim, no Direito de Família, nos termos do parágrafo único do art. 1.708 do Código Civil[13], também se aplicam as causas de exclusão da sucessão hereditária para fazer cessar, ao credor, que tiver praticado atos de indignidade contra o devedor, o direito a alimentos.

Caio Mário entende ser desnecessária condenação criminal, esclarecendo, entretanto, que uma absolvição do acusado, pelo reconhecimento de uma excludente de criminalidade, percute no juízo cível para aliviá-lo da pecha de indigno[14]. Prevalece no ordenamento brasileiro a independência da responsabilidade civil em face da responsabilidade penal. Conforme

---

[8] TJMG, AC 1.0079.12.016937-4/001, Rel. Des. Peixoto Henriques, j. 20-5-2014.

[9] STJ, REsp 334.773/RJ, Rel. Min. Cesar Asfor Rocha, j. 21-5-2002.

[10] CARVALHO, Luiz Paulo Vieira de. Op. cit., p. 236-237.

[11] TJSP, AC 9215521.04.2007.8.26.0000, Rel. Des. Paulo Alcides, j. 15-8-2013.

[12] TJMG, AC 1.05118.02.016087-6/001, Rel. Des. José Amâncio, j. 7-4-2006.

[13] "Art. 1.708. (...)

Parágrafo único. Com relação ao credor cessa, também, o direito a alimentos, se tiver procedimento indigno em relação ao devedor."

[14] PEREIRA, Caio Mário da Silva. *Instituições de direito civil.* 6. ed. São Paulo: Forense, 1991.

disposto no art. 935 do Código Civil[15], as ações são independentes, entretanto, não se pode questionar mais no juízo cível sobre a existência do fato ou a autoria se a questão já foi decidida no juízo criminal. Também faz coisa julgada no cível se na esfera criminal foi reconhecida uma das causas de exclusão de ilicitude, como o estado de necessidade, a legítima defesa, o estrito cumprimento do dever legal ou o exercício regular do direito (art. 23 do CP e art. 65 do CPP)[16].

Assim, ocorrendo absolvição na esfera criminal por restar provada a inexistência do fato ou não constituir crime, ou se restar provado que o réu não concorreu para a infração penal ou existirem circunstâncias que excluam o crime ou isentem o réu de pena (art. 386, I, III, IV e VI, do CPP), o fato não pode mais ser questionado na ação civil de exclusão do herdeiro. Entretanto, se o réu foi absolvido na ação penal por ausência ou insuficiência da prova do fato ou da autoria, a indignidade pode ser apurada no juízo cível.

Da mesma forma, proferida sentença criminal condenatória, faz coisa julgada no cível, tratando-se de um dos efeitos da condenação (art. 91, I, do CP), não podendo mais o delito ser reexaminado na ação de exclusão do herdeiro. A prescrição da pretensão executória da condenação criminal não afasta a força executiva da condenação criminal no âmbito cível[17].

No mesmo sentido, a absolvição imprópria na esfera criminal, com imposição de medida de segurança, em razão de inimputabilidade penal em face de doença mental (art. 26 do CP), é irrelevante no juízo cível se restar demonstrada a vontade do agente em praticar a conduta e obter o resultado. O Tribunal de Justiça de Minas Gerais, em decisão que teve como relator o Des. Luiz Carlos de Azevedo Corrêa Júnior, decidiu que a doença mental em razão de psicopatia decorrente do uso de drogas e a ausência de condenação criminal não excluem, no âmbito cível, o ato de indignidade do herdeiro que cometeu o crime de matricídio. Consta na ementa que:

---

15 "Art. 935. A responsabilidade civil é independente da criminal, não se podendo questionar mais sobre a existência do fato, ou sobre quem seja o seu autor, quando estas questões se acharem decididas no juízo criminal."

16 "Art. 65. Faz coisa julgada no cível a sentença penal que reconhecer ter sido o ato praticado em estado de necessidade, em legítima defesa, em estrito cumprimento de dever legal ou no exercício regular de direito."

17 GONÇALVES, Carlos Roberto. Op. cit., p. 114.

> De acordo com o artigo 18, inciso I, do Código Penal, e à luz da teoria finalista tripartite do delito, o dolo naturalístico representa a vontade de praticar a conduta e alcançar o resultado, adere ao fato típico e não se confunde com a inimputabilidade decorrente de doença mental, que remanesce aferida na análise da culpabilidade.
>
> Não se mostrando afastado o dolo da conduta homicida perpetrada, cuja criminalização somente restou obstada por causa excludente de culpabilidade dissonante do elemento subjetivo perquirido, deve ser mantida a indignidade decretada em primeiro grau, máxime por não exigir a pena civil em comento a formal condenação criminal do autor do matricídio[18].

O Estatuto da Pessoa com Deficiência garante inclusão social e cidadania, promovendo mais direitos e liberdade às pessoas com deficiência, o que também importa em mais responsabilidades, não mais existindo no ordenamento jurídico brasileiro pessoa absolutamente incapaz em razão de enfermidade mental (Lei n. 13.146/2015).

9.1.2. Ação declaratória de indignidade, legitimidade e efeitos

A ação civil declaratória de indignidade e exclusão do herdeiro deve ser proposta no prazo de quatro anos, contados a partir da abertura da sucessão. Se o único herdeiro for o indigno, existia uma corrente entendendo que a ação devia ser proposta pelo Ministério Público, tanto que o Enunciado 116 da I Jornada de Direito Civil dispõe que "o Ministério Público, por força do art. 1.815 do novo CC, desde que presente o interesse Público, tem legitimidade para promover ação visando à declaração da indignidade de herdeiro ou legatário". A controvérsia acerca da legitimidade do Ministério Público na doutrina encontrava opositores, sob o fundamento de que o recebimento de herança é interesse patrimonial e privado, portanto disponível entre os herdeiros, que são os titulares do direito e podem inclusive perdoar o ofensor, tratando-se, pois, de interesses individuais disponíveis, não existindo interesses sociais a legitimar a intervenção do *Parquet*.

---

[18] TJMG, AC 1.0024.07.771098-6/001, Rel. Des. Luiz Carlos de Azeredo Corrêa Júnior, j. 28-10-2014.

A corrente que defendia a legitimidade do Ministério Público se fortaleceu em razão do caso Suzane Richtofen, diante da possibilidade de receber a herança dos pais que auxiliou a matar, caso o irmão não ajuizasse a ação de exclusão por indignidade.

A possibilidade de ajuizamento da declaração de indignidade pelo Ministério Público encontra amparo nas hipóteses de homicídio e tentativa de homicídio, com fundamento constitucional na defesa da ordem jurídica (art. 127 da CF), na defesa dos interesses indisponíveis da sociedade, considerando tratar-se de crime de ação penal pública incondicionada.

A Lei n. 13.532/2017, depois de muitos debates no Congresso Nacional, deu nova redação ao art. 1.815 do Código Civil, acrescentando o § 2º, que passou a dispor que:

> Art. 1.815. A exclusão do herdeiro ou legatário, em qualquer desses casos de indignidade, será declarada por sentença.
>
> § 1º O direito de demandar a exclusão do herdeiro ou legatário extingue-se em quatro anos, contados da abertura da sucessão.
>
> § 2º Na hipótese do inciso I do art. 1.814, o Ministério Público tem legitimidade para demandar a exclusão do herdeiro ou legatário.

Assim, nas hipóteses de homicídio e tentativa de homicídio, o Ministério Público possui legitimidade concorrente com os interessados na herança. Importante ressaltar que o Município possui legítimo interesse na sucessão, mesmo nas outras hipóteses de exclusão, se o indigno for o único sucessor, posto que, se excluído, os bens serão declarados vacantes e passarão ao domínio público (art. 1.832 do CC).

A exclusão por indignidade atinge o herdeiro e o legatário, que deixarão de receber a herança ou legado, denominado bem ereptício, porém a pena é pessoal, não passa do indigno, assim, a herança será deferida aos seus filhos, que o sucedem como se morto fosse, por representação ou cabeça, se for o único de sua classe.

Na hipótese de o filho do excluído for menor, o indigno não terá usufruto, administração, nem herdará os bens, determinando o art. 1.816 do Código Civil que "são pessoais os efeitos da exclusão; os descendentes do herdeiro excluído sucedem, como se ele morto fosse antes da abertura da sucessão". Completa o parágrafo único que o "excluído da sucessão não terá direito ao usufruto dos bens que a seus sucessores couberem na herança, nem à sucessão eventual desses bens". O outro cônjuge administrará exclusivamente os bens que o filho herdou ou, se não existir ou também estiver impedido por qualquer razão, será nomeado curador especial para a administração.

A exclusão por indignidade somente se aplica aos herdeiros e legatários, não se aplicando ao cônjuge ou companheiro na qualidade de meeiro, pois a meação lhes pertence por direito próprio, não atingida pela declaração de indignidade. Assim, ainda que o cônjuge ou companheiro cometa crime de homicídio contra o outro, é inviável a extensão da pena de exclusão ao meeiro[19], produzindo efeitos apenas se for herdeiro ou legatário.

9.1.3. Perdão ou reabilitação do ofensor

A exclusão do herdeiro ou legatário não ocorrerá se o autor da herança, por ato autêntico ou testamento, assim o decidir, perdoando ou, na expressão do atual Código Civil, reabilitando o ofensor.

O perdão tem de ser expresso por ato autêntico ou testamento. Washington de Barros esclarecia, antes do Código Civil de 2002, que não existe perdão tácito ou presumido, nem pode ele ser concedido oralmente ou por instrumento particular despido de autenticidade[20].

Marco Aurélio Viana admitia o perdão tácito quando o testador contemplava, em testamento, quem havia incorrido em indignidade[21].

A reabilitação, entretanto, mesmo neste caso, é manifestada por documento autêntico, e o ato tem de ser válido, afastando o perdão se o testamento for nulo ou revogado.

Caio Mário também admitia o perdão tácito se o ofendido houvesse, após a ofensa, contemplado o agente em testamento[22].

O Código Civil atual, porém, somente admite o perdão de forma expressa, reabilitando o herdeiro. Se não existir reabilitação expressa, o herdeiro só

---

19 TJMG, AC 1.0024.08.957264-8/001, Rel. Des. Edgard Penna Amorim. j. 22-7-2010.

20 MONTEIRO, Washington de Barros. *Curso de direito civil.* Direito das sucessões. 29. ed. São Paulo: Saraiva, 1990. v. 6. p. 70.

21 VIANA, Marcos Aurélio S. *Curso de direito civil.* Direito das sucessões. Belo Horizonte: Del Rey, 1994. v. 6. p. 66.

22 PEREIRA, Caio Mário da Silva. Op. cit., p. 37.

pode suceder no limite da disposição testamentária, pois determina o art. 1.818 que "aquele que incorreu em atos que determinem a exclusão da herança será admitido a suceder, se o ofendido o tiver expressamente reabilitado em testamento, ou em outro ato autêntico". O perdão tácito é excluído ao dispor, no parágrafo único, que, "não havendo reabilitação expressa, o indigno, contemplado em testamento do ofendido, quando o testador, ao testar, já conhecia a causa da indignidade, pode suceder no limite da disposição testamentária".

Conclui-se, assim, que o perdão tem de ser formal, expresso, por documento autêntico (escritura pública, testamento etc.), admitindo-se, na vigência do Código Civil de 2002, a sucessão pelo indigno apenas por testamento válido, quando, após ser ofendido, o autor da herança contempla o ofensor sem constar expressamente o perdão, porém terá direito apenas no limite da disposição testamentária, excluindo-se os demais bens não contemplados.

Assim, em razão de disposição expressa, não é mais cabível o perdão tácito ou presumido, já que o ofensor não pode mais suceder plenamente, apenas o que consta do testamento.

Ressalta-se, por um lado, ser questionável a regra, posto que não se encontra justificativa para limitar a sucessão do ofensor aos limites da disposição testamentária, já que, se o autor da herança, por ato de vontade, o contemplou, em vez de deserdá-lo, presume-se que o perdoou; por outro lado, pode-se argumentar que, se o testador aquinhoou o ofensor com bens, sem expressamente perdoá-lo, presume-se, também, o que foi acolhido na lei, a intenção de beneficiá-lo apenas com os bens deixados no testamento, sem reabilitar sua condição plena na herança.

9.2. EXCLUSÃO POR DESERDAÇÃO

9.2.1. Conceito e causas da exclusão por deserdação

A deserdação é uma exceção ao direito à legítima dos herdeiros necessários, isto é, uma exceção à garantia de pelo menos metade dos bens da herança (art. 1.846 do CC). Rodrigo da Cunha Pereira leciona que a deserdação "é a privação, por disposição testamentária, da legítima do herdeiro necessário, ou seja, é o ato pelo qual o autor da herança retira do herdeiro necessário o exercício do direito sucessório"[23].

---

[23] PEREIRA, Rodrigo da Cunha. Op. cit., p. 223.

Maria Berenice Dias esclarece que a deserdação, como a indignidade, é uma forma de penalizar o herdeiro que cometeu atos injustos e imorais contra o autor da herança, mas elas não se confundem, apesar da quase identidade de motivos e da mesma consequência de excluir o herdeiro da sucessão. Acrescenta que "a deserdação é restrita aos herdeiros necessários, e só pode ser imposta por testamento, com expressa declaração da causa que motivou o testador a querer privá-los da herança"[24].

A deserdação, portanto, é definida como a exclusão do herdeiro necessário, por um dos motivos constantes da lei, com a finalidade de não o beneficiar na herança[25]. É ato de vontade do testador para excluir os herdeiros necessários, excepcionando a regra que lhes garante o direito à metade da herança. É, portanto, ato privativo e de vontade do autor da herança, mediante testamento, para excluir os herdeiros necessários, já que os herdeiros facultativos não possuem a garantia da metade da herança (legítima). Assim, os herdeiros facultativos não precisam ser deserdados, basta ao autor da herança omiti-los ou excluí-los por testamento, sem necessidade de causa.

No direito romano, foi por meio da regulamentação das causas de deserdação, para evitar casos de injustiça flagrante, que foi assegurada, aos herdeiros necessários, a legítima[26].

A deserdação comum se diferencia da chamada *deserdação bona-mente* ou de boa intenção, que tem o intuito de proteger o herdeiro para não dilapidar o patrimônio, materializando-se na imposição de cláusulas restritivas de impenhorabilidade, incomunicabilidade ou impenhorabilidade dos bens transmitidos. As cláusulas podem ser impostas livremente na parte disponível da herança e até mesmo na legítima, se houver justa causa.

O herdeiro pode ser deserdado pelo ofendido no testamento pelos mesmos motivos da indignidade, acrescidos, na deserdação dos descendentes por ascendentes, das causas de "ofensa física; injúria grave; relações ilícitas com a madrasta ou com o padrasto e desamparo do ascendente em alie-

---

[24] DIAS, Maria Berenice. *Manual das sucessões*. São Paulo: RT, 2008. p. 281-282.

[25] WALD, Arnoldo. *Direito das sucessões*. 12. ed. São Paulo: Saraiva, 2002. p. 176.

[26] WALD, Arnoldo. Op. cit., p. 176.

nação mental ou grave enfermidade" (art. 1.962 do CC)[27] e, na deserdação dos ascendentes pelos descendentes, nas hipóteses de "ofensa física; injúria grave; relações ilícitas com a mulher ou companheira do filho ou a do neto, ou com o marido ou companheiro da filha ou o da neta; desamparo do filho ou neto com deficiência mental ou grave enfermidade" (art. 1.963 do CC)[28].

CAUSAS DE DESERDAÇÃO (ARTS. 1.962 E 1.963 DO CC)	• Mesmas causas da indignidade – art. 1.814 do CC • Ofensa física • Injúria grave • Relações ilícitas com a madrasta ou padrasto (deserdação do descendente por ascendente) ou com a nora/genro, tanto do(a) filho(a) quanto do(a) neto(a) (deserdação do ascendente por descendente) • Desamparo do ascendente (ou do filho ou do neto) em alienação mental ou grave enfermidade

Da mesma forma que a indignidade, as causas de deserdação possuem caráter de excepcionalidade, não admitindo interpretação extensiva. A jurisprudência é firme no sentido de que, "ausentes causas que implicassem a indignidade ou autorizassem a deserdação (art. 1.818 c/c 1.962, CC) a suposta vontade do autor da herança é insuficiente para excluir o direito sucessório"[29].

---

[27] "Art. 1.962. Além das causas mencionadas no art. 1.814, autorizam a deserdação dos descendentes por seus ascendentes:
I – ofensa física;
II – injúria grave;
III – relações ilícitas com a madrasta ou com o padrasto;
IV – desamparo do ascendente em alienação mental ou grave enfermidade."

[28] "Art. 1.963. Além das causas enumeradas no art. 1.814, autorizam a deserdação dos ascendentes pelos descendentes:
I – ofensa física;
II – injúria grave;
III – relações ilícitas com a mulher ou companheira do filho ou a do neto, ou com o marido ou companheiro da filha ou o da neta;
IV – desamparo do filho ou neto com deficiência mental ou grave enfermidade."

[29] TJMG, AC 1.0112.11.002455-4/002, Rel. Des. Marcelo Rodrigues, j. 21-7-2015.

A causa da deserdação obrigatoriamente deve constar pelo testador nas disposições de última vontade, dispondo o art. 1.964 do Código Civil que "somente com expressa declaração de causa pode a deserdação ser ordenada em testamento".

9.2.2. Ação de deserdação e pressupostos

A exclusão por deserdação não é automática, ocorrendo apenas com o cumprimento do testamento. Deve o herdeiro instituído ou a quem a deserdação aproveite, também no prazo de quatro anos, contados, neste caso, da abertura do testamento, provar a veracidade da causa invocada, sob pena de decadência, conforme dispõe o art. 1.965 do Código Civil:

> Art. 1.965. Ao herdeiro instituído, ou àquele a quem aproveite a deserdação, incumbe provar a veracidade da causa alegada pelo testador.
>
> Parágrafo único. O direito de provar a causa da deserdação extingue-se no prazo de quatro anos, a contar da data da abertura do testamento.

A exclusão do herdeiro por deserdação exige o ajuizamento de ação ordinária e a comprovação dos motivos alegados, pois, "não demonstrados em sede judicial os motivos alegados no testamento, a improcedência da ação é medida que se impõe"[30]. Não comprovada a causa alegada ou transcorrido o prazo sem o ajuizamento da ação própria pelos herdeiros que aproveitarão a deserdação, devendo também incluir o Município se não existirem outros herdeiros, a deserdação não produzirá efeitos e o herdeiro necessário receberá a herança. A deserdação, portanto, só se confirmará com a sentença judicial. Nesse sentido já decidiu o Tribunal de Justiça de Minas Gerais:

> AGRAVO DE INSTRUMENTO. AÇÃO DE ABERTURA DE INVENTÁRIO. HERDEIROS TESTAMENTÁRIOS. INVENTARIANTE. HERDEIRA NECESSÁRIA. DESERDAÇÃO. NECESSIDADE DE AÇÃO PRÓPRIA. NÃO MANEJO DESTA. A QUE SE NEGA PROVIMENTO AO RECURSO "IN SPECIE".

---

[30] TJMG, AC 1.0596.07.039-0/001, Rel. Des. Bittencourt Marcondes, j. 11-3-2010.

- A eficácia da disposição testamentária de deserdação subordina-se à comprovação da veracidade de causa arguida pelo testador, o que fará por meio da propositura de uma ação de rito ordinário.

- Se os herdeiros a quem aproveitar a deserdação não manejarem a ação própria, consolidada resta a sucessão nos moldes do art. 1.784 do Código Civil[31].

O prazo decadencial para a propositura da ação de deserdação é de "quatro anos, a constar da data da abertura do testamento" (art. 1.965, parágrafo único, do CC). Ocorre que somente o testamento cerrado é aberto, o que não acontece com o testamento público, o particular (que necessita ser confirmado pelo juiz) e os especiais.

A doutrina divide-se em pelo menos três correntes quanto ao início da contagem do prazo para propositura da ação. Uma defende que o prazo decadencial deve iniciar-se com a abertura da sucessão, já que somente o testamento cerrado pode ser aberto; outra defende que o prazo deve contar a partir da apresentação do testamento em juízo, que se aplica a todos os testamentos, inclusive o cerrado, ocasião em que será aberto; a terceira, defendida por Luiz Paulo Vieira de Carvalho, entende que o prazo deve ser contado da sentença que manda registrar e cumprir o testamento, após comprovada a presença dos elementos extrínsecos do ato da última vontade[32].

Nos termos do art. 1.875 do Código Civil[33], o testamento cerrado será aberto pelo juiz no momento de sua apresentação, em que mandará registrar. Assim, os prazos para propositura da ação de deserdação, também para as demais modalidades de testamento, devem ocorrer a partir da apresentação e do registro do testamento particular, após ser confirmado, e do testamento público. A ação de exclusão por indignidade se diferencia nesse ponto da deserdação, posto que nesta o prazo se inicia a partir da morte.

---

31 TJMG, AI 1.0231.11.029253-0/001, Rel. Des. Belizário de Lacerda, j. 18-6-2013.

32 CARVALHO, Luiz Paulo Vieira de. *Direito das sucessões*. 2. ed. São Paulo: Atlas, 2015. p. 768.

33 "Art. 1.875. Falecido o testador, o testamento será apresentado ao juiz, que o abrirá e o fará registrar, ordenando seja cumprido, se não achar vício externo que o torne eivado de nulidade ou suspeito de falsidade."

PRAZO DECADENCIAL PARA PROPOSITURA DA AÇÃO DE EXCLUSÃO	• Indignidade – quatro anos da abertura da sucessão (morte) – art. 1.815, parágrafo único, do CC • Deserdação – quatro anos da abertura do testamento – art. 1.965, parágrafo único, do CC

Em outras legislações, como o Código Português, é invertido o ônus da prova, cabendo ao deserdado provar a inexistência ou insuficiência do motivo para deserdá-lo. A legislação brasileira é mais rígida, exigindo a prova pelos autores, evitando deserdações levianas, tornando-a nula se a causa não for comprovada ou julgada insuficiente[34]. A regra é que o herdeiro necessário herde a legítima, sendo a deserdação exceção. Exigem-se, assim, para a deserdação, os seguintes pressupostos:

a) a existência de herdeiros necessários;

b) testamento válido;

c) ajuizamento de ação de deserdação no prazo legal;

d) comprovação da causa;

e) sentença judicial.

O herdeiro é deserdado pelo testador, e essa deserdação só atinge os herdeiros necessários. Os herdeiros facultativos não precisam ser deserdados, basta serem ignorados, omitidos no testamento, é a chamada erepção (exclusão do herdeiro facultativo por testamento), conforme disposto no art. 1.850 do Código Civil, orientando que "para excluir da sucessão os herdeiros colaterais, basta que o testador disponha de seu patrimônio sem os contemplar".

Nada impede, por óbvio, que o testador exclua expressamente os facultativos no testamento, inclusive mencionando a causa, sendo desnecessário o ajuizamento de ação de deserdação nesse caso, já que a lei não lhes garante direito à legítima.

[34] WALD, Arnoldo. Op. cit., p. 177.

9.2.3. Deserdação do cônjuge e do companheiro

Tendo em vista que o Código em vigor incluiu o cônjuge entre os herdeiros necessários, torna-se imprescindível sua deserdação pelo testador, não se aplicando o disposto no artigo referido, que admite a exclusão pela simples omissão dos facultativos. A deserdação do cônjuge, entretanto, tem demandado discussões, pois não está incluído no rol dos herdeiros nos arts. 1.962 e 1.963 do Código Civil, que estabelecem outras causas, além da indignidade, para a deserdação.

Considerando a excepcionalidade da deserdação, vedando interpretação extensiva por restringir direitos, aplicam-se na deserdação ao cônjuge apenas as hipóteses de indignidade, previstas no art. 1.818 do Código Civil, ou seja, tentativa de homicídio, acusação caluniosa e crimes contra a honra.

É inequívoco que ocorreu um cochilo do legislador ao omitir o cônjuge nas causas específicas de deserdação previstas para os descendentes e ascendentes. Luiz Paulo Vieira de Carvalho ressalta que, tratando-se de norma de exceção ao direito de herança na legítima, "não pode o intérprete restringir onde a lei não restringe". Cita Euclides de Oliveira, para concluir, que ao cônjuge se aplicam com certeza as causas que servem para a exclusão por indignidade, que são gerais para a deserdação, nos termos do art. 1.961 do Código Civil[35], mas não as causas específicas previstas para os parentes em linha reta (descendentes e ascendentes)[36].

A respeito do companheiro, o Supremo Tribunal Federal julgou inconstitucional o art. 1.790 do Código Civil, reconhecendo tratar-se de norma discriminatória por hierarquizar entidades familiares, distinguindo regimes sucessórios entre cônjuges e companheiros, determinando a aplicação, também na união estável, do regime do art. 1.829 do Código Civil, igualando o companheiro ao cônjuge na ordem de vocação hereditária. A doutrina se divide, entretanto, quanto a equiparação, se integral ou não, ou, em outras palavras, se incluiu o companheiro na qualidade de herdeiro necessário.

---

35 "Art. 1.961. Os herdeiros necessários podem ser privados de sua legítima, ou deserdados, em todos os casos em que podem ser excluídos da sucessão."

36 CARVALHO, Luiz Paulo Vieira de. Op. cit., 3. ed., p. 791.

Nos termos do julgado da Corte Constitucional, ainda que não tenha pronunciado sobre o art. 1.845 do Código Civil, ao vedar a distinção entre cônjuge e companheiro no regime sucessório, leva à conclusão que se aplica ao companheiro todas as regras protetivas ao cônjuge, inclusive a qualidade de herdeiro necessário. Assim, se aplicam ao companheiro todas as regras da exclusão por deserdação e indignidade para excluí-lo da sucessão, não mais existindo dúvidas de que também é herdeiro necessário.

Os magistrados do Estado de São Paulo, no 1º Encontro Estadual de Magistrados de Varas de Família e das Sucessões, realizado no dia 10 de novembro de 2017, aprovaram o Enunciado 31, reconhecendo que, ante a decisão do STF no RE 878.694, o companheiro é herdeiro necessário.

9.3. DIFERENÇAS E SEMELHANÇAS DA EXCLUSÃO POR INDIGNIDADE E DESERDAÇÃO

A exclusão por indignidade pode ocorrer antes da morte, no momento (inclusive ser a causa) ou depois da morte, em razão da possibilidade do crime de calúnia contra a memória dos mortos (art. 138, § 2º, do CP), atingindo os parentes sobreviventes, os amigos e o respeito aos que faleceram.

A exclusão por deserdação é sempre fundada em fato anterior à morte do testador, pois somente se deserda por testamento; o ato, portanto, obrigatoriamente, tem de ser anterior à elaboração do testamento.

A exclusão por indignidade é de iniciativa do interessado e pode alcançar tanto a sucessão *ab intestato* quanto a testamentária, tratando-se de situação que independe da vontade do autor da herança, salvo se concedeu perdão ao culpado. Atinge herdeiros necessários e facultativos.

A deserdação é própria da sucessão testamentária e da vontade do falecido, devendo constar expressa e justificadamente no testamento. Só se refere a herdeiros necessários.

- EXCLUSÃO DO HERDEIRO
  - Indignidade
    - fato anterior à causa ou posterior à morte do autor da herança
    - iniciativa dos interessados na herança
    - atinge a sucessão legítima e testamentária
    - exclui herdeiros legítimos, testamentários e legatários
  - Deserdação
    - fato anterior à morte do autor da herança
    - iniciativa por ato de vontade do autor da herança
    - própria da sucessão testamentária
    - exclui herdeiros legítimos necessários

Na deserdação, além das causas de exclusão por indignidade, os ascendentes podem deserdar os descendentes por motivo de ofensa física, injúria grave, relações ilícitas com a madrasta ou com o padrasto e desamparo do ascendente em alienação mental ou grave enfermidade, enquanto o descendente pode deserdar o ascendente também por ofensa física, injúria grave, relações ilícitas com a mulher ou companheira do filho ou do neto, ou com o marido ou companheiro da filha ou do neto e desamparo do filho ou do neto com deficiência mental ou grave enfermidade. O legislador, talvez pelo fato de o cônjuge não ser considerado herdeiro necessário na legislação anterior, não lhe imputou outras causas, além da exclusão por indignidade, autorizadoras de deserdação.

Ambas, entretanto, fundam-se em causas comuns e de um mesmo ponto de vista ético, pois têm a finalidade de punir com a privação da herança o sucessor que cometeu falta grave contra o morto ou seus parentes próximos.

Uma e outra requerem a prova cumprida do fato básico e a sentença judicial.

Analogicamente à indignidade, a deserdação comporta perdão, mas este tem de ser expresso por ato autêntico posterior ao testamento. Na hipótese de o testador, em testamento posterior e revogatório, omitir a cláusula de deserdação, como um testamento revoga o outro, a omissão do testador, por um esforço de raciocínio, pode ser interpretada como arrependimento da deserdação e perdão tácito, entretanto só produz efeitos na deserdação, já que, como não foi expresso, não veda ao interessado requerer a exclusão por indignidade.

Assim, em face da redação do parágrafo único do art. 1.818 do Código Civil, é cabível exclusão por indignidade do herdeiro que foi deserdado e depois revogado o testamento por outro, beneficiando-o, mas sem constar expressamente a reabilitação, recebendo, nesse caso, no limite da disposição testamentária.

Da mesma forma, por analogia, entende-se que a deserdação não se estende aos descendentes do excluído, posto que personalíssima. É pena, portanto, a punição não pode passar da pessoa do deserdado. Por possuir fundamento comum à indignidade, podem os filhos do deserdado herdar por representação, aplicando as mesmas regras da indignidade.

10

Atos Praticados pelo Herdeiro Aparente e pelo Herdeiro Excluído

O herdeiro aparente é aquele considerado no meio social como o legítimo herdeiro, o habilitado a recolher os bens da herança e que se apresenta nessa condição de herdeiro real perante todos. Luiz Roberto Curia leciona que "a figura do herdeiro aparente sempre esteve associada à pessoa que, causando em terceiros a percepção de ser herdeiro do falecido, na verdade não o é". Cita diversos autores para complementar que o conceito de herdeiro aparente pode trazer a ideia de erro invencível e comum, a ideia de notoriedade e o aspecto fático da questão, de forma que o herdeiro aparente é aquele que, mesmo não sendo o titular da herança, é considerado como herdeiro real, de forma notória e ostensiva, aos olhos de todos tido como herdeiro verdadeiro, sem realmente sê-lo, em razão de erro invencível e comum diante da situação de fato[1].

---

1 CURIA, Luiz Roberto. Herdeiro aparente: definição, tratamento legal, controvérsias doutrinárias e efeitos. In: DINIZ, Maria Helena Diniz (Coord.). *Sucessão do cônjuge, do companheiro e outras histórias*. São Paulo: Saraiva, 2013 (2ª tiragem 2014). p. 133-137.

O Código Civil de 1916 não dispunha sobre as alienações feitas pelo herdeiro aparente, dispondo no art. 1.600 apenas quanto à validade das alienações e atos de administração praticados pelo herdeiro legítimo antes de ser excluído da herança. O Código Civil de 2002 inovou ao incluir o herdeiro aparente na validade dos atos praticados, tutelando a boa-fé do terceiro adquirente, sendo irrelevante que o herdeiro aparente tenha agido ou não de boa-fé, exigida apenas do comprador. Atenta-se o atual Código Civil à segurança das relações jurídicas e à paz social, ainda que com sacrifícios ao herdeiro legítimo[2], a quem caberá acionar o alienante (herdeiro aparente ou excluído) para buscar a reparação civil nas perdas e danos sofridos.

A figura do herdeiro aparente, na geração de efeitos, é semelhante ao herdeiro excluído, pois protege, da mesma forma, a boa-fé do adquirente, mantendo válidas as alienações onerosas e os atos de administração do herdeiro até então real praticados antes da exclusão da herança por atos de indignidade.

A distinção entre o herdeiro indigno, que era herdeiro real, até ser excluído, e o herdeiro aparente, que nunca foi herdeiro, é irrelevante para a exclusão e não apresenta resultado prático. Tanto em um como em outro caso, a validade dos atos só é reconhecida se a alienação for onerosa, estando os adquirentes de boa-fé[3].

A declaração de indignidade possui efeitos *ex tunc* e retroage à data da abertura da sucessão, ficando o herdeiro ou legatário excluído da sucessão como se dela nunca tivesse participado. Devolve-se a herança integralmente aos demais herdeiros com o trânsito em julgado da sentença declaratória de indignidade[4], incluindo os frutos e rendimentos.

Na exclusão por indignidade, as alienações onerosas de bens hereditários a terceiros de boa-fé e os atos de administração praticados pelo herdeiro excluído, antes da sentença de exclusão, entretanto, são válidos, subsistindo aos coerdeiros o direito de demandar perdas e danos.

---

[2] CURIA, Luiz Roberto. Op. cit., p. 142-143.

[3] VENOSA, Sílvio de Salvo. *Direito civil*: direito das sucessões. 3. ed. São Paulo: Atlas, 2003. v. 7. p. 86.

[4] DIAS, Maria Berenice. *Manual das sucessões*. São Paulo: RT, 2008. p. 295.

A sentença de exclusão do herdeiro retroage à data da morte do autor da herança, tendo o excluído como se ele morto fosse antes da abertura da sucessão, portanto os atos de administração e as alienações, em regra, não deviam produzir efeito algum, entretanto, o art. 1.817 do Código Civil acolhe a teoria do herdeiro aparente prevista no art. 1.827, parágrafo único, que resguarda a boa-fé dos compradores, ao adquirir bens daquele que se apresentava perante todos como legítimo herdeiro.

O objetivo da teoria da aparência é resguardar, proteger os interesses de terceiros que agiram de boa-fé ao adquirir bens do herdeiro, antes da exclusão (ou que aparentava ser herdeiro real), que, diante de uma situação de normalidade, apresentava-se como o legítimo titular dos direitos.

Dispõe o art. 1.817 do Código Civil que

> (...) são válidas as alienações onerosas de bens hereditários a terceiros de boa-fé, e os atos de administração legalmente praticados pelo herdeiro, antes da sentença de exclusão; mas aos herdeiros subsiste, quando prejudicados, o direito de demandar-lhe perdas e danos.

O parágrafo único complementa que "o excluído da sucessão é obrigado a restituir os frutos e rendimentos que dos bens da herança houver percebido, mas tem direito a ser indenizado das despesas com a conservação deles".

Ao tratar do herdeiro aparente, o art. 1.827 do Código Civil dispõe que "o herdeiro pode demandar os bens da herança, mesmo em poder de terceiros, sem prejuízo da responsabilidade do possuidor originário pelo valor dos bens alienados", porém acrescenta que "são eficazes as alienações feitas, a título oneroso, pelo herdeiro aparente a terceiro de boa-fé" (parágrafo único).

Maria Berenice Dias distingue o efeito *ex tunc* da declaração do herdeiro e a eficácia *ex nunc* das alienações onerosas ao lecionar que:

> Há uma distinção a ser feita. A declaração judicial de exclusão do direito à herança tem efeito *ex tunc* à data da abertura da sucessão. Porém, ainda que a sentença tenha efeito retroativo, não pode prejudicar terceiros de boa-fé, o que impõe respeito às alienações onerosas e os atos de administração praticados em momento anterior à declaração de indignidade. Por

isso, até o trânsito em julgado da sentença, as alienações efetuadas pelo herdeiro são válidas, têm efeito *ex nunc*, pois ainda não é possível ter o alienante como excluído. Também valem os atos de administração praticados antes da declaração de indignidade. Afinal, até ser excluído, detém a condição de herdeiro, tanto que tem direito ao reembolso das despesas de conservação que tiver efetuado (CC, art. 1.817). No entanto, tal regra não vale quanto a doações e transferências gratuitas de bens. Mesmo que o donatário esteja de boa-fé, os atos de liberalidade do herdeiro não subsistem. Não são nulos, são anuláveis e podem ser desconstituídos[5].

Assim, se alguém adquiriu bens do aparente, crendo-o herdeiro real, como ocorre ao adquirir bens dos irmãos do falecido que não sabiam da existência de um filho ou em razão de rompimento e revogação de testamento, entre várias outras hipóteses, agiu como normalmente agiria qualquer outra pessoa, ou seja, de boa-fé, na persuasão justificável de estar agindo de maneira protegida pela lei. Ora, se as alienações feitas pelo excluído nesse período fossem acoimadas de nulas, o adquirente seria burlado em sua boa-fé e sofreria um prejuízo de que não seria, de modo algum, merecedor[6].

A preponderância jurídica da aparência não protege apenas a boa-fé do adquirente, mas, em última análise, o princípio do maior interesse na paz social e na segurança jurídica, tanto que, se nulas fossem as alienações onerosas, comprometeriam irremediavelmente a realização dos negócios enquanto não ocorresse o transcurso do prazo de caducidade, em razão do justificável temor dos compradores em face da instabilidade das relações jurídicas, acabando por recusar a aquisição de bens hereditários. Protege-se, assim, tanto o adquirente de boa-fé do herdeiro real que acabou excluído da sucessão por indignidade (ou deserdação) como o adquirente do herdeiro que aparentava ser o titular dos direitos até o surgimento de herdeiro com preferência na ordem de vocação hereditária ou apresentação de testamento, antes desconhecido, nomeando outros herdeiros.

São válidas, portanto, as alienações onerosas de boa-fé adquiridas do herdeiro real antes da exclusão e do herdeiro aparente.

---

5 DIAS, Maria Berenice. Op. cit., p. 295-296.

6 RODRIGUES, Silvio. *Direito civil*. Direito das sucessões. 19. ed. São Paulo: Saraiva, 1995. v. 7. p. 53.

VALIDADE DAS ALIENAÇÕES ONEROSAS DE BOA-FÉ	• Herdeiro real excluído – art. 1.817 do CC • Herdeiro aparente – art. 1.827, parágrafo único, do CC

Os efeitos decorrentes da herança aparente são a validade das alienações dos bens hereditários a título oneroso e a invalidade das alienações efetuadas gratuitamente ou mediante má-fé, conforme ressalta Luiz Roberto Curia. Acrescenta, ainda, em resumo, que:

> Em geral, os efeitos decorrentes da herança aparente descritos pela doutrina dizem respeito aos seguintes tópicos: validade e eficácia da alienação onerosa a terceiros de boa-fé; ineficácia e invalidade da alienação gratuita e da alienação onerosa a terceiros de má-fé; dever de restituição aos herdeiros verdadeiros do bem ou o valor recebido na alienação a terceiros; validade dos legados pagos pelo herdeiro aparente; outros efeitos decorrentes da alienação a terceiros; aplicação das regras da posse; direito à propositura da ação de petição de herança; efeitos da sentença que torna herdeiro aparente o possuidor do acervo hereditário; abrangência das hipóteses de exclusão da herança no conceito de herdeiro aparente e a aplicação de seus efeitos[7].

Sílvio de Salvo Venosa[8] ensina que a teoria da aparência no campo jurídico, embora não seja erigida em instituto jurídico, tem uma estrutura que auxilia a adequação da norma à realidade e às necessidades sociais, finalidade última do direito.

As alienações a título gratuito ou adquirido com comprovada má-fé, sabendo o terceiro do cometimento de atos de indignidade do herdeiro e da possibilidade de exclusão ou sabendo da existência do verdadeiro herdeiro, invalidam as alienações, prevalecendo, nesse caso, os interesses dos herdeiros reais.

---

7 CURIA, Luiz Roberto. Op. cit., p. 148.

8 VENOSA, Sílvio de Salvo. Op. cit., v. 7. p. 84.

Interessante registrar que o herdeiro pode ser ao mesmo tempo real, de uma fração da herança, e aparente, das outras frações, quando não sabia da existência de outros herdeiros da mesma classe que passaram a concorrer, aplicando também ao indigno, na hipótese de receber um bem por testamento e ser excluído dos demais.

O excluído é obrigado a restituir os frutos e os rendimentos dos bens da herança, mas tem o direito subsidiário de indenização das despesas de conservação.

Merece reflexão a alienação dos bens pelo deserdado, pois, apesar da necessidade de sentença em ação ajuizada dentro do prazo decadencial, já possui uma causa expressa apontada pelo testador para excluí-lo da sucessão. Ainda que exerça a posse material da herança, a partir do momento em que o testamento é publicado e o herdeiro notificado da deserdação, cessa sua posse de boa-fé, arcando com as consequências de possuidor de má-fé. Entretanto, as alienações de boa-fé, feitas pelo deserdado, devem valer quando existe também boa-fé do terceiro adquirente[9].

---

[9] VENOSA, Sílvio de Salvo. Op. cit., v. 7. p. 297.

11

Petição de Herança

11.1. CONCEITO, NATUREZA JURÍDICA E EFEITOS

O atual Código Civil inovou ao tratar sobre a petição de herança no direito substantivo, no Capítulo VII do Título I, arts. 1.824 a 1.828, suprindo lacuna existente na nossa legislação, posto que a ação já era acolhida na doutrina e na jurisprudência.

Trata-se de ação que cabe ao herdeiro legítimo ou testamentário, bem como a seus sucessores, a título universal ou singular, a fim de vindicar a parte da herança que lhes cabe, com os rendimentos ou acessórios[1]. Autoriza o herdeiro a demandar o reconhecimento de seu direito sucessório e pedir a herança, ou parte dela, contra quem, na qualidade de herdeiro, ou mesmo sem título, a possua. O objeto da ação, portanto, é duplo, ou seja, o reconhecimento da qualidade de herdeiro, de seu sucessor ou substituto, e a restituição da herança ou da parte devida. Luiz Paulo Vieira de Carvalho cita Clóvis Beviláqua e Caio Mário para lecionar que:

[1] PACHECO, José da Silva. *Inventários e partilhas na sucessão legítima e testamentária.* 5. ed. Rio de Janeiro: Forense, 2004. p. 543.

> Na lição do imortal Clóvis Beviláqua, a ação de petição de herança "é uma ação real universal, tendo por fim fazer reconhecida a qualidade de herdeiro alegada pelo autor, e entregar-lhe os bens da herança no todo ou em parte, com os seus acessórios e rendimentos, desde a morte do *de cujus*".
>
> Por sua vez, vale transcrever o sempre lembrado Caio Mário da Silva Pereira, ao discorrer sobre a ação em pauta: "Tendo direito à herança, cabe ao herdeiro a faculdade de reclamar a sua quota-parte. Aí reside o fundamento racional da ação de petição de herança". Reitera e esclarece de modo impecável o autor, que o fato de aquele que se afirma herdeiro não constar do inventário do hereditando pode acontecer de modo casual ou proposital, precisando ainda que o ajuizamento da demanda poderá se dar mesmo após o encerramento do inventário e partilha, arrematando: "Cumpre-lhe, então, demandar o seu reconhecimento contra qualquer possuidor ilegítimo da herança, e a entrega dos bens. Eis aí a petição de herança, que é uma ação universal, quer o promovente postule a totalidade da herança, se for o único da sua classe, quer uma parte dela, se a sua pretensão é restrita a ser incluído como sucessor, entre os demais herdeiros"[2].

Trata-se de ação autônoma, paralela, que pode ser ajuizada antes, durante ou após o inventário, mas com ele possui evidente interdependência, tendo como objeto a posse direta e imediata dos bens da herança que estejam em poder de terceiros ou de outros herdeiros[3].

Com efeito, dispõe o art. 1.824 do Código Civil que "o herdeiro pode, em ação de petição de herança, demandar o reconhecimento de seu direito sucessório, para obter a restituição da herança, ou de parte dela, contra quem, na qualidade de herdeiro, ou mesmo sem título, a possua".

A petição de herança possui, por conseguinte, o efeito de obter o reconhecimento da qualidade de herdeiro e a restituição da quota hereditária, apresentando-se geralmente cumulada com investigação de paternidade, nulidade de partilha e de testamento, com ação de exclusão por deserdação ou indignidade e com nulidade de renúncia à herança, podendo, todavia, ser ajuizada isoladamente.

---

2 CARVALHO, Luiz Paulo Vieira de. *Direito das sucessões*. 2. ed. São Paulo: Atlas, 2015. p. 277.

3 LÔBO, Paulo Luiz Netto. *Direito civil:* sucessões. 3. ed. São Paulo: Saraiva, 2016. p. 295-296.

Na petição de herança, a pretensão do titular é direcionada ao reconhecimento da condição de herdeiro e seu direito sobre a universalidade dos bens que couberem ao acervo hereditário. Possui natureza jurídica de ação real imobiliária, porque a herança é considerada por lei bem imóvel, exigindo consentimento do cônjuge (art. 80, II, do CC e art. 10, § 1º, I, do CPC), e universal, em face do caráter universal da herança, recaindo sobre a coletividade dos bens transmitidos e não apenas sobre bens especificados, contendo pedido de índole condenatória. Não se confunde, portanto, com a ação reivindicatória, pois nesta, evidenciado o domínio do autor, reclama-se a titularidade sobre bem específico, individualmente considerado, como ocorre na ação do legatário para reclamar o seu bem individualmente considerado[4].

Por se tratar de matéria de alta indagação, ou seja, que necessita de produção de prova não apenas documental, não pode ser decidida no próprio inventário.

Ajuizada a ação por um só herdeiro, compreenderá todos os bens e beneficiará os demais (art. 1.825 do CC), por exemplo, proposta por um sobrinho para declarar nulo o testamento do tio, todos os demais sobrinhos herdarão, mesmo que os bens estejam em poder de terceiros (art. 1.827 do CC).

A ação pode ser ajuizada por herdeiro, coerdeiro, legítimos ou testamentários, pelos sucessores do herdeiro, pelos substitutos do herdeiro testamentário, admitindo-se, ainda, a propositura pelos credores e cessionários dos herdeiros. A legitimidade passiva, salvo se cumulada com investigatória de paternidade em que são réus todos os herdeiros do falecido e não o espólio, é conferida ao herdeiro, ao possuidor que detém a coisa, ao cessionário que adquiriu os direitos sucessórios e até ao município, se a herança foi jacente.

O possuidor da herança é obrigado a restituir os bens, caracterizando má-fé e mora os seus atos a partir da citação (art. 1.826, parágrafo único, do CC), aplicando-se as regras concernentes à posse de boa-fé enquanto não citado, como direito aos frutos, indenização e retenção de benfeitorias, e as de má-fé após a citação (arts. 1.214 a 1.222 do CC). Procedente a ação, a

---

4 FARIAS, Cristiano Chaves de. Incidentes à transmissão da herança: aceitação, renúncia, cessão de direitos hereditários e petição da herança. In: HIRONAKA, Giselda Maria Fernandes Novaes; PEREIRA, Rodrigo da Cunha (Coords.). *Direito das sucessões e o novo Código Civil.* Belo Horizonte: Del Rey, 2004. p. 64.

titularidade da herança, ou parte dela, é transferida para o autor, com todos os seus efeitos.

As alienações feitas por herdeiro aparente, ou seja, aquele que se acha à frente dos bens hereditários como se fosse o titular dos direitos, a terceiro de boa-fé (convencido de que o possuidor é o titular dos direitos sucessórios) são eficazes, cabendo ao herdeiro titular demandar ao possuidor originário o valor dos bens alienados.

Tratando-se de terceiro de má-fé, que tinha ciência do óbice da aquisição, a alienação é nula, e o herdeiro pode haver o bem.

O herdeiro aparente, que de boa-fé cumprir o testamento e pagar um legado, não está obrigado a prestar ao verdadeiro sucessor o valor equivalente, cabendo a este, se quiser, proceder contra o legatário que recebeu o pagamento indevido (art. 1.828 do CC).

11.2. PRESCRIÇÃO DA PETIÇÃO DE HERANÇA

A prescrição da petição de herança não é tema pacífico, ocorrendo divergências tanto em relação à prescritibilidade, quanto ao termo inicial do prazo prescricional. Luiz Paulo Vieira de Carvalho fundamenta que a petição de herança é imprescritível, posto que somente os direitos obrigacionais são prescritíveis, "já os direitos reais são direitos subjetivos absolutos, tendo por objeto imediato uma coisa e não uma prestação e são, por sua natureza, perpétuos". Acrescenta que, considerando a imprescritibilidade da petição de herança, o réu poderia, entretanto, alegar em sua defesa a exceção de usucapião (Súmula 237 do STF)[5].

Giselda Hironaka também defende a imprescritibilidade da petição de herança, fundamentando que:

> a petição de herança não prescreve. A ação é imprescritível, podendo, por isso, ser intentada a qualquer tempo. Isso assim se passa porque a qualidade de herdeiro não se perde (*semei heres semper heres*), assim como o não exercício do direito de propriedade não lhe causa a extinção[6].

---

[5] CARVALHO, Luiz Paulo Vieira de. *Direito das sucessões*. 3. ed. São Paulo: Atlas, 2017. p. 288.

[6] HIRONAKA, Giselda Maria Fernandes Novaes. *Comentários ao Código Civil*. São Paulo: Saraiva, 2003. v. 20. p. 202.

A posição predominante, entretanto, é no sentido de que, tratando-se de pretensão economicamente exigível judicialmente, a petição de herança é prescritível[7].

Com efeito, a petição de herança possui natureza condenatória, portanto está submetida ao prazo prescricional, como fundamentam Nelson Rosenvald e Cristiano Chaves:

> Dessa forma, em se tratando de conteúdo nitidamente condenatório, a ação de petição de herança tem de ser exercida no prazo previsto em lei, sob pena de perda da pretensão de ver reparado o direito subjetivo à massa hereditária (CC, art. 189)[8].

O Supremo Tribunal Federal, quando ainda julgava as ações infraconstitucionais, antes da Constituição Federal de 1988, reconheceu que a ação de petição de herança é prescritível, editando a Súmula 149 com o seguinte teor: "É imprescritível a ação de investigação de paternidade, mas não o é a de petição de herança".

O prazo prescricional da petição de herança, como a lei não fixou prazo menor, é de dez anos (eram vinte anos na vigência do CC/1916), nos termos do art. 205[9] do Código Civil, que estabelece "uma verdadeira *cláusula geral de prescrição*, submetendo ao prazo de dez anos toda e qualquer pretensão condenatória que não tenha prazo específico previsto"[10].

O termo inicial do prazo prescricional, é polêmico, existindo duas correntes.

Para a primeira corrente o termo inicial é o da abertura da sucessão, ou seja, no momento da morte, quando se transfere de imediato os direitos sucessórios aos herdeiros, independente do herdeiro estar reconhecido ou não. Nesse sentido decidiu a Quarta Turma do STJ que:

---

7 GONÇALVES, Carlos Roberto. *Direito civil brasileiro:* direito das sucessões. 11. ed. São Paulo: Saraiva, 2017. v. 7. p. 154.

8 FARIAS, Cristiano Chaves; ROSENVALD, Nelson. *Curso de direito civil.* Sucessões. São Paulo: Atlas, 2015. v. 7. p. 191.

9 "Art. 205. A prescrição ocorre em dez anos, quando a lei não lhe haja fixado prazo menor."

10 FARIAS, Cristiano Chaves; ROSENVALD, Nelson. Op. cit., p. 191.

AGRAVO INTERNO NO AGRAVO EM RECURSO ESPECIAL. PROCESSUAL CIVIL E CIVIL. AÇÃO DECLARATÓRIA DE NULIDADE DE DOAÇÃO CUMULADA COM PETIÇÃO DE HERANÇA. INÍCIO DO PRAZO PRESCRICIONAL. INTELIGÊNCIA DA SÚMULA 149/STF. ABERTURA DA SUCESSÃO. PRESCRIÇÃO. NÃO OCORRÊNCIA. AGRAVO INTERNO NÃO PROVIDO.

1. O termo inicial do prazo prescricional da pretensão de petição de herança conta-se da abertura da sucessão, ou, em se tratando de herdeiro absolutamente incapaz, da data em que completa 16 (dezesseis) anos, momento em que, em ambas as hipóteses, nasce para o herdeiro, ainda que não legalmente reconhecido, o direito de reivindicar os direitos sucessórios (*actio nata*).

2. Nos termos da Súmula 149 do Supremo Tribunal Federal: "É imprescritível a ação de investigação de paternidade, mas não o é a de petição de herança"[11].

Ressalta-se, entretanto, conforme ressalva o julgado, que a prescrição não corre contra os menores de dezesseis anos, absolutamente incapazes, nos termos dos arts. 3º[12] e 198, I[13], do Código Civil.

A primeira corrente, acolhida pela Quarta Turma do STJ, reconhece, portanto, que o termo inicial da ação de petição de herança é a data da abertura da sucessão.

Para a segunda corrente o prazo começa a fluir também a partir da morte, mas desde que o herdeiro esteja reconhecido e o direito pode ser exercido, nos termos do art. 189 do Código Civil[14], ou seja, quando o interessado possui sua condição de herdeiro reconhecida juridicamente. Assim, somente após o reconhecimento da paternidade inicia-se o prazo para ajuizamento da ação de petição de herança.

---

[11] STJ, Quarta Turma, AgInt no Ag. em REsp 479.648-MS (2014/0039759-2), Rel. Min. Raul Araújo, j. 10-12-2019.

[12] "Art. 3º São absolutamente incapazes de exercer pessoalmente os atos da vida civil os menores de 16 (dezesseis) anos."

[13] "Art. 198. Também não corre a prescrição:
I – contra os incapazes de que trata o art. 3º; (...)."

[14] "Art. 189. Violado o direito, nasce para o titular a pretensão, a qual se extingue, pela prescrição, nos prazos a que aludem os arts. 205 e 206."

O fundamento da segunda corrente é que aquele que não possui a qualidade de herdeiro reconhecida não possui a ação, portanto não corre a prescrição. Aplica-se, nesse caso, a teoria ou princípio da *actio nata*, segundo o qual a prescrição só se inicia com o surgimento da pretensão.

A Terceira Turma do Superior Tribunal de Justiça, além de reconhecer a prescrição da petição de herança, nos termos da Súmula 149 do STF, acolheu a teoria da *actio nata* na ação investigatória *post mortem*, decidindo que a prescrição da petição da herança começa a correr após o reconhecimento da paternidade e a condição de herdeiro. Nesse sentido:

> PROCESSO CIVIL. RECURSO ESPECIAL. INTERPOSIÇÃO SOB A ÉGIDE DO CPC/1973. DIREITO SUCESSÓRIO. AÇÃO DE PETIÇÃO DE HERANÇA. ANTERIOR AJUIZAMENTO DE AÇÃO DE INVESTIGAÇÃO DE PATERNIDADE. PRESCRIÇÃO. TERMO INICIAL. FALTA DE PREQUESTIONAMENTO. DEFICIÊNCIA DE FUNDAMENTAÇÃO.
>
> 1. A petição de herança objeto dos arts. 1.824 a 1.828 do Código Civil é ação a ser proposta por herdeiro para o reconhecimento de direito sucessório ou a restituição da universalidade de bens ou de quota ideal da herança da qual não participou.
>
> 2. A teor do art. 189 do Código Civil, o termo inicial para o ajuizamento da ação de petição de herança é a data do trânsito em julgado da ação de investigação de paternidade, quando, em síntese, confirma-se a condição de herdeiro[15].

A Terceira Turma do Superior Tribunal de Justiça reafirmou por maioria o entendimento de que nos reconhecimentos de paternidade *post mortem* o prazo para a petição de herança se inicia após o trânsito em julgado da ação investigatória da paternidade. Consta em partes da ementa que:

> 3. Nas hipóteses de reconhecimento "post mortem" da paternidade, o prazo para o herdeiro preterido buscar a nulidade da partilha e reivindicar a sua parte na herança só se inicia a partir do trânsito em julgado da ação de investigação de paternidade, quando resta confirmada a sua condição de herdeiro. Precedentes específicos desta Terceira do STJ.

---

[15] STJ, REsp 1.475.759/DF, Rel. Min. João Otávio de Noronha, j. 17-5-2016.

> 4. Superação do entendimento do Supremo Tribunal Federal, firmado quando ainda detinha competência para o julgamento de matérias infraconstitucionais, no sentido de que o prazo prescricional da ação de petição de herança corria da abertura da sucessão do pretendido pai, seguindo a exegese do art. 1.572 do Código Civil de 1916. 5. Aplicação da teoria da "actio nata"[16].

Concluindo, é pacífico o entendimento de que o prazo prescricional da petição de herança é de 10 anos, não correndo contra o menor de 16 anos. Se o pretenso herdeiro já possuía a condição de sucessor reconhecida, o prazo prescricional se inicia no momento da abertura da sucessão (morte). A questão, entretanto, é controvertida, inclusive nas Turmas do STJ, não existindo o reconhecimento da qualidade de herdeiro. Uma corrente entende que o prazo se inicia a partir da morte, independente do herdeiro estar reconhecido ou não. A outra ressalta que a legitimidade para propor a ação de petição de herança depende do reconhecimento da paternidade, portanto o lapso prescricional somente se iniciará a partir do trânsito em julgado da sentença na ação que reconheceu a paternidade.

---

[16] STJ, Terceira Turma, REsp 1.368.677/MG, Rel. Min. Paulo de Tarso Sanseverino, j. 5-12-2017, p. 15-2-2018.

12

SUCESSÃO DO AUSENTE

12.1. CONCEITO DE AUSÊNCIA

Ausente é aquele que desaparece de seu domicílio, sem que dele se tenha qualquer notícia ou vestígios, e sem deixar representante ou procurador, ou se estes não quiserem ou não puderem continuar com o mandato. É o sumiço de uma pessoa que não deixa notícias de seu paradeiro ou alguém com poderes para representá-lo. É uma situação de fato de uma pessoa desaparecida de seu domicílio sem deixar notícias[1], não sabendo se está vivo ou morto. Também se configura a ausência se o desaparecido deixou procurador que não quer ou não pode exercer mandato.

Rodrigo da Cunha Pereira conceitua ausência, em sentido estrito, como a "circunstância de alguém ter desaparecido de seu domicílio, sem deixar notícias ou mandatário, deixando dúvidas de sua existência", terminando

[1] GAGLIANO, Pablo Stolze; PAMPLONA FILHO, Rodolfo. *Novo curso de direito civil:* parte geral. 13. ed. São Paulo: Saraiva, 2011. v. I. p. 171.

com a volta do ausente, com a certeza ou a presunção de sua morte, abrindo--se a sucessão provisória[2].

O Código Civil de 1916 regulava a situação jurídica do ausente no Direito de Família, Livro I, da Parte Especial, no Título VI, ao tratar da tutela, curatela e ausência.

A ausência, entretanto, na vigência do código revogado, não se equiparava à morte para produção de todos os efeitos no direito, o que ocorria apenas quanto aos aspectos referentes ao patrimônio, produzindo efeitos concretos no direito das sucessões.

O ausente era considerado absolutamente incapaz (art. 5º, IV, do CC/1916), o que era um equívoco, pois o objetivo não era vedar o exercício pessoal dos atos da vida civil, mas proteger o patrimônio até seu regresso mediante arrecadação e nomeação de curador para administrá-lo ou, não ocorrendo retorno, disciplinar a sucessão[3] e entregar os bens aos seus herdeiros. O instituto, portanto, possuía nítida natureza de proteção patrimonial, apesar de produzir alguns efeitos no Direito de Família, como a nomeação de tutor aos filhos.

Como a ausência não tinha o efeito de dissolver o casamento, o cônjuge do ausente continuava casado, e a única forma de dissolução do vínculo conjugal era o divórcio. O único efeito da ausência no direito de família era a nomeação de tutor aos filhos menores do ausente, se o outro genitor não exercesse o pátrio poder (art. 484 do CC/1916).

O Código Civil de 2002 excluiu o ausente do rol dos absolutamente incapazes e, objetivando solucionar situações que se prolongavam indefinidamente, especialmente do cônjuge, inovou ao tratar da ausência na Parte Geral, no Título I, Das Pessoas Naturais, incluindo-a como uma das hipóteses de presunção de morte, nos casos em que a lei autoriza a abertura da sucessão definitiva, e inserindo-a entre as causas de dissolução do vínculo do casamento. Com efeito, dispõe nos arts. 6º e 1.571, § 1º, que:

> Art. 6º A existência da pessoa natural termina com a morte; presume-se esta, quanto aos ausentes, nos casos em que a lei autoriza a abertura da sucessão definitiva.

---

2 PEREIRA, Rodrigo da Cunha. *Dicionário de direito de família e sucessões*. São Paulo: Saraiva, 2015. p. 110.

3 GAGLIANO, Pablo Stolze; PAMPLONA FILHO, Rodolfo. Op. cit., p. 171.

> Art. 1.571. A sociedade conjugal termina:
>
> (...)
>
> § 1º O casamento válido só se dissolve pela morte de um dos cônjuges ou pelo divórcio, aplicando-se a presunção estabelecida neste Código quanto ao ausente.

A nomeação de curador ao ausente continua injustificável do ponto de vista técnico, como ocorria no Código Civil de 1916, que o considerava incapaz, posto que se dá um administrador aos bens, que necessitam de gerência, até partilhar o patrimônio aos sucessores em determinado lugar, e não à pessoa do ausente, não retirando sua capacidade no local onde se encontra e mantém suas atividades.

A declaração da ausência objetiva, portanto, a preservação do patrimônio, considerando dois aspectos. No primeiro, se o ausente estiver vivo, busca-se preservar os seus bens e defender seus interesses até o retorno dentro do lapso temporal admitido pela lei, quando receberá os bens. No segundo, se o ausente não retornar, presumindo-se morto, tem-se por objetivo preservar os interesses de seus herdeiros e transmitir os bens[4].

A transmissão da propriedade de bens aos sucessores não pode, todavia, ser o único pressuposto para o pedido de declaração de ausência e abertura de sucessão provisória, especialmente na vigência do Código Civil de 2002, pois muitos outros efeitos produzirá, notadamente no Direito de Família, como dependência dos filhos e nomeação de tutor se não sobrevier o outro genitor, dissolução do casamento, além de salvaguardar direitos e obrigações[5].

A legislação atual, como a anterior, estabelece três etapas distintas para a ausência, iniciando pela curadoria dos bens do ausente, seguindo com a sucessão provisória e, por fim, com a definitiva. Doutrina Maria Berenice Dias, citando Guilherme Calmon Nogueira da Gama, quanto às fases da ausência que:

> A declaração de ausência tem três fases: (a) a curadoria dos bens do ausente; (b) a abertura da sucessão provisória; e (c) a sucessão definitiva. Cada momento é marcado pelo afastamento progressivo do caráter meramente

---

4 CARVALHO, Luiz Paulo Vieira de. *Direito das sucessões*. São Paulo: Atlas, 2014. p. 65-66.

5 STJ, REsp 1.016.023/DF, 3ª Turma, Rel. Min. Nancy Andrigh, j. 27-5-2008.

protetivo em favor do ausente. Com o passar do tempo, como diminuem as chances de retorno do titular, passa a atentar-se mais ao interesse dos sucessores. Na fase da curadoria do ausente, são protegidos os interesses do desaparecido. Na sucessão provisória compatibiliza-se a tutela dos interesses do ausente e dos seus sucessores. Já na sucessão definitiva é prioritário o interesse dos herdeiros, pois remotíssima e improvável a volta do ausente[6].

12.2. DECLARAÇÃO DE AUSÊNCIA E CURADORIA DOS BENS DO AUSENTE

A preservação dos bens e direitos do ausente e de seus herdeiros constitui interesse social relevante, autorizando a abertura do procedimento de jurisdição voluntária para declaração da ausência e nomeação de curador para administrar os bens do falecido.

Nessa fase é que se dá a caracterização da ausência por sentença declaratória, que deverá ser registrada no cartório do domicílio anterior do ausente (art. 94 da Lei n. 6.015/1973)[7]. Exigem-se, portanto, para configurar a ausência, o desaparecimento da pessoa, ausência de notícias e a sentença declaratória.

Verificado o desaparecimento de alguém de seu domicílio, sem deixar representante para administrar seus bens, o juiz, a requerimento de qualquer interessado ou do Ministério Público, em ação declaratória de ausência, declarará a ausência, determinará a arrecadação judicial de seus bens e nomeará curador, deferindo-lhe a posse e administração dos bens, conforme disposto no art. 22 do Código Civil:

> Art. 22. Desaparecendo uma pessoa do seu domicílio sem dela haver notícia, se não houver deixado representante ou procurador a quem caiba administrar-lhe os bens, o juiz, a requerimento de qualquer interessado ou do Ministério Público, declarará a ausência e nomear-lhe-á curador.

O juiz também "declarará a ausência, e se nomeará curador, quando o ausente deixar mandatário que não queira ou não possa exercer ou continuar

---

6 DIAS, Maria Berenice. *Manual das sucessões*. São Paulo: RT, 2007. p. 486.

7 DINIZ, Maria Helena. *Direito de família*. 18. ed. São Paulo: Saraiva, 2002. v. 5. p. 536.

o mandato, ou se os seus poderes forem insuficientes" (art. 23 do CC), com o mesmo objetivo de preservar os bens para devolução ao ausente, se regressar, ou entregar aos seus herdeiros.

O pedido de declaração de ausência pode ser efetuado pelos legitimados a requerer inventário, ou seja, por quem estiver na posse dos bens, pelo cônjuge, companheiro, herdeiros, credores, município, pois a herança poderá ser jacente, legatário, se houver testamento, Ministério Público, em razão de interesse social (arts. 615 e 616 do CPC), ou de ofício pelo juiz da Comarca em que o desaparecido tenha domicílio.

A sentença de ausência possui efeitos meramente declaratórios e patrimoniais, posto que nessa fase o cônjuge não será declarado viúvo ou os filhos órfãos, o que somente ocorrerá após a abertura da sucessão definitiva[8].

Declarada a ausência, o juiz fixará os poderes e as obrigações do curador, obedecendo à preferência, que recairá primeiro no cônjuge ou companheiro (art. 617, II, do CPC e Enunciado 97 do CJF/STJ – 1ª Jornada de Direito Civil), depois nos ascendentes, e, por fim, nos descendentes, para administrar os bens, sob garantia e compromisso. Na ausência ou na impossibilidade de nomear curador legítimo, o juiz nomeará curador de sua escolha e confiança (art. 25 do CC).

Depois de prestar compromisso legal, o curador deve promover a arrecadação de todos os bens, adotando o procedimento da herança jacente. Arrecadados os bens, o juiz determinará a publicação de editais na rede mundial de computadores, no *site* do tribunal de justiça a que pertence a comarca e na plataforma de editais do CNJ, mantendo-os por um ano. Não existindo *site* para publicação no tribunal, serão publicados editais no órgão oficial e na imprensa local da comarca, de dois em dois meses, durante um ano, anunciando que os bens foram arrecadados e convocando o ausente para tomar posse de seus bens (art. 745 do CPC). O curador representará o ausente na administração dos bens, guardando-os e conservando-os, executando todas as medidas necessárias, bem como apresentando balancetes mensais e prestação de contas (art. 739 do CPC).

---

[8] GAIO JÚNIOR, Antônio Pereira. *Direito processual civil.* Belo Horizonte: Del Rey, 2008. v. 2. p. 376.

Cessa a curadoria se o ausente ou seu representante comparecer, assumindo os bens, pela certeza de sua morte, convertendo-se a arrecadação em inventário, ou pela sucessão provisória, transferindo os bens aos sucessores.

12.3. SUCESSÃO PROVISÓRIA

Decorrido um ano da arrecadação dos bens do ausente ou decorridos três anos, se deixou representante ou procurador, podem os interessados requerer ao juiz que se abra provisoriamente a sucessão, como se o ausente fosse falecido, deferindo a herança aos seus herdeiros, após o trânsito em julgado da sentença que determinar a abertura da sucessão provisória. A sentença de abertura da sucessão provisória, entretanto, só produzirá efeitos cento e oitenta dias após sua publicação pela imprensa (arts. 26 e 28 do CC), devendo ser averbada no registro civil (art. 104, parágrafo único, da LRP).

Consideram-se interessados para requerer a sucessão provisória o cônjuge e também o companheiro, os herdeiros, os que tiverem sobre os bens do ausente direitos dependentes de sua morte e os credores (art. 27 do CC). No requerimento de abertura de sucessão provisória deve ser incluído requerimento para citação pessoal dos herdeiros e do curador para se habilitarem no processo[9]. Adota-se, no que couber, o procedimento do inventário judicial.

O Ministério Público, transcorrido o prazo legal, pode solicitar a sucessão provisória em razão da legitimidade para requerer a declaração de ausência e nomeação de curador (art. 28, § 1º, do CC). Deve ser considerado interessado, ainda, o município, já que, se depois de dez anos da sucessão definitiva o ausente não regressar e nenhum herdeiro promovê-la, os bens arrecadados passarão ao domínio do município ou do Distrito Federal.

Os herdeiros deverão prestar garantias de restituição dos bens (caução) para entrar na posse, exceto os ascendentes, descendentes e o cônjuge, o que deve ser ampliado ao companheiro após ser igualado pelo Supremo Tribunal Federal ao cônjuge, que independem de garantia. O sucessor é provisório e condicional. O herdeiro que não puder prestar a garantia não receberá os bens, que ficarão em poder do curador ou de outro herdeiro designado e

---

[9] GAIO JÚNIOR, Antônio Pereira. Op. cit., p. 377.

que preste garantia (art. 30 do CC). O herdeiro excluído da posse pode, entretanto, requerer que lhe seja entregue a metade dos rendimentos do quinhão (art. 34 do CC).

Assim, os herdeiros necessários (descendentes, ascendentes, cônjuge ou companheiro – em face do julgamento do RE 878.694/MG pelo STF) podem entrar na posse dos bens sem prestar garantias e possuem direito a todos os frutos da herança a partir do momento em que foram empossados nos bens, cabendo aos outros herdeiros (facultativos ou testamentários) somente a metade dos frutos.

Os bens imóveis dos ausentes não podem ser alienados ou hipotecados, não sendo por desapropriação, salvo mediante autorização judicial para lhes evitar a ruína, ficando os sucessores provisórios representando ativa e passivamente o espólio (arts. 31 e 32 do CC).

Os bens, portanto, ficam inalienáveis até ocorrer a sucessão definitiva, exceto mediante autorização judicial para evitar a ruína ou o pagamento das dívidas do ausente, respondendo os herdeiros até o limite das forças da herança[10].

Na realidade, é uma sucessão de posse, pois, como lembra Luiz Paulo Vieira de Carvalho, "ainda não haverá transmissão de propriedade de tais bens para os sucessores hereditários daquele, e sim tão somente posse provisória dos bens partilhados"[11]. Por isso não cabe ser exigido nessa fase o imposto *mortis causa* e não pode o herdeiro alienar seu direito de herança.

Aparecendo o ausente, ou provada sua existência, cessam as vantagens do sucessor provisório, que deverá dar conta dos bens e de seus acréscimos (art. 36 do CC).

Os frutos e rendimentos dos bens pertencem aos sucessores provisórios, se forem os descendentes, ascendentes, cônjuge ou companheiro. Se forem outros herdeiros, terão direito apenas à metade, capitalizando a outra metade em imóveis ou títulos garantidos pela União, entretanto, se o ausente aparecer e restar comprovado que a ausência foi voluntária e injustificada,

---

10 TARTUCE, Flávio. *Manual de direito civil*. Rio de Janeiro: Forense; São Paulo: Método, 2013. p. 120.

11 CARVALHO, Luiz Paulo Vieira de. *Direito das sucessões*. 3. ed. São Paulo: Atlas, 2017. p. 63.

perderá, em favor do sucessor provisório, os frutos e rendimentos capitalizados (art. 33 do CC).

12.4. SUCESSÃO DEFINITIVA

Dez anos após passar em julgado a sentença de abertura da sucessão provisória, ou em cinco anos das últimas notícias, se o ausente contar com oitenta anos de idade, ou, ainda, se houver certeza de sua morte, poderão os interessados requerer a conversão da sucessão provisória em definitiva (art. 745, § 3º, do CPC) e o levantamento das cauções (arts. 37 e 38 do CC).

Converte-se a sucessão provisória em definitiva mediante sentença, após requerimento dos herdeiros ou outros interessados (credores, legatários), nos próprios autos da sucessão provisória.

Não ocorrendo regresso do ausente e caso nenhum interessado promova a sucessão definitiva, não se apresentando herdeiros, nos termos do parágrafo único do art. 39 do Código Civil, em consonância com as regras da herança vacante, os bens arrecadados passam para o domínio do Município ou do Distrito Federal[12].

Os sucessores deixam de ser provisórios. Adquirem o domínio dos bens recebidos e a consequente livre disposição deles, recolhendo-se o imposto de transmissão.

A sucessão, entretanto, não é totalmente definitiva. Se o ausente ou algum descendente ou ascendente regressar nos dez anos seguintes à abertura da sucessão definitiva, receberão os bens no estado em que se encontrarem, os sub-rogados em seu lugar ou o preço de sua alienação (art. 39 do CC). Os direitos de terceiros são respeitados.

Após a sucessão definitiva, dentro do prazo de dez anos, o ausente ou seus herdeiros terão de requerer ao juiz, mediante petição de herança (herdeiros) ou restituição dos bens (ausente), a entrega dos bens existentes. Se o pedido for contestado, o rito seguirá o procedimento ordinário (art. 39, *caput*, do CC).

---

12 OLIVEIRA, Euclides Benedito de; AMORIM, Sebastião Luiz. *Inventários e partilhas:* direito das sucessões. 23. ed. São Paulo: Livraria e Editora Universitária de Direito, 2013. p. 198.

O pedido de restituição dos bens deverá ser autuado em procedimento próprio e apensado aos autos da sucessão definitiva, procedendo-se à citação dos sucessores para contestar, intimando-se o Ministério Público e a Fazenda Pública, adotando-se o rito do procedimento comum (art. 745, § 4º, do CC).

Depois de transcorrido o prazo de dez anos da sucessão definitiva, se o ausente ou seus herdeiros regressarem, não terão mais direito. Inexistindo herdeiros, serão os bens arrecadados declarados vagos, passando à propriedade do Município (art. 39, parágrafo único, do CC).

A sucessão do ausente pode ser legítima ou testamentária, se houver testamento (art. 28 do CC).

13

SUCESSÃO LEGÍTIMA

13.1. INTRODUÇÃO

A sucessão legítima é a que ocorre em obediência à lei, observando a ordem de vocação hereditária estabelecida pelo legislador, pois nem todos os herdeiros existentes por ocasião da abertura da sucessão são chamados simultaneamente a suceder, existindo uma ordem de preferência.

Na sistemática do Código Civil, a sucessão legítima é subsidiária à testamentária (art. 1.788), mas, na prática, é a opção mais adotada no Brasil, preferindo as pessoas acolher a ordem de vocação legal em vez de testar, assim, são em menor número as sucessões testamentárias.

Herdeiro legítimo é o sucessor indicado pela lei, diferente do herdeiro instituído por testamento, que é nomeado pelo testador. Paulo Lôbo, ao conceituar a sucessão legítima, acrescenta que:

> A sucessão legítima ou legal é a que se dá em observância à ordem de vocação e aos critérios estabelecidos na legislação. A sucessão legítima divide-se em sucessão necessária e sucessão legítima em sentido amplo. Os be-

neficiários da sucessão são os herdeiros definidos em lei, denominados legítimos, que se distinguem dos herdeiros testamentários, estes dependentes de nomeação pelo testador, nos limites legais[1].

Ana Luiza Maia Nevares esclarece que algumas teorias apresentam fundamentos para a sucessão legítima. A "teoria da vontade" ressalta que "as normas da sucessão legítima estavam fundamentadas na vontade presumida do testador, sendo a ordem de vocação hereditária regulada tal como faria o disponente". Outra teoria, opondo-se à anterior, é a "teoria da comunhão jurídica patrimonial da família", fundamentando que a propriedade da terra é da família e o titular do patrimônio (pai de família) era tão somente o administrador. Essas duas teorias, atualmente, estão abandonadas, prevalecendo o fundamento da "teoria do interesse superior da família", merecedora de tutela como instituição de importância social, existindo discussão nessa teoria se a proteção deve recair apenas sobre a família nuclear ou abranger a família extensa[2].

Apresentando fundamentos à luz dos valores constitucionais, Ana Luíza Nevares ressalta, todavia, que a Constituição Federal protege a família na pessoa de cada um dos seus membros, logo, a proteção não pode ser da família por si mesma, mas como instrumento de proteção da dignidade e promoção da personalidade de seus membros. Acrescenta que:

> A toda evidência, tal concepção deve ser irradiada para o Direito Sucessório. Este, portanto, ao tutelar a família instrumento, deverá ter na base de suas normas relativas à sucessão legal a *pessoa do sucessor*, pertencente àquela entidade familiar, da qual fazia parte o *de cujus*. Tal entidade familiar, como complexo de vínculos interpessoais, qualifica a relação do chamado à sucessão, tornando-a relevante.
>
> Efetivamente, o direito do sucessor legítimo surge em virtude da morte do *de cujus*, mas é ligado a uma relação já existente quando ocorre tal evento, oriunda dos vínculos familiares. É preciso, portanto, que a sucessão legíti-

---

1 LÔBO, Paulo Luiz Netto. *Direito civil:* sucessões. 3. ed. São Paulo: Saraiva, 2016. p. 74.

2 NEVARES, Ana Luiza Maia. *A sucessão do cônjuge e do companheiro na perspectiva do direito civil-constitucional.* 2. ed. São Paulo: Atlas, 2015. p. 43-44.

ma tenha por fundamento as qualidades específicas do herdeiro e suas relações com o autor da herança no seio da convivência familiar[3].

O Código Civil de 2002, entretanto, não individualiza a condição pessoal de cada herdeiro, estabelecendo igualdade entre eles se estiverem na mesma classe sucessória (art. 1.834), com as peculiaridades na concorrência entre irmãos bilaterais e unilaterais e entre tios e sobrinhos.

A capacidade para suceder, como já visto, é a do tempo da abertura da sucessão, ocorrendo sucessão legítima na ausência de testamento, ou seja, quando o *de cujus* falece *ab intestato*, ou se o testamento for nulo, caduco ou não dispor de todos os bens.

Na ausência do testamento, o legislador estabelece que a herança será deferida a determinadas pessoas, obedecendo às preferências presumidas pelo legislador.

Os herdeiros legítimos herdam na seguinte ordem, conforme estabelece o art. 1.829 do Código Civil:

a) os descendentes em concorrência com o cônjuge sobrevivente, salvo se este era casado com o autor da herança no regime de comunhão universal de bens, de separação obrigatória ou comunhão parcial, se o falecido não deixou bens particulares;

b) os ascendentes, em concorrência com o cônjuge, qualquer que seja o regime de bens;

c) o cônjuge sobrevivente, na hipótese de ausência de ascendente e descendente, será herdeiro único, qualquer que seja o regime de bens (e o companheiro por força do julgamento do RE 878.694/MG pelo STF);

d) os colaterais até o quarto grau.

O art. 1.829 não incluiu na ordem de vocação hereditária o(a) companheiro(a), entretanto, por força do art. 1.790, também do Código Civil, que alterou os direitos do companheiro previstos nas Leis n. 8.971/94 e n. 9.278/96, ele(a) também herdará na sucessão legítima em concorrência

3 NEVARES, Ana Luiza Maia. Op. cit., p. 44.

com os descendentes, ascendentes e colaterais, sendo herdeiro único na ausência desses parentes. O Supremo Tribunal Federal, entretanto, julgou inconstitucional o art. 1.790 do Código Civil, por distinguir regimes sucessórios entre cônjuges e companheiros, determinando no julgamento do RE 878.694/MG, ocorrido no dia 10 de maio de 2017, a aplicação do regime do art. 1.829 também para companheiros.

Cada grupo de herdeiros, estabelecido pelo art. 1.829 do Código Civil, é chamado de classe, portanto, se não houver herdeiros na classe dos descendentes, convoca-se a classe dos ascendentes. No mesmo grupo também é possível a divisão das classes em graus, como a classe dos descendentes de primeiro grau e a classe dos descendentes de segundo grau, sucessivamente.

Salomão Cateb leciona que classes é uma forma de chamamento na ordem de preferência entre os herdeiros, estabelecendo uma hierarquia entre elas, de forma que o chamamento da mais próxima exclui a mais distante, chamando a seguinte se a mais próxima não comparecer, até esgotar a ordem de vocação hereditária. O grau de parentesco é a distância de gerações entre um parente e outro[4], tanto na linha reta quanto na linha colateral, que não descendem uns dos outros, mas possuem um ancestral comum. Conta-se o parentesco na linha reta pelo número de gerações e na linha colateral também pelo número de gerações, subindo até o ancestral comum e descendo até o parente[5], conforme gráfico a seguir:

4 CATEB, Salomão de Araújo. *Direito das sucessões*, 8. ed., cit., p. 106-107.

5 "Art. 1.594. Contam-se, na linha reta, os graus de parentesco pelo número de gerações, e, na colateral, também pelo número delas, subindo de um dos parentes até ao ascendente comum, e descendo até encontrar o outro parente."

Esquema dos Graus de Parentesco

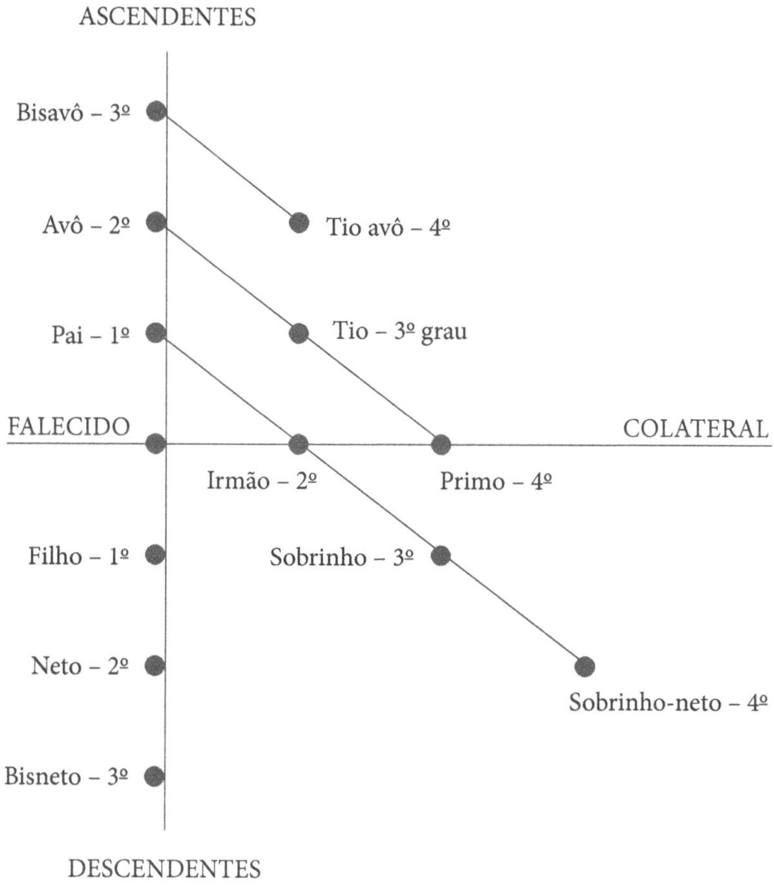

Na sucessão hereditária testamentária, o testador nomeia herdeiros ou legatários no testamento. Na sucessão hereditária legítima, são herdeiros necessários os descendentes, ascendentes e o cônjuge; e herdeiros facultativos os colaterais. O Código Civil omitiu o companheiro ao indicar os herdeiros necessários (art. 1.845) e os facultativos (art. 1.850), mas predomina o entendimento, notadamente após o julgamento do RE 878.694/MG e se concorrer com descendentes e ascendentes, de que é herdeiro necessário.

- SUCESSÃO HEREDITÁRIA
  - Testamentária
    - herdeiros nomeados
    - legatários
  - Legítima ou *ab intestato*
    - herdeiros necessários – descendentes, ascendentes, cônjuge e companheiros
    - herdeiros facultativos – colaterais

Não existindo herdeiros legítimos, e herdeiros nomeados e legatários na sucessão testamentária, ou se todos renunciarem, a herança é jacente e, após a declaração de vacância e o transcurso do prazo de cinco anos, será remetida ao município, Distrito Federal ou União (art. 1.844 do CC).

HERANÇA JACENTE { Declaração de vacância { Município

13.2. DIREITO DE REPRESENTAÇÃO

A sucessão legítima pode ocorrer diretamente, em razão do direito próprio do herdeiro, ou indiretamente, quando o herdeiro vem a ocupar o direito próprio de outro, que era premorto na abertura da sucessão ou foi excluído, representando-o. Portanto, ocorre de duas maneiras: por direito próprio ou por representação.

A sucessão direta, também denominada de sucessão por cabeça ou por direito próprio, ocorre quando o herdeiro possui classe mais próxima do autor da herança e herda diretamente, em primeiro lugar, sem intermediários, com fundamento no seu próprio direito, como ocorre com os filhos. Assim, se o falecido deixou dois filhos, eles herdam diretamente, dividindo a herança entre si, sem intermediários entre eles e o pai.

A sucessão indireta, ou por estirpe, ou por direito de representação, se dá quando o herdeiro mais próximo, que herdaria por direito próprio, falece antes do autor da herança, ou é excluído da sucessão por indignidade ou deserdação, e seus descendentes o substituem, representando-o, como leciona Paulo Lôbo:

> O direito de representação ocorre, por força de lei, quando a pessoa que seria herdeiro falece antes do *de cujus*, ou quando o herdeiro é excluído da herança ou deserdado, sendo substituído pelo seu sucessor imediato. O herdeiro representante sucede no lugar do representado, assumindo sua posição, nos limites do que herdaria se vivo fosse ou não tivesse havido sua exclusão ou deserdação. Diz-se herança por estirpe. O direito de representação apenas tem lugar se houver concorrência entre quem herda por direito próprio (por cabeça) e os que assumem o lugar do premorto ou do excluído da herança (por estirpe). O direito de representação somente ocorre se a pessoa que substitui é descendente, ou, na sucessão colateral de segundo grau, quando for filho (filha) de irmão (irmã) do *de cujus*.
>
> O vínculo de família, e não a vontade presumida do *de cujus*, é que fundamenta a regra jurídica sobre o direito de representação. Tanto assim é que não há direito de representação em se tratando de direito de herdeiro testamentário que premorre[6].

A previsão legal do direito de representação encontra-se no art. 1.851 do Código Civil, que dispõe:

> Art. 1.851. Dá-se o direito de representação, quando a lei chama certos parentes do falecido a suceder em todos os direitos, em que ele sucederia, se vivo fosse.

O termo representação tecnicamente não é mais adequado, já que o representante não recebe poderes para exercê-la em nome do representado, como ocorre na representação em geral. Melhor seria "substituição hereditária legal", pois na representação sucessória o representante substitui o herdeiro direto, herda no seu lugar, recebendo a herança do *de cujus* e não do representado[7].

Assim, a sucessão por direito próprio ou por cabeça, também denominada direta, ocorre quando a herança é deferida ao herdeiro que está mais

---

6 LÔBO, Paulo Luiz Netto. Op. cit., p. 121-122.

7 LÔBO, Paulo Luiz Netto. Op. cit., p. 121-123.

próximo do autor da herança, diretamente, sem intermediário, em razão e por força do parentesco, casamento (cônjuge) ou união estável (companheiro). A sucessão por representação ou estirpe, também chamada de indireta, ocorre quando é chamado a suceder parente de grau mais distante em lugar de um parente mais próximo do falecido[8], quando existe um intermediário que possibilita o herdeiro mais afastado receber parte da herança juntamente com os herdeiros mais próximos.

Carlos Roberto Gonçalves ressalta que serão necessários os seguintes pressupostos para que ocorra o direito de representação:

a) que o representado tenha falecido antes do representante, pois não se representa pessoa viva, salvo nas hipóteses de ausência, indignidade e deserdação;

b) que o representante seja descendente do representado, ou seja, que seja sua estirpe;

c) que o representante tenha legitimação para herdar do representado, no momento da abertura da sucessão, que não tenha cometido atos de indignidade e não tenha sido deserdado pelo autor da herança;

d) que não haja solução de continuidade no encadeamento dos graus entre representante e representado, pois não se permite representação saltando uma geração. Não pode o bisneto saltar o neto vivo para representar o filho do falecido, o que só ocorre se o grau mais próximo não herdar. Oportuno ressaltar que a legislação não impõe limites na representação na linha descendente, apenas na colateral. Assim, o bisneto pode representar o neto também falecido e a estirpe deste representar, com outros netos, o filho do falecido concorrendo com outros filhos vivos;

e) que reste, no mínimo, um filho do *de cujus* ou, na linha colateral, um irmão do falecido, possibilitando que os herdeiros de graus mais distante concorram com os herdeiros de grau mais próximo[9].

O direito de representação somente ocorre na sucessão legítima, não se aplicando na sucessão testamentária, que possui o instituto da substituição.

---

[8] GONÇALVES, Carlos Roberto. *Direito civil brasileiro:* direito das sucessões. 11. ed. São Paulo: Saraiva, 2017. v. 7. p. 220.

[9] GONÇALVES, Carlos Roberto. Op. cit., p. 222-225.

Também não se admite na linha ascendente (art. 1.852 do CC)[10], pois somente beneficia a estirpe, que são os descendentes do herdeiro direto, a linhagem provinda de um tronco e que o representa quando, por direito próprio, vem a desaparecer da sucessão. São os descendentes de um mesmo ancestral.

A sucessão indireta também não se aplica na sucessão por cônjuges ou companheiros.

Na linha reta descendente não existem limites no direito de representação, podendo uma geração representar a outra, como o bisneto representar o neto e o neto representar o filho do autor da herança. Não existem restrições para que os descendentes do herdeiro falecido herdem por representação na linha reta descendente.

Na sucessão na linha colateral, entretanto, somente se admite representação se os sobrinhos concorrerem com irmãos do *de cujus*, conforme expressamente determina o art. 1.853 do Código Civil: "Na linha transversal, somente se dá o direito de representação em favor dos filhos de irmãos do falecido, quando com irmãos deste concorrerem".

Assim, não cabe direito de representação aos filhos dos sobrinhos, que somente herdam por direito próprio, já que parentes no quarto grau na linha colateral. Assim não existe representação dos sobrinhos por seus filhos (sobrinhos netos) ou dos tios por seus filhos (primos). Nesse sentido decidiu o TJMG:

> EMENTA: APELAÇÃO CÍVEL - PETIÇÃO DE HERANÇA - NULIDADE DA PARTILHA - SUCESSÃO COLATERAL - LEGITIMIDADE ATIVA - DIREITO DE REPRESENTAÇÃO - PRIMOS DO AUTOR DA HERANÇA - IMPOSSIBILIDADE.
>
> 1 – Representação sucessória é um benefício da lei, em virtude do qual os descendentes do autor da herança são chamados a substituí-la na sua qualidade de herdeira legítima, considerando-se do mesmo grau que a representa, e exercendo, em sua plenitude, o direito hereditário que a esta competia;

[10] "Art. 1.852. O direito de representação dá-se na linha reta descendente, mas nunca na ascendente."

2 – Na classe dos colaterais, o direito de representação restringe-se aos filhos de irmãos (sobrinhos) do autor da herança, não havendo idêntica previsão legal para primos em primeiro e segundo graus, o que impõe o afastamento destes do rol de herdeiros.

A representação não se confunde com a sucessividade de herança, ou seja, quando o herdeiro falece e transmite seus direitos hereditários aos seus próprios herdeiros. Nesse caso ocorreu uma sucessão de direitos de herança e não cabe direito de representação. Assim, se o pai falece e transmite os direitos hereditários ao filho, e este, posteriormente, também falece antes de concluído o inventário, ocorrem duas sucessões, do pai para o filho e do filho para seus filhos.

Como visto, cabe direito de representação se o herdeiro for premorto ou foi excluído da sucessão, todavia não cabe representação se ele se autoexcluir mediante renúncia. Na renúncia, o herdeiro abdica do seu direito sucessório, não podendo, portanto, ser representado. Os descendentes do herdeiro renunciante só podem herdar por direito próprio (art. 1.811 do CC) se ele for o único de sua classe ou se todos os outros também renunciarem, chamando à sucessão a classe subsequente.

Registra-se que, nesse caso, chamando a suceder a classe subsequente por cabeça, como os netos, todos herdam por direito próprio, em partes iguais, independentemente do quinhão que caberia aos pais. Situação diversa ocorre na representação, em que os representantes herdam apenas o que caberia ao pai, partilhando igualmente entre eles o quinhão (art. 1.855 do CC)[11].

13.3. SUCESSÃO NA LINHA DESCENDENTE

13.3.1. Considerações gerais – concorrência entre descendentes por cabeça e por representação

Os herdeiros descendentes, que se originam de uma pessoa, biológicos ou socioafetivos, herdam em primeiro lugar, por cabeça ou por estirpe, podendo concorrer com o cônjuge ou companheiro.

[11] "Art. 1.855. O quinhão do representado partir-se-á por igual entre os representantes."

Dispõe o art. 1.835 do Código Civil que, "na linha descendente, os filhos sucedem por cabeça, e os outros descendentes, por cabeça ou por estirpe, conforme se achem ou não no mesmo grau", acrescentando o art. 1.833 que, "entre os descendentes, os em grau mais próximo excluem os mais remotos, salvo o direito de representação".

Assim, na sucessão hereditária direta, os herdeiros descendentes sucedem por cabeça ou direito próprio, enquanto na sucessão hereditária indireta, sucedem por estirpe ou direito de representação. Há duas formas de os herdeiros sucederem na classe dos descendentes e também na classe dos colaterais quando sobrinhos concorrem com irmãos do falecido: sucessão por direito próprio ou por cabeça e sucessão por representação ou estirpe.

HERDEIROS DESCENDENTES	Sucessão hereditária direta – cabeça ou direito próprio
	Sucessão hereditária indireta – estirpe ou direito de representação

Concorrendo na mesma classe, diretamente, os descendentes têm os mesmos direitos à sucessão de seus ascendentes, o que não ocorre se existirem herdeiros de graus ou classes diversas herdando indiretamente por representação.

Os herdeiros mais próximos excluem os mais remotos e, no caso de renúncia, partilham-se os direitos hereditários do renunciante entre os outros herdeiros da mesma classe. Inexistindo herdeiros da mesma classe do renunciante, são chamados à sucessão os herdeiros da classe posterior. Não existe direito de representação na renúncia, os filhos do renunciante só herdam por cabeça.

Nos demais casos, admite-se representação, podendo os filhos dos herdeiros premortos ou excluídos por indignidade ou deserdação herdar por cabeça ou representação.

O direito de representação, como visto, ocorre quando o herdeiro de grau mais distante concorre com o herdeiro de grau mais próximo do morto, herdando aquilo que o outro herdeiro de grau mais próximo (representado) herdaria se vivo fosse (art. 1.851 do CC). Os representantes só podem herdar, como tais, o que herdaria o representado (art. 1.854 do CC).

Se todos os herdeiros são do mesmo grau, eles herdam por cabeça (direito próprio). Na representação, sempre existem herdeiros de graus diferentes.

Os descendentes da mesma classe ou grau têm os mesmos direitos à sucessão de seus ascendentes (art. 1.834 do CC), enquanto que os herdeiros de graus ou classes diferentes possuem direitos diversos, dependendo do número de herdeiros que sucedem por direito de representação.

A sucessão por cabeça independe do grau na classe dos descendentes, podendo ocorrer de, na ocasião da morte do testador, não mais existirem filhos vivos (1º grau) ou os que existirem renunciarem. Nesse caso, a herança será deferida diretamente aos herdeiros no segundo grau da classe dos descendentes, como pode ser exemplificado no gráfico a seguir. Considera-se, como exemplo, que o falecido possuía três filhos e oito netos, um do primeiro filho, dois do segundo filho e cinco do terceiro filho. Se todos os filhos são premortos, renunciaram ou foram excluídos da sucessão, os netos herdam por direito próprio ou cabeça em partes iguais, idênticas, indiferentemente das partes que caberiam aos pais, pois são todos herdeiros do mesmo grau (2º) ou classe.

DIREITO PRÓPRIO (CABEÇA)

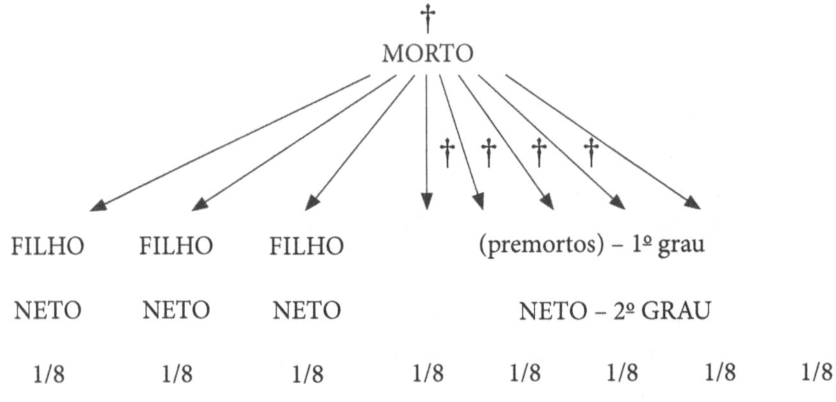

Assim regula o Código Civil, apesar de desnecessário, ao dispor em seu art. 1.834 que os "descendentes da mesma classe têm os mesmos direitos à sucessão de seus ascendentes".

Em outro exemplo, conforme gráfico a seguir, considera-se que o falecido possuía os mesmos três filhos, mas dois são vivos. Os netos, filhos do terceiro filho do autor da herança, já falecido, herdam a parte que caberia ao pai deles (um terço da herança), ou seja, cada neto, concorrendo por representação com os filhos do falecido, receberá 1/15. Assim, herdeiros de classes diversas herdam quinhões diferentes, exceto se o herdeiro premorto possuía apenas um filho. O quinhão do herdeiro premorto, entretanto, partilha-se por igual entre seus representantes (art. 1.855 do CC).

REPRESENTAÇÃO (ESTIRPE)

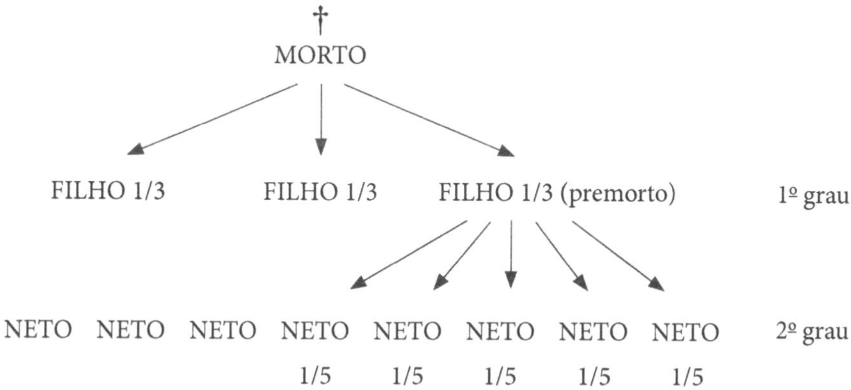

O herdeiro representante será sempre filho do representado e herdará o que herdaria o pai se vivo fosse, não existindo na lei limites no direito de representação na linha reta descendente, tanto que o art. 1.835 do Código Civil utiliza a expressão outros descendentes, ao contrário do que ocorre na linha colateral, que limita aos sobrinhos concorrendo com irmãos do autor da herança (art. 1.853 do CC).

Na comoriência, que é uma presunção legal de morte simultânea, quando não é possível determinar a hora da morte de cada um (art. 8º do CC), não existe sucessão entre os mortos.

Nos exemplos anteriores, se o pai possui três filhos, os dois primeiros já falecidos, e em uma viagem com o terceiro sofre um acidente, vindo ambos a falecer, se não foi possível determinar quem morreu primeiro, a morte será tida como simultânea (comoriência), não se abrindo a sucessão entre eles. Assim, os netos herdarão do avô por cabeça (direito próprio), ou seja, o quinhão de cada um corresponderá igualmente a 1/8 dos bens, havendo apenas um tributo *causa mortis*, do avô para os netos. Defere-se a sucessão ao 2º grau da linha descendente.

Falecendo o filho antes do pai, da mesma forma, não existe sucessão do genitor ao filho premorto, herdando os netos do avô por cabeça.

Porém, se o pai falecer antes do filho, ainda que poucos minutos, comprovadamente, a herança transmite-se ao filho em face do direito de *saisine*. Isso implica que os netos, filhos dos dois premortos, herdarão por representação, concorrendo com o tio que ainda vivia no momento da morte do avô e faleceu posteriormente, tendo seus filhos como herdeiros. Ocorre, portanto, duas sucessões (podem ser cumuladas no mesmo inventário, se os filhos não possuírem outros bens - art. 672 do CPC), do avô e do terceiro filho, incidindo dois tributos *causa mortis*, do avô para o pai e do pai para os filhos (netos). Assim, em relação aos bens do avô, o neto do primeiro filho herdará um terço, os netos do segundo filho herdarão um sexto cada um, e os netos do terceiro filho herdarão um quinze avos cada um do total da herança, que será deferida ao 1º grau, obedecendo à fração ideal de um terço para cada filho, representados os falecidos por seus filhos (segundo grau), netos do autor da herança.

Pode-se concluir, assim, que:

Os filhos do premorto herdam por representação (art. 1.835 do CC).

Os filhos do indigno herdam por representação (art. 1.816 do CC).

Os filhos do deserdado herdam por representação, em analogia à indignidade.

Os filhos do renunciante não herdam por representação (art. 1.811 do CC).

Todos herdam por cabeça (direito próprio).

Admite-se a representação sem limites apenas na linha reta descendente (art. 1.852 do CC), limitando na linha colateral apenas em favor dos filhos dos irmãos do falecido, quando concorrerem com irmão deste (art. 1.853 do CC).

Não se admite a representação nos demais casos na linha colateral, nem na sucessão na linha reta ascendente, do cônjuge, do companheiro(a), e muito menos na testamentária, que possui o instituto da substituição.

O atual Código Civil inovou ao prever que o cônjuge herdará a mesma quota dos descendentes por cabeça, salvo se for ascendente dos herdeiros, quando receberá, no mínimo, a quarta parte da herança (art. 1.832), e ao companheiro(a) a mesma quota ou a metade do que foi adquirido onerosamente durante a união estável (art. 1.790, I e II), mas, em razão da inconstitucionalidade do art. 1.790, reconhecida pelo Supremo Tribunal Federal (RE 878.694), o companheiro herdará da mesma forma que o cônjuge. Assim, aplica-se ao cônjuge e ao companheiro as mesmas regras de concorrência com os descendentes, nos diversos regimes de bens, como veremos a seguir, sem prejuízo de retornar ao tema ao tratar da sucessão do cônjuge.

13.3.2. Sucessão dos descendentes em concorrência com o cônjuge ou companheiro no regime de comunhão universal de bens

No regime da comunhão universal de bens, nos termos do art. 1.829, I, CC, o cônjuge e o companheiro (RE 878.694/MG) não herdam em concorrência com os descendentes, pois em regra todos os bens são comuns.

O cônjuge/companheiro possui a metade dos bens comuns, estando amparado na sucessão.

Assim, se o falecido possuir três filhos caberá a cada um deles 1/6 dos bens comuns e ao cônjuge a metade, em razão da meação (3/6).

É possível no regime de comunhão universal de bens existirem bens particulares, como p. ex., bens herdados ou recebidos em doação com cláusula de incomunicabilidade. Nessa hipótese assemelha-se ao regime de comunhão parcial e o cônjuge deve concorrer nos bens particulares.

Nesse sentido o enunciado do I Encontro Estadual de Magistrados de Varas de Família e das Sucessões do TJSP, 10-11-2017:

> Enunciado 30. Na hipótese de regime de comunhão universal de bens, no casamento ou união estável, o cônjuge ou o companheiro sobreviventes concorrem com descendentes (art. 1.829, I, do Código Civil) se houver bens particulares nos casos do art. 1.668 do Código Civil, limitada a concorrência a esses bens.

13.3.3. Sucessão dos descendentes em concorrência com o cônjuge ou companheiro no regime de comunhão parcial de bens

No regime de comunhão parcial, regime legal introduzido pela Lei do Divórcio (1977), o cônjuge e o companheiro são excluídos da herança com os descendentes se o falecido não deixou bens particulares.

Nesse regime, em regra, comunicam-se todos os bens adquiridos após o casamento, exceto os bens havidos por herança ou doação por um só dos cônjuges e os sub-rogados de bens anteriores.

Não existindo bens particulares, todos os bens do falecido são comuns e, portanto, o consorte sobrevivente será meeiro de todos os bens. O cônjuge e o companheiro, por outro lado, será herdeiro concorrente nos bens particulares se existirem.

Assim, na hipótese de o falecido possuir bens comuns e bens particulares, o cônjuge ou companheiro será meeiro nos bens comuns e herdeiro concorrente nos bens particulares.

Após muitos debates na doutrina e na jurisprudência, com várias correntes, o Superior Tribunal de Justiça uniformizou o entendimento em julgamento na 2ª Seção, ao decidir que:

> 2. Nos termos do art. 1.829, I, do Código Civil de 2002, o cônjuge sobrevivente, casado no regime de comunhão parcial de bens, concorrerá com os descendentes do cônjuge falecido somente quando este tiver deixado bens particulares.
>
> 3. A referida concorrência dar-se-á exclusivamente quanto aos bens particulares constantes do acervo hereditário do *de cujus*[12].

13.3.4. Sucessão dos descendentes em concorrência com o cônjuge ou companheiro no regime de separação obrigatória de bens – Súmula 377 do STF

O regime de separação obrigatória de bens é imposto pela lei, independente de vontade das partes, nos termos do art. 1.641, CC, que dispõe:

---

12 REsp 1.368.123/SP, Rel. p/ acórdão Min. Raul Araújo, j. 22-4-2015.

Art. 1.641. É obrigatório o regime da separação de bens no casamento:

I – das pessoas que o contraírem com inobservância das causas suspensivas da celebração do casamento;

II – da pessoa maior de 70 (setenta) anos; *era 60 até a Lei n. 12.344 de 9-12-2010;

III – de todos os que dependerem, para casar, de suprimento judicial.

O objetivo do legislador, ao impor o regime de separação obrigatória, com críticas na doutrina, é proteger o nubente que se casou sem observar as causas suspensivas, dos maiores de setenta anos (golpes do baú) e dos menores que necessitam de suprimento judicial, evitando ocorrência de fraudes.

O STJ vem decidindo que não se aplica a separação obrigatória do maior de setenta anos (até a Lei n. 12.344/2010 era 60 anos), se existia união estável antes do casamento sem a restrição para escolha do regime:

> 2. Afasta-se a obrigatoriedade do regime de separação de bens quando o matrimônio é precedido de longo relacionamento em união estável, iniciando quando os cônjuges não tinham restrição à escolha do regime de bens, visto que não há que se falar na necessidade de proteção do idoso em relacionamentos fugazes por interesse exclusivamente econômico[13].

O Supremo Tribunal Federal equiparou o companheiro ao cônjuge no direito sucessório (RE 878.694/MG) e o Superior Tribunal de Justiça tem decidido que aplica-se aos companheiros o regime de separação obrigatória de bens se um deles possuir mais de 70 anos (art. 1.641, II, CC) ou mais de 60 anos (antes da Lei n. 12.344/2010), como ocorre com o cônjuge:

> 1. É obrigatório o regime de separação legal de bens na união estável quando um dos companheiros, no início da relação, conta com mais de sessenta anos, à luz da redação originária do artigo 1.641, II, do Código Civil (hoje 70 anos), a fim de realizar a isonomia no sistema, evitando-se prestigiar a união estável no lugar do casamento.

---

[13] REsp 1.318.281, Relª Maria Isabel Gallotti, j. 1º-12-2016. No mesmo sentido: Enunciado 261 da III Jornada de Direito Civil.

> 2. No regime de separação obrigatória, apenas se comunicam os bens adquiridos na constância do casamento pelo esforço comum, sob pena de desvirtuar a opção legislativa, imposta por motivo de ordem pública[14].

Os descendentes herdam com exclusividade, sem concorrência do cônjuge ou companheiro no regime de separação obrigatória, exceto quanto aos bens adquiridos onerosamente na constância do casamento ou união estável, nos termos da Súmula 377 do Supremo Tribunal Federal que dispõe que "no regime de separação legal de bens, comunicam-se os adquiridos na constância do casamento".

A Súmula 377, foi editada pelo Supremo Tribunal Federal em face do art. 259 do Código Civil de1916, entretanto, nos dias atuais cabe em última instância ao Superior Tribunal de Justiça a sua interpretação, que promoveu uma releitura do seu alcance, ora exigindo prova do esforço comum, especialmente entre os companheiros (REsp 1.689.152/SC, Rel. Min. Luiz Felipe Salomão, j. 24-10-2017 – nesse julgado comunicou o prêmio de loteria, por ser fato eventual que não exige esforço), ora dispensado o esforço comum, especialmente entre cônjuges (REsp 1.593.663/DF, Rel. Min. Ricardo Villas Bôas Cueva, j. 13-9-2016).

A 2ª Seção do Superior Tribunal de Justiça, em releitura da Súmula 377/STF, pacificou a questão e decidiu, por unanimidade, sobre a necessidade de prova do esforço comum (pode ser direto, com colaboração em dinheiro e trabalho, ou indireto, com orientação, apoio, incentivo), para o cônjuge ou companheiro possuir direito à meação:

> 1. No regime de separação legal de bens, comunicam-se os adquiridos na constância do casamento, desde que comprovado o esforço comum para sua aquisição.
>
> 2. Nos moldes do art. 1.641, II, do Código Civil de 2002, ao casamento contraído sob causa suspensiva, impõe-se o regime de separação obrigatória de bens.

---

[14] REsp 1.403.419/MG, Rel. Min. Ricardo Villas Bôas Cueva, j. 11-11-2014. No mesmo sentido: STJ, 2ª Seção, Embargos de Divergência no REsp 1.171.820/PR, Rel. Min. Raul Araújo, j. 26-8-2015.

> 3. Releitura da antiga Súmula 377/STF (no regime de separação legal de bens, comunicam-se os adquiridos na constância do casamento), editada com o intuito de interpretar o art. 259 do CC/1916, ainda na época em que cabia à Suprema Corte decidir em última instância acerca da interpretação da legislação federal, mister que hoje cabe ao Superior Tribunal de Justiça[15].

13.3.5. Sucessão dos descendentes em concorrência com o cônjuge ou companheiro no regime de separação convencional de bens

No regime da separação convencional absoluta de bens, os descendentes concorrem com o cônjuge ou companheiro.

A jurisprudência, por um período, chegou a excluir o cônjuge da concorrência, mas a 2ª Seção do STJ (3ª e 4ª Câmaras) decidiu pela concorrência e pacificou o entendimento:

> 2. No regime de separação convencional de bens, o cônjuge sobrevivente concorre com os descendentes do falecido. A lei afasta a concorrência apenas quanto ao regime da separação legal de bens, prevista no art. 1.641 do Código Civil (REsp 1.382.170/SP, 2ª Seção, Rel. p/ acórdão Min. João Otávio Noronha, j. 26-5-2015).

O regime de separação convencional pode ser absoluto ou parcial.

O regime de separação de bens exige pacto antenupcial para os cônjuges ou contrato escrito para os companheiros, podendo ser de forma absoluta, não se comunicando os bens anteriores, presentes e futuros, ou de forma relativa, prevendo os bens que não se comunicam e os que se comunicam. Surgindo algum bem omisso no contrato aplica-se o regime da comunhão parcial (art. 1.640, CC). Na prática torna-se um regime misto.

Comunicando-se os bens o cônjuge/companheiro será meeiro e os descendentes herdarão a outra metade.

Nos bens particulares os descendentes herdarão em concorrência com o consorte, como ocorre no regime de comunhão parcial.

---

[15] STJ, Embargos de Divergência em REsp 1.623.858/MG, 2ª Seção, Rel. Min. Lázaro Guimarães, j. 23-5-2018.

13.3.6. Sucessão dos descendentes em concorrência com o cônjuge ou companheiro no regime de participação final nos aquestos

O regime da participação final nos aquestos foi introduzido no Brasil pelo CC/2002, mas praticamente não é adotado devido a sua complexidade.

Trata-se de um regime que no decorrer da sociedade importa em separação de bens, com cada cônjuge administrando os bens próprios, e, no fim da união, partilham-se os acréscimos adquiridos na constância por cada um, a título oneroso (art. 1.672, CC), fazendo-se a partilha mediante uma prestação de contas de acertamento dos ganhos[16].

Os bens adquiridos não se comunicam durante a união, pertencendo exclusivamente ao cônjuge ou companheiro que adquiriu, podendo livremente aliená-los se previsto no pacto antenupcial (arts. 1.673 e 1.656, CC).

Dissolvida a união apura-se o aquesto de cada um, com regras de comunicação semelhantes à comunhão parcial. Aquele que adquiriu menor patrimônio (ganhos) torna-se credor do outro, dividindo-se os bens para compensar ou repondo em dinheiro (arts. 1.683 e 1.684, CC).

É um regime que possibilita muitas discussões e fraudes.

A concorrência dos descendentes com o cônjuge ou o companheiro não é pacifica, existindo duas correntes:

1ª) Como o art. 1.829, I, CC não exclui a concorrência do cônjuge no regime de participação final nos aquestos, além da meação concorrerá na totalidade da herança com os descendentes[17], nos bens comuns e particulares, não podendo seus direitos serem restringidos onde a lei não restringe.

2ª) A regra do art. 1.829, CC, determina que concorrendo com descendentes nos bens em que é meeiro, o cônjuge não é herdeiro, incidindo a concorrência apenas nos bens particulares. O cônjuge não pode ser mais beneficiado na participação dos aquestos do que nos regimes de comunhão. No mesmo sentido é o Enunciado 270 da III Jornada de Direito Civil:

---

[16] CARVALHO, Luiz Paulo Vieira de. *Direito das sucessões*, 4. ed., cit., p. 417.

[17] ROSA, Conrado Paulino da; RODRIGUES, Marco Antonio. *Inventário e partilha*. 4. ed., cit., p. 146.

Enunciado 270. O art. 1.829, inc. I, só assegura ao cônjuge sobrevivente o direito de concorrência com os descendentes do autor da herança quando casados no regime da separação convencional de bens ou, se casados nos regimes da comunhão parcial ou participação final nos aquestos, o falecido possuísse bens particulares, hipóteses em que a concorrência se restringe a tais bens, devendo os bens comuns (meação) ser partilhados exclusivamente entre os descendentes.

13.3.7. Resumo da sucessão dos descendentes em concorrência com o cônjuge ou companheiro[18]

REGIME DE BENS	MEAÇÃO	CONCORRÊNCIA DO CÔNJUGE OU COMPANHEIRO COM DESCENDENTES
Comunhão universal de bens	SIM	NÃO
Separação obrigatória de bens	SIM * Súmula 377 do STF	NÃO
Comunhão parcial de bens	SIM	SIM Bens particulares
Separação convencional (total ou absoluta) de bens	NÃO	SIM
Participação final nos aquestos	SIM	SIM * Bens particulares

Na sucessão na linha descendente, em face do mandamento constitucional de igualdade, não existe qualquer distinção na origem da filiação, herdando todos da mesma forma e na mesma quantidade se no mesmo grau, pouco importando se havidos ou não do casamento, biológicos ou socioafetivos, exceto se excluídos da sucessão por indignidade ou deserdação.

[18] ROSA, Conrado Paulino da; RODRIGUES, Marco Antonio. *Inventário e partilha*. 4. ed., cit., p. 149.

Registra-se que se o filho possuir mais de um pai ou de uma mãe, ocorrendo multiparentalidade ou pluriparentalidade, herdará de todos os genitores, em suas respectivas sucessões.

Na sucessão testamentária, o autor da herança pode, entretanto, dispor por testamento da metade disponível e beneficiar os filhos de forma diferente, por disposição de última vontade.

13.4. SUCESSÃO NA LINHA ASCENDENTE

Os ascendentes se encontram na segunda classe na ordem de vocação hereditária. Não havendo herdeiro sucessível na linha reta descendente, a herança será deferida aos ascendentes, que também são herdeiros necessários, dispondo o *caput* do art. 1.836 do Código Civil que, "na falta de descendentes, são chamados à sucessão os ascendentes, em concorrência com o cônjuge sobrevivente".

Os ascendentes também concorrem com o cônjuge ou companheiro sobrevivente. Logo, se o falecido possuía cônjuge ou companheiro, os ascendentes não herdarão sozinhos, partilhando-se a herança com outra classe de herdeiros.

A convocação dos ascendentes não é somente dos pais, mas também dos outros parentes em ordem sucessiva, se não existirem mais próximos em grau, como os avós e bisavós. Não pode ocorrer discriminação em razão da origem do parentesco na ascendência, como é também vedado na filiação. Assim, os pais adotivos (e demais ascendentes) herdam, afastando os pais biológicos, já que a adoção rompe os vínculos com a família consanguínea e atribui a condição de filho ao adotado (art. 41 do ECA). A mesma regra se aplica aos socioafetivos reconhecidos juridicamente. Da mesma forma, os pais herdam independentemente da existência de vínculo matrimonial entre eles ou com terceiros[19].

Ocorrendo multiparentalidade, ou seja, se o filho possuía mais de um pai ou mais de uma mãe e faleceu, todos herdam, observando as regras da sucessão na linha ascendente.

---

[19] FARIAS, Cristiano Chaves de; ROSENVALD, Nelson. *Curso de direito civil.* Sucessões. São Paulo: Atlas, 2015. v. 7. p. 234-235.

Na linha ascendente, o grau mais próximo exclui o mais remoto, dispondo o art. 1.836 do Código Civil que, "na classe dos ascendentes, o grau mais próximo exclui o mais remoto, sem distinção de linhas". Não existe direito de representação na classe dos ascendentes, logo, não é possível concorrerem herdeiros de graus diferentes. O grau mais próximo, sem importar se da linha materna ou paterna, exclui da sucessão os de grau mais distante.

Na sucessão pelos ascendentes, também denominada sucessão por linhas, existe, entretanto, diversidade de linhas: paterna e materna.

Depois de observar o grau de parentesco, excluindo o mais distante, deve-se verificar se existem ascendentes com linhas diversas no mesmo grau, pois, como determina o § 2º do art. 1.836 do Código Civil, "havendo igualdade em grau e diversidade em linha, os ascendentes da linha paterna herdam a metade, cabendo a outra aos da linha materna".

Assim, existindo igualdade de grau e linhas diversas, a herança é dividida ao meio, sendo metade para a linha paterna e metade para a linha materna, não importando o número de herdeiros, desde que da mesma classe. Existindo herdeiro de grau mais próximo em uma só linha, receberá a herança por inteiro, excluindo o de grau mais distante da outra linha.

Sobrevivendo os dois pais, cada um herdará a metade. Se apenas um estiver vivo, a ele tocará por inteiro a herança, após excluir, se for o caso, o quinhão do cônjuge ou companheiro concorrente.

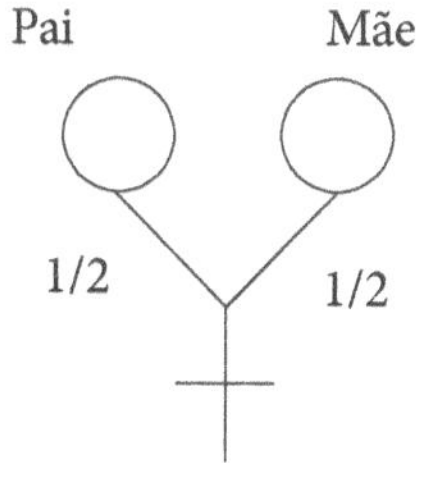

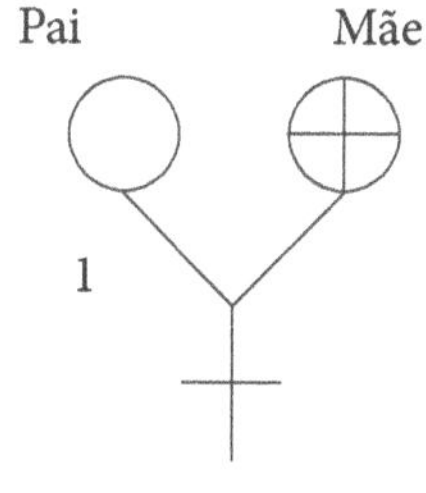

Não sobrevivendo os pais, mas existindo os dois avós maternos e um paterno, a herança se divide por igual em duas linhas, assim, os avós maternos receberão 50% (25% para cada um) e o paterno, 50%.

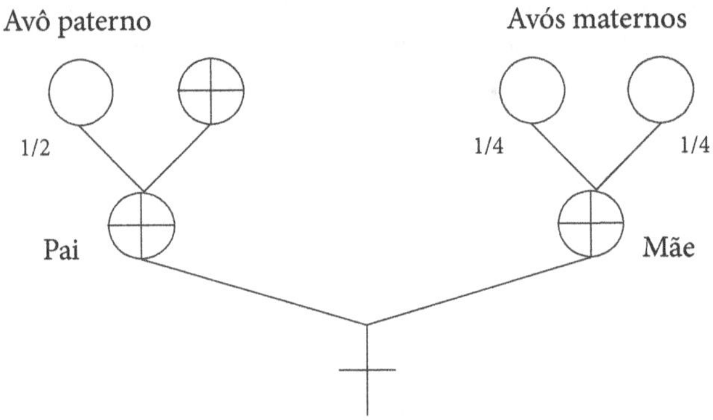

Sobrevivendo um avô de uma linha e dois bisavós da outra, a herança tocará por inteiro ao avô, por ser o mais próximo.

A doutrina é vacilante, entretanto, na hipótese de multiparentalidade. Se o filho possuir dois pais e uma mãe tocará a metade para linha paterna, dividindo os dois os 50% entre si e ficando a mãe (linha materna) com os outros 50% da herança, ou dividirá igualmente entre os três genitores?

Luiz Paulo Vieira de Carvalho defende para a solução da indagação a aplicação do § 2º do art. 1.836 do Código Civil, ou seja, havendo igualdade de graus e diversidade de linhas, caberá aos ascendentes da linha paterna a metade e aos da linha materna a outra metade. Acrescenta que:

> Assim, em existindo dois pais, estes recolherão a metade da quota cabível aos ascendentes, na proporção de metade para cada um, e a mãe, *integralmente*, a outra metade; em existindo duas mães essas dividirão entre si a metade da parte cabível aos ascendentes e o pai receberá a outra metade por inteiro[20].

Conrado Paulino da Rosa possui entendimento diverso, no sentido de que existindo multiparentalidade na sucessão ascendente, se torna necessário que se proceda uma nova divisão diante da ausência de previsão no direito sucessório de dois pais ou duas mães, sendo necessário estabelecer a divisão pelo número de linhas parentais existentes no 1º grau ascendente.

20 CARVALHO, Luiz Paulo Vieira de. *Direito das sucessões*. 4. ed., cit., p. 373.

Assim, existindo dois pais e uma mãe ou duas mães e um pai, a herança será dividida em três linhas[21], cabendo um terço da herança para cada um.

O Código Civil prevê que ao cônjuge tocará um terço da herança, se concorrer com ambos os ascendentes do primeiro grau (pais), e a metade, se existir apenas um ou se for de grau mais distante, sem distinção quanto ao regime de bens do casamento (art. 1.829, II c/c art. 1.837[22]). Estabelece, ainda, que, concorrendo com companheiro(a) tocará aos ascendentes, em qualquer grau, dois terços da herança (art. 1.790, III), entretanto, o art. 1.790 foi declarado inconstitucional, cabendo ao(a) companheiro(a) os mesmos direitos do cônjuge.

Na concorrência com os ascendentes não existem restrições ao cônjuge e ao companheiro quanto ao regime de bens do casamento ou união estável. Qualquer que seja o regime de bens, herdarão em concorrência nas frações previstas no art. 1.837 do Código Civil.

13.5. SUCESSÃO DO CÔNJUGE

13.5.1. Introdução – sucessão do cônjuge no CC/1916, meação e aquesto

A sucessão do cônjuge é a maior novidade no direito sucessório brasileiro, tornando-se o personagem principal, o que não ocorreu com o companheiro, que recebeu tratamento diferente e discriminatório no Código Civil[23].

Maria Luíza Póvoa Cruz[24] apresenta um histórico do direito sucessório do cônjuge, lecionando que:

---

[21] ROSA, Conrado Paulino da; RODRIGUES, Marco Antônio. *Inventário e partilha*. 4. ed., cit., 2019. p. 108.

[22] "Art. 1.837. Concorrendo com ascendente em primeiro grau, ao cônjuge tocará um terço da herança; caber-lhe-á a metade desta se houver um só ascendente, ou se maior for aquele grau."

[23] VELOSO, Zeno. *Direito hereditário do cônjuge e do companheiro*. São Paulo: Saraiva, 2010. p. 15.

[24] CRUZ, Maria Luiza Póvoa. A ordem de vocação hereditária: cônjuge e companheiro. In: CARVALHO, Dimas Messias de. *Direito das sucessões* – inventário e partilha. 4. ed. Lavras: Unilavras, 2016. p. 257.

Nas Ordenações Filipinas, o cônjuge seria chamado à sucessão, se o falecido não deixasse parentes até o 10º grau. E, ao tempo da morte do outro, deveriam viver juntos, habitando a mesma casa. "Observa que, nesse grau, não há mais consciência da unidade da família, não há mais essa afeição simpática dos parentes entre si, concluindo, não se distingue o parente do conterrâneo" (Clóvis Beviláqua). Certamente, poucas vezes o cônjuge sobrevivente, pode suceder *ab intestato,* diante dessa legislação, que praticamente o excluía da herança.

Porém, importante ressaltar, que nessa época o regime legal, supletivo, era o da *comunhão universal de bens.*

No Brasil, o regime supletivo da comunhão universal de bens foi mantido no Decreto n. 181, de 1890, artigo 57, redigido pelo jurista piauiense Antônio Coelho Rodrigues, como também no Código Civil de 1916, artigo 258. Esse regime persistiu como supletivo até a Lei n. 6.515, de 26 de dezembro de 1977, cujo artigo 50, estabeleceu que o regime legal supletivo é o da *comunhão parcial de bens.*

O Decreto n. 1.839, de 31 de dezembro de 1907 (Lei Feliciano Pena, em homenagem ao seu autor, senador mineiro), limitou a vocação dos colaterais até o 6º grau, e içou o cônjuge sobrevivente ao terceiro lugar, na ordem da vocação hereditária.

No sistema do Código Civil de 1916, inexistindo herdeiros necessários, que eram apenas os descendentes e ascendentes, a herança era deferida ao cônjuge sobrevivente, qualquer que fosse o regime de bens, desde que não estivesse dissolvida a sociedade conjugal na época da morte. A separação judicial tinha de estar transitada em julgado, pois, pendente de homologação ou de trânsito em julgado o decreto judicial, a dissolução da sociedade conjugal é superada e absorvida pela morte, cujos efeitos, por mais amplos, prevalecem, dentre eles, o direito à herança[25].

No Código Civil de 2002, existindo descendentes ou ascendentes, o cônjuge não é afastado da ordem de vocação hereditária, pois concorre com essas duas classes. Na ausência de parentes do falecido na linha reta, dispõe

---

[25] PEREIRA, Caio Mário da Silva. *Instituições de direito civil.* 6. ed. Rio de Janeiro: Forense, 1991. p. 98.

o Código Civil, em seu art. 1.838, que, "em falta de descendentes e ascendentes, será deferida a herança por inteiro ao cônjuge sobrevivente".

O Código Civil vigente incluiu o cônjuge entre os herdeiros necessários (art. 1.845), portanto o autor da herança não pode dispor em testamento de mais da metade dos bens, se for casado (art. 1.846), e será herdeiro único, qualquer que seja o regime de bens, desde que não esteja separado judicialmente ou de fato há mais de dois anos, salvo se não teve culpa (art. 1.830). Assim, o separado judicialmente, ou divorciado, ainda pendente de trânsito em julgado, pode ser excluído da sucessão se estiver separado de fato.

A possibilidade de discussão de culpa, na separação de fato do casal no direito sucessório, tem gerado grande discussão na doutrina e na jurisprudência, posto que predominante a corrente que exclui a discussão de culpa do casal na separação judicial, e estendê-la do direito de família ao sucessório é, no mínimo, um retrocesso.

O casamento importa em plena comunhão de vida, não existindo afeto conjugal e vida em comum se estiverem separados de fato. O casamento deixa de existir, cessa a arquitetura conjugal, a comunhão de esforços. Assim, na atual sistemática do Código Civil, a separação de fato exclui o direito sucessório do cônjuge, permanecendo a discussão sobre o prazo de dois anos.

Não há de se confundir meação (efeito da comunhão dos bens) com o direito hereditário (que independe do regime, salvo se concorrer com descendentes). A meação pertence ao cônjuge sobrevivente por direito próprio, e não por herança, sendo intangível (não pode ser privada por indignidade ou deserdação), independentemente de estar separado de fato.

A meação do cônjuge, no regime de comunhão parcial, tem demandado muitas discussões quando na constância do casamento é construído imóvel em terreno particular de um dos cônjuges. Nessa hipótese a moradia (benfeitoria) se comunica, mas o terreno pertence exclusivamente ao cônjuge proprietário, o que deverá ser identificado no monte-mor, cabendo àquele que não possuía o terreno apenas o valor da meação da moradia e não o imóvel como um todo[26].

Não pode também ser confundida com direito de aquesto, que é o bem adquirido pelo esforço comum no regime de separação total e colocado em

---

[26] TJSP, AI 2204881-41.2019.8.26.0000, Rel. Des. Alexandre Coelho, j. 15-1-2020.

nome apenas do cônjuge falecido. Nesse caso, o sobrevivente se habilita no inventário, se existirem outros herdeiros necessários (descendentes e ascendentes), como credor, promovendo ação própria para reconhecimento do aquesto, requerendo em medida cautelar, se necessário, a reserva de bens para resguardar seus direitos no inventário. No regime de separação convencional de bens, é necessário que o cônjuge sobrevivente comprove sua participação (esforço) na aquisição do bem.

No regime de separação legal ou obrigatória de bens, a posição dominante é no sentido de que se presume o aquesto dos bens adquiridos onerosamente na vigência do casamento. Com efeito, dispõe a Súmula 377 do Supremo Tribunal Federal que, "no regime de separação legal de bens, comunicam-se os adquiridos na constância do casamento". O Tribunal de Justiça de Minas Gerais já decidiu que, no regime de separação legal, cada um dos cônjuges conserva a posse e a propriedade dos bens que trouxer para o casamento, bem como os que forem a ele sub-rogados. Todavia, nos termos da Súmula 377 do Supremo Tribunal Federal, nesse regime, os aquestos adquiridos na constância do matrimônio comunicam-se, independentemente de prova de serem fruto do esforço comum[27], o que era acolhido também pelo Superior Tribunal de Justiça, até mudar seu posicionamento.

O Superior Tribunal de Justiça, portanto, modificou seu próprio entendimento anterior, apresentando uma *moderna compreensão da Súmula 377/STF* e exigindo comprovação do esforço comum para os bens se comunicarem. O esforço comum pode ser direto, quando o cônjuge contribui diretamente na aquisição do bem com dinheiro ou trabalho, ou indireto, quando não contribui financeiramente, mas auxilia com orientação, apoio, incentivo, propiciando ao outro condições para aquisição do bem.

A Segunda Seção do Superior Tribunal decidiu, por unanimidade, sobre a necessidade de prova do esforço comum para a partilha dos bens adquiridos em regime de separação obrigatória, sem contudo especificar se o esforço deve ser o direto ou se admite também o indireto[28]. Consta na ementa que:

---

[27] TJMG, Ag 1.0701.03.038871-7/001, Rel. Des. Duarte de Paula, j. 16-6-2005.

[28] CARVALHO, Dimas Messias de. *Direito das famílias*. 8. ed. São Paulo: Saraiva, 2020. p. 370.

EMBARGOS DE DIVERGÊNCIA NO RECURSO ESPECIAL. DIREITO DE FAMÍLIA. UNIÃO ESTÁVEL. CASAMENTO CONTRAÍDO SOB CAUSA SUSPENSIVA. SEPARAÇÃO OBRIGATÓRIA DE BENS (CC/1916, ART. 258, II; CC/2002, ART. 1.641, II). PARTILHA. BENS ADQUIRIDOS ONEROSAMENTE. NECESSIDADE DE PROVA DO ESFORÇO COMUM. PRESSUPOSTO DA PRETENSÃO. MODERNA COMPREENSÃO DA SÚMULA 377/STF. EMBARGOS DE DIVERGÊNCIA PROVIDOS.

1. Nos moldes do art. 1.641, II, do Código Civil de 2002, ao casamento contraído sob causa suspensiva impõe-se o regime da separação obrigatória de bens.

2. No regime de separação legal de bens, comunicam-se os adquiridos na constância do casamento, desde que comprovado o esforço comum para sua aquisição.

3. Releitura da antiga Súmula 377/STF (No regime de separação legal de bens, comunicam-se os adquiridos na constância do casamento), editada com o intuito de interpretar o art. 259 do CC/1916, ainda na época em que cabia à Suprema Corte decidir em última instância acerca da interpretação da legislação federal, mister que hoje cabe ao Superior Tribunal de Justiça[29].

Assim, no regime de separação legal, não se presume mais o esforço comum dos bens adquiridos na constância do casamento a título oneroso, cabendo ao cônjuge comprovar que contribuiu para a aquisição. A posição anterior praticamente aniquilava a separação de bens, comunicando-se tudo que foi adquirido onerosamente. Os bens adquiridos gratuitamente por doação e herança não exigem esforço do casal, portanto não se comunicam, sob pena de enriquecimento sem causa e de a comunicação dos bens ultrapassar o regime de comunhão parcial (regime legal necessário).

O cônjuge sobrevivente, na vigência do Código Civil de 1916, em face das alterações introduzidas nos parágrafos do art. 1.611 pela Lei n. 4.121/1962 (Estatuto da Mulher Casada), era herdeiro único, na falta de descendentes e ascendentes; possuía direito de usufruto de um quarto da herança, se não fosse casado no regime de comunhão universal de bens, concorrendo com

[29] STJ, 2ª Seção, Embargos de Divergência em REsp 1.623.858/MG, Rel. Min. Lázaro Guimarães (Desembargador convocado do TRF 5ª Região), j. 23-5-2018.

filhos só do falecido ou comuns, e da metade, se os herdeiros não fossem filhos (outros descendentes e ascendentes); possuía, ainda, direito real de habitação, se casado no regime de comunhão universal de bens, no imóvel destinado à residência do casal.

Na vigência do Código Civil de 1916, o cônjuge não era herdeiro necessário e não concorria à herança com os descendentes e ascendentes, possuindo apenas direito de usufruto e habitação.

As regras são mantidas nas sucessões abertas até 9 de janeiro de 2003, anteriores à entrada em vigor do Código Civil de 2002, tendo em vista que são reguladas pela lei vigente no momento da abertura.

13.5.2. Sucessão do cônjuge no CC/2002 – inovações e separação de fato – art. 1.830

O Código Civil de 2002 introduziu diversas inovações quanto ao cônjuge no direito sucessório, estando atualmente na situação jurídica de herdeiro necessário, herdeiro concorrente com descendentes e ascendentes, conferindo-lhe, ainda, direito real de habitação, independentemente do regime de bens. Outra inovação foi excluir o cônjuge da sucessão caso esteja separado de fato por mais de dois anos, exceto se a separação não ocorreu por culpa do cônjuge herdeiro.

A inovação é um grande retrocesso, ao introduzir discussão de culpa por separação de casal no direito sucessório, matéria de direito de família, que, obviamente, por tratar-se de alta indagação, deve ser resolvida nas vias ordinárias, com pedido de reserva de bens no inventário, proporcionando discussões intermináveis, chegando ao absurdo de o consorte separado de fato por décadas pretender pleitear os direitos sucessórios do cônjuge sob o fundamento de que foi abandonado e não teve culpa na separação. O prazo de dois anos de separado de fato foi incluído pois permitia ao cônjuge requerer o divórcio direto e extinguir o vínculo conjugal, independentemente de culpa, o que não é mais exigido, em razão da EC n. 66/2010, não se justificando, a partir desse período, pleitear direitos sucessórios, devendo ser excluído da sucessão e não permitir discussão de culpa do responsável pela separação de fato. A separação de fato põe fim à plena comunhão de vida e produz diversos efeitos imediatos, sem necessidade de prazos, como apurar os bens do casal para fins de partilha no regime de participação final nos aquestos e permitir o reconhecimento de união estável (arts. 1.683 e 1.723, § 1º, do CC)[30].

Rolf Madaleno ressalta que, na separação de fato, o próprio casal assumiu e aceitou não prolongar a vida conjugal, dissolvendo a sociedade afetiva e os interesses comuns, inclusive com consequências patrimoniais, fundamentando que:

> Doutrina e jurisprudência encontram no tempo e nos fatos em concreto as fronteiras justas e reais de qualquer sociedade afetiva, que antes de ser encerrada pela intervenção do legislador, procuram atribuir novo valor e efeito jurídico à antecipada volição dos cônjuges e conviventes, porquanto eles sim, e não outros, são os reais senhores da certeza e exatidão temporal em que sua sociedade afetiva e seus interesses comuns verdadeiramente se dissolveram. Ninguém discorda que a separação de fato gera importantes efeitos jurídicos, por ela os consortes e conviventes assumiram e aceitaram não mais prolongarem sua vida conjugal ou sua sociedade informal, liberando-se mutuamente da assistência espiritual, da afetividade e do desejo societário que serve de mola mestra, incentivo e consequência direta da comunicabilidade patrimonial[31].

A dissolução dos interesses comuns e da afetividade conjugal não foi observada. Com efeito, dispõe o art. 1.830 do Código Civil que

> Art. 1.830. Somente é reconhecido direito sucessório ao cônjuge sobrevivente se, ao tempo da morte do outro, não estavam separados judicialmente, nem separados de fato há mais de dois anos, salvo prova, neste caso, de que esta convivência se tornara impossível sem culpa do sobrevivente.

A separação de fato, como já ressaltado, extingue a *afetivo maritais* e a comunhão de esforços do casal para constituição de um patrimônio comum (art. 1.511 do CC)[32].

---

[30] CARVALHO, Dimas Messias de. *Direito das famílias*. 5. ed. São Paulo: Saraiva, 2017. p. 314.

[31] MADALENO, Rolf. *Direito de família*. 7. ed. Rio de Janeiro: Forense, 2017. p. 166.

[32] "Art. 1.511. O casamento estabelece comunhão plena de vida, com base na igualdade de direitos e deveres dos cônjuges."

Ressalta Zeno Veloso que a inovação do art. 1.830 do Código Civil de 2002, já que o Código de 1916 não previa a separação de fato como causa de perda de legitimação sucessória do cônjuge, ao afastar o direito sucessório do cônjuge sobrevivente, separado de fato por mais de dois anos, "mostra-se pertinente, razoável, justificável"[33].

A inovação no direito sucessório de exclusão de direitos do cônjuge em razão da separação de fato não é inédita no direito brasileiro. Luiz Paulo Vieira de Carvalho leciona que não se justificava o cônjuge sobrevivente herdar ou possuir direitos de meação, como determinava a letra fria da lei na vigência do Código Civil de 1916, quando o casal estava separado de fato por vários anos, ocorrendo ruptura do casamento e não existindo mais a convivência, a afeição marital[34]. Também a jurisprudência, citada pelo autor referido, ainda que divergente, dispunha no sentido de que a esposa, separada de fato e com ação de divórcio em curso, não faz jus à sucessão pelo falecimento do pai do marido, ocorrido quando já estavam separados[35].

No que se refere ao regime de bens no casamento, a jurisprudência já se firmou no sentido de que não se comunicam os bens adquiridos por um dos cônjuges se o casal, na ocasião da aquisição, encontrava-se separado de fato, mesmo se o regime for da comunhão universal de bens. O Superior Tribunal de Justiça, em recurso especial relatado pelo Ministro João Otávio de Noronha, já decidiu que:

> DIREITO CIVIL. FAMÍLIA. SUCESSÃO. COMUNHÃO UNIVERSAL DE BENS. SUCESSÃO ABERTA QUANDO HAVIA SEPARAÇÃO DE FATO. IMPOSSIBILIDADE DE COMUNICAÇÃO DOS BENS ADQUIRIDOS APÓS A RUPTURA DA VIDA CONJUGAL.
>
> 1. O cônjuge que se encontra separado de fato não faz jus ao recebimento de quaisquer bens havidos pelo outro por herança transmitida após decisão liminar de separação de corpos.

---

33 VELOSO, Zeno. Op. cit., p. 130.

34 CARVALHO, Luiz Paulo Vieira de. *Direito das sucessões*. 3. ed. São Paulo: Atlas, 2017. p. 373.

35 STJ, REsp 226.288/PA, Rel. Min. Aldir Passarinho Júnior, j. 13-9-2000.

> 2. Na data em que se concede a separação de corpos, desfazem-se os deveres conjugais como o regime matrimonial de bens; e a essa data retroagem os efeitos da sentença de separação judicial ou divórcio.
>
> 3. Recurso especial não conhecido[36].

O Superior Tribunal de Justiça, em outro julgado, decidiu no mesmo sentido, fundamentando o relator, Min. Luis Felipe Salomão, que, mesmo no regime de comunhão universal de bens,

> (...) não faz jus à meação dos bens havidos pelo marido na qualidade de herdeiro do irmão, o cônjuge que se encontrava separado de fato quando transmitida a herança. Tal fato ocasionaria enriquecimento sem causa, porquanto o patrimônio foi adquirido individualmente, sem qualquer colaboração do cônjuge[37].

O Código Civil prevê no art. 1.683[38], no regime de participação final nos aquestos, que estes terminam na data em que cessou a convivência e não do trânsito em julgado da separação judicial ou do divórcio.

A comunhão dos bens adquiridos por um dos cônjuges após a separação de fato, além de importar em enriquecimento ilícito, é incompatível com os arts. 1.723, § 1º, e 1.725 do Código Civil[39], que admitem a configuração da união estável da pessoa casada separada de fato e estabelece o regime de comunhão parcial de bens entre os conviventes na ausência de contrato escrito.

A herança e meação do falecido que era casado, mas separado de fato, e constituiu união estável, adquiriu bens onerosos e faleceu antes de trans-

---

36 STJ, REsp 1.065.209/SP, Rel. Min. João Otávio de Noronha, j. 16-6-2010.

37 STJ, REsp 555.771/SP, Rel. Min. Luis Felipe Salomão, j. 5-5-2009.

38 "Art. 1.683. Na dissolução do regime de bens por separação judicial ou por divórcio, verificar-se-á o montante dos aquestos à data em que cessou a convivência."

39 "Art. 1.723. É reconhecida como entidade familiar a união estável entre o homem e a mulher, configurada na convivência pública, contínua e duradoura e estabelecida com o objetivo de constituição de família.

§ 1º A união estável não se constituirá se ocorrerem os impedimentos do art. 1.521; não se aplicando a incidência do inciso VI no caso de a pessoa casada se achar separada de fato ou judicialmente."

"Art. 1.725. Na união estável, salvo contrato escrito entre os companheiros, aplica-se às relações patrimoniais, no que couber, o regime da comunhão parcial de bens."

correrem dois anos do fim da convivência com o cônjuge, entretanto, fica indefinida, em razão da incompatibilidade do art. 1.830 com os arts. 1.723, § 1º, e 1.725 do Código Civil. Situação despropositada, da mesma forma, seria se o outro cônjuge também constituísse união estável. Mesmo tendo outra família, o cônjuge em união estável herdaria do cônjuge falecido, apesar de separados de fato.

A única solução possível é resguardar ao cônjuge apenas a meação dos bens que possuíam durante o casamento até a separação de fato e reconhecer os direitos de herança do companheiro, bem como a meação dos bens onerosos adquiridos durante a união estável.

Nesse sentido já sinalizou o Superior Tribunal de Justiça, no julgamento citado anteriormente, em sucessão aberta, quando já havia separação de fato, constando no item 5 da ementa que, "assim, em regime de comunhão universal, a comunicação de bens e dívidas deve cessar com a ruptura da vida em comum, respeitado o direito de meação do patrimônio adquirido na constância da vida conjugal"[40].

O prazo de dois anos foi atribuído na vigência da redação original do art. 226, § 6º, da Constituição Federal, que exigia o mesmo período de separado de fato para dissolver o casamento pelo divórcio. O prazo foi extinto pela EC n. 66/2010, que deu a redação atual ao dispositivo constitucional, não mais exigindo qualquer prazo para decretação do divórcio.

Não se justifica, portanto, a exigência legal do transcurso do prazo de mais de dois anos de separado de fato para o cônjuge ser excluído da sucessão do outro, perpetuando, no dizer de Maria Berenice Dias, os efeitos do casamento para depois do término da convivência do casal, para depois do seu fim. Leciona a doutrinadora que:

> Para o cônjuge preservar a qualidade de herdeiro, é preciso que a sociedade conjugal tenha persistido até o falecimento do outro. Indispensável reconhecer que a separação de fato subtrai do viúvo a condição de herdeiro. Admitir a possibilidade de o cônjuge herdar quando o casal já estava separado de fato é perpetuar os efeitos do casamento para depois do seu fim. Não há como assegurar, pelo longo período de dois anos, o direito à heran-

[40] STJ, REsp 555.771/SP, Rel. Min. Luis Felipe Salomão, j. 5-5-2009.

> ça de quem foi o culpado pela separação. Tal afronta princípio ético dos mais elementares, além de gerar o enriquecimento sem causa, pois herdaria o patrimônio amealhado depois da separação. Também fora de propósito deferir a herança ao cônjuge sobrevivente, independente do prazo da separação, pelo só fato de não ter sido o responsável pelo rompimento da vida em comum. Estes absurdos estão consagrados na lei (CC, art. 1.830), não tendo o legislador atentado que a jurisprudência considera rompido o casamento quando cessa a convivência. Não mais persistindo os deveres do casamento e nem o regime de bens, tal subtrai a possibilidade de o sobrevivente ser reconhecido como herdeiro. Nem concorre com os sucessores e nem preserva a qualidade de herdeiro. Recebe a meação dos bens adquiridos durante a constância do casamento, que não é direito sucessório. Nada mais[41].

A crítica ao art. 1.830 do Código Civil é ainda mais contundente ao prever o legislador a discussão de culpa no direito das sucessões, para comprovar, depois de transcorridos mais de dois anos da separação de fato, que o fim da convivência não ocorreu por culpa do sobrevivente. É a denominada por Zeno Veloso de "culpa mortuária", demonstrando que o culpado pela separação do casal "foi o cônjuge falecido, morto e sepultado", transmitindo-se discussões infindáveis, eternizando angústias e paralisando inventários[42].

Trata-se, sem dúvidas, de um retrocesso, em uma discussão que não existia sequer no Direito de Família, já que, ocorrendo prazo de dois anos de separação de fato, permitia-se, mesmo antes da EC n. 66/2010, o divórcio direto. A discussão de culpa ocorria, e para alguns ainda ocorre, na separação sanção ou com culpa, que não exige prazos para sua decretação.

A questão, entretanto, não é pacífica. O Superior Tribunal de Justiça tem admitido a sucessão do cônjuge separado de fato por prazo inferior a dois anos, em face do disposto no art. 1.830 do Código Civil, admitindo até mesmo a discussão de ausência de culpa do cônjuge sobrevivente pela separação. Consta no voto do relator no REsp 1.264.478/RS, mesmo ressaltando que a existência de culpa, pelo rompimento do casamento, "vem há muito sendo considerada como descabida pela jurisprudência", que:

---

[41] DIAS, Maria Berenice. *Manual das sucessões.* São Paulo: RT, 2008. p. 132-133.

[42] VELOSO, Zeno. Op. cit., p. 130.

5. Em relação à discussão relacionada ao direito sucessório do cônjuge sobrevivente, o art. 1.830 do CC de 2002 dispõe: Art. 1.830. Somente é reconhecido direito sucessório ao cônjuge sobrevivente se, ao tempo da morte do outro, não estavam separados judicialmente, nem separados de fato há mais de dois anos, salvo prova, neste caso, de que essa convivência se tornara impossível sem culpa do sobrevivente. Com efeito, nota-se que o referido artigo diz que somente será reconhecido o direito sucessório ao cônjuge sobrevivente se, ao tempo da morte do outro, não estavam separados de fato há mais de dois anos, salvo prova, neste caso, "de que essa convivência se tornara impossível sem culpa do sobrevivente".

(...)

A regra do dispositivo em debate, ao conferir direito sucessório ao cônjuge separado de fato até dois anos ou por período superior, caso haja prova de que a convivência se tornara insuportável sem culpa do sobrevivente, deve ser interpretada no sentido de conferir proteção a casos em que caracterizada a impossibilidade da comunhão de vida, conforme prevê o art. 1.573 do Código Civil[43].

O art. 1.573 do Código Civil[44] exemplifica diversas condutas que caracterizam impossibilidade da vida em comum.

Também não é pacífico na doutrina e na jurisprudência quanto ao ônus da prova da culpa, existindo uma posição no sentido de que "haverá uma presunção de inocência do cônjuge sobrevivente, cabendo-lhe apenas demonstrar que é casado para habilitar-se à sucessão, imputando-se aos herdeiros interessados a prova de sua culpa"[45].

---

43 STJ, REsp 1.264.478/RS, Rel. Min. Luiz Felipe Salomão, j. 7-3-2017.

44 "Art. 1.573. Podem caracterizar a impossibilidade da comunhão de vida a ocorrência de algum dos seguintes motivos:

I – adultério;

II – tentativa de morte;

III – sevícia ou injúria grave;

IV – abandono voluntário do lar conjugal, durante um ano contínuo;

V – condenação por crime infamante;

VI – conduta desonrosa.

Parágrafo único. O juiz poderá considerar outros fatos que tornem evidente a impossibilidade da vida em comum."

45 ROCHA, Patrícia Ferreira; PAMPLONA FILHO, Rodolfo. Uma análise crítica do artigo 1.830 do Código Civil brasileiro: legitimidade sucessória do cônjuge separado

Respeitando as opiniões em contrário, o art. 1.830 do Código Civil exclui da sucessão o cônjuge separado de fato há mais de dois anos. A exceção é a prova de que a convivência se tornara impossível sem culpa do sobrevivente. Logo, comprovada a separação de fato por mais de dois anos (que incumbe aos interessados na herança), o ônus da prova da culpa do falecido é do cônjuge sobrevivente, para excepcionar a regra da exclusão em razão do decurso do lapso temporal. A separação de fato por prazo superior a dois anos é a regra para a exclusão, assim, cabe ao cônjuge sobrevivente excepcioná-la, conforme já decidiu o Superior Tribunal de Justiça:

> RECURSO ESPECIAL. DIREITO CIVIL. SUCESSÕES. CÔNJUGE SOBREVIVENTE. SEPARAÇÃO DE FATO HÁ MAIS DE DOIS ANOS. ART. 1.830 DO CC. IMPOSSIBILIDADE DE COMUNHÃO DE VIDA SEM CULPA DO SOBREVIVENTE. ÔNUS DA PROVA.
>
> 1. A sucessão do cônjuge separado de fato há mais de dois anos é exceção à regra geral, de modo que somente terá direito à sucessão se comprovar, nos termos do art. 1.830 do Código Civil, que a convivência se tornara impossível sem sua culpa.
>
> 2. Na espécie, consignou o Tribunal de origem que a prova dos autos é inconclusiva no sentido de demonstrar que a convivência da ré com o ex-marido tornou-se impossível sem que culpa sua houvesse. Não tendo o cônjuge sobrevivente se desincumbido de seu ônus probatório, não ostenta a qualidade de herdeiro[46].

A comprovação de que a comunhão de vida foi rompida sem culpa do cônjuge sobrevivente tem que ser apurada em procedimento próprio, distinto do processo de inventário, que não permite a discussão e produção de provas em matéria de alta indagação. Patrícia Ferreira Rocha e Rodolfo Pamplona Filho ressaltam que a separação de fato do casal cessa o afeto e põe fim aos efeitos do casamento, devendo extinguir o direito do cônjuge à herança, acrescentando que:

---

de fato. *Revista Nacional de Direito de Família e Sucessões*, Porto Alegre: LexMagister, v. 19, jul.-ago. 2017. p. 59.

46 STJ, REsp 1.513.252/SP, Rel. Min. Maria Isabel Gallotti, j. 3-11-2015.

A primeira impropriedade da perquirição da culpa na separação de fato em sede de direito sucessório diz respeito à sua incompatibilidade com a natureza do inventário, que não comporta matéria de alta indagação. Assim, o exame da culpa deve ser promovido em feito à parte, ficando o desfecho do inventário aguardando o deslinde dessa causa, atrasando a transmissão sucessória[47].

A EC n. 66/2010, ao excluir a exigência de prazo de dois anos de separação de fato para decretação do divórcio, obriga uma releitura do art. 1.830 do Código Civil. Enquanto não transcorrido esse prazo, o casamento não se dissolvia, o que não se exige mais, não se justificando a exigência de transcurso desse prazo para exclusão dos direitos sucessórios do cônjuge separado de fato. Injustificável por maior razão estender indefinidamente esse prazo se a separação ocorreu sem culpa do cônjuge sobrevivente. Independentemente de culpa, o casamento de fato não mais existe se o casal estiver separado por mais de dois anos, tendo acabado todo o vínculo afetivo e comunhão de vidas. No 1º Encontro Estadual de Magistrados de Varas de Família e das Sucessões, promovido pelo Tribunal de Justiça de São Paulo, em 10 de novembro de 2017, foi aprovado o Enunciado 33 pela extinção dos direitos sucessórios após o transcurso do prazo de dois anos de separação de fato:

> Enunciado 33. A partir da Emenda Constitucional 66/2010, que passou a admitir divórcio sem prazo mínimo de casamento e sem discussão de culpa, tornou-se inconstitucional a previsão do art. 1.830 do Código Civil, parte final, no sentido de que o direito sucessório do cônjuge sobrevivente poderia se estender além de dois anos da separação de fato se provado que a convivência se tornara impossível sem culpa dele. Em consequência, decorridos dois anos de separação de fato, extingue-se esse direito, sem possibilidade de prorrogação.

Ressalta-se que o cônjuge separado de fato não é meeiro nos adquiridos pelo consorte durante a separação de fato. Nesse sentido:

> REGIME DE BENS – SEPARAÇÃO DE FATO OCORRIDA EM 1966 – BEM IMÓVEL ADQUIRIDO EXCLUSIVAMENTE PELA AUTORA EM

[47] ROCHA, Patrícia Ferreira; PAMPLONA FILHO, Rodolfo. Op. cit., p. 59.

1980 – MEAÇÃO INEXISTENTE – BEM RESERVADO – ART. 246 DO CÓDIGO CIVIL DE 1916.

A autora, sem qualquer participação do réu, adquiriu com exclusividade o imóvel descrito na inicial, arcando com todos os pagamentos em período em que o casamento já não existia, independentemente de haver sido decretado o divórcio. Não é justo que, apenas por uma formalidade decorrente de regime de bens fixado pela lei, a autora tenha que ver partilhado bem adquirido quando inexistente a união. É incoerente reconhecer que a separação de fato seja causa suficiente para pôr fim ao casamento, mas não o seja para afastar a comunicação patrimonial[48].

13.5.3. Cônjuge herdeiro necessário e herdeiro único

Outra inovação do Código Civil de 2002 foi incluir o cônjuge entre os descendentes e ascendentes como herdeiro necessário nos bens, e não apenas no direito a usufruto, como ocorria no Código Civil de 1916, não podendo o autor da herança dispor de mais da metade dos bens se for casado, ainda que não possua descendentes e ascendentes. É necessário, para exclusão do cônjuge, que exista justa causa que autorize deserdação ou atos de indignidade, não bastando apenas dispor dos bens sem contemplá-lo, como ocorre com os colaterais. O art. 1.845 do Código Civil dispõe que "são herdeiros necessários os descendentes, ascendentes e o cônjuge", completando no art. 1.846 que "pertence aos herdeiros necessários, de pleno direito, a metade dos bens da herança, constituindo a legítima".

O ordenamento jurídico pátrio considerava como herdeiros necessários apenas os descendentes e os ascendentes, garantindo-lhes a sobrevivência com a preservação da metade da herança líquida. O fundamento para a inclusão do cônjuge como herdeiro necessário foi a modificação do regime legal de bens da comunhão universal, que era previsto no Código Civil de 1916, para o regime de comunhão parcial, adotado pelo Código Civil de 2002, após ser introduzido no Brasil pela Lei n. 6.515/1977 (Lei do Divórcio)[49]. Não pode o autor da herança, portanto, independente do regime de bens, dispor de mais da metade de seus bens se possuir cônjuge sobrevivente,

---

[48] TJSP, AC 10061233520168260099, Rel. Des. Ronnie Herbert Barros Soares, j. 31-3-2020.

[49] FARIAS, Cristiano Chaves de; ROSENVALD, Nelson. Op. cit., p. 131-132.

tendo o poder de disposição apenas da metade disponível, exceto se existir justa causa para deserdação do cônjuge por testamento.

Na mesma ordem de vocação hereditária do Código de 1916, o atual Código Civil mantém o cônjuge como herdeiro único, dispondo no art. 1.838 que "em falta de descendentes e ascendentes, será deferida a sucessão por inteiro ao cônjuge sobrevivente".

Assim, na ausência de descendentes e ascendentes, o cônjuge recebe por inteiro a herança, independentemente do regime de bens, desde que não esteja separado judicialmente, posto que dissolvida a sociedade conjugal, ou de fato por mais de dois anos.

O Código Civil, como já visto, inovou ao estabelecer a exclusão do cônjuge na sucessão, se estiver separado de fato há mais de dois anos, admitindo-se, entretanto, que o cônjuge herdeiro comprove que não teve culpa no rompimento da convivência, sendo reconhecido, nesse caso, o seu direito sucessório (art. 1.838 do CC), o que é extremamente criticável e não deve ser acolhido, pois, se não se discute culpa na decretação do divórcio, não pode esta ser deslocada para o Direito das Sucessões.

13.5.4. Cônjuge herdeiro concorrente

Outra grande inovação no direito sucessório foi incluir o cônjuge como herdeiro concorrente com os descendentes e ascendentes do autor da herança.

13.5.4.1. Concorrência do cônjuge com descendentes e filiação híbrida

O Código Civil de 2002 manteve a ordem de vocação hereditária, entretanto, inovou novamente ao instituir o cônjuge herdeiro concorrente. Com efeito, se o autor da herança deixar descendente ou ascendente, o cônjuge sobrevivente, observada a exclusão em alguns regimes de bens quanto aos descendentes, concorrerá na sucessão com os demais herdeiros necessários, porém, dependendo da situação, os quinhões são diversos.

Para concorrer com os descendentes, o cônjuge não poderá ser casado no regime de comunhão universal de bens (já possui a metade do patrimônio comum por meação), no de separação obrigatória de bens (em face da vedação legal) ou, ainda, no regime de comunhão parcial, se o autor da herança não possuir bens particulares, pois, nesse caso, todos os bens do falecido são comuns, e o cônjuge sobrevivente já possui a meação (art. 1.829, I, do CC).

Ressalta-se que prevalece o regime de bens que vigorar no momento da morte do autor da herança, considerando que o regime de bens adotado no casamento pode ser alterado posteriormente, mediante autorização judicial, em pedido motivado de ambos os cônjuges (art. 1.639, § 2º, do CC). Alterado o regime de bens durante o casamento, prevalece o regime adotado no momento da abertura da sucessão para determinar se o cônjuge sobrevivente concorrerá ou não com os herdeiros descendentes[50].

No regime de comunhão universal de bens, é justificável a exclusão do cônjuge na qualidade de herdeiro concorrente com os descendentes, pois a concorrência sucessória foi incluída no Código Civil de 2002 em razão da alteração do regime legal de comunhão universal para comunhão parcial. Pode ocorrer, entretanto, que, mesmo no regime de comunhão universal, o cônjuge falecido possua bens particulares em razão de cláusula de incomunicabilidade e inalienabilidade (art. 1.910 do CC), gravados de fideicomisso e de doações antenupciais (art. 1.688 do CC), posto que:

> Mesmo no regime da comunhão universal, que tem por regra a comunicabilidade de todos os bens anteriores ao casamento ou união estável, presentes e futuros, em face dos efeitos personalíssimos ou à própria natureza de alguns bens, admite-se, em algumas hipóteses, a incomunicabilidade, constituindo-se em bens próprios ou particulares de cada cônjuge ou companheiro[51].

Na hipótese de existência de bens particulares no regime de comunhão universal, deve ser aplicada a mesma regra da comunhão parcial, ou seja, o cônjuge é meeiro nos bens comuns e herdeiro concorrente nos bens particulares. A regra do art. 1.829, I, do Código Civil, não deixa dúvidas de que o cônjuge não será herdeiro concorrendo com os descendentes, exceto no regime de separação obrigatória, apenas se for meeiro. Logo, respeitando as correntes divergentes, nos bens em que não for meeiro será obrigatoriamente herdeiro.

---

[50] VELOSO, Zeno. Op. cit., p. 42.

[51] CARVALHO, Dimas Messias de. Op. cit., p. 275.

A inclusão do regime de separação obrigatória para excluir o cônjuge de concorrer com os descendentes é injustificável, merecendo repúdio, por violar a autonomia da vontade. Não se sustenta o argumento de que, como não se comunicam em vida, também não se comunicam após a morte. Confunde-se regime de bens com direitos sucessórios. Os bens particulares no regime de comunhão parcial, de participação final nos aquestos, e os bens do falecido no regime de separação convencional não se comunicam em vida, mas são herdados pelo cônjuge sobrevivente, sem nenhuma restrição, o que se deveria aplicar também no regime de separação obrigatória.

Como já exposto, no regime de separação legal de bens o cônjuge não é herdeiro concorrente com os descendentes, mas é meeiro nos bens adquiridos onerosamente pelo cônjuge falecido com esforço comum. O Superior Tribunal de Justiça modificou o entendimento de que "não exige a comprovação ou demonstração de comunhão de esforços na formação desse patrimônio, a qual é presumida, à luz do entendimento cristalizado na Súmula 377/STF"[52], decidindo a Segunda Seção, que inclui a Terceira e a Quarta Turma, que "no regime de separação legal de bens, comunicam-se os adquiridos na constância do casamento, desde que comprovado o esforço comum para sua aquisição. Releitura da antiga Súmula 377/STF"[53].

Casado no regime de comunhão parcial, existindo bens particulares, separação de bens (excluído o obrigatório), participação final nos aquestos ou regime misto, o cônjuge terá o mesmo quinhão dos descendentes que herdarem por cabeça, ressalvando o art. 1.832 do Código Civil[54] que, se os descendentes do falecido também forem do cônjuge sobrevivente, este não poderá receber menos de um quarto da herança, ou seja, se o falecido possuía dois filhos, caberá a estes e ao cônjuge um terço para cada um; se possuía seis filhos, caberá um quarto (ou dois oitavos) para o cônjuge e um oitavo para cada filho, conforme pode ser demonstrado nos gráficos a seguir.

---

52 STJ, AgRg no REsp 1.008.684/RJ, Rel. Min. Antônio Carlos Ferreira, j. 2-5-2012.

53 STJ, 2ª Seção, Embargos de Divergência em REsp 1.623.858/MG, Rel. Min. Lázaro Guimarães (Desembargador convocado do TRF 5ª Região), j. 23-5-2018.

54 "Art. 1.832. Em concorrência com os descendentes (art. 1.829, inciso I) caberá ao cônjuge quinhão igual ao dos que sucederem por cabeça, não podendo a sua quota ser inferior à quarta parte da herança, se for ascendente dos herdeiros com que concorrer."

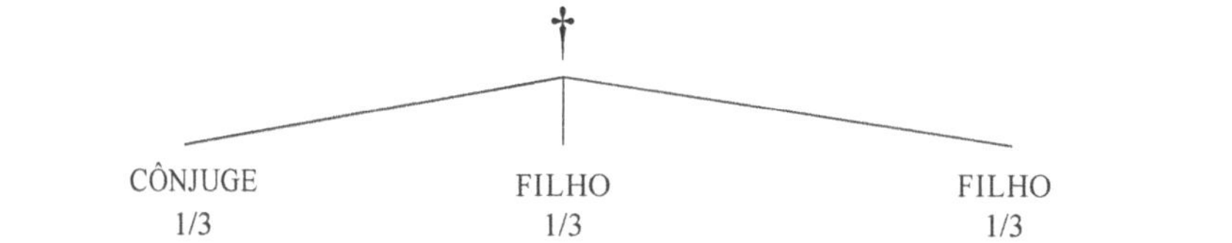

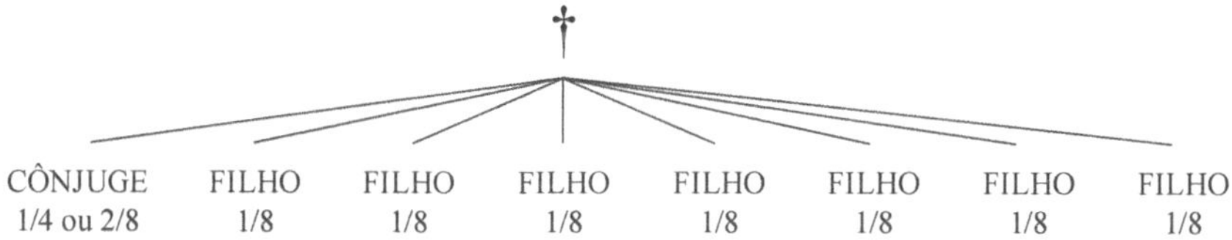

A distinção do quinhão do cônjuge envolvendo filhos só do falecido e filhos comuns, a chamada filiação híbrida, tem ocasionado constantes discussões entre os doutrinadores.

Falecendo o autor da herança, casado, com três filhos ou menos, a questão não demanda maiores indagações, posto que se partilham os bens em quinhões iguais. Também não demanda maiores discussões se os filhos forem somente do falecido. Assim, se o falecido possuir dois filhos ou seis, apenas seus, o cônjuge receberá sempre a mesma fração, ou seja, um terço, concorrendo com dois filhos só do falecido e um sétimo concorrendo com os seis filhos, também demonstrado nos gráficos seguintes.

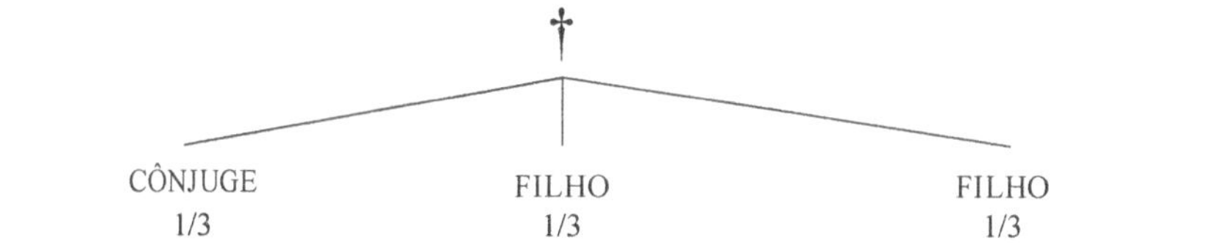

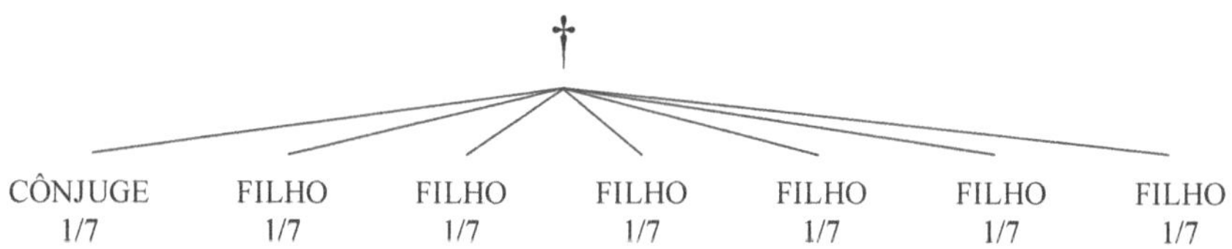

A questão não encontra solução na hipótese de o falecido possuir mais de três filhos envolvendo filhos próprios e filhos comuns com o consorte. A doutrina se divide em várias correntes para solucionar a omissão do legislador.

Uma corrente, defendida por Zeno Veloso e acompanhada por muitos juristas, considera que o lógico e justo é proceder à partilha por cabeça entre o cônjuge sobrevivente e os descendentes, não sendo cabível reservar ao viúvo ou à viúva a quota hereditária de um quarto, assegurada apenas quando o sobrevivente for ascendente de todos os herdeiros[55]. Ocorrendo hipótese de filiação híbrida, não prevista pelo legislador, deve ser aplicada apenas a primeira parte do art. 1.832 do Código Civil, que não excepcionou essa hipótese, partilhando-se em igualdade o quinhão do cônjuge sobrevivente com o dos descendentes. Nesse sentido é o Enunciado 527 da V Jornada de Direito Civil: "Art. 1.832: Na concorrência entre o cônjuge e os herdeiros do *de cujus* não será reservada a quarta parte da herança para o sobrevivente no caso de filiação híbrida".

No mesmo sentido foi a conclusão dos magistrados paulistas em 2017 no 1º Encontro Estadual de Magistrados de Varas da Família e das Sucessões, ao aprovarem o Enunciado 34, que dispõe que,

> (...) concorrendo simultaneamente com descendentes comuns e exclusivos do *de cujus*, o cônjuge ou companheiro sobreviventes não têm o direito à quarta parte da herança, previsto no art. 1.832 do Código Civil. Só têm direito a essa quarta parte se todos os filhos concorrentes forem comuns, ou seja, filhos do *de cujus* com o cônjuge ou companheiro sobreviventes.

A segunda corrente, defendida por Francisco Cahali, defende a reserva de um quarto para a proteção do cônjuge na filiação híbrida. O cônjuge sobrevivente recebe por cabeça somente se a prole for exclusiva do autor da herança, e por igualdade, se possuir mais de quatro descendentes herdeiros. Concorrendo com filhos comuns ou filiação híbrida, deve ser reservada, no mínimo, a quarta parte da herança ao cônjuge[56].

Uma terceira corrente propõe a divisão proporcional da herança, em dois submontes, considerando a quantidade de descendentes comuns e a quantidade de descendentes só do autor da herança, aplicando a cada um deles a regra própria. Na parte dos descendentes comuns, reserva-se a quarta parte

---

55 VELOSO, Zeno. Op. cit., p. 51-52.

56 CAHALI, Francisco José; HIRONAKA, Giselda Maria Fernandes Novaes. *Direito das sucessões*. 4. ed. São Paulo: RT, 2012. p. 201.

do cônjuge, e na parte dos descendentes exclusivos do falecido, partilha-se em frações iguais, conforme defende Giselda Hironaka[57]. Essa corrente é criticada por estabelecer quotas diferentes entre os filhos comuns e exclusivos do autor da herança, violando o princípio constitucional de igualdade dos filhos[58].

Com efeito, acolhendo essa corrente, na partilha, aplicando o que dispõe o art. 1.832 do Código Civil, a fração entre os filhos será sempre desigual, violando o princípio constitucional de igualdade dos filhos (art. 227, § 6º, da CF), que veda qualquer forma de discriminação, e o próprio Código Civil, ao dispor no art. 1.834 que "os descendentes da mesma classe têm os mesmos direitos à sucessão de seus ascendentes".

Apenas para ilustrar essas hipóteses, se o falecido possuía quatro filhos do casamento anterior e cinco do atual, deixando esposa, na partilha caberão 10% para cada um dos filhos só do autor da herança, já que se conta a mulher na mesma fração para dividir. Como é reservado ao cônjuge um quarto dos bens que cabem aos filhos comuns, dos 60% remanescentes caberão ao cônjuge sobrevivente 15%, ou seja, um quarto de 60%, e para cada um dos filhos comuns caberão 9%, violando os direitos constitucionais de igualdade dos filhos e a igualdade dos descendentes da mesma classe concorrendo na sucessão do ascendente.

A alternativa na terceira corrente que não viola o princípio constitucional é prosseguir e calcular o quinhão do cônjuge, obedecendo às regras do art. 1.832 do Código Civil, incluindo seu quinhão com os filhos comuns após dividir todos igualmente, para reservar a quarta parte (no exemplo anterior lhe caberiam 15%), e o restante (85%) distribuir em igualdade para todos os filhos (nesse caso, 9,44% para cada um), obedecendo ao princípio da igualdade dos filhos (art. 227, § 6º, da CF), posto que os filhos só do falecido não podem possuir mais direitos que os comuns. A solução pode ser mais bem ilustrada com os seguintes cálculos.

---

57 HIRONAKA, Giselda Maria Fernandes Novaes. *Morrer e suceder:* passado e presente da transmissão sucessória concorrente. São Paulo: RT, 2011. p. 412.

58 TEIXEIRA, Ana Carolina Brochado; RETTORE, Anna Cristina de Carvalho. Divergências doutrinárias e jurisprudenciais no direito sucessório: a sucessão do cônjuge no regime da separação convencional de bens e a sua concorrência com descendentes nos casos de filiação híbrida. *Revista Brasileira de Direito Civil*, São Paulo: IBD Civil, v. 5, 2015. p. 142.

Somam-se todos os filhos e o cônjuge 4 + 5 + 1 = 10 ....100%

Divide-se em frações iguais para calcular a fração dos filhos só do falecido 100% ÷ 10 = 10% (para cada), totalizando 40% .... -40%

Do saldo (60%), retira-se o quinhão do cônjuge, não inferior a um quarto, concorrendo com os filhos comuns 60% ÷ 4 = 15% .... -15%

Restaram, em tese, aos cinco filhos comuns 45%, o que importa desigualdade na partilha (10% aos filhos só do falecido e 9% aos filhos comuns) 45%

Para igualar a partilha, soma-se a fração dos filhos só do falecido e a dos comuns 40% + 45% = 85% 85%

Divide-se a soma (já excluindo o quinhão do cônjuge) em frações iguais, obedecendo ao princípio da igualdade 85% ÷ 9 = 9,44% para cada filho 9,44%

Se o falecido possuir filhos próprios e comuns, que somados não ultrapassem a três, e o cônjuge sobrevivente, a partilha é de fácil solução, bastando somar o cônjuge aos filhos e dividir em partes iguais.

A primeira corrente, majoritária, é a de melhor aplicação e de interpretação mais objetiva do art. 1.832, CC. Com efeito, a regra é de "caberá ao cônjuge quinhão igual aos do que sucederem por cabeça", restando uma exceção o recebimento da quarta parte, desde que concorra com descendentes comuns. Se todos os descendentes não forem comuns, não se aplica a parte final do art. 1.832, CC, e em consequência o cônjuge não possui direito a quarta parte, dividindo-se a herança igualmente entre todos.

O Superior Tribunal de Justiça tem acolhido esse entendimento, ou seja, ocorrendo filiação híbrida na sucessão, concorrendo filhos comuns e particulares do autor da herança com o cônjuge sobrevivente, não se aplica a reserva da quarta parte da herança, prevista na parte final do art. 1.832, do Código Civil. Nesse sentido:

> RECURSO ESPECIAL. DIREITO CIVIL. SUCESSÃO. INVENTÁRIO. UNIÃO ESTÁVEL. CONCORRÊNCIA HÍBRIDA. FILHOS COMUNS E EXCLUSIVOS.
>
> 1. Controvérsia em torno da fixação do quinhão hereditário a que faz jus a companheira, quando concorre com um filho comum e, ainda, outros seis filhos exclusivos do autor da herança.
>
> (...).

6. A interpretação mais razoável do enunciado normativo do art. 1.832 do Código Civil é a de que a reserva de 1/4 da herança restringe-se à hipótese em que o cônjuge ou companheiro concorrem com os descendentes comuns. Enunciado 527 da Jornada de Direito Civil.

7. A interpretação restritiva dessa disposição legal assegura a igualdade entre os filhos, que dimana do Código Civil (art. 1.834 do CCB) e da própria Constituição Federal (art. 227, § 6º, da CF), bem como o direito dos descendentes exclusivos não verem seu patrimônio injustificadamente reduzido mediante interpretação extensiva de norma.

8. Não haverá falar em reserva quando a concorrência se estabelece entre o cônjuge/companheiro e os descendentes apenas do autor da herança ou, ainda, na hipótese de concorrência híbrida, ou seja, quando concorrem descendentes comuns e exclusivos do falecido.

9. Especificamente na hipótese de concorrência híbrida o quinhão hereditário do consorte há de ser igual ao dos descendentes[59].

13.5.4.2. Concorrência do cônjuge com descendentes em bens comuns e particulares

Outra questão que merece reflexão e para a qual também não existe consenso é na hipótese de o falecido, casado sob o regime de comunhão parcial de bens, possuir bens comuns e particulares.

Não é demais lembrar que as inovações introduzidas pelo Código Civil de 2002, ao considerar o cônjuge herdeiro necessário (art. 1.845) e instituí-lo concorrente com os descendentes e ascendentes (art. 1.829, I e II), tiveram como princípio proteger o consorte quando não receber bens decorrentes da meação, tanto que é excluído da qualidade de herdeiro se for casado sob o regime de comunhão universal ou sob o regime de comunhão parcial, se o falecido não deixar bens particulares.

Na vigência do Código Civil de 1916, a questão não possuía maior relevância porque o regime legal necessário era o da comunhão universal, portanto, com a morte do cônjuge, o sobrevivente era protegido por receber a meação de todos os bens. Com a mudança do regime legal para comunhão

[59] STJ, REsp 1.617.501 – RS, Rel. Min. Paulo de Tarso Sanseverino, j. 11-6-2019.

parcial, introduzida pela Lei n. 6.515/1977 e acolhida pelo Código atual, pode ocorrer a hipótese de o sobrevivente, apesar de casado há muitos anos, não receber meação de nenhum bem, se todo o patrimônio do falecido for anterior ao casamento ou adquirido na vigência por sub-rogação, herança ou doação, ficando o consorte desamparado, especialmente se o *de cujus* possuía filhos só seus. O Código revogado contornava a situação conferindo ao sobrevivente direito ao usufruto, o que não foi acolhido no atual, preferindo o legislador instituí-lo herdeiro necessário e concorrente com descendentes e ascendentes, sendo excluído da concorrência se já receber a meação de todos os bens.

A outra hipótese de exclusão é a do regime de separação obrigatória de bens, em face da determinação legal de incomunicabilidade de bens, não se podendo falar em concorrência, sob pena de a lei contornar a vedação imposta pela própria lei. Nesse regime, entretanto, a jurisprudência é no sentido de que se comunicam os bens onerosos adquiridos na constância do casamento, restando discutível na atualidade a exigência do esforço comum, restando meação ao cônjuge sobrevivente. O STJ, como já visto, modificou entendimento anterior e exige o esforço comum para o cônjuge ser meeiro.

Assim, nos regimes de comunhão universal e parcial, se não existirem bens particulares do falecido, concorrendo com descendentes, o cônjuge recebe apenas a meação, que não se confunde com a herança. Pode-se, portanto, afirmar que quem é meeiro não é herdeiro concorrendo com descendentes, ou seja, "quem meia não herda".

No caso de existirem bens comuns e particulares no regime da comunhão parcial de bens, existe divergência doutrinária e jurisprudencial a respeito dos bens sobre os quais incide a quota hereditária do cônjuge.

Ana Luiza Maia Nevares ressalta as controvérsias existentes ao discorrer que:

> Na hipótese em questão, discute-se a massa de bens sobre a qual incide o direito sucessório do cônjuge: somente quanto aos bens particulares do autor da herança ou sobre todo o acervo hereditário (meação do finado + bens particulares).

> A discussão é relevante. De um lado, posicionam-se aqueles que defendem que a sucessão do cônjuge deve incidir apenas sobre os bens particulares uma vez que o espírito do inciso I do art. 1.829 foi afastar o cônjuge meeiro da sucessão. De outro lado, porém, está a posição que defende a técnica do Direito Sucessório, tendo em vista que, sendo a herança uma universalidade de direito, que é transmitida como um todo unitário aos sucessores (CC/02, art. 1.791), só poderão existir sucessões especiais (ou seja, em bens específicos) se o legislador assim determinar de forma expressa, o que não foi o caso do inciso I do art. 1.829 do Código Civil[60].

Maria Helena Diniz defende que a lei não diz que a herança do cônjuge sobrevivente recairá apenas sobre os bens particulares do falecido. Considerando o princípio da operabilidade e que a herança é indivisível, transferindo um todo unitário, a participação do viúvo incide sobre todo o acervo hereditário, incluindo a meação do falecido e os bens particulares. Tratando-se de herdeiro necessário, se existirem bens particulares do falecido, o cônjuge, independentemente de sua meação, concorrerá com os descendentes na totalidade da herança[61].

A segunda corrente acolhe o entendimento de que o cônjuge meeiro não herda, participando da sucessão apenas nos bens particulares do falecido. Nesse sentido é a lição de Zeno Veloso:

> Não obstante opiniões tão autorizadas, mantenho o entendimento acima exposto e que externei desde os primeiros escritos a respeito do tema: o cônjuge sobrevivente, no regime da comunhão parcial, já é meeiro dos bens comuns, e não seria justo que ainda viesse a ser herdeiro, concorrendo com os descendentes do *de cujus*, sobre esses bens comuns, além dos particulares, mormente se não houver filhos comuns, mas filhos só do falecido. A concorrência, no caso, que é admitida como exceção – e exige interpretação angusta, estrita –, só vai ter por objeto os bens particulares que o autor da herança deixou. Assim pensa a doutrina majoritária[62].

---

60 NEVARES, Ana Luiza Maia. Op. cit., p. 95.

61 DINIZ, Maria Helena. *Curso de direito civil brasileiro:* direito das sucessões. 26. ed. São Paulo: Saraiva, 2012. v. 6. p. 146-147.

62 VELOSO, Zeno. Op. cit., p. 46.

Na III Jornada de Direito Civil foi aprovado o Enunciado 270[63] no mesmo sentido, dispondo que a concorrência do cônjuge restringe-se apenas quanto aos bens particulares, partilhando-se a meação dos bens comuns apenas entre os descendentes.

Na omissão da legislação, a solução mais justa e que atende ao espírito do novo Código Civil é a segunda corrente, participando o cônjuge apenas nos bens particulares.

Com efeito, conforme já ressaltado, na legislação anterior, que acolhia o regime de comunhão universal de bens como o regime legal necessário, o cônjuge sobrevivente já recebia a meação, tendo a metade do patrimônio. No novo regime legal de comunhão parcial, o cônjuge supérstite passou a ficar desamparado na inexistência ou na pequena monta de bens comuns, ainda que o falecido possuísse patrimônio particular elevado.

Adotando o entendimento da primeira corrente, de partilhar todo o acervo hereditário, mesmo concorrendo com descendentes, corre-se o risco de o cônjuge casado sob o regime de comunhão parcial receber além da meação dos bens que integram o espólio e ser gratificado duas vezes nos bens comuns, recebendo a meação e a herança.

Eduardo de Oliveira Leite[64] lembra que Miguel Reale resgatou duas noções fundamentais que passam a dominar a exegese do novo sistema de partilhamento dos bens: a valorização dos cônjuges e a premissa geral de que "quem é meeiro não deve ser herdeiro". Em outras palavras, quem já ganhou a meação, não deve pretender vantagens de ordem sucessória. Fundamenta ainda que, aplicando esse princípio básico, não é justo que, além da meação, o cônjuge concorresse com aquela classe (descendentes) de herdeiros. Tal *bis in idem* fica negado pela sistemática abraçada pelo legislador nacional. Conclui o jurista que o cônjuge sobrevivente não concorre

[63] Enunciado 270 – Art. 1.829: "O art. 1.829, inc. I, só assegura ao cônjuge sobrevivente o direito de concorrência com os descendentes do autor da herança quando casados no regime da separação convencional de bens ou, se casados nos regimes da comunhão parcial ou participação final nos aquestos, o falecido possuísse bens particulares, hipóteses em que a concorrência se restringe a tais bens, devendo os bens comuns (meação) ser partilhados exclusivamente entre os descendentes".

[64] LEITE, Eduardo de Oliveira. A nova ordem de vocação hereditária e a sucessão dos cônjuges. *Revista dos Tribunais*, São Paulo, v. 815, set. 2003. p. 33-37.

com os demais descendentes – porque já meeiro – no regime de comunhão parcial de bens quando o autor da herança não houver deixado bens particulares – a *contrario sensu* da regra geral. O cônjuge sobrevivente concorre com os descendentes apenas nos bens particulares.

Acrescentamos, porém, uma terceira hipótese, de o cônjuge falecido deixar bens comuns e particulares, sendo o sobrevivente meeiro nos bens comuns e herdeiro concorrente com os descendentes apenas nos bens particulares, excluindo a incidência sobre a meação do falecido. É a melhor exegese do art. 1.829, I, do Código Civil.

Assim, na partilha, caberá ao sobrevivente a meação nos bens comuns e a fração ideal nos bens particulares do autor da herança.

O Superior Tribunal de Justiça decidiu no REsp 1.377.084/MG, em que foi relatora a Ministra Nancy Andrighi, com grande repercussão no direito sucessório, considerando que muitos tribunais estaduais passaram a acompanhar o entendimento, que no regime de comunhão parcial de bens, na herança composta de bens comuns e particulares, o cônjuge sobrevivente herda apenas nos bens comuns.

O fundamento do voto foi no sentido de que as mudanças operadas no Código Civil de 2002 foram feitas para evitar o desamparo do cônjuge, restando mais justo que o viúvo herde na parte do patrimônio que ele mesmo ajudou a construir, ou seja, nos bens comuns, não lhe cabendo aqueles outros bens (particulares) que, no exercício da autonomia da vontade, optou por manter incomunicáveis em vida. Consta na ementa que:

> DIREITO CIVIL. RECURSO ESPECIAL. INVENTÁRIO. CÔNJUGE SUPÉRSTITE CASADO COM O *DE CUJUS* PELO REGIME DA COMUNHÃO PARCIAL DE BENS. HERANÇA COMPOSTA DE BENS PARTICULARES E BEM COMUM. HERDEIRO NECESSÁRIO. CONCORRÊNCIA COM OS DESCENDENTES. ARTS. ANALISADOS: 1.658, 1.659, 1.661, E 1.829, I, DO CC/02.
>
> 1. (...).
>
> 2. Cinge-se a controvérsia a definir se o cônjuge supérstite, casado com o falecido pelo regime da comunhão parcial de bens, concorre com os descendentes dele na partilha dos bens particulares.
>
> (...).

6. Mais justo e consentâneo com a preocupação do legislador é permitir que o sobrevivente herde, em concorrência com os descendentes, a parte do patrimônio que ele próprio construiu com o falecido, não lhe tocando qualquer fração daqueloutros bens que, no exercício da autonomia da vontade, optou – seja por não ter elegido regime diverso do legal, seja pela celebração do pacto antenupcial – por manter incomunicáveis, excluindo-os expressamente da comunhão[65].

A decisão provocou uma enxurrada de críticas na doutrina por reverter entendimento majoritário já assentado, reconhecendo a participação do cônjuge sobrevivente nos bens particulares do falecido e apenas o direito de meação nos bens comuns, contrariando julgados anteriores do próprio tribunal.

A Segunda Seção do Superior Tribunal de Justiça, no julgamento do REsp 1.368.123/SP, na sessão de 22 de abril de 2015, que teve como relator para o acórdão o Min. Raul Araújo, em razão da aposentadoria do relator Min. Sidnei Beneti, decidiu por maioria, vencida a Ministra Nancy Andrighi, uniformizando a jurisprudência da terceira e quarta turmas, que decidem matérias de direito privado, que o cônjuge sobrevivente, casado no regime de comunhão parcial de bens, somente concorrerá com os descendentes se o falecido deixou bens particulares e "a referida concorrência dar-se-á exclusivamente quanto aos bens particulares constantes do acervo hereditário do *de cujus*". Consta da ementa que:

> RECURSO ESPECIAL. CIVIL. DIREITO DAS SUCESSÕES. CÔNJUGE SOBREVIVENTE. REGIME DE COMUNHÃO PARCIAL DE BENS. HERDEIRO NECESSÁRIO. EXISTÊNCIA DE DESCENDENTES DO CÔNJUGE FALECIDO. CONCORRÊNCIA. ACERVO HEREDITÁRIO. EXISTÊNCIA DE BENS PARTICULARES DO *DE CUJUS*. INTERPRETAÇÃO DO ART. 1.829, I, DO CÓDIGO CIVIL. VIOLAÇÃO AO ART. 535 DO CPC. INEXISTÊNCIA.
>
> 1. (...).
>
> 2. Nos termos do art. 1.829, I, do Código Civil de 2002, o cônjuge sobrevivente, casado no regime de comunhão parcial de bens, concorrerá com os

[65] STJ, REsp 1.377.084/MG, Rel. Min. Nancy Andrighi, j. 8-10-2013.

descendentes do cônjuge falecido somente quando este tiver deixado bens particulares.

3. A referida concorrência dar-se-á exclusivamente quanto aos bens particulares constantes do acervo hereditário do *de cujus*.

4. Recurso especial provido[66].

A uniformização do entendimento da Corte Superior acolheu o entendimento majoritário da doutrina ao interpretar o art. 1.829, I, do Código Civil, cabendo ao cônjuge sobrevivente, no regime de comunhão parcial de bens, o direito à meação nos bens comuns e somente participar na herança nos bens particulares, se concorrer com descendentes.

No regime de comunhão universal de bens pode ser aplicado o mesmo entendimento se o autor da herança possuir bens particulares, incomunicáveis, concorrendo cônjuge sobrevivente exclusivamente nesses bens, excluindo sua participação de herdeiro concorrente nos bens comuns. Nesse sentido foi a conclusão dos magistrados em São Paulo no 1º Encontro Estadual de Magistrados de Varas da Família e das Sucessões em 2017, ao aprovarem o Enunciado 30, dispondo que,

> (...) na hipótese de regime de comunhão universal de bens, no casamento ou união estável, o cônjuge ou o companheiro sobrevivente concorrem com descendentes (art. 1.829, I, do Código Civil) se houver bens particulares nos casos do art. 1.668 do Código Civil, limitada a concorrência a esses bens.

13.5.4.3. Concorrência do cônjuge com descendentes no regime de separação de bens

Também é objeto de debates, por não existir referência no art. 1.829, I, do Código Civil, a participação do cônjuge na sucessão do outro, concorrendo com descendentes, se casados no regime de separação convencional de bens. Os debates são justificáveis em razão da nova ordem de vocação hereditária introduzida pelo Código Civil de 2002, que, no dizer de Flávio Tartuce e José Fernando Simão, "revoluciona, complica e até choca os apli-

[66] STJ, REsp 1.368.123/SP, Rel. p/ acórdão Min. Raul Araújo, j. 22-4-2015.

cadores do Direito". A redação defeituosa dos artigos permite várias interpretações, gerando insegurança jurídica, especialmente na concorrência sucessória, permitindo também projetos de lei para alteração[67].

Como já visto, parte minoritária da doutrina e da jurisprudência defende a concorrência do cônjuge apenas nos bens comuns, notadamente no regime de comunhão parcial, excluindo da concorrência os bens particulares.

O Superior Tribunal de Justiça, em julgado que teve novamente como relatora a Ministra Nancy Andrighi, decidiu no REsp 992.749/MS que o cônjuge casado sob o regime de separação de bens não possui direito à concorrência sucessória com os descendentes e não é herdeiro necessário. Fundamentou a eminente Relatora, conforme consta em parte da ementa, que:

> – O regime de separação obrigatória de bens, previsto no art. 1.829, inc. I, do CC/02, é gênero que congrega duas espécies: (i) separação; (ii) separação convencional. Uma decorre da lei e a outra da vontade das partes, e ambas obrigam os cônjuges, uma vez estipulado o regime de separação de bens, à sua observância.
>
> – Não remanesce, para o cônjuge casado mediante separação de bens, direito à meação, tampouco à concorrência sucessória, respeitando-se o regime de bens estipulado, que obriga as partes na vida e na morte. Nos dois casos, portanto, o cônjuge sobrevivente não é herdeiro necessário[68].

A decisão da Corte Superior também recebeu fortes críticas, especialmente ao incluir o regime de separação convencional de bens no conceito de separação obrigatória, o que não é, e excluiu o cônjuge da situação de herdeiro necessário, o que viola o art. 1.845 do Código Civil.

José Roberto Moreira Filho e Luíza Helena Messias Soalheiro diferenciam separação convencional de bens e separação obrigatória, fundamentando que:

> A separação obrigatória não é gênero e sim a separação de bens, que apresenta duas espécies: a separação convencional e a separação obrigatória.

---

67 TARTUCE, Flávio; SIMÃO, José Fernando. *Direito civil:* direito de família. Rio de Janeiro: Forense, 2010. v. 5. p. 167-168.

68 STJ, REsp 992.749/MS, Rel. Min. Nancy Andrighi, j. 1-12-2009.

> Assim, não assiste razão o argumento trazido pela Ministra Nancy bem como não tem o condão de afastar a concorrência sucessória das pessoas casadas pelo regime da separação convencional[69].

O Tribunal de Justiça de Minas Gerais, em julgado de relatoria do Des. Geraldo Augusto, mesmo diante do precedente, decidiu que

> (...) a mais adequada interpretação, no que respeita à separação convencional de bens, é aquela que entende ter o cônjuge direitos sucessórios em concorrência com os herdeiros do autor da herança, sendo essa, de resto, a interpretação literal e lógica do próprio dispositivo[70].

Após o julgamento do REsp 992.749/MS, o Superior Tribunal de Justiça modificou o entendimento e reiteradamente vem reconhecendo os direitos sucessórios do cônjuge casado sob o regime de separação convencional de bens em concorrer com os descendentes, mudando o entendimento anterior sob o correto fundamento de que:

> O pacto antenupcial celebrado no regime de separação convencional somente dispõe acerca da incomunicabilidade de bens e o seu modo de administração no curso do casamento, não produzindo efeitos após a morte por inexistir no ordenamento pátrio previsão de ultratividade do regime patrimonial apta a emprestar eficácia póstuma ao regime matrimonial.
>
> O fato gerador no direito sucessório é a morte de um dos cônjuges, e não, como cediço no direito de família, a vida em comum[71].

Em recente julgado, o Superior Tribunal de Justiça pacificou o entendimento na Segunda Seção, composta pela Terceira e Quarta Turmas, por maioria de votos, decidindo que o cônjuge sobrevivente casado no regime

---

[69] MOREIRA FILHO, José Roberto; SOALHEIRO, Luiza Helena Messias. A concorrência sucessória do cônjuge sobrevivente no regime da separação de bens: uma análise crítica do REsp 992.749-MS do Superior Tribunal de Justiça. In: CARVALHO, Dimas Messias de. *Direito das sucessões* – inventário e partilha. 4. ed. Lavras: Unilavras, 2016. p. 207.

[70] TJMG, AI 1.0701.13.009162-5/001, Rel. Des. Geraldo Augusto, p. 12-12-2013.

[71] STJ, REsp 1.472.945/RJ, Rel. Min. Ricardo Villas Bôas Cueva, j. 23-10-2014.

de separação convencional de bens é herdeiro necessário e concorre com os descendentes do falecido. Consta da ementa que:

> CÔNJUGE. HERDEIRO NECESSÁRIO. ART. 1.845 DO CC. REGIME DE SEPARAÇÃO CONVENCIONAL DE BENS. CONCORRÊNCIA COM DESCENDENTE. POSSIBILIDADE. ART. 1.829, I, DO CC.
>
> 1. O cônjuge, qualquer que seja o regime de bens adotado pelo casal, é herdeiro necessário (art. 1.845 do Código Civil).
>
> 2. No regime de separação convencional de bens, o cônjuge sobrevivente concorre com os descendentes do falecido. A lei afasta a concorrência apenas quanto ao regime da separação legal de bens, prevista no art. 1.641 do Código Civil. Interpretação do art. 1.829, I, do Código Civil.
>
> 3. Recurso especial desprovido[72].

Conclui-se, assim, nos termos do art. 1.829, I, do Código Civil, que o cônjuge sobrevivente, casado no regime de separação convencional, concorre com os descendentes na herança do falecido, enquanto o cônjuge casado no regime de separação obrigatória não é herdeiro concorrente, mas possui direito à meação dos bens adquiridos onerosamente pelo esforço comum na vigência do matrimônio, aplicando-se a Súmula 377 do Supremo Tribunal Federal.

13.5.4.4. Concorrência do cônjuge com ascendentes

A sucessão na linha ascendente, como ocorre com a descendente, é infinita, mas tem como particularidade ser dividida em linhas, paterna e materna. O grau mais próximo, entretanto, exclui o mais remoto e não existe representação.

Concorrendo com ascendentes, o Código Civil não faz, no art. 1.829, II, qualquer ressalva quanto ao regime de bens do cônjuge sobrevivente, admitindo a concorrência também no regime de separação legal obrigatório e nos regimes de comunhão parcial e universal de bens, independentemente da meação.

---

[72] STJ, REsp 1.382.170/SP, 2ª Seção, Rel. p/ acórdão Min. João Otávio de Noronha, p. 26-5-2015.

Assim, concorrendo com ascendentes, qualquer que seja o regime de bens, o cônjuge sobrevivente terá direito a um terço da herança, se concorrer com ambos os pais do falecido, e à metade, se concorrer com apenas um dos pais do autor da herança (1º grau) ou com outros ascendentes (avós, bisavós), ainda que com mais de um. Dispõe o art. 1.837 do Código Civil que: "Concorrendo com ascendente em primeiro grau, ao cônjuge tocará um terço da herança; caber-lhe-á a metade desta se houver um só ascendente, ou se maior for aquele grau".

O cônjuge, mesmo se casado no regime de comunhão universal de bens, receberá, além da meação, direito próprio, as seguintes frações em todos os bens da herança, independentemente de serem bens comuns ou particulares do falecido:

a) um terço, se concorrer com ambos os pais do autor da herança;

b) metade, se concorrer com só um dos pais;

c) metade, se concorrer com avós ou bisavós, não importando o número de ascendentes.

13.5.5. Direito real de habitação

Direito real de habitação é um direito real sobre coisas alheias, de caráter personalíssimo, permitindo ao titular residir no imóvel por um período determinado ou vitalício. Difere do usufruto, pois o titular só pode residir, não sendo permitido alugar ou ceder o uso a outrem, dispondo o art. 1.414 do Código Civil que, "quando o uso consistir no direito de habitar gratuitamente casa alheia, o titular deste direito não a pode alugar, nem emprestar, mas simplesmente ocupá-la com sua família".

Paulo Lôbo leciona quanto ao direito real de habitação decorrente da sucessão hereditária que:

> O direito real de habitação é espécie dos direitos reais limitados e sobre coisas alheias. Não é direito de aquisição de coisa, mas exclusivamente direito de interesse direto do titular, o qual não pode dele dispor, ceder ou alugar. A casa ou o apartamento apenas podem ser ocupados pelo titular e sua família. Esse peculiar direito real, segundo o modelo originário do direito das coisas, pode ser temporário ou vitalício, de acordo com o que as partes ajustarem. O direito real de habitação decorrente de sucessão

hereditária é assegurado pela lei, não dependendo de escritura pública ou de registro público ou de qualquer ato de vontade. Consequentemente, é direito vitalício conferido ao cônjuge sobrevivente, enquanto este utilizar a casa como sua moradia[73].

Independentemente do regime de bens e da participação na herança, o cônjuge sobrevivente possui, portanto, o direito real de habitação, ou seja, o direito de moradia no imóvel destinado à residência da família, desde que fosse a única, conforme dispõe o art. 1.831 do Código Civil:

> Art. 1.831. Ao cônjuge sobrevivente, qualquer que seja o regime de bens, será assegurado, sem prejuízo da participação que lhe caiba na herança, o direito real de habitação relativamente ao imóvel destinado à residência da família, desde que seja o único daquela natureza a inventariar.

O atual Código Civil não faz a ressalva do anterior, de que o direito perdurava enquanto durasse a viuvez, admitindo, assim, que, mesmo após se casar novamente ou constituir união estável, o cônjuge sobrevivente resida no imóvel. A questão, entretanto, não é pacífica, defendendo alguns que cessa com o novo casamento ou união do cônjuge ou do companheiro, conforme Enunciado 25 aprovado no 1º Encontro Estadual de Magistrados de Varas da Família e das Sucessões, promovido pelo Tribunal de Justiça de São Paulo em 2017, dispondo que "o direito real de habitação do cônjuge ou companheiro viúvo (art. 1.831, CC) se extingue em razão de novo casamento ou união estável". A doutrina, entretanto, diante da ausência de restrição da lei, tem acolhido a manutenção do direito ao cônjuge que constituir nova união.

Cuida-se de direito personalíssimo e vitalício, devendo o beneficiário utilizar o bem exclusivamente como residência sua, acompanhado de sua família (parentes, cônjuge, companheiro), não podendo alugá-lo ou cedê-lo, independentemente de manter-se viúvo, de tal sorte que perdure o direito ainda que o(a) viúvo(a) se case novamente ou forme união estável[74]. O direito real de habitação em favor do cônjuge sobrevivente se dá em face da lei, dispensando registro público.

---

[73] LÔBO, Paulo Luiz Netto. Op. cit., p. 134.

[74] MONTEIRO, Washington de Barros. *Curso de direito civil.* 35. ed. rev. e atual. por Ana Cristina de Barros Monteiro França Pinto. São Paulo: Saraiva, 2003. v. 6. p. 98.

Os requisitos do direito real de habitação são, portanto: a) que o imóvel seja destinado à residência da família; b) que seja o único dessa espécie a inventariar e; c) que seja ocupado pelo cônjuge sobrevivente, isoladamente ou com sua família, para fins de moradia.

O direito de habitação independe de o cônjuge possuir meação ou fração ideal no imóvel. O bem pode pertencer exclusivamente aos herdeiros após a partilha, que passam a possuir a propriedade, mas limitada, e a posse indireta. O cônjuge possui o direito de moradia, independentemente do regime de bens e de os filhos serem comuns ou exclusivos do autor da herança, conforme já decidiu o Superior Tribunal de Justiça:

> DIREITO CIVIL. DIREITO DE FAMÍLIA E SUCESSÃO. DIREITO REAL DE HABITAÇÃO DO CÔNJUGE SOBREVIVENTE. RECONHECIMENTO MESMO EM FACE DE FILHOS EXCLUSIVOS DO DE CUJOS.
>
> 1.- O direito real de habitação sobre o imóvel que servia de residência do casal deve ser conferido ao cônjuge/companheiro sobrevivente não apenas quando houver descendentes comuns, mas também quando concorrerem filhos exclusivos do de cujos.
>
> 2.- Recurso Especial improvido[75].

O direito real de habitação se extingue pela morte do cônjuge sobrevivente, se renunciar expressamente ao seu uso, se abandonar o imóvel ou lhe der destinação diversa. Paulo Lôbo apresenta as seguintes hipóteses de extinção do direito real de habitação:

> O direito de habitação se extinguirá: a) pela morte do cônjuge sobrevivente; b) se o cônjuge sobrevivente der outra destinação à casa, ainda que parcial, porque haverá cessação do motivo de que se origina; c) se o imóvel for destruído; d) se o cônjuge sobrevivente ceder, emprestar ou alugar o imóvel a quem não integre sua unidade familiar; e) se o imóvel ficar deteriorado por sua culpa; f) se mantiver o imóvel sem uso; g) se renunciar expressamente a seu uso[76].

---

[75] STJ, REsp 1.134.387/SP, Rel. Min. Nancy Andrighi, j. 16-4-2013.

[76] LÔBO, Paulo Luiz Netto. Op. cit., p. 136.

O cônjuge possui, ainda, o direito de preferência para ser nomeado inventariante, desde que estivesse convivendo com o outro por ocasião de sua morte (art. 617, I, do CPC), exercendo a posse e a administração da herança até ultimar a partilha (art. 1.991 do CC).

13.6. SUCESSÃO DOS COMPANHEIROS

Os direitos sucessórios dos companheiros, tão arduamente conquistados ao longo da história e materializados na Lei n. 8.971/1994, tiveram grandes mudanças e retrocesso no Código Civil de 2002, até o Supremo Tribunal Federal reputar inconstitucional a hierarquização entre diferentes tipos de família e reconhecer de forma incidental a inconstitucionalidade do art. 1.790 do Código Civil de 2002.

13.6.1. Breve histórico da união estável e os direitos sucessórios

A família brasileira era predominantemente rural, patrimonializada, patriarcal e matrimonial, denominada de tradicional família brasileira, não existindo o reconhecimento jurídico de outros modelos de família[77].

A união de um homem e uma mulher não casados era denominada concubinato, um conceito depreciativo que indicava uma relação afetiva imoral, mesmo inexistindo impedimento para o casamento, e ilícita, se existissem impedimentos matrimoniais, o denominado concubinato impuro. As uniões ficavam às margens da lei, os filhos eram ilegítimos e sofriam grande condenação pela Igreja.

Em meados do século passado, entretanto, vários fatos contribuíram para a emancipação da mulher, proporcionando maior liberdade e independência, e enfraquecendo a família rural e patriarcal, como o povoamento das cidades, o ingresso da mulher no mercado de trabalho e o surgimento da pílula anticoncepcional, permitindo o controle da natalidade.

Na década de 1960 foi aprovado o Estatuto da Mulher Casada (Lei n. 4.121/1962), que permitiu à mulher exercer profissão lucrativa distinta do marido, administrar seus bens particulares, ingressar livremente em juízo e ser considerada colaboradora na sociedade conjugal, diminuindo o poder

[77] CARVALHO, Dimas Messias de. Op. cit., p. 45.

marital e dependência feminina ao provedor. Todos esses fatos tiveram grande importância na aceitação e tolerância do concubinato, pois muitas mulheres casadas, antes oprimidas, ao adquirirem independência financeira, desquitavam e constituíam nova união.

No século passado também surgiram os primeiros julgados reconhecendo o enriquecimento sem causa do concubino, na dissolução da união, em razão do trabalho da mulher no lar, permitindo indenização por serviços domésticos prestados, uma forma indireta de prestação de alimentos. A jurisprudência também passou a reconhecer uma sociedade de fato na aquisição onerosa de bens durante o concubinato, desaguando na edição da Súmula 380 pelo Supremo Tribunal Federal, permitindo a partilha dos bens ao dispor que, "comprovada a existência de sociedade de fato entre os concubinos, é cabível a sua dissolução judicial, com a partilha do patrimônio adquirido pelo esforço comum". Apesar de divergências, a jurisprudência acolheu o entendimento, ao interpretar a Súmula 380, de que o esforço é presumido na aquisição onerosa de bens, conferindo meação.

A Súmula 35 do Supremo Tribunal Federal conferiu direito à concubina de ser indenizada, em caso de morte do companheiro por acidente de trabalho ou de transporte. A Súmula 382 do Supremo Tribunal Federal reconheceu a desnecessidade de vida em comum sob o mesmo teto, *more uxório*, para caracterizar o concubinato, eliminando a tática de muitos homens que possuíam uma vida em comum, constituindo uma família, mas mantinham outra moradia para evitar a configuração do concubinato[78].

A legislação, mesmo não reconhecendo o concubinato puro como entidade familiar, também não ficou inerte na sua evolução.

A Lei n. 3.807/1960, Lei Orgânica da Previdência Social (alterada pela Lei n. 5.890/1973), autorizou o segurado, no art. 23, a designar a companheira como dependente, desde que comprovasse vida em comum por mais de cinco anos; a Lei n. 4.297/1963 permitiu incluir a companheira como dependente dos ex-combatentes; a Lei n. 4.862/1965 incluiu a companheira por mais de cinco anos como dependente para fins de imposto de renda; a Lei n. 6.015/1973, Lei dos Registros Públicos, admitiu a companheira, com convivência por cinco anos ou filhos comuns, a usar o nome do companheiro.

---

[78] CARVALHO, Dimas Messias de. Op. cit., p. 453.

Finalmente, a Constituição Federal reconheceu a união estável como entidade familiar e merecedora da proteção do Estado no art. 226, § 3º[79].

O Código Civil de 1916 não conferia direitos sucessórios aos companheiros, somente concedidos com a Lei n. 8.971/1994. A referida lei exigia, para configuração da união estável, convivência de mais de cinco anos ou filhos comuns, e que os parceiros fossem solteiros, viúvos, separados judicialmente ou divorciados, excluindo, portanto, os separados de fato.

A Lei n. 8.971/1994, além da meação dos bens adquiridos pelo esforço comum, conferiu ao companheiro sobrevivente a qualidade de herdeiro único na falta de descendentes e ascendentes, portanto, incluído na terceira classe de herdeiros, mesma posição ocupada pelo cônjuge. Existindo descendentes, o companheiro possuía direito de usufruto de um quarto da herança, e concorrendo com ascendentes, o usufruto aumentava para a metade dos bens. Dispunha o art. 2º da referida lei que:

> Art. 2º As pessoas referidas no artigo anterior participarão da sucessão do(a) companheiro(a) nas seguintes condições:
>
> I - O(a) companheiro(a) sobrevivente terá direito enquanto não constituir nova união, ao usufruto de quarta parte dos bens do *de cujus*, se houver filhos destes ou comuns;
>
> II - O(a) companheiro(a) sobrevivente terá direito enquanto não constituir nova união, ao usufruto da metade dos bens do *de cujus* se não houver filhos, embora sobrevivam ascendentes;
>
> III - Na falta de descendentes e de ascendentes, o(a) companheiro(a) sobrevivente terá direito à totalidade da herança.

A Lei n. 9.278/1996, que também regula a união estável, não estabelece prazo para caracterizar a entidade familiar, exigindo convivência duradoura, pública e contínua, com o objetivo de constituição de família. Além de apresentar novos elementos configuradores da união estável, sem fixar

---

[79] "Art. 226. A família, base da sociedade, tem especial proteção do Estado.
(...)
§ 3º Para efeito da proteção do Estado, é reconhecida a união estável entre o homem e a mulher como entidade familiar, devendo a lei facilitar sua conversão em casamento."

prazo, conferiu ao convivente direito real de habitação no imóvel destinado à residência da família, enquanto não constituir nova união ou casamento, dispondo no art. 7º, parágrafo único, que, "dissolvida a união estável por morte de um dos conviventes, o sobrevivente terá direito real de habitação, enquanto viver ou não constituir nova união ou casamento, relativamente ao imóvel destinado à residência da família".

Diverso do casamento, que se prova pela certidão, é necessário para o companheiro suceder um prévio reconhecimento da união estável, observando que a capacidade para suceder é a do tempo da abertura da sucessão (art. 1.787 do CC), ou seja, é necessário que o autor da herança tenha falecido pelo menos na vigência da Lei n. 8.971/1994, caso contrário, se faleceu anteriormente, o companheiro não possui direitos sucessórios, sendo a herança transferida aos demais herdeiros em razão do direito de *saisine* (art. 1.784 do CC). Nesse caso, socorre os companheiros a Súmula 380 do Supremo Tribunal Federal[80], que autoriza a meação dos bens adquiridos pelo esforço comum.

O Código Civil de 2002 reconheceu direitos sucessórios ao companheiro, entretanto não o incluiu no Título II – Da Sucessão Legítima, especialmente no art. 1.829, ao apresentar a ordem de vocação hereditária, preferindo referir ao companheiro em dispositivo isolado, no art. 1.790, ao tratar das disposições gerais, o que, além de discriminar, não é de boa técnica. Não acolheu as disposições previstas nas Leis n. 8.974/1994 e n. 9.278/1996 e foi injusto com o companheiro, reduzindo os direitos sucessórios que ele tinha conquistado. Foi, ainda, omisso no caso de participação do companheiro na sucessão, quando este for meeiro de todos os bens, permitindo aos companheiros serem meeiros e herdeiros na meação do falecido.

Como era de se esperar, a situação dos companheiros no direito sucessório demandou muitos debates, projetos de lei para corrigir os equívocos do Código Civil e arguições de inconstitucionalidade.

O Código Civil de 2002 conferiu ao companheiro, no art. 1.790, os seguintes direitos sucessórios:

---

[80] Súmula 380: "Comprovada a existência de sociedade de fato entre os concubinos, é cabível a sua dissolução judicial, com a partilha do patrimônio adquirido pelo esforço comum".

> Art. 1.790. A companheira ou o companheiro participará da sucessão do outro, quanto aos bens adquiridos onerosamente na vigência da união estável, nas condições seguintes:
>
> I – se concorrer com filhos comuns, terá direito a uma quota equivalente à que por lei for atribuída ao filho;
>
> II – se concorrer com descendentes só do autor da herança, tocar-lhe-á a metade do que couber a cada um daqueles;
>
> III – se concorrer com outros parentes sucessíveis, terá direito a 1/3 (um terço) da herança;
>
> IV – não havendo parentes sucessíveis, terá direito à totalidade da herança.

O Supremo Tribunal Federal, na sessão plenária do dia 10 de maio de 2017, finalmente concluiu o julgamento do RE 878.694/MG e, por maioria, reconheceu a inconstitucionalidade do art. 1.790 do Código Civil, determinando a aplicação do art. 1.829 do mesmo diploma legal tanto para o cônjuge quanto para o companheiro.

13.6.2. A inconstitucionalidade do art. 1.790 do Código Civil

A inconstitucionalidade do art. 1.790 do Código Civil, especialmente do inciso III, foi tema muito debatido na doutrina e na jurisprudência, por tratar o companheiro desigualmente ao cônjuge e diferenciando os modelos de família, o que viola o art. 226, § 3º, da Constituição Federal, que deu tratamento paritário ao instituto da união estável como entidade familiar.

Zeno Veloso era contundente em criticar o Código Civil de 2002 ao tratar do direito hereditário dos companheiros, afirmando o seguinte: "não conheço um só autor que não critique nossa lei civil nesta parte, que diga que há lógica e bom senso nas soluções apresentadas, ou que ouse elogiar nosso Código neste ponto". Acrescenta que:

> O art. 1.790 merece censura e crítica porque é deficiente e falho em substância. Significa um retrocesso evidente, representa verdadeiro equívoco. Tem alarmado e confundido a doutrina; vem trazendo dúvida e incertezas para os tribunais; é forte elemento para a insegurança jurídica, com seus males formidáveis[81].

---

[81] VELOSO, Zeno. Op. cit., p. 171-174.

Com efeito, o art. 1.790 do Código Civil trouxe insegurança jurídica em razão da tese de inconstitucionalidade, agravada pela demora do legislativo em apreciar os projetos de lei para sua revogação e incluir os companheiros na mesma situação hereditária dos cônjuges, importando em decisões conflitantes.

Diversos Tribunais de Justiça, em julgamentos pelos Órgãos Especiais em Arguições de Inconstitucionalidade, entretanto, antes do Supremo Tribunal Federal reconhecer a inconstitucionalidade, decidiram que o art. 1.790 do Código Civil é constitucional.

A Corte Superior do Tribunal de Justiça de Minas Gerais, em julgamento de incidente de inconstitucionalidade, decidiu que:

> Incidente de Inconstitucionalidade: Direito de Família – União Estável – Sucessão – Companheiro sobrevivente – Artigo 1.790, inciso III do Código Civil. O tratamento diferenciado entre cônjuge e companheiro encontra guarida na própria Constituição Federal, que distinguiu entre as duas situações jurídicas. Não é inconstitucional o artigo 1.790, III, do Código Civil, que garante ao companheiro sobrevivente, em concurso com outros parentes sucessíveis, o direito a 1/3 da herança dos bens comuns[82].

Após o julgamento do incidente, a Corte Mineira passou a reconhecer reiteradamente a constitucionalidade do art. 1.790, III, do Código Civil, conforme se infere no julgado em que foi relator o Des. Antônio Sérvulo, ao fundamentar que o Órgão Especial "considerou constitucional a norma do art. 1.790, III, do Código Civil de 2002. Via reflexa, à companheira é garantido, em concurso com outros parentes sucessíveis, o direito a 1/3 dos bens adquiridos onerosamente na constância da união"[83].

No mesmo sentido foi o entendimento dos Órgãos Especiais, ao apreciar a inconstitucionalidade do art. 1.790 do Código Civil, dos Tribunais de Justiça de São Paulo e do Rio Grande do Sul, diante do princípio da reserva do plenário, previsto no art. 97 da Constituição Federal[84].

---

82 TJMG, Incidente de Inconstitucionalidade (Órgão Especial) 1.0512.06.032213-2/002, Rel. Des. Paulo César Dias, j. 9-11-2011.

83 TJMG, Agravo Interno 1.0035.11.009812-2/002, Rel. Des. Antônio Sérvulo, j. 22-1-2013.

84 "Art. 97. Somente pelo voto da maioria absoluta de seus membros ou dos membros

Decidiu o Órgão Especial do Tribunal de Justiça de São Paulo que:

> União estável. Direito sucessório. Sucessão do companheiro. Inconstitucionalidade do art. 1.790 do CC/2002. Disparidade de tratamento entre união estável e casamento e ou das distintas entidades familiares. Inocorrência de violação a preceitos e princípios constitucionais. Incidente desprovido[85].

As Câmaras de Direito Privado mantinham o entendimento do Órgão Especial, decidindo que não há o que se falar em "inconstitucionalidade do artigo 1.790 do CC afastada pelo c. Órgão Especial"[86].

O Tribunal de Justiça do Rio Grande do Sul também decidiu por seu Órgão Colegiado, por maioria, que a Constituição da República não equiparou a união estável ao casamento, pois, ao determinar a sua conversão (art. 226, § 3º), demonstrou que não são iguais para todos os efeitos, tendo o propósito de proteger e não de igualar as duas modalidades. Considerando que a diferenciação das duas modalidades de família é constitucional, não pode supor inconstitucionais os regimes próprios no direito sucessório de casamento e união estável. Concluiu a Corte Superior do Tribunal Gaúcho pela "inexistência de vício de inconstitucionalidade no disposto no art. 1.790 do CC", vencido o relator Des. Rui Portanova[87].

Por outro lado, o Órgão Especial do Tribunal de Justiça do Paraná, também por seu Órgão Especial, por maioria, julgou inconstitucional o art. 1.790, III, do Código Civil, por afrontar o princípio da igualdade entre cônjuges e companheiros. Consta na ementa que:

> INCIDENTE DE INCONSTITUCIONALIDADE. SUCESSÃO DA COMPANHEIRA. ARTIGO 1.790, III, DO CÓDIGO CIVIL. INQUINADA AFRONTA AO ARTIGO 226, § 3º, DA CONSTITUIÇÃO FEDERAL, QUE CONFERE TRATAMENTO PARITÁRIO AO INSTITUTO DA UNIÃO

---

do respectivo órgão especial poderão os tribunais declarar a inconstitucionalidade de lei ou ato normativo do Poder Público."

[85] TJSP, Arguição de Inconstitucionalidade (Órgão Especial) 0434423-72.2010.8.26.0000/SP, Rel. Des. Caduro Padim, j. 14-09-2011.

[86] TJSP, AI 2009619-95.2015.8.26.0000, Rel. Des. José Carlos Ferreira Alves, j. 17-4-2015.

[87] TJRS, Arguição de Inconstitucionalidade 70055441331, Rel. p/ acórdão Des. Marco Aurélio Henz, j. 24-2-2014.

ESTÁVEL EM RELAÇÃO AO CASAMENTO. NECESSIDADE DE MANIFESTAÇÃO DO COLENDO ÓRGÃO ESPECIAL. IMPOSSIBILIDADE DE LEI INFRACONSTITUCIONAL DISCIPLINAR DE FORMA DIVERSA O DIREITO SUCESSÓRIO DO CÔNJUGE E DO COMPANHEIRO. OBSERVÂNCIA DO PRINCÍPIO DA IGUALDADE. ELEVAÇÃO DA UNIÃO ESTÁVEL AO "STATUS" DE ENTIDADE FAMILIAR. INCONSTITUCIONALIDADE RECONHECIDA. CONHECIMENTO DO INCIDENTE, DECLARADO PROCEDENTE. 1. Inconstitucionalidade do artigo 1.790, III, do Código Civil por afronta ao princípio da igualdade, já que o artigo 226, § 3º, da Constituição Federal conferiu tratamento similar aos institutos da união estável e do casamento, ambos abrangidos pelo conceito de entidade familiar e ensejadores de proteção estatal. 2. A distinção relativa aos direitos sucessórios dos companheiros viola frontalmente o princípio da igualdade material, uma vez que confere tratamento desigual àqueles que, casados ou não, mantiveram relação de afeto e companheirismo durante certo período de tempo, tendo contribuído diretamente para o desenvolvimento econômico da entidade familiar[88].

O Tribunal de Justiça do Paraná, sob o fundamento de que o Órgão Especial decidiu quanto à impossibilidade de o Código Civil disciplinar de maneira diferente o direito hereditário entre cônjuge e companheiro, ao julgar o incidente de inconstitucionalidade do art. 1.790, III, estendeu a mesma interpretação para o inciso II, concluindo que é incompatível com o art. 226, § 3º, da Constituição Federal e determinando a aplicação do art. 1.829, I, do Código Civil, que trata da concorrência sucessória entre os cônjuges e descendentes[89].

---

88 TJPR, Incidente de Inconstitucionalidade 536.589-9/01, Rel. Des. Sérgio Arenhart, j. 4-12-2009.

89 "APELAÇÃO CÍVEL. INVENTÁRIO. UNIÃO ESTÁVEL. ARTIGO 1.790, II, DO CÓDIGO CIVIL. CONCORRÊNCIA DO COMPANHEIRO COM O DESCENDENTE DA AUTORA DA HERANÇA. TRATAMENTO DESIGUAL EM RELAÇÃO AO DIREITO SUCESSÓRIO DO CÔNJUGE. OFENSA AO ART. 226, § 3º, DA CONSTITUIÇÃO FEDERAL. APLICAÇÃO DA REGRA DO ART. 1.829, I, DO CÓDIGO CIVIL. DIREITO REAL DE HABITAÇÃO. BENEFÍCIO PREVISTO NO ART. 7º, DA LEI Nº 9.278/96. 1. O art. 1.790, II, do Código Civil é incompatível com o art. 226, § 3º, da Constituição Federal, uma vez que promove tratamento desigual entre o direito sucessório do companheiro e o do cônjuge. 2. Afastada a incidência do art. 1.790, II, do Código Civil em razão da incompatibilidade com a Constituição Fede-

O Supremo Tribunal Federal reconheceu repercussão geral no RE 878.694/MG, ao analisar julgamento do Tribunal de Justiça de Minas Gerais, proferido pela Oitava Câmara Cível, na Apelação 1.0439.09.103748-1/001, que acolheu a decisão da Corte Especial no Incidente de Inconstitucionalidade 1.0512.06.0322313-2/002, considerando constitucional a sucessão diferenciada entre cônjuges e companheiros. Consta na ementa do julgado no Tribunal Mineiro que:

> APELAÇÃO CÍVEL. RECONHECIMENTO DE UNIÃO ESTÁVEL. PARTILHA. DIREITOS SUCESSÓRIOS DA COMPANHEIRA. ARTIGO 1.790, III, DO CÓDIGO CIVIL. CONSTITUCIONALIDADE. RECONHECIMENTO PELO ÓRGÃO ESPECIAL DESTE TRIBUNAL DE JUSTIÇA, DO DIREITO DE A COMPANHEIRA SOBREVIVENTE HERDAR TÃO SOMENTE OS BENS ADQUIRIDOS ONEROSAMENTE DURANTE A UNIÃO ESTÁVEL, EM CONCORRÊNCIA COM OS PARENTES COLATERAIS DE SEGUNDO GRAU, EXCLUÍDOS, PORTANTO, OS BENS PARTICULARES. RECURSO CONHECIDO E PROVIDO.
>
> 1) O Órgão Especial deste Tribunal reconheceu a constitucionalidade do art. 1.790, quando do julgamento do Incidente de nº 1.0512.06.0322313-2/002, por entender que o ordenamento jurídico constitucional não impede que a legislação infraconstitucional discipline a sucessão para os companheiros e os cônjuges de forma diferenciada, visto que respectivas entidades familiares são institutos que contêm diferenciações.
>
> 2) A teor do inciso III do art. 1.790 do Código Civil, na falta de descendentes e ascendentes, o companheiro faz jus tão somente a um terço dos bens adquiridos onerosamente na constância da união estável a título de herança, pois concorre com os colaterais até quarto grau, devendo ser excluída sua participação como herdeiro dos bens particulares do *de cujus*[90].

---

ral, impõe-se a aplicação da regra destinada ao cônjuge sobrevivente, prevista no artigo 1.829, inciso I, do Código Civil, excluindo-se o companheiro meeiro da divisão da legítima, porque, na hipótese dos autos, a autora da herança não deixou bens particulares. 2. Não havendo prova de que o convivente constituiu nova união estável, impõe-se a manutenção da sentença que lhe conferiu o direito real de habitação, com amparo no art. 7º, da Lei nº 9.278/96. Apelo parcialmente provido" (TJPR, AC 0005036-60.2006.8.16.0044, Rel. Des. Vilma Régia Ramos de Rezende, j. 16-2-2012).

[90] TJMG, AC 1.0439.09.103748-1/001, Rel. Des. Bittencourt Marcondes, j. 28-2-2013.

O relator do RE 878.694/MG, Ministro Luis Roberto Barroso, fundamentou que a distinção de direitos sucessórios, em razão da família proveniente do casamento ou da união estável, possui caráter constitucional e apresenta repercussão geral, especialmente do ponto de vista social, por tratar da proteção jurídica da família emocional e financeira, e jurídico, pois se relaciona com a "especial proteção" conferida à família pelo Estado. Constou na ementa que:

> DIREITO DAS SUCESSÕES. RECURSO EXTRAORDINÁRIO. DISPOSITIVOS DO CÓDIGO CIVIL QUE PREVEEM DIREITO DISTINTOS AO CÔNJUGE E AO COMPANHEIRO. ATRIBUIÇÃO DE REPERCUSSÃO GERAL.
>
> 1. Possui caráter constitucional a controvérsia acerca da validade do art. 1.790 do Código Civil, que prevê ao companheiro direitos sucessórios distintos daqueles outorgados ao cônjuge pelo art. 1.829 do mesmo Código.
>
> 2. Questão de relevância social e jurídica que ultrapassa os interesses subjetivos da causa.
>
> 3. Repercussão geral reconhecida[91].

O julgamento do recurso iniciou-se no dia 31 de agosto de 2016 e, depois de mais uma sessão, com pedidos de vistas, foi finalmente julgado na sessão plenária do dia 10 de maio de 2017, constando na ata que:

> O Tribunal, apreciando o tema 809 da repercussão geral, por maioria e nos termos do voto do Ministro Relator, deu provimento ao recurso, para reconhecer de forma incidental a inconstitucionalidade do art. 1.790 do CC/2002 e declarar o direito da recorrente a participar da herança de seu companheiro em conformidade com o regime jurídico estabelecido no art. 1.829 do Código Civil de 2002, vencidos os Ministros Dias Toffoli, Marco Aurélio e Ricardo Lewandowski, que votaram negando provimento ao recurso[92].

No julgamento, o Ministro Marco Aurélio, em voto divergente, fundamentou que a Constituição Federal reconhece a união estável e o casamen-

---

[91] STF, RE 878.694/MG, Rel. Min. Luis Roberto Barroso, j. 27-3-2005.

[92] STF, RE 878.694/MG, Rel. Min. Luis Roberto Barroso, j. 10-5-2017.

to como união familiar, mas não abre espaço para a equiparação entre ambos, sob pena de violar a vontade dos conviventes e o direito à liberdade de optar pelo regime da união.

O relator, Ministro Luis Roberto Barroso, acompanhado pela maioria, entretanto, fundamentou que o casamento e a união estável "são figuras juridicamente (e não apenas socialmente) distintas", permitindo a diferenciação entre ambas, como, por exemplo, os requisitos para comprovação e presunção de paternidade dos filhos. Ressaltou, porém, que "só será legítima a diferenciação de regimes entre casamento e união estável se não implicar hierarquização de uma entidade familiar em relação à outra, desigualando o nível de proteção estatal conferido aos indivíduos". Concluiu o relator, acompanhado pela maioria, que

> (...) a redação do art. 1.790 do CC/2002 não encontra amparo na Constituição de 1988. Trata-se de norma discriminatória e anacrônica, que busca hierarquizar entidades familiares de diferentes tipos, em violação à igualdade entre as famílias e aos princípios da dignidade da pessoa humana, da proporcionalidade como vedação à proteção deficiente e da vedação ao retrocesso.

Assim, admitem-se diferenças entre a união estável e o casamento, mas essas diferenças não podem importar hierarquia, superioridade, conferir mais direitos a uma entidade familiar sobre a outra. O nível de proteção estatal deve ser o mesmo.

Para evitar insegurança jurídica, o Supremo Tribunal modulou os efeitos da decisão para aplicá-la apenas aos processos em andamento, excluindo os processos já transitados em julgado e as partilhas extrajudiciais já concluídas. Consta na ementa que:

> DIREITO CONSTITUCIONAL E CIVIL. RECURSO EXTRAORDINÁRIO. REPERCUSSÃO GERAL. APLICAÇÃO DO ARTIGO 1.790 DO CÓDIGO CIVIL À SUCESSÃO EM UNIÃO ESTÁVEL HOMOAFETIVA. INCONSTITUCIONALIDADE DA DISTINÇÃO DE REGIME SUCESSÓRIO ENTRE CÔNJUGES E COMPANHEIROS.
>
> 1. A Constituição brasileira contempla diferentes formas de família legítima, além da que resulta do casamento. Nesse rol incluem-se as famílias formadas mediante união estável.

2. Não é legítimo desequiparar, para fins sucessórios, os cônjuges e os companheiros, isto é, a família formada pelo casamento e a formada por união estável. Tal hierarquização entre entidades familiares é incompatível com a Constituição.

3. Assim sendo, o art. 1.790 do Código Civil, ao revogar as Leis n. 8.971/1994 e 9.278/1996 e discriminar a companheira (o companheiro), dando-lhes direitos sucessórios bem inferiores aos conferidos à esposa (ou ao marido), entra em contraste com os princípios da igualdade, da dignidade humana, da proporcionalidade como vedação à proteção deficiente e da vedação do retrocesso.

4. Com a finalidade de preservar a segurança jurídica, o entendimento ora firmado é aplicável apenas aos inventários judiciais em que não tenha havido trânsito em julgado da sentença de partilha, e às partilhas extrajudiciais em que ainda não haja escritura pública.

(...)[93].

O Supremo Tribunal Federal fixou a seguinte tese, em repercussão geral, para ser aplicada em casos semelhantes, pondo fim sobre as discussões doutrinárias e jurisprudenciais a respeito da inconstitucionalidade do Código Civil de 2002:

> "No sistema constitucional vigente, é inconstitucional a distinção de regimes sucessórios entre cônjuges e companheiros, devendo ser aplicado, em ambos os casos, o regime estabelecido no art. 1.829 do CC/2002".

O precedente do Supremo Tribunal Federal está sendo aplicado nos tribunais, pondo fim ao dissenso jurisprudencial, inclusive nas cortes de justiça em que prevalecia a constitucionalidade do art. 1.790 do Código Civil, como ocorria no Tribunal de Justiça de Minas Gerais. Em julgado que teve como relator o Des. Luiz Carlos Azevedo Correa Júnior, decidiu a corte mineira que:

> APELAÇÃO CÍVEL – SUCESSÃO – HOMOLOGAÇÃO DE PARTILHA JUDICIAL – COMPANHEIRO – DIREITO À MEAÇÃO OBSERVADO –

---

[93] STF, RE 878.694/MG, Rel. Min. Luis Roberto Barroso, j. 10-5-2017.

COISA JULGADA – VIOLAÇÃO – NULIDADE CONSTATADA – EQUIPARAÇÃO DA COMPANHEIRA AO CÔNJUGE PARA EFEITOS SUCESSÓRIOS – PRECEDENTE PARADIGMÁTICO DO SUPREMO TRIBUNAL FEDERAL – DIREITO À PARTILHA DO PATRIMÔNIO PARTICULAR – RECURSO PARCIALMENTE PROVIDO – SENTENÇA CASSADA.

(...)

– Encontra-se superada a decisão proferida pelo Órgão Especial desta Corte no julgamento do Incidente de Inconstitucionalidade 1.0512.06.032213-2/0021, sede na qual foi afirmada a constitucionalidade do art. 1.790, do Código Civil. Isso porque, na recente assentada de 10-5-2017, o plenário do Supremo Tribunal Federal concluiu o julgamento de mérito do Recurso Extraordinário n. 874.694-MG, no qual foi reconhecida a Repercussão Geral, ocasião em que foi declarada a inconstitucionalidade do referido artigo 1.790, do Código Civil, com fincas na norma constitucional que confere àqueles que adotaram o regime de União Estável tratamento igualitário ao que é conferido aos cônjuges.

– O companheiro tem direito à meação do patrimônio comum do instituidor da herança, concorrendo com os demais herdeiros apenas em relação ao patrimônio particular do "de cujus", nos mesmos moldes que concorreria o cônjuge casado sob o regime da comunhão parcial de bens[94].

13.6.3. Qualidade sucessória do companheiro a partir do julgamento do RE 878.694/MG no STF

Aplica-se ao companheiro, a partir do julgamento do RE 878.694/MG, pelo Supremo Tribunal Federal, ocorrido em 10 de maio de 2017, as mesmas regras dos diretos sucessórios dos cônjuges, ou seja, herdeiro único na terceira classe, em todos os bens da herança e não mais apenas nos adquiridos a título oneroso durante a convivência, afastando os colaterais, herdeiro concorrente com os descendentes e ascendentes nas mesmas proporções dos cônjuges, direito real de habitação e reconhecimento da qualidade de herdeiro necessário.

---

94 TJMG, AC 1.0024.03.113145-1/003, Rel. Des. Corrêa Júnior, j. 30-6-2017.

O Supremo Tribunal Federal, ao declarar inconstitucional o art. 1.790 do Código Civil, determinou a aplicação do art. 1.829, mas não se manifestou sobre a qualidade de herdeiro necessário, o direito real de habitação, a obrigatoriedade de colação, entre outros, mas a melhor conclusão é de que a equiparação é ampla. Nesse sentido concluíram os magistrados do Estado de São Paulo, no 1º Encontro Estadual de Magistrados das Varas de Família e das Sucessões, ocorrido no dia 10 de novembro de 2017, ao aprovarem o Enunciado 31, que dispõe:

> Enunciado 31. Ante a decisão do STF no RE 878.694, declarando inconstitucional o art. 1.790 do Código Civil, assentando que, à luz da Constituição, não é cabível distinção nos regimes sucessórios derivados do casamento e da união estável, o companheiro figura em igualdade de condições com o cônjuge:
>
> 1) na ordem da vocação hereditária;
>
> 2) como herdeiro necessário;
>
> 3) como titular de direito real de habitação;
>
> 4) no direito à quarta parte da herança na concorrência com descendentes;
>
> 5) e na obrigação de trazer doações à colação (Código Civil, arts. 1.829, 1.845, 1.831, 1.832 e 2.002/2.003 respectivamente).

Inequívoco que, ao fixar a tese de que, "no sistema constitucional vigente, é inconstitucional a distinção de regimes sucessórios entre cônjuges e companheiros", a equiparação foi integral, exceto quanto às peculiaridades próprias de cada entidade familiar, como, por exemplo, a forma de constituição e dissolução, o que exclui do companheiro a previsão do art. 1.830 do Código Civil.

O Superior Tribunal de Justiça modulou os efeitos da decisão no RE 878.694/MG, determinando que a decisão se aplica somente aos processos judiciais em que não tenha ocorrido o trânsito em julgado da sentença de partilha ou não foi lavrada a escritura pública, nos inventários extrajudiciais, na data da publicação da decisão. O Superior Tribunal de Justiça explicitou as regras postas pela Corte Constitucional no julgamento do REsp n. 1.337.420/RS:

> (...)
>
> 7. A partir do reconhecimento de inconstitucionalidade, as regras a serem observadas, postas pelo Supremo Tribunal Federal, são as seguintes:

a) em primeiro lugar, ressalte-se que, para que o estatuto sucessório do casamento valha para a união estável, impõe-se o respeito à regra de transição prevista no art. 2.041 do CC/2002, valendo o regramento desde que a sucessão tenha sido aberta a partir de 11 de janeiro de 2003;

b) tendo sido aberta a sucessão a partir de 11 de janeiro de 2003, aplicar-se-ão as normas do art. 1.829 do CC/2002 para os casos de união estável, mas aos processos judiciais em que ainda não tenha havido trânsito em julgado da sentença de partilha, assim como às partilhas extrajudiciais em que ainda não tenha sido lavrada escritura pública, na data de publicação do julgamento do RE n. 878.694/MG;

c) aos processos judiciais com sentença transitada em julgado, assim como às partilhas extrajudiciais em que tenha sido lavrada escritura pública, na data daquela publicação, valerão as regras dispostas no art. 1.790 do CC/2002[95].

O companheiro, entretanto, somente participará da sucessão do outro comprovando a existência de união estável e sua qualidade de herdeiro no momento do óbito.

Exige-se que o companheiro estivesse convivendo com o outro por ocasião da morte (abertura da sucessão), já que a união estável é informal e caracteriza-se pela convivência. Oportuna a lição de Zeno Veloso:

> A sucessão hereditária do companheiro somente está garantida se a união estável persistir até a morte do autor da sucessão, ou seja, é essencial que os parceiros estejam convivendo até então. (...) separando-se os companheiros, seguindo cada um para o seu lado, caracterizando-se a ruptura do relacionamento afetivo, não há mais união estável, não existe mais possibilidade de herdar, reciprocamente[96].

Assim, não se aplica ao companheiro a regra do art. 1.830 do Código Civil, que estende ao cônjuge o prazo de dois anos de separado de fato para a perda do direito sucessório. Essa é uma das diferenças entre a união está-

---

95 STJ, REsp 1.337.420/RS, Rel. Min. Luis Felipe Salomão, j. 22-8-2017.

96 VELOSO, Zeno. Op. cit., p. 166-167.

vel e o casamento. O casamento se constitui e se dissolve formalmente. Ainda que separados de fato, os cônjuges continuam formalmente casados. A união estável, por outro lado, se constitui pela convivência e se extingue pela separação de fato. A partir do momento em que cessa a convivência, que se rompe a união afetiva, não mais existem união estável e direitos sucessórios.

Considerando que a união estável é uma situação de fato, que se configura pela convivência pública, duradoura e contínua, é necessário ao companheiro comprovar sua qualidade de herdeiro no inventário, mediante prova documental, com a concordância dos demais herdeiros, sem necessidade de propor ação declaratória de união estável, conforme orientam Cristiano Chaves de Faria e Nelson Rosenvald:

> Considerada a regra do juízo universal do inventário, a prova da qualidade de companheiro pode ser feita dentro do procedimento especial de inventário e partilha, facilitando o exercício dos direitos sucessórios pelo companheiro. Aliás, não se olvide que o convivente tem, inclusive, legitimidade para requerer a abertura do inventário, inclusive podendo ser nomeado inventariante.
>
> Até mesmo porque a *instrumentalidade das formas*, que norteia o processo civil contemporâneo, não recomenda a necessidade de propositura de uma nova ação, somente para comprovar a existência de uma união estável que pode ser demonstrada no próprio inventário, muita vez por meio de prova documental[97].

Ocorrendo discordância entre os herdeiros e impugnado o direito sucessório do companheiro, demandando produção de outras provas além das documentais, importando em alta indagação, a comprovação da união estável necessita de ação declaratória, nos meios ordinários, não podendo ser discutida no processo de inventário.

O Supremo Tribunal Federal ao declarar inconstitucional a distinção entre o companheiro e o cônjuge, excluiu a determinação de que o companheiro herdaria apenas os bens adquiridos onerosamente na constância da união estável. Atualmente, herda todos os bens sucessórios, exceto as restri-

---

97 FARIAS, Cristiano Chaves de; ROSENVALD, Nelson. Op. cit., p. 286.

ções impostas ao cônjuge ao concorrer com os descendentes em face de determinados regimes de bens.

Não existem direitos sucessórios no concubinato.

Presentes os impedimentos do art. 1.521 do Código Civil, não é reconhecida a união estável, mas apenas concubinato, conforme o art. 1.727 do Código Civil,[98] entretanto é admitido o reconhecimento de união estável da pessoa casada, se separada de fato (art. 1.723, § 1º, do CC).

Por óbvio, não existe concorrência entre o concubino (em união paralela) e o cônjuge na sucessão, posto que, para configurar a união estável, o autor da herança não podia viver matrimonialmente com o cônjuge.

O concubinato, previsto no art. 1.727 do Código Civil, é o chamado de impuro, ou seja, é o vínculo afetivo, mesmo que duradouro, "de pessoas cujo casamento está proibido, e sem que lhes seja aplicável a ressalva prevista no art. 1.723, § 1º, do CC". É a ligação paralela com outra pessoa casada, que vive e convive com o cônjuge, violando o princípio ético da monogamia e quebrando o dever de fidelidade[99].

O direito sucessório do concubino é vedado na sucessão legítima e também na sucessão testamentária, dispondo o art. 1.801, III, do Código Civil que não podem ser nomeados herdeiros ou legatários "o concubino do testador casado".

Zeno Veloso ressalta que os tribunais superiores têm se apresentado inflexíveis em reconhecer efeitos jurídicos às relações de concubinato no direito sucessório. Acrescenta que "o concubino não é herdeiro, considerando-se as regras da sucessão legítima, nem pode ser nomeado herdeiro nem legatário pelo outro concubino se este for casado e estiver convivendo com o cônjuge"[100].

13.6.4. Direito real de habitação do companheiro

O(a) companheiro(a), com as novas regras, não teve mantido o direito ao usufruto, já que o Código Civil regulou o direito de concorrer na herança

---

[98] "Art. 1.727. As relações não eventuais entre o homem e a mulher, impedidos de casar, constituem concubinato."

[99] VELOSO, Zeno. Op. cit., p. 198.

[100] VELOSO, Zeno. Op. cit., p. 205-207.

com os parentes do falecido, conferindo direito à propriedade em concorrência com outros herdeiros apenas nos bens onerosos adquiridos na vigência da união estável, até o Supremo Tribunal Federal declarar inconstitucional o art. 1.790 e equipará-lo ao cônjuge nos direitos sucessórios. É importante ressaltar que o Código Civil atual entrou em vigor em 10 de janeiro de 2003. Assim, todas as sucessões abertas até essa data são reguladas pelas Leis n. 8.974/1994 e n. 9.278/1996, ainda que a abertura, os procedimentos de inventário e a partilha ocorram já na vigência do novo Código Civil (arts. 1.784 e 1.787 do CC).

O Código Civil de 2002, entretanto, não tratou sobre o direito de habitação quanto ao companheiro. A jurisprudência mineira firmou entendimento de que, como o Código Civil não dispõe acerca do direito real de habitação na união estável e não revogou expressamente a Lei n. 9.278/1996, o companheiro sobrevivente tem o direito de residir no imóvel comum destinado à residência do casal, enquanto não constituir nova união ou casamento, aplicando-se o disposto no art. 7º, parágrafo único[101], da lei supracitada[102]. No mesmo sentido decidiu o Tribunal de Justiça de São Paulo, reconhecendo que "o art. 7º, parágrafo único, da Lei n. 9.278/1996, continua em vigor, por se tratar de lei especial e não ter sido expressamente revogada pela lei geral (Código Civil)"[103].

O Superior Tribunal de Justiça também vem decidindo nesse sentido, fundamentado no princípio da especialidade e no objetivo de garantir o direito fundamental à moradia. Citando precedentes da Terceira Turma, a Quarta Turma do tribunal superior decidiu, conforme partes da ementa, que:

> DIREITO CIVIL. SUCESSÃO. DIREITO REAL DE HABITAÇÃO. COMPANHEIRO SOBREVIVENTE. POSSIBILIDADE. VIGÊNCIA DO ART. 7º DA LEI N. 9.278/1996. RECURSO IMPROVIDO.

---

[101] "Art. 7º Dissolvida a união estável por rescisão, a assistência material prevista nesta Lei será prestada por um dos conviventes ao que dela necessitar, a título de alimentos. Parágrafo único. Dissolvida a união estável por morte de um dos conviventes, o sobrevivente terá direito real de habitação, enquanto viver ou não constituir nova união ou casamento, relativamente ao imóvel destinado à residência da família."

[102] TJMG, AI 1.0301.10.002347-4/001, 3ª Câm. Cível, Rel. Des. Dídimo Inocêncio de Paula, p. 18-1-2011.

[103] TJSP, AC 0002710-14.8.26.0323, Rel. Des. Ricardo Pessoa de Melo Belli, j. 20-8-2012.

> (...)
>
> 3. A disciplina geral promovida pelo Código Civil acerca do regime sucessório dos companheiros não revogou as disposições constantes da Lei 9.278/1996 nas questões em que verificada a compatibilidade. A legislação especial, ao conferir direito real de habitação ao companheiro sobrevivente, subsiste diante da omissão do Código Civil em disciplinar tal direito àqueles que convivem em união estável. Prevalência do princípio da especialidade[104].

Em face da equiparação dos direitos sucessórios no casamento e na união estável, aplica-se doravante ao companheiro a mesma regra do cônjuge, qual seja, o art. 1.831 do Código Civil, mais amplo, e não mais o parágrafo único do art. 7º da Lei n. 9.278/1996.

13.6.5. Companheiro herdeiro necessário

A doutrina já era majoritária no sentido de que o correto é cuidar em igualdade de condições na sucessão dos cônjuges e dos companheiros, tendo o art. 1.790 do Código Civil importado em muitas reclamações e clamores dos estudiosos, apresentando mais problemas do que soluções[105]. Ao tratar da sucessão necessária, Paulo Lôbo leciona que

> (...) o Código Civil também introduziu a concorrência sucessória do cônjuge e do companheiro com os descendentes e ascendentes do falecido, o que converte em tipos especiais de herdeiros necessários, pois compartilham a parte legítima ou indispensável da herança[106].

O art. 1.845 do Código Civil dispõe que são herdeiros necessários os descendentes, ascendentes e o cônjuge. Não incluiu o companheiro, que também não herdava na totalidade dos bens, apenas nos adquiridos onerosamente na constância da união estável, nos termos do agora julgado in-

---

[104] STJ, REsp 1.156.744/MG, Rel. Min. Marco Buzzi, j. 9-10-2012.

[105] HIRONAKA, Giselda Maria Fernandes Novaes. Comentada: concorrência sucessória do companheiro. Reclamação 18.896. *Revista IBDFAM: família e sucessões*. São Paulo/Belo Horizonte: IBDFAM, jan.-fev. 2015. p. 176.

[106] LÔBO, Paulo Luiz Netto. *Direito civil*: sucessões. São Paulo: Saraiva, 2014. p. 74.

constitucional art. 1.790, *caput*, do CC. Parte da doutrina, sob o fundamento de que o art. 1.850 do Código Civil não incluiu o companheiro, ao prever a exclusão dos colaterais pelo testador mediante simples omissão deles no testamento, leva à conclusão de que é herdeiro necessário sobre a metade da massa de bens adquiridos onerosamente na constância da união estável, mas poderá ser deserdado e terá que colacionar os bens que recebeu por doação do falecido[107].

A decisão do Supremo Tribunal Federal no RE 878.694/MG, ao declarar inconstitucional o art. 1.790 do Código Civil, ressaltando que é inconstitucional qualquer hierarquização e distinção entre cônjuges e companheiros nos regimes sucessórios, fixando tese nesse sentido[108], não deixam margens de dúvidas de que se aplicam aos companheiros todos os direitos sucessórios dos cônjuges, entre eles a qualidade de herdeiros necessários.

O Superior Tribunal de Justiça já decidiu que "na falta de descendentes e ascendentes, será deferida a sucessão por inteiro ao cônjuge ou companheiro sobrevivente, ressalvada disposição de última vontade". Constou no final do voto do Relator, Min. Ricardo Villas Bôas, que "a companheira, ora recorrida, é de fato a herdeira necessária do seu ex-companheiro, devendo receber unilateralmente a herança do falecido, incluindo-se os bens particulares, ainda que adquiridos anteriormente ao início da união estável"[109].

13.6.6. Meação do companheiro

O companheiro possui direito de meação, ou seja, a metade dos bens adquiridos na constância da união estável que se comunicam no regime de comunhão parcial, como os adquiridos a título oneroso, ainda que só em nome de um deles, por fato eventual, doação, herança ou legado em favor de ambos (se foi só em nome do falecido, o bem é excluído da meação - art. 1.659, I, do CC), as benfeitorias em bens particulares e os frutos de todos os bens, salvo se houver contrato escrito estipulando o contrário.

---

[107] NEVARES, Ana Luiza Maia. Op. cit., p. 124-125.

[108] No sistema constitucional vigente, é inconstitucional a distinção de regimes sucessórios entre cônjuges e companheiros, devendo ser aplicado, em ambos os casos, o regime estabelecido no art. 1.829 do CC/2002".

[109] STJ, REsp 1.357.117/MG, Rel. Min. Ricardo Villas Bôas, j. 13-3-2018.

Aplica-se ao companheiro, na inexistência ou nulidade de contrato escrito, o regime de comunhão parcial de bens, conforme estabelece o art. 1.725 do Código Civil[110]:

> Art. 1.725. Na união estável, salvo contrato escrito entre os companheiros, aplica-se às relações patrimoniais, no que couber, o regime da comunhão parcial de bens.

Existindo regime convencional estipulado em contrato, partilha-se conforme o pactuado. Adotado o regime de comunhão de bens, caberá ao companheiro a meação de todos os bens. Elegido o regime de separação, se absoluta, não existe meação. Aplica-se, nesse caso, existindo bens em nome do falecido adquiridos com esforço comum, a Súmula 377 do Supremo Tribunal Federal.

Oportuno registrar que o regime de separação obrigatória de bens não tem previsão na lei para aplicação na união estável, portanto, não deveria ser aplicado por ausência de previsão legal e impossibilidade de estender cláusulas restritivas de direitos previstas apenas para o casamento. O Superior Tribunal de Justiça, entretanto, em julgado no ano de 2010, decidiu que "a não extensão do regime de separação obrigatória à união estável impõe desestímulo ao casamento ou à conversão"[111].

O Superior Tribunal de Justiça, em novos julgados, vem decidindo que se aplica aos companheiros o regime de separação obrigatória de bens se um deles possuir mais de 70 anos (art. 1.641, II, CC) ou mais de 60 anos (antes da Lei n. 12.344/2010):

> 1. É obrigatório o regime de separação legal de bens na união estável quando um dos companheiros, no início da relação, conta com mais de sessenta anos, à luz da redação originária do art. 1.641, II, do Código Civil, a fim de realizar a isonomia no sistema, evitando-se prestigiar a união estável no lugar do casamento.

---

110 "Art. 1.725. Na união estável, salvo contrato escrito entre os companheiros, aplica-se às relações patrimoniais, no que couber, o regime da comunhão parcial de bens."

111 STJ, REsp 1.090.722/SP, Rel. Min. Massami Uyeda, j. 2-3-2010.

2. No regime de separação obrigatória, apenas se comunicam os bens adquiridos na constância do casamento pelo esforço comum, sob pena de se desvirtuar a opção legislativa, imposta por motivo de ordem pública[112].

A pessoa casada, mas separada de fato, pode constituir união estável, o que pode gerar conflito na divisão da meação do falecido com o cônjuge e a companheira; considerando que a separação de fato extingue a comunhão de vida entre os cônjuges, a solução é partilhar os bens entre os cônjuges até a data da separação de fato, quando cessou a convivência, como orienta o Código Civil, em seu art. 1.683, ao tratar da partilha dos aquestos, e dividir entre os companheiros os bens comuns adquiridos na vigência da união.

O regime de bens entre os companheiros não interfere na concorrência sucessória, pois meação não é herança.

13.6.7. Concorrência entre cônjuge e companheiro na sucessão

Ocorrendo concorrência entre o cônjuge e o companheiro na meação, a questão não demanda maiores divergências em razão da jurisprudência já solidificada no sentido de que a separação de fato rompe a comunhão de vida e o esforço comum na aquisição dos bens. O mesmo fundamento também encontra amparo no art. 1.683 do Código Civil, ao determinar o cálculo do montante dos aquestos, no regime de participação final nos aquestos, na data em que cessou a convivência, não se comunicando, entre os cônjuges, os posteriores, o que deve ser estendido por analogia para os outros regimes.

O mesmo não ocorre se existir colisão entre cônjuges e companheiros no direito de herança, se o falecido, separado de fato há menos de dois anos, constituir união estável. Em razão do disposto no art. 1.830 do Código Civil, que prorroga o direito sucessório do cônjuge para até dois anos da separação de fato, ocorrerá conflito com o art. 1.723, § 1º, que reconhece a união estável, sem exigência de prazos, da pessoa casada que se achar separada de fato.

Luiz Paulo Vieira Carvalho, citando vários autores, apresenta algumas interpretações possíveis:

---

112 STJ, REsp 1.403.419/MG, Rel. Min. Ricardo Villas Bôas Cueva, j. 11-11-2014. No mesmo sentido: STJ, Embargos de Divergência no REsp 1.171.820/PR, Rel. Min. Raul Araújo, j. 26-8-2015.

a) aplicação pura e simples do art. 1.830, conferindo o direito sucessório ao cônjuge e excluindo o companheiro;

b) o cônjuge herda sobre os bens havidos na constância do casamento e o companheiro herda os bens onerosamente adquiridos na constância da união estável;

c) divide-se a herança, por igual, entre o cônjuge e o companheiro;

d) herda somente o companheiro, excluindo da sucessão o cônjuge supérstite separado de fato;

e) aplica-se o Enunciado 525 da V Jornada de Direito Civil[113], herdando o companheiro e o cônjuge em igualdade de condições nos bens adquiridos onerosamente na vigência da união estável, e o cônjuge, exclusivamente, nos demais bens deixados pelo autor da herança[114].

Cristiano Chaves de Farias e Nelson Rosenvald concluem, citando julgados do Superior Tribunal de Justiça e Ana Luíza Maia Nevares, que a separação de fato cessa o direito à meação e à herança, em razão da perda da solidariedade e da convivência mútua entre os cônjuges. Concluem que:

> Em sendo assim, singrando os mares desbravados pela orientação da jurisprudência superior, mantendo a mesma linha de intelecção sobre a separação de fato, é de se reconhecer, por conta da cessação do afeto e, por conseguinte, dos efeitos do casamento, a solução no sentido de que a simples separação de fato, independentemente de qualquer prazo, implica, também, em extinção do direito do cônjuge à herança.
>
> Anuindo a essa argumentação, a doutrina majoritária contemporânea:
>
> (...)
>
> "Na medida em que o cônjuge separado de fato pode legalmente constituir união estável e, uma vez ocorrendo esta hipótese, será a união estável entidade familiar que qualificará a relação do sucessor com o outro autor da herança, tornando-a relevante para a sucessão, afasta-se, assim, o cônjuge

---

[113] Enunciado 525: "Os arts. 1.723, § 1º, 1.790, 1.829 e 1.830 do Código Civil admitem a concorrência sucessória entre cônjuge e companheiro sobreviventes na sucessão legítima, quanto aos bens adquiridos onerosamente na união estável."

[114] CARVALHO, Luiz Paulo Vieira de. Op. cit., p. 371-373.

sobrevivente separado de fato, atribuindo-se os direitos sucessórios do falecido ao companheiro" (NEVARES, Ana Luíza Maia, cf. *Tutela sucessória do cônjuge e companheiro na legalidade constitucional*, cit., p. 159-160)[115].

A exclusão do cônjuge, após o falecido ter constituído nova família mediante união estável, parece ser a solução mais adequada, independentemente do prazo de separação de fato, não mais exigido para decretação do divórcio em face da EC n. 66/2010. A ruptura do casamento extingue a comunhão de vida e a afeição conjugal, não se justificando a manutenção dos separados de fato na ordem de vocação hereditária se o falecido já constituiu nova família, reconhecendo-se apenas os direitos sucessórios do companheiro sobrevivente e os possíveis direitos de meação do cônjuge antes da separação de fato.

Parece prevalecer esse entendimento no Superior Tribunal de Justiça, em julgados em que o cônjuge separado de fato buscava os direitos de meação do herdeiro, mas foi excluído da herança em razão da separação de fato:

> DIREITO CIVIL. FAMÍLIA. SUCESSÃO. COMUNHÃO UNIVERSAL DE BENS. SUCESSÃO ABERTA QUANDO HAVIA SEPARAÇÃO DE FATO. IMPOSSIBILIDADE DE COMUNICAÇÃO DOS BENS ADQUIRIDOS APÓS A RUPTURA DA VIDA CONJUGAL.
>
> 1. O cônjuge que se encontra separado de fato não faz jus ao recebimento de quaisquer bens havidos pelo outro por herança transmitida após decisão liminar de separação de corpos[116].

Os magistrados do Estado de São Paulo também chegaram a essa conclusão no 1º Encontro Estadual de Magistrados de Varas da Família e das Sucessões, promovido pelo Tribunal de Justiça e pela Escola Superior da Magistratura em 2017, ao aprovarem o Enunciado 32, que dispõe: "O direito sucessório do cônjuge sobrevivente, separado de fato até dois anos, previsto no art. 1.830 do Código Civil, cessa se, antes desse prazo de dois anos, o *de cujus* havia constituído união estável".

---

115 FARIAS, Cristiano Chaves de; ROSENVALD, Nelson. Op. cit., p. 247.

116 STJ, REsp 1.065.209/SP, Rel. Min. João Otávio de Noronha, j. 8-6-2010.

A manutenção da vocação hereditária do cônjuge separado de fato é incompatível se o outro já estiver vivendo em união estável, devendo ser reconhecidos direitos sucessórios apenas ao companheiro.

13.6.8. Concorrência do companheiro no Código Civil de 2002 anterior ao julgamento do RE 878.694/MG no STF

O Supremo Tribunal Federal corrigiu grande injustiça nos direitos sucessórios do companheiro, ao reconhecer a inconstitucionalidade do art. 1.790 do Código Civil e determinar a aplicação na união estável das mesmas regras do casamento, observando-se a ordem de vocação hereditária do art. 1.829.

Assim, não se aplicam mais as disposições do art. 1.790, do Código Civil nas partilhas posteriores à publicação do RE 878.694/MG, julgado em 10-5-2017, mantendo-se neste livro a sucessão que era prevista no Código Civil como fonte de consulta e valor histórico.

Independentemente da meação, direito próprio, o companheiro sobrevivente era herdeiro concorrente, por força do art. 1.790 do Código Civil de 2002, e participava da sucessão, concorrendo com outros herdeiros, porém apenas nos bens adquiridos na vigência da união estável e onerosamente, nas seguintes proporções:

- mesma quota quando concorrer com filhos comuns (inciso I);
- metade da quota quando concorrer com filhos ou outros descendentes apenas do autor da herança (inciso II);
- um terço quando concorrer com netos ou descendentes mais distantes comuns, ascendentes e colaterais do autor da herança (inciso III).

Concorrendo com descendentes, o Código Civil não fez, quanto aos companheiros, a ressalva prevista para o cônjuge, de que não concorrerá na herança se já possuir a metade de todos os bens por meação. Assim, se possuir contrato de comunhão universal ou na inexistência de pacto, aplicando-se as regras da comunhão parcial (art. 1.725), há quem defenda que deveria ser aplicado o disposto na parte final do art. 1.829, I, e também ser excluído da sucessão quando concorrer só com descendentes, se já possuir a meação de todos os bens do falecido, obviamente adquiridos onerosamente na constância da união estável, aplicando-se o princípio de que, concorrendo com descendentes, quem já é meeiro não poderá ser herdeiro. O Código Civil, entretanto, já tão injusto com o companheiro na sucessão do outro, não fez a ressalva prevista ao cônjuge, possuindo o companheiro direito de herança concorrente mesmo que meeiro nos bens. Na qualidade de herdeiro, concorria apenas nos bens adquiridos onerosamente na vigência da união estável, dependendo a meação do regime de bens adotado.

13.6.8.1. Concorrência com filhos comuns no CC/2002

Concorrendo com filhos comuns, nos termos do Código Civil, o companheiro recebia a mesma quota atribuída aos filhos, não possuindo direito à reserva da quarta parte, conforme ocorre com o cônjuge (art. 1.790, I, do CC).

A redação do inciso I do art. 1.790 do Código Civil, ao referir-se a filhos e não a descendentes, despertava divergências e ocasionava interpretação extensiva, restringindo ainda mais os direitos sucessórios do companheiro, para ampliar a concorrência a todos os descendentes.

Na II Jornada de Direito Civil, do Centro de Estudos Judiciários do Conselho da Justiça Federal, foi aprovado o Enunciado 226, dispondo que "aplica-se o inc. I do art. 1.790 também na hipótese de concorrência do companheiro sobrevivente com outros descendentes comuns, e não apenas na concorrência com filhos".

A doutrina era majoritária no acolhimento do Enunciado 226, no sentido de que o inciso I também incide quando concorrerem à sucessão outros descendentes do autor da herança, como netos e bisnetos. Por todos, Carlos Roberto Gonçalves, citando Mario Luiz Delgado, lecionava que:

> Observa-se ter havido equívoco do legislador no emprego da palavra "filho", quando a finalidade precípua da norma é regular a concorrência do companheiro com os "descendentes". Tanto assim que no inciso II foi corretamente empregada esta última palavra. Desse modo, mediante uma interpretação extensiva e sistemática, torna-se possível compatibilizar a norma do inciso I do art. 1.790 com o inciso II do mesmo dispositivo, que se refere corretamente a "descendentes"[117].

---

[117] GONÇALVES, Carlos Roberto. *Direito civil brasileiro:* direito das sucessões. 7. ed. São Paulo: Saraiva, 2013. p. 196.

O entendimento, entretanto, numa interpretação extensiva, violava direito de propriedade e de parte da herança do companheiro, restringindo seus direitos, devendo, como determina expressamente a lei, incluir netos, bisnetos e outros descendentes mais distantes no inciso III do art. 1.790 do Código Civil, ou seja, outros parentes sucessíveis[118].

O companheiro concorria com descendentes, ascendentes e colaterais. Tivesse ocorrido um "equívoco" do legislador ou "falta de técnica legislativa" no inciso I, como ressalta Zeno Veloso, no inciso III do art. 1.790 do Código Civil constaria "se concorrer com ascendentes e colaterais" e não com "outros parentes sucessíveis", expressão utilizada justamente para agasalhar os outros descendentes comuns, além do 1º grau. Zeno Veloso, ao tratar do regime de separação obrigatória na união estável, fundamenta que a "norma restritiva de direitos é insuscetível de interpretação extensiva e não pode ser aplicada a outros casos, que por ela não foram expressamente previstos", ou seja, "tratando-se de normas restritivas de direitos, a interpretação da lei há de ser, necessariamente, restritiva"[119]. O mesmo conceito deve ser aplicado ao inciso I do art. 1.790 do Código Civil, interpretação restritiva, considerando apenas os filhos comuns.

Assim, concorrendo o companheiro com filhos comuns, a herança era dividida igualmente entre todos, em partes iguais, independente do número de filhos. Os netos apenas concorrerão com o companheiro na hipótese de representação aos pais, recebendo aquilo que ele receberia se vivo fosse, e não por cabeça.

13.6.8.2. Concorrência com descendentes só do autor da herança no CC/2002

Concorrendo com descendentes só do autor da herança, ou seja, com enteados ou outros descendentes mais distantes, o companheiro, injustificadamente, recebia apenas a metade do quinhão que cada descendente recebia por cabeça (art. 1.790, II, do CC).

Assim, cada descendente exclusivo do falecido, herdando por cabeça, recebia o dobro do quinhão do companheiro. Para fins de partilha, multi-

[118] FARIA, Mário Roberto Carvalho de. *Direito das sucessões:* teoria e prática. 3. ed. Rio de Janeiro: Forense, 2003. p. 150.

[119] VELOSO, Zeno. Op. cit., p. 171-174.

plicava-se por dois o número de descendentes e somava o companheiro para dividir a herança. O companheiro recebia uma unidade e cada descendente recebia por direito próprio o valor de duas.

Os descendentes que recebiam por direito de representação, independentemente da quantidade, tinham direito ao quinhão que caberia ao representado.

13.6.8.3. Concorrência com descendência híbrida no CC/2002

Novamente, como ocorreu com o cônjuge, ao prever a possibilidade de o companheiro receber quinhões diversos se concorrer com filhos comuns ou com descendentes só do autor da herança (art. 1.790, I e II, do CC), não existia previsão no Código Civil na hipótese de o companheiro concorrer ao mesmo tempo com filhos comuns e só do falecido, a chamada filiação híbrida. Diversas correntes eram debatidas na doutrina e na jurisprudência, não existindo consenso.

A primeira corrente, que predominava entre os juristas, defendia que o companheiro deveria receber a mesma quota que coubesse aos filhos, aplicando-se apenas o inciso I do art. 1.790 do Código Civil, já que, na hipótese, o companheiro não estaria concorrendo "só" com descendentes do autor da herança, excluindo a incidência do inciso II. Nesse sentido já decidiu o Tribunal de Justiça do Distrito Federal:

> CIVIL - AGRAVO DE INSTRUMENTO - UNIÃO ESTÁVEL - SUCESSÃO - CONCORRÊNCIA DA COMPANHEIRA COM FILHOS COMUNS E EXCLUSIVOS DO AUTOR DA HERANÇA - APLICAÇÃO DO ART. 1790, I, CC.
>
> 1. Predomina na doutrina o entendimento de que, diante da lacuna da lei quanto à hipótese de concorrência entre a companheira, herdeiros comuns e herdeiros apenas do autor da herança, a melhor solução é dividir de forma igualitária os quinhões hereditários entre o companheiro sobrevivente e todos os filhos[120].

A divisão igualitária dos quinhões entre os herdeiros e o cônjuge não era apenas a melhor solução, mas a correta interpretação do inciso II do art.

---

[120] TJDF, AI 459.890, Processo 20100020127147, Rel. Des. Sérgio Rocha, j. 20-10-2010.

1.790 do Código Civil. Diante da restrição imposta no sentido de que o companheiro receberá a metade do quinhão se concorrer com descendentes comuns, não se aplica o inciso II.

A segunda corrente, sob o fundamento de que a divisão igualitária prejudica os descendentes exclusivos do falecido e afronta o princípio da igualdade entre os filhos, concluía que a solução mais razoável era atribuir ao companheiro a metade do que coubesse no quinhão dos filhos comuns ou exclusivos[121].

Uma terceira corrente sugeria atribuir uma quota e meia ao companheiro, somando a quota dos filhos comuns e a quota dos filhos exclusivos, o que era inaceitável por beneficiar o companheiro com uma participação não prevista na lei e prejudicar os filhos.

A quarta corrente apresentava como solução dividir a herança em duas, uma relativa aos filhos comuns e outra relativa aos filhos exclusivos, considerando o número de herdeiros. Com os filhos comuns o companheiro teria a mesma quota e com os descendentes do autor, a metade da quota (art. 1.790, I e II, do CC).

Para não ocorrer desigualdade entre os filhos, era necessário, após a retirada do quinhão do companheiro, somar o restante das duas heranças e dividir entre todos os filhos.

Por fim, uma quinta corrente, que teria um resultado semelhante ao da quarta, aplicava ao mesmo tempo os incisos I e II do art. 1.790 do Código Civil para calcular um coeficiente do quinhão do companheiro, uma média ponderada. Para tanto, somavam-se os filhos comuns (que possuem o mesmo quinhão) e a metade dos filhos exclusivos (o companheiro só herda a metade deles), dividindo o total pelo número de herdeiros concorrentes, o que resultaria no coeficiente do companheiro. Veja-se, como exemplo, dois filhos comuns e dois só do falecido. Somando-se os dois comuns e a metade dos dois exclusivos, obtém-se o número de três, que, dividido pelos quatro concorrentes, resulta no coeficiente 0,75. Assim, a herança será dividida por 4,75, cabendo ao cônjuge o quinhão de 0,75 e a cada herdeiro o quinhão inteiro.

---

[121] TJSP, AI 994.08.138700-0, Rel. Des. Álvaro Passos, j. 24-3-2010.

13.6.8.4. Concorrência com outros herdeiros no CC/2002

Não tendo o companheiro falecido deixado filhos comuns ou descendentes exclusivos, concorrendo com outros herdeiros, ou seja, com netos ou outros descendentes comuns mais distantes, ascendentes e colaterais (art. 1.790, III, do CC), o companheiro sobrevivente herdava um terço da herança nos bens adquiridos onerosamente na vigência da união, não importando o número de herdeiros concorrentes.

Assim, se concorresse com ambos os pais, vários irmãos ou com apenas um primo do falecido, o companheiro sobrevivente recebia sempre a mesma fração de um terço dos bens adquiridos onerosamente na vigência da união estável. A disposição, sem considerar o número dos "outros parentes sucessíveis", era absurda, pois, se concorresse com apenas um parente, ainda que colateral distante, esse parente herdava mais que o filho comum (mesma quota – inciso I) e o companheiro, o que gerava severas críticas, como ressalta Aldemiro Rezende Dantas Júnior:

> Mas o absurdo ainda é pouco, e sempre pode ser piorado um pouco mais. Suponha-se que, ao invés de ascendentes, o único outro "parente sucessível" do *de cujus* fosse um primo ou um tio. Em tal situação, o companheiro supérstite receberia apenas um terço da herança, enquanto esse primo receberia os dois terços restantes (além de receber todo o patrimônio que o *de cujus* possuía anteriormente ao começo da união estável). Tal solução é ainda mais iníqua e inaceitável quando se observa que, atualmente, principalmente nas grandes cidades, muitas vezes os primos nem ao menos se conhecem, face ao enfraquecimento das relações familiares entre os graus mais distantes do parentesco[122].

Pior ainda era quando o companheiro falecido não tinha adquirido bens a título oneroso na vigência da união estável, possuindo bens anteriores e adquiridos mediante herança e doação. Nessa hipótese, o companheiro sobrevivente nada herdava, tocando toda a herança ao tio ou primo do autor da herança.

---

[122] DANTAS JÚNIOR, Aldemiro Rezende. Concorrência sucessória do companheiro sobrevivo. *Revista Brasileira de Direito de Família*, Porto Alegre: Síntese/IBDFAM, v. 29, abr.-maio 2005. p. 137-138.

O inciso III do art. 1.790 do Código Civil era o que mais recebia críticas da doutrina e também na jurisprudência, pois privilegiava parentes distantes e muitas vezes sem convivência com o falecido, em detrimento do companheiro que teve uma comunhão de vida, um vínculo afetivo, que construiu uma família com o *de cujus*. Era inconcebível e injusta a previsão legal, incluindo os colaterais na terceira classe da ordem de vocação hereditária e afastando o companheiro, o que demandava inúmeras arguições de inconstitucionalidade do dispositivo legal, até ser reconhecido inconstitucionalmente todo o art. 1.790 pelo Supremo Tribunal Federal.

13.6.8.5. Companheiro herdeiro único no CC/2002

Inexistindo parentes sucessíveis, o companheiro herdava a totalidade da herança (art. 1.790, IV, do CC). A redação do *caput* do art. 1.790 do Código Civil, ao dispor que o companheiro participará da sucessão do outro "quanto aos bens adquiridos na vigência da união estável", possibilitava a interpretação de que herdava apenas esses bens, na sua totalidade, restando vacantes os bens anteriores à união e os bens adquiridos a título gratuito[123]. Carlos Roberto Gonçalves lecionava que, não existindo parentes sucessíveis, o companheiro teria direito "à totalidade dos bens adquiridos onerosamente na constância da relação estável, que são os que está autorizado a recolher, na conformidade do estabelecido no *caput* do aludido dispositivo legal"[124].

Ocorre que o Município é o último destinatário da herança, não é herdeiro, recebe o patrimônio apenas se a pessoa falecer sem deixar nenhum herdeiro, ou se forem excluídos ou renunciarem à herança, deixando os bens vagos, razão pela qual, ao se referir à "totalidade da herança", o inciso IV do art. 1.790 do Código Civil diz respeito a todo o acervo hereditário.

Para não deixar dúvidas, o art. 1.844, também do Código Civil, ao tratar da ordem da vocação hereditária, dispõe que, "não sobrevindo cônjuge, ou companheiro, nem parente algum sucessível, ou tendo eles renunciado a herança, esta devolve ao Município". Cristiano Chaves de Farias e Nelson Rosenvald, nesse sentido, lecionam que:

---

[123] CARVALHO NETO, Inácio de. *Direito sucessório do cônjuge e do companheiro*. São Paulo: Método, 2007. p. 191-192.

[124] GONÇALVES, Carlos Roberto. Op. cit., 7. ed., p. 196.

> A regra é clara! Assim, na ausência de parentes sucessíveis, excepcionando o pressuposto genérico estabelecido no *caput* do dispositivo legal em apreço – estabelecendo que a herança do companheiro incide sobre os bens adquiridos onerosamente na constância da redação –, o inciso IV do art. 1.790 do *Codex* conferiu a inteireza do patrimônio transmitido ao convivente sobrevivo quando não existem outros parentes sucessíveis, sequer colaterais até o quarto grau – o que, convenhamos, é de raríssima ocorrência prática[125].

Assim, somente não existindo parentes do falecido o companheiro herdava integralmente o acervo hereditário. Atualmente, com a decisão do Supremo Tribunal Federal declarando inconstitucional o art. 1.790 do Código Civil, o companheiro herda nas mesmas condições do cônjuge, antes dos herdeiros colaterais.

13.6.9. Sucessão dos companheiros homoafetivos

A Constituição Federal de 1988 estabeleceu o princípio do pluralismo familiar ao reconhecer outras formas de constituição de família além do casamento, prevendo expressamente a união estável heterossexual e a família monoparental (art. 226, §§ 3º e 4º).

O Código Civil de 2002 acolheu os princípios constitucionais e apresenta essencialmente três eixos modificativos em relação ao Código de 1916 no Direito de Família:

a) o reconhecimento da família fora do casamento, saindo do singular (casamento) para o plural (casamento, união estável e monoparental);

b) a extinção da família patriarcal, adotando a igualdade jurídica de homens e mulheres em direitos e obrigações; e

c) a isonomia filial, igualando juridicamente os filhos, qualquer que seja a origem da filiação[126].

Os modelos de família, previstos na Constituição Federal e no Código Civil, não são taxativos, mas meramente exemplificativos, concluíram a

---

[125] FARIAS, Cristiano Chaves de; ROSENVALD, Nelson. Op. cit., p. 247.

[126] CARVALHO, Dimas Messias de. Op. cit., p. 36-37.

jurisprudência e a doutrina, existindo atualmente uma visão pluralista da família, identificada pelo vínculo afetivo.

Além do Código Civil, que reconhece o vínculo familiar em razão da socioafetividade em diversos dispositivos legais, como o parentesco por outra origem, diverso da biológica (art. 1.593); a presunção de paternidade na reprodução medicamente assistida heteróloga (art. 1.597, V); a adoção (art. 1.618); o reconhecimento da união estável da pessoa casada separada de fato (art. 1.723, § 1º); entre outros, a Lei n. 11.340/2006, denominada Lei Maria da Penha, reconhece no âmbito da família, além dos parentes unidos por laços naturais, a comunidade formada por indivíduos que "se consideram aparentados, unidos por afinidade ou por vontade expressa" (art. 5º, II).

A Lei Maria da Penha reconheceu, ainda, para proteção do Estado, quanto à violência doméstica, as uniões homoafetivas, ao dispor expressamente que "as relações pessoais enunciadas neste artigo independem de orientação sexual" (art. 5º, parágrafo único).

Apesar da omissão da legislação para outros efeitos, amparada pela melhor doutrina, capitaneada por Rodrigo da Cunha Pereira e Maria Berenice Dias, a jurisprudência já vinha reconhecendo direitos previdenciários e afetos ao Direito de Família, como adoção, alimentos e partilha de bens, aos parceiros do mesmo sexo, que vivem em união estável. Considera-se como entidade familiar a união homoafetiva e se reconhecem seus efeitos civis, aplicando-se, por analogia, em razão dos princípios constitucionais da igualdade jurídica e da dignidade da pessoa humana, as regras da união estável entre homem e mulher. Nesse sentido ementa de julgado do Tribunal de Justiça Mineiro:

> DIREITO DE FAMÍLIA - AÇÃO DE RECONHECIMENTO DE UNIÃO HOMOAFETIVA - ART. 226, § 3º DA CF/1988 - UNIÃO ESTÁVEL - ANALOGIA - OBSERVÂNCIA DOS PRINCÍPIOS DA IGUALDADE E DA DIGINIDADE DA PESSOA HUMANA - POSSIBILIDADE JURÍDICA DO PEDIDO - VERIFICAÇÃO. - Inexistindo na legislação lei específica sobre a união homoafetiva e seus efeitos civis, não há que se falar em análise isolada e restritiva do art. 226, § 3º da CF/1988, devendo-se utilizar, por analogia, o conceito de união estável disposto no art. 1.723 do Código Civil/2002, a ser aplicado em consonância com os princípios constitucionais

da igualdade (art. 5º, *caput*, e inc. I da Carta Magna) e da dignidade humana (art. 1º, inc. III, c/c art. 5º, inc. X, todos da CF/1988)[127].

Inequívoco que os efeitos civis da união homoafetiva também devem se estender aos direitos sucessórios. Inadmissível que, com o falecimento de um dos companheiros, o outro, com quem vivia em união estável homoafetiva, seja alijado da herança, muitas vezes em favor de parentes colaterais que sequer mantinham contato e relação de afeto com o falecido. Em muitos casos, como se tem visto, até discriminavam o parente, em razão de sua opção sexual e a união homoafetiva.

O dissídio jurisprudencial no Brasil, entretanto, era palpitante, com várias decisões extinguindo os pedidos de reconhecimento de união homoafetiva por impossibilidade jurídica, sob argumento de ausência de previsão legal e de o ordenamento jurídico não reconhecer união de pessoas do mesmo sexo. A título de exemplo, entre tantos, julgado do Tribunal de Justiça de Santa Catarina:

> APELAÇÃO CÍVEL - AÇÃO DE RECONHECIMENETO DE UNIÃO HOMOAFETIVA - IMPOSSIBILIDADE JURÍDICA DO PEDIDO - EXEGESE DO § 3º DO ART. 226 DA CONSTITUIÇÃO FEDERAL E ART. 1.723 DO CÓDIGO CIVIL - EXTINÇÃO DO FEITO SEM JULGAMENTO DO MÉRITO - DECISÃO MANTIDA - RECURSO DESPROVIDO.
>
> O relacionamento homoafetivo entre pessoas do mesmo sexo não pode ser reconhecido como união estável, a ponto de merecer a proteção do Estado, porquanto o § 3º do art. 226 da Carta Magna e o art. 1.723 do Código Civil somente reconhece como entidade familiar aquela constituída entre homem e mulher.

A doutrina e a jurisprudência majoritária, diante do moderno Direito de Família, firmaram entendimento no sentido de que os modelos de família previstos na Constituição Federal são exemplificativos e não taxativos, possibilitando novos arranjos familiares, como as famílias recompostas, anaparentais e socioafetivas.

---

[127] TJMG, AC 1.0024.09.484555-9/001, Rel. Des. Elias Camilo, p. 12-2-2010.

Na ausência de legislação própria ao caso concreto, a solução é aplicar a integração normativa para preencher a lacuna legislativa e chegar a uma solução adequada. Diante da ausência de norma jurídica regulando a união estável homoafetiva, o art. 4º da Lei de Introdução às Normas do Direito Brasileiro[128] dá ao magistrado possibilidade de integrar a lacuna, aplicando analogia, como decidiu o Tribunal Mineiro, e julgar o caso concreto, enquanto o Congresso Nacional não regular as uniões entre pessoas do mesmo sexo.

Diante da omissão do Congresso Nacional, que teima em não enxergar uma situação de fato vivenciada por grande parcela da população, coube ao Supremo Tribunal Federal se pronunciar, acionado pela Procuradoria da República e pelo Governo do Estado do Rio de Janeiro, na ADI 4.277 e na ADPF 132, em julgamento histórico, ocorrido no dia 5 de maio de 2011.

O Supremo Tribunal Federal agiu como guardião da Constituição Federal, competente para julgar Ação Direta de Inconstitucionalidade da lei ordinária que reconhece como união estável apenas a convivência de homem e mulher, violando os princípios constitucionais da igualdade jurídica, liberdade e a dignidade da pessoa humana. Portanto, não invadiu competência do Poder Legislativo, como equivocadamente argumentam alguns, contrários ao reconhecimento da união estável homoafetiva.

Na ADI 4.277-7, o Supremo Tribunal Federal extinguiu de vez qualquer resistência ao reconhecimento da união entre pessoas do mesmo sexo como entidade familiar e, desde que preenchidos os requisitos exigidos para a constituição da união estável entre o homem e a mulher, devem ser estendidos os mesmos direitos e deveres.

Por votação unânime, o Supremo Tribunal Federal julgou procedentes as ações, com eficácia *erga omnes* e efeito vinculante, autorizando os ministros, independentemente da publicação do acórdão, a decidirem monocraticamente sobre a questão.

Os votos[129] dos ministros do Supremo Tribunal Federal dão a tônica do novo Direito de Família e orientam as decisões judiciais inclusive em outros temas.

---

[128] "Art. 4º Quando a lei for omissa, o juiz decidirá o caso de acordo com a analogia, os costumes e os princípios gerais de direito."

[129] Disponível em: <www.mp.mg.gov.br/portal/public/interno/repositorio/id/19798>. Acesso em: 12 ago. 2011.

O Ministro Ayres Britto ressaltou que o sexo das pessoas não se presta para desigualação jurídica e qualquer depreciação da união estável homoafetiva colide com o art. 3º, IV, da Constituição Federal, que consagra, como um dos objetivos fundamentais da Nação, promover o bem de todos sem preconceitos e discriminação. O Ministro Luiz Fux ressaltou, entre outros princípios, o princípio da igualdade de todos os seres humanos perante a lei. No mesmo sentido o voto da Ministra Carmem Lúcia, ao ressaltar que todos aqueles que fazem opção pela união homoafetiva, diversa da maioria, não podem ser considerados uma classe de cidadãos diferentes e inferiores.

O Ministro Ricardo Lewandowski fundamentou que, diante da omissão constitucional dessa nova modalidade de família, cabe a ela aplicar a "técnica de integração analógica" e se enquadrar na legislação mais próxima (união estável) até ser regulada pela legislação.

O Ministro Marco Aurélio ressaltou a evolução do conceito de família, ao eleger o amor, o carinho e a afetividade entre os membros como elementos centrais de caracterização da entidade familiar, em detrimento da visão tradicional patrimonialista. O tratamento estatal laico deve ser guiado para dispensar aos membros da família os direitos fundamentais, tais como o direito à dignidade da pessoa humana, à autodeterminação, à privacidade e à liberdade de orientação sexual. O Ministro Celso de Mello, ao reconhecer que tanto as uniões heterossexuais quanto as homossexuais são entidades familiares, ressalta que cabe ao Judiciário, até que o legislador regule essas proteções, assegurar aos casais homoafetivos os mesmos direitos que merecem as demais uniões.

O Supremo Tribunal Federal reconheceu a imperiosa necessidade da interpretação não reducionista (*numerus clausus*) do conceito de família, a eliminação pela Constituição Federal do preconceito quanto à orientação sexual das pessoas, a liberdade para dispor da própria sexualidade como direito fundamental e o direito à intimidade e à vida privada. Concluiu que o art. 1.723 do Código Civil deve ser interpretado conforme a Constituição Federal, aplicando-se à união homoafetiva as mesmas regras e consequências da união estável heteroafetiva[130]. Consta na ementa que:

---

[130] CARVALHO, Dimas Messias de. *Direito das famílias*. 4. ed. São Paulo: Saraiva, 2015. p. 476-477.

1. ARGUIÇÃO DE DESCUMPRIMENTO DE PRECEITO FUNDAMENTAL (ADPF). PERDA PARCIAL DE OBJETO. RECEBIMENTO, NA PARTE REMANESCENTE, COMO AÇÃO DIRETA DE INCONSTITUCIONALIDADE. UNIÃO HOMOAFETIVA E SEU RECONHECIMENTO COMO INSTITUTO JURÍDICO. CONVERGÊNCIA DE OBJETOS ENTRE AÇÕES DE NATUREZA ABSTRATA. JULGAMENTO CONJUNTO. Encampação dos fundamentos da ADPF nº 132-RJ pela ADI nº 4.277-DF, com a finalidade de conferir "interpretação conforme à Constituição" ao art. 1.723 do Código Civil. Atendimento das condições da ação.

2. PROIBIÇÃO DE DISCRIMINAÇÃO DAS PESSOAS EM RAZÃO DO SEXO, SEJA NO PLANO DA DICOTOMIA HOMEM/MULHER (GÊNERO), SEJA NO PLANO DA ORIENTAÇÃO SEXUAL DE CADA QUAL DELES. A PROIBIÇÃO DO PRECONCEITO COMO CAPÍTULO DO CONSTITUCIONALISMO FRATERNAL. HOMENAGEM AO PLURALISMO COMO VALOR SOCIOPOLÍTICO-CULTURAL. LIBERDADE PARA DISPOR DA PRÓPRIA SEXUALIDADE, INSERIDA NA CATEGORIA DOS DIREITOS FUNDAMENTAIS DO INDIVÍDUO, EXPRESSÃO QUE É DA AUTONOMIA DE VONTADE. DIREITO À INTIMIDADE E À VIDA PRIVADA. CLÁUSULA PÉTREA. O sexo das pessoas, salvo disposição constitucional expressa ou implícita em sentido contrário, não se presta como fator de desigualação jurídica. Proibição de preconceito, à luz do inciso IV do art. 3º da Constituição Federal, por colidir frontalmente com o objetivo constitucional de "promover o bem de todos". Silêncio normativo da Carta Magna a respeito do concreto uso do sexo dos indivíduos como saque da kelseniana "norma geral negativa", segundo a qual "o que não estiver juridicamente proibido, ou obrigado, está juridicamente permitido". Reconhecimento do direito à preferência sexual como direta emanação do princípio da "dignidade da pessoa humana": direito a autoestima no mais elevado ponto da consciência do indivíduo. Direito à busca da felicidade. Salto normativo da proibição do preconceito para a proclamação do direito à liberdade sexual. O concreto uso da sexualidade faz parte da autonomia da vontade das pessoas naturais. Empírico uso da sexualidade nos planos da intimidade e da privacidade constitucionalmente tuteladas. Autonomia da vontade. Cláusula pétrea.

(...)

> 6. INTERPRETAÇÃO DO ART. 1.723 DO CÓDIGO CIVIL EM CONFORMIDADE COM A CONSTITUIÇÃO FEDERAL (TÉCNICA DA "INTERPRETAÇÃO CONFORME"). RECONHECIMENTO DA UNIÃO HOMOAFETIVA COMO FAMÍLIA. PROCEDÊNCIA DAS AÇÕES. Ante a possibilidade de interpretação em sentido preconceituoso ou discriminatório do art. 1.723 do Código Civil, não resolúvel à luz dele próprio, faz-se necessária a utilização da técnica de "interpretação conforme à Constituição". Isso para excluir do dispositivo em causa qualquer significado que impeça o reconhecimento da união contínua, pública e duradoura entre pessoas do mesmo sexo como família. Reconhecimento que é de ser feito segundo as mesmas regras e com as mesmas consequências da união estável heteroafetiva[131].

É a reafirmação, pelo colendo Tribunal, de que o núcleo central da família são o afeto e a liberdade de escolha, cabendo ao Estado proporcionar as garantias e afastar os preconceitos e a discriminação, conforme arts. 3º, IV, e 5º da Constituição Federal[132].

Estendem-se, portanto, os efeitos civis da união estável heterossexual, igualados ao casamento com a inconstitucionalidade do art. 1.790 do Código Civil, à união estável homoafetiva também no direito sucessório.

Com a morte do companheiro homoafetivo, o sobrevivente possui, na sucessão legítima, os seguintes direitos:

a) meação nos bens adquiridos onerosamente na constância da união, salvo se existir contrato de convivência estabelecendo regime de bens diverso, aplicando-se, nesse caso, as regras do regime estabelecido (art. 1.725 do CC). Na ausência de contrato, aplica-se da mesma forma na união homoafetiva o regime de comunhão parcial de bens. O companheiro sobrevivente,

---

[131] STF, ADPF 132/RJ, Rel. Min. Ayres Brito, j. 2-5-2011.

[132] "Art. 3º Constituem objetivos fundamentais da República Federativa do Brasil:

(...)

IV – promover o bem de todos, sem preconceitos de origem, raça, sexo, cor, idade e quaisquer outras formas de discriminação.

(...)

Art. 5º Todos são iguais perante a lei, sem distinção de qualquer natureza, garantindo-se aos brasileiros e aos estrangeiros residentes no País a inviolabilidade do direito à vida, à liberdade, à igualdade, à segurança e à propriedade."

além dos bens comuns, também possui meação nas benfeitorias e frutos dos bens particulares do falecido, efetuadas e colhidas durante a união ou pendentes;

b) direito real de habitação no imóvel destinado à residência da família;

c) herdeiro concorrente, com os descendentes e ascendentes do falecido;

d) herdeiro único, na ausência de descendentes e ascendentes.

13.7. SUCESSÃO NA LINHA COLATERAL

Os parentes colaterais, também denominados transversais, não descendem uns dos outros, não têm procedência direta, mas possuem um ancestral comum, um tronco, segundo o modelo de árvore genealógica. Diferente da linha reta, que é infinita, as linhas colaterais possuem um limite para fins jurídicos, que variam ao longo da história de acordo com a concepção de família[133].

Inexistindo descendentes, ascendentes, cônjuge ou companheiro (RE 878.694/MG), se renunciarem ou forem excluídos, a herança será deferida aos colaterais até o quarto grau. Os colaterais herdavam antes do companheiro, na vigência do atual Código Civil, que modificou a preferência estabelecida pela Lei n. 8.971/1994, que incluiu o companheiro na terceira classe de herdeiros, após os ascendentes, excluindo os colaterais. O Supremo Tribunal Federal, entretanto, julgou inconstitucional o art. 1.790 do Código Civil e incluiu o companheiro na mesma ordem de vocação hereditária do cônjuge (art. 1.829 do CC), herdando antes dos colaterais.

São herdeiros colaterais no segundo grau os irmãos; no terceiro grau, os sobrinhos e tios; e, no quarto grau, os primos, os sobrinhos-netos e tios-avós, conforme pode ser visualizado no gráfico com o esquema de parentesco na linha reta e na linha colateral no subtítulo 13.1 – Introdução.

A partir do quarto grau na linha colateral, não existem direitos sucessórios, e a lei não considera as pessoas como parentes, dispondo o art. 1.592 do Código Civil que "são parentes em linha colateral ou transversal, até o quarto grau, as pessoas provenientes de um só tronco sem descenderem uma da outra".

---

[133] LÔBO, Paulo Luiz Netto. *Direito civil*, 2. ed., cit., p. 157.

Assim, são parentes na linha colateral, até o quarto grau, as pessoas que não descendem diretamente uma da outra, mas possuem um ancestral comum, contando-se o grau de parentesco, subindo na linha reta, até o ancestral e depois descendo até o parente, considerando cada geração um grau.

Em nosso direito sucessório anterior (Ordenações Filipinas), os colaterais até o 10º grau precediam ao cônjuge. O Código Civil, em 1916, inverteu a posição e deteve no 6º grau a vocação hereditária na linha oblíqua. O Decreto-lei n. 1.907/1939 reduziu para o 2º grau; o Decreto-lei n. 8.207/1945 fixou no 3º grau; e, finalmente, o Decreto-lei n. 9.461/1946 alterou o art. 1.612 do Código Civil de 1916, chamando a suceder os colaterais até o 4º grau, o que foi mantido no art. 1.839 do Código de 2002.

Na linha colateral, o grau mais próximo exclui o mais remoto, admitindo-se direito de representação apenas aos sobrinhos do falecido quando a herança for deferida aos irmãos (art. 1.840 do CC). Assim, para ocorrer representação na linha colateral, é necessário pelo menos um irmão do morto herdar, possibilitando aos sobrinhos, filhos de irmão premorto, herdarem por representação, recebendo aquilo que o pai receberia, se vivo fosse. Nesse sentido já decidiu o Tribunal de Justiça de Minas Gerais, conforme ementa a seguir:

> AGRAVO DE INTRUMENTO - INVENTÁRIO - SUCESSÃO - COLATERAL - DIREITO DE REPRESENTAÇÃO LIMITADA AOS FILHOS DE IRMÃO - SOBRINHOS-NETOS - IMPOSSIBILIDADE - INTELIGÊNCIA DO ARTIGO 1.840 DO CÓDIGO CIVIL - DECISÃO MANTIDA. - O Código Civil prevê uma única hipótese na qual um herdeiro colateral pode vir a suceder por direito de representação, que se dá quando filhos de irmão premorto do *de cujus*, ou seja, sobrinhos do finado, concorrem com os outros irmãos do falecido (artigo 1.840, *in fine*, e artigo 1.853, ambos do Código Civil)[134].

Na sucessão no segundo grau, por irmãos, a herança, em regra, é dividida por cabeça, porém temos dois tipos de irmãos: bilaterais e unilaterais.

---

[134] TJMG, AI 1.0452.09.048226-9/001, Rel. Des. Silas Vieira, j. 5-8-2010.

Concorrendo apenas irmãos unilaterais ou bilaterais, herdam em igualdade de condições, conforme determina o art. 1.842 do Código Civil[135].

Concorrendo irmão bilateral e unilateral, o bilateral recebe o dobro do irmão unilateral, ou, na redação do art. 1.841 do Código Civil[136], o unilateral recebe a metade do bilateral.

Na hipótese de sobrinhos concorrerem com irmãos do falecido, existindo unilaterais e bilaterais, mantém-se a regra, ou seja, se forem filhos de irmão bilateral, receberão o dobro da quota-parte dos irmãos unilaterais.

Na sucessão em terceiro grau, não existe direito de representação, entretanto o princípio de que *proximior excludit remotiorem* (o mais próximo exclui o mais remoto) novamente é excepcionado. Com efeito, são parentes no terceiro grau os tios e sobrinhos, contudo, apesar de o grau de parentesco que os une ao falecido ser igual, a lei prefere os sobrinhos, excluindo os tios, ao dispor no art. 1.843 do Código Civil que, "na falta de irmãos, herdarão os filhos destes e, não os havendo, os tios".

Os sobrinhos herdarão por cabeça, porém também os filhos de irmão unilateral receberão a metade do que receberá o filho de irmão bilateral (art. 1.843, § 2º, do CC).

Os filhos de sobrinho premorto não herdam por representação, estão excluídos (art. 1.840 do CC). Na linha transversal, concorrendo sobrinhos com irmãos do falecido, são excluídos da herança os sobrinhos-netos[137].

Inexistindo sobrinhos ou se estes forem premortos, herdam os tios, por cabeça. Da mesma forma, não existe direito de representação para possibilitar que filhos de tios premortos concorram na sucessão.

Na sucessão em quarto grau, a lei não estabelece preferências entre os parentes sobrinhos-netos, tios-avós e primos, todos sucedendo por cabeça e em quinhões iguais. Não existe direito de representação entre eles. Na le-

---

135 "Art. 1.842. Não concorrendo à herança irmão bilateral, herdarão, em partes iguais, os unilaterais."

136 "Art. 1.841. Concorrendo à herança do falecido irmãos bilaterais com irmãos unilaterais, cada um destes herdará metade do que cada um daqueles herdar."

137 TJSP, AC 102.762-4, Rel. Ernani de Paiva, transcrito por VENOSA, Sílvio de Salvo. *Direito civil:* direito das sucessões. 3. ed. São Paulo: Atlas, 2003. v. 7. p. 124.

gislação anterior, não existiam direitos sucessórios entre o adotado e os parentes do adotante, pois o art. 1.618 do Código Civil de 1916 o excluía da sucessão. A adoção simples regida anteriormente pelo Código Civil limitava a adoção entre o adotante e o adotado. A Constituição Federal, entretanto, não acolheu a legislação que discriminava a filiação, incluindo os parentes adotivos. O Estatuto da Criança e do Adolescente, ao regular os efeitos da adoção no art. 41, *caput* e § 2º[138], estendeu o parentesco civil, para todos os efeitos, inclusive sucessórios, do adotado com os parentes do adotante.

No direito sucessório, a lei aplicável é a do tempo da abertura da sucessão (art. 1.787 do CC), razão pela qual o adotado herda dos parentes do adotante, mesmo que a adoção tenha sido simples e efetivada pelo Código Civil de 1916, pois é irrelevante que a adoção se tenha feito sob a égide de legislações anteriores, visto que a lei aplicável não é a do tempo da adoção, mas a do tempo da abertura da sucessão, não podendo a filiação adotiva sofrer restrições do direito anterior, posto que todas as disposições legais de modo restritivo aos direitos do adotado estão inexoravelmente revogadas pela Carta Constitucional vigente[139].

Atualmente, não importa a origem do parentesco para a sucessão dos colaterais, tanto que o art. 1.593 do Código Civil dispõe que "o parentesco é natural ou civil, conforme resulte de consanguinidade ou outra origem", o que acolhe o parentesco por adoção, reprodução assistida heteróloga e socioafetiva.

Assim, os parentes colaterais por adoção herdam reciprocamente sem qualquer restrição.

Resumindo, a sucessão entre parentes colaterais, sem importar a origem do parentesco, ocorre se não existirem descendentes, ascendentes, cônjuge e companheiro, na seguinte ordem de preferência:

---

[138] "Art. 41. A adoção atribui a condição de filho ao adotado, com os mesmos direitos e deveres, inclusive sucessórios, desligando-o de qualquer vínculo com pais e parentes, salvo os impedimentos matrimoniais.

(...)

§ 2º É recíproco o direito sucessório entre o adotado, seus descendentes, o adotante, seus ascendentes, descendentes e colaterais até o 4º grau, observada a ordem de vocação hereditária."

[139] TJMG, Agravo 608-023. 218-4, Belo Horizonte, Rel. Des. Corrêa de Marins.

a) primeiro, aos irmãos do falecido, parentes no 2º grau, observando que os bilaterais herdam o dobro dos unilaterais e cabe direito de representação aos filhos do irmão premorto ou excluído da sucessão;

b) segundo, aos sobrinhos do autor da herança, parentes no 3º grau, observando que os filhos de irmãos bilaterais herdam o dobro dos filhos de irmãos unilaterais e não existe direito de representação aos filhos de sobrinho premorto;

c) terceiro, aos tios do falecido, também parentes no 3º grau, em igualdade;

d) quarto, indistintamente, aos filhos dos sobrinhos, aos primos e aos tios-avós (irmão dos avós), todos herdeiros no 4º grau, em igualdade.

13.8. RECOLHIMENTO DA HERANÇA PELOS MUNICÍPIOS

Inexistindo herdeiros, a herança é jacente, arrecadando-se os bens em procedimento próprio. Após a declaração de vacância, os bens serão transferidos ao poder público, passando definitivamente ao seu domínio, depois de transcorrer cinco anos da abertura da sucessão (art. 1.822 do CC)[140].

O município não é herdeiro, não possui o direito de *saisine*, tanto que, para entrar na posse e propriedade dos bens, é necessária a sentença de vacância. Washington de Barros Monteiro leciona, entretanto, que, na falta de outras pessoas sucessíveis, por lei ou por testamento, herda o município em reconhecimento da colaboração prestada ao indivíduo na aquisição e conservação da riqueza. O município é verdadeiramente o único herdeiro forçado. Para qualquer outro herdeiro, pessoa física ou jurídica, vigora o princípio de que "só é herdeiro quem quer", mas o município, pessoa de direito público, é sempre herdeiro, independentemente de aceitação, não se lhe concedendo direito de renúncia[141].

---

140 "Art. 1.822. A declaração de vacância da herança não prejudicará os herdeiros que legalmente se habilitarem; mas, decorridos cinco anos da abertura da sucessão, os bens arrecadados passarão ao domínio do Município ou do Distrito Federal, se localizados nas respectivas circunscrições, incorporando-se ao domínio da União quando situados em território federal.
Parágrafo único. Não se habilitando até a declaração de vacância, os colaterais ficarão excluídos da sucessão."

141 MONTEIRO, Washington de Barros. Op. cit., p. 104-105.

O art. 1.603 do Código Civil de 1916 incluiu o Estado no rol dos herdeiros legítimos, mas a Lei n. 8.049/1990 deu nova redação ao art. 1.619 do Código Civil de 1916, nomeando o município o último depositário da herança em substituição ao Estado. Segundo dispõe o art. 3º do Decreto-lei n. 8.207/1945[142], os bens arrecadados deverão ser aplicados em fundações destinadas ao desenvolvimento do ensino universitário.

O Código Civil de 2002 manteve o Município ou o Distrito Federal de localização da circunscrição, ou a União, se localizada em território federal, como último depositário da herança (art. 1.844), mas excluindo-o corretamente da ordem de vocação hereditária.

Paulo Lôbo entende que a Fazenda Pública, que já foi da União, dos Estados e, a partir da Lei n. 8.049/1990, do Município, é sucessora universal do falecido e, portanto, herdeira. Ressalta que não se aplica mais o Decreto-lei n. 8.207/1945, que destinava os bens da herança ao desenvolvimento do ensino universitário. Considerando que o critério atual para o recebimento dos bens pelo Município é o da localização, e não mais o do domicílio do autor da herança, podem herdar vários Municípios, recebendo o bem localizado na sua circunscrição[143].

O Superior Tribunal de Justiça já decidiu que "a declaração de vacância é o momento em que o domínio dos bens jacentes se transfere ao patrimônio público"[144], o que afasta o Município da qualidade de herdeiro, não se aplicando o princípio da *saisine*, reafirmando sua qualidade de último depositário da herança.

---

[142] "Art. 3º Adquirindo o domínio dos bens arrecadados, a União, o Estado a aplicá-los em fundações destinadas ou o Distrito Federal ficam obrigados ao desenvolvimento do ensino universitário, e o Ministério Público respectivo velará por essa aplicação."

[143] LÔBO, Paulo Luiz Netto. Op. cit., p. 165.

[144] STJ, REsp 100.290/SP, Rel. Min. Barros Monteiro, j. 14-5-2002.

14

Sucessão Testamentária

14.1. INTRODUÇÃO E CONCEITO DE TESTAMENTO

A herança é transmitida por disposição da lei, ao estabelecer a ordem de vocação hereditária, ou pela vontade do autor da herança, instituindo herdeiros ou legatários, produzindo efeitos após a sua morte, mediante testamento.

Sucessão testamentária é aquela que se dá em obediência à vontade do falecido, prevalecendo, contudo, as disposições legais naquilo que constitua *ius cogens*, bem como no que for omisso ou silente o instrumento[1]. A vontade do autor da herança é limitada se possuir herdeiros necessários, em razão da proteção à legítima.

Conforme Rodrigo da Cunha Pereira, sucessão testamentária "é a transmissão da herança de acordo com a manifestação de vontade por escrito do falecido", ou seja, é a modalidade de sucessão em que existe uma

1 PEREIRA, Caio Mário da Silva. *Instituições de direito civil.* 6. ed. Rio de Janeiro: Forense, 1991. p. 124.

declaração de última vontade do falecido que deve ser cumprida[2]. A declaração de última vontade é efetuada por testamento.

Testamento é o ato pelo qual uma pessoa dispõe da totalidade ou de parte de seus bens para depois de sua morte, conforme disposto no art. 1.857 do Código Civil[3], ou faz outras declarações de última vontade.

Na lição de Arthur Del Guércio Neto, testamento "é o ato pelo qual o testador faz suas disposições de última vontade, com efeito patrimonial ou não, para que surtam efeitos após a sua morte". Ressalta que somente pelo testamento pode a pessoa disciplinar assuntos para serem eficazes depois da sua morte, excetuando apenas o codicilo para disposições de pequena monta[4].

As disposições de última vontade não se limitam, portanto, à disposição de bens, admitindo reconhecimento de filhos; nomeação de tutor, perdão ao indigno, deserdação, revogação de testamentos anteriores e dispensa de colação dos bens anteriormente doados (arts. 1.609, III, 1.729, parágrafo único, 1.818, 1.964, 1.969 e 2.006 do Código Civil), entre outras possibilidades de disposição de vontade póstuma.

O testamento, segundo Carlos Roberto Gonçalves, surgiu no direito romano, como disposição de última vontade, sendo desconhecido no direito anterior. No conceito de Modestino, *testamentum est voluntatis nostrae justa sententia, de eo, quod quis post mortem suam fieri velit*, ou seja, "testamento é a justa manifestação de nossa vontade sobre aquilo que queremos que se faça depois da morte"[5].

No magistério de Luiz Paulo Vieira de Carvalho, a finalidade principal do testamento é a nomeação de herdeiros ou legatários, tanto que o art. 1.857,

---

2 PEREIRA, Rodrigo da Cunha. *Dicionário de direito de família e sucessões*. São Paulo: Saraiva, 2015. p. 662.

3 "Art. 1.857. Toda pessoa capaz pode dispor, por testamento, da totalidade dos seus bens, ou de parte deles, para depois de sua morte.

§ 1º A legítima dos herdeiros necessários não poderá ser incluída no testamento.

§ 2º São válidas as disposições testamentárias de caráter não patrimonial, ainda que o testador somente a elas se tenha limitado."

4 DEL GUÉRCIO NETO, Arthur. Testamento público. Aspectos técnicos e práticos. In: DEL GUÉRCIO NETO, Arthur; DEL GUÉRCIO, Lucas Barelli (Coords.). *O direito notarial e registral em artigos*. São Paulo: YK Editora, 2016. p. 45.

5 GONÇALVES, Carlos Roberto. *Direito civil brasileiro:* direito das sucessões. 11. ed. São Paulo: Saraiva, 2017. v. 7. p. 231.

caput, do Código Civil expressa que a pessoa capaz "pode dispor, por testamento, da totalidade de seus bens, ou de parte deles", entretanto não é sua única finalidade, já que também "são válidas as disposições testamentárias de caráter não patrimonial" (§ 2º). Assim, permite-se a utilização do testamento para disposições extrapatrimoniais[6].

Washington de Barros[7] conceitua testamento como negócio jurídico unilateral e gratuito, de natureza solene, essencialmente revogável, pelo qual alguém dispõe dos bens para depois de sua morte ou determina a própria vontade sobre a situação dos filhos e outros atos de última vontade, que não poderão, porém, influir na legítima dos herdeiros necessários.

Mediante sucessão testamentária, podem ser nomeados herdeiros ou legatários.

Zeno Veloso ensina que herdeiro é o que sucede na universalidade, na totalidade da herança, ou em uma quota-parte, em uma fração do patrimônio do *de cujus*; legatário, o que sucede a título particular, em bens ou valores determinados. O critério fundamental da distinção está na determinação ou na indeterminação do objeto, dos bens sucessíveis. O jurista paraense cita Orozimbo Nonato, para distinguir a instituição de herdeiro do legado. Na herança, o titular tem *universum jus* do autor da herança, a totalidade do seu patrimônio ou parte dele, abstrata e ideal. No legado, o titular é sucessor a título particular, é sucessor em objetos, em coisas limitadas pela quantidade, qualidade ou situação. Adverte que valor não é diferencial entre herança e legado, podendo, em certos casos, o herdeiro receber menos que o legatário[8].

Não pode ser confundida a cédula testamentária, que é o suporte material do testamento, o papel em que está escrito, com o testamento, que é ato jurídico de última vontade.

---

6 CARVALHO, Luiz Paulo Vieira de. *Direito das sucessões*. 3. ed. São Paulo: Atlas, 2017. p. 552.

7 MONTEIRO, Washington de Barros. *Curso de direito civil*. 35. ed. rev. e atual. por Ana Cristina de Barros Monteiro França Pinto. São Paulo: Saraiva, 2003. v. 6. p. 124.

8 VELOSO, Zeno. Testamentos – noções gerais; formas ordinárias; codicilo; formas especiais. In: HIRONAKA, Giselda Maria Fernandes Novaes; PEREIRA, Rodrigo da Cunha (Coords.). *Direito das sucessões e o novo Código Civil*. Belo Horizonte: Del Rey, 2004. p. 121.

O Código Civil admite as duas formas de sucessão: a legal ou legítima e a testamentária. As formas se convivem, é lícita e reconhecida a capacidade de testar, dispondo de todos os bens ou de uma parte, havendo herdeiros necessários, sendo livre a instituição e substituição de herdeiros ou a distribuição de bens em legados. O Código de 2002 não permite, como ocorria no anterior, gravar a legítima com cláusulas restritivas (art. 1.723 do CC/1916). Atualmente, somente se admitem cláusulas restritivas sobre os bens da legítima se houver justa causa declarada no testamento, como, por exemplo, herdeiro viciado em álcool ou jogos, gastador compulsivo, sendo vedado, ainda, estabelecer a conversão dos bens em outros de espécie diversa (art. 1.848 e § 1º do CC).

Nos bens dos herdeiros legítimos facultativos, dos instituídos, ou nos legados, é lícito ao testador gravar os bens de cláusulas restritivas, como inalienabilidade, impenhorabilidade e incomunicabilidade, bem como na parte disponível, já que a vedação se aplica somente sobre bens da legítima (art. 1.848 do CC).

14.2. CARACTERÍSTICAS DO TESTAMENTO

O testamento é ato jurídico pessoal e possui as seguintes características:

a) *negócio jurídico unilateral*, perfeito e acabado com a manifestação de uma única vontade na sua formação e validade. A vontade emana de uma só parte, isoladamente. É negócio jurídico unilateral, pois a vontade irá produzir efeitos jurídicos após a morte do testador. Sua perfectibilidade jurídica cinge-se à manifestação da vontade do disponente, vontade livre, solitária e soberana, que é suficiente e bastante para a validade do ato, observadas as formalidades legais, não havendo qualquer aceitante ou recebedor da declaração do testador. A herança tem de ser aceita (art. 1.804 do CC), e o legado tem de ser pedido (art. 1.923 do CC), mas isso somente ocorrerá depois da morte do testador. Aperfeiçoa-se com uma única vontade. Cumpridos os requisitos legais, o testamento é negócio válido, desde que concluído, mas a sua eficácia é diferida, dependendo da morte do seu autor. São, pois, dois planos distintos do mundo jurídico: o da validade e o da eficácia[9].

[9] VELOSO, Zeno. Op. cit., p. 124-125.

É ato bilateral apenas na geração de efeitos (eficácia), que ocorrerá após a morte do testador, ao necessitar da aceitação do herdeiro ou legatário, que não precisa ser expressa;

b) *revogável*, porque a qualquer tempo o testamento pode ser revogado ou modificado por outro testamento (arts. 1.858 e 1.969 do CC). Só pode ser revogado por outro testamento, salvo quanto ao cerrado, pois, se for quebrado o lacre ou desfeita a costura, considera-se revogado. Nos termos do art. 1.972 do Código Civil, se o testamento for aberto por terceiro ou rasurado contra a vontade do testador, não se invalida, entretanto, a questão demanda prova da intenção do testador, razão pela qual os tribunais reiteradamente têm presumido que o testamento cerrado aberto é sinal de que o testador quis revogar.

A revogabilidade é tão essencial ao testamento que são consideradas nulas todas as cláusulas que impeçam a revogação ou alteração[10].

A Lei n. 8.560/1992, em seu art. 1º, III, entretanto, dispõe que é irrevogável o reconhecimento de filho em testamento, ainda que incidentalmente manifestado, preceito reproduzido nos arts. 1.609, III, e 1.610[11] do Código Civil. Assim, ainda que revogado, aproveita-se no testamento a paternidade reconhecida. Questão que alimenta discussão na doutrina é o momento da eficácia da filiação reconhecida no testamento. A maioria entende que só possui eficácia com a morte do testador, ainda que o testamento tenha sido revogado, posto que o testamento é um negócio *mortis causa*, retroagindo seus efeitos ao nascimento do filho.

Paulo Luiz Netto Lôbo, entretanto, leciona que o testamento é apenas um meio para o reconhecimento da filiação, não ficando sujeita a eficácia do reconhecimento à eficácia ou sobrevivência do instrumento. Orienta, ainda, que, de um lado, pode o perfilhado requerer que seja promovida a averbação no registro de nascimento, antes mesmo da eficácia do testamento; de outro lado, a superveniência da revogação do testamento não contamina o reconhecimento, que permanece válido e eficaz[12]. O reconhecimento de filho, ainda que mediante testamento, é um ato jurídico *inter vivos*, que

---

[10] WALD, Arnoldo. *Direito das sucessões*. 12. ed. São Paulo: Saraiva, 2002. p. 95.

[11] "Art. 1.610. O reconhecimento não pode ser revogado, nem mesmo quando feito em testamento."

[12] LÔBO, Paulo Luiz Netto. *Código Civil comentado* apud VELOSO, Zeno. Op. cit., p. 127-128.

pode ser efetuado em vida de outras formas, e não um ato jurídico essencialmente *causa mortis*, razão pela qual produz efeitos em vida[13];

c) *personalíssimo* ou *pessoal*, só podendo ser feito pelo próprio testador, sem qualquer interferência (art. 1.858 do CC). Não se admite intermediário ou procurador, ou seja, não admite atuação ou intervenção de terceiros nos atos de disposição. Não possui validade o testamento conjuntivo e simultâneo (feito por mais de uma pessoa e ao mesmo tempo), sendo proibido (art. 1.863 do CC). O testamento simultâneo, porém, é válido se não for feito em conjunto, na mesma cédula, e se não exigir correspectividade.

A vontade só pode ser declarada pelo próprio testador, diretamente, sem interferência ou mediante procurador, sendo, pois, indelegável, o que não impede assessoramento de advogado, tabelião ou outra pessoa de sua confiança para orientá-lo na elaboração do testamento, inclusive preparando a minuta e os apontamentos que podem ser utilizados pelo testador nas suas declarações (art. 1.864, I, do CC);

d) *gratuito*, já que não comporta correspectividade, sendo um ato de liberalidade. As disposições que a contenham são inválidas, como, por exemplo, o marido fazer um testamento e em uma cláusula deixar bens à mulher condicionando que só será válida se ela também, fazendo testamento, deixar para ele os seus bens (art. 1.863 do CC). A gratuidade em relação ao testador é da essência do ato, não o desvirtuando a coexistência da liberalidade com algum elemento oneroso, como o encargo, que não pode ser considerado uma compensação. O testamento não tem por objetivo a obtenção de vantagens ao testador, por tratar-se de disposição *post mortem*;

e) *solene*, pois o testamento é ato formal, e a manifestação de vontade do testador há de se revestir da forma prescrita em lei, tanto que o art. 1.626 do Código Civil de 1916 dispunha "de conformidade com a lei". Da mesma forma, os requisitos essenciais são exigidos no atual Código Civil, apesar de o art. 1.857 não reproduzir a expressão do anterior, prescrevendo, entretanto, diversas formalidades para a elaboração do testamento, sob pena de nulidade do ato. O testamento só adquire validade quando feito rigorosamente segundo as normas legais, destinando esse formalismo a proteger a veracidade e a realidade do ato[14].

---

[13] CARVALHO, Luiz Paulo Vieira de. Op. cit., p. 563.

[14] NONATO, Orozimbo. *Estudos sobre sucessões testamentárias* apud MONTEIRO, Washington de Barros. Op. cit.

As formas exigidas não são apenas *ad probationem*, em que a formalidade é exigida apenas para provar a existência do ato e pode ser demonstrada de outras formas, mas *ad solemnitatem*, que exige a observância de todas as formalidades essenciais para o ato ser válido, sob pena de nulidade. Nesse negócio jurídico, vontade e forma se integram e se fundem, resultando em um todo indivisível. A vontade do testador só pode valer se exteriorizada por uma das formas previstas na lei e cumprir rigorosamente as formalidades ou solenidades prescritas para cada forma, sob pena de nulidade. O formalismo não vem para complicar, burocratizar ou constranger, mas para salvaguardar, preservar e proteger a vontade do testador[15].

A jurisprudência, entretanto, em casos excepcionais e comprovada a autenticidade do testamento, tem admitido abrandamento quanto ao número de testemunhas no testamento particular, mas não admite descumprimento em outros requisitos essenciais, conforme o REsp 1.144.867/DF[16]. Em outro julgado, decidiu o Superior Tribunal de Justiça que "inclina-se a jurisprudência do STJ pelo aproveitamento do testamento quando, não obstante a existência de certos vícios formais, a essência do ato se mantém íntegra, reconhecida pelo Tribunal Estadual, soberano no exame da prova,

---

[15] VELOSO, Zeno. Op. cit., p. 125-126.

[16] "RECURSO ESPECIAL. TESTAMENTO PARTICULAR. (...). ASSINATURA DO TESTADOR. REQUISITO ESSENCIAL DE VALIDADE. ABRANDAMENTO. IMPOSSIBILIDADE.

1. Cuida-se de procedimento especial de jurisdição voluntária consubstanciado em pedido de abertura e registro de testamento particular.

2. Cinge-se a controvérsia a determinar se pode subsistir o testamento particular formalizado sem todos os requisitos exigidos pela legislação de regência, no caso, a assinatura do testador e a leitura perante as testemunhas.

3. A jurisprudência desta Corte tem flexibilizado as formalidades prescritas em lei no tocante às testemunhas do testamento particular quando o documento tiver sido escrito e assinado pelo testador e as demais circunstâncias do autos indicarem que o ato reflete a vontade do testador.

4. No caso dos autos, o testamento é apócrifo, não sendo, portanto, possível concluir, de modo seguro, que o testamento redigido de próprio punho exprime a real vontade do testador.

5. Recurso especial provido" (STJ, REsp 1.444.867/DF, Rel. Min. Ricardo Villas Bôas Cueva, j. 23-9-2014).

a fidelidade da manifestação de vontade da testadora, sua capacidade mental e livre expressão"[17].

Com efeito, o Superior Tribunal de Justiça tem flexibilizado, apesar das divergências, quando ocorre algum vício na solenidade e no formalismo que não coloca em dúvida a vontade do testador. O ato só deve ser anulado, segundo esse entendimento, se o vício comprometer ou causar dúvidas na vontade do testador.

Em julgamento recente, por maioria, com votos contrários, a 2ª Seção do Superior Tribunal de Justiça, no REsp 1.633.254/MG, decidiu validar testamento público apenas com a impressão digital da testadora, sem a sua assinatura.

A Relatora, Ministra Nancy Andrighi, fundamentou no seu voto que "as pessoas do mundo moderno não mais se individualizam e se identificam apenas por sua assinatura de próprio punho, mas sim por seus tokens, chaves, logins, senhas, ids, certificações digitais, reconhecimentos faciais, digitais, oculares. (...) As decisões judiciais dispensam assinatura do próprio punho e negócios jurídicos de muita relevância são celebrados apenas por WhatsApp, Facebook, chats, Instagram". Ressaltou que o conteúdo do testamento não pode ser prejudicado por vícios na sua forma se não existir dúvida de sua autenticidade e da vontade do testador. Os votos contrários ressalvaram que a exigência de assinatura é requisito legal e que exige obediência, não sendo mero formalismo, comprometendo a solenidade do ato a sua ausência. Constou em partes da ementa que:

> (...) SUCESSÃO TESTAMENTÁRIA. AUSÊNCIA DE ASSINATURA DE PRÓPRIO PUNHO DO TESTADOR. REQUISITO DE VALIDADE. OBRIGATORIEDADE DE OBSERVÂNCIA, CONTUDO, DA REAL VONTADE DO TESTADOR, AINDA QUE EXPRESSADA SEM TODAS AS FORMALIDADES LEGAIS. (...)
>
> 4- Em se tratando de sucessão testamentária, o objetivo a ser alcançado é a preservação da manifestação de última vontade do falecido, devendo as formalidades previstas em lei serem examinadas à luz dessa diretriz máxima, sopesando-se, sempre casuisticamente, se a ausência de uma delas é suficiente para comprometer a validade do testamento em confronto com

[17] STJ, REsp 600.746/PR, Rel. Min. Aldir Passarinho Júnior, j. 15-6-2010.

> os demais elementos de prova produzidos, sob pena de ser frustrado o real desejo do testador.
>
> 5- Conquanto a jurisprudência do Superior Tribunal de Justiça permita, sempre excepcionalmente, a relativização de apenas algumas das formalidades exigidas pelo Código Civil e somente em determinadas hipóteses, o critério segundo o qual se estipulam, previamente, quais vícios são sanáveis e quais vícios são insanáveis é nitidamente insuficiente, devendo a questão ser examinada sob diferente prisma, examinando-se se da ausência da formalidade exigida em lei efetivamente resulta alguma dúvida quanto a vontade do testador.
>
> (...)
>
> 8- Hipótese em que, a despeito da ausência de assinatura de próprio punho do testador e do testamento ter sido lavrado a rogo e apenas com a aposição de sua impressão digital, não havia dúvida acerca da manifestação de última vontade da testadora que, embora sofrendo com limitações físicas, não possuía nenhuma restrição cognitiva[18].

É inequívoco que as formas de testamento estão arcaicas, necessitando serem revistas, permitindo-se, por exemplo, testamento particular gravado por audiovisual, muito mais autêntico e seguro.

f) *ato de disposição dos bens*, por facultar ao testador dispor o todo ou parte de seu patrimônio (art. 1.857 do CC), podendo, em consequência, instituir herdeiros ou não, deixar legados, gravar os bens com cláusulas restritivas livremente, exceto quanto aos bens da legítima que exigem justa causa (art. 1.848 do CC);

g) *ato de outras disposições de caráter não patrimonial* comportadas pelo testamento. Zeno Veloso ensina que no próprio Código Civil encontramos preceitos em que o testamento não tem conteúdo patrimonial, ou que só mediata ou indiretamente apresentam um efeito econômico, como: a disposição gratuita do próprio corpo, para depois da morte (art. 14); a criação de uma fundação (art. 63); a substituição, pelo estipulante, do terceiro designado no contrato (art. 438, parágrafo único); a instituição de condomínio edilício (art. 1.332); o reconhecimento de filiação (art. 1.609,

---

[18] STJ, 2ª Seção, REsp 1.633.254/MG, Rel. Min. Nancy Andrighi, j. 11-3-2020.

III); a nomeação de tutor para os filhos (arts. 1.634, IV, e 1.729, parágrafo único); a revogação de testamento anterior (art. 1.969); a instituição de bem de família (art. 1.711); a reabilitação do indigno (art. 1.818); o estabelecimento de cláusulas restritivas (arts. 1.848 e 1.911); a deserdação (art. 1.964); a nomeação de testamenteiro (art. 1.976); as despesas de sufrágios por alma do falecido (art. 1.998); a dispensa de colação (art. 2.006)[19];

h) *disposição de última vontade*, pois o testamento é destinado a produzir efeitos *post mortem*, traduzindo o querer extremo do testador, prevalecendo na interpretação sempre a sua vontade (art. 1.899 do CC). Ato que gere efeitos em vida não é testamento, posto que não pode ser objeto de contrato a herança de pessoa viva (art. 426 do CC), exceto o reconhecimento de filhos que produz eficácia mesmo antes da morte do testador, posto que não é necessariamente ato *causa mortis*.

14.3. CAPACIDADE PARA TESTAR

A validade do testamento está condicionada à apuração de elementos intrínsecos (capacidade do testador, espontaneidade da declaração, objeto, limites) e de elementos extrínsecos ou formais (espécies e requisitos)[20].

A capacidade testamentária ativa – *testamenti factio activa* – pressupõe inteligência e vontade, isto é, o entendimento do que representa o ato e a manifestação do que quer, pois todo negócio jurídico pressupõe, para sua validade, agente capaz (art. 104, I, do CC). O testador deve ter conhecimento do que representa o ato de testar, ter ciência da sua natureza, e querer praticá-lo de forma consciente e livre[21].

A capacidade é verificada no momento em que é feito o testamento, permanecendo válido mesmo que posteriormente o testador se torne incapaz, dispondo o art. 1.861 do Código Civil que "a incapacidade superveniente do testador não invalida o testamento, nem o testamento do incapaz se valida com a superveniência da capacidade". A incapacidade independe de prévio reconhecimento judicial anterior ao testamento e nomeação de curador, devendo existir na sua feitura, no momento em que se realiza o ato.

---

[19] VELOSO, Zeno. Op. cit., p. 120-121.

[20] PEREIRA, Caio Mário da Silva. Op. cit., p. 135-136.

[21] CARVALHO, Luiz Paulo Vieira de. Op. cit., p. 577.

A capacidade é a regra, não podendo testar os incapazes e os que não tiverem pleno discernimento ao fazê-lo, conforme o art. 1.860 do Código Civil[22].

A incapacidade prevista na lei é absoluta, tornando inválido o ato praticado nessa condição. Nem caberia suprimento por representação dos pais ou do curador do incapaz, por ser o testamento ato personalíssimo, que não admite sua expressão por intermédio de outrem[23].

O atual Código Civil não reproduziu o art. 1.627 do Código Civil de 1916, que especificava os incapazes de testar, referindo-se genericamente aos incapazes, portanto os previstos nos arts. 3º e 4º. Excetuam os menores entre dezesseis e dezoito anos (art. 1.860, parágrafo único) e os pródigos, que podem dispor dos bens para depois da morte. Embora relativamente incapazes, podem fazer testamento sem a necessidade de assistência de seu responsável legal. Pródigo é a pessoa que gasta desordenadamente seu patrimônio, perdulária, que não tem controle de suas contas, o ponto de levá-lo à miséria, sendo considerado relativamente incapaz pelo art. 4º do Código Civil[24].

A curatela é deferida ao pródigo para assisti-lo na prática de atos *inter vivos*, para evitar sua ruína, não o privando de disposições *causa mortis* quando todo o patrimônio é transferido, tanto que o art. 1.782 do Código Civil dispõe que o pródigo é privado de praticar, sem assistência do curador, os atos de "emprestar, transigir, dar quitação, alienar, hipotecar, demandar ou ser demandado, e praticar, em geral, os atos que não sejam de mera ad-

---

22 "Art. 1.860. Além dos incapazes, não podem testar os que, no ato de fazê-lo, não tiverem pleno discernimento.
Parágrafo único. Podem testar os maiores de dezesseis anos."

23 OLIVEIRA, Euclides Benedito de; AMORIM, Sebastião Luiz. *Inventários e partilhas:* direito das sucessões. Teoria e prática. 17. ed. São Paulo: Livraria e Editora Universitária de Direito, 2004. p. 251.

24 "Art. 4º São incapazes, relativamente a certos atos ou à maneira de os exercer:
I – os maiores de dezesseis e menores de dezoito anos;
II – os ébrios habituais e os viciados em tóxico;
III – aqueles que, por causa transitória ou permanente, não puderem exprimir sua vontade;
IV – os pródigos.
Parágrafo único. A capacidade dos indígenas será regulada por legislação especial."

ministração", não existindo nenhuma vedação ou exigência de assistência (já que o ato é personalíssimo) de o pródigo testar.

Por importar restrição de direitos, a lei não pode ter interpretação extensiva, permitindo-se tudo o que não for vedado expressamente.

A jurisprudência não é pacífica, já entendendo por maioria que, "tendo sido decretada a interdição provisória do testador, não há como prevalecer o testamento por ele produzido", examinando a questão, entretanto, apenas sob a ótica da ausência de pleno discernimento, sem observar os limites da curatela quanto ao pródigo e tratar-se de transmissão *causa mortis*[25].

A capacidade de testar do pródigo deve ser examinada atualmente sob o comando da Lei n. 13.146/2015, que importa em mudanças estruturais na teoria das incapacidades, notadamente na interdição para os atos da vida civil, conferindo cidadania e avançando significativamente na inclusão das pessoas com alguma deficiência, protegendo sua dignidade e liberdade.

O pródigo pode testar sem assistência, pois irá dispor do patrimônio para depois de sua morte. Embora não esteja excepcionado pela lei, pelo contrário, está incluído entre os relativamente incapazes, o pródigo é interditado para não dilapidar seu patrimônio, o que não justifica ser incluído entre os incapazes para testar, já que as disposições testamentárias hão de vigorar somente depois de sua morte, portanto não estará dilapidando seu patrimônio[26]. O objetivo da interdição do pródigo é protegê-lo e proteger todos aqueles que lhe são dependentes economicamente em vida. Da mesma forma que o menor com dezesseis anos de idade, o pródigo não necessita de assistência porque o ato é unilateral e personalíssimo, bem como é preservada a legítima dos herdeiros necessários.

Acrescenta, ainda, o art. 1.860 do Código Civil que não podem dispor por testamento os que "não tiverem pleno discernimento", ou seja, os que, apesar de capazes, não estejam em seu juízo perfeito no momento de testar. Não se cogita, nesta última hipótese, dos casos genéricos de incapacidade absoluta ou relativa, mas trata daqueles que, por motivos transitórios, estão privados do uso de sua faculdade, estão com a mente conturbada a ponto de retirar-lhe a plena consciência, como enfermidades mentais temporárias

---

25 TJMG, AC 1.0137.06.000436-3/001, Rel. Des. Fernando Caldeira Brant, j. 16-4-2008.

26 MONTEIRO, Washington de Barros. Op. cit., p. 129.

ou parciais, intoxicação etílica (embriaguez), medicamentosa, estado alucinógeno (drogado), hipnótico, causa traumática, entre outros.

Não podem testar os menores de dezesseis anos, absolutamente incapazes, conforme o art. 3º do Código Civil[27], os ébrios habituais, os viciados em tóxicos e aqueles que, por causa transitória ou permanente, não puderem exprimir sua vontade, posto que, quanto aos primeiros, absolutamente incapazes, a vontade é irrelevante, e os últimos, relativamente incapazes, não possuem pleno entendimento e discernimento do ato que estão praticando, não podendo ser assistidos por curador, porque o testamento é personalíssimo.

O Estatuto da Pessoa com Deficiência (Lei n. 13.146/2015) modificou os arts. 3º e 4º do Código Civil, mantendo apenas os menores de dezesseis anos como absolutamente incapazes e incluindo, entre os relativamente incapazes, "aqueles que, por causa transitória ou permanente, não puderem exprimir sua vontade" (art. 4º, III), que antes, juntamente com os enfermos mentais sem discernimento, eram absolutamente incapazes.

No art. 4º do Código Civil, a Lei n. 13.146/2015 suprimiu os deficientes mentais com discernimento reduzido e os excepcionais sem desenvolvimento mental completo da condição de relativamente incapazes. Logo, essas pessoas se equiparam às pessoas capazes de praticar os atos da vida civil, em igualdade de condições com as demais pessoas, sem necessidade de curador, salvo em casos excepcionais e específicos, de acordo com as necessidades de cada caso, em que será submetida a curatela no menor tempo possível ou pode optar por tomada de decisão apoiada, conforme prevê o art. 84 e §§ 1º a 3º da Lei n. 13.146/2015[28].

---

[27] "Art. 3º São absolutamente incapazes de exercer pessoalmente os atos da vida civil os menores de 16 (dezesseis) anos."

[28] "Art. 84. A pessoa com deficiência tem assegurado o direito ao exercício de sua capacidade legal em igualdade de condições com as demais pessoas.

§ 1º Quando necessário, a pessoa com deficiência será submetida à curatela, conforme a lei.

§ 2º É facultado à pessoa com deficiência a adoção de processo de tomada de decisão apoiada.

§ 3º A definição de curatela de pessoa com deficiência constitui medida protetiva extraordinária, proporcional às necessidades e às circunstâncias de cada caso, e durará o menor tempo possível."

A deficiência mental, atualmente, não impede a pessoa de fazer testamento, dispondo o art. 6º do Estatuto da Pessoa com Deficiência que "a deficiência não afeta a plena capacidade civil da pessoa". Afirma Carlos Roberto Gonçalves que "pretendeu o legislador, com essas inovações, impedir que a pessoa deficiente seja considerada e tratada como incapaz, tendo em vista os princípios constitucionais da igualdade e da dignidade humana"[29], possuindo capacidade para testar.

Assim, não podem testar os menores de dezesseis anos, os que não tiverem pleno discernimento no momento do ato e os relativamente incapazes previstos no art. 4º do Código Civil.

Excluem-se da vedação legal o menor que perfez dezesseis anos de idade e o pródigo.

O menor que completou dezesseis anos, apesar de relativamente incapaz, poderá testar independentemente de autorização, ou mesmo de assistência do representante legal, agindo sozinho, como se fora maior[30], podendo inclusive reconhecer filhos. O próprio Código Civil relativiza a incapacidade do menor que completou dezesseis anos de idade para testar, ao dispor que "podem testar os maiores de dezesseis anos" (art. 1.860, parágrafo único).

Fora essas hipóteses, não há como acolher a capacidade ativa testamentária dos relativamente incapazes, que possuem o discernimento reduzido, mesmo do ébrio habitual e do viciado em tóxicos, em face da vedação expressa do art. 1.860 do Código Civil.

O idoso pode testar, pois a senilidade não é incapacidade, desde que esteja lúcido.

O ausente é capaz de testar no local onde se encontra.

O analfabeto, o cego e o surdo podem testar na forma pública (arts. 1.865 a 1.867 do CC), enquanto o surdo-mudo pode fazer testamento cerrado, contanto que o escreva e assine de sua mão, escrevendo, ao entregá-lo ao oficial público para aprovação, que é seu testamento (art. 1.873 do CC).

---

[29] GONÇALVES, Carlos Roberto. Op. cit., p. 243.

[30] MONTEIRO, Washington de Barros. Op. cit., p. 128.

14.4. CAPACIDADE PARA ADQUIRIR POR TESTAMENTO

A regra geral é que qualquer pessoa física ou jurídica que exista ou já concebida ao tempo da abertura da sucessão tem capacidade para receber por testamento – *testamenti factio passiva* –, observando sua existência na data da morte do testador e não na da feitura do testamento, conforme orientam o arts. 1.798 e 1.799, II, do Código Civil[31].

O atual Código Civil inovou ao incluir o nascituro na regra geral, acrescentando no art. 1.798 as pessoas já concebidas, o que era excepcionado no Código revogado, ao dispor que "legitimam-se a suceder as pessoas nascidas ou já concebidas no momento da abertura da sucessão".

Nascituro é o ser já gerado, mas que não nasceu, e, apesar de não ter personalidade civil, possui expectativa de direito, e a lei o protege (art. 2º do CC). A única condicionante é que nasça com vida, tratando-se, pois, de uma capacidade condicional. Se nascer com vida, herdará, mesmo que venha a morrer logo depois, em face do princípio da *saisine*.

Nascendo com vida, o herdeiro receberá os bens, frutos e rendimentos desde a morte do testador. Se nascer morto, não herdará, pois para o direito é coisa, já que não possui capacidade civil.

Concluído o inventário antes do nascimento, o quinhão do nascituro ficará em poder do inventariante (art. 650 do CPC)[32], devolvendo-o aos herdeiros legítimos ou substitutos, se nascer morto.

O Código Civil de 2002 deu o primeiro passo, ainda que timidamente, ao reconhecer concebidos no casamento os filhos havidos mediante reprodução medicamente assistida heteróloga, com o consentimento do consorte, e mesmo que falecido o marido, quando se tratar de fecundação homóloga, e a qualquer tempo quando se tratar de embriões excedentários decorrentes de concepção artificial homóloga (art. 1.597, III, IV e V). O Código é silente quanto aos direitos sucessórios neste caso, e não existe

---

[31] "Art. 1.798. Legitimam-se a suceder as pessoas nascidas ou já concebidas no momento da abertura da sucessão.

Art. 1.799. Na sucessão testamentária podem ainda ser chamados a suceder:

(...)

II – as pessoas jurídicas; (...)."

[32] "Art. 650. Se um dos interessados for nascituro, o quinhão que lhe caberá será reservado em poder do inventariante até o seu nascimento."

sequer legislação específica sobre os embriões excedentários, congelados nas clínicas especializadas em reprodução humana.

A regra geral é que possui *testamenti factio passiva* a pessoa existente, física ou jurídica (art. 1.799, II, do CC), ou já concebida no momento da morte do testador. O Código Civil, entretanto, abre duas exceções, permitindo serem chamadas a suceder a prole eventual e a fundação, ao dispor no art. 1.799, I e III, que podem ainda ser chamados a suceder, mediante testamento, "os filhos, ainda não concebidos, de pessoas indicadas pelo testador, desde que vivas estas ao abrir-se a sucessão", e "as pessoas jurídicas, cuja organização for determinada pelo testador sob a forma de fundação".

Prole eventual são os filhos ainda não concebidos de pessoas certas, desde que vivas no momento da morte do testador (art. 1.799, I, do CC). A instituição de pessoa incerta não tem validade, porém, ao tratar da prole eventual, a lei não exige que o testador indique obrigatoriamente o pai e a mãe, podendo, portanto, nomear os filhos de um casal determinado, ou apenas do homem ou da mulher, sem estabelecer o outro parceiro.

A situação dos embriões excedentários pode ser solucionada se o testador prever essa hipótese no testamento, apesar da discussão que se trava sobre sua situação jurídica, já que não podem ser considerados nascituros, pois não estão em gestação, nem prole eventual, pois já foram concebidos. A melhor solução, todavia, é aplicar as regras da prole eventual, na ausência de previsão legal.

A capacidade sucessória do embrião excedentário, ou mesmo a reprodução medicamente assistida utilizando o material genético do falecido (óvulo ou sêmen) congelado para a fecundação após a morte, desperta muitos debates diante da omissão legislativa. Há quem defenda que o embrião possui capacidade de suceder, pois, como já foi fecundado, ocorreu concepção e encontra-se amparado no conceito amplo de nascituro. Outros defendem que o filho nascido mediante reprodução medicamente assistida *post mortem* em nada difere do filho já existente que teve a paternidade reconhecida após a morte do genitor.

Maria Berenice Dias apresenta vários entendimentos doutrinários, ao lecionar que:

> A tendência que vem se consolidando em sede doutrinária é de afastar o vínculo sucessório quando a implantação ocorre depois da abertura da

> sucessão sob o fundamento de que pelo princípio de *saisine* é indispensável a existência do herdeiro ao menos, concebido para que ocorra a transferência da herança. Esta posição não é unânime. Eduardo de Oliveira Leite faz uma distinção. Reconhece o direito sucessório somente no caso de já ter havido a concepção *in vitro*, quando da morte do genitor, ainda que a implantação ocorra posteriormente. Já Silmara Chinelato distingue a existência de embrião por ocasião da morte do pai ou apenas sêmen destinado à fertilização homóloga. No primeiro caso, reconhece a capacidade sucessória aplicando-se as mesmas regras relativas ao nascituro. Se existir apenas gameta masculino não utilizado na fertilização, admite somente a sucessão testamentária como prole eventual[33].

Conclui a doutrinadora, entretanto, que o princípio da igualdade da filiação veda distinção, não existindo justificativa para excluir o direito sucessório do herdeiro em razão de ter ocorrido a concepção *post mortem*, não podendo a morte do autor da herança revogar o desejo do genitor, sendo, todavia, indispensável a autorização expressa na concepção heteróloga. Da mesma forma, ressalta, não é correto estabelecer o prazo de dois anos para que ocorra a concepção (art. 1.800, § 4º, do CC), não podendo o argumento jurídico de segurança dos demais herdeiros prevalecer sobre o direito sucessório do filho que vier a nascer, mesmo após esse prazo[34].

O prazo superior a dois anos para a concepção *post mortem* é juridicamente possível mediante substituição fideicomissária, prevendo a utilização de sêmen ou embriões excedentários, conferindo segurança jurídica a todos os envolvidos.

O testador não pode estipular como herdeiro apenas o filho consanguíneo, excluindo o adotivo, posto que a disposição testamentária viola preceito constitucional que veda a discriminação dos filhos (art. 227, § 6º, da CF).

O termo prole eventual abrange apenas os filhos da pessoa (art. 1.799, I, do CC), não podendo ser ampliado para nomear netos ou outros descendentes mais distantes.

---

[33] DIAS, Maria Berenice. *Manual das sucessões*. São Paulo: RT, 2008. p. 116-117.

[34] DIAS, Maria Berenice. Op. cit., p. 117-118.

O Código Civil de 2002 inovou no art. 1.799, I, ao permitir nomeação da prole eventual como herdeiros ou legatários sem a obrigatoriedade de instituir substituição fideicomissária.

Com efeito, na vigência do Código Civil de 1916, para sucessão da prole eventual era necessário o fideicomisso, com a instituição de um herdeiro, denominado fiduciário, com o encargo de transmitir os bens para os filhos dos pais indicados, denominados fideicomissários. Se os pais certos falecerem sem prole, o fideicomisso caduca e a propriedade do bem consolida no fiduciário. No fideicomisso, que será estudado quando tratarmos das substituições, o herdeiro fiduciário, que recebe primeiro a propriedade resolúvel da herança ou legado, obrigatoriamente tem de existir no momento da morte do testador, para, posteriormente, com o implemento da condição (nascimento com vida do fideicomissário), transferir os bens à prole.

A solução apresentada pelo legislador de 2002 foi a nomeação de curador pelo juiz para administrar os bens da herança após a liquidação da partilha, reservando o que caberia à prole eventual, aplicando, no que couber, as disposições que regulam a curatela dos incapazes. O testador indicará o curador para administrar os bens e, se não o fizer, a preferência recairá na pessoa cuja prole o testador instituir seus herdeiros ou legatários e, não sendo possível, no cônjuge ou companheiro(a), nos pais e no descendente que se demonstrar mais apto. Na falta das pessoas mencionadas, compete ao juiz a escolha do curador (art. 1.800, *caput* e §§ 1º e 2º, do CC).

Os bens reservados, entretanto, não podem ficar indefinidamente sem titular, razão pela qual a lei estabelece o prazo máximo de dois anos, a partir da morte do testador, para ser concebido o herdeiro esperado, devolvendo a herança aos herdeiros legítimos, se o testador não estabeleceu de modo diverso no testamento, nomeando substitutos (art. 1.800, § 4º, do CC)[35].

Concebido o herdeiro no prazo de dois anos, e nascendo com vida, receberá os bens com os frutos e rendimentos a partir da abertura da sucessão (art. 1.800, § 3º, do CC).

---

[35] "Art. 1.800. (...)

(...)

§ 4º Se, decorridos dois anos após a abertura da sucessão, não for concebido o herdeiro esperado, os bens reservados, salvo disposição em contrário do testador, caberão aos herdeiros legítimos."

O Código Civil não veda, como visto, que o testador nomeie herdeiros ou legatários a prole eventual por prazo superior a dois anos, entretanto, somente é possível mediante substituição fideicomissária, nomeando herdeiro fiduciário para, no prazo que estabelecer, na morte do fiduciário ou estipulando apenas o nascimento do filho da pessoa que indicou, transferir os bens para o herdeiro fideicomissário (prole).

Além da prole eventual, também possui capacidade testamentária a fundação.

Fundação é um complexo de bens livres colocados por uma pessoa física ou jurídica a serviço de um fim lícito e especial com alcance pretendido pelo seu instituidor, em atenção ao disposto em seu estatuto[36]. É uma universalidade de bens a serviço de fins determinados, que podem ser religiosos, morais, culturais ou de assistência (art. 62 e parágrafo único do CC).

A fundação nasce com uma destinação patrimonial, mediante escritura pública ou testamento, indicando o fim a que se destina e, se quiser, a forma de administração. A pessoa jurídica, portanto, não existia e será constituída em razão de direitos sucessórios, por testamento, após a morte do autor da herança. Assim, são necessários dois fatores: a morte do autor da herança e o cumprimento do testamento.

A doutrina não é pacífica quanto à capacidade de adquirir por testamento de uma pessoa jurídica ainda em formação ou constituída apenas de fato. A posição que predomina é no sentido de que, se na abertura da sucessão a pessoa jurídica já existia de fato ou está em vias de formação, é capaz de suceder, tanto que o Código Civil contempla as sociedades não personificadas (arts. 986 a 990) e o Código de Processo Civil confere capacidade processual (art. 75, IX)[37]. É a melhor solução para atender à vontade do testador.

Oportuno registrar que somente possui capacidade de suceder quem pertence à espécie humana, ou seja, o homem e as pessoas jurídicas por causa dos homens. Coisas e animais não podem suceder, posto que não são sujeitos de direito, não têm capacidade. Interessante ressaltar, entretanto,

---

36 DINIZ, Maria Helena. *Código Civil anotado.* 3. ed. São Paulo: Saraiva, 1997. p. 48.

37 VENOSA, Sílvio de Salvo. *Direito civil:* direito das sucessões. 3. ed. São Paulo: Atlas, 2003. v. 7. p. 149.

que não fere o direito sucessório conceder herança ou legado a uma pessoa com encargo de cuidar de determinado bem ou animal, beneficiando-o indiretamente, posto que o herdeiro é ser humano, enquanto os cuidados ao animal ou ao bem são as obrigações impostas[38].

CAPACIDADE PARA ADQUIRIR POR TESTAMENTO	Pessoa física ou jurídica existente
	Nascituro
	Prole eventual
	Fundação

14.5. INCAPACIDADE PARA HERDAR POR TESTAMENTO

A regra geral é que toda pessoa nascida ou já concebida e as pessoas jurídicas existentes, bem como, em exceção, a prole eventual e as fundações são capazes de suceder.

A incapacidade para herdar por testamento ou incapacidade testamentária passiva é exceção que pode ser absoluta ou geral e relativa ou específica.

A incapacidade absoluta tem caráter de generalidade e indiscriminação pessoal. É a inexistência da pessoa física ou jurídica, fora das hipóteses de prole eventual ou fundação, para receber. Não se incluem na incapacidade absoluta as pessoas incertas que devam ser determinadas por terceiros dentre as mencionadas pelo testador, os pobres em geral ou pessoa identificável (arts. 1.901 a 1.903 do CC), porque essas pessoas existiam ao tempo da morte.

Maria Helena Diniz[39] inclui, ainda, como absolutamente incapazes de adquirir bens no Brasil por testamento ou qualquer outra forma, salvo os prédios necessários à sede dos representantes diplomáticos ou dos agentes consulares, as pessoas jurídicas de direito público externo (art. 11, §§ 2º e 3º, da LINDB).

---

[38] DINIZ, Maria Helena. *Curso de direito civil brasileiro.* Direito das sucessões. 17. ed. São Paulo: Saraiva, 2003. v. 6. p. 45-46.

[39] DINIZ, Maria Helena. *Curso...* cit., v. 6. p. 154.

A incapacidade relativa atinge pessoas determinadas, portanto específicas, que não podem receber por motivos especiais. Essas pessoas, por estarem muito próximas da feitura do ato, estão sob suspeição do legislador no tocante aos atos que praticaram. Assim, nos termos do art. 1.801 do Código Civil, não podem ser nomeados herdeiros ou legatários "a pessoa que a rogo escreveu o testamento, nem seu cônjuge ou companheiro ou os seus ascendentes ou irmãos" (inciso I), pois poderia redigir o testamento de maneira diversa da vontade do testador, inserindo no documento disposições que a beneficiem ou a seus parentes próximos; "as testemunhas do testamento" (inciso II), que podem influir na vontade do autor da herança ou até mesmo ter interesse na aprovação do testamento particular; o "tabelião, civil ou militar, ou o comandante ou escrivão, perante quem se fizer, assim como o que fizer ou aprovar o testamento" (inciso IV), pois, da mesma forma, podem inserir no documento disposições que os beneficiem diversas da vontade do testador; e, por fim, o "concubino do testador casado" (inciso III), sendo a única pessoa que não está próxima diretamente do ato testamentário.

O Código Civil pretendeu abrandar a proibição de beneficiar o concubino ao admiti-lo como herdeiro, se o autor da herança estiver separado de fato do cônjuge sem culpa sua há cinco anos, entretanto essa exceção sofre muitas críticas por dois motivos: o primeiro foi não distinguir concubino de companheiro, já que o próprio Estatuto Civil reconhece como união estável a convivência entre um homem e uma mulher, casados, mas separados de fato (art. 1.723, § 1º); o segundo porque, se transcorridos mais de dois anos de separação de fato por culpa sua, o cônjuge sobrevivente perde a qualidade de herdeiro (art. 1.830 do CC), não justificando a exigência de prazo superior.

A vedação se aplica, portanto, apenas ao testador casado que vive com o cônjuge, caracterizando concubinato impuro a convivência extramatrimonial. Se estiver separado de fato, independentemente de culpa, a convivência configura união estável, importando o prazo apenas para o cônjuge sobrevivente ser herdeiro ou não, o que não impede o testador de dispor da parte disponível.

As pessoas que não podem herdar por testamento não podem ser nem por si, nem por interposta pessoa, como os ascendentes, descendentes, irmãos e o cônjuge ou companheiro (art. 1.802 do CC). O legislador reproduziu desnecessariamente essas pessoas no inciso I do art. 1.801 e objetiva, com a vedação, coibir a fraude não apenas com a utilização de interposta pessoa, mas também se simulada sob a forma de contrato oneroso, como confissão de dívida.

O atual Código Civil acolheu a Súmula 447 do STF ao dispor, no art. 1.803, ser lícita a nomeação do filho da concubina quando também for do testador.

A nomeação de pessoas incapazes de herdar não invalida o testamento, apenas torna nulas as cláusulas que incluíram os incapazes, mantendo válidas as demais disposições de última vontade.

14.6. TESTEMUNHAS TESTAMENTÁRIAS

As testemunhas do testamento são instrumentárias, pois participam do ato solene e o subscrevem, fiscalizando para assegurar a identidade do testador, a autenticidade, a liberdade da declaração de última vontade e verificando se a manifestação de vontade foi reproduzida com fidelidade na cédula testamentária ou no livro de notas do tabelião. São as pessoas que têm capacidade para assegurar a veracidade do ato que se quer provar, subscrevendo-o, e o cumprimento das solenidades, intervindo *ad probationem* e *ad solemnitatem*[40].

Assim, as testemunhas são essenciais para a validade do testamento, não servindo apenas como meio de prova, mas exercendo uma função fiscalizadora, tanto da liberdade do testador quanto da perfeita reprodução de sua vontade no ato jurídico, conferindo autenticidade nas disposições de última vontade[41].

Todas as pessoas podem ser testemunhas no testamento, exceto os incapazes, as pessoas suspeitas e os beneficiados. O Código Civil vigente não reproduziu o art. 1.650 do Código de 1916, que relacionava as pessoas que não podem ser testemunhas em testamento, entretanto são impedidos, como regra geral, por serem absolutamente incapazes de testemunhar qualquer ato, em razão de incapacidade pessoal, os menores de dezesseis anos e

---

40 DINIZ, Maria Helena. *Curso*... cit., v. 6. p. 184.

41 DIAS, Maria Berenice. *Manual das sucessões*... cit., p. 338.

os interessados no testamento (art. 228, I e IV, do CC), bem como os analfabetos, visto que, além da função fiscalizadora, é requisito essencial de todas as formas testamentárias que as testemunhas assinem o instrumento de seu próprio punho, não admitindo a lei que assinem umas a rogo das outras. Essas pessoas são impedidas absolutamente de testemunhar qualquer testamento, entretanto existem pessoas que, apesar de capazes de discernimento, são relativamente incapazes de ser testemunhas por falta de legitimação, em determinado testamento, por suspeição ou interesse em razão de sua posição na relação jurídica. São relativamente incapazes de testemunhar o herdeiro instituído, o legatário, bem como seus ascendentes, descendentes, irmãos e cônjuge[42], podendo incluir, ainda, o companheiro (art. 228, V, do CC)[43].

A incapacidade da testemunha é verificada no momento do ato testamentário, como ocorre com a capacidade do testador. Portanto, se a testemunha, após o testamento, perder a capacidade, o testamento não perde a validade.

A lei exige como requisito essencial a presença de determinado número de testemunhas de acordo com a forma do testamento. Assim, se participou do ato testemunha impedida, faltou um dos requisitos, acarretando de pleno direito a nulidade do ato. Maria Helena Diniz[44], todavia, faz uma interessante distinção: se a incapacidade da testemunha for absoluta, por possuir uma inaptidão de ordem física ou psíquica, nulo se torna de pleno direito o próprio ato em que interviu, entretanto, se a incapacidade for re-

---

[42] DINIZ, Maria Helena. *Curso*... cit., p. 184-187.

[43] "Art. 228. Não podem ser admitidos como testemunhas:
I - os menores de dezesseis anos;
II - (Revogado);
III - (Revogado);
IV - o interessado no litígio, o amigo íntimo ou o inimigo capital das partes;
V - os cônjuges, os ascendentes, os descendentes e os colaterais, até o terceiro grau de alguma das partes, por consanguinidade, ou afinidade.
§ 1º Para a prova de fatos que só elas conheçam, pode o juiz admitir o depoimento das pessoas a que se refere este artigo.
§ 2º A pessoa com deficiência poderá testemunhar em igualdade de condições com as demais pessoas, sendo-lhe assegurados todos os recursos de tecnologia assistiva."

[44] DINIZ, Maria Helena. *Curso*... cit., v. 6. p. 185.

lativa em razão de sua falta de legitimação de intervir no ato, por suspeição ou interesse, o testamento será válido, tornando nula apenas a disposição que beneficie a testemunha relativamente incapaz, seus descendentes, ascendentes, colaterais até o terceiro grau ou cônjuge.

Merece reflexão a hipótese de intervirem testemunhas no testamento além do número legal e uma delas for incapaz. Se o número remanescente de testemunhas capazes for suficiente para atender ao requisito legal, não há de se entender como irremediavelmente nulo o testamento. Assim, por exemplo, se no testamento público participar como testemunha um menor que ainda não completou dezesseis anos de idade, com outras duas testemunhas, o ato é válido, já que as testemunhas capazes atenderam ao número exigido no art. 1.864, II, do Código Civil, entretanto, se participaram apenas o menor e outra testemunha, o ato estará irremediavelmente nulo (art. 166, V, do CC).

14.7. FORMAS DE TESTAMENTO

14.7.1. Introdução

O testamento é um ato solene e formal e compõe com o casamento um dos atos mais solenes do direito privado, exigindo para sua validade e eficácia a obediência das formalidades descritas na lei, para cada espécie de testamento[45]. Além de requerer forma escrita, está rodeado de requisitos *ad substantiam*, cuja inobservância torna nula a manifestação de última vontade. Sua eficácia jurídica subordina-se à obediência de forma prescrita em lei, sob pena de nulidade absoluta (art. 166, IV, do CC), que pode ser decretada de ofício pelo magistrado quando tiver conhecimento do fato, desde que esteja devidamente provado (art. 168, parágrafo único, do CC)[46].

O objetivo do rigor na observância da forma e de requisitos do testamento é garantir sua autenticidade, validade e preservar a vontade livre do testador, quando já não se encontra mais presente para defender a vontade que expressou. A solenidade protege, ainda, a espontaneidade e a autonomia da vontade do testador, ressaltando na sua mente a importância e a serieda-

---

[45] VENOSA, Sílvio de Salvo. Op. cit., p. 157.

[46] DINIZ, Maria Helena. *Curso*... cit., v. 6. p. 164.

de do ato, diminuindo as possibilidades de pressões físicas ou psíquicas, além de preservar aos interessados a garantia da forma[47], possibilitando a identificação do testador, a comprovação da espontaneidade da declaração de sua última vontade e o momento em que esta foi efetuada, importantes para averiguar sua capacidade de praticar o ato.

O rigor na formalidade do testamento não pode, entretanto, ser levado ao extremo o que busca proteger, ou seja, a preservação da vontade do testador. As solenidades e o formalismo têm cedido, em casos excepcionais na jurisprudência, para preservar a vontade do testador quando a autenticidade do testamento não deixar dúvidas.

Conforme já ressaltado, ao tratar da solenidade nas características do testamento (subtítulo 14.2, letra "e"), se o vício na solenidade não comprometer o desejo, autenticidade e a livre disposição dos bens, o testamento deve ser confirmado para preservar a vontade do testador. O Superior Tribunal de Justiça, por maioria, com votos contrários exigindo o integral cumprimento das solenidades, confirmou testamento particular em que a assinatura da testadora exigida por lei foi substituída pela impressão digital. A Relatora, Ministra Nancy Andrighi, questiona na atualidade a exigência de impressão de papel e assinatura do próprio punho, já que no mundo moderno as assinaturas são efetuadas por tokens, chaves, logins, certificações digitais, etc., tanto que as decisões judiciais dispensam assinaturas. Além da ementa já citada no subtítulo 14.2, pode-se acrescer ainda do voto da Relatora que:

> Não é minimamente razoável supor ou impor que um millennial ou pós-millennial que pretenda dispor de modo testamentário de sua herança digital somente o possa fazê-lo se imprimir o documento e assiná-lo de próprio punho. E talvez sequer tenham a destreza necessária para reproduzir em série uma assinatura de próprio punho, habilidade de que não precisam para viver adequadamente[48].

Com efeito, a sociedade moderna é muito mais informal e utiliza de vários outros meios para certificar seus documentos e relações jurídicas,

---

[47] VENOSA, Sílvio de Salvo. Op. cit., p. 158.

[48] STJ, 2ª Seção, REsp 1.633.254/MG, Rel. Min. Nancy Andrighi, j. 11-3-2020.

bem diverso da época em que foi apresentado o projeto do atual Código Civil. Inequívoco que um testamento gravado por audiovisual, sem papel e assinaturas, é mais autêntico que o testamento particular em papel. Torna-se necessário, portanto, uma revisão das espécies de testamento para adaptar-se aos tempos atuais.

O rigor na obediência das formas exigidas pela lei, entretanto, nas espécies atuais, é indispensável para validade de cada tipo de testamento, não sendo permitido usar forma não prevista expressamente, aplicar a analogia ou unir duas formas em uma só, ou seja, somente é permitido testar obedecendo às formalidades de cada testamento. Não se aplica, nesse ato, o princípio da liberdade de forma, pois cada testamento, apesar de pontos comuns, possui seus requisitos, formalidades e solenidades, mediante normas imperativas, de ordem pública, cuja desobediência importa nulidade absoluta (art. 166, IV e V, do CC).

O Código Civil classifica os testamentos em comuns ou ordinários, que obrigatoriamente devem ser adotados pelas pessoas capazes de testar em circunstâncias normais, os testamentos especiais, somente admitidos em situações particulares e excepcionais, de existência transitória e simplificada, quando existem dificuldades ou até impossibilidade de testar na forma ordinária.

Os testamentos ordinários possuem três espécies: público, cerrado e particular.

Os especiais compreendem o marítimo e o aeronáutico, que podem ser feitos na forma do público ou cerrado, e o militar, que permite as formas do público, cerrado e nuncupativo.

Não se admitem outras formas de testamento além das previstas para os ordinários, conforme dispõe o art. 1.862 do Código Civil[49], cabendo ao testador escolher uma dessas formas, e os especiais, previstos no art. 1.886 do Código Civil[50], dispondo, ainda, a lei que "não se admitem outros testamentos especiais, além dos contemplados neste código" (art. 1.887 do CC).

---

[49] "Art. 1.862. São testamentos ordinários:
I - o público;
II - o cerrado;
III - o particular."

[50] "Art. 1.886. São testamentos especiais:

O Código Civil reconhece, ainda, o codicilo, que é um escrito particular simplificado, para disposições especiais de última vontade do autor da herança sobre o seu enterro, esmolas e legados de pequeno valor.

- FORMAS DE TESTAMENTO
  - Comuns ou ordinários
    - Público – arts. 1.864 a 1.867 do CC
    - Cerrado – arts. 1.868 a 1.875 do CC
    - Particular – arts. 1.876 a 1.880 do CC
    - Particular excepcional – art. 1.879 do CC
  - Especiais
    - Marítimo e Aeronáutico – arts. 1.888 e 1.889 do CC
      - Público
      - Cerrado
    - Militar
      - Público – art. 1.893 do CC
      - Cerrado – art. 1.894 do CC
      - Nuncupativo – art. 1.896 do CC

14.7.2. Testamentos ordinários ou comuns

Os testamentos ordinários são obrigatórios em situações comuns. As formas e os requisitos essenciais do Código revogado, com pequenas alterações, foram mantidos no atual, reduzindo as testemunhas e buscando simplificar o testamento, sem, entretanto, diminuir a seriedade e o formalismo do ato. O Código de 2002, todavia, inovou ao permitir, excepcionalmente, o testamento particular de próprio punho do testador sem a presença de testemunhas e a possibilidade de o testamento ser escrito por processo mecânico.

Os testamentos ordinários são o público, o cerrado e o particular, possuindo o mesmo valor, sem hierarquia ou preferência, estando os três no mesmo nível e produzindo os mesmos efeitos jurídicos, sem qualquer

---

I – o marítimo;
II – o aeronáutico;
III – o militar.”

prevalência, podendo qualquer forma de testamento revogar a outra, apesar de, mesmo tendo pontos comuns, possuírem requisitos e formalidades distintos.

Carlos Roberto Gonçalves lembra que não é possível testamento ordinário além dos três previstos, respeitando a forma de cada um. Acrescenta que "testamento que não obedecer à norma sobre forma – que é cogente, de ordem pública – é nulo de pleno direito e não tem efeito algum"[51].

Maria Berenice Dias ressalta sobre a impossibilidade de construção de alguma modalidade híbrida de testamento ordinário, unindo duas formas, pois cada espécie possui seus pressupostos específicos, cabendo ao testador a escolha de uma delas. O tabelião de notas é indispensável no testamento público, pois o redige, e no testamento cerrado, pois o aprova. Somente no testamento particular é dispensável[52].

14.7.2.1. Testamento público

14.7.2.1.1. *Conceito*

Testamento público é uma escritura pública, um ato notarial, que deve ser lavrado ou redigido em livro de notas. A escrita não pode ser feita, ao contrário de outros atos, por escrevente ou demais empregados do serviço notarial. É ato privativo e indelegável do tabelião, que recebeu delegação do Estado para exercer o respectivo serviço notarial ou por seu substituto legal. Notário ou tabelião é o profissional de direito, dotado de fé pública, a quem é delegado o exercício da atividade notarial. O tabelião pode lavrar o testamento fora do cartório, em diligência na residência do testador ou em outro local, desde que na circunscrição do município para o qual recebeu a delegação, sob pena de nulidade do ato e das sanções administrativas cabíveis[53].

O Código Civil inovou ao permitir que o testamento público possa ser escrito pelo substituto do tabelião titular (art. 1.864, I), posto que na legislação anterior só podia ser escrito pelo tabelião titular, o que facilita a lavratura dos testamentos públicos.

---

[51] GONÇALVES, Carlos Roberto. Op. cit., p. 257.

[52] DIAS, Maria Berenice. *Manual das sucessões*... cit., p. 344.

[53] VELOSO, Zeno. Op. cit., p. 136.

O testador possui a faculdade de escolher o cartório de notas para lavrar o seu testamento, sem importar o seu domicílio ou o local de situação dos bens, desde que seja lavrado no município de delegação do tabelião.

O testamento público, também chamado de aberto, é o que apresenta maior segurança, pois é lavrado por tabelião mediante ditado do testador, ficando registrado no cartório. É heterógrafo (um dita, o outro escreve). Regulado no Código Civil de 2002, em seus arts. 1.864 a 1.867, permite ao testador servir-se de minuta, notas ou apontamentos para fazer as declarações ao tabelião. É o mais realizado pelos testadores para expressar sua última vontade.

14.7.2.1.2. *Requisitos do testamento público*

Dispõe o art. 1.864 que "são requisitos essenciais do testamento público":

> I – ser escrito por tabelião ou por seu substituto legal em seu livro de notas, de acordo com as declarações do testador, podendo este servir-se de minuta, notas ou apontamentos;
>
> II – lavrado o instrumento, ser lido em voz alta pelo tabelião ao testador e a duas testemunhas, a um só tempo; ou pelo testador, se o quiser, na presença destas e do oficial;
>
> III – ser o instrumento, em seguida à leitura, assinado pelo testador, pelas testemunhas e pelo tabelião.

O parágrafo único do art. 1.864 dispõe ainda que "o testamento público pode ser escrito manualmente ou mecanicamente, bem como ser feito pela inserção da declaração de vontade em partes impressas de livro de notas, desde que rubricadas todas as páginas pelo testador, se mais de uma".

O testamento público, conforme determina o inciso I do art. 1.864, só pode ser escrito pelo tabelião ou substituto, sendo nulo se feito pelos escreventes ou outros funcionários do cartório fora dos limites da circunscrição na qual a tabeliã indicada exerce a sua delegação, conforme já decidiu o Tribunal Mineiro:

> APELAÇÃO CÍVEL – TESTAMENTO PÚBLICO – LIMITES DA CIRCUNSCRIÇÃO TERRITORIAL – INOBSERVÂNCIA – ESCRITURA FIRMADA PELA ESCREVENTE – NULIDADE – ARTIGO 367 DO CPC – CONVO-

LAÇÃO EM TESTAMENTO PARTICULAR - NÚMERO MÍNIMO DE TESTEMUNHAS - NÃO COMPROVADO - CONFIRMAÇÃO DO ATO DE ÚLTIMA VONTADE - INVIABILIZADO - SENTENÇA MANTIDA.

É nulo o testamento público lavrado fora dos limites da circunscrição na qual a tabeliã indicada exerce sua delegação, notadamente quando a escritura foi assinada apenas pela escrevente, desprovida de atribuição legal para firmar o documento. (...)[54].

A possibilidade de o testador poder utilizar minuta, notas ou apontamentos não exclui a necessidade de manifestar sua vontade. Carlos Roberto Gonçalves cita Zeno Veloso para orientar que o testador tem que pelo menos ler a minuta ou declarar o que nela contém, de forma oral, pois, quando a lei quis substituir a oralidade por um escrito, o fez de forma expressa, como ocorre no art. 1.873 do Código Civil, ao tratar do testamento cerrado feito pelo surdo-mudo. Ressalta que "a utilização da minuta, notas ou apontamentos é permitida apenas para que possa melhor encaminhar o seu pensamento, mas não dispensa a declaração oral"[55].

O atual Código Civil reduziu o número de testemunhas do anterior, de cinco para duas, que devem assistir a todo o ato de lavratura do testamento, já tendo a jurisprudência reconhecido nulidade na vigência do Código Civil de 1916 se apenas assinaram o documento, sem estarem presentes no momento da redação do testamento no livro de notas, descumprindo formalidade essencial[56], pois, como fiscais que são, devem se certificar de que o tabelião reproduziu exatamente o que o testador queria.

O fato de o Código atual não se referir às testemunhas no inciso I do art. 1.864, quando da feitura do testamento, mas apenas no inciso II, no momento da leitura, não afasta a exigência do acompanhamento das testemunhas de todo o ato, especialmente para verificar se as declarações do testador foram reproduzidas fielmente pelo tabelião, que nem sempre reproduzirá as próprias palavras do testador, muitas vezes impróprias, mas a sua vontade, utilizando os termos jurídicos corretos sem influenciar na sua vontade.

[54] TJMG, AC 1.0024.11.266546-8/001, Rel. Des. Afrânio Vilela, j. 18-6-2013.

[55] GONÇALVES, Carlos Roberto. Op. cit., p. 262-263.

[56] STJ, REsp 34.420/SP, Rel. Min. Ruy Rosado de Aguiar, p. 30-10-1995.

As testemunhas devem participar de todo o ato, principalmente do momento mais importante, em que o testador faz suas declarações, expressando sua vontade, e não apenas de sua leitura. A necessidade da presença das testemunhas durante o ato, contínua e simultaneamente com a do testador e a do tabelião, é requisito essencial em face da unidade de contexto do testamento público - *uno contexto*, sendo exigidas para que assistam, ouçam e compreendam as declarações, apesar de a jurisprudência ter relativizado o rigor do formalismo quanto à ausência ligeira de alguma delas, desde que não interrompa o ato e não prejudique assegurar durante a leitura que a escrita respeitou fielmente a vontade do testador. É inequívoco que o momento mais importante no testamento são as declarações do testador e a fiel transcrição pelo tabelião de sua vontade, livre e consciente, o que não pode ser apurado no momento da simples leitura. É de extrema importância que as testemunhas verifiquem se a vontade declarada foi fielmente reproduzida na cédula testamentária, evitando que os testamentos sejam redigidos antecipadamente e somente depois as testemunhas sejam chamadas, quando o ato já está pronto, para ouvir a leitura e assinar.

A questão, entretanto, não é pacífica.

A redação do art. 1.864, I, do Código Civil atual, entretanto, tem possibilitado a interpretação no sentido da desnecessidade da presença das testemunhas durante as declarações do testador e a escrita do testamento, exigindo-se que estejam presentes a partir da leitura do testamento até o final da solenidade, conforme dispõem os incisos II e III do dispositivo referido. Com sua autoridade em testamento, Zeno Veloso[57] afirma que não se pode argumentar que as testemunhas tinham de comparecer no momento em que o tabelião recebe as declarações do testador e escreve o testamento, porque isso estaria implícito, posto que, tratando-se de requisitos essenciais, cujo descumprimento determina a nulidade, não se pode inventar, acrescentar, imaginar a existência de solenidades implícitas. Conclui que, do momento da leitura do testamento até o final da solenidade, todos os comparecentes devem estar presentes, de forma simultânea, tratando-se de requisito essencial, que não pode ser descumprido.

---

[57] VELOSO, Zeno. In: FIUZA, Ricardo (Coord.). *Novo Código Civil comentado.* São Paulo: Saraiva, 2003. p. 141.

No mesmo sentido Luiz Paulo Vieira de Carvalho leciona que:

> Na atualidade, dentro da ótica em que atualmente repousa a matéria, isto é, a mitigação das solenidades a favor da manutenção da vontade livre e soberana do testador, entendemos ser possível, ainda na primeira fase do ritual concernente ao testamento público, ou seja, na efetiva redução por escrito, em livro próprio, das disposições representativas do testamento, além de dispensar-se a presença das testemunhas, conforme assevera a melhor doutrina (art. 1.864, inciso I, do CC), igualmente permitir-se ser tal redução realizada sem a presença física do testador, o que, inclusive, não é incomum na prática cartorária.
>
> Tal circunstância poderá ocorrer no caso de o testador ter preferido se valer de minuta ou apontamentos contendo as referidas disposições[58].

O Superior Tribunal de Justiça tem se inclinado nesse entendimento, ao decidir que, na análise da regularidade do testamento particular ou público, deve considerar a máxima preservação do intuito do testador, não podendo o formalismo se opor à vontade. Consta na ementa do agravo regimental que

> (...) a instância ordinária considerou inexistir qualquer mácula na entrega da minuta do testamento 2 (dois) dias antes de sua leitura e assinatura, mormente, porque a autora da herança, após a sua leitura ratificou o seu conteúdo na presença das 5 (cinco) testemunhas e do Tabelião, sendo alegada irregularidade insuscetível de viciar a vontade da testadora[59].

No sentido da necessidade de as testemunhas assistirem às declarações do testador, mesmo que se utilizando de minuta ou apontamentos, é a lição de Carlos Roberto Gonçalves:

> A finalidade da leitura é possibilitar, tanto ao testador como às testemunhas, que verifiquem a coincidência entre a vontade por ele manifestada e o que foi lançado no livro pelo tabelião.
>
> Embora a lei não exija menção de que as testemunhas tenham achado conforme aquilo que o tabelião escreveu sobre o que se passou, é certo que

58 CARVALHO, Luiz Paulo Vieira de. Op. cit., p. 596.

59 STJ, AgRg em AgRg no REsp 1.230.609/PR, Rel. Min. Marco Buzzi, j. 17-9-2013.

> a leitura do testamento destina-se, efetivamente, a comprovar a correspondência entre a vontade manifestada pelo testador e o inserto no ato.
>
> Sendo assim, as testemunhas devem estar presentes do princípio ao fim, sem solução de continuidade, ou seja, *desde o momento em que o testador declara a sua vontade ao tabelião e este lavra o instrumento*, como entende a doutrina majoritária, malgrado essa exigência não apareça expressamente no inciso I do mencionado art. 1.864 do Código[60].

As declarações devem ser escritas na língua nacional, e o tabelião deve certificar o cumprimento dos requisitos essenciais. Essas exigências não constam no atual Código Civil, como ocorria expressamente nos arts. 1.632, parágrafo único, e 1.634 do Código Civil de 1916, posto que desnecessárias, já que os atos lavrados por tabelião devem estar na língua nacional (art. 215, § 3º, do CC) e, tratando-se de requisitos essenciais, é obrigatório o cumprimento, dever inerente à função do notário, sob pena de nulidade e responsabilidade do tabelião, importando ressarcir os danos causados.

Concluído o ato, o tabelião entrega ao testador a cédula testamentária, ou seu traslado do testamento, que fica transcrito no livro de notas, podendo a qualquer tempo ser expedidas certidões de seu inteiro teor. Parte da doutrina tem defendido que só pode ser expedida certidão de testamento público a terceiros após a morte do testador, quando produzirá efeitos, não se tratando de documentos com acesso a qualquer pessoa, posto que é ato de última vontade, individual, e a qualquer momento pode ser revogado ou modificado. Na ausência de vedação legal, entretanto, qualquer pessoa pode solicitar certidão de seu inteiro teor, por ser documento público transcrito no livro de notas. Pretendendo manter sigilo, deve o testador se utilizar do testamento cerrado.

Não sabendo, por ser analfabeto, ou não podendo o testador assinar, o que pode ocorrer em razão de doença, acidente, idade avançada, mas lúcido, o notário ou seu substituto deve certificar a ocorrência no testamento, e uma das testemunhas assinará a rogo do testador[61].

---

60 GONÇALVES, Carlos Roberto. Op. cit., p. 265.

61 "Art. 1.865. Se o testador não souber, ou não puder assinar, o tabelião ou seu substituto legal assim o declarará, assinando, neste caso, pelo testador, e, a seu rogo, uma das testemunhas instrumentárias."

A pessoa surda, como pode declarar sua vontade de viva voz ao tabelião, pode fazer testamento público, o que não ocorre com o surdo-mudo. Além dos requisitos essenciais do art. 1.864 do Código Civil, deverá ler o seu testamento e, se não souber, indicará quem o leia em seu lugar na presença das testemunhas (art. 1.866 do CC).

O cego só pode testar na forma pública, e o testamento deve ser lido duas vezes em voz alta, uma pelo tabelião ou seu substituto e outra por uma das testemunhas indicadas pelo testador, o que deve constar no testamento[62].

O testamento público possui diversas vantagens, podendo-se destacar, dentre elas, que é mais seguro e possui menor possibilidade de nulidade por descumprimento dos requisitos legais, já que o tabelião tem conhecimento e experiência; não precisa ser confirmado pelo juiz, pois o tabelião goza de fé pública; pode ser feito por qualquer pessoa capaz de testar, inclusive o cego, o analfabeto e o surdo, que pode falar, obedecendo às formalidades especiais (arts. 1.865, 1.866 e 1.867 do CC).

O Código Civil de 2002 acolheu a jurisprudência ao admitir que o testador entregue a minuta do testamento, entretanto, como o anterior, não permitiu que fosse feito pelo mudo, ao exigir as "declarações do testador" (art. 1.864, I).

A previsão legal, permitindo ao testador utilizar-se de minuta ou apontamentos, e o fato de o Código atual não reproduzir que se considera habilitado a testar publicamente aquele que puder fazer de viva voz as suas declarações (art. 1.635 do CC/1916) não autorizam ao mudo fazer testamento na forma pública, que possui como uma das características a oralidade. Mesmo se utilizando de minuta ou apontamentos, deve o testador comunicar-se verbalmente com o tabelião para declarar, inclusive, que a minuta contém sua manifestação de vontade. A oralidade é essencial para a segurança dessa forma de testamento, inclusive para o testador responder perguntas e prestar esclarecimentos ao tabelião, tanto que a lei não faz previsão, como ocorre no testamento cerrado, de o testador escrever na minuta que é o seu testamento e não previu a possibilidade de o mudo fazê-lo, como ocorre com o cego, o surdo e o analfabeto.

[62] "Art. 1.867. Ao cego só se permite o testamento público, que lhe será lido, em voz alta, duas vezes, uma pelo tabelião ou por seu substituto legal, e a outra por uma das testemunhas, designada pelo testador, fazendo-se de tudo circunstanciada menção no testamento."

As desvantagens do testamento público são de que somente pode ser feito em língua nacional e deve ser de conhecimento público o seu teor, apesar de algumas Corregedorias de Justiça, enquanto não ocorrer o falecimento do testador, restringirem a expedição de certidões a terceiros.

Predomina o entendimento que em razão do testamento produzir efeitos *post mortem* as manifestações do testador só podem se tornar públicas depois de seu falecimento, resguardando sua vontade da curiosidade alheia. Nesse sentido é a jurisprudência:

> EMENTA: APELAÇÃO CÍVEL - MANDADO DE SEGURANÇA - TESTAMENTO PÚBLICO - ARTIGO 1.864 DO CÓDIGO CIVIL - ACESSO ÀS INFORMAÇÕES ESTANDO O TESTADOR VIVO - IMPOSSIBILIDADE - EFEITOS "POST MORTEM" - PRIVACIDADE DO TESTADOR - PROVIMENTO 260/2013 DA CORREGEDORIA GERAL DE JUSTIÇA DE MINAS GERAIS - DIREITO LÍQUIDO E CERTO NÃO VERIFICADO.
>
> (...) O fato de se tratar de um testamento público, não significa que as informações nele contidas serão de acesso livre a qualquer indivíduo, mesmo sendo ele seu filho ou um membro qualquer da família. A vontade do testador deve ser respeitada, no sentido de que suas manifestações sejam tornadas públicas apenas após a sua morte. É um direito seu, que deve ser respeitado. O ordenamento jurídico assim o garante[63].

14.7.2.1.3. *Procedimento de registro e cumprimento do testamento público*

Após o falecimento do testador, o juiz, ouvido o Ministério Público, verificado se revestido das formalidades extrínsecas, mandará registrar, inscrever e cumprir o testamento, iniciando-se, após o testamenteiro assinar o termo, o procedimento de inventário.

Assim, primeiro se registra o testamento para depois juntar ao inventário e cumprir as disposições de última vontade. A ausência de requisitos essenciais impede o cumprimento do testamento público, existindo decisões que vedam até mesmo o seu registro por ordem do juiz, que deve remeter os interessados aos meios contenciosos, posto que no procedimento de ju-

---

[63] TJMG, AC 1.0000.17.073240-8/001, Rel. Dárcio Lopardi Mendes, j. 14-12-2017.

risdição voluntária do registro do testamento público não cabe discussão a respeito de sua validade.

Dispõe o art. 736 do Código de Processo Civil que "qualquer interessado, exibindo o traslado ou certidão de testamento público, poderá requerer ao juiz que ordene o seu cumprimento observando-se, no que couber o disposto nos parágrafos do art. 735", que tratam do procedimento de abertura e registro do testamento cerrado. Dispõem os §§ 2º a 5º do art. 735 do Código de Processo Civil que:

> Art. 735. (...)
>
> (...)
>
> § 2º Depois de ouvido o Ministério Público, não havendo dúvidas a serem esclarecidas, o juiz mandará registrar, arquivar e cumprir o testamento.
>
> § 3º Feito o registro, será intimado o testamenteiro para assinar o termo da testamentária.
>
> § 4º Se não houver testamenteiro nomeado ou se ele estiver ausente ou não aceitar o encargo, o juiz nomeará testamenteiro dativo, observando-se a preferência legal.
>
> § 5º O testamenteiro deverá cumprir as disposições testamentárias e prestar contas em juízo do que recebeu e despendeu, observando-se o disposto em lei.

Aplicam-se ao testamento público os procedimentos previstos nos §§ 2º a 5º do art. 735 do Código de Processo Civil. Depois de apresentado o testamento e ouvido o Ministério Público, o juiz manda registrar, arquivar e cumprir o testamento.

No testamento público, se for sabido ou identificado o cartório de notas em que foi lavrado, é desnecessário que se faça busca e apreensão, bastando requisitar uma certidão de inteiro teor.

O pedido de registro e cumprimento do testamento tem por objetivo verificar se foram cumpridos os requisitos legais, ou seja, as formalidades extrínsecas do testamento, como forma, solenidade e requisitos[64]. Não aten-

---

[64] CARVALHO, Luiz Paulo Vieira de. Op. cit., p. 607.

dendo o testamento os requisitos essenciais, o juiz denega o registro e remete os interessados para as vias ordinárias, pois no procedimento de registro do testamento não cabe produção de provas para discussão da validade ou nulidade do testamento. O novo Código de Processo Civil autoriza ao juiz, antes de remeter para as vias ordinárias, requisitar o esclarecimento de dúvidas (art. 735, § 2º), sem, entretanto, instaurar processo contencioso, já que o procedimento é de jurisdição voluntária.

Nesse sentido, a jurisprudência já decidiu que no procedimento de jurisdição voluntária de registro e cumprimento de testamento "apenas se apreciam os requisitos formais do ato de disposição de última vontade, inexistindo espaço para a apreciação do seu conteúdo, os quais devem ser discutidos pela via própria"[65].

A existência de testamento posterior não impede o registro e cumprimento do testamento anterior se não existir cláusula revogatória integral expressa, devendo prevalecer o testamento pretérito naquilo que não conflita com o mais recente. Nesse entendimento:

> APELAÇÃO CÍVEL. PEDIDO DE REGISTRO, ARQUIVAMENTO E CUMPRIMENTO DE TESTAMENTO PÚBLICO. SUPOSTA REVOGAÇÃO INTEGRAL DOS TESTAMENTOS ANTERIORES PELO ÚLTIMO. NÃO OCORRÊNCIA. INTELIGÊNCIA DA CLÁUSULA REVOGATÓRIA. VONTADE MANIFESTA DO TESTADOR DE TORNAR SEM EFEITO APENAS AS DISPOSIÇÕES PRETÉRITAS QUE DISPUSESSEM DE FORMA CONTRÁRIA. RECURSO CONHECIDO E PARCIALMENTE PROVIDO.
>
> 1. Tendo em vista que a real intenção do "de cujus", ao lavrar o último testamento, não fora a de revogar a integralidade dos anteriores, mas, antes, conservá-los naquilo em que se harmonizassem, conclui-se pela possibilidade de se proceder ao registro, arquivamento e cumprimento das disposições lavradas preteritamente, ressalvada, quanto aos pontos em conflito, a primazia da vontade manifestada por derradeiro pelo testador[66].

---

[65] TJRJ, AC 0080768-61.2007.8.19.0001, Rel. Des. Juarez Fernandes Folhes, j. 6-11-2012.

[66] TJMG, AC 1.0080.18.000798-3/001, Rel. Des. Bitencourt Marcondes, j. 13-2-2020.

Os requisitos observados são aqueles exigidos pela lei do tempo em que foi feito o testamento, conforme o art. 1.787 do Código Civil[67], e o pedido deve ser efetuado perante o juiz competente para o processo de inventário no último domicílio do autor da herança (art. 48 do CPC).

Procedimento de registro do testamento público

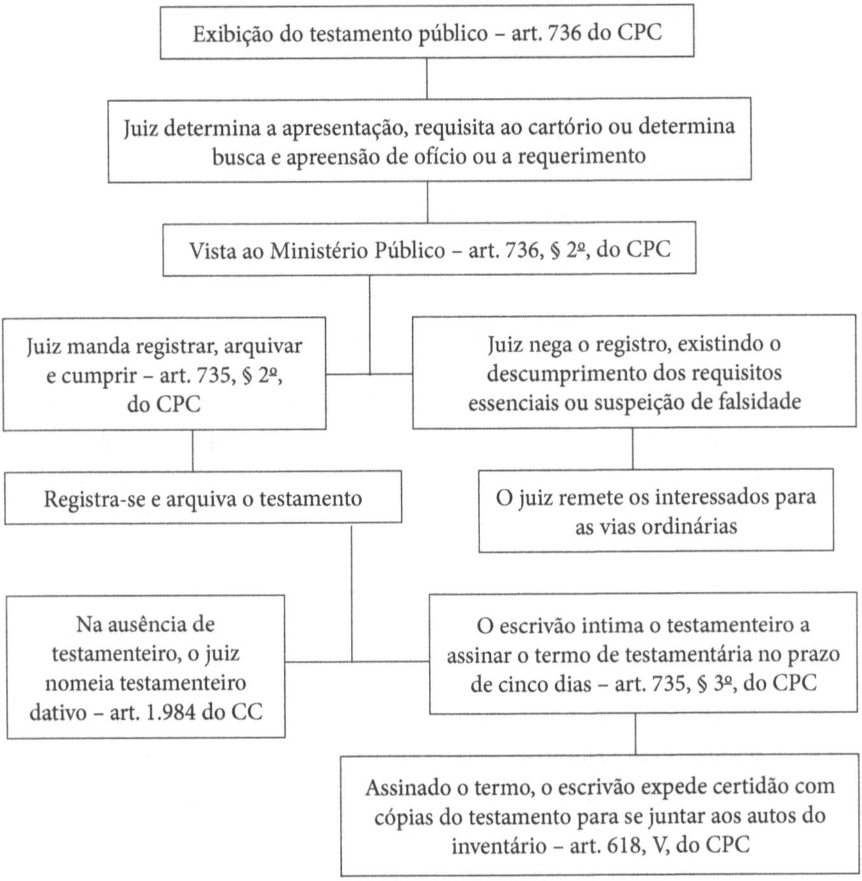

[67] "Art. 1.787. Regula a sucessão e a legitimação para suceder a lei vigente ao tempo da abertura daquela."

14.7.2.2. Testamento cerrado

O testamento cerrado é o lavrado e assinado pelo próprio testador ou por alguém a seu rogo, desde que aquele saiba ler e assine, em qualquer língua, e complementado por instrumento lavrado por oficial público, na presença de duas testemunhas, confirmando sua autenticidade. Luiz Paulo Vieira de Carvalho, citando Itabaiana de Oliveira e Zeno Veloso, o conceitua como um negócio jurídico unilateral de última vontade, decorrente de uma operação complexa que resulta na confecção de uma carta sigilada, de próprio punho do testador ou alguém a seu rogo, que deve ser levada ao tabelião para ser aprovada[68].

O Código Civil de 2002 atenuou os requisitos do anterior, reduzindo o número de cinco testemunhas para duas (arts. 1.868, 1.872 e 1.871), admitindo, ainda, que seja escrito mecanicamente (art. 1.868, parágrafo único), desde que o testador numere e assine todas as folhas. Paulo Lôbo leciona que o Código Civil de 2002 reduziu os requisitos anteriores do testamento cerrado, de pouco uso no Brasil, resumindo em quatro formalidades:

> a) entrega do testamento cerrado ao notário pelo testador, acompanhado de duas testemunhas;
>
> b) declaração do testador de que aquele é seu testamento;
>
> c) lavratura do auto de aprovação e leitura deste pelo notário;
>
> d) assinaturas do notário, das testemunhas e do testador no auto de aprovação[69].

Escrito pelo testador, ou por alguém a seu rogo, o testamento se completa pelo instrumento de aprovação ou autenticação lavrado pelo notário na presença das testemunhas.

É também denominado testamento secreto ou místico, pois seu teor não é conhecido nem mesmo pelo tabelião ou pelas testemunhas, o que é sua grande vantagem, possibilitando manter em sigilo as disposições do testador até sua morte, evitando disputas antecipadas entre os preferidos, rancor entre os preteridos e a manutenção em sigilo de fatos que não gosta-

---

[68] CARVALHO, Luiz Paulo Vieira de. Op. cit., p. 608-609.

[69] LÔBO, Paulo Luiz Netto. *Direito civil:* sucessões. 3. ed. São Paulo: Saraiva, 2016. p. 239.

ria que se tornassem conhecidos em vida, como reconhecimento de filhos e deserdação, garantindo-se o segredo até a abertura do testamento.

O testamento cerrado pode ser escrito pelo tabelião, a pedido do testador, que poderá, ainda, não obstante, aprová-lo (art. 1.870 do CC), o que é recomendável pela experiência e pelo conhecimento jurídico do notário, evitando-se erros e equívocos.

O art. 1.868 do Código Civil dispõe que "o testamento escrito pelo testador, ou por outra pessoa, a seu rogo, e por aquele assinado, será válido se aprovado pelo tabelião ou seu substituto legal", exigindo, no ato de aprovação, as seguintes formalidades essenciais:

> I – que o testador o entregue ao tabelião na presença de duas testemunhas;
>
> II – que o testador declare que aquele é o seu testamento e quer que seja aprovado;
>
> III – que o tabelião lavre, desde logo, o auto de aprovação, na presença de duas testemunhas, e o leia, em seguida, ao testador e testemunhas;
>
> IV – que o auto de aprovação seja assinado pelo tabelião, pelas testemunhas e pelo testador.

A leitura é apenas do auto de aprovação e não do testamento, cujo teor é conhecido apenas pelo testador ou por quem o escreveu a seu rogo, o que pode ser feito pelo próprio tabelião[70], em língua nacional ou estrangeira[71], não sendo necessário o conhecimento sequer pelas testemunhas.

Há nesse testamento, portanto, dois elementos distintos e básicos: o testamento propriamente dito e o instrumento de aprovação.

A cédula testamenteira é um instrumento particular lavrado pelo testador ou por alguém a seu rogo, constando suas disposições de última vontade, e o ato de aprovação é um instrumento público lavrado pelo tabelião que dará eficácia ao testamento.

---

70 "Art. 1.870. Se o tabelião tiver escrito o testamento a rogo do testador, poderá, não obstante, aprová-lo."

71 "Art. 1.871. O testamento pode ser escrito em língua nacional ou estrangeira, pelo próprio testador, ou por outrem, a seu rogo."

Os atos não produzem efeitos isoladamente, é necessário que eles se fundam para a formação do testamento cerrado.

Após a feitura do testamento pelo próprio testador ou por alguém a seu rogo, em qualquer língua, a cédula é levada pelo testador ao tabelião, na presença de duas testemunhas, declarando ser o ato que contém suas últimas vontades e pedindo sua aprovação. Observando os requisitos do art. 1.868 do Código Civil, o tabelião, depois de concluído o instrumento de aprovação e sem conhecer o teor do testamento, deverá cerrá-lo, cosê-lo (costurar), lacrar sua ponta e devolvê-lo ao testador.

Dispõe o art. 1.869 do Código Civil que "o tabelião deve começar o auto de aprovação imediatamente depois da última palavra do testador, declarando, sob sua fé, que o testador lhe entregou para ser aprovado na presença das testemunhas; passando a cerrar e coser o instrumento aprovado". Complementa o parágrafo único que, "se não houver espaço na última folha do testamento para início da aprovação, o tabelião aporá nele o seu sinal público, mencionando a circunstância no auto".

Concluída a aprovação do testamento, depois de lacrado, será entregue ao testador, ficando registrado no Cartório de Notas apenas o ato de aprovação. Conforme dispõe o art. 1.874 do Código Civil, "depois de aprovado e cerrado, será o testamento entregue ao testador, e o tabelião lançará, no seu livro, nota do lugar, dia, mês e ano em que o testamento foi aprovado e entregue".

O testamento cerrado possui como vantagens ser escrito na língua do testador (art. 1.871 do CC); não permitir o conhecimento público, posto que secreto, sabendo seu teor apenas o testador ou quem escreveu; poder ser feito pelo surdo-mudo (art. 1.873 do CC).

O surdo-mudo pode fazer o testamento cerrado, desde que o escreva todo e o assine de próprio punho, e que, ao entregá-lo ao tabelião, na presença de duas testemunhas, escreva, na face externa do papel ou do envoltório, que aquele é o seu testamento, cuja aprovação lhe pede.

As desvantagens do testamento cerrado são os riscos de erro, pois o testador, que nem sempre possui conhecimentos jurídicos, pode cometê-los ao lavrá-lo e rasurá-lo; riscos de ser revogado por acidentes com a quebra do lacre ou ruptura da costura, até mesmo por insetos; ser destruído ou extraviado por acidente ou dolo; não poder ser feito pelo analfabeto e pelo cego.

O Código Civil dispõe em seu art. 1.872 que não pode dispor de seus bens em testamento cerrado quem não saiba ou não possa ler, enquanto no art. 1.867 somente se permite ao cego o testamento público.

Com a morte do testador, o testamento será apresentado ao juiz e somente por ele poderá ser aberto.

Após ouvir o Ministério Público, e desde que não tenha havido vício externo nem se tenha alegado nulidade ou falsidade, o juiz o fará registrar e o confirmará mandando cumprir, dispondo o art. 1.875 do Código Civil que, "falecido o testador, o testamento será apresentado ao juiz, que o abrirá e o fará registrar, ordenando seja cumprido, se não achar meio externo que o torne eivado de nulidade ou suspeito de falsidade".

A confirmação judicial do testamento não impede que as partes ou os interessados pleiteiem, pela via ordinária, sua anulação, quando houver fundamento pois a confirmação se limita a examinar as irregularidades externas ou a existência de flagrante violação de normas legais, sem adentrar em matéria de alta indagação.

Havendo vício externo, irregularidade evidente ou suspeição e falsidade, o juiz denega o cumprimento do testamento, não o confirmando, remetendo as partes para discutir a validade nos meios ordinários.

O procedimento de abertura do testamento cerrado está previsto no art. 735, *caput* e § 1º, do Código de Processo Civil, aplicando em seguida as disposições comuns de registro e cumprimento dos testamentos. O juiz, não achando vícios externos que importem nulidade ou que demonstrem falsidade, abrirá o testamento e determinará a sua leitura pelo escrivão, na presença de quem o apresentou, lavrando-se o termo de abertura. No termo de abertura devem constar todas as circunstâncias importantes, incluindo o nome do apresentante, como obteve o testamento, a data e o lugar do falecimento do autor da herança. Dispõe o art. 735 e § 1º do Código de Processo Civil que:

> Art. 735. Recebendo testamento cerrado, o juiz, se não achar vício externo que o torne suspeito de nulidade ou falsidade, o abrirá e mandará que o escrivão o leia em presença do apresentante.

> § 1º Do termo de abertura constarão o nome do apresentante e como ele obteve o testamento, a data e o lugar do falecimento do testador, com as respectivas provas, e qualquer circunstância digna de nota.

Apesar de não existir previsão legal, alguns juízes adotam o procedimento de mandar certificar que o testamento cerrado está intacto no momento do recebimento e designar audiência para a abertura, intimando o apresentante, o Ministério Público e os herdeiros legítimos, conferindo maior solenidade ao ato.

Após o ato de abertura do testamento cerrado, o procedimento para seu registro, arquivo e cumprimento é semelhante ao do testamento público. Não se admite nos procedimentos de registro dos testamentos público e cerrado impugnação de interessados, como ocorre nos testamentos particulares e especial, devendo-se ajuizar as competentes ações de anulação ou nulidade nas vias ordinárias.

No testamento cerrado, é necessário que se faça busca e apreensão do documento, se não for apresentado, posto que no cartório de notas consta apenas o auto de aprovação, sendo desconhecido o teor das disposições de última vontade.

Procedimento de registro do testamento cerrado

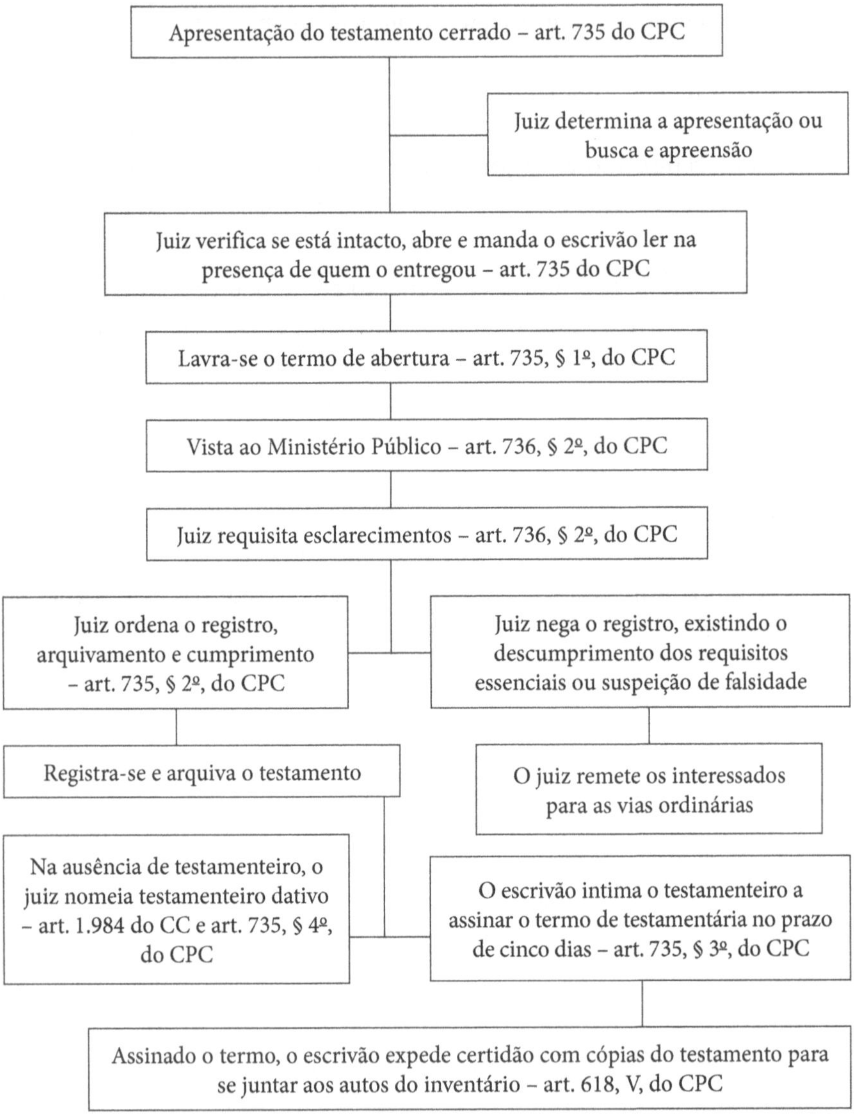

14.7.2.3. Testamento particular

14.7.2.3.1. *Conceito*

O testamento particular é escrito e assinado pelo próprio testador (somente por ele), ou mediante processo mecânico, desde que não contenha rasuras ou espaços em branco para evitar fraudes, e lido perante pelo menos três testemunhas, que também o assinam. O Código Civil de 2002 reduziu o número de testemunhas para três, já que eram cinco no direito anterior.

Segundo Rodrigo da Cunha Pereira, "é aquele elaborado e assinado pelo próprio testador sem o registro e as formalidades do testamento público. Pode ser em idioma estrangeiro e até mesmo em um misto de idiomas, desde que compreensível. Pode ser feito de próprio punho ou mecanicamente"[72].

No testamento particular não existe participação do tabelião, e não possui nenhum registro público, o que facilita a sua elaboração pelo testador de forma mais simples e sem despesas, já que apenas será lido para as testemunhas após a feitura e assinado. É também chamado de hológrafo, do grego *holo*, de inteiro, e *graphos*, de por escrito, que significa que foi inteiramente escrito pelo testador. A ausência de intervenção do tabelião e de registro no ofício público torna essa forma de testamento a mais insegura, pois, se não existir conhecimento de sua existência e se a cédula testamentária não for encontrada, não será cumprido, razão pela qual é pouco utilizado.

Na vigência do Código Civil de 1916, exigia-se para sua validade que fosse escrito do próprio punho do testador, entretanto a jurisprudência passou a reconhecer a validade do testamento datilógrafo.

O atual Código Civil acatou a jurisprudência e admite o testamento particular elaborado por processo mecânico, não podendo, todavia, con-

---

[72] PEREIRA, Rodrigo da Cunha. Op. cit., p. 682.

ter rasuras ou espaços em branco, evitando adulterações e dúvidas, devendo ser lido pelo testador na presença de três testemunhas, que o assinarão após o testador.

14.7.2.3.2. *Requisitos do testamento particular*

Os requisitos estão previstos no art. 1.876 do Código Civil, ao dispor:

> Art. 1.876. O testamento particular pode ser escrito de próprio punho ou mediante processo mecânico.
>
> § 1º Se escrito de próprio punho, são requisitos essenciais à sua validade seja lido e assinado por quem o escreveu, na presença de pelo menos três testemunhas, que o devem subscrever.
>
> § 2º Se elaborado por processo mecânico, não pode conter rasuras ou espaços em branco, devendo ser assinado pelo testador, depois de o ter lido na presença de pelo menos três testemunhas, que o subscreverão.

O Superior Tribunal de Justiça, mesmo flexibilizando o rigor das formalidades exigidas no testamento particular, notadamente quanto às testemunhas no momento da confirmação, desde que comprovada a autenticidade do ato, decidiu que não deve ser confirmado se não houver assinatura do testador e não for feita a leitura perante as testemunhas. Consta no voto que "cinge-se a controvérsia a determinar se pode subsistir o testamento particular formalizado sem todos os requisitos exigidos pela legislação de regência, no caso, a assinatura do testador e a leitura perante as testemunhas". Concluiu o relator, Ministro Ricardo Villas Bôas Cueva, que "a assinatura, além de requisito legal, é mais que mera formalidade, consistindo em verdadeiro pressuposto de validade do ato, que não pode ser relativizado"[73].

A assinatura do testador e das testemunhas é requisito essencial, sendo necessária em todas as folhas, se utilizado processo mecânico, para a veracidade de todas elas, evitando sejam substituídas ou incluída folha estranha.

O testamento particular pode, portanto, ser escrito do próprio punho do testador ou mediante processo mecânico (digitado ou datilografado),

[73] STJ, REsp 1.444.867/DF, Rel. Min. Ricardo Villas Bôas Cueva, j. 23-9-2014.

não podendo, nesse caso, conter rasuras ou espaços em branco. Não permite o Código Civil ser escrito a rogo.

Não pode ser feito pelo cego no sistema braile, pois para o cego somente se admite o testamento público (art. 1.867 do CC).

Da mesma forma, não pode ser feito pelo analfabeto, pelo mudo e, obviamente, pelo surdo-mudo, já que um dos requisitos essenciais à sua validade é que seja lido pelo próprio testador na presença de três testemunhas (art. 1.876, §§ 1º e 2º, do CC), que após esse ritual o subscreverão. Admite-se, entretanto, ser feito pelo mudo ou surdo-mudo na circunstância especial declarada na cédula, na forma de testamento particular simplificado, quando impossibilitada a presença de testemunhas (art. 1.879 do CC).

A sua única vantagem é ser feito em língua estrangeira, desde que as testemunhas a compreendam, para certificarem após a morte do testador o conteúdo do testamento (art. 1.880 do CC), porém a série de cautelas e precauções prejudica sua utilização e o torna raro.

14.7.2.3.3. *Procedimentos para confirmação do testamento particular*

O testamento particular, após a morte do testador, tem de ser publicado em juízo, e os interessados são citados para a inquirição das testemunhas testamentárias, que deverão comparecer e reconhecê-lo como autêntico, confirmando a leitura, suas assinaturas e a do testador. O Código Civil atual também inovou ao admitir que a presença de apenas uma testemunha, se ausente ou mortas as demais (art. 1.878, § 1º), a critério do juiz, baste para a confirmação.

Comparecendo as testemunhas, e se estas forem contestes, isto é, forem harmônicas, reforçando entre si as afirmativas sobre a autenticação das disposições testamentárias ou sua leitura perante elas e reconhecerem as próprias assinaturas e do testador, o juiz deve confirmar o testamento; se faltarem até duas testemunhas por morte ou ausência, o testamento somente será confirmado se o juiz restar convencido da autenticidade, podendo, a seu critério, não o confirmar.

O novo Código de Processo Civil regula o procedimento para confirmação, registro e cumprimento do testamento particular no art. 737, ao dispor que "a publicação do testamento particular poderá ser requerida, depois da morte do testador, pelo herdeiro, pelo legatário ou pelo testamenteiro, bem como pelo terceiro detentor do testamento, se impossibilitado de entregá-lo a algum dos outros legitimados para requerê-la".

O testamento será publicado em juízo e citados os herdeiros legítimos para a audiência de inquirição das testemunhas testamentárias (art. 1.877 do CC), que será obrigatoriamente realizada.

Na audiência as testemunhas deverão ser contestes, ou seja, devem ser concordes entre si e afirmar os mesmos fatos sobre as disposições testamentárias ou, ao menos, devem ser concordes de que o testamento foi lido pelo testador para elas e que reconhecem suas assinaturas na cédula testamentária. Dispõe o art. 1.878 do Código Civil que, "se as testemunhas forem contestes sobre o fato da disposição, ou, ao menos, sobre a sua leitura perante elas, e se reconhecerem as próprias assinaturas, assim como a do testador, o testamento será confirmado".

Exige-se, portanto, que as testemunhas reconheçam o testamento e lembrem-se de suas disposições. Caso esqueçam o fato da disposição, é essencial que afirmem a leitura e atestem suas assinaturas no instrumento para ser confirmado o testamento. Se as testemunhas forem contraditórias e não reconhecerem as assinaturas, o testamento não será confirmado. O Tribunal de Justiça do Rio Grande do Sul não confirmou testamento particular, que, apesar das assinaturas das testemunhas, não foi lido pela testadora. Consta no voto que "o texto do instrumento particular não foi lido pela testadora às testemunhas, conforme exige o parágrafo 2º do artigo 1.876 do Código Civil", e, ainda, referindo-se a uma das testemunhas, que "o teor de seu depoimento indica que sequer tinha conhecimento do ato que estava praticando". O testamento não foi confirmado pelo fato de as testemunhas terem informado que ele não foi lido para elas, constando na ementa que:

> APELAÇÕES CÍVEIS. TESTAMENTO PARTICULAR. NÃO CONFIRMAÇÃO. AUSÊNCIA DE TESTEMUNHAS INSTRUMENTÁRIAS. DESCUMPRIMENTO DAS FORMALIDADES LEGAIS. ART. 1.876, § 2º, DO CCB. TESTAMENTO INVÁLIDO.
>
> Não tendo sido observadas as formalidades do art. 1.876 do CCB, não reclama reparo a sentença que não confirmou o testamento particular[74].

[74] TJRS, AC 70062647268, Rel. Des. Ricardo Moreira Lins Pastl, j. 9-4-2015.

O Código Civil de 2002 acolheu o entendimento jurisprudencial em flexibilizar a presença de todas as testemunhas testamentárias no momento da audiência de confirmação do testamento, dispondo no parágrafo único do art. 1.878 que, "se faltarem testemunhas, por morte ou ausência, e se pelo menos uma delas o reconhecer, o testamento poderá ser confirmado, se, a critério do juiz, houver prova suficiente de sua veracidade".

Na ausência de todas as testemunhas, por morte ou desaparecimento, o testamento, pela letra da lei, não será confirmado, ainda que autêntico, posto que essa forma de testamento exige, para sua eficácia, além da morte do testador, o comparecimento das testemunhas para confirmação judicial, já que na sua feitura e validade não ocorreu intervenção do Poder Público, como sucede nos testamentos público e cerrado. Somente se presente uma circunstância excepcional se admite o testamento particular sem testemunhas.

As críticas da doutrina e da própria jurisprudência, quanto à exigência da presença das testemunhas sobreviventes para confirmação do testamento particular, assentam, com acerto, no fundamento de que a exigência da presença das testemunhas é para evitar fraudes, não se justificando o juiz deixar de confirmá-lo se a seu critério não existir dúvidas de sua autenticidade, não acolhendo a vontade do testador em razão do formalismo processual.

O Tribunal de Justiça de Minas Gerais[75] acolheu o "princípio da conservação de validade do ato jurídico" e declarou a eficácia de testamento particular, escrito em 1980 e apresentado em 2000, com a presença de apenas uma testemunha, sobrevivente ao ato de confirmação.

Fundamentou o relator, Des. Nilson Reis, que, como o testamento foi escrito em 6 de janeiro de 1980, o pedido de abertura emitido em 3 de setembro de 2000 e proferida a sentença recorrida em 10 de fevereiro de 2003, já na vigência do Código Civil de 2002, ao pedido de confirmação e registro do testamento particular, são aplicáveis as disposições do Código Civil de 1916, eis que, como a forma e a prova dos atos jurídicos são as do tempo em que se realizaram, a sua validade deve ser apreciada segundo a lei então vigente na sua feitura, entretanto, tanto o Código Civil de 1916 quanto o Código Civil de 2002 são instruídos pelo "princípio da conservação". Lembra Sérgio Pinto Martins que as regras operam a concreção dos princípios, sobre

---

[75] TJMG, AC 1.0702.00.023503-7/001, Rel. Des. Nilson Reis, p. 3-12-2004.

os quais se apoiam; princípio é a bússola que norteia a elaboração da regra, embasando-a e servindo de forma para sua sustentação. Os princípios inspiram, orientam, guiam, fundamentam a construção do ordenamento jurídico. Apesar de mutáveis, pois pode ocorrer mudança na realidade fática e histórica em que foram erigidos, os princípios, sob certo aspecto, podem até limitar o ordenamento jurídico. Como as regras são instituídas tomando por base os princípios, estes podem ser levados em consideração para sua interpretação. A aplicação dos princípios, que têm acepção filosófica, é um modo de harmonizar as regras, que têm natureza técnica[76]. Ressalta que o princípio da conservação prescreve que a validade do ato jurídico é a regra, a presunção, enquanto que a invalidade é a exceção. Obedecidas a emissão de vontade e a lei, o ato ou negócio jurídico é válido.

O princípio da conservação estabelece que tanto o legislador quanto o intérprete, na criação e na aplicação das normas, devem procurar conservar o máximo possível do negócio jurídico realizado pelo agente, em qualquer um dos três planos: existência, validade e eficácia[77].

Concluiu o relator que, se a regra é a validade do negócio jurídico, e no caso *sub judice* não se elencam e não há alegação de quaisquer das hipóteses, em *numerus clausus*, de nulidade e anulabilidade do ato jurídico previstas nos arts. 145 e 147 do Código Civil de 1916, mas tão somente a formalidade exigida pela legislação regente no que se refere ao número de testemunhas para confirmação do testamento particular, posto que, das cinco, apenas uma delas encontra-se viva, confirmando a autenticidade do testamento, não se pode invalidar as disposições de última vontade da testadora. Não sendo provado ou arguido qualquer vício ou defeito no testamento particular, prevalece o seu conteúdo. O relator cita José Olympio de Castro Filho para lecionar que a interpretação estrita e literal do requisito de confirmação do testamento particular terá o grave resultado de matar ato de extraordinária importância, como é a disposição de última vontade, sem a culpa e contra o desejo do testador. O requisito que tem por objetivo proteger a autenticidade e a vontade do testador passa a constituir injunção

---

76 MARTINS, Sérgio Pinto. *Instituições de direito público e privado.* 4. ed. São Paulo: Atlas, 2004. p. 50.

77 AZEVEDO, Antônio Junqueira de. *Negócio jurídico* – existência, validade e eficiência. 3. ed. São Paulo: Saraiva, 2000. p. 64.

contrária à justiça, sacrificando aquilo que as formas solenes quiseram plenamente assegurar. As testemunhas testamentárias existem como meio de prova de que o testamento é autêntico, o que também pode ser comprovado por prova pericial grafológica. O testamento é ato de vontade do testador e não das testemunhas[78].

O revisor, Des. Jarbas Ladeira, acrescentou em seu voto no julgado da corte mineira que, discutindo-se questão meramente formal, não se contestando a regularidade do testamento, deve prevalecer o "princípio da instrumentalidade dos atos processuais" e ser confirmado o testamento, ressaltando que, na vigência do Código Civil de 1916, poderiam faltar até duas das cinco testemunhas, mas no atual Código Civil o número foi reduzido para três, bastando a presença de apenas uma para confirmação do testamento.

Por fim, ainda nesse julgado do tribunal mineiro, o vogal, Des. Brandão Teixeira, no seu voto, fundamentou que, sendo a confirmação "ato processual presente", na vigência da nova lei civil, que permite ao juiz reconhecer a validade de testamentos particulares se presente apenas uma testemunha, na eventualidade de morte das outras duas (art. 1.878, parágrafo único, do CC), e, ainda, mesmo ausente de testemunhas, considerando circunstâncias excepcionais (art. 1.879 do CC), não devem ser exigidos os requisitos do Código Civil antigo para sua confirmação, mesmo que elaborado na sua vigência. Acrescenta que a jurisprudência, ao flexibilizar a norma relativa à confirmação do testamento, não ofende a intenção do legislador de evitar fraudes, mas atuar em favor do cumprimento da última vontade do autor da herança, quando possível aferir-se a autenticidade do documento. A confirmação do testamento é instituto de natureza eminentemente processual e deve se orientar no sentido da lei nova, quer como critério de interpretação legal, porque prevista em lei, quer como critério de interpretação legítima, porque atende aos propósitos da lei. Não se justifica o rigor de interpretação dos preceitos relativos à confirmação do testamento particular, cumprindo ao intérprete atentar para a finalidade da exigência legal, admitindo a eficácia do ato toda vez que sua autenticidade puder ser confirmada por outros meios de prova.

---

[78] CASTRO FILHO, José Olympio. *Comentários ao Código de Processo Civil*: art. 1.133. Rio de Janeiro: Forense, 1976. p. 169-171.

A jurisprudência, portanto, por fundamentos diversos, tem confirmado o testamento particular, quando comprovadamente autêntico, ainda que não sobreviventes as testemunhas de sua feitura. Observa-se, entretanto, a flexibilização apenas das testemunhas de confirmação, ato de natureza processual e destinado a conceder-lhe eficácia, não podendo ser estendida a interpretação para o momento de sua lavratura, ato de natureza material que exige, para sua validade, como requisito essencial, salvo na vigência do Código atual em circunstâncias excepcionais (art. 1.879), a presença de pelo menos três testemunhas (art. 1.876, § 1º, do CC).

Contudo, se na confirmação do testamento particular as testemunhas não forem harmônicas entre si, surgindo contradições e dúvidas sobre a autenticidade do ato de disposição, e a ausência de requisitos essenciais, como a leitura do testamento e as assinaturas, o testamento não será confirmado. Nesse caso, não se aplica o princípio da conservação dos atos jurídicos, da instrumentalidade dos atos processuais ou de aplicação imediata da lei processual vigente, tratando-se de questão material de ausência de autenticidade e descumprimento de requisitos essenciais, atingindo a validade do próprio ato.

As desvantagens do testamento particular são:

As mesmas do cerrado, com exceção de quebra do lacre ou ruptura da costura;

Riscos de as testemunhas não sobreviverem ao testador ou não confirmarem o testamento;

Possibilitar impugnações e discussão de cláusula testamentária em procedimento ordinário.

Ouvidas as testemunhas, os interessados poderão impugnar o testamento no prazo de cinco dias, seguindo o processo o curso ordinário. Caso contrário, após ouvir o Ministério Público, o juiz confirmará e determinará seu registro e cumprimento.

A confirmação do testamento particular permite, portanto, impugnação dos interessados quanto à sua validade, independentemente de ajuizamento de ação anulatória ou de nulidade, tanto no testamento particular comum quanto no simplificado.

O procedimento de confirmação do testamento particular também se aplica igualmente aos testamentos especiais e aos codicilos, conforme § 3º do art. 737 do Código de Processo Civil, dispondo que "aplica-se o disposto neste artigo ao codicilo e aos testamentos marítimo, aeronáutico, militar e nuncupativo".

14.7.2.4. Testamento particular excepcional ou simplificado

Admite-se, excepcionalmente, ser o testamento particular escrito do próprio punho do testador e assinado, sem a presença de testemunhas. Só pode ser acolhido na impossibilidade de testemunhas, sob pena de a exceção tornar-se regra.

É inovação no direito pátrio permitir excepcionalmente forma testamentária ordinária simplificada, como já ocorre em outras legislações alienígenas, como no direito alemão, francês, português, chileno, suíço, entre outros. Não exige presença de testemunhas, mas só é válido se feito e assinado de próprio punho do testador. Dispõe o art. 1.879 do Código Civil que, "em circunstâncias excepcionais declaradas na cédula, o testamento particular de próprio punho e assinado pelo testador, sem testemunhas, poderá ser confirmado, a critério do juiz".

A exceção que o testador buscou amparar são as hipóteses de o testador se encontrar em situação que não pode convocar testemunhas, como, por exemplo, após um acidente em uma escalada, na selva, naufrágio ou até mesmo sequestrado, e ter o desejo, em razão da possibilidade de morte, de dispor de sua última vontade. Trata-se de uma forma bastante simplificada de testamento particular, que exige uma circunstância especial impedindo que o testador utilize a forma ordinária, obedecendo aos requisitos do art. 1.876 do Código Civil.

A jurisprudência já se firmou no sentido da exigência de circunstância especial, sem possibilidade de convocação de testemunhas, para confirmação do testamento excepcional. A lei não possui palavras inúteis e as regras rígidas para disposição de última vontade devem ser observadas, sob pena de se instaurar a insegurança jurídica. Por se tratar de forma mais simples, com claro relaxamento das exigências formais que a disposição de última vontade deve ter, a condição de excepcionalidade deve estar muito bem definida e demonstrada, sob pena de não confirmação, conforme ementa a seguir:

> CIVIL - CONFIRMAÇÃO DE TESTAMENTO PARTICULAR - AUSÊNCIA DE TESTEMUNHAS - FORMALIDADE LEGAL IMPRESCINDÍVEL - INTELIGÊNCIA DO ART. 1.876, § 1º, DO CÓDIGO CIVIL - SITUAÇÃO EXCEPCIONAL NÃO CONFIGURADA - ART. 1.879 - IMPOSSIBILIDADE DE ENQUADRAMENTO - SENTENÇA MANTIDA. - O testamento particular que não atende às exigências legais - ter sido lido na presença de pelo menos três testemunhas e por elas assinado - não pode ser confirmado e publicado em juízo. Inteligência do art. 1.876, § 1º, do Código Civil. - A situação excepcional prevista no art. 1.879 diz respeito a isolamento, naufrágio, acidente ou outra condição adversa que impeça o testador de estar perto de quem quer que seja, hipótese que, não observada no caso, impede o enquadramento do testamento como particular excepcional[79].

O Código é omisso quanto à validade do testamento, na hipótese de o testador, após a circunstância excepcional, poder testar normalmente, como ocorre nos testamentos especiais. Superada a circunstância especial, e sobrevivendo o testador, restaria afastada a excepcionalidade que autorizava o testamento comum sem testemunhas.

Apesar de o testamento particular especial ou simplificado possuir semelhanças com os testamentos especiais, que caducam após o prazo de noventa dias em que o testador poderia testar na forma ordinária, trata-se de testamento ordinário especial e, não existindo previsão de caducidade, possui eficácia plena após confirmação judicial, como ocorre com o testamento militar cerrado (art. 1.895, parte final, do CC).

---

[79] TJMG, AC 1.0153.10.002439/001, 1ª Câm. Cível, Rel. Des. Alberto Vilas Boas, j. 24-5-2011.

Procedimento para confirmação e registro do testamento particular, testamentos especiais e codicilo

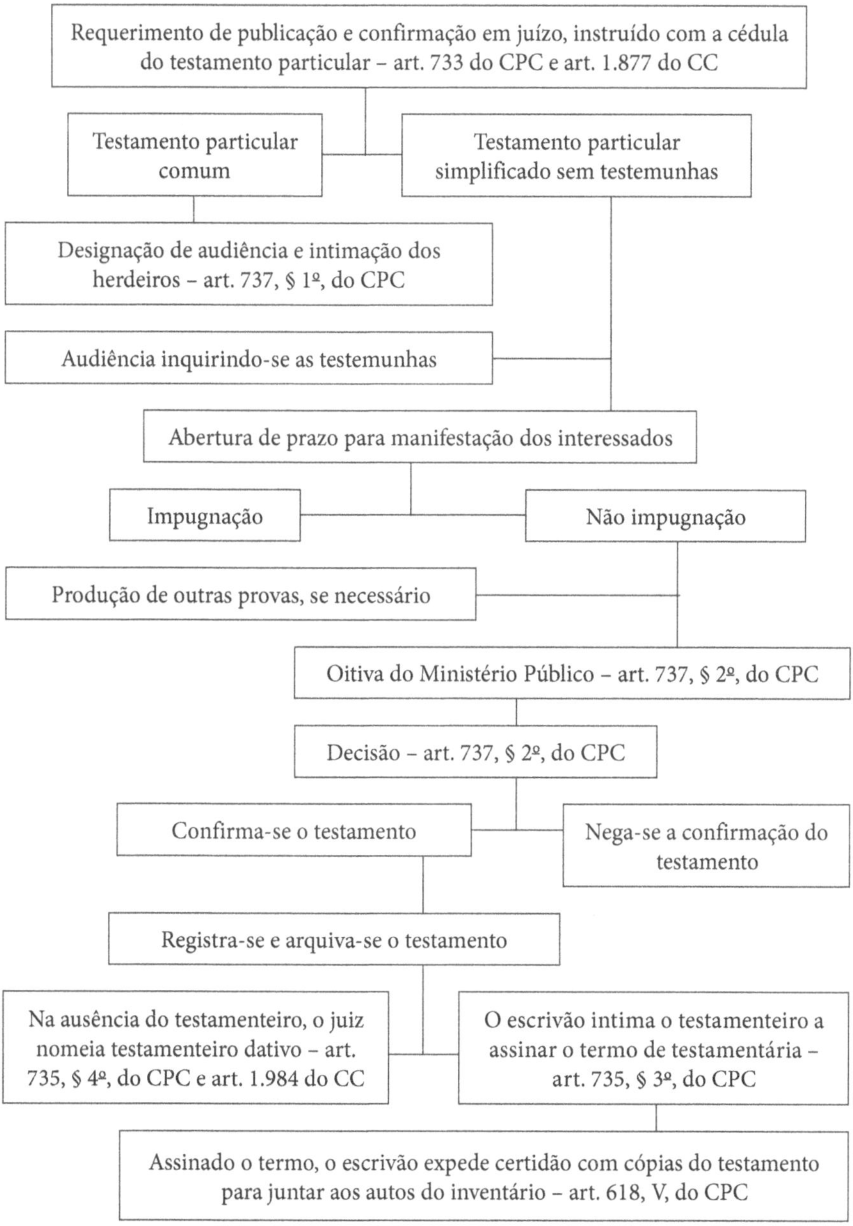

14.7.3. Testamentos especiais

Os testamentos especiais, conforme já visto, são muito raros e só podem ocorrer nos casos expressos e definidos em lei, com eficácia limitada por um pequeno período. Fora dessas hipóteses, não possuem validade, ou seja, não possui qualquer efeito testamento militar realizado por membro das forças armadas se estiver em situação normal, servindo na sua unidade em terra.

Conforme Paulo Lôbo, em circunstâncias e situações excepcionais é necessário abrandar o rigor e as formalidades do testamento comum e permitir que a pessoa possa manifestar a sua última vontade, admitindo, excepcionalmente, os testamentos especiais[80].

Somente se admitem os testamentos especiais nas formas e nas circunstâncias expressamente previstas na lei (art. 1.887 do CC), obedecendo a todas as exigências e requisitos do testamento comum, como capacidades e limites, apenas simplificando as formas.

Após a morte do testador, os testamentos especiais obedecem ao mesmo procedimento do testamento ordinário particular para confirmação (art. 737, § 3º, do CPC).

Podem ser nas formas de testamentos marítimo ou aeronáutico e militar.

14.7.3.1. Testamentos marítimos e aeronáuticos

O testamento marítimo é um testamento especial feito por quem estiver em viagem a bordo de navio nacional, de guerra ou mercante. É inválido, se o navio estiver atracado e existir possibilidade de testar na forma ordinária (art. 1.892 do CC)[81]. O atual Código manteve o testamento marítimo, mas excluiu a expressão "alto mar" do anterior (art. 1.656 do CC/1916) para possibilitar ser lavrado também nas viagens em rios e lagos (art. 1.888), acrescentando que será feito no diário de bordo (parágrafo único).

O testamento aeronáutico é o testamento especial feito por quem estiver em viagem a bordo de aeronave militar ou comercial.

---

80 LÔBO, Paulo Luiz Netto. Op. cit., p. 310.

81 "Art. 1.892. Não valerá o testamento marítimo, ainda que feito no curso de uma viagem, se, ao tempo em que se fez, o navio estava em porto onde o testador pudesse desembarcar e testar na forma ordinária."

Caducarão tanto o aeronáutico quanto o marítimo se o testador não morrer na viagem ou nos noventa dias subsequentes ao seu desembarque em terra, onde possa testar na forma ordinária (art. 1.891 do CC)[82].

Pode ser público ou cerrado.

14.7.3.1.1. *Testamento público marítimo ou aeronáutico*

Na forma de testamento marítimo ou aeronáutico público, assemelhado ao testamento público ordinário, o testador dita ao comandante do navio ou da aeronave, ou a quem são atribuídas funções notariais, na presença de duas testemunhas, que o lavrará no diário de bordo, que funciona como livro de notas e, depois de transcrito o ditado ou as declarações, será assinado por todos (art. 1.888 do CC)[83]. Se o testador não puder escrever, alguém assinará em seu nome (uma das testemunhas), aplicando a forma do testamento ordinário público. No testamento aeronáutico, o comandante pode designar pessoa para exercer as funções do tabelião (art. 1.889 do CC)[84].

14.7.3.1.2. *Testamento cerrado marítimo ou aeronáutico*

O testamento marítimo ou o aeronáutico pode corresponder, ainda, ao testamento cerrado comum e ser entregue fechado e lacrado ou aberto (art. 1.888, parte final, do CC).

Como sua forma evoca o testamento cerrado, é feito pelo próprio punho do testador ou por alguém a seu rogo, sendo entregue ao comandante ou ao escrivão de bordo pelo testador, perante duas testemunhas, declarando ser o seu testamento, para autenticação.

O Código Civil de 2002 dispõe que o testamento ficará sob a guarda do comandante do navio ou aeronave e será entregue às autoridades admi-

---

82 "Art. 1.891. Caducará o testamento marítimo, ou aeronáutico, se o testador não morrer na viagem, nem nos noventa dias subsequentes ao seu desembarque em terra, onde possa fazer, na forma ordinária, outro testamento."

83 "Art. 1.888. Quem estiver em viagem, a bordo de navio nacional, de guerra ou mercante, pode testar perante o comandante, em presença de duas testemunhas, por forma que corresponda ao testamento público ou ao cerrado.
Parágrafo único. O registro do testamento será feito no diário de bordo."

84 "Art. 1.889. Quem estiver em viagem, a bordo de aeronave militar ou comercial, pode testar perante pessoa designada pelo comandante, observado o disposto no artigo antecedente."

nistrativas do porto ou aeroporto nacional, mediante recibo no diário de bordo (art. 1.890).

O instrumento de aprovação, certificando todo o ocorrido, será assinado por todos, inclusive pelo testador.

14.7.3.2. Testamento militar

O Código Civil o define como aquele feito por militares e pessoas a serviço das forças armadas em campanha, dentro do país ou fora dele, assim como em praça sitiada ou com as comunicações cortadas, em combate ou ferido (art. 1.893).

Possui três formas: público, cerrado e nuncupativo.

14.7.3.2.1. *Testamento militar público*

É escrito pela autoridade militar (comandante ou substituto) ou de saúde (oficial de saúde ou diretor do hospital), em livro próprio, perante duas testemunhas, sendo assinado por todos. Se o testador não puder assinar, uma terceira testemunha assinará por ele (art. 1.893 do CC)[85].

Caduca após o decurso de prazo de noventa dias contados do dia em que o testador estiver em lugar que podia testar na forma ordinária (art. 1.895 do CC).

14.7.3.2.2. *Testamento militar cerrado*

Também evoca a forma do testamento cerrado, apesar de ser designado de particular, pois pode ser entregue cerrado ou aberto.

---

85 "Art. 1.893. O testamento dos militares e demais pessoas a serviço das Forças Armadas em campanha, dentro do País ou fora dele, assim como em praça sitiada, ou que esteja de comunicações interrompidas, poderá fazer-se, não havendo tabelião ou seu substituto legal, ante duas, ou três testemunhas, se o testador não puder, ou não souber assinar, caso em que assinará por ele uma delas.

§ 1º Se o testador pertencer a corpo ou seção de corpo destacado, o testamento será escrito pelo respectivo comandante, ainda que de graduação ou posto inferior.

§ 2º Se o testador estiver em tratamento em hospital, o testamento será escrito pelo respectivo oficial de saúde, ou pelo diretor do estabelecimento.

§ 3º Se o testador for o oficial mais graduado, o testamento será escrito por aquele que o substituir."

Previsto no art. 1.894 do Código Civil, e complementado pelo parágrafo único, é escrito, datado e assinado pelo próprio testador (não pode ser a rogo) e apresentado, aberto ou fechado (secreto), ao auditor de guerra ou ao oficial que o substitua, na presença de duas testemunhas.

O auditor autenticará o documento, anotando o lugar e a data que o recebeu, assinando o auto de confirmação juntamente com as testemunhas. É entregue ao testador.

Dispõe o art. 1.894 do Código Civil que, "se o testador souber escrever, poderá fazer o testamento de seu punho, contanto que o date e assine por extenso, e o apresente aberto ou cerrado, na presença de duas testemunhas ao auditor, ou ao oficial de patente, que lhe faça as vezes neste mister". Acrescenta o parágrafo único que "o auditor, ou o oficial a quem o testamento se apresente, notará, em qualquer parte dele, lugar, dia, mês e ano em que lhe for apresentado, nota esta que será assinada por ele e pelas testemunhas".

Essa forma de testamento, por oferecer mais garantias, apesar de receber críticas da doutrina, permanece válida mesmo após o transcurso do prazo de noventa dias, conforme dispõe o art. 1.895, parte final, do Código Civil, ao dispor que "caduca o testamento militar, desde que, depois dele, o testador esteja, noventa dias seguidos, em lugar onde possa testar na forma ordinária, salvo se esse testamento apresentar as solenidades previstas no parágrafo único do artigo antecedente". O parágrafo único antecedente dispõe que o auditor ou o oficial anotará no testamento os dados da sua apresentação e assinará com as testemunhas, conferindo autenticidade. Trata-se, portanto, de uma forma mais segura de testamento especial, feito de próprio punho pelo testador e também assinado pelo oficial e testemunhas, conferindo autenticidade.

Assemelha-se ao testamento ordinário particular, reduzindo-se as testemunhas. Deverá ser confirmado, conforme o art. 737, § 3º, do CPC, que o remete para confirmação na forma do testamento particular ordinário.

Cumpre registrar que a redução do número de testemunhas no testamento ordinário particular e até, excepcionalmente, a ausência de testemunhas poderão incentivar a sua utilização em vez dos especiais.

14.7.3.2.3. *Testamento militar nuncupativo*

Também denominado *in extremis* ou em iminente risco de vida, é o único caso no direito brasileiro em que se admite o testamento verbal. Estando o militar em combate ou ferido, de maneira que não pode testar nas formas anteriores, confia sua última vontade a duas testemunhas (art. 1.896 do CC)[86]. Essa forma oferece sérios perigos de deturpação, até mesmo na vontade do testador, em face do impacto emocional das circunstâncias, sendo muito criticada, contrariando toda a solenidade e segurança exigidas nas declarações de última vontade. É extremamente raro, com sérias dificuldades de confirmação.

As testemunhas, logo que seja possível, farão um documento escrito, resumindo as vontades, que deverá ser assinado por elas e pelo auditor. Tem de ser confirmado e aprovado judicialmente.

Caducará o testamento se o testador não falecer na guerra ou convalescer do ferimento (art. 1.896, parágrafo único, do CC).

Caio Mário[87] não criticava, na vigência do Código de 1916, os testamentos especiais e defendia sua extensão, como o marítimo em águas fluviais, o aeronáutico e o militar para local isolado por inundação ou epidemia, que impeça de testar na forma ordinária. Tal entendimento, porém, contrariava o art. 1.631 do Código revogado. O Código de 2002, entretanto, acolheu o entendimento do mestre e adotou o marítimo em águas fluviais e o aeronáutico, admitindo-se também o particular ordinário sem testemunhas em circunstâncias excepcionais, como nos casos exemplificados.

14.7.4. Testamento proibido ou conjuntivo

O testamento é ato personalíssimo, razão pela qual é proibido o testamento conjuntivo, ou de mão comum, feito por mais de uma pessoa na mesma cédula (art. 1.863 do CC)[88]. Carlos Roberto Gonçalves apresenta o seguinte conceito de testamento conjuntivo:

---

[86] "Art. 1.896. As pessoas designadas no art. 1.893, estando empenhadas em combate, ou feridas, podem testar oralmente, confiando a sua última vontade a duas testemunhas. Parágrafo único. Não terá efeito o testamento se o testador não morrer na guerra ou convalescer do ferimento."

[87] PEREIRA, Caio Mário da Silva. Op. cit., p. 167.

[88] "Art. 1.863. É proibido o testamento conjuntivo, seja simultâneo, recíproco ou correspectivo."

> Testamento *conjuntivo*, de *mão comum* ou *mancomunado* é aquele em que duas ou mais pessoas, mediante um só instrumento (portanto, num mesmo ato), fazem disposições de última vontade acerca de seus bens. É *simultâneo* quando os testadores dispõem em benefício de terceiros, num só ato (*uno contextu*); *recíproco*, quando instituem benefícios mútuos, de modo que o sobrevivente recolha a herança do outro; *correspectivo*, quando os testadores efetuam disposições em retribuição de outras correspondentes[89].

O testamento conjuntivo implica em pacto sucessório e retira a liberdade de testar e a livre revogação do outro, por isso é proibido.

A jurisprudência é pacífica no reconhecimento da nulidade do testamento conjuntivo, podendo citar entre tantos julgados:

> APELAÇÕES CÍVEIS. AÇÃO ORDINÁRIA DE CONFIRMAÇÃO DE TESTAMENTO PARTICULAR. DOIS TESTADORES EM UM ÚNICO ATO. CARACTERIZAÇÃO DE TESTAMENTO CONJUNTIVO. ART. 1.630 DO CÓDIGO CIVIL DE 1916 (ART. 1.863, CC/2002). PROIBIÇÃO EXPRESSA.
>
> 1. Se o testamento particular em análise (evento 03, item 18, fls. 08/15) caracterizou-se como conjuntivo e recíproco, o que é expressamente vedado pelo art. 1.630 do CC/1916, vigente na data do fato, a declaração de sua nulidade é medida que se impõe. Precedentes desta Corte de Justiça.
>
> 2. As questões concernentes à partilha da herança do "de cujus" devem ser discutidas pela via adequada, evidentemente que respeitando o que restar decidido nos autos da ação de confirmação do testamento particular correspondente[90].

É válido, entretanto, o testamento simultâneo e recíproco, como, por exemplo, o marido deixar sua meação na casa para a mulher e esta deixar sua meação para o marido, desde que não sejam feitos na mesma cédula, mas em atos distintos, sem interferir, cada um, na liberdade do outro.

---

[89] GONÇALVES, Carlos Roberto. Op. cit., p. 258.

[90] TJ-GO, AC 04086283720128090010, Rel. Des. Jeova Sardinha de Moraes, j. 20-11-2019. No mesmo sentido: TJRS, AC 70069427979, Rel. Des. Luiz Felipe Brasil Santos, j. 25-8-2016; TJDF, AC 20160110216442, Rel. Des. Mario-Zam Belmiro, j. 21-9-2017.

O testamento, porém, será nulo, mesmo que em atos distintos, se fixar condições recíprocas aos outros, como, por exemplo, o marido deixar a meação de certo bem para sua mulher apenas se ela deixar a meação de certo bem para ele. É o chamado *testamento correspectivo* (art. 1.900, I, do CC). No mesmo sentindo é a lição de Luiz Paulo Viera de Carvalho:

> Todavia, há de assinalar que, sendo de mão comum ou não, o testamento correspectivo será sempre inválido. A título de exemplo, Ana deixa 2/3 da herança para José, desde que ele deixe para ela também 2/3. Isso porque, repisamos, trata-se de pacto sucessório proibido, eivado de nulidade, a implicar, inclusive, ruptura do princípio da revogabilidade do testamento[91].

A vedação ao testamento conjuntivo e ao testamento correspectivo não se aplica ao testamento simultâneo e recíproco.

O Supremo Tribunal Federal[92] já decidiu pela validade do testamento simultâneo e recíproco, julgando improcedente ação declaratória de nulidade dos testamentos, na hipótese de testamentos públicos, em instrumentos distintos e sucessivos, feitos por marido e mulher, na mesma data, no mesmo local e perante as mesmas testemunhas e tabelião. No fato concreto, os testadores são casados pelo regime de comunhão universal de bens, sem descendentes, e legaram, nos testamentos aludidos um ao outro, a respectiva meação disponível. Cada qual, na cédula testamentária própria, estipulou que, por falta do legatário instituído, a parte disponível se destinaria aos irmãos e sobrinhos por consanguinidade.

No julgamento, entendeu a Corte Suprema que não ocorreu, no caso, testamento conjuntivo, *uno contextu*, ou de mão comum, mas foram feitos dois testamentos separadamente, sobre os quais o tabelião, com sua fé, certificou, sem qualquer elemento de prova em contrário, a plena capacidade dos testadores e a livre manifestação da vontade deles, não incidindo na proibição do art. 1.630 do Código Civil de 1916 (hoje art. 1.863) os testamentos de duas pessoas, feitos na mesma data, no mesmo tabelionato e em termos semelhantes, deixando os bens um para o outro, pois cada um deles, isoladamente, conserva a própria autonomia e unipessoalidade.

---

91 CARVALHO, Luiz Paulo Vieira de. Op. cit., p. 560.

92 STF, RE 93.603-3/60, Rel. Min. Neri da Silveira, p. 4-8-1995.

Cada testador pode livremente modificar ou revogar o seu testamento. A eventual reciprocidade, resultante de atos distintos, unilateralmente revogáveis, não sacrifica a revogabilidade, que é da essência do testamento. Não cabe, também, falar em pacto sucessório, quando se trata de testamentos distintos. A doutrina, novamente na lição de Carlos Roberto Gonçalves, é no mesmo sentido:

> Nada impede que o casal, desejando testar simultaneamente, compareça ao Cartório de Notas e ali cada qual faça o seu testamento, em cédulas testamentárias distintas. É vedada somente a confecção conjunta por marido e mulher, no mesmo instrumento. Elaborando-os separadamente, ainda que na mesma ocasião e perante o mesmo tabelião, podem deixar os bens um para o outro. Nesse caso, os testamentos não são considerados conjuntivos, pois cada qual conserva a sua autonomia[93].

O fato de marido e mulher fazerem, cada qual, o seu testamento, na mesma data, local e perante as mesmas testemunhas e tabelião, legando um ao outro a respectiva parte disponível, não importa em se tolherem, mutuamente, a liberdade, desde que o façam em testamentos distintos. Cada um conserva a liberdade de revogar ou modificar o seu testamento.

São válidos, portanto, os testamentos simultâneos, mesmo que recíprocos, desde que feitos em cédulas distintas e sem correspectividade, quando estipulam a obrigatoriedade do outro de também testar e beneficiá-lo em retribuição.

14.7.5. Codicilo

O codicilo é ato simplificado de última vontade, um escrito particular datado e assinado pela própria pessoa capaz de testar, que faz disposições derradeiras, sem instituir herdeiros, sujeitas a limitações sobre seu enterro, esmolas de pequena monta, legar móveis, roupas e joias de pequeno valor de seu uso pessoal, nomear ou substituir testamenteiro, conforme art. 1.881 do Código Civil[94], bem como ordenar as despesas de interseção religiosa, como orações e missas por sua alma (art. 1.998 do CC).

---

[93] GONÇALVES, Carlos Roberto. Op. cit., p. 258.

[94] "Art. 1.881. Toda pessoa capaz de testar poderá, mediante escrito particular seu, datado e assinado, fazer disposições especiais sobre o seu enterro, sobre esmolas

No dizer de Pablo Stolze e Rodolfo Pamplona, "é um negócio jurídico unilateral de última vontade, pelo qual o autor da herança pode dispor sobre seu enterro e esmolas de pequena monta"[95].

O montante dos valores deve ser considerado em relação ao patrimônio do testador, entretanto não podem ser incluídos bens imóveis ou frações de herança. Pode, ainda, servir para disposições não patrimoniais, como nomeação de testamenteiros, tutores, curadores, reconhecimento de paternidade (art. 1.609, II, do CC) e perdão ao indigno[96].

É considerado um pequeno escrito ou pequeno testamento, porém sem as formalidades deste. Deve ser escrito por inteiro, datado e assinado pelo próprio autor, conforme requisito do art. 1.881 do Código Civil, não se admitindo processo mecânico ou a rogo. O codicilo não exige presença de testemunhas ou que o autor também faça testamento[97], assim, pode existir sem a presença de testamento ou conviver com testamento e até mesmo com outros codicilos, se não existir incompatibilidade entre eles, completando-se.

Após a morte do autor do codicilo, denominado codicilante, é necessária confirmação judicial aplicando o mesmo procedimento da confirmação do testamento particular (art. 737, § 3º, do CPC).

Não tem força de revogar testamento, mas é por este revogado (art. 1.884 do CC).

O codicilo pode ser fechado pelo testador e será aberto da mesma forma que o testamento cerrado (art. 1.885 do CC), entretanto fica sujeito a confirmação judicial, obedecendo ao procedimento do testamento ordinário particular.

---

de pouca monta a certas e determinadas pessoas, ou, indeterminadamente, aos pobres de certo lugar, assim como legar móveis, roupas ou joias, de pouco valor, de seu uso pessoal."

95 GAGLIANO, Pablo Stolze; PAMPLONA FILHO, Stolze. *Manual de direito civil*. São Paulo: Saraiva, 2017. p. 1.586.

96 VENOSA, Sílvio de Salvo. Op. cit., p. 189.

97 "Art. 1.882. Os atos a que se refere o artigo antecedente, salvo direito de terceiro, valerão como codicilos, deixe ou não testamento o autor."

14.7.6. Testamento vital

O testamento vital é um tema novo, debatido entre os estudiosos da bioética e do biodireito. Trata-se, na verdade, de uma "declaração prévia de vontade de paciente" ou "declaração de vontade antecipada", em que a pessoa capaz dispõe sobre os tratamentos e intervenções médicas que deseja receber, caso venha a sofrer de doença incurável em estado terminal, sem condições de manifestar sua vontade, evitando o prolongamento da vida sem possibilidade de recuperação e sem qualidade. Não possui previsão na legislação brasileira e difere dos testamentos em geral, que dispõem sobre a vontade do testador para depois de sua morte. No testamento vital a vontade do testador é para ser cumprida em vida, quando não possuir condições de se manifestar.

César Luiz Pasold ressalta que o testamento vital tem um significado próprio que ultrapassa o conceito dos testamentos em geral, pois o adjetivo "vital" o identifica como ato de disposição de vontade para ser cumprido ainda em vida, diante de uma situação de saúde em estado terminal[98].

O testamento vital, segundo o conceito de Adriano Martelete Godinho,

> (...) consiste num documento, devidamente assinado, em que o interessado juridicamente capaz declara quais tipos de tratamentos médicos aceita ou rejeita, o que deve ser obedecido nos casos futuros em que se encontre em situação que o impossibilite de manifestar sua vontade, como, por exemplo, o coma. Permite que a pessoa possa antecipadamente declarar que recusa terapias médicas que apenas prolongariam sua existência, em detrimento de sua qualidade de vida[99].

Obviamente que a disposição antecipada dos tratamentos médicos, aos quais a pessoa em estado terminal quer se submeter ou não, não importa em eutanásia, como equivocadamente ressaltam alguns, mas o exercício da autonomia privada em não se sujeitar a tratamentos dolorosos para prolon-

---

98 PASOLD, Cesar Luiz. *Livro sobre testamento vital.* Disponível em <www.advocacia-pasold.com.br>. Acesso em: 6 ago. 2011.

99 GODINHO, Adriano Marteleto. *Testamento vital e o ordenamento brasileiro.* Disponível em: <jus.uol.br/revista/texto/15066>. Acesso em: 6 ago. 2011.

gar a vida em estado vegetativo, quando já se encontra em estado irreversível, permitindo morrer com dignidade.

Apesar de inexistir legislação própria, diversas normas jurídicas permitem o reconhecimento da validade das disposições de vontade inseridas no testamento vital, autorizando o cumprimento. Além do princípio da liberdade e da autonomia privada, a Constituição Federal consagrou como princípio fundamental a dignidade da pessoa humana (art. 1º, III), o que autoriza a opção de morrer com dignidade em vez de ter prolongada a vida em estado terminal irreversível, e o direito de a pessoa não ser submetida a tratamento desumano ou degradante (art. 5º, III). No Código Civil admitem-se, por testamento, disposições de caráter não patrimonial (art. 1.857, § 2º), disposição gratuita do próprio corpo para após a morte (art. 14) e o direito de não ser constrangido a submeter-se a tratamento médico ou intervenção cirúrgica com risco de vida (art. 15). Dispõe, ainda, o Código Civil que a validade da declaração de vontade não depende de forma especial se a lei não exigir (art. 107).

O Conselho Federal de Medicina editou a Resolução CFM n. 1.805/2006, permitindo aos médicos, na fase terminal de enfermidades graves e incuráveis, limitar ou suspender procedimentos e tratamentos que prolonguem a vida do doente, garantindo-lhe os cuidados necessários para aliviar os sintomas que levam ao sofrimento, na perspectiva de uma assistência integral, respeitada a vontade do paciente ou de seu representante legal, assegurando inclusive o direito de alta hospitalar, conforme os arts. 1º e 2º[100].

Na exposição de motivos, o Conselho Federal de Medicina ressaltou, com muita propriedade, entre outras justificativas para editar a referida

---

[100] "Art. 1º É permitido ao médico limitar ou suspender procedimentos e tratamentos que prolonguem a vida do doente em fase terminal, de enfermidade grave e incurável, respeitada a vontade da pessoa ou de seu representante legal.
§ 1º O médico tem a obrigação de esclarecer ao doente ou a seu representante legal as modalidades terapêuticas adequadas para cada situação.
§ 2º A decisão referida no *caput* deve ser fundamentada e registrada no prontuário.
§ 3º É assegurado ao doente ou a seu representante legal o direito de solicitar uma segunda opinião médica.
Art. 2º O doente continuará a receber todos os cuidados necessários para aliviar os sintomas que levam ao sofrimento, assegurada a assistência integral, o conforto físico, psíquico, social e espiritual, inclusive assegurando-lhe o direito da alta hospitalar."

resolução, que, "inevitavelmente, cada vida humana chega ao seu final. Assegurar que essa passagem ocorra de forma digna, com cuidados e buscando-se o menor sofrimento possível, é missão daqueles que assistem aos enfermos portadores de doenças em fase terminal".

O novo Código de Ética Médica (Resolução CFM n. 1.931, de 17-9-2009), que entrou em vigor no dia 13 de abril de 2010, dispõe no Capítulo I, item XXII, que:

> XXII – Nas situações clínicas irreversíveis e terminais, o médico evitará a realização de procedimentos diagnósticos e terapêuticos desnecessários e propiciará aos pacientes sob sua atenção todos os cuidados paliativos apropriados.

Assim, não constitui qualquer ilícito acolher a vontade do paciente expressa no testamento vital, pois a pessoa humana tem o direito de liberdade em não querer se submeter a tratamentos desnecessários para prolongar a agonia e o sofrimento da vida meramente vegetativa. Além do sofrimento causado à própria pessoa, violando a dignidade, também sofrem os familiares. Portanto, perfeitamente possível e legal a disposição de vontade expressa em testamento vital, por pessoa capaz e consciente, quanto aos procedimentos médicos que aceita ou rejeita em caso de enfermidade terminal, quando já estiver impossibilitada de manifestar sua vontade. O testamento pode ser efetuado na forma pública, perante o tabelião de notas, mediante escritura declaratória, ou escrito particular autêntico, já que, como não é previsto legalmente, não se exigem os mesmos requisitos dos testamentos comuns.

Oportuna a lição de Diaulas Costa Ribeiro ao ressaltar que a morte digna, que se compreende como a morte rápida, fulminante, sem dor e sem angústia, é um direito humano e que os testamentos vitais são utilizados para dispor sobre a assistência médica a ser prestada ao paciente terminal. Orienta ainda sobre as formas de testamento vital que:

> A suspensão de esforço terapêutico necessita de uma manifestação de vontade do paciente, a qual deve ser feita antes da perda de sua capacidade civil, no contexto de diretivas antecipadas. Para que isso seja possível, quatro alternativas se apresentam: uma escritura pública feita em cartório, na qual o paciente declara não aceitar a obstinação terapêutica, nem ser mantido vivo por aparelhos, especificando, ainda, que tipo de tratamento tolerará; uma

declaração escrita em documento particular, uma simples folha de papel assinada, de preferência com firma reconhecida; uma declaração feita a seu médico assistente – registrada em seu prontuário, com sua assinatura[101].

A manifestação de vontade antecipada do paciente é reconhecida pelo Conselho Federal de Medicina, que editou a Resolução CFM n. 1.995/2012 (publicada em 31-8-2012), dispondo sobre as "diretrizes antecipadas de vontade dos pacientes"[102]. A resolução reconhece a relevância da autonomia do paciente na relação médico-paciente e a possibilidade, diante dos avançados recursos tecnológicos, de adoção de medidas desproporcionais para prolongar a vida sem qualidade, importando sofrimento do doente em estado terminal, prorrogando artificialmente o processo da morte (distanásia), contra sua vontade. O processo de distanásia não prorroga a vida saudável, apenas retarda a morte.

O art. 2º da Resolução n. 1.995/2012 dispõe que o médico levará em consideração as diretrizes antecipadas de vontade do paciente incapaz de comunicar, ou de expressar de maneira livre suas vontades, sobre os cuidados e tratamentos que quer receber. Complementa o § 3º que as diretrizes antecipadas do paciente prevalecem sobre os desejos dos familiares. O médico somente não considerará a vontade do paciente se contrariar o Código de Ética (§ 2º). Dispõe o art. 2º da Resolução que:

> Art. 2º Nas decisões sobre cuidados e tratamentos de pacientes que se encontram incapazes de comunicar-se, ou de expressar de maneira livre e independente suas vontades, o médico levará em consideração suas diretivas antecipadas de vontade.
>
> § 1º (...).
>
> § 2º O médico deixará de levar em consideração as diretivas antecipadas de vontade do paciente ou representante que, em sua análise, estiverem em desacordo com os preceitos ditados pelo Código de Ética Médica.

---

101 RIBEIRO, Diaulas Costa. *Um novo testamento: testamento vitais e diretivas antecipadas*. Disponível em: <www.ibdfam.org.br/anais/vcongresso>. Acesso em: 6 ago. 2011.

102 "Art. 1º Definir diretrizes antecipadas de vontade como o conjunto de desejos, prévia e expressamente manifestados pelo paciente, sobre cuidados e tratamentos que quer, ou não, receber no momento em que estiver incapacitado de expressar, livre e autonomamente, sua vontade."

§ 3º As diretivas antecipadas do paciente prevalecerão sobre qualquer outro parecer não médico, inclusive sobre os desejos dos familiares. (...).

O Tribunal de Justiça do Rio Grande do Sul reconheceu o direito do paciente à ortotanásia e a validade do testamento vital e da Resolução n. 1.995/2012 do CFM, ressaltando que a Constituição institui o "direito à vida" e "não o dever à vida", não admitindo que a pessoa seja obrigada a receber tratamento doloroso ou cirurgias mutilatórias. Consta na ementa que:

> APELAÇÃO CÍVEL. ASSISTÊNCIA À SAÚDE. BIODIREITO. ORTOTANÁSIA. TESTAMENTO VITAL.
>
> 1. Se o paciente, com o pé esquerdo necrosado, se nega à amputação, preferindo, conforme laudo psicológico, morrer para "aliviar o sofrimento"; e, conforme laudo psiquiátrico, se encontra em pleno gozo das faculdades mentais, o Estado não pode invadir seu corpo e realizar a cirurgia mutilatória contra a sua vontade, mesmo que seja pelo motivo nobre de salvar sua vida.
>
> 2. O caso se insere no denominado biodireito, na dimensão da ortotanásia, que vem a ser a morte no seu devido tempo, sem prolongar a vida por meios artificiais, ou além do que seria o processo natural.
>
> 3. O direito à vida garantido no art. 5º, *caput*, deve ser combinado com o princípio da dignidade da pessoa, previsto no art. 2º, III, ambos da CF, isto é, vida com dignidade ou razoável qualidade. A Constituição institui o direito à vida, não o dever à vida, razão pela qual não se admite que o paciente seja obrigado a se submeter a tratamento ou cirurgia, máxime quando mutilatória. Ademais, na esfera infraconstitucional, o fato de o art. 15 do CC proibir tratamento médico ou intervenção cirúrgica quando há risco de vida, não quer dizer que, não havendo risco, ou mesmo quando para salvar a vida, a pessoa pode ser constrangida a tal.
>
> 4. Nas circunstâncias, a fim de preservar o médico de eventual acusação de terceiros, tem-se que o paciente, pelo quanto consta nos autos, fez o denominado testamento vital, que figura na Resolução nº 1995/2012, do Conselho Federal de Medicina[103].

---

[103] TJRS, AC 70054988266, Rel. Des. Irineu Mariani, j. 20-11-2013.

Na V Jornada de Direito Civil, do Conselho da Justiça Federal, foi aprovado o Enunciado 528, dispondo, ao interpretar os arts. 1.729, parágrafo único, e 1.857 do Código Civil, que

> (...) é válida a declaração de vontade expressa em documento autêntico, também chamado "testamento vital", em que a pessoa estabelece disposições sobre o tipo de tratamento de saúde, ou não tratamento, que deseja no caso de se encontrar sem condições de manifestar a sua vontade.

O Enunciado 37 da I Jornada de Direito da Saúde do Conselho Nacional de Justiça dispõe que:

> Enunciado 37. As diretivas ou declarações antecipadas de vontade, que especificam os tratamentos médicos que o declarante deseja ou não se submeter quando incapacitado de expressar-se autonomamente, devem ser feitas preferencialmente por escrito, por instrumento particular, com duas testemunhas, ou público, sem prejuízo de outras formas inequívocas de manifestação admitidas em direito.

Não há que se confundir a ortotanásia, que significa "boa morte", ou morte natural, com a eutanásia, que é a antecipação da morte, a morte provocada por compaixão para aliviar o sofrimento, em vez de deixá-la acontecer naturalmente. Na ortotanásia aplica-se a Resolução n. 1.995/2012 do CRM e o médico deixa que o processo da morte siga seu curso natural, sem intervenções radicais para um prolongamento precário e penoso, permitindo uma morte digna, sem sofrimentos desnecessários, acolhendo a vontade manifestada no testamento vital.

14.8. DISPOSIÇÕES TESTAMENTÁRIAS EM GERAL

14.8.1. Princípios gerais

Estudados os elementos extrínsecos do testamento, como suas formas e requisitos, e alguns de seus elementos intrínsecos, como a capacidade para testar e receber por testamento, torna-se necessário apreciar em seguida seus elementos intrínsecos, que dizem respeito ao seu objeto e conteúdo, compreendendo a instituição de herdeiro ou legatário, título ou fundamento pelo qual são chamados a recolher a massa hereditária, parte dela ou determinada coisa[104].

Paulo Lôbo orienta quanto às disposições testamentárias que:

> Disposições testamentárias são as declarações expressas de vontade do testador nas quais institui herdeiros ou legatários, distribui seu patrimônio nos limites da parte disponível, enuncia declarações unilaterais e estabelece requisitos, restrições e condições para herança e legados[105].

Como já visto, o testamento pode compreender disposições de cunho patrimonial e de natureza pessoal, entretanto, são nas cláusulas patrimoniais que o testamento encontra maior expansão, com a instituição de herdeiro ou legatário, pagamentos, substituição de herdeiros, gravames impostos aos bens e deserdação[106].

As disposições testamentárias são regidas por vários princípios acerca da designação de herdeiros ou legatários. Washington de Barros Monteiro[107] apresenta os seguintes princípios:

O primeiro acentua que todas as disposições relativas ao elemento intrínseco do testamento devem emergir diretamente do ato *causa mortis*, de modo claro, direto e completo. A nomeação de herdeiro ou legatário não pode ser completada ou esclarecida com recursos a instrumentos externos, como instrumentos particulares, declarações judiciais ou extrajudiciais, sendo nula a remissão a documento à parte. O recurso a prova extrínseca só tem cabimento, no máximo, para elucidar contradição ou obscuridade. O princípio, entretanto, não pode ser aplicado de forma absoluta, pois podem ocorrer hipóteses em que, apesar da clareza e da certeza da nomeação, será necessário recurso externo, como, por exemplo, o testador deixar um legado ao integrante do corpo de bombeiros que o resgatou no incêndio ocorrido em dia e local certos, mas o nome não foi grafado completamente.

O segundo princípio ressalta que as disposições testamentárias só podem beneficiar pessoas naturais ou jurídicas, não se admitindo em favor

---

[104] MONTEIRO, Washington de Barros. *Curso de direito civil.* Op. cit., p. 159.

[105] LÔBO, Paulo Luiz Netto. Op. cit., p. 259.

[106] PEREIRA, Caio Mário da Silva. Op. cit., p. 172.

[107] MONTEIRO, Washington de Barros. Op. cit., p. 159.

de coisas ou animais, salvo indiretamente, como deixar determinado legado a uma pessoa com o encargo de cuidar de seu cão ou de seu túmulo.

O terceiro destaca que a herança ou legado deve ser atribuída a determinada pessoa ou pessoas diretamente, não sendo possível concedê-la a gerações inexistentes, salvo nas hipóteses especiais de nascituro, prole eventual de pessoas certas, pessoa jurídica em formação, fideicomisso e instituição condicional (arts. 1.799, I e III, e 1.952 do CC). A vontade de beneficiar deve ainda ser expressa, mesmo que a disposição seja insultante ou áspera, como, por exemplo, deixo o veículo para o ingrato e irresponsável sobrinho, posto que não se pode deduzir direito sucessório de simples conselho ou sugestão, como, por exemplo, espero que meu sobrinho mantenha e cuide do meu veículo.

14.8.2. Nomeação de herdeiros ou legatários

O Código Civil dispõe em seu art. 1.897 que "a nomeação de herdeiro, ou legatário, pode fazer-se pura e simplesmente, sob condição, para certo fim ou modo, ou por certo motivo", acrescentando no art. 1.898 que "a designação do tempo em que deva começar ou cessar o direito do herdeiro, salvo nas disposições fideicomissárias, ter-se-á por não escrita".

Assim, como ocorre nos negócios jurídicos, entre os quais se inclui o testamento, as disposições podem ser pura e simples, condicional, para certo fim ou com encargo, por certo motivo ou causa e por termo mediante fideicomisso, conforme veremos:

a) a nomeação pura e simples é a forma mais comum e ocorre quando a disposição é efetuada sem imposição de qualquer cláusula, limitação ou modificação, produzindo seus efeitos tão logo se abra a sucessão, independentemente de qualquer fato. Assim, transmitem-se a propriedade e a posse da herança ao herdeiro e a propriedade ao legatário, já que não se pode entrar por autoridade própria na posse (arts. 1.784 e 1.923 e § 1º do CC), desde o momento da morte do testador.

Sendo a nomeação pura e simples, se o herdeiro ou legatário falecer após o autor da sucessão, transmite-se esse direito adquirido aos seus próprios sucessores[108];

---

[108] GONÇALVES, Carlos Roberto. Op. cit., p. 345.

b) a nomeação condicional se dá quando for submetida a um evento futuro e incerto. Admitida a condição no testamento, são válidas todas as restrições e vedações contra ela impostas pelo legislador, como as condições puramente potestativas, que se submetem ao arbítrio exclusivo de uma das partes (arts. 122[109] e 1.900, IV[110], do CC), por exemplo, deixar o testador seu apartamento para o sobrinho João, se sua esposa concordar; as condições suspensivas impossíveis (art. 123[111], I, do CC), que se dividem em fisicamente impossível, quando a circunstância for inalcançável, como deixar a fazenda para Joaquim, se ele produzir determinada cultura que não se adapta ao clima, e juridicamente impossível, como, por exemplo, deixar um legado para João, que possui vinte anos, se adotar Manoel, seu sobrinho, com a mesma idade, ou se casar com sua irmã; as condições ilícitas, contrárias à lei, à ordem pública e aos bons costumes (arts. 123, II, e 122 do CC), como deixar um imóvel para Maria, se ela mantiver casa de prostituição no local; e as incompreensíveis ou contraditórias (art. 123, III, do CC), desde que pelo contexto do testamento ou de outros documentos não seja possível identificar a vontade do testador.

A condição lícita pode ser suspensiva ou resolutiva. A condição suspensiva tem por fim criar um direito, mas suspende temporariamente a eficácia do ato jurídico, somente produzindo efeitos após o seu implemento (art. 125 do CC)[112]. Assim, somente após a realização da condição suspensiva a herança ou o legado integrar-se-ão ao patrimônio do herdeiro ou legatário. Se os beneficiados falecerem antes da realização da condição, caducará a disposição testamentária e não haverá transmissão dos direitos aos

---

[109] "Art. 122. São lícitas, em geral, todas as condições não contrárias à lei, à ordem pública ou aos bons costumes; entre as condições defesas se incluem as que privarem de todo efeito o negócio jurídico, ou o sujeitarem ao puro arbítrio de uma das partes."

[110] "Art. 1.900. É nula a disposição:

(...)

IV – que deixe a arbítrio do herdeiro, ou de outrem, fixar o valor do legado; (...)."

[111] "Art. 123. Invalidam os negócios jurídicos que lhes são subordinados:

I – as condições física ou juridicamente impossíveis, quando suspensivas;

II – as condições ilícitas, ou de fazer coisa ilícita;

III – as condições incompreensíveis ou contraditórias."

[112] "Art. 125. Subordinando-se a eficácia do negócio jurídico à condição suspensiva, enquanto esta se não verificar, não se terá adquirido o direito, a que ele visa."

seus sucessores; se a condição suspensiva falhar, não se realizando, a nomeação é havida como nunca tendo sido feita, devolvendo a herança ou o legado, em ambos os casos, aos coerdeiros com direito de acrescer, aos substitutos ou herdeiros legítimos. O nomeado, entretanto, enquanto pendente a condição, pode praticar atos destinados a conservar o direito (art. 130 do CC). Realizada a condição suspensiva, produzirá efeitos *ex tunc*, considerando o direito do beneficiado desde a abertura da sucessão, sem prejuízo de terceiros, integrando a herança ou legado ao seu patrimônio[113].

A nomeação pelo testador de Maria, sua legatária, deixando-lhe uma casa, se ela contrair matrimônio, ou a seu neto Pedro, deixando-lhe o escritório de advocacia, se este for aprovado no exame de ordem, são exemplos de condições suspensivas, pois, em ambos os casos, são titulares de um direito eventual pendentes da condição, subordinada a um evento futuro e incerto.

A condição resolutiva tem por fim extinguir o direito criado pelo ato jurídico depois de certo tempo[114], ou seja, é aquela em que o direito adquirido pelo testamento se desfaz quando ocorrer determinado tempo ou evento.

O art. 127 do Código Civil dispõe que, "se for resolutiva a condição, enquanto esta não se realizar, vigorará o negócio jurídico, podendo exercer-se desde a conclusão deste o direito por ele estabelecido". Portanto, desde a morte do testador, o herdeiro ou legatário possui a propriedade do bem ou direitos, como se a nomeação fosse pura e simples, aperfeiçoando-se desde logo a disposição testamentária. Todavia, fica sujeito ao desfazimento, se ocorrer o evento futuro e incerto. Os direitos hereditários são resolúveis e se extinguirão com seu implemento. Assim, enquanto na suspensiva o ato só ganha eficácia com o advento da condição, na resolutiva o ato perde a eficácia com o referido advento, resolvendo-se, como ocorre na situação do herdeiro fiduciário, com o nascimento do herdeiro fideicomissário que receberá a herança.

A condição resolutiva não impede a constituição da relação jurídica, embora possa ser exigida caução *muciana*, que assegura a devolução da coisa, exceto se o testador a dispensou, mas opera a sua extinção, se vem a

---

[113] DINIZ, Maria Helena. *Curso de direito civil brasileiro*. Direito das sucessões. 21. ed. São Paulo: Saraiva, 2007. v. 6. p. 191-192.

[114] OLIVEIRA, Itabaiana de. *Tratado de direito das sucessões* apud DINIZ, Maria Helena. *Curso*... cit., 21. ed., v. 6. p. 192.

efetivar-se, perdendo o beneficiado a coisa com o implemento da condição (art. 128 do CC)[115], produzindo efeitos *ex nunc*[116], devolvendo a coisa aos coerdeiros instituídos, aos substitutos ou herdeiros legítimos, mas os frutos e rendimentos pertencem ao sucessor condicional, salvo disposição contrária expressa no testamento.

Se a condição resolutiva falhar, não se realizando, a instituição do beneficiado haver-se-á por feita pura e simplesmente, desde o princípio[117]. O testador pode nomear Maria sua legatária, deixando-lhe um apartamento enquanto não se casar, ou nomear Pedro, deixando-lhe um cômodo comercial enquanto não se formar em medicina.

Se Maria se casar e Pedro se formar, ocorre o implemento da condição resolutiva, e os bens são devolvidos aos outros sucessores. Se, entretanto, Maria não se casar ou Pedro abandonar os estudos, não ocorrendo a condição resolutiva, a instituição dos legatários permanece como se fosse pura e simples;

c) a nomeação para certo fim ou mediante encargo também é permitida e ocorre quando o testador impõe uma restrição na liberalidade imposta ao beneficiado, uma contraprestação. Assim, o testador pode legar um sítio ao beneficiado para o fim de, em parte dele, construir uma escola rural, ou legar um apartamento ao irmão para acolher e alimentar a mãe ou, ainda, nomear herdeiro o sobrinho com o encargo de construir um mausoléu ao autor da herança.

O encargo ou modo não se confunde com a condição. O encargo não suspende a aquisição e o exercício do direito (art. 136 do CC)[118], entretanto, ao aceitar, o beneficiado fica obrigado a cumprir a exigência imposta. Se o

---

115 "Art. 128. Sobrevindo a condição resolutiva, extingue-se, para todos os efeitos, o direito a que ela se opõe; mas, se aposta a um negócio de execução continuada ou periódica, a sua realização, salvo disposição em contrário, não tem eficácia quanto aos atos já praticados, desde que compatíveis com a natureza da condição pendente e conforme aos ditames de boa-fé."

116 PEREIRA, Caio Mário da Silva. Op. cit., p. 175.

117 PEREIRA, Caio Mário da Silva. *Instituições de direito civil* apud DINIZ, Maria Helena. *Curso*... cit., 21. ed.

118 "Art. 136. O encargo não suspende a aquisição nem o exercício do direito, salvo quando expressamente imposto no negócio jurídico, pelo disponente, como condição suspensiva."

beneficiado falecer sem executar o encargo imposto, a disposição não caduca, transferindo a herança ou o legado aos herdeiros do beneficiado, que deverão cumpri-lo, posto que a sua inexecução torna anulável a liberalidade, embora com efeitos *ex nunc*, sem retroagir, cabendo ação de nulidade aos herdeiros do testador ou a terceiro a quem tiver de reverter (art. 562 do CC). Na condição suspensiva, o beneficiado não pode ser constrangido a cumprir, mas a inexecução impede a aquisição e o exercício do direito, que caducará se falecer antes de seu implemento[119];

d) a nomeação por certo motivo ou causa ocorre quando o testador justifica as razões pelas quais beneficia o herdeiro ou legatário. Não é necessário o testador apresentar os motivos da nomeação, mas, se foi a causa determinante do ato, e os interessados provarem a falsidade do motivo ou erro da pessoa, a disposição não prevalece (art. 140 do CC)[120], como no caso de o testador fazer um legado a determinada pessoa declarando que assim o faz porque ela salvou a vida dele. Apurada a falsidade da assertiva ou o erro da pessoa, a nomeação será invalidada, exceto se na interpretação do testamento for possível identificar a pessoa que o testador tinha em mente e de fato desejou favorecer[121];

e) na nomeação a termo, salvo nas substituições fideicomissárias, a designação do tempo inicial ou final de exercício do direito do herdeiro ter-se-á por não escrita (art. 1.898 do CC)[122]. Assim, se o testador prefixar data para que juridicamente comece a valer a disposição, a nomeação do beneficiado a termo não é nula, ter-se-á apenas por não escrito o termo, podendo o herdeiro investir-se nos direitos como se a nomeação fosse pura e simples. A fixação de termo inicial ou final não é admitida somente na herança, posto que o dispositivo legal não se refere ao legatário, permitindo, assim, que se subordine termo inicial ou final no legado (art. 1.924 do CC)[123].

---

119 DINIZ, Maria Helena. *Curso de direito civil brasileiro*, 17. ed., cit., p. 193.

120 "Art. 140. O falso motivo só vicia a declaração de vontade quando expresso como razão determinante."

121 MONTEIRO, Washington de Barros. Op. cit., p. 165.

122 "Art. 1.898. A designação do tempo em que deva começar ou cessar o direito do herdeiro, salvo nas disposições fideicomissárias, ter-se-á por não escrita."

123 "Art. 1.924. O direito de pedir o legado não se exercerá, enquanto se litigue sobre a validade do testamento, e, nos legados condicionais, ou a prazo, enquanto esteja pendente a condição ou o prazo não se vença."

Washington de Barros[124], citando Carvalho Santos, observa que o Código é ilógico ao permitir ao testador impor à liberalidade condição suspensiva ou resolutiva, mas não tolerar que se marque termo para começo ou fim da qualidade de herdeiro.

Nas substituições fideicomissárias, é permitido designar o prazo inicial ou final dos herdeiros. Assim, é possível fixar que o direito do fideicomissário finde no prazo de dez anos e o direito do fiduciário se inicie nessa data.

14.8.3. Cláusulas restritivas – impenhorabilidade, incomunicabilidade e inalienabilidade

O autor da herança, respeitada a legítima dos herdeiros necessários, pode dispor livremente dos seus bens. Se pode dispor (o mais), também pode impor limitações ou restrições (o menos), ou seja, pode impor restrições aos herdeiros ou legatários. "É a simples aplicação da máxima de que quem pode o mais (transferir a propriedade plena), pode o menos (transferir a propriedade limitada na extensão de seus poderes)", lecionam Cristiano Chaves e Nelson Rosenvald[125].

O testador pode, ainda, exceto nos bens da legítima, se não houver justa causa, impor cláusulas restritivas ao legado ou herança, como incomunicabilidade, inalienabilidade temporária ou vitalícia, impenhorabilidade e instituir ou excluir usufruto e administração.

Assim, o autor da herança pode legar um imóvel a uma filha e instituir o usufruto (ou direito real de habitação) vitalício ou temporário aos avós. Pode ainda deixar bens a menores, excluindo a administração e o usufruto dos pais, indicando administrador (art. 1.693, III, do CC).

Ao autor da sucessão, permite-se ainda estabelecer cláusula de impenhorabilidade aos bens, colocada isoladamente, autônoma, ainda que os bens sejam alienáveis. Inserida pelo testador em bens da herança, não pode ser considerada diminuição de garantia dos credores dos beneficiados, suprimindo, portanto, esses bens por dívidas contraídas pelos herdeiros (art.

---

124 MONTEIRO, Washington de Barros. Op. cit., p. 165.

125 FARIAS, Cristiano Chaves de; ROSENVALD, Nelson. *Curso de direito civil.* Sucessões. São Paulo: Atlas, 2015. v. 7. p. 382-383.

833, I, do CPC). Pode ser absoluta ou relativa, temporária ou vitalícia, mas os frutos, apesar de divergências na doutrina, podem ser penhorados[126].

Da mesma forma, pode-se impor aos bens da herança ou legado a cláusula de incomunicabilidade, de forma que estes, não importando o regime de bens ou o tipo de pacto antenupcial, ainda que livres para alienação, não se tornam comuns ao cônjuge do herdeiro ou legatário e nem os sub-rogados em seu lugar (art. 1.668, I, do CC)[127].

A cláusula restritiva que desperta maior interesse, entretanto, é a de inalienabilidade. A cláusula sofre críticas por alguns, por ser desfavorável à livre circulação de bens, importante fonte de riqueza e fortuna de um país, e fomentar a ociosidade dos filhos de famílias abastadas; enquanto outros a defendem com o argumento de que a ativa circulação de imóveis conduz quase fatalmente ao fracionamento da propriedade, e a vedação da alienação possui inegável utilidade ao amparar o beneficiado, pondo-o a salvo de perigosas prodigalidades[128].

A inalienabilidade pode ser imposta em doação ou testamento e impede a alienação do bem gravado a qualquer título, impedindo venda, doação, permuta ou o uso como parte de pagamento. O gravame somente se estabelece aos donatários, herdeiros e legatários, portanto a terceiros, não sendo permitido a ninguém, salvo no caso especial de bem de família voluntário, vincular os próprios bens.

O Código Civil permite ao testador gravar os bens de inalienabilidade, dispondo ainda no art. 1.911 que "a cláusula de inalienabilidade, imposta aos bens por ato de liberalidade, implica impenhorabilidade e incomunicabilidade", acolhendo a Súmula 49 do Supremo Tribunal Federal. A imposição é correta, posto que, se possível penhorar o bem inalienável, bastaria ao herdeiro contrair empréstimos ou dívidas até o valor do bem e depois indicá-lo na execução para penhora, ocorrendo uma alienação disfarçada. Da mesma forma, ocorre desvio semelhante se se casar simuladamente em re-

---

[126] VENOSA, Sílvio de Salvo. Op. cit., p. 214-215.

[127] "Art. 1.668. São excluídos da comunhão:
I – os bens doados ou herdados com a cláusula de incomunicabilidade e os sub-rogados em seu lugar."

[128] MONTEIRO, Washington de Barros. Op. cit., p. 177.

gime de comunhão universal e depois se separar, partilhando o patrimônio e excluindo a cláusula de pelo menos a metade dos bens.

A inalienabilidade pode ser temporária, como, por exemplo, até o legatário completar trinta anos, ou vitalícia, quando vigorar durante toda a vida do beneficiado. Presume-se vitalícia se o testador não estipular prazo, entretanto, ainda que por vontade do autor da herança, não se estende além da vida do beneficiado, portanto, de uma geração. Os bens vinculados passam livres para os sucessores do herdeiro ou legatário. O Código Civil de 1916, no art. 1.723, parte final, dispunha que "a cláusula de inalienabilidade, entretanto, não obstará à livre disposição dos bens por testamento e, em falta deste, à sua transmissão, desembaraçados de qualquer ônus, aos herdeiros legítimos". O Código de 2002, assim como o de 1916 não aceitava, não tolera inalienabilidade perpétua; vínculo cuja duração se estenda por mais de um grau, além da vida de uma pessoa, está formalmente condenado[129].

O Superior Tribunal de Justiça reafirmou esse entendimento ao decidir uma disputa envolvendo herdeiros colaterais e o viúvo de uma mulher. No caso concreto, a mulher falecida recebeu os bens com a cláusula de incomunicabilidade e a disposição de que por sua morte os bens não fossem destinados ao marido. Por unanimidade, a Quarta Turma decidiu que, "se o indivíduo recebeu por doação ou testamento bem imóvel com a referida cláusula, sua morte não impede que seu herdeiro receba o mesmo bem"[130]. Assim, as cláusulas restritivas não ultrapassam um grau, perdendo o efeito quando morre a pessoa que recebeu o bem, por herança ou doação, transmitindo-o livre para a segunda geração.

A doutrina classifica a cláusula de inalienabilidade em absoluta, quando atinge qualquer pessoa, sem exceção, e relativa, quando o testador possibilita alienação em certos casos, para pessoa determinada ou sob certas condições[131].

Atualmente, na vigência do Código Civil de 2002, a cláusula de inalienabilidade não pode mais ser tida como absoluta. O Código Civil de 1916 dispunha na parte final do art. 1.676 que a cláusula de inalienabilidade,

---

[129] MONTEIRO, Washington de Barros. Op. cit., p. 179.

[130] STJ, REsp 1.552.553/RJ, Rel. Min. Maria Isabel Galloti, j. 24-11-2015.

[131] MONTEIRO, Washington de Barros. Op. cit., p. 179.

salvo nos casos de desapropriação e execução por dívidas de impostos do próprio imóvel, não poderia ser invalidada ou dispensada por atos judiciais de qualquer espécie, sob pena de nulidade. O beneficiado que possuía o gravame, na impossibilidade de manter o bem gravado, tinha de buscar acolhida no Decreto-lei n. 6.777/1944 para possibilitar sub-rogação em outros bens da mesma espécie e de igual valor. O Código atual abrandou o rigor ao permitir, no parágrafo único do art. 1.911[132], a conversão dos bens clausulados em outros, sobre os quais incidirão as restrições apostas aos primeiros, "por conveniência econômica do donatário ou herdeiro".

O abrandamento do rigor, permitindo-se a conversão dos bens clausulados em outros, possibilita ao herdeiro ou legatário em penúria ou comprovada necessidade requerer autorização judicial para venda do bem para aquisição de alimentos, tratamento de saúde ou custeio de despesas de educação, bens mais caros ao ser humano, que devem ser resguardados, relativizando a manutenção absoluta da cláusula de inalienabilidade em bens materiais. Não é demais lembrar que a cláusula restritiva tem por objetivo justamente proteger o beneficiado. A jurisprudência, por esse fundamento, tem autorizado a desconstituição das cláusulas para melhor aproveitamento do bem e o bem-estar do herdeiro. Em julgado no Tribunal de Justiça de Minas Gerais, em ação de extinção de cláusula de inalienabilidade e impenhorabilidade, sendo Relator o Des. Ramon Tácio, decidiu-se que:

> EMENTA: APELAÇÃO CÍVEL - AÇÃO DE EXTINÇÃO DE CLÁUSULA DE INALIENABILIDADE E IMPENHORABILIDADE VITALÍCIAS - DIREITOS DE PROPRIEDADE - ART. 1.676 DO CPC/1916 - MITIGAÇÃO - PATRIMÔNIO - APROVEITAMENTO - FUNÇÃO SOCIAL DA PROPRIEDADE - CLÁUSULAS RESTRITIVAS - EXTINÇÃO - POSSIBILIDADE.
>
> - A cláusula de inalienabilidade temporária, ou vitalícia, imposta aos bens pelos testadores ou doadores, não poderá, em caso algum, salvo os de ex-

[132] "Art. 1.911. A cláusula de inalienabilidade, imposta aos bens por ato de liberalidade, implica impenhorabilidade e incomunicabilidade.
Parágrafo único. No caso de desapropriação de bens clausulados, ou de sua alienação, por conveniência econômica do donatário ou do herdeiro, mediante autorização judicial, o produto da venda converter-se-á em outros bens, sobre os quais incidirão as restrições apostas aos primeiros."

propriação por necessidade ou utilidade pública, e de execução por dívidas provenientes de impostos relativos aos respectivos imóveis, ser invalidada ou dispensada por atos judiciais de qualquer espécie, sob pena de nulidade (CC/1916, art. 1.676).

– A orientação jurisprudencial adotada pelo STJ é no sentido de se atenuar a aplicação do art. 1.676 do CC/1916 (art. 1.911, CC/2002), quando verificado que a desconstituição da cláusula de impenhorabilidade instituída pelo testador se faz imprescindível para proporcionar o melhor aproveitamento do patrimônio deixado e o bem-estar do herdeiro, o que se harmoniza com a intenção real do primeiro, de proteger os interesses do beneficiário (STJ, REsp 303424/GO)[133].

A inalienabilidade do bem pode ser excepcionada legalmente por desapropriação, necessidade ou utilidade pública (art. 1.911, parágrafo único, do CC); por execução de dívidas provenientes de impostos do bem vinculado; por venda de bem clausulado no caso de extinção do respectivo condomínio (arts. 1.320 e 1.322 do CC) e, conforme já visto, quando a venda for conveniente e economicamente vantajosa para o herdeiro ou donatário. O produto da venda deve ser aplicado, em qualquer caso, na aquisição de outros bens da mesma espécie e no mínimo de igual valor, sub-rogando as cláusulas restritivas.

O Código de 1916 permitia ao testador clausular livremente os bens da legítima de inalienabilidade, impenhorabilidade e incomunicabilidade (art. 1.723), o que foi vedado no Código atual quanto aos bens da legítima, salvo se houver justa causa, declarada no testamento, dispondo o art. 1.848 do Código Civil que:

> Art. 1.848. Salvo se houver justa causa, declarada no testamento, não pode o testador estabelecer cláusula de inalienabilidade, impenhorabilidade, e de incomunicabilidade, sobre os bens da legítima.
>
> § 1º Não é permitido ao testador estabelecer a conversão da legítima em outros de espécie diversa.

[133] TJMG, AC 10598190005846001, Rel. Des. Ramom Tácio, j. 18-12-2019, p. 22-1-2020.

§ 2º Mediante autorização judicial e havendo justa causa, podem ser alienados os bens gravados, convertendo-se o produto em outros bens, que ficarão sub-rogados nos ônus dos primeiros.

O Superior Tribunal de Justiça tem flexibilizado as cláusulas restritivas em face do disposto no art. 1.848 do Código Civil e na função social da propriedade, mesmo tendo a antecipação da legítima (doação) ocorrido na vigência do Código Civil de 1916, constando na ementa que:

> RECURSO ESPECIAL. DIREITO CIVIL. DOAÇÃO. HERDEIROS NECESSÁRIOS. ANTECIPAÇÃO DE LEGÍTIMA. CLÁUSULA DE INALIENABILIDADE E USUFRUTO. MORTE DOS DOADORES.
>
> 1. Controvérsia acerca da possibilidade de cancelamento de cláusula de inalienabilidade instituída pelos pais em relação ao imóvel doado aos filhos.
>
> 2. A doação do genitor para os filhos e a instituição de cláusula de inalienabilidade, por representar adiantamento de legítima, deve ser interpretada na linha do que prescreve o art. 1.848 do CCB, exigindo-se justa causa notadamente para a instituição da restrição ao direito de propriedade.
>
> 3. Possibilidade de cancelamento da cláusula de inalienabilidade após a morte dos doadores, passadas quase duas décadas do ato de liberalidade, em face da ausência de justa causa para a sua manutenção.
>
> 4. Interpretação do art. 1.848 do Código Civil à luz do princípio da função social da propriedade[134].

O testador pode impor livremente cláusulas restritivas aos herdeiros facultativos, aos instituídos, legatários e nos bens que couberem na metade disponível, ainda que destinados a herdeiros necessários; mas quanto aos bens da legítima, somente se houver causa justa, como filho viciado em bebidas e jogos, gastador contumaz, podendo o herdeiro legítimo necessário questionar a restrição em juízo e, provando a inveracidade da causa, cancelar o gravame.

Nos testamentos efetuados na vigência do Código Civil de 1916, impondo cláusulas restritivas, elas prevaleciam pelo prazo de um ano após a

[134] STJ, REsp 1.631.278/PR, Rel. Min. Paulo de Tarso Sanseverino, j. 19-3-2019.

entrada em vigor do Código Civil de 2002, conforme o art. 2.042[135] das disposições transitórias. Transcorrido o prazo, ou seja, a partir de 10 de janeiro de 2004, se o testador não aditar o testamento para declarar a justa causa, não subsistirão as cláusulas restritivas incidentes sobre os bens da legítima, ainda que apostas na vigência do Código Civil de 1916. Se a morte do testador ocorreu antes ou até no prazo de um ano da entrada em vigor do atual Código Civil, as cláusulas são válidas, mesmo que a abertura do inventário e a partilha ocorram posteriormente. Nesse sentido é a jurisprudência mineira:

> SUCESSÕES E PROCESSUAL CIVIL. RECURSO ADESIVO. PRESSUPOSTO. PARTILHA. CONDOMÍNIO. PREVENÇÃO FUTUROS LITÍGIOS. IMPOSSIBILIDADE. CLÁUSULAS INCOMUNICABILIDADE, IMPENHORABILIDADE E INALIENABILIDADE. (...) Na égide do Código Civil de 2002 as cláusulas de impenhorabilidade, incomunicabilidade e inalienabilidade só podem subsistir sobre os bens da legítima se houver justa causa para tanto. No tocante aos testamentos realizados sob a égide do Código Civil de 1916, dispõe a regra transitória prevista no art. 2.042 do atual Código Civil que as restrições do referido art. 1.848 somente se aplicarão na hipótese da abertura da sucessão no prazo de um ano após a entrada em vigor do CC de 2002 e desde que o testador não tenha aditado o testamento para declarar a justa causa da cláusula aposta à legítima. Quanto às sucessões abertas anteriormente à entrada em vigor do atual Código e no período de até um ano após a mesma indiscutível é que se aplicam as regras previstas no Código Civil de 1916, por ser a lei vigente ao tempo da abertura daquelas[136].

Assim, transcorrendo o prazo de um ano da entrada em vigor do Código Civil de 2002, não existindo aditamento do testamento anterior em novo testamento para justificar as cláusulas restritivas na legítima, não

[135] "Art. 2.042. Aplica-se o disposto no *caput* do art. 1.848, quando aberta a sucessão no prazo de um ano após a entrada em vigor deste Código, ainda que o testamento tenha sido feito na vigência do anterior, Lei n. 3.071, de 1º de janeiro de 1916; se, no prazo, o testador não aditar o testamento para declarar a justa causa de cláusula aposta à legítima, não subsistirá a restrição."

[136] TJMG, AC 1.0024.95.098387-4/006, Rel. Des. Maria Elza, j. 11-3-2010.

produzirão efeitos, sendo consideradas como não escritas[137], ainda que apostas na vigência do Código de 1916.

O testador também não pode determinar a conversão dos bens da legítima em outros de espécie diversa, como ocorria na vigência do Código de 1916 (art. 1.723).

Os bens da legítima clausulados podem ser alienados, mediante autorização judicial, havendo justa causa, sub-rogando o produto e o gravame em outros bens.

A jurisprudência tem se inclinado no sentido da impossibilidade de estender a incomunicabilidade para os frutos. No direito hereditário não existe disposição permitindo ou proibindo a clausulação dos frutos, entretanto, no direito de família é vedada a incomunicabilidade dos frutos do patrimônio, que se comunicam, mesmo que incomunicável o bem. Aplicando-se uma interpretação sistemática do sistema civil, é impositiva a conclusão de que não se podem clausular os frutos de incomunicabilidade no direito sucessório (*RJTJERES* 248/268)[138].

14.8.4. Interpretação do testamento

O critério que orienta a interpretação das cláusulas testamentárias é observar a vontade do testador, cumprir fielmente seu desejo. A interpretação busca revelar a verdadeira vontade do testador considerando os costumes e as palavras no local onde o testamento foi efetuado e a condição pessoal do testador.

A interpretação do testamento visa fixar o seu verdadeiro sentido, utilizando-se os mesmos processos empregados pela hermenêutica, ou seja, filológico (estudo dos textos para determinação do seu significado, apoiado na sua história, linguística, gramática e na estilística), gramatical (estudo das palavras), lógico (pesquisa lógica) e sistemático (comparação das diversas cláusulas), para esclarecer a real vontade do testador. Luiz Paulo Vieira de Carvalho ressalta que:

---

137 TJMG, AC 1.0342.09.116638-5/001, Rel. Des. Vanessa Verdolim Hudson Andrade, j. 28-8-2012.

138 NEGRÃO, Theotonio; GOUVÊA, José Roberto F. *Código Civil e legislação civil em vigor*. 27. ed. São Paulo: Saraiva, 2008. p. 511.

> A função do intérprete, então, que faz através dos diferentes modos de interpretação, quais sejam, filológico, histórico, lógico, sistemático e teleológico, é aclarar as verdadeiras intenções do autor do ato de última vontade, buscando, sempre, a realidade dos efeitos por esse pretendidos (princípio da preponderância da vontade do testador), efeitos a serem cumpridos desde que não ofendam a ordem pública, é claro[139].

Dispõe o art. 1.899 do Código Civil que, "quando a cláusula testamentária for suscetível de interpretações diferentes, prevalecerá a que melhor assegure a observância da vontade do testador", complementando o art. 112 que "nas declarações de vontade se atenderá mais à intenção nelas consubstanciada do que ao sentido literal da linguagem".

Assim, a interpretação do testamento é mais subjetiva que de um contrato, e admite-se o uso de elementos estranhos a ele para esclarecer suas disposições, como deixar o testador, para a sobrinha que batizou e criou, o lote em Salvador, permitindo prova testemunhal e documental para identificar a sobrinha, e até mesmo para identificar e corrigir erros de designação no testamento, como, por exemplo, deixar para Maria, a enfermeira que o assistiu com tanto zelo na doença, determinado bem. Ocorre que Maria é o nome da médica, e a enfermeira que o testador queria beneficiar se chama Tereza. Admite-se, portanto, prova para corrigir o erro.

Maria Helena Diniz[140], ao apresentar as regras gerais do testamento, ensina que as disposições de nomeação do herdeiro ou legatário devem emergir diretamente do ato *causa mortis*, de modo claro e completo, sendo impossível o recurso a instrumentos particulares, declarações judiciais ou extrajudiciais, entretanto, se apurada claramente a vontade do testador, é admitida a utilização de recursos externos para identificar pessoas ou coisas, evitando anular a disposição testamentária. Dispõe o art. 1.903 do Código Civil, nesse sentido, que

> (...) o erro na designação da pessoa do herdeiro, do legatário, ou da coisa legada anula a disposição, salvo se, pelo contexto do testamento ou por outros documentos, ou por fatos inequívocos, se puder identificar a pessoa ou coisa a que o testador queria referir-se.

---

[139] CARVALHO, Luiz Paulo Vieira de. Op. cit., p. 635.

[140] DINIZ, Maria Helena. *Curso*... cit., 17. ed., p. 189.

Ao decidir o sentido das expressões, o juiz deverá interpretar as palavras na acepção, no sentido em que o testador costumava usá-las, realizando a vontade do falecido da maneira mais fiel possível, buscando a concordância entre a vontade interna e a vontade declarada no testamento, pois é muito comum confundir legatários com herdeiros, fideicomisso e usufruto, entre outros. A primeira regra a verificar é a fiel observância da vontade do testador, utilizando sua linguagem, mediante meticulosa reconstrução do ato volitivo na disposição testamentária indecisa, afastando, para tanto, as expressões verbais e imperfeitas. Não sendo possível concluir, pela linguagem do testador, cumpre-se atender à literalidade das palavras. A segunda regra, existindo dois sentidos, é acolher a opção que pode produzir efeito[141].

Ocorrendo dúvida, a interpretação será sempre em defesa do testamento, e deve-se tentar construir o pensamento do testador, aplicando-se o princípio do *in dubio pro testamento.*

Nas disposições gerais do testador em favor de pobres e de estabelecimentos de caridade ou de assistência, sem indicá-los, presume a lei que são do domicílio do falecido, e as instituições particulares preferirão sempre às públicas (art. 1.902 do CC)[142].

Dispõe o Código Civil que, se o testador nomear mais de um herdeiro ou herdeiro e grupos de herdeiros, sem especificar as quotas de cada um, a parte disponível será partilhada entre os indivíduos ou entre os indivíduos e os grupos por igual (arts. 1.904 e 1.905 do CC). Especificando as frações, se ocorrer sobras, caberá aos herdeiros legítimos, entretanto, se o testador estipular as frações de uns e não de outros, as sobras serão partilhadas entre estes (arts. 1.906 e 1.907).

Maria Helena Diniz[143] resumiu as regras interpretativas das disposições testamentárias, lecionando que na interpretação do testamento dever-se-á buscar a real intenção do testador, e não o sentido literal da linguagem (arts.

---

141 MONTEIRO, Washington de Barros. Op. cit., p. 167.

142 "Art. 1.902. A disposição geral em favor dos pobres, dos estabelecimentos particulares de caridade, ou dos de assistência pública, entender-se-á relativa aos pobres do lugar do domicílio do testador ao tempo de sua morte, ou dos estabelecimentos aí sitos, salvo se manifestamente constar que tinha em mente beneficiar os de outra localidade."

143 DINIZ, Maria Helena. *Curso*... cit., 17. ed., p. 218-219.

112 e 1.899 do CC); na ausência de dados para interpretar a vontade do disponente, atender-se-á à literalidade das palavras; deve-se procurar o sentido mais cômodo ao objeto e à natureza do ato; havendo dois sentidos na cláusula testamentária, considerar-se-á o que pode produzir efeito; o prazo deve ser presumido em favor do herdeiro (art. 133 do CC); não se pode suprir o que o testador não determinou, nem incluir cláusula inexistente no testamento; cláusula obscura, truncada ou incompleta, que impossibilite determinar a vontade do testador, será tida como não escrita; dúvida relativa ao *quantum* da dívida será decidida do modo menos prejudicial ao que prometeu; preferir-se-á a opinião mais benigna nas coisas dúbias e nas proposições mais rigorosas; dúvidas quanto à intenção de beneficiar certas pessoas não invalidam o testamento, pois as quotas deverão ser igualadas; o termo prole abrange os descendentes, e a expressão filho alcança a filha e o neto; a denominação herdeiro abrange não só o próximo, mas também o mais afastado; o gênero masculino abrange o feminino, porém este não compreende aquele; se o objeto da disposição construir-se de universalidade, abarcará todas as coisas que a compõem, mesmo se desconhecida do testador, por serem descobertas posteriormente; se o disponente beneficiar certa categoria de pessoas, como, por exemplo, seus empregados, entender-se-á que apenas contemplou os que estavam às suas ordens no momento da abertura da sucessão.

Complementa a doutrinadora que, se o testador instituir herdeiros sucessivos, ter-se-á fideicomisso, embora tenha empregado o termo usufruto; se o disponente legar à mesma pessoa duas vezes a mesma quantia, restringir-se-á o legado a uma só quantia, salvo se apurar-se que a sua vontade era multiplicar o legado; se nos legados pecuniários a quantia tornar-se irrisória, em razão da inflação, em atenção ao fim do legado e à intenção do testador, dever-se-á entender que a liberalidade está sujeita a ser corrigida quantitativamente; em certos casos, dever-se-á verificar que o testador considerou os usos locais de onde vivia, a qualidade do legatário, a amizade etc.; se não for possível solucionar as dúvidas, procurar-se-á decidir em favor da sucessão legítima; compete a interpretação do testamento ao juízo do inventário; se o testador deixar uma universalidade de coisas, entender-se-ão incluídas as coisas particulares de que ela se compõe, mesmo as descobertas ulteriormente, desconhecidas do testador; deve-se afastar restrição de inalienabilidade dos rendimentos dos bens legados, gravados de inalienabilidade, impenhorabilidade e incomunicabilidade.

14.8.5. Inexistência e invalidade do testamento

Sílvio Venosa leciona que, para que o negócio jurídico tenha vida plena no campo do direito, devem ser levados em conta três níveis de exame: o da existência, o da validade e o da eficácia. Distinguem-se, portanto, o ato eficaz, o ato válido e o ato existente. No testamento, ato solene, só existe ato de última vontade se existir testamento nas modalidades previstas em lei, exceto na situação especial de codicilo. O conceito de inexistência do ato jurídico, que muitas vezes se aproxima da nulidade, mas não se confunde com ela, apesar de em muitos casos trazer dificuldades para estabelecer no plano técnico a distinção entre ato nulo e inexistente, surgiu na doutrina francesa, especialmente ao consagrar o preceito de que em matéria matrimonial não existe nulidade sem texto, para distinguir o casamento inexistente do casamento nulo, previsto em lei. É inexistente o negócio jurídico que não reúne os elementos de fato em sua formação e estrutura, sem os quais não se constitui[144]. Rolf Madaleno[145] conceitua o ato inexistente como aquele que não reúne os pressupostos de sua existência, desgarrando-se das condições de validade e das solenidades que lhe dão corpo e existência legal, exemplificando o testamento religioso lavrado pelo pároco, o testamento falsificado material ou intelectualmente por pessoa diversa do testador, o testamento público lavrado por pessoa diversa do tabelião ou seu substituto, um testamento firmado por procuração ou lavrado sem qualquer manifestação de vontade.

Maria Berenice Dias leciona que, quando se trata da inexistência do ato jurídico, não se está falando em inexistência material, mas em inexistência jurídica. O ato pode até existir de fato, mas não tem relevância jurídica. No mundo jurídico não possui conteúdo, não produz qualquer efeito, ou seja, não existe juridicamente[146].

Na ausência de testamento, estamos no nível de inexistência da disposição de última vontade, e não de validade ou eficácia.

---

[144] VENOSA, Sílvio de Salvo. *Direito civil:* direito das sucessões. 15. ed. São Paulo: Atlas, 2015. v. 7. p. 365-366.

[145] MADALENO, Rolf. Testamentos inválidos e ineficazes: revogação, rompimento, caducidade, anulabilidade e nulidade. In: HIRONAKA, Giselda Maria Fernandes Novaes; PEREIRA, Rodrigo da Cunha (Coords.). *Direito das sucessões e o novo Código Civil.* Belo Horizonte: Del Rey, 2004. p. 265.

[146] DIAS, Maria Berenice. *Manual de direito das famílias*... cit., p. 247.

Existente o testamento, deve-se verificar se ele é válido, observando-se a forma prescrita em lei, as solenidades e os requisitos (arts. 1.862 e 1.887 do CC), a capacidade ativa de testar e a capacidade passiva de receber por testamento (arts. 1.860, 1.798 e 1.799 do CC), a incapacidade de receber por testamento (arts. 1.990 e 1.801 do CC), se o objeto é lícito e se as disposições não são proibidas (art. 1.863 do CC), o que já foi visto, podendo ainda ser arguidos os vícios de vontade em geral a adulterar a vontade do testador, como erro, dolo e coação (art. 1.909 do CC).

Válido o testamento, deve ser observado se ele é eficaz, posto que pode caducar por pré-morte, exclusão, renúncia ou incapacidade do herdeiro (art. 1.971 do CC).

A nulidade pode ser do próprio instrumento (testamento) ou apenas de qualquer uma de suas cláusulas. Na última hipótese, a ideia dominante, em face do princípio da defesa do testamento, é de que a nulidade de uma cláusula não deverá prejudicar o resto do instrumento, devendo as lícitas ser mantidas. Entretanto, se as cláusulas lícitas forem entrosadas ou decorrentes das nulas, e sem estas não forem determinadas, também são ineficazes (art. 1.910 do CC)[147].

A nulidade testamentária é matéria de ordem pública, e a validade do testamento requer a obediência dos requisitos gerais, como agente capaz; objeto lícito, possível, determinável; forma prescrita ou não defesa em lei. Assim, é nulo o testamento realizado por testador incapaz, por pessoas jurídicas, por ilicitude, impossibilidade ou indeterminação do objeto; por inobservância da forma prevista na lei; por preterição dos requisitos e das solenidades essenciais de cada forma de testamento ou por violação a vedação expressa, como o testamento conjuntivo ou correspectivo (arts. 104[148] e 166[149] do CC).

---

[147] "Art. 1.910. A ineficácia de uma disposição testamentária importa a das outras que, sem aquela, não teriam sido determinadas pelo testador."

[148] "Art. 104. A validade do negócio jurídico requer:

I – agente capaz;

II – objeto lícito, possível, determinado ou determinável;

III – forma prescrita ou não defesa em lei."

[149] "Art. 166. É nulo o negócio jurídico quando:

I – celebrado por pessoa absolutamente incapaz;

O art. 1.900 do Código Civil, além dos gerais, comina vários casos específicos de nulidade das disposições testamentárias, ao dispor que é nula a disposição:

> I – que institua herdeiro ou legatário sob a condição captatória de que este disponha, também por testamento, em benefício do testador, ou de terceiro;
>
> II – que se refira a pessoa incerta, cuja identidade não se possa averiguar;
>
> III – que favoreça a pessoa incerta, cometendo a determinação de sua identidade a terceiro;
>
> IV – que deixe a arbítrio do herdeiro, ou de outrem, fixar o valor do legado;
>
> V – que favoreça as pessoas que se referem os arts. 1.801 e 1.802.

Assim, é eivada de nulidade a cláusula que exija correspectividade; que se refira a pessoa incerta que não pode ser identificada ou incumbindo a terceiro determinar sua identidade; que deixe ao herdeiro ou a outra pessoa a faculdade de fixar o valor do legado, ou que beneficie as pessoas incapazes de receber por testamento, quer diretamente, por simulação na forma de contrato oneroso, quer por interposta pessoa.

Apesar de nula a cláusula que refira a pessoa incerta, valerá, porém, esta disposição quando o testador mencionar duas ou mais pessoas; se pertencentes a uma família; a um corpo coletivo; a um estabelecimento designado ou, ainda, se a disposição se referir a pessoas que prestaram-lhe serviços em sua moléstia, ainda que fique ao arbítrio do herdeiro ou de outrem determinar o valor do legado (art. 1.901 do CC)[150].

II – for ilícito, impossível ou indeterminável o seu objeto;

III – o motivo determinante, comum a ambas as partes, for ilícito;

IV – não revestir a forma prescrita em lei;

V – for preterida alguma solenidade que a lei considere essencial para a sua validade;

VI – tiver por objetivo fraudar lei imperativa;

VII – a lei taxativamente o declarar nulo, ou proibir-lhe a prática, sem cominar sanção."

[150] "Art. 1.901. Valerá a disposição:

I – em favor de pessoa incerta que deva ser determinada por terceiro, dentre duas ou mais pessoas mencionadas pelo testador, ou pertencentes a uma família, ou a um corpo coletivo, ou a um estabelecimento por ele designado;

Dispõe, ainda, o Código Civil, desnecessariamente, em face da regra geral, que são anuláveis as disposições testamentárias inquinadas de erro, dolo ou coação (art. 1.909 do CC)[151].

Para pleitear a anulação ou a declaração de nulidade do testamento, o interessado deverá citar o testamenteiro (se ainda não houver partilha) e todos os interessados, entretanto o ato nulo distingue-se do anulável ou de nulidade relativa, já que o testamento ou as disposições nulas podem ser decretados de ofício pelo juiz ou mediante requerimento do Ministério Público ou de qualquer interessado (art. 168 do CC), enquanto a anulabilidade do testamento ou de suas cláusulas só pode ser alegada pelos interessados e, salvo o caso de solidariedade ou indivisibilidade, somente aproveita aos que a alegarem, produzindo efeitos apenas após a sentença judicial (art. 177 do CC).

Oportuna a lição de Cristiano Chaves e Nelson Rosenvald ao ressaltarem que a nulidade viola interesses públicos, possuindo vícios mais graves, enquanto a anulabilidade viola interesses privados, que interessam apenas às partes, distinguindo-se, dessa forma, quanto às causas ensejadoras, ou motivos geradores, da invalidade. Acrescentam que:

> Sistematizando a matéria, é possível apresentar as *características* elementares da *nulidade* do testamento: *i)* opera-se de pleno direito; *ii)* pode ser invocada por qualquer pessoa, inclusive pelo Ministério Público, quando intervir no processo; *iii)* inadmite confirmação, sendo, pois, irratificável; *iv)* é imprescritível; *v)* pode ser conhecida *ex officio*. A nulidade, em qualquer caso, será reconhecida através de decisão judicial meramente declaratória (limitando-se o magistrado a afirmar que não se produziu qualquer efeito, sendo desnecessário desconstituir qualquer situação), e, por conseguinte, imprescritível, produzindo efeitos *ex tunc*.
>
> No que concerne às *anulabilidades*, tem-se presente, basicamente, o interesse privado, não havendo, via de consequência, gravidade tão relevante

II – em remuneração de serviços prestados ao testador, por ocasião da moléstia de que faleceu, ainda que fique ao arbítrio do herdeiro ou de outrem determinar o valor do legado."

151 "Art. 1.909. São anuláveis as disposições testamentárias inquinadas de erro, dolo ou coação."

quanto na hipótese de nulidade. Tratando-se de vícios de natureza privada, logicamente, o ato anulável admite a confirmação, que pode ser expressa ou tácita, resguardando-se, por óbvio, os direitos de terceiros. Assim, os caracteres das *anulabilidades de um testamento* são: *i)* o negócio existe e gera efeitos concretos até que sobrevenha a declaração de invalidação; *ii)* somente a pessoa juridicamente interessada poderá promover a anulação negocial; *iii)* admite ratificação; *iv)* submete-se aos prazos prescricionais; *v)* o juiz não pode conhecer a anulabilidade de ofício, nem o Ministério Público pode suscitá-la quando participar do processo[152].

A invalidade do testamento, entretanto, só poderá ser arguida e decretada com prova capaz e perfeita, mantendo-se o ato se contraditória ou insuficiente, para preservar a vontade do testador. A jurisprudência é remansa na exigência de prova robusta para afastar a presunção de validade do testamento. Nesse sentido:

> APELAÇÃO CÍVEL - AÇÃO DE NULIDADE DE TESTAMENTO PÚBLICO - ALEGAÇÃO DE VÍCIO NO CONSENTIMENTO POR COMPROMETIMENTO DA LIVRE DECLARAÇÃO DE ÚLTIMA VONTADE DA TESTADORA - INOCORRÊNCIA - RECURSO DESPROVIDO. A prova da incapacidade deve ser suficiente de modo a afastar a presunção de validade do testamento público. Assim, inexistindo prova de qualquer dos vícios de consentimento, ônus que cabia à parte autora, reafirma-se a validade do testamento público, lavrado por tabelião, na presença de testemunhas, nos termos do art. 1.864 do Código Civil[153].

14.8.6. Decadência do direito de invalidar o testamento

O Código Civil dispõe expressamente que se extingue em quatro anos o direito de anular as disposições por vício de vontade (erro, dolo e coação), contados a partir do conhecimento do vício (art. 1.909, parágrafo único)[154].

---

152 FARIAS, Cristiano Chaves de; ROSENVALD, Nelson. Op. cit., p. 422-423.

153 TJMG, AC 1.0049.10.001439-5/001, Rel. Des. Peixoto Henriques, j. 23-2-2016.

154 "Art. 1.909. (...)
Parágrafo único. Extingue-se em quatro anos o direito de anular a disposição, contados de quando o interessado tiver conhecimento do vício."

A prova do conhecimento é fundamental para contar o prazo, o que é difícil demonstrar. Melhor seria a fixação a partir do registro do testamento.

O Código Civil de 2002 inovou ao dispor, fora da hipótese anterior, que "extingue-se em 5 (cinco) anos o direito de impugnar a validade do testamento contado o prazo da data do seu registro" (art. 1.859)[155], evitando, assim, discussões infindáveis, extremamente prejudiciais, adotando o mesmo prazo em que a herança vacante é transferida ao município.

Zeno Veloso lembra que as regras sobre a invalidade dos negócios jurídicos, constantes na Parte Geral do Código Civil, aplicam-se aos testamentos, mas o art. 1.859 enuncia que se extingue em cinco anos o direito de impugnar a validade do testamento, contado o prazo da data do seu registro. Esse prazo de caducidade aplica-se tanto ao caso de nulidade quanto ao de anulabilidade do testamento, afastando o princípio de que a nulidade não é suscetível de confirmação nem convalesce pelo decurso do tempo (art. 169). Mesmo que eivado de nulidade, o testamento não pode mais ser atacado, se a ação não for apresentada em cinco anos, contado do registro do testamento. Registra-se que, enquanto vivo o testador, não se pode pretender nulificar ou anular o testamento, por ser ato *mortis causa*, que só tem eficácia com o falecimento de seu autor, sob pena de demandar pendência acerca de herança de pessoa viva, o que é vedado pelo Código Civil (art. 426)[156].

14.9. DOS LEGADOS

14.9.1. Conceito

Legado é um bem certo e determinado, integrante da herança, deixado pelo testador a alguém (legatário), a título singular. É a disposição testamentária a título singular, pela qual o testador deixa a pessoa estranha ou não à sucessão legítima um ou mais objetos individualizados ou uma certa quantia em dinheiro[157].

---

[155] "Art. 1.859. Extingue-se em cinco anos o direito de impugnar a validade do testamento, contado o prazo da data do seu registro."

[156] VELOSO, Zeno. Testamentos... cit., p. 134.

[157] DINIZ, Maria Helena. *Curso*... cit., 17. ed., p. 252.

É a transmissão por testamento de um bem determinado a uma pessoa, sendo importante destacar que o legatário recebe a título singular um ou mais bens específicos, e não um percentual abstrato da herança, como os herdeiros[158].

Suas características são a transmissão de um bem específico, que pode ser corpóreo, como imóveis, móveis, semoventes, ou incorpóreo, como alimentos, usufruto, títulos, ações, patentes de obras, direitos autorais, e o legatário não responder pelo passivo da herança, enquanto o herdeiro, propriamente dito, tem direito a uma quota, fração ou parcela do patrimônio do falecido, abrangendo tanto os haveres quanto os débitos do espólio.

Na herança, o herdeiro sucede o falecido, representando-o para todos os efeitos patrimoniais, ativo e passivo, enquanto o legatário não responde pelas dívidas, salvo quando a herança é insolvente, toda distribuída em legados, ou o pagamento de dívidas foi imposto pelo testador[159].

O legatário sempre é sucessor a título singular e em virtude de testamento, não existindo, no ordenamento pátrio, legatário universal, enquanto o herdeiro pode suceder em virtude de lei (legítimo) ou de testamento.

É possível que o herdeiro seja também legatário, sendo chamado de prelegatário ou legatário precípuo. Permite-se, ainda, que toda a herança seja distribuída em legados, se não existirem herdeiros necessários ou estes forem deserdados.

14.9.2. Espécies de legado

O legado, como já visto na nomeação de herdeiros e legatários, quanto à sua modalidade, pode ser puro e simples (art. 1.923, § 1º, do CC), condicional (art. 1.900, I, do CC), a termo (art. 1.921 do CC), modal ou com encargo (arts. 1.938, 553 e 562 do CC). Quanto ao seu objeto, o legado pode ser de coisa alheia (arts. 1.912, 1.913 e 1.915 do CC), de coisa comum (art. 1.914 do CC), de coisa singularizada (art. 1.916 do CC), de coisa localizada (art. 1.917 do CC), de crédito (art. 1.918, §§ 1º e 2º, do CC), de quitação de dívida (art. 1.918 do CC), de alimentos (art. 1.920 do CC), de usufruto (art.

---

158 FIUZA, César. *Direito civil* - curso completo. 4. ed. Belo Horizonte: Del Rey, 2001. p. 678.

159 GONÇALVES, Carlos Roberto. Op. cit., p. 369.

1.921 do CC), de imóvel (art. 1.922 do CC)[160] e de coisa genérica (arts. 1.915, 1.929 e 1.931 do CC).

É ineficaz o legado de coisa alheia, em regra. Entretanto, se, posterior ao testamento, a coisa vir a pertencer ao testador, incluída entre seus bens por ocasião da morte, a disposição será válida, conforme o art. 1.912 do Código Civil[161].

Pode ainda o testador "legar coisa alheia que pertença a herdeiro ou outro legatário", entendendo-se, nesta hipótese, que a instituição é condicional, denominada "sublegado", e o não cumprimento da condição importa em renúncia à herança ou ao legado (art. 1.913 do CC)[162].

Se o testador especificar coisa sua, ou seja, legado de coisa singularizada, só valerá o legado se tal coisa existir entre seus bens na data de sua morte, ainda que em quantidade inferior (art. 1.916 do CC)[163]. No legado de coisa localizada, ou seja, quando for determinado o lugar em que a coisa ou quantidade deve ser retirada, só valerá o legado quanto aos bens que nele forem achados, valendo, todavia, a disposição se a coisa for removida a título transitório (art. 1.917 do CC)[164], como o testador que deixa ao legatário certa quantidade de gado que se encontrava em uma fazenda, entretanto, por causa de queimada dos pastos, o gado foi removido para outras pastagens, ou ainda, deixar objetos que se encontram em um apartamento, mas que foram removidos para reforma do imóvel.

O legado de coisa comum é possível, valendo quanto à parte do testador (art. 1.914 do CC), entretanto é ineficaz, por óbvio, o legado de bem que já pertencia ou veio a pertencer ao legatário.

---

160 DINIZ, Maria Helena. *Curso*... cit., 17. ed., p. 274.

161 "Art. 1.912. É ineficaz o legado de coisa certa que não pertença ao testador no momento da abertura da sucessão."

162 "Art. 1.913. Se o testador ordenar que o herdeiro ou legatário entregue coisa de sua propriedade a outrem, não o cumprindo ele, entender-se-á que renunciou à herança ou ao legado."

163 "Art. 1.916. Se o testador legar coisa sua, singularizando-a, só terá eficácia o legado se, ao tempo do seu falecimento, ela se achava entre os bens da herança; se a coisa legada existir entre os bens do testador, mas em quantidade inferior à do legado, este será eficaz apenas quanto à existente."

164 "Art. 1.917. O legado de coisa que deva encontrar-se em determinado lugar só terá eficácia se nele for achada, salvo se removida a título transitório."

No legado de alimentos, se o testador não estipular o valor, deve ser fixado pelo juiz, observando-se o disposto no art. 1.920 do Código Civil[165], verificando-se o montante da herança e a condição do beneficiário (arts. 1.899 e 1.694 e § 1º do CC).

No legado de usufruto, o testador pode fixar o prazo, mas, no silêncio, presume-se deixado por toda a vida do legatário (art. 1.921 do CC).

Tratando-se de legado de coisa genérica determinada pelo gênero, cem sacas de café ou de feijão, que pode ser carioquinha, jalo ou de outra espécie, por exemplo, será válido o legado, ainda que não exista entre os bens do testador (art. 1.915 do CC), devendo os herdeiros comprá-la com recursos do espólio para satisfazer o legado, observando o meio-termo entre as coisas de melhor ou de pior qualidade (arts. 244 e 1.929 do CC), salvo se o testador deixou o direito de escolher ao legatário, que poderá optar pelo bem de melhor qualidade (art. 1.931 do CC). Assim, o legado de coisa fungível (art. 85 do CC) será cumprido, ainda que inexista, no momento do óbito, entre os bens deixados pelo testador.

No legado alternativo, a escolha cabe ao herdeiro, podendo optar entre os bens indicados (art. 1.932 do CC), salvo se em contrário dispuser o testador.

14.9.3. Efeitos do legado

A situação jurídica do legatário é diferente da do herdeiro, que possui a posse e a propriedade da herança desde a abertura da sucessão, pois, "desde a abertura da sucessão, pertence ao legatário a coisa certa, existente no acervo, salvo se o legado estiver sob condição suspensiva" (art. 1.923 do CC), entretanto "não se defere de imediato a posse da coisa, nem nela pode o legatário entrar por autoridade própria" (§ 1º).

Assim, o legatário obtém a transmissão imediata da propriedade dos bens objeto do legado, mas não pode investir-se em sua posse sem a interferência do herdeiro. É, portanto, um proprietário sem posse, exceto se houver disposição expressa ou tácita do testador permitindo a posse ime-

---

165 "Art. 1.920. O legado de alimentos abrange o sustento, a cura, o vestuário e a casa, enquanto o legatário viver, além da educação, se ele for menor."

diata. Isso ocorre porque compete ao herdeiro verificar se a herança é solvável ou não, possibilitando o pagamento, pois o passivo pode absorver todo o acervo hereditário ou parte dele, obrigando o legado a concorrer, no todo ou em parte, para saldar as dívidas, se as frações dos herdeiros não forem suficientes, daí a inconveniência de que o legatário possa entrar na posse por iniciativa própria[166].

O legatário não tem a posse enquanto não for entregue a coisa pelo herdeiro, entretanto tem direito aos frutos desde a morte do testador, salvo se dependente de condição suspensiva, pois só receberá a coisa legada após o implemento da condição, ocasião em que os frutos passarão a lhe pertencer, ou de termo inicial, passando a lhe pertencer os frutos no vencimento do prazo (art. 1.923, § 2º, do CC). Se for legado em dinheiro, começa a vencer juros a partir da mora da pessoa obrigada a prestá-lo (art. 1.925 do CC), ou seja, após interpelação judicial da pessoa que é obrigada a cumprir o legado e se recusou.

14.9.4. Pagamento do legado

Desde a morte do testador o legatário possui a deixada que exista nos bens da herança, entretanto não tem a posse e não pode, por autoridade própria, assenhorar do bem. Da mesma forma não pode exercer o direito de pedir o bem enquanto não cumprir a condição ou existir demanda sobre a validade do testamento, dispondo o art. 1.924 do Código Civil que "o direito de pedir o legado não se exercerá, enquanto se litigue sobre a validade do testamento, e, nos legados condicionais, ou a prazo, enquanto esteja pendente a condição ou o prazo não se vença".

Assim, desde a morte do testador, o legatário pode requerer aos herdeiros a entrega do legado puro e simples, devendo o herdeiro entregá-lo nas condições em que estiver na data da morte do testador, respondendo pelos prejuízos que por culpa ou dolo causou, pois apenas administra e guarda o legado até o pagamento, não possuindo a propriedade. Nos legados condicionais ou litigiosos, deve aguardar o cumprimento da condição ou a decisão judicial de validade do legado. A ação própria para haver a entrega do bem é chamada de ação de petição de legado, tratando-se de uma ação

---

166 DINIZ, Maria Helena. *Curso...* cit., 17. ed., p. 955.

de reivindicação, porque tem ele a propriedade advinda do título de sucessor singular e reclama a posse porque o herdeiro lhe deve a entrega do legado[167]. Nesse sentido é a lição de Luiz Paulo Vieira de Carvalho:

> Se houver recusa ao cumprimento desse dever, inclusive, o legatário poderá ingressar com ação de petição de legado ou ação pessoal para entrega de coisa incerta, em face do testamenteiro ou onerados. Na prática, contudo, como primeira providência, o legatário vai aos autos do inventário e requer ao juiz orfanológico seja determinada a entrega da coisa legada, ouvidos os interessados e a fazenda pública[168].

Para pedir o legado, o beneficiário dirigir-se-á ao juiz do inventário, porém, antes de decidir, deverá ouvir o testamenteiro, os herdeiros e o Ministério Público. Deferindo o juiz o pedido, lavrar-se-á o termo de entrega ou pagamento, após quitação dos tributos, de responsabilidade do legatário, e cientificada a Fazenda Pública. Se não houver anuência dos interessados, o legatário será contemplado apenas na partilha (art. 647, parte final, do CPC).

Assim, tratando-se de coisa infungível, como bens imóveis, no legado puro e simples, que se encontra livre nos bens inventariados, pode ser entregue imediatamente ao legatário, de forma espontânea, quando amigável o inventário. Tratando-se de inventário litigioso ou de coisas fungíveis, como, por exemplo, quantia em dinheiro, que se encontrem ou não nos bens do espólio, o legatário só receberá a posse dos bens legados após a conclusão do inventário e a consequente partilha[169].

A defesa dos bens objeto do legado, enquanto não entregue, deve ser exercida pelo herdeiro ou inventariante, entretanto, se estiver em mãos de terceiros, pode o legatário entrar com ação reivindicatória[170]. O legatário possui legítimo interesse, como o credor, de exercer a defesa do legado, na omissão dos herdeiros, não podendo, entretanto, pleitear a posse para si, apenas para o espólio.

---

[167] PEREIRA, Caio Mário da Silva. Op. cit., p. 55.

[168] CARVALHO, Luiz Paulo Viera de. Op. cit., p. 697.

[169] CARVALHO, Luiz Paulo Viera de. Op. cit., p. 693-696.

[170] DINIZ, Maria Helena. *Curso*... cit., 17. ed., p. 265.

Se o testador incumbiu um herdeiro ou outro legatário a cumprir o legado, entregando coisa sua, só a ele caberá cumprir, podendo posteriormente cobrar dos coerdeiros de forma proporcional, se o testador não dispuser em contrário, conforme o art. 1.935 do Código Civil[171].

O Código Civil dispõe no art. 1.934[172] que, no silêncio do testamento, o cumprimento do legado incumbe aos herdeiros e, não havendo estes, a outros legatários nomeados, cabendo a ação contra os herdeiros, sendo possível ao testador encarregar um ou alguns dos herdeiros ou legatários da execução do legado, dividindo entre si o ônus na proporção de cada um na herança.

Assim, o legatário poderá pedir o legado ao inventariante, ao testamenteiro, se estiver na posse e administração da herança, exercendo a inventariança, a certos herdeiros ou legatários incumbidos pelo testador para executar os legados, ao herdeiro ou legatário a quem pertencer a coisa legada, na hipótese de legado de coisa alheia ou sublegado, a todos os herdeiros e, não havendo estes, aos legatários, na proporção dos que herdarem, se o testador não indicar nenhum[173]. O pedido pode ser efetuado nos autos do inventário ou mediante ação de petição de legado.

No legado de crédito ou de quitação de dívida, cumpre-se entregando o respectivo título, verificada a importância ao tempo da morte do testador, entretanto, não compreende as dívidas posteriores à data do testamento (art. 1.918 do CC).

Nos legados consistentes em coisas determinadas pelo gênero ou espécie, cabe ao herdeiro escolher, observando o meio-termo, o mesmo ocorrendo no legado alternativo, conforme o art. 1.929 do Código Civil[174], salvo se o testador conferiu a escolha ou opção ao legatário (art. 1.931 do CC).

---

[171] "Art. 1.935. Se algum legado consistir em coisa pertencente a herdeiro ou legatário (art. 1.913), só a ele incumbirá cumpri-lo, com regresso contra os coerdeiros, pela quota de cada um, salvo se o contrário expressamente dispôs o testador."

[172] "Art. 1.934. No silêncio do testamento, o cumprimento dos legados incumbe aos herdeiros e, não os havendo, aos legatários, na proporção do que herdaram.

Parágrafo único. O encargo estabelecido neste artigo, não havendo disposição testamentária em contrário, caberá ao herdeiro ou legatário incumbido pelo testador da execução do legado; quando indicados mais de um, os onerados dividirão entre si o ônus, na proporção do que recebam da herança."

[173] DINIZ, Maria Helena. *Curso*... cit., 17. ed., p. 265.

[174] "Art. 1.929. Se o legado consiste em coisa determinada pelo gênero, ao herdeiro to-

As despesas, incluindo imposto de transmissão, e os riscos da entrega do legado correm por conta do legatário, salvo determinação em contrário do testador ou por culpa ou dolo dos herdeiros, no caso de retirá-lo do local ou ocultá-lo, devendo ser entregue nas condições em que se encontrava por ocasião da abertura da sucessão, com seus acessórios e encargos (arts. 1.937 e 1.938 do CC).

14.9.5. Caducidade do legado

Caducidade é a perda, por circunstância superveniente, da razão de existir de um ato determinado, que foi feito de maneira válida[175]. Mesmo que válido, o ato jurídico não produz efeitos.

Ocorre a caducidade do legado quando ele se torna ineficaz por fato superveniente à sua instituição. A causa pode ser objetiva, como a falta do objeto legado, ou subjetiva, em razão da falta do legatário, voltando os bens para o monte hereditário, se não houver disposição do testador, e beneficiando os herdeiros legítimos[176]. O Código Civil enumera no art. 1.939 as seguintes causas de caducidade:

> I – se, depois do testamento, o testador modificar a coisa legada, ao ponto de já não ter a forma nem lhe caber a denominação que possuía;
>
> II – se o testador, por qualquer título, alienar no todo ou em parte a coisa legada; nesse caso, caducará até onde ela deixou de pertencer ao testador;
>
> III – se a coisa perecer ou for evicta, vivo ou morto o testador, sem culpa do herdeiro ou legatário incumbido do seu cumprimento;
>
> IV – se o legatário for excluído da sucessão, nos termos do art. 1.815;
>
> V – se o legatário falecer antes do testador.

Os incisos I e II demonstram tacitamente uma modificação de vontade do testador em revogar a liberação.

---

cará escolhê-la, guardando o meio-termo entre as congêneres da melhor e pior qualidade."

175 RODRIGUES, Silvio. *Direito civil.* Direito das sucessões. 19. ed. São Paulo: Saraiva, 1995. v. 7. p. 154.

176 GONÇALVES, Carlos Roberto. Op. cit., p. 390.

Com efeito, o inciso I trata da modificação substancial na coisa legada, a ponto de não ter a forma ou destinação que possuía, de não existir como tal. Silvio Rodrigues[177] apresenta o exemplo de legar um faqueiro de prata e depois fundi-lo em barras, desaparecendo o objeto legado, podendo citar, ainda, a hipótese de legar uma casa residencial para moradia do legatário e depois desmanchá-la e construir um posto de combustíveis. Nessa hipótese, entretanto, pode-se argumentar em favor de legatário que prevalece o legado, pois a construção é acessório do terreno. Se a modificação da coisa, entretanto, não alterou a substância, prevalece o legado, como, por exemplo, deixar uma propriedade agrícola com cultivo de café e, posteriormente, transformá-la em local de criação de gado.

O inciso II refere-se à alienação da coisa legada, revelando de maneira mais veemente a intenção de revogar, tornando-se inválida a liberalidade, pois é nulo o legado de coisa alheia, salvo nas exceções legais.

O inciso III trata do perecimento ou evicção da coisa legada. Na primeira hipótese, o objeto já não se encontrava no espólio e, na segunda, com a declaração judicial de que o bem não pertencia ao testador, trata-se de bem alheio e, portanto, é nulo o legado.

Se a coisa pereceu ou foi declarada evicta após a morte do testador, sem culpa dos herdeiros, também caduca, entretanto, se extinguiu ou foi declarada evicta por culpa ou dolo dos herdeiros, estes respondem por perdas e danos.

Nos incisos IV e V, também caduca o legado nos casos de exclusão do legatário por indignidade e pré-morte. No inciso IV trata-se de pena civil por atos de ingratidão e no inciso V é em razão de que a disposição testamentária visa beneficiar a pessoa do legatário, logo, para ter eficácia, é condição que sobreviva ao testador.

A enumeração das hipóteses de caducidade não se esgota nas previstas no art. 1.939 do Código Civil, caducando, ainda, o legado condicional se o legatário falecer após o testador, mas antes do implemento da condição suspensiva[178], no caso de o legatário renunciar e ainda por incapacidade para receber o legado (art. 1.801 do CC).

---

[177] RODRIGUES, Silvio. Op. cit., p. 156.
[178] RODRIGUES, Silvio. Op. cit., p. 154.

No legado alternativo, se uma das coisas ou uma parte do legado perecer, será substituído o direito do legatário quanto às coisas que restaram ou à parte remanescente.

14.10. DIREITO DE ACRESCER

O direito de acrescer somente ocorre na sucessão testamentária quando o autor da herança cria uma solidariedade entre os herdeiros ou legatários, beneficiando-os conjuntamente, em porções não determinadas, de forma que, se um deles não receber a sua parte, acresce aos demais, em vez de retornar aos herdeiros legítimos.

Nas hipóteses de o herdeiro instituído ou legatário não receber na sucessão por caducidade (pré-morte, renúncia, exclusão) e o testador não nomear substituto, a regra geral é que os bens sejam transmitidos aos herdeiros legítimos (art. 1.788 do CC). O testador, entretanto, pode criar uma vinculação entre herdeiros e legatários, acrescendo a parte deles, se um não receber.

O direito de acrescer beneficia um herdeiro ou legatário com a parte que deveria pertencer ao coerdeiro ou colegatário, instituída conjuntamente no testamento, que não quer ou não pode herdar. A instituição deve ser simultânea e referir-se ao mesmo bem.

Tem como fundamento a ideia de o autor da herança beneficiar grupos distintos de pessoas, conjuntamente, existindo dentro do grupo uma certa solidariedade criada pelo testador, que estabelece uma vinculação entre eles, e implica substituição recíproca. O Código Civil dispõe que "quando vários herdeiros, pela mesma disposição testamentária, forem conjuntamente chamados à herança em quinhões não determinados, e qualquer deles não puder ou não quiser aceitá-la, a sua parte acrescerá à dos coerdeiros, salvo o direito do substituto" (art. 1.941) e, ainda, que "o direito de acrescer competirá aos colegatários, quando nomeados conjuntamente a respeito de uma só coisa, determinada e certa, ou quando o objeto do legado não puder ser dividido sem risco de desvalorização" (art. 1.942), dispondo o art. 1.943[179]

---

[179] "Art. 1.943. Se um dos coerdeiros ou colegatários, nas condições do artigo antecedente, morrer antes do testador; se renunciar a herança ou legado, ou destes for excluído, e,

que a parte do que não receber, salvo se nomeado substituto, será acrescentada à parte dos demais coerdeiros ou colegatários.

Assim, são necessárias duas condições para que ocorra o direito de acrescer:

a) a instituição conjunta no mesmo bem ou na mesma fração de mais de um herdeiro ou legatário, sem que se determine a parte que cabe a cada um (arts. 1.941 e 1.942 do CC);

b) a ausência de indicação de substituto do instituído conjuntamente (art. 1.943, parte final, do CC).

A título de exemplo, se o testador deixar aos seus irmãos, João e José, um apartamento (legatários) ou deixar aos seus irmãos, João, José e Manoel, 10% (dez por cento) de seu patrimônio (herdeiros), em ambos os casos, não estabeleceu quanto cabe a cada um e não nomeou substituto ao instituído conjuntamente. Se qualquer deles não receber, sua parte será acrescida às dos outros.

Aos direitos do herdeiro ou legatário acrescerá a parte do coerdeiro conjunto, se for premorto, renunciar, for excluído ou não cumprir a condição. Nessa hipótese, cumpre aos demais cumpri-la (art. 1.943 e parágrafo único do CC).

Se o testador determinar a parte de cada um, não existe o direito de acrescer, como, por exemplo, deixar 40% (quarenta por cento) do apartamento para João e 60% (sessenta por cento) para José, ou 50% (cinquenta por cento) para cada um, devolvendo-se, neste caso, a quota do que não receber aos herdeiros legítimos, se não for nomeado substituto (art. 1.944 do CC).

O beneficiário do acréscimo não pode repudiá-lo separadamente da herança ou legado, salvo se importar em encargos especiais. Nesse caso, admite-se o repúdio do acréscimo, que será revertido em favor de quem será beneficiado pelo encargo (art. 1.945 do CC).

---

se a condição sob a qual foi instituído não se verificar, acrescerá o seu quinhão, salvo o direito do substituto, à parte dos coerdeiros ou colegatários conjuntos.
Parágrafo único. Os coerdeiros ou colegatários, aos quais acresceu o quinhão daquele que não quis ou não pôde suceder, ficam sujeitos às obrigações ou encargos que o oneravam."

Aplicam-se as mesmas regras nos legados de usufruto, acrescendo a parte do que faltar aos colegatários. Se não houver conjugação, o usufruto consolidar-se-á na propriedade, conforme o art. 1.946 do Código Civil[180].

14.11. SUBSTITUIÇÕES

14.11.1. Conceito e princípios

Substituição é a indicação de certa pessoa para recolher a herança ou legado na falta ou depois da outra, nomeada em primeiro lugar[181], ou seja, é a previsão em testamento de pessoa que venha a tomar a posição jurídica de outra nomeada originariamente herdeira ou legatária, em razão de alguma circunstância relacionada à impossibilidade de aquisição da herança ou do legado pela primeira instituída[182].

A substituição pode ser sucessiva ou vulgar, convocando-se o substituto somente se o herdeiro ou legatário nomeado primeiro não quiser ou não puder herdar, ou com dupla vocação ou fideicomissária, em que a propriedade do primeiro herdeiro substituído é resolúvel e será convocado o substituto, que receberá definitivamente o bem, em virtude da realização de condição ou termo.

O Código Civil trata da substituição vulgar e recíproca na Seção I do Capítulo IX (arts. 1.947 e 1.950) e da substituição fideicomissária na Seção II (art. 1.951 a 1.960). Permite, assim, que se nomeiem substitutos aos sucessores designados em testamento, tanto na vulgar como no fideicomisso.

O primeiro herdeiro ou legatário instituído é denominado substituído. O segundo nomeado, que receberá a herança ou legado na eventualidade de o primeiro não receber, por não querer ou não poder aceitar, é denominado

---

180 "Art. 1.946. Legado um só usufruto conjuntamente a duas ou mais pessoas, a parte da que faltar acresce aos colegatários.

Parágrafo único. Se não houver conjunção entre os colegatários, ou se, apesar de conjuntos, só lhes foi legada certa parte do usufruto, consolidar-se-ão na propriedade as quotas dos que faltarem, à medida que eles forem faltando."

181 MONTEIRO, Washington de Barros. Op. cit., p. 223.

182 GAMA, Guilherme Calmon Nogueira da. Substituições e fideicomisso. In: HIRONAKA, Giselda Maria Fernandes Novaes; PEREIRA, Rodrigo da Cunha (Coords.). *Direito das sucessões e o novo Código Civil.* Belo Horizonte: Del Rey, 2004. p. 334.

substituto. O herdeiro ou legatário substituto, portanto, preenche a vaga deixada pelo substituído, alternativamente, agindo como um reserva ou suplente. O conceito se aplica na substituição vulgar ou ordinária, pois a substituição fideicomissária é sucessiva.

Na substituição fideicomissária ou simplesmente fideicomisso, o segundo instituído, denominado fideicomissário, não preenche a vaga alternativamente do primeiro instituído, denominado fiduciário, por este não querer ou não poder aceitar, mas o sucede depois que aceitou. O fideicomissário não é, portanto, um suplente, mas um sucessor do fiduciário, que transmite a herança ou legado quando ocorrer o implemento da condição. O fideicomissário recebe a herança ou legado do fiduciário, ocorrendo dupla vocação hereditária.

Maria Helena Diniz[183], citando Clóvis Beviláqua, apresenta os seguintes princípios que regem as substituições:

> a) o substituto deve ter capacidade para ser instituído em primeiro lugar, observando a existência de capacidade do substituto na abertura da sucessão;
>
> b) podem ser dados vários substitutos a um só herdeiro ou um substituto único a vários herdeiros;
>
> c) não é permitida a substituição de mais de um grau (art. 1.959, CC);
>
> d) a substituição é uma instituição condicional, porém pode ser subordinada a outra condição, a um termo ou um encargo;
>
> e) o substituto pode ser nomeado no mesmo testamento em que for feita a instituição ou em cédula testamentária posterior;
>
> f) o substituto deverá cumprir o encargo ou condição imposta ao substituído, exceto, se o testador estabeleceu diferentemente, ou se o contrário resultar circunstâncias especiais do substituído (art. 1.949, CC).

14.11.2. Espécies de substituições

As substituições podem ser vulgares ou ordinárias, na forma simples, coletiva ou recíproca, e fideicomissária ou compendiosa. Alguns autores

---

[183] GAMA, Guilherme Calmon Nogueira da. Op. cit., p. 283.

dividem a substituição em três espécies: vulgar, recíproca e fideicomissária. Outros a dividem em vulgar, que inclui as subespécies simples, coletiva e recíproca, e fideicomissária, que inclui a compendiosa.

A substituição compendiosa, ensina Guilherme Calmon Nogueira da Gama, não se reveste de autonomia própria. Cita diversos autores para esclarecer que a substituição compendiosa é aquela que congrega mais de uma espécie de substituição, como na hipótese de instituir-se fideicomisso com a previsão da substituição vulgar do fiduciário por outra pessoa que não o fideicomissário. Nas palavras de Orlando Gomes, a substituição compendiosa é assim denominada porque contém várias substituições sob a forma de compêndio, isto é, resumo de palavras (Sucessões, 6. ed., p. 209). Silvio Rodrigues considera o termo substituição compendiosa sinônimo de substituição fideicomissária, sem tecer maiores considerações a respeito (Direito Civil, 24. ed., v. 7, p. 198)[184].

A substituição compendiosa, portanto, não se constitui em espécie própria, congrega mais de uma espécie autônoma, tratando-se de um "compêndio", um resumo de várias substituições. É, na realidade, uma forma complexa que agrega mais de uma espécie de substituição, possuindo um conjunto de substituição vulgar e fideicomissária, não existindo impedimento de substituir vulgarmente o herdeiro fiduciário ou o herdeiro fideicomissário, caso não queiram ou não possam aceitar o fideicomisso.

SUBSTITUIÇÕES
- Vulgar ou ordinária
  - Recíproca
    - Simples ou coletiva
    - Particular ou geral
  - Simples ou singular
  - Coletiva ou plural
  - Efeitos
- Compendiosa

[184] GAMA, Guilherme Calmon Nogueira da. Op. cit.

14.11.2.1. Substituição vulgar ou direta

Substituição vulgar ou ordinária é a designação pelo testador de herdeiros ou legatários sucessivos, também chamada de direta por não existir intermediário que se interponha entre o testador e o substituto. O substituto só é chamado na sucessão na hipótese de o substituído não querer ou não poder herdar. É uma instituição subsidiária feita para o caso de a primeira não produzir efeitos. É denominada "vulgar" em razão da frequência que era utilizada no direito romano[185].

Ocorre quando o testador determina que, na falta de um herdeiro ou legatário, outra pessoa o substituirá, por exemplo, deixar para Abrahão seu apartamento e nomear seu substituto o Jacinto, na hipótese de o substituído não poder ou não querer aceitar.

Dispõe o art. 1.947 do Código Civil que

> (...) o testador pode substituir outra pessoa ao herdeiro ou legatário nomeado, para o caso de um ou outro não querer ou não poder aceitar a herança ou legado, presumindo-se que a substituição foi determinada para as duas alternativas, ainda que o testador só a uma se refira.

Complementa o Estatuto Civil, no art. 1.948, que "também é lícito ao testador substituir muitas pessoas por uma só, ou vice-versa, e ainda substituir com reciprocidade ou sem ela".

Assim, a substituição vulgar pode ser singular ou simples, plural ou coletiva e recíproca.

A substituição é singular ou simples quando há um só nomeado e um só substituto, como ocorre no exemplo anterior.

A substituição é plural ou coletiva quando substitui muitas pessoas por outras pessoas, por uma só ou vice-versa, como o testador nomear João e José seus legatários e, na ausência de qualquer deles, serem substituídos por Manoel, Joaquim e Maria.

A substituição recíproca ocorre quando o testador, nomeando mais de um herdeiro ou legatário, estabelece também que haverá substituição entre

---

185 MONTEIRO, Washington de Barros. Op. cit., p. 224.

eles, como deixar para Abrahão seu apartamento e para Jacinto seu veículo, sendo que cada um deles substituirá ao outro, no caso de um não poder ou não querer aceitar a herança. Interessante ressaltar que na substituição recíproca pode o testador determinar a substituição envolvendo todos os herdeiros ou legatários, denominada substituição recíproca geral, ou determinar a substituição envolvendo apenas alguns deles para substituírem os outros, denominada na doutrina de substituição recíproca particular.

A substituição é infinita e pode haver diversos substitutos para um substituído e vice-versa, simples ou plural, como, por exemplo, deixar um lote para Gianni, se ela não aceitar, deixar para Cyntia, Isa Mara e Juliana, se elas não aceitarem, deixar para Marcos e João, se estes não quiserem ou não puderem aceitar, deixar para Miguel.

O Código Civil estabelece as regras de substituição recíproca entre os coerdeiros ou colegatários aquinhoados com partes desiguais e na hipótese de incluir mais uma pessoa, ao dispor no art. 1.950 que

> (...) se, entre muitos coerdeiros ou legatários de partes desiguais, for estabelecida substituição recíproca, a proporção dos quinhões fixada na primeira disposição entender-se-á mantida na segunda; se, com as outras anteriormente nomeadas, for incluída mais alguma pessoa na substituição, o quinhão vago pertencerá em partes iguais aos substitutos.

Assim, ocorrendo mais de um substituto, se todos eles forem herdeiros ou legatários, substituirão na proporção de seus quinhões. Por exemplo, deixar o testador para Ana Paula, Adaisia e Christianne um apartamento, na proporção de 50% (cinquenta por cento) para a primeira, 25% (vinte e cinco por cento) para a segunda e 25% (vinte e cinco por cento) para a terceira, devendo substituir-se umas às outras. Se Adaisia renunciar, a parte substituída será partilhada na proporção dos quinhões de Ana Paula e Christianne, ou seja, aquela receberá o dobro desta, cabendo dois terços para Ana Paula e um terço para Christianne (a proporção é em relação aos substitutos, e não à herança, pois, se Ana Paula recebesse 50% e Christianne, 25%, restariam 25% da fração de Adaisia). Assim, nomeados herdeiros ou legatários, como substitutos recíprocos, com quinhões desiguais, é obedecida a proporcionalidade da nomeação na substituição, ou seja, a desigualdade na instituição é mantida na substituição. Da mesma forma, se na nomeação os herdeiros ou legatários foram aquinhoados com partes iguais, a igualdade é mantida na substituição.

Na hipótese de ser incluído entre os substitutos um não herdeiro ou não legatário, o quinhão vago será partilhado em partes iguais, se de outra forma o testador não estabelecer, ou seja, se o testamento for silente. No exemplo anterior, se incluir como substituto no legado em conjunto Manoel, a parte de Adaisia será partilhada na proporção de um terço para Manoel, um terço para Ana Paula e um terço para Christianne, aplicando, nesse caso, a igualdade na substituição em razão da inclusão de herdeiro ou legatário não instituído originariamente.

O substituto fica sujeito ao encargo imposto ao substituído, salvo se dispuser de forma contrária o testador ou não resultar outra coisa da natureza do encargo ou condição, conforme o art. 1.949 do Código Civil[186], como deixar um legado para um escritor com a condição de ele escrever a biografia do falecido e nomear para substituí-lo seu caseiro, um lavrador analfabeto. O caseiro não possui atributo pessoal para cumprir a condição imposta ao substituído, um escritor, que, pela natureza da condição, lhe era possível cumprir.

14.11.2.2. Substituição fideicomissária

O fideicomisso provoca muita discussão e é combatido por vários doutrinadores, que se manifestam por sua supressão sob o fundamento de que não se justifica, em uma sociedade democrática, porque sua finalidade é de conservar o esplendor das famílias opulentas, imobilizar a propriedade e entravar a livre circulação das riquezas, além de constituir gérmen sempre fecundo de litígios e discórdias; enquanto outros o defendem, utilizando o argumento de que oferece incontestável utilidade ao tornar possível ao autor da herança legar bens a pessoas ainda não concebidas ao tempo de sua morte, contemplando prole eventual de um de seus descendentes ou de pessoas de sua estima, e até mesmo filho, no caso do art. 1.597, III a V, do Código Civil[187], que trata da presunção de paternidade dos filhos havidos

---

[186] "Art. 1.949. O substituto fica sujeito à condição ou encargo imposto ao substituído, quando não for diversa a intenção manifestada pelo testador, ou não resultar outra coisa da natureza da condição ou do encargo."

[187] MONTEIRO, Washington de Barros. Op. cit., p. 226-227.

no casamento por reprodução humana medicamente assistida e ocorrida, a qualquer tempo, mesmo que falecido o marido, no caso de fecundação homóloga com embriões excedentários.

O fideicomisso consiste na instituição de herdeiro ou legatário, com o encargo de transmitir os bens a uma outra pessoa a certo tempo, por morte, ou sob condição preestabelecida, dispondo o art. 1.951 do Código Civil que

> (...) pode o testador instituir herdeiros ou legatários, estabelecendo que, por ocasião de sua morte, a herança ou o legado se transmita ao fiduciário, resolvendo-se o direito deste, por sua morte, a certo tempo ou certa condição, em favor de outrem, que se qualifica de fideicomissário.

Assim, fideicomitente é quem institui o fideicomisso, o autor da herança ou legado, o testador.

Fiduciário é a pessoa que recebe a herança, em primeiro lugar, herdeiro resolúvel, para transmitir ao herdeiro fideicomissário, posteriormente, por sua morte, a certo tempo ou condição.

Fideicomissário é a pessoa que receberá a herança do fiduciário, herdeiro final em que se consolida a sucessão.

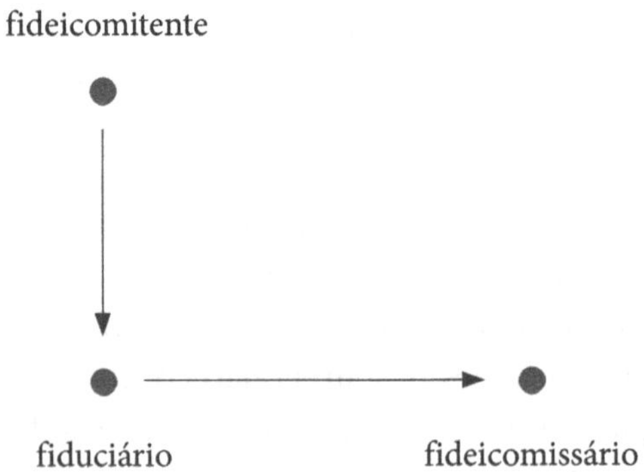

O fideicomisso não se confunde com o usufruto, pois não existem dois titulares (nua-propriedade e usufruto), mas titulares sucessivos. O usufruto é intransferível, enquanto o fiduciário pode ceder seus direitos; o nu-proprietário (no usufruto), por sua vez, pode dispor de seus direitos, mas o fideicomissário não o pode fazer.

O Código Civil de 2002 restringiu o fideicomisso, reduzindo-o à sua verdadeira finalidade, para efetivamente beneficiar a descendência de pessoas ainda não concebidas quando da abertura da sucessão, dispondo o art. 1.952 que "a substituição fideicomissária somente se permite em favor dos não concebidos ao tempo da morte do testador", complementando o parágrafo único que "se, ao tempo da morte do testador, já houver nascido o fideicomissário, adquirirá este a propriedade dos bens fideicomitidos, convertendo-se em usufruto o direito do fiduciário".

Assim, se o fideicomissário já tiver nascido na abertura da sucessão, adquirirá a nua-propriedade e o fiduciário, o usufruto, até ocorrer o termo, morte ou implementar a condição, conforme tiver deliberado o testador. Silvio Rodrigues[188], em face dos arts. 1.951 e 1.952, ensina que são necessários quatro requisitos para caracterizar o fideicomisso:

a) dupla vocação;

b) ordem sucessiva;

c) admissibilidade apenas para os não concebidos ao tempo da morte do testador;

d) obrigação de conservar para depois restituir.

Guilherme Calmon, ao tratar do novo perfil do fideicomisso, orienta que na sistemática do novo Código Civil o fideicomisso é instituição reservada apenas em favor dos não concebidos ao tempo da feitura do testamento, reservando, portanto, tão somente para as hipóteses de pessoa futura, não concebida ao tempo da morte do testador. Cita Giselda Hironaka para ressaltar que os fideicomissos só poderão ser instituídos para beneficiar prole eventual de pessoa indicada pelo título do patrimônio transmissível *causa mortis*[189].

A doutrina já ressaltava a inconveniência, na vigência do Código Civil de 1916, da manutenção do fideicomisso sem restrições, razão de discórdia e demandas permanentes entre os herdeiros na interpretação do testamento e por tratar de propriedade restrita e resolúvel do fiduciário, além de contrariar a circulação de riquezas. Na vigência do Código Civil de 2002 não se justifica a manutenção ampla do fideicomisso, em face do caráter

---

[188] RODRIGUES, Silvio. Op. cit., p. 228.

[189] GAMA, Guilherme Calmon Nogueira da. Op. cit., p. 340-346.

individualista do Código revogado, permitindo-se apenas para possibilitar a sucessão de pessoas ainda não concebidas no momento da abertura da sucessão. Pretendendo o testador beneficiar mais de uma pessoa existente, deve utilizar o usufruto, que pode instituir vitalício, por prazo determinado ou mediante condição, produzindo efeitos práticos semelhantes.

Dispõe o art. 1.953 do Código Civil que "o fiduciário tem a propriedade da herança ou legado, mas restrita e resolúvel", cumprindo-lhe proceder ao inventário dos bens gravados e prestar garantias de restituição se o fideicomissário exigir.

A herança ou legado, portanto, irá para o fiduciário que herda a título resolúvel (que se pode resolver, efetiva-se com o implemento da condição) e resolve-se pela restituição ao fideicomissário. Exemplo de fideicomisso: o testador deixa uma casa em fideicomisso a Paulo, para, por morte deste, ser transferida para os filhos (prole eventual) que Pedro e Maria vierem a ter. Podem ser estipuladas ainda outras condições, como ser transferida à prole de Pedro após a morte de Paulo ou quando este se casar, no prazo de vinte anos ou na conclusão dos estudos, terminação de uma obra, entre outros.

Nascendo a criança (prole eventual), passará a ser o fideicomissário (pessoa que receberá a herança do fiduciário), ocorrendo o implemento da condição com o nascimento do filho das pessoas certas existentes no momento da morte do autor da herança, se a condição for apenas o nascimento. Conforme já ressaltado, podem ser impostas outras condições além do nascimento do filho de pessoas certas, como a morte do fiduciário, para resolver o fideicomisso, com o implemento da condição. Da mesma forma, pode ser nomeado fideicomissário apenas o primeiro filho da pessoa indicada ou todos os filhos que nascerem, conforme já abordado na capacidade sucessória da prole eventual.

Se o fiduciário vier a falecer antes de verificada a condição que o obriga a transferir a propriedade, passará para seus herdeiros.

O fideicomisso não torna a propriedade resolúvel indisponível, o fiduciário pode se desfazer dos bens (gravá-los ou aliená-los), mas, verificado o implemento da condição, os bens devem ir para o patrimônio do fideicomissário[190]. Obviamente, a alienação será de bens resolúveis que são registrados

---

[190] PEREIRA, Caio Mário da Silva. Op. cit., p. 209.

em nome do fiduciário, averbando-se o gravame em nome do fideicomissário (art. 167, I, 25 e 167, II, 11 da LRP). A propriedade do fiduciário é restrita e resolúvel, mas ele pode administrar, usar, gozar e alienar os bens com ampla liberdade, entretanto é uma propriedade temporária, e as alienações ficam sujeitas à cláusula resolutiva, devendo os bens ser entregues ao fideicomissário nas mesmas condições em que estavam na abertura da sucessão.

Morrendo o fideicomissário antes de verificado o implemento da condição, ou renunciando, quebra-se (caduca) o fideicomisso, consolidando a propriedade no fiduciário (art. 1.958 do CC)[191], extinguindo a natureza resolúvel da propriedade.

O Código Civil vigente, conforme já visto, inovou ao admitir a sucessão da prole eventual sem necessidade de instituição de fideicomisso, limitando-se o prazo de dois anos, contados a partir da morte do autor da herança (art. 1.800, § 4º), para ser concebido o herdeiro. Além desse prazo, somente é possível instituir herdeiros a prole eventual de pessoas certas por meio do fideicomisso, nomeando herdeiro fiduciário com a condição de transferir a herança quando nascer o primeiro filho das pessoas indicadas (herdeiro fideicomissário).

O Código Civil de 2002, ao inovar e admitir o fideicomisso somente em favor das pessoas não concebidas ao tempo da morte do testador, e se, já nascida, transformar os direitos do fiduciário em usufruto, obriga a ocorrência de uma das duas hipóteses a seguir:

Se ao tempo da morte do testador o fideicomissário não era concebido, o fiduciário recebe a propriedade resolúvel dos bens (art. 1.953).

Se o fideicomissário já havia nascido, adquirirá a propriedade e o fiduciário terá apenas o usufruto dos bens (art. 1.952, paragrafo único), até o implemento da condição, morte ou termo.

As demais disposições são semelhantes, inovando o Código Civil, ainda, ao permitir ao fideicomissário aceitar a herança caso o fiduciário a renuncie (art. 1.954)[192].

---

[191] "Art. 1.958. Caduca o fideicomisso se o fideicomissário morrer antes do fiduciário, ou antes de realizar-se a condição resolutória do direito deste último; nesse caso, a propriedade consolida-se no fiduciário, nos termos do art. 1.955."

[192] "Art. 1.954. Salvo disposição em contrário do testador, se o fiduciário renunciar a herança ou o legado, defere-se ao fideicomissário o poder de aceitar."

14.11.3. Extinção do fideicomisso

Extingue-se o fideicomisso por nulidade ou por caducidade.

14.11.3.1. Nulidade do fideicomisso

Além das causas comuns de nulidade, no direito sucessório é nulo o fideicomisso instituído além do segundo grau, conforme vedação do art. 1.959 do Código Civil[193], isto é, a nomeação de substituto para o fideicomissário, embora se admita a nomeação de vários em conjunto (prole) e o direito de acrescer entre eles. O grau referido na lei é o da instituição fideicomissária, evitando sucessivas substituições fideicomissárias e a inconveniência de manter-se eternamente o caráter resolúvel da propriedade após a morte do autor da herança.

Não se confunde a instituição de substituição vulgar ao herdeiro fiduciário ou ao herdeiro fideicomissário com a instituição de fideicomisso além do segundo grau. O que a lei veda é nomear o herdeiro fideicomissário também como herdeiro fiduciário, concentrando as duas figuras, de maneira que, ao receber a herança do fiduciário original, também transfira a herança para outro herdeiro, sucessivamente, impedimento a circulação livre dos bens. O Superior Tribunal de Justiça já se manifestou nesse sentido, reconhecendo a impossibilidade de substituição fiduciária além do segundo e admitindo a substituição compendiosa, com substituição vulgar ao herdeiro fideicomissário. Consta na ementa que:

> DIREITO CIVIL E PROCESSUAL CIVIL. SUCESSÃO TESTAMENTÁRIA. FIDEICOMISSO. FIDEICOMISSÁRIO PREMORIENTE. CLÁUSULA DO TESTAMENTO ACERCA DA SUBSTITUIÇÃO DO FIDEICOMISSÁRIO. VALIDADE. COMPATIBILIDADE ENTRE A INSTITUIÇÃO FIDUCIÁRIA E A SUBSTITUIÇÃO VULGAR. (...)
>
> 4. De acordo com o art. 1959 do Código Civil, "são nulos os fideicomissos além do segundo grau". A lei veda a substituição fiduciária além do segundo grau. O fideicomissário, porém, pode ter substituto, que terá posição idêntica a do substituído, pois o que se proíbe é a sequência de fiduciários, não a substituição vulgar do fiduciário ou do fideicomissário.

---

[193] "Art. 1.959. São nulos os fideicomissos além do segundo grau."

5. A substituição fideicomissária é compatível com a substituição vulgar e ambas podem ser estipuladas na mesma cláusula testamentária. Dá-se o que a doutrina denomina substituição compendiosa. Assim, é válida a cláusula testamentária pela qual o testador pode dar substituto ao fideicomissário para o caso deste vir a falecer antes do fiduciário ou de se realizar a condição resolutiva, com o que se impede a caducidade do fideicomisso. É o que se depreende do art. 1958 c.c. 1955, parte final, do Código Civil[194].

Nesse caso, porém, é nulo apenas o fideicomisso para o segundo fideicomissário (além do segundo grau), mantendo-se a instituição, ou seja, a primeira substituição é válida, sendo nula apenas a segunda (art. 1.960 do CC)[195]. O que a lei veda é o fideicomisso sucessivo[196].

14.11.3.2. Caducidade do fideicomisso

Caduca o fideicomisso por diversas formas.

Pelo perecimento do objeto, sem culpa do fiduciário (com culpa responde pelos bens).

Pela renúncia do fideicomissário.

Pela renúncia ou não aceitação da herança pelo fiduciário. O Código Civil permite que o fideicomissário aceite a herança, resolvendo-se o fideicomisso. A questão, entretanto, tem demandado discussão em face do novo perfil do fideicomisso, somente se permitindo em favor dos não concebidos ao tempo da morte do testador, ou seja, somente é permitido para pessoa futura. Não existindo o fideicomissário, não há como exercer o direito de aceitar a herança ou o legado. Reconhecendo-se apenas a caducidade do fideicomisso pela renúncia do fiduciário, descumpre-se a vontade do testador em beneficiar a prole eventual e torna letra morta a disposição do art. 1.954 do Código Civil. No entanto, os bens não podem ficar sem titular. A questão é tormentosa na doutrina, com posições defendendo tanto o reconhecimento da incapacidade testamentária passiva do filho eventual quan-

---

[194] STJ, REsp 1.121.817/PE, Rel. Min. Maria Isabel Gallotti, j. 10-12-2013.

[195] "Art. 1.960. A nulidade da substituição ilegal não prejudica a instituição, que valerá sem o encargo resolutório."

[196] PEREIRA, Caio Mário da Silva. Op. cit., p. 209.

to a aplicação do disposto no art. 1.800 do Código Civil, considerando-se o prazo de dois anos (§ 4º) a partir da verificação do evento que resolveu o direito do fiduciário[197]. As posições são respeitadas, entretanto, com a renúncia do fiduciário, caducou-se a substituição fideicomissária, e a melhor solução, tratando-se de prole eventual sem fideicomisso e atendendo à vontade do testador, é aplicar o disposto no art. 1.800 do Código Civil, que permite nomear como herdeiros ou legatários os filhos não concebidos de pessoas certas, observando-se, todavia, o prazo de dois anos para concepção do herdeiro esperado a partir da morte do testador, sob pena de transmissão da herança aos herdeiros legítimos. Nessa hipótese, os pais, representantes dos fideicomissários, aceitam a herança.

Pelo falecimento do fideicomissário, antes de realizar outra condição imposta pelo testador, além do nascimento com vida na nova sistemática do Código Civil. Se a única condição for a prole, o nascimento com vida do fideicomissário implementou a condição, não havendo como aplicar a caducidade por morte do fideicomissário antes do fiduciário, conforme previsto na 1ª parte do art. 1.958 do Código Civil.

Se o fideicomissário é incapaz de suceder (art. 1.801 do CC) ou antes é condenado por indignidade.

Pela morte das pessoas indicadas para terem a prole antes de possuírem filhos.

14.11.4. Diferenças entre a substituição vulgar e a fideicomissária

A substituição vulgar distingue-se da fideicomissária em vários pontos.

Na vulgar, somente na ausência do substituído o substituto é chamado à sucessão; enquanto na fideicomissária são necessariamente chamados o fiduciário (substituído que irá futuramente transmitir a herança) e o fideicomissário (substituto que receberá a herança mediante certa condição).

Na vulgar, a herança se consolida no substituído quando este a recebe e resolve-se logo; na fideicomissária, será obrigado a transferi-la, ocorrendo dupla liberalidade.

---

[197] GAMA, Guilherme Calmon Nogueira da. Op. cit., p. 350-352.

Na vulgar, a indicação pode ser sucessiva no infinito (deixa o testador um bem a Joaquim, dispondo que, se ele não aceitar, deixa a Rildo, se este também não aceitar, deixa a Márcio, se este também não aceitar, deixa a Edmilson), entretanto, no momento em que qualquer dos substitutos aceitar, consolida-se a sucessão; enquanto na fideicomissária a indicação é limitada ao fideicomissário, sendo nula além do segundo grau.

14.12. REVOGAÇÃO DOS TESTAMENTOS[198]

14.12.1. Conceito

Revogação do testamento é o ato pelo qual o testador, conscientemente, torna ineficaz o testamento anterior, no todo ou apenas em parte, manifestando vontade contrária. É um ato unilateral de modificação da vontade anterior, tornando-a sem efeito. Decorre, portanto, da vontade do testador em alterar suas disposições de última vontade, modificando-as total ou parcialmente, ou tornando-as sem efeito.

Uma das características do testamento é a revogabilidade, autorizando o testador a qualquer tempo modificar sua vontade, ao seu inteiro arbítrio. Não se confunde a revogação, que pode ocorrer por outro testamento, presumidamente ao abrir o testamento cerrado ou em virtude de disposição expressa da lei, quando sobreviver descendente ou ascendente desconhecido, com caducidade, nas hipóteses de exclusão, incapacidade, renúncia ou pré-morte do herdeiro ou legatário e nulidade ou anulação, quando ocorrer omissão ou infração dos requisitos ou solenidades essenciais, falta de capacidade ativa, objeto ilícito ou vícios de vontade.

A revogabilidade do testamento é prevista no art. 1.858 do Código Civil[199], ao dispor na parte final que pode ser mudado a qualquer tempo. Assim, por violar disposição expressa da lei, é nula qualquer cláusula de irrevogabilidade do testamento, no todo ou em parte. Entretanto, também por força de disposição expressa da lei, é irrevogável no testamento a cláusula que reconhece filho havido fora do casamento (arts. 1.609, III, e 1.610 do CC; art. 1º, III, da Lei n. 8.560/1992 e art. 27 da Lei n. 8.069/1990).

---

[198] RODRIGUES, Silvio. Op. cit., p. 217-233.

[199] "Art. 1.858. O testamento é ato personalíssimo, podendo ser mudado a qualquer tempo."

14.12.2. Formas de revogação

A revogação do testamento pode ocorrer por vontade do testador mediante outro testamento válido, presumidamente se abrir ou dilacerar o testamento cerrado e, ainda, por disposição legal, denominada revogação ou rompimento legal, se surgiram ou eram desconhecidos herdeiros necessários quando o testador testou. A revogação por testamento válido pode ser expressa ou tácita e abranger todo o testamento ou apenas parte de suas disposições.

REVOGAÇÃO DO TESTAMENTO

- Testamento válido
  - Forma
    - Expressa
    - Tácita
  - Efeitos
    - Total
    - Parcial
- Presumida – abertura do testamento cerrado
- Legal ou rompimento – por disposição da lei

14.12.2.1. Revogação por testamento válido

O testamento só pode ser revogado pelo testador por outro testamento válido, independentemente da forma do anterior, desde que admitido em lei, por exemplo, um testamento particular válido revogando um público ou vice-versa. Não se admite outra forma de revogação, ainda que por codicilo, escritura pública ou outro documento autêntico.

Rolf Madaleno leciona que o testamento não pode ser revogado por escrito particular ou escritura pública em razão do disposto no art. 1.969 do Código Civil. A revogação deve resultar de um outro testamento, não sendo obrigatória a mesma modalidade, podendo o testador escolher uma das três formas ordinárias ou utilizar uma das formas especiais, se houver os pressupostos inerentes aos testamentos especiais, desde que o novo testamento que intenta revogar o anterior esteja celebrado corretamente, sem vícios capazes de retirar-lhe a eficácia, e sejam atendidos todos os pressupostos específicos de validade[200].

A única exceção é a revogação presumida, ao romper o testamento cerrado, por vontade do testador.

Dispõe o art. 1.969 do Código Civil que "o testamento pode ser revogado pelo mesmo modo e forma como pode ser feito", ou seja, por outro testamento válido, acrescentando o art. 1.970 que "a revogação do testamento pode ser total ou parcial" e complementando no parágrafo único que, "se parcial, ou se o testamento posterior não contiver cláusula revogatória expressa, o anterior subsiste em tudo que não for contrário ao posterior".

A revogação do testamento ou de suas cláusulas pelo testador, portanto, pode ser expressa ou tácita na sua forma, incluindo, ainda, a presumida pelo testador, na dilaceração do testamento cerrado, e a parcial ou total na sua extensão ou em seus efeitos.

A revogação expressa ocorre quando no novo testamento consta expressamente que fica revogado o testamento anterior, no todo ou em parte, nas cláusulas.

A revogação tácita dá-se quando o testamento posterior dispõe de maneira incompatível no todo ou parte sem referir-se ao testamento anterior, como no caso de o testador ter instituído João, José e Maria seus únicos herdeiros. Em testamento posterior institui José, Maria e Joana, omitindo João. Na incompatibilidade das disposições, prevalece o último testamento.

A revogação presumida ocorre quando o testamento cerrado é aberto ou dilacerado intencionalmente pelo testador.

A revogação total ocorre quando a manifestação posterior retirar totalmente a eficácia do testamento anterior, expressa ou tacitamente. O novo testamento tira do instrumento precedente toda a eficácia.

A revogação parcial ter-se-á quando o testamento posterior não recair sobre todo o conteúdo do anterior, abrangendo apenas algumas disposições. Nessa hipótese, coexistem o testamento anterior e o posterior nas disposições compatíveis, podendo existir vários testamentos sem necessidade de revogação dos anteriores, cabendo ao juiz interpretar no seu cumprimento as

---

[200] MADALENO, Rolf. Op. cit., p. 294-295.

disposições como um todo, atendendo à última vontade do testador, somando-se as disposições compatíveis e revogando pelo testamento mais novo as incompatíveis e contraditórias.

Aplicam-se na revogação do testamento, portanto, regras semelhantes às da revogação das leis.

14.12.2.2. Revogação por testamento caduco

A revogação do testamento exige um novo testamento válido, ainda que ele não produza outros efeitos além do caráter revogatório, restando caduco.

O art. 1.971 do Código Civil dispõe que

> (...) a revogação produzirá seus efeitos, ainda quando o testamento, que a encerra, vier a caducar por exclusão, incapacidade ou renúncia do herdeiro nele nomeado; não valerá se o testamento revogatório for anulado por omissão ou infração de solenidades essenciais ou por vícios intrínsecos.

O testamento caduco por exclusão, incapacidade, pré-morte ou renúncia de herdeiro é um testamento válido, que obedeceu a todas as formalidades legais na sua formação (é um ato unilateral), apenas é ineficaz, pois não gera outros efeitos quanto aos herdeiros ou legatários (nesse momento é bilateral), entretanto, por ser válido, possui eficácia de revogar o testamento anterior, pois a vontade do testador de revogar é manifesta, foi externada livre e conscientemente, exigindo a lei que seja respeitada. A vontade do testador não é eficaz nas hipóteses do art. 1.971 do Código Civil, acrescida de pré-morte do herdeiro, por fato superveniente à sua feitura válida, entretanto é eficaz quanto à vontade revogatória do testamento anterior.

O testamento nulo ou anulável, por faltar-lhe uma das solenidades essenciais ou por incapacidade do testador, não está perfeito e acabado na sua formação e validade, portanto não é um ato válido e não produz efeitos de revogar o testamento anterior, que permanece intacto.

Ressalta-se que no sistema brasileiro a revogação por um terceiro testamento, anulando o testamento revogatório, não restaura o testamento original, não ocorrendo repristinação das disposições revogadas, exigindo-

-se um novo testamento para restaurá-las[201], o que pode ser feito no último testamento que cancelou o anterior, constando as mesmas disposições do primeiro deles.

14.12.2.3. Revogação presumida no testamento cerrado

A revogação presumida é regulada no art. 1.972 do Código Civil ao dispor que "o testamento cerrado, que o testador abrir ou dilacerar, ou for aberto ou dilacerado com o seu consentimento, haver-se-á como revogado".

A abertura ou dilaceração do testamento cerrado é admitida na doutrina como mais uma das hipóteses de revogação tácita, considerando, portanto, que, quanto à forma adotada, a revogação pode ser expressa, quando o testador declara a intenção revogatória no novo testamento, e tácita, em duas hipóteses: quando insere no novo testamento cláusulas incompatíveis com o anterior e, ainda, quando autorizar, ou conscientemente dilacerar, ou abrir o testamento cerrado.

A maioria da doutrina, entretanto, considera as formas de revogação expressa, tácita e presumida, esta quando ocorre a abertura ou dilaceração do testamento cerrado.

Assim, o testamento cerrado aberto ou dilacerado pelo testador ou com seu consentimento implica, presumidamente, o propósito de revogá-lo. Essa é uma das desvantagens do testamento cerrado, posto que, se for apresentado aberto ou dilacerado, deve o juiz julgá-lo revogado, a menos que os interessados, de maneira veemente e inconteste, comprovem que a abertura foi feita por terceiros contra a vontade do testador. Na ausência de provas robustas, julga-se revogado testamento cerrado dilacerado por inadvertência do testador[202], por ser essa a consequência legal.

O testamento cerrado não possui cópia ou transcrição no livro de notas do tabelião, sendo entregue costurado ao testador, devendo ser guardado sem sinais de violação para ser entregue pelo testamenteiro ou pessoa designada pelo disponente com seu falecimento ao juiz, que o examinará, verificando se está intacto, e fará abertura judicial, ordenando registro, ar-

---

[201] GONÇALVES, Carlos Roberto. Op. cit., p. 464.

[202] TJSP, *RT* 143/659 e 163/294 apud RODRIGUES, Silvio. *Direito civil*: direito das sucessões. 26. ed. Saraiva: São Paulo, 2003. v. 7. p. 220.

quivamento e cumprimento. Se o testamento não estiver intacto, o juiz o considera revogado e nega o registro por ser a consequência legal, remetendo os interessados para as vias ordinárias para comprovarem que a abertura ocorreu inadvertidamente ou sem o consentimento do testador.

Parte da doutrina defende que o juiz, recebendo o testamento aberto, deve designar audiência de justificação para oitiva do apresentante e testemunhas, possibilitando a comprovação de que o testador não abriu ou consentiu com a abertura do testamento com a intenção de revogar. Não existindo evidências de desejo revogatório do testador, quando ele próprio abriu ou dilacerou acidentalmente a cédula, sem intenção de revogar o ato, não cabe concluir por sua revogação, apenas devendo cercar-se o juiz, buscando demonstrar, em justificação judicial, que a abertura não foi feita pelo sucedido nem por outra pessoa, com o seu consentimento[203].

O procedimento de abertura do testamento cerrado não prevê fase de justificação e impugnações, como ocorre na confirmação do testamento particular, devendo as partes ser remetidas para as vias ordinárias, possibilitando a produção de provas para apurar se a abertura do testamento foi ato intencional do testador ou não, decidindo-se por sua confirmação ou revogação.

Diante dos riscos de perda do testamento cerrado ou de revogação acidental, um procedimento seguro do testador é fazer mais de uma cédula testamentária, com disposições idênticas, deixando aos cuidados de pessoas diferentes.

14.12.2.4. Revogação legal ou rompimento

O testamento, apesar de válido, é rompido nos seus efeitos, conhecido como revogação legal ou ficta, nas hipóteses de superveniência de descendente sucessível, na ignorância da existência de descendente e na existência de descendente, ascendente ou cônjuge julgado morto pelo testador.

Rompe-se o testamento, nesses casos, na convicção de que o testador não disporia de seus bens, se tivesse conhecimento da existência desses sucessores, como já ocorria no direito romano.

A superveniência de descendente sucessível ocorre quando, após testar, sobrevêm descendentes ao testador que não os tinha, e esses descendentes

---

[203] MADALENO, Rolf. Op. cit., p. 297.

sobrevivem ao testador ou seus filhos, pois continuam descendentes (estirpe). É o caso de lhe nascer um filho legítimo, ou de lhe surgir um ilegítimo, ou de promover uma adoção[204].

Na ignorância da existência de descendente, aplica-se a mesma disposição se, ao testar, o autor da herança não sabia da existência de descendente, como, por exemplo, um filho havido de uma relação eventual ou até mesmo de uma relação duradoura rompida em que não teve ciência da gravidez, ou um neto de um filho que já faleceu. Tratando-se de descendente, rompe-se também o testamento, portanto, na hipótese da existência ignorada de neto, bisneto, trineto e tetraneto.

As duas hipóteses são reguladas no art. 1.973 do Código Civil ao dispor que, "sobrevindo descendente sucessível ao testador, que não o tinha ou não o conhecia quando testou, rompe-se o testamento em todas as suas disposições, se esse descendente sobreviver ao testador".

A existência de descendente ou ascendente ou cônjuge julgado morto importa, ainda, na revogação legal do testamento, se o testador ignorava que seu ascendente, descendente ou cônjuge, julgado morto, estava vivo, pois "rompe-se também o testamento feito na ignorância de existirem outros herdeiros necessários" (art. 1.974 do CC). Nesse caso, só é cabível se o testador acreditar que estavam mortos, pois, se descendentes, aplica-se o disposto no art. 1.973 do Código Civil e, se ascendentes ou cônjuge, é inconcebível imaginar a ignorância de existência de pai, mãe, avós ou cônjuge.

O Código Civil vigente incluiu o cônjuge entre os herdeiros necessários. Assim, é possível incluir o cônjuge, desde que julgado morto, entretanto será necessário o sobrevivente comprovar que a ausência ou o desaparecimento do cônjuge não foi por culpa sua, como em casos de perda de memória, prisão, naufrágio, em face da exclusão da qualidade de herdeiro em razão da separação de fato por mais de dois anos (art. 1.830 do CC).

Presume-se, nessas três hipóteses, que o testador não teria disposto da maneira que o fez se soubesse da existência desses herdeiros necessários.

A lei não exige que o parente seja reconhecido, por esse fundamento se em vida foi ajuizada ação de investigação de paternidade contra o testador, e

[204] PEREIRA, Caio Mário da Silva. Op. cit., p. 246.

este não quis reconhecer o filho voluntariamente, a procedência da investigatória não pode romper o testamento que não o contempla feito após o ajuizamento da ação, possuindo direitos apenas quanto à legítima. Se a ação, porém, foi posterior à morte do testador, que ignorava o filho, o testamento rompe-se.

O Tribunal de Justiça do Rio Grande do Sul decidiu que se em vida a testadora já tinha ciência da procedência de pedido de adoção de sua filha de criação, o testamento posterior é válido, inocorrendo rompimento. No caso concreto, entretanto, a testadora deixou todos os bens para uma sobrinha, com o encargo de cuidar por toda a vida da filha de criação, posteriormente adotada, possuidora de esquizofrenia. O Tribunal de Justiça decidiu que "não há que se falar em rompimento de testamento", determinando, todavia, corretamente, "fazendo-se necessária, apenas e tão somente, a redução da disposição de testamentária para fins de preservação da legítima (art. 1.967, CC)"[205].

Assim, é perfeitamente válido o testamento quando o testador dispuser da metade disponível, sabendo da existência de herdeiros necessários (art. 1.975 do CC)[206]. Obviamente, o testamento não se rompe, posto que o testador tem livre disposição da metade da herança líquida sem necessidade de mencionar os motivos (arts. 1.846 e 1.847 do CC), cabendo ao herdeiro necessário pleitear apenas a redução das disposições testamentárias, se a legítima não foi preservada.

14.13. EXECUÇÃO DO TESTAMENTO E TESTAMENTEIRO

14.13.1. Conceito e nomeação do testamenteiro

A execução do testamento tem por objetivo o cumprimento efetivo da vontade do testador, confiada aos seus herdeiros e, particularmente, ao testamenteiro, por ele mesmo designado ou nomeado pelo juiz, sendo regulada pelos arts. 1.976 a 1.990 do Código Civil e com breves referências nos §§ 3º e 5º do art. 735 do novo Código de Processo Civil, não sendo reproduzidos os arts. 1.135 a 1.141 do Código revogado.

---

205 TJRS, AC 70082903790, Rel. Des. Ricardo Moreira Lins Pastl, j. 18-12-2019.

206 "Art. 1.975. Não se rompe o testamento, se o testador dispuser da sua metade, não contemplando os herdeiros necessários de cuja existência saiba, ou quando os exclua dessa parte."

Testamenteiro é a pessoa encarregada de dar cumprimento às disposições de última vontade do autor da herança, de executar o testamento, exercendo os poderes que lhe foram conferidos e as obrigações impostas pelo testador, contanto que não ultrapasse os limites legais. É o executor do testamento, pessoa de confiança do testador, escolhida por ele livremente. Testamentaria é o conjunto de funções que enfeixam na pessoa do testamenteiro, constituindo seu estatuto[207], seu complexo de direitos e obrigações. É o ofício e os encargos do testamenteiro.

O testamenteiro não é obrigado a aceitar a testamentaria por se tratar de um encargo privado, nomeado pelo testador para cumprir sua vontade, entretanto, para exercer as atribuições, deve aceitá-la e assinar o termo de testamentária lavrado pelo escrivão (art. 735, § 3º, do CPC).

O testador pode nomear, em testamento ou codicilo, um ou mais testamenteiros, dispondo que exerçam suas funções simultânea ou especificadamente, discriminando a incumbência de cada um (art. 1.976 do CC)[208]. O exercício da testamentaria pode, portanto, ser cometido a um único testamenteiro, podendo ser nomeados vários em ordem sucessiva, assumindo o próximo se o anterior não aceitar; ou para atuarem ao mesmo tempo em conjunto ou separadamente. Se atuam em conjunto, nenhum pode atuar sozinho, todavia, se forem nomeados separadamente, cada um exercerá seu ofício independentemente do outro, respondendo isoladamente por suas atribuições, de acordo com a lei e a vontade do testador, conforme o art. 1.986 do Código Civil[209].

A execução do testamento está vinculada ao testamenteiro, que deve defendê-lo e proceder de acordo com as determinações do falecido.

Se o *de cujus* não tiver nomeado testamenteiro, ou se o nomeado não aceitar, o cargo será ocupado pelo cônjuge sobrevivente ou companheiro, e,

---

207 GONÇALVES, Carlos Roberto. Op. cit., p. 473-474.

208 "Art. 1.976. O testador pode nomear um ou mais testamenteiros, conjuntos ou separados, para lhe darem cumprimento às disposições de última vontade."

209 "Art. 1.986. Havendo simultaneamente mais de um testamenteiro, que tenha aceitado o cargo, poderá cada qual exercê-lo, em falta dos outros; mas todos ficam solidariamente obrigados a dar conta dos bens que lhes forem confiados, salvo se cada um tiver, pelo testamento, funções distintas, e a elas se limitar."

inexistindo cônjuge, pelos herdeiros ou por pessoa idônea nomeados pelo juiz, procurando sempre observar a ordem prevista no art. 617 do Código de Processo Civil. Dispõe o art. 1.984 do Código Civil que "na falta de testamenteiro nomeado pelo testador a execução testamentária compete a um dos cônjuges, e, em falta destes, ao herdeiro nomeado pelo juiz". No mesmo sentido dispõe o § 4º do art. 735 do Código de Processo Civil, prevendo que, "se não houver testamenteiro nomeado ou se ele estiver ausente ou não aceitar o encargo, o juiz nomeará testamenteiro dativo, observando a preferência legal".

Apesar de algumas divergências, é predominante o entendimento de que pode exercer a testamentaria a pessoa impedida de ser herdeiro ou legatário pelo art. 1.801 do Código Civil.

14.13.2. Obrigações do testamenteiro

A função do testamenteiro consiste em dar cumprimento às disposições de última vontade do falecido (art. 1.980 do CC)[210], competindo-lhe, com ou sem concurso do inventariante e dos herdeiros instituídos, defender a validade do testamento (art. 1.981 do CC)[211]. Incumbe ao testamenteiro, assim, cumprir as obrigações do testamento; propugnar a validade do testamento; defender a posse dos bens da herança e requerer ao juiz que lhe conceda os meios necessários para cumprir as disposições testamentárias; requerer inventário e partilha; apresentar o testamento; requerer judicialmente que quem o detenha apresente (art. 1.979 do CC) e prestar contas (art. 1.980 do CC), intervindo em todos os processos que o espólio tenha interesse, devendo ser citado para o inventário (art. 626 do CPC) e ouvido em todas as suas fases.

O testamento deverá ser cumprido no prazo de cento e oitenta dias e prestadas contas, salvo se o testador concedeu prazo maior, podendo ser prorrogado se houver motivo suficiente (art. 1.983, parágrafo único, do CC).

---

210 "Art. 1.980. O testamenteiro é obrigado a cumprir as disposições testamentárias, no prazo marcado pelo testador, e a dar contas do que recebeu e despendeu, subsistindo sua responsabilidade enquanto durar a execução do testamento."

211 "Art. 1.981. Compete ao testamenteiro, com ou sem o concurso do inventariante e dos herdeiros instituídos, defender a validade do testamento."

A lei processual civil, entretanto, estipula no art. 611[212] o prazo de doze meses a partir da abertura para encerramento do inventário, mantendo o prazo dado pela Lei n. 11.441/2007, e também autoriza dilatação do prazo pelo juiz por motivo justo, de ofício ou a requerimento de parte. Assim, com a redação do art. 611 do Código de Processo Civil, o prazo para cumprimento do testamento deve ser estendido para doze meses.

14.13.3. Espécies de testamenteiro

O testamenteiro pode ser universal ou particular.

O testamenteiro é universal quando detém a posse e a administração da herança, reunindo, além da testamentaria, os poderes de inventariante (art. 617, V, do CPC). É necessário, porém, que seja determinado pelo testador e inexista cônjuge ou outros herdeiros necessários. Dispõe o art. 1.977 do Código Civil que "o testador pode conceder ao testamenteiro a posse e administração da herança, ou de parte dela, não havendo cônjuge ou herdeiros necessários", e complementa o art. 1.978 que, "tendo o testamenteiro a posse e a administração dos bens, incumbe-lhe requerer o inventário e cumprir o testamento".

O testamenteiro é particular quando não possui a posse e administração dos bens, exercendo apenas a testamentaria, exigindo dos herdeiros os meios para cumprir as disposições. Pode, para tanto, requerer ao juiz os meios necessários para cumprir o testamento, se não for atendido pelo inventariante e pelos herdeiros.

O testamenteiro será, ainda, instituído quando designado pelo testador e dativo quando nomeado pelo juiz.

14.13.4. Prestação de contas, responsabilidade e remuneração do testamenteiro

O art. 1.980 do Código Civil dispõe que "o testamenteiro é obrigado a cumprir as disposições testamentárias, no prazo marcado pelo testador, e a

---

[212] "Art. 611. O processo de inventário e de partilha deve ser instaurado dentro de 2 (dois) meses, a contar da abertura da sucessão, ultimando-se nos 12 (doze) meses subsequentes, podendo o juiz prorrogar esses prazos, de ofício ou a requerimento de parte."

dar contas do que recebeu e despendeu, subsistindo sua responsabilidade enquanto durar a execução do testamento", o que é corroborado pelo art. 735, § 5º, do Código de Processo Civil, ao determinar que "o testamenteiro deverá cumprir as disposições testamentárias, e prestar contas, em juízo do que recebeu e despendeu, observando-se o disposto em lei".

O testamenteiro é, portanto, obrigado a prestar contas da testamentaria no prazo fixado pelo testador e, se não foi fixado, no prazo de cento e oitenta dias (art. 1.983 do CC), que deve ser estendido para doze meses em razão do art. 611 do Código de Processo Civil. Para proteger os interesses dos herdeiros e legatários na administração do testamenteiro, a prestação de contas não pode ser dispensada, nem mesmo pelo testador, sendo ineficaz a cláusula de dispensa.

As contas são apresentadas ao juízo do inventário, discriminando de forma contábil todas as despesas e o que recebeu, instruídas com os documentos comprobatórios, e os possíveis remanescentes ou haveres do acervo hereditário. As contas serão submetidas aos interessados e ao Ministério Público, se existir interesses de incapazes, que poderão impugná-las, em seguida serão apreciadas pelo juiz, sendo glosadas as despesas realizadas em desconformidade com a testamentaria ou não comprovadas, devendo o testamenteiro ressarcir o acervo hereditário. As despesas realizadas pelo testamenteiro e justificadas serão levadas a seu crédito e ressarcidas.

O testamenteiro possui responsabilidades enquanto durar a execução do testamento (art. 1.980, parte final, do CC).

A responsabilidade será em relação aos herdeiros, quando o testamenteiro for universal, respondendo pelos haveres a ele entregues, quanto aos danos causados por sua culpa e pelos prejuízos decorrentes de sua omissão, como nos casos de direitos que deixou prescrever, créditos que omitiu na cobrança, entre outros. É responsável perante aos legatários pelo cumprimento dos legados, envolvendo desde as diligências necessárias a identificar e encontrar os favorecidos até a efetiva entrega do objeto. O testamenteiro responde pelas perdas e danos que causar aos herdeiros e legatários e pelos abusos que cometer[213].

---

[213] GONÇALVES, Carlos Roberto. Op. cit., p. 484.

O testamenteiro, pelo exercício da testamentária, possui o direito a uma remuneração ou prêmio denominado vintena, fixado pelo testador, salvo disposição em contrário.

A vintena possui natureza jurídica de retribuição pelo exercício de um *munus* particular, privado, portanto não incide sobre ela o imposto *causa mortis* por tratar-se de remuneração de serviços prestados, possuindo, inclusive, natureza alimentar e incidindo todos os benefícios típicos e previstos para esse crédito[214].

Na omissão do testador, a vintena é fixada pelo juiz no valor de um a cinco por cento da herança líquida, pago à conta da metade disponível, se existirem herdeiros necessários.

Determina o art. 1.987 do Código Civil que,

> (...) salvo disposição testamentária em contrário, o testamenteiro, que não seja herdeiro ou legatário, terá direito a um prêmio, que, se o testador não o houver fixado, será de 1% (um por cento) a 5% (cinco por cento), arbitrado pelo juiz, sobre a herança líquida, conforme a importância dela e maior ou menor dificuldade na execução do testamento.

Complementa o parágrafo único que "o prêmio arbitrado será pago à conta da parte disponível, quando houver herdeiro necessário".

O valor da vintena, portanto, é fixado livremente pelo testador, que também pode dispor em contrário. Não fixado o prêmio pelo testador, será arbitrado pelo juiz de acordo com os critérios legais, saindo o pagamento da parte disponível, se existirem herdeiros necessários.

O cônjuge sobrevivo nomeado testamenteiro pelo falecido pode receber o prêmio em bens do espólio. Se o testamenteiro não for meeiro, o pagamento do prêmio será efetuado em dinheiro, não sendo permitida adjudicação de bens do espólio.

O herdeiro ou o legatário que for nomeado testamenteiro não será remunerado, podendo, entretanto, escolher entre o prêmio e a herança ou legado (art. 1.988 do CC)[215].

---

[214] TEIXEIRA, Wendel de Brito Lemos. A vintena do testamenteiro. *Revista IBDFAM: famílias e sucessões*, v. 37 (jan.-fev.). Belo Horizonte: IBDFAM, 2020. p. 25.

[215] "Art. 1.988. O herdeiro ou o legatário nomeado testamenteiro poderá preferir o prêmio à herança ou ao legado."

Carlos Roberto Gonçalves cita Silvio Rodrigues para lecionar que o herdeiro a que se refere o art. 1.987 do Código Civil é o instituído, pois o legítimo tem direito à vintena na medida em que recebe a herança por determinação legal, não estando obrigado a exercer gratuitamente o encargo[216].

O prêmio que o testamenteiro perder, por remoção ou descumprimento do testamento, será revertido à herança (art. 1.989 do CC)[217].

14.13.5. Destituição do testamenteiro

O testamenteiro poderá ser removido, perdendo o prêmio, mediante decisão judicial, de ofício, a requerimento das partes ou do Ministério Público[218], nos seguintes casos:

a) quando não cumprir o testamento (art. 1.989 do CC);

b) quando houver irregularidades na prestação de contas;

c) quando for negligente, agir com dolo ou culpa, ou promover interesses contrários ao espólio;

d) quando perder a capacidade e for interditado;

e) quando for universal e não concluir o inventário no prazo legal.

---

216 GONÇALVES, Carlos Roberto. Op. cit., p. 485.

217 "Art. 1.989. Reverterá à herança o prêmio que o testamenteiro perder, por ser removido ou por não ter cumprido o testamento."

218 DINIZ, Maria Helena. *Curso*... cit., 17. ed., p. 177.

15

SUCESSÃO NECESSÁRIA

15.1. CONCEITOS DE LEGÍTIMA E METADE DISPONÍVEL

A sucessão necessária é imposta pela lei e, independentemente das disposições testamentárias, cria uma proteção especial para a classe dos herdeiros com vínculo de parentesco mais estreito com o falecido, protegendo-os.

São herdeiros necessários, nos termos do art. 1.845 do Código Civil[1], os descendentes, ascendentes e o cônjuge, que possuem direito à metade da herança (art. 1.846 do CC)[2], denominada legítima, eis que atribuída pela própria lei. O companheiro não está incluído entre os herdeiros necessários, mas também não é referido entre os facultativos. Parte da doutrina e da jurisprudência incluía o companheiro entre os herdeiros necessários, especialmente por concorrer com os descendentes e ascendentes. O Supremo Tribunal Federal, ao julgar o RE 878.694/MG, no dia 10 de maio de 2017, declarou inconstitucional o art. 1.790 do Código Civil e determinou a apli-

---

[1] "Art. 1.845. São herdeiros necessários os descendentes, os ascendentes e o cônjuge."

[2] "Art. 1.846. Pertence aos herdeiros necessários, de pleno direito, a metade dos bens da herança, constituindo a legítima."

cação do art. 1.829 tanto para o cônjuge quanto para o companheiro, sob o fundamento de que é inconstitucional a distinção de regras sucessórias entre eles. Firmou-se no julgamento a seguinte tese:

> No sistema constitucional vigente, é inconstitucional a distinção de regimes sucessórios entre cônjuges e companheiros, devendo ser aplicado, em ambos os casos, o regime estabelecido no art. 1.829 do CC/2002[3].

Não restam mais dúvidas de que se aplicam ao companheiro as mesmas regras sucessórias do cônjuge, entre elas a qualidade de herdeiro necessário.

Os demais herdeiros legítimos, colaterais, podem ser livremente excluídos pelo testador, pois são facultativos (art. 1.850 do CC)[4]. Não existindo herdeiros necessários, o testador poderá dispor de todos os seus bens para quem quiser, não sendo obrigado a contemplar os herdeiros colaterais.

Para proceder ao cálculo da herança líquida, o monte-mor (totalidade do patrimônio comum) paga as dívidas comuns do casal, enquanto a dívida proveniente de ato ilícito é pessoal, e só o patrimônio do falecido ou monte partível responde, como, por exemplo, homicídio culposo, o mesmo ocorrendo com as despesas de funeral.

Espólio, do latim *spoliare*, é a totalidade dos bens deixados por uma pessoa após a sua morte, é a massa de bens que constituem os bens da herança. Herança é o conjunto patrimonial transmitido *causa mortis*, constituído por ativo e passivo, podendo compor-se inclusive na sua maioria por dívidas, restando negativa. É o patrimônio do falecido. O termo espólio é usado como sinônimo de herança e, na prática, é utilizado no sentido de herança inventariada, em processo de inventário, incluindo não raras vezes a meação do cônjuge e a herança. É utilizado ainda como coletivo de herdeiros em conjunto com a massa inventariada, daí o art. 75, VII, do Código de Processo Civil dizer que será representado em juízo o espólio pelo inventariante[5].

---

[3] STF, RE 878.694/MG, Rel. Min. Luis Roberto Barroso, j. 10-5-2017.

[4] "Art. 1.850. Para excluir da sucessão os herdeiros colaterais, basta que o testador disponha de seu patrimônio sem os contemplar."

[5] FIUZA, César. *Direito civil* – curso completo. 4. ed. Belo Horizonte: Del Rey, 2001. p. 645.

Rodrigo da Cunha Pereira esclarece quanto ao espólio que:

> É a expressão utilizada, até a concretização da partilha, para identificar a universalidade de bens, direitos e obrigações deixados pelo *de cujus*. Não é sinônimo de herança que é tão somente uma universalidade de bens que pertence a todos os herdeiros e que não possui capacidade processual.
>
> O espólio é uma ficção jurídica criada para executar as providências jurídicas de inventário e liquidação da herança. É uma massa patrimonial ao lado das pessoas naturais e jurídicas classificada como "pessoa formal". Não tem personalidade jurídica, de existência transitória e não dispõe de patrimônio próprio, uma vez que os bens que reúne pertencem desde a morte aos herdeiros do falecido[6].

A personalidade civil do autor da herança termina com sua morte (arts. 2º e 6º do CC), entretanto o espólio, mera pessoa formal, possui capacidade de demandar e ser demandado, ou seja, possui legitimidade *ad causam*, representado pelo inventariante.

Monte-mor é todo o acervo do espólio, mostrado na sua totalidade segundo a arrecadação, quando ainda nada se fez para livrá-lo dos encargos, que devem ser por ele suportados.

Monte líquido é o monte-mor com todos os encargos e dívidas abatidos, tornando-se a totalidade de bens livres, e será objeto da partilha. Se existe cônjuge meeiro ou companheiro, o monte líquido se divide em dois: um para representar a meação do cônjuge ou companheiro sobrevivente e o outro para ser partilhado entre os herdeiros, que passa a ser denominado herança líquida ou monte partível[7].

Herança líquida ou monte partível é o remanescente da herança, depois de separada a meação, que inclui a legítima e a metade disponível, após abater as dívidas comuns e do morto e as despesas com funeral.

Metade disponível é a metade da herança líquida, do monte partível, após abater as dívidas e despesas, sem acrescer os bens colacionados (art.

---

6 PEREIRA, Rodrigo da Cunha. *Dicionário de direito de família e sucessões*. São Paulo: Saraiva, 2015. p. 271.

7 SILVA, De Plácido e. *Vocabulário jurídico*. 3. ed. São Paulo: Forense, 2001. p. 207.

2.002, parágrafo único, do CC). Pode ser distribuída pelo testador livremente aos herdeiros e legatários que instituir.

Legítima é a herança menos a parte disponível, acrescida dos bens colacionados e das doações inoficiosas (arts. 1.847, 2.002, 2.003 e 2.007 do CC). É destinada aos herdeiros necessários.

Monte do herdeiro ou quinhão hereditário é a fração recebida pelo herdeiro após a partilha da herança líquida ou monte partível (arts. 2.013, 2.014 e 2.017 do CC).

Apresenta-se, a seguir, como exemplo, um gráfico de acervo hereditário (monte-mor) com meação, dívidas e a divisão da herança líquida em legítima e metade disponível (art. 1.847 do CC)[8], sem considerar colação, redução de disposições testamentárias e doações inoficiosas.

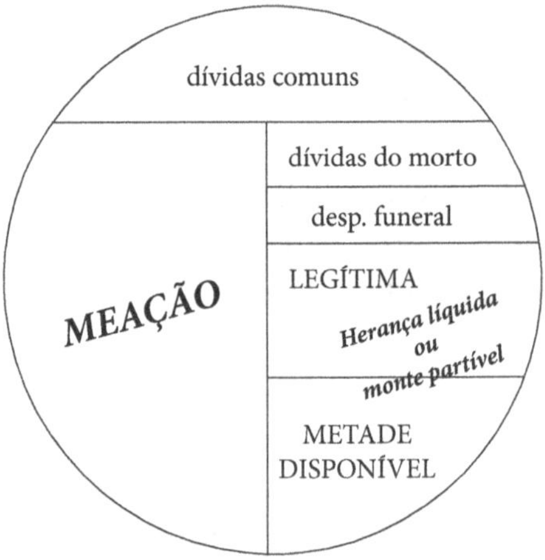

15.2. COLAÇÃO

15.2.1. Conceito e finalidade

Colação é o ato pelo qual os herdeiros descendentes e o cônjuge (companheiro), concorrendo à sucessão do ascendente comum e do cônjuge

[8] "Art. 1.847. Calcula-se a legítima sobre o valor dos bens existentes na abertura da sucessão, abatidas as dívidas e as despesas do funeral, adicionando-se, em seguida, o valor dos bens sujeitos a colação."

(companheiro), são obrigados a conferir, sob pena de sonegados, as doações e os dotes que dele em vida receberam, a fim de serem igualadas as respectivas legítimas. Não se objetiva aumentar a parte disponível, mas tão somente igualar as legítimas dos herdeiros[9].

Para igualar o quinhão dos herdeiros necessários, os descendentes, concorrendo com outros descendentes e com o cônjuge (companheiro), devem denunciar o valor das doações e os dotes que receberam em vida e que integrarão a legítima. O Código Civil de 2002 optou pelo valor do bem doado e não mais pela substância, como o anterior (CC/1916), que dispunha no art. 1.786 que "os descendentes que concorrem à sucessão do ascendente comum, são obrigados a conferir as doações e os dotes, que dele em vida receberam".

Com efeito, dispõe o art. 2.002 do Código Civil que "os descendentes que concorrem à sucessão do ascendente comum são obrigados, para igualar as legítimas, a conferir o valor das doações que dele em vida receberam, sob pena de sonegação".

Ocorre, como será visto, que o Código de Processo Civil de 2015 manteve a colação do próprio bem, da substância, e não do valor da doação.

A colação ou conferência objetiva igualar os quinhões de herdeiros iguais e só tem cabimento quando existiu antecipação da legítima, ou seja, doação em vida ao herdeiro (art. 544 do CC). Não deve ser confundida colação, que atinge os descendentes para igualar a legítima dos herdeiros, com doação inoficiosa, que ocorre toda vez que for doada mais da metade disponível, atingindo todos os herdeiros necessários, e deve ser reduzida para resguardar a metade indisponível.

Também não se confunde com meação. Meeiro não é herdeiro.

Colacionar ou conferir significa devolver o bem (o valor na disposição do Código Civil, constante do ato de liberalidade – art. 2.004 do CC[10]), ou, na sua falta, pelo valor que possuírem no momento da abertura da sucessão,

---

9 OLIVEIRA, Itabaiana de. *Tratado de direito das sucessões*. 4. ed. São Paulo: Max Limonad, 1952. v. 1 apud OLIVEIRA, Euclides Benedito de; AMORIM, Sebastião Luiz. *Inventários e partilhas*: direito das sucessões. Teoria e prática. 17. ed. São Paulo: Livraria e Editora Universitária de Direito, 2004. p. 375.

10 "Art. 2.004. O valor de colação dos bens doados será aquele, certo ou estimativo, que lhes atribuir o ato de liberalidade."

ou ainda, na impossibilidade, reduzir o quinhão (arts. 2.002 e 2.003, parágrafo único, do CC c/c art. 639 do CPC).

A finalidade da colação é manter a igualdade de tratamento aos filhos, a equidade das legítimas, sendo acolhida em todas as legislações modernas, tendo origem na *collatio bonorum* e na *collatio dotis* do direito romano. Na vigência do Código Civil de 1916, o herdeiro colacionava o próprio bem doado e só excepcionalmente, se já não mais o possuísse, traria o respectivo valor, enquanto o Código de 2002 parece ter adotado a colação pelo valor do bem[11].

O Código de Processo Civil de 2015, de redação mais recente, alterou o comando do art. 2.002 do Código Civil, reintroduzindo no direito brasileiro a colação dos bens em substância, e não mais pelo valor, como dispõe o Estatuto Civil.

Com efeito, dispõe o art. 639 do novo Código de Processo Civil que:

> Art. 639. No prazo estabelecido no art. 627, o herdeiro obrigado à colação conferirá por termo nos autos ou por petição à qual o termo se reportará os bens que recebeu ou, se já não os possuir, trar-lhes-á o valor.
>
> Parágrafo único. Os bens a serem conferidos na partilha, assim como as acessões e as benfeitorias que o donatário fez, calcular-se-ão pelo valor que tiverem ao tempo da abertura da sucessão.

O novo texto legal importa em significativa mudança na colação, que se torna mais justa para manter a isonomia dos filhos (também na concorrência com o cônjuge e o companheiro), igualando as legítimas, pois os valores da época da doação, a toda evidência, se encontram desatualizados no momento da abertura da sucessão. Da mesma forma, não possuindo mais o legatário o bem, o valor que possuir ao tempo da abertura da sucessão é mais justo e atualizado do que valia por ocasião da doação, como determinava o Código Civil.

A questão, entretanto, mesmo após a entrada em vigor do novo Código de Processo Civil, tem demandado debates, tanto que no 1º Encontro

---

[11] MONTEIRO, Washington de Barros. *Curso de direito civil.* 35. ed. rev. e atual. por Ana Cristina de Barros Monteiro França Pinto. São Paulo: Saraiva, 2003. v. 6. p. 309-311.

Estadual de Magistrados de Varas da Família e das Sucessões de São Paulo, ocorrido em 2017, concluíram os magistrados paulistas que deve ser aplicado o art. 2.004 do Código Civil, ao aprovarem o Enunciado 36 dispondo que

> (...) a aparente antinomia entre o disposto no artigo 2.004 do Código Civil e o artigo 639, parágrafo único do CPC se resolve em favor do primeiro dispositivo, que delimita com maior precisão o patrimônio do falecido efetivamente transmitido, não se computando acessões ou benfeitorias depois introduzidas, nem valorizações ou desvalorizações subsequentes à liberalidade.

Originária no objetivo de evitar desigualdade na legítima dos filhos, o Código atual inovou a colação ao incluir o cônjuge no art. 2.003, dispondo que "a colação tem por fim igualar, na proporção estabelecida neste Código, as legítimas dos descendentes e do cônjuge sobrevivente, obrigando também os donatários que, ao tempo do falecimento do doador, já não possuírem os bens doados". Da mesma forma, estabeleceu no art. 544 que "a doação de ascendentes a descendentes, ou de um cônjuge a outro, importa adiantamento do que lhe cabe por herança". Por força da decisão do Supremo Tribunal Federal, igualando o companheiro ao cônjuge nos direitos sucessórios, também se aplica ao companheiro.

Observa-se que, ao determinar os herdeiros que devem colacionar no art. 2.002, o legislador omitiu o cônjuge, ocorrendo visível contradição nos dispositivos referidos em razão do defeito da técnica jurídica, possibilitando o surgimento de pelo menos três conclusões.

Na primeira, em face da omissão do cônjuge no art. 2.002 do Estatuto Civil, apenas os descendentes devem colacionar, e o cônjuge sobrevivente teria o direito de exigir a colação para resguardar a sua quota legitimária, mas não teria, como o ascendente, a obrigação de conferir o valor de doação recebida. A conclusão, entretanto, contraria o art. 544 do mesmo Código Civil.

A segunda resgata a finalidade da colação, que é preservar a vontade presumida do autor da herança de dispensar igual tratamento aos descendentes, cabendo somente a estes pleitear a obrigação de colacionar, excluindo o cônjuge e os ascendentes. É a solução que melhor atende a origem histórica da colação e encontra amparo no art. 2.002 do Código atual, entretanto também conflita com os arts. 544 e 2.003 do Código Civil.

A terceira, acolhida por Maria Helena Diniz[12] após abordar as demais, conclui que haverá colação quando houver adiantamento de legítima; logo, descendente e cônjuge sobrevivente (ou companheiro), por força da liberalidade *inter vivos* recebida, deverão conferir o valor da doação sob pena de sonegação e de perder o direito que sobre os bens herdados lhes cabia (art. 1.992 do CC). Essa é a solução que melhor atende à nova situação jurídica do cônjuge no direito sucessório ao ser incluído entre os herdeiros necessários e concorrente com eles, atendendo à norma estabelecida nos arts. 544 e 2.003, apesar de omitido no art. 2.002, todos do Código Civil atual.

O cônjuge (companheiro), entretanto, é obrigado à colação apenas na circunstância de ser herdeiro concorrente com os descendentes, não se aplicando a obrigação se for meeiro.

Assim, os descendentes, o cônjuge e o companheiro são obrigados a trazer à colação o valor de qualquer bem que receberam antecipadamente, mesmo que não ultrapasse a metade disponível, para igualar os quinhões, salvo se expressamente dispensados pelo doador e testador (arts. 2.005 e 2.006 do CC), e, obviamente, não atinja a legítima (art. 1.967 do CC). Se o descendente recebeu quantia dos pais para adquirir certo bem, entra na colação a quantia recebida em dinheiro, e não o valor do bem comprado. Os ascendentes, os colaterais e os estranhos não estão obrigados a colacionar, mas também não podem reclamar a colação. Os ascendentes somente poderão pleitear a redução das doações inoficiosas, ou seja, as que ultrapassarem a metade dos bens do doador.

O valor colacionado, por ocasião de partilha, não aumenta a parte disponível, sendo usado apenas para igualar o quinhão dos descendentes e do cônjuge, dispondo o parágrafo único do art. 2.002 que, "para cálculo da legítima, o valor dos bens conferidos será computado na parte indisponível, sem aumentar a disponível".

---

12 DINIZ, Maria Helena. *Curso de direito civil brasileiro.* Direito das sucessões. 26. ed. São Paulo: Saraiva, 2012. v. 6. p. 459.

15.2.2. Bens dispensados de colação

Determinados bens são dispensados de colação, não obrigando o herdeiro que os recebeu a levá-los a conferência. São dispensados de colação os seguintes bens:

a) o que os netos receberam diretamente do avô, se ao tempo do ato ainda não eram herdeiros em razão da existência dos pais, mesmo que após venham a concorrer na herança representando o pai (art. 2.005, parágrafo único, do CC)[13];

b) as doações que o doador determinar no próprio documento ou em testamento que não integram a legítima, saindo da metade disponível (art. 2.005 do CC), o que pode ser determinado no próprio instrumento de doação ou posteriormente em testamento (art. 2.006 do CC)[14];

c) despesas com o descendente, enquanto menor, na sua educação, estudos, sustento, vestuário, tratamento nas enfermidades, enxoval, assim como nas despesas de casamento, ou as feitas no interesse de sua defesa em processo-crime (art. 2.010 do CC)[15]. O Código atual não exige absolvição no processo-crime como o anterior. O entendimento predominante é de que as despesas com instrução não regulares, como cursos preparatórios, universidades privadas, especialização, colacionam;

d) despesas com o cônjuge ou companheiro referentes a sustento, vestuário e saúde, em razão do dever de mútua assistência;

---

13 "Art. 2.005. São dispensadas da colação as doações que o doador determinar saiam da parte disponível, contanto que não a excedam, computado o seu valor ao tempo da doação.

Parágrafo único. Presume-se imputada na parte disponível a liberalidade feita a descendente que, ao tempo do ato, não seria chamado à sucessão na qualidade de herdeiro necessário."

14 "Art. 2.006. A dispensa da colação pode ser outorgada pelo doador em testamento, ou no próprio título de liberalidade."

15 "Art. 2.010. Não virão à colação os gastos ordinários do ascendente com o descendente, enquanto menor, na sua educação, estudos, sustento, vestuário, tratamento nas enfermidades, enxoval, assim como as despesas de casamento, ou as feitas no interesse de sua defesa em processo-crime."

e) doações remuneratórias de serviços prestados pelo descendente ao ascendente (art. 2.011 do CC)[16] e pelo cônjuge ou companheiro, pois as doações remuneratórias até o valor dos serviços prestados não caracterizam ato de liberalidade, mas o pagamento de serviços prestados gratuitamente pelo donatário ao doador. O valor da doação que exceder o valor dos serviços é considerado adiantamento de legítima e deve ser colacionado (art. 540 do CC)[17].

15.2.3. Bens obrigados à colação

São sujeitos a colação o que é doado aos descendentes e ao cônjuge (companheiro) sem a cláusula de não colacionar. Maria Helena Diniz[18] apresenta diversas hipóteses de bens sujeitos a colação:

a) doações constituídas pelos ascendentes;

b) doações dos avós aos netos, quando eles concorrem com tios e primos, entretanto, se na época da doação não eram herdeiros, em razão da existência de seus pais, não são obrigados a colacionar (art. 2.005, parágrafo único, do CC);

c) doações recebidas pelos pais, quando estes falecerem antes do doador e forem representados pelo sucessor (art. 2.009 do CC)[19];

d) doações verbais de coisas de pequeno valor;

e) venda de bens ou doação feita por interposta pessoa, com o intuito de prejudicar a legítima dos herdeiros do autor da herança;

f) recursos fornecidos pelo ascendente, para que o descendente pudesse adquirir bens;

g) dinheiro colocado a juros pelo ascendente em nome do descendente;

---

[16] "Art. 2.011. As doações remuneratórias de serviços feitos ao ascendente também não estão sujeitas a colação."

[17] "Art. 540. A doação feita em contemplação do merecimento do donatário não perde o caráter de liberalidade, como não o perde a doação remuneratória, ou a gravada, no excedente ao valor dos serviços remunerados ou ao encargo imposto."

[18] DINIZ, Maria Helena. Op. cit., p. 463-464.

[19] "Art. 2.009. Quando os netos, representando os seus pais, sucederem aos avós, serão obrigados a trazer à colação, ainda que não o hajam herdado, o que os pais teriam de conferir."

h) quantias desembolsadas pelo pai para pagamento de dívidas de filho;

i) valor da dívida do descendente remitida pelo ascendente;

j) gastos de sustento feitos com filhos maiores;

k) montante de empréstimo feito pelo ascendente ao descendente sem exigir reembolso;

l) doação feita a um casal ou por ambos os cônjuges.

O juiz no processo de inventário deve decidir as questões referentes à colação se estiverem comprovadas documentalmente, somente remetendo para as vias ordinárias se necessário a produção de outras provas. Escritura pública outorgada por procurador sem poderes específicos para dispensar a colação, obriga aos donatários a conferir. Nesse sentido:

> AGRAVO DE INSTRUMENTO – INVENTÁRIO – COLAÇÃO.
>
> – Se determinada questão envolvendo a obrigação de serem colacionados bens se encontrar provada com documentos, compete ao juízo resolvê-la no próprio processo de inventário, sem a remeter às vias ordinárias.
>
> – Doação de imóveis a determinados herdeiros realizada por procuração outorgada pelos genitores – Escritura de doação em que é inserida a dispensa da colação dos bens – Inexistência de poderes específicos na procuração – Deve ser prestigiada a decisão de invalidade da cláusula de dispensa da colação se o negócio foi feito por procuração sem poderes específicos[20].

Nas doações feitas por ambos os cônjuges aos descendentes, a conferência dos valores será efetuado no inventário de cada um (art. 2.012 do CC)[21].

15.2.4. Herdeiro nascido após os atos de doação

Havendo doação do ascendente aos descendentes, não importa se o ato de liberalidade ocorreu antes ou depois do nascimento de outro herdeiro para o cumprimento do dever de colação. Também é irrelevante a situação dos descendentes, se irmãos unilaterais, bilaterais ou adotivos.

---

[20] TJSP, AI 20314670220198260000, Rel. Alexandre Coelho, j. 11-9-2019.

[21] "Art. 2.012. Sendo feita a doação por ambos os cônjuges, no inventário de cada um se conferirá por metade."

A finalidade da colação é igualar a legítima dos descendentes e do cônjuge, sendo irrelevante que um ou alguns dos herdeiros sejam supervenientes ao ato de liberalidade, ou seja, tenham nascido depois das doações.

O Superior Tribunal de Justiça já decidiu sobre o direito à colação do herdeiro que nasceu posteriormente ao ato de liberalidade, conforme ementa a seguir:

> RECURSO ESPECIAL. DIREITO DAS SUCESSÕES. INVENTÁRIO. 1. OMISSÃO DO ACÓRDÃO RECORRIDO. INEXISTÊNCIA. 2. DOAÇÃO EM VIDA DE TODOS OS BENS IMÓVEIS AOS FILHOS E CÔNJUGES FEITA PELO AUTOR DA HERANÇA E SUA ESPOSA. HERDEIRO NECESSÁRIO QUE NASCEU POSTERIORMENTE AO ATO DE LIBERALIDADE. DIREITO À COLAÇÃO. 3. PERCENTUAL DOS BENS QUE DEVE SER TRAZIDO À CONFERÊNCIA. 4. RECURSO PARCIALMENTE PROVIDO.
>
> (...)
>
> 2. Para efeito de cumprimento do dever de colação, é irrelevante o fato de o herdeiro ter nascido antes ou após a doação, de todos os bens imóveis, feita pelo autor da herança e sua esposa aos filhos e respectivos cônjuges. O que deve prevalecer é a ideia de que a doação feita de ascendente para descendente, por si só, não é considerada inválida ou ineficaz pelo ordenamento jurídico, mas impõe ao donatário obrigação protraída no tempo de, à época do óbito do doador, trazer o patrimônio recebido à colação, a fim de igualar as legítimas, caso não seja aquele o único herdeiro necessário (arts. 2.002, parágrafo único, e 2.003 do CC/2002)[22].

15.2.5. Efeitos da colação

Os descendentes, o cônjuge e o companheiro devem trazer ao acervo hereditário o valor das doações que receberam em vida do autor da herança para igualar a legítima, observando mais uma vez que, "para cálculo da le-

---

[22] STJ, REsp 1.298.864/SP, Rel. Min. Marco Aurélio Belizze, j. 19-5-2015.

gítima, o valor dos bens conferidos será computado na parte indisponível" (art. 2.002, parágrafo único, do CC).

Na vigência do Código Civil de 1916, os valores dos bens a serem conferidos eram calculados ao tempo da abertura da sucessão, consoante o art. 1.014, parágrafo único, do Código de Processo Civil de 1973, que revogou em parte o art. 1.792 do então Código Civil.

O Código Civil de 2002 determina que o valor da colação dos bens doados será aquele, certo ou estimado, que lhe atribuir o ato de liberalidade (art. 2.004), revogando, portanto, o art. 1.014 do Código de Processo Civil de 1973.

O Código de Processo Civil de 2015 restaurou a situação anterior, estabelecendo a obrigação do herdeiro de conferir o próprio bem que recebeu por doação para igualar os quinhões hereditários na partilha. Não possuindo mais os bens, serão conferidos na partilha pelo valor que possuíssem ao tempo da morte do autor da herança (art. 639).

O art. 640 do novo Código de Processo Civil autoriza em seus parágrafos que os bens colacionados integrem a legítima e a metade disponível, conferindo-lhe, ainda, direito de preferência em licitação com os outros herdeiros nos bens doados que excederem seu quinhão. Dispõe o dispositivo legal que:

> Art. 640. O herdeiro que renunciou à herança ou o que dela foi excluído não se exime, pelo fato da renúncia ou da exclusão, de conferir, para o efeito de repor a parte inoficiosa, as liberalidades que obteve do doador.
>
> § 1º É lícito ao donatário escolher, dentre os bens doados, tantos quantos bastem para perfazer a legítima e a metade disponível, entrando na partilha o excedente para ser dividido entre os demais herdeiros.
>
> § 2º Se a parte inoficiosa da doação recair sobre bem imóvel que não comporte divisão cômoda, o juiz determinará que sobre ela se proceda a licitação entre os herdeiros.
>
> § 3º O donatário poderá concorrer na licitação referida no § 2º e, em igualdade de condições, terá preferência sobre os herdeiros.

Apresenta-se a seguir, para melhor ilustrar, um exemplo de colação e seu respectivo gráfico:

Joaquim faleceu deixando uma herança de R$ 2.100.000,00 (ativo) e dívidas somadas ao funeral totalizando R$ 1.000.000,00 (passivo), restando a herança líquida de R$ 1.100.000,00 e a parte disponível de R$ 550.000,00. Deixou dois filhos, João e José, mas em vida doou a este R$ 150.000,00, sem cláusula de não colacionar. Assim, a legítima será calculada somando-se aos R$ 550.000,00 da metade indisponível os R$ 150.000,00 do valor da doação, totalizando R$ 700.000,00. José receberá R$ 200.000,00 (R$ 350.000,00 menos o valor de R$ 150.000,00 da doação) e João, R$ 350.000,00.

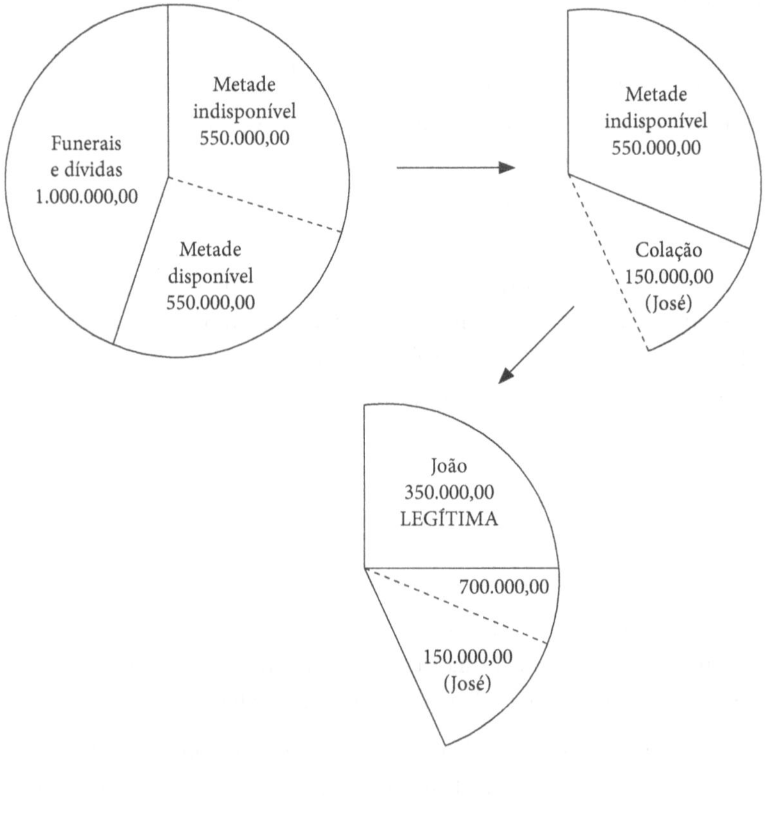

15.3. REDUÇÃO DAS DISPOSIÇÕES TESTAMENTÁRIAS

A legislação garante aos herdeiros necessários (descendentes, ascendentes e o cônjuge, incluindo, ainda, o companheiro) a metade da herança líquida (art. 1.846 do CC), prevendo as hipóteses de redução dos atos de liberalidade que atingirem a legítima, praticados para produção de efeitos já em vida, mediante doação, ou para produção de efeitos para após a morte, mediante testamento. Em ambas as hipóteses é conferida aos herdeiros necessários, para resguardar a legítima, a redução das doações inoficiosas e das disposições testamentárias. Leciona Carlos Roberto Gonçalves, citando Silvio Rodrigues, que:

> Dá-se a redução das disposições testamentárias, por conseguinte, quando excederem a quota disponível do testador. Não se anula o testamento, ou a cláusula testamentária; procede-se apenas a uma transferência de bens da quota disponível para a legítima. Em defesa do interesse dos herdeiros necessários, dá-lhes a lei a prerrogativa de pleitearem a redução das disposições testamentárias, a fim de que integralizem a reserva que, de pleno direito, lhes pertence.
>
> O instituto da redução da liberalidade visa, portanto, preservar a integridade desta[23].

O testador pode dispor integralmente da metade disponível e, se isso não ocorrer, o remanescente caberá aos herdeiros legítimos, entretanto, se as disposições ultrapassarem a parte disponível, reduzir-se-á o limite delas para assegurar a integridade da legítima. Nesse sentido, dispõe o art. 1.966 do Código Civil que "o remanescente pertencerá aos herdeiros legítimos, quando o testador só em parte dispuser da quota hereditária disponível". Complementa o *caput* do art. 1.967 que "as disposições que excederem a parte disponível reduzir-se-ão aos limites dela, de conformidade com o disposto nos parágrafos seguintes".

A lei, portanto, estabelece um sistema de preferências para redução das disposições testamentárias que ultrapassem a metade disponível, devendo, em primeiro lugar, ser reduzidos, proporcionalmente, os quinhões dos herdeiros instituídos e, não bastando, serão reduzidos os legados (art. 1.967, § 1º, do CC)[24]. Nada impede, todavia, que o testador indique outra solução,

---

[23] GONÇALVES, Carlos Roberto. *Direito civil brasileiro:* direito das sucessões. 11. ed. São Paulo: Saraiva, 2017. v. 7. p. 447.

[24] "Art. 1.967. As disposições que excederem a parte disponível reduzir-se-ão aos limites dela, de conformidade com o disposto nos parágrafos seguintes.

§ 1º Em se verificando excederem as disposições testamentárias a porção disponível,

determinando qual o beneficiado que primeiro sofrerá a redução (art. 1.967, § 2º, do CC). Assim, por exemplo, se Joaquim falece tendo herdeiros necessários, deixa uma herança líquida de R$ 1.000.000,00, um legado de R$ 300.000,00 e institui dois herdeiros em bens no valor de R$ 300.000,00, os valores dos bens de cada herdeiro serão reduzidos em um terço, recebendo cada um R$ 100.000,00. Se, porém, deixa um legado no valor de R$ 600.000,00 e institui herdeiros em R$ 200.000,00, os bens dos herdeiros serão reduzidos totalmente e também o legado em R$ 100.000,00, recebendo R$ 500.000,00 para resguardar a legítima.

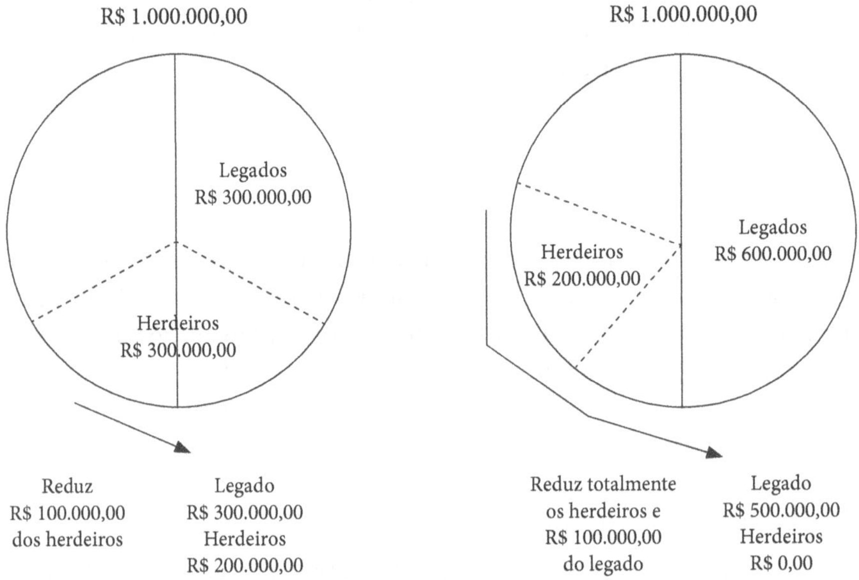

As reduções das disposições testamentárias serão proporcionais porque são simultâneas, não ocorrendo a situação das doações inoficiosas em que são válidas as mais antigas que não atingiram a parte disponível.

---

serão proporcionalmente reduzidas as quotas do herdeiro ou herdeiros instituídos, até onde baste, e, não bastando, também os legados, na proporção do seu valor.

§ 2º Se o testador, prevenindo o caso, dispuser que se inteirem, de preferência, certos herdeiros e legatários, a redução far-se-á nos outros quinhões ou legados, observando-se a seu respeito a ordem estabelecida no parágrafo antecedente."

A redução pode ser requerida no próprio inventário, se ocorrer acordo entre os herdeiros ou não existir necessidade de produção de provas, tratando-se de mero cálculo aritmético, sendo necessário, em caso contrário, ajuizar ação própria de redução das disposições testamentárias, podendo ser pedida pelos herdeiros prejudicados, credores ou cessionários. Beneficia apenas o herdeiro que a intentou, segundo posição predominante na doutrina, no sentido de que, "se a ação for intentada por alguns herdeiros, os demais serão havidos como tendo acatado a vontade do extinto"[25].

Tratando-se de legado divisível, far-se-á a redução, dividindo-o proporcionalmente (art. 1.968, *caput,* do CC)[26].

Instituído um legado indivisível, e o excesso da metade disponível a ser reduzida for superior a um quarto do valor, o legatário não receberá o imóvel, mas terá direito de reclamar o valor do bem que lhe couber. Se o excesso for inferior a um quarto, o legatário tem direito de ficar com o imóvel e pagar aos herdeiros a torna ou reposição do *quantum* correspondente ao excesso (art. 1.968, § 1º, do CC). Ou seja, se o direito dos herdeiros legítimos for superior a um quarto no prédio indivisível, o imóvel legado ficará por inteiro na herança, cabendo ao legatário o valor que lhe cabe nos limites da metade disponível; se o direito dos herdeiros no prédio indivisível for igual ou inferior a um quarto, caberá o imóvel, neste caso, ao legatário, repondo o valor aos herdeiros em dinheiro.

Não existindo meios de os herdeiros ou o legatário repor em dinheiro o excesso no imóvel, a solução será mantê-lo em condomínio ou proceder à venda judicialmente, partilhando-se o valor apurado (art. 2.019 do CC).

---

[25] GONÇALVES, Carlos Roberto. Op. cit., p. 448.

[26] "Art. 1.968. Quando consistir em prédio divisível o legado sujeito a redução, far-se-á esta dividindo-o proporcionalmente.

§ 1º Se não for possível a divisão, e o excesso do legado montar a mais de um quarto do valor do prédio, o legatário deixará inteiro na herança o imóvel legado, ficando com o direito de pedir aos herdeiros o valor que couber na parte disponível; se o excesso não for de mais de um quarto, aos herdeiros fará tornar em dinheiro o legatário, que ficará com o prédio.

§ 2º Se o legatário for ao mesmo tempo herdeiro necessário, poderá inteirar sua legítima no mesmo imóvel, de preferência aos outros, sempre que ela e a parte subsistente do legado lhe absorverem o valor."

Na hipótese de o legatário ser ao mesmo tempo herdeiro necessário, ele possui direito de preferência quanto aos outros no imóvel, se a herança e o legado absorverem o valor (art. 1.968, § 2º, do CC).

15.4. DOAÇÕES INOFICIOSAS

15.4.1. Conceito

Rodrigo da Cunha Pereira esclarece que inoficioso vem do latim *inofficious*, que indica falta de respeito, assim, "inoficioso é tudo aquilo feito em desrespeito e em detrimento de alguém. Doação e testamento inoficiosos são aqueles feitos em desacordo com os limites impostos em lei"[27].

Nos termos do art. 538 do Código Civil, "considera-se doação o contrato em que uma pessoa, por liberalidade, transfere do seu patrimônio bens ou vantagens para o de outra", portanto a transferência de bens por liberalidade ocorre em vida do doador, por ato *inter vivos.*

São nulas, entretanto, a doação feita para fraudar o pagamento aos credores, "a doação de todos os bens sem reserva de parte ou renda suficiente para a subsistência do doador" (art. 548 do CC) e a "doação quanto à parte que exceder à de que o doador, no momento da liberalidade, poderia dispor em testamento" (art. 549 do CC), denominada doação inoficiosa.

A doação inoficiosa, portanto, é aquela efetuada pelo doador que, no momento da liberalidade, é superior à metade disponível. São inoficiosos os bens que excedem esse valor, o que é vedado pelo direito brasileiro, cujo objetivo é não permitir que sejam burladas as regras do direito sucessório e assegurar a legítima. O propósito de proteger a legítima autoriza não apenas as reduções testamentárias, mas também as doações. Se não houvesse possibilidade de as doações *inter vivos* ficarem sujeitas à redução naquilo que ultrapassem a parte de que o doador poderia dispor de última vontade, a lei que garante ao herdeiro necessário o direito à metade dos bens do *de cujus* seria burlada, pois, se ele pudesse doar seus bens além da porção disponível, estaria deserdando, fora dos casos legais, o herdeiro necessário[28]. Não existe doação inoficiosa se o doador não possuir herdeiros necessários.

---

27 PEREIRA, Rodrigo da Cunha. Op. cit., p. 254-255.

28 OLIVEIRA, Itabaiana de. *Tratado de direito das sucessões* apud DINIZ, Maria Helena. *Curso de direito civil brasileiro*. 4. ed. São Paulo: Max Limonad, 1952. v. 1. p. 154.

Aberta a sucessão, existindo herdeiros necessários, dever-se-ão balancear as liberalidades *inter vivos* e *causa mortis*, em confronto com o valor da herança, para apurar se foi ultrapassada a metade disponível e atingida a legítima, sujeitando-se à redução as doações em que se apurar o excesso quanto ao que poderia dispor no momento da liberalidade, conforme o art. 2.007 do Código Civil[29].

15.4.2. Apuração da doação inoficiosa

É no momento da doação que é avaliado o valor em relação ao patrimônio, sendo nula a parte excedente (art. 549 do CC), portanto, tanto o doador quanto o donatário, procedendo à correta avaliação, adquirem segurança no contrato. A jurisprudência tem admitido acertadamente que o excedente seja corrigido monetariamente (*RTJ* 54/733). Assim, praticado o ato, imediatamente se pode apurar se é doação inoficiosa ou, ao contrário, legítima e perfeita[30].

A doação, entretanto, será válida, ainda que atinja a legítima, se na época da doação não ultrapassou a metade disponível (art. 549 do CC). Por exemplo, se na ocasião da doação o patrimônio do doador era de R$ 600.000,00, ele doou R$ 300.000,00 e, posteriormente, a metade restante foi reduzida para R$ 200.000,00, quando de sua morte, a doação será válida, mas o autor da herança não pode mais dispor de bens em testamento. Com efeito, a lei brasileira afastou a solução da maioria das outras legislações (por exemplo,

---

[29] "Art. 2.007. São sujeitas à redução as doações em que se apurar excesso quanto ao que o doador poderia dispor, no momento da liberalidade.

§ 1º O excesso será apurado com base no valor que os bens doados tinham, no momento da liberalidade.

§ 2º A redução da liberalidade far-se-á pela restituição ao monte do excesso assim apurado; a restituição será em espécie, ou, se não mais existir o bem em poder do donatário, em dinheiro, segundo o seu valor ao tempo da abertura da sucessão, observadas, no que forem aplicáveis, as regras deste Código sobre a redução das disposições testamentárias.

§ 3º Sujeita-se a redução, nos termos do parágrafo antecedente, a parte da doação feita a herdeiros necessários que exceder a legítima e mais a quota disponível.

§ 4º Sendo várias as doações a herdeiros necessários, feitas em diferentes datas, serão elas reduzidas a partir da última, até a eliminação do excesso."

[30] WALD, Arnoldo. *Direito das sucessões*. 12. ed. São Paulo: Saraiva, 2002. p. 173.

art. 920 do Código Civil francês), para decidir sabiamente em sentido contrário, ordenando que o cálculo do valor da doação deve ser efetuado tendo em vista o momento da liberalidade. Assim, se no momento do contrato o devedor era homem rico, e a doação foi de valor inferior à metade de seus bens, o negócio é absolutamente lícito e eficaz, mesmo que tenha empobrecido depois e morrido na miséria[31].

Esse entendimento, ainda que cause prejuízos aos herdeiros necessários na abertura da sucessão, é a melhor solução para assegurar a validade das relações jurídicas, evitando a insegurança do doador e de terceiros, impossibilitando que seus herdeiros anos e anos depois possam pleitear a redução das doações. No mesmo sentido é a lição de Luiz Paulo Vieira de Carvalho:

> Inoficiosa é, portanto, a doação feita em vida e que fere a quota legítima pertencente aos herdeiros necessários, ao ultrapassar o limite contido na regra ora comentada, devendo ser calculado o quinhão inoficioso, segundo a dicção legal, com base no patrimônio do doador apurado no exato momento da liberalidade, e não em relação ao patrimônio existente no momento da sua morte.
>
> Assim, para efeitos de apuração de inoficiosidade, faz-se irrelevante qualquer variação patrimonial do doador, após a celebração do negócio: enriquecendo ou empobrecendo, o importante é a verificação econômica realizada no instante em que o ato de liberalidade é realizado. Isso porque a regra em análise procura resguardar, em vida, a quota legítima dos herdeiros necessários, presumindo-se, para efeitos de cálculo, que o falecimento do doador se deu logo após ter firmado o instrumento de doação[32].

O excesso será apurado considerando o valor dos bens no momento da liberalidade e far-se-á restituindo o excesso em especial ao monte e, se não existir mais o bem, em dinheiro.

As doações feitas em vida aos descendentes ou ao cônjuge, sem cláusula de não colacionar, são tidas como adiantamento da legítima (arts. 544

---

[31] Rodrigues, Silvio. *Direito civil.* Direito das sucessões. 19. ed. São Paulo: Saraiva, 1995. v. 7. p. 189.

[32] CARVALHO, Luiz Paulo Vieira de. *Direito das sucessões.* 3. ed. São Paulo: Atlas, 2017. p. 806.

c/c 2.005 do CC), entretanto todas as outras são adiantamentos da parte disponível a quem quer que seja. Desse modo, a doação a descendente e ao cônjuge (ou companheiro) será imputada na legítima por ser caso de colação, ou seja, de mera conferência de valores para obter o nivelamento dos quinhões, completando a quota dos prejudicados pela doação, enquanto a que contempla estranho será imputada na metade disponível[33].

A doação feita aos descendentes ou cônjuge com a cláusula de não colacionar também será imputada na parte disponível. Assim, se a doação da parte disponível a descendente ultrapassar a metade que o doador poderia dispor, o excesso é inoficioso e deve ser declarado nulo. Caso a redução seja verificada após a morte do doador, é possível incluir a quota hereditária do herdeiro no valor dos bens doados para apurar se existe necessidade ou não da redução (art. 2.007, § 3º, do CC). Nesse sentido, Helena de Azeredo Orselli e Stephanie Spiess citam Paulo de Tarso Sanseverino para esclarecer que:

> Se o donatário for também descendente do doador, haverá excesso se a doação ultrapassar o valor da soma do quinhão hereditário do herdeiro donatário e da parte disponível. Dessa forma, para a caracterização da doação inoficiosa, no caso de donatário que também é descendente ou cônjuge, a doação deverá ser maior que a parte disponível mais a sua quota. Caso o donatário seja terceiro, a doação deverá ser maior, apenas, que a parte disponível, para haver inoficiosidade (SANSEVERINO, 2005, p. 127)[34].

Caso o falecido tenha doado valor igual ao da parte disponível (portanto a metade), não pode mais dispor por testamento, se possuir herdeiros necessários. Se tiver doado menos, poderá dispor até completar a parte disponível. Porém, se tiver doado mais da metade de seu patrimônio, então poderá haver redução das doações feitas.

Na hipótese de uma pessoa falecer, sem alteração na fortuna, deixando uma herança líquida de R$ 200.000,00, sendo que, em vida, doou R$ 100.000,00, o monte líquido e as doações importam em R$ 300.000,00. As doações são

[33] DINIZ, Maria Helena. *Curso de direito civil brasileiro*. Direito das sucessões. 21. ed. São Paulo: Saraiva, 2007. v. 6. p. 154-155.

[34] ORSELLI, Helena de Azeredo; SPIESS, Stephanie. Análise da doação inoficiosa e seus reflexos no direito sucessório. *Revista Nacional de Direito de Família e Sucessões*, Porto Alegre: Magister, v. 6, 2015. p. 23.

válidas, pois poderia dispor de R$ 150.000,00, admitindo-se a execução de seu testamento até o valor de R$ 50.000,00. O que ultrapassar esse valor será reduzido do herdeiro e completado, se necessário, no legatário (redução das disposições testamentárias), mas não nas doações, porque elas, no momento da liberalidade, não ultrapassaram a parte disponível. As doações, portanto, não são inoficiosas.

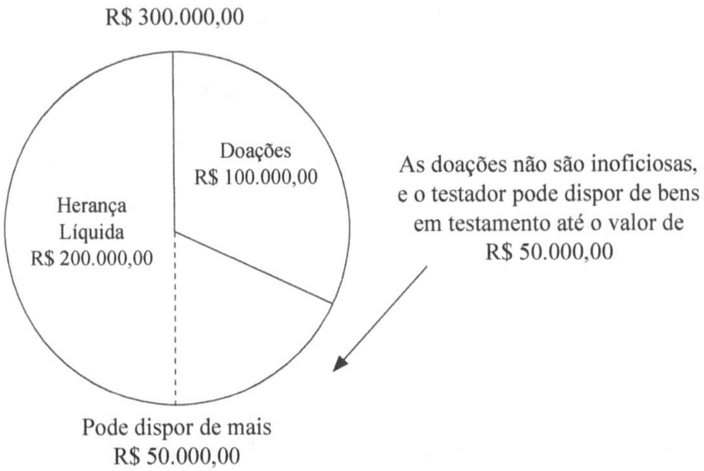

Se A falece com o patrimônio de R$ 400.000,00, mas em vida doou R$ 200.000,00, esgotou sua parte disponível, e o restante pertence exclusivamente à legítima, reduzindo-se totalmente as disposições testamentárias existentes. As doações também não são inoficiosas.

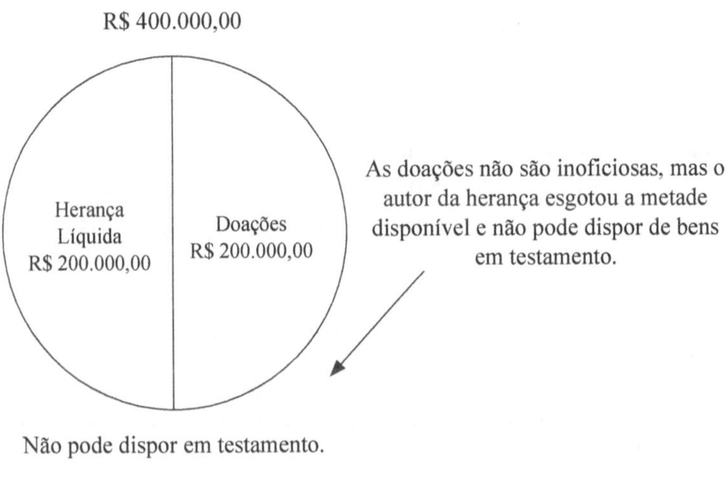

Se a pessoa falece deixando um patrimônio de R$ 200.000,00, mas em vida doou R$ 300.000,00, possuía um patrimônio total de R$ 500.000,00 e poderia doar apenas R$ 250.000,00. Assim, cabe redução nas doações inoficiosas no valor de R$ 50.000,00, que integrará a legítima. Ressalta-se que, se na época da doação o patrimônio do falecido era de R$ 600.000,00, e a metade restante, posteriormente, foi reduzida para R$ 200.000,00, não cabe redução porque na época lhe era lícito doar aquele valor, dentro dos limites da disponível.

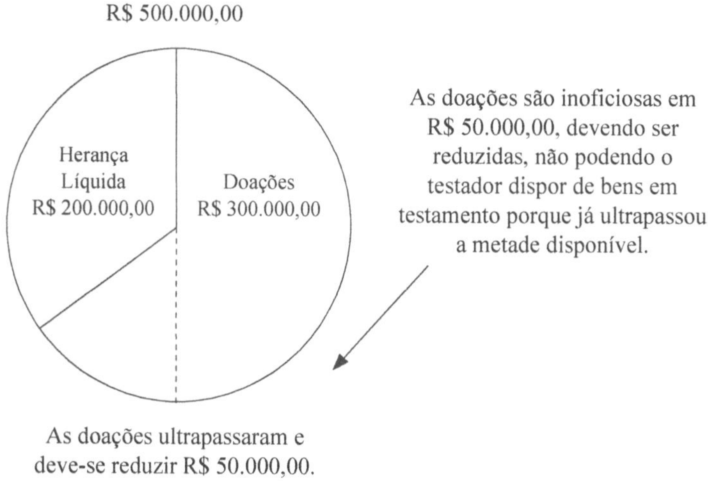

15.4.3. Ação de nulidade de doação inoficiosa e prescrição

Silvio Rodrigues entende que o herdeiro possui o prazo prescricional (não corre contra incapazes) de quatro anos (art. 178, II, do CC) para propor ação declaratória de doação inoficiosa a partir da liberalidade[35], a despeito do disposto no art. 549 do CC, que declara nula a doação inoficiosa. Os atos nulos, como é sabido, não se convalidam, portanto não prescrevem se não forem arguidos, podendo ocorrer a prescrição comum de dez anos (art. 205 do CC). O renomado doutrinador, portanto, considera a doação inoficiosa apenas anulável.

---

[35] Rodrigues, Silvio. Op. cit., p. 190.

A doutrina e a jurisprudência, com raras divergências, têm em maioria admitido a ação de redução em vida do doador[36]. Outros, entretanto, discordam sob o fundamento de que só se poderia mover essa ação após a morte do *de cujus,* pois apenas na abertura da sucessão é que se poderá saber se houve lesão à quota legítima do herdeiro necessário, uma vez que, se o testador ou doador vive, não há herdeiro, além da vedação do art. 426 do Código Civil[37].

As posições em contrário argumentam que o art. 549 do Código Civil de 2002 declara a nulidade da doação inoficiosa desde logo, instituindo a ação para atacar a liberalidade imoderada. O Código atual não regulou a matéria, mantendo as mesmas disposições do revogado, omitindo o legislador de não mais permitir o dissídio jurisprudencial e doutrinário, demarcando o início do prazo prescricional e a possibilidade de a ação de nulidade ser ajuizada em vida.

Situação nova ocorrerá na hipótese de alteração de regime de bens entre os cônjuges prejudicar a legítima de filhos havidos fora do casamento quanto às doações anteriores, como, por exemplo, se um dos cônjuges no regime de separação convencional tiver doado a metade do patrimônio e, posteriormente, alterar o regime para comunhão de bens, conferindo ao cônjuge a comunicabilidade do restante que representar a legítima. O assunto já foi tratado no congresso do IBDFAM, em 2005, em Belo Horizonte (painel A, 24 de outubro de 2005), tendo tribunais como o do Rio de Janeiro admitido a anulação das doações inoficiosas em vida do doador e outros, como o do Rio Grande do Sul, entendido que a anulação só pode ocorrer após a morte, por se tratar de direito sucessório.

Predomina o entendimento de que no momento da liberalidade (da doação) é que se deve verificar se ocorreu excesso, mantendo válida a disposição, se posteriormente o doador empobreceu.

Luiz Paulo Vieira de Carvalho apresenta interessante distinção entre a redução das disposições testamentárias, com efeitos após a morte, e a redução das doações inoficiosas, negócio jurídico *inter vivos*, autorizando a

---

36 WALD, Arnoldo. Op. cit., p. 174-175; DINIZ, Maria Helena. *Curso...* cit., 21. ed., p. 154-155.

37 DINIZ, Maria Helena. *Curso...* cit., 21. ed., p. 155.

propositura da ação pelos interessados em vida do doador, já que, se a lesão operou no momento da celebração do negócio, a nulidade, portanto, é atual e imediata, de pleno direito. Fundamenta que:

> De todo modo, é cabível, ainda, destacar, mais uma vez a distinção entre as hipóteses de redução das doações e redução das disposições testamentárias, *que são fenômenos ontologicamente diversos*. Não se pode embaralhar ou confundir a redução das doações (negócio jurídico *inter vivos*), cuja base legal se encontra geograficamente apartada nos arts. 549 e 2.007 do Código Civil atual, com a redução das disposições testamentárias (negócio jurídico *causa mortis*), cuja base e o sistema de preferências encontram-se nos arts. 1.966 a 1.968 do mesmo diploma legal.
>
> (...)
>
> Já na redução das doações inoficiosas, por se tratar de um negócio jurídico *inter vivos* o próprio herdeiro necessário (ou seu sucessor), ao se sentir prejudicado com a liberdade que ultrapassou seu privilegiado direito à integralidade da futura quota legítima, poderá mediante o pedido de *redução de doação* ou *nulidade parcial da doação*, requerer a restituição ao monte da parte que excedeu a disponível[38].

Corre o prazo de prescrição a partir da prática do ato, conferindo ao provável herdeiro a nota da atualidade. Na vigência do Código Civil de 1916, o Superior Tribunal de Justiça decidiu que "a prescrição da ação de anulação de doação inoficiosa é de vinte anos, correndo o prazo da data da prática do ato de alienação[39].

A ação para declarar a nulidade da parte inoficiosa da doação deve ser admitida em vida, até porque é possível ocorrer o partilhamento dos bens em vida do titular (arts. 2.014 e 2.018 do CC), já tendo o Superior Tribunal de Justiça, em julgado citado por Jones Figueirêdo Alves[40], admitido ao herdeiro lesado a nota da atualidade, e não de mera expectativa. Com efeito, aguardar que só após a morte do doador possa ser ajuizada a ação para re-

---

38 CARVALHO, Luiz Paulo Vieira de. Op. cit., p. 806.

39 STJ, RE 151.935/RS, Rel. Min. Ruy Rosado de Aguiar, j. 25-6-1998.

40 RE 7.879/SP, Min. Costa Leite apud ALVES, Jones Figueiredo. In: FIUZA, Ricardo (Coord.). *Novo Código Civil comentado*. São Paulo: Saraiva, 2003. p. 486.

dução da doação inoficiosa, o que pode ocorrer vinte, trinta, quarenta anos depois, se o doador for jovem, é extremamente prejudicial aos negócios jurídicos, possibilitando o desfazimento dos bens pelo donatário.

A jurisprudência, referindo-se ao art. 1.176 do Código Civil de 1916, já decidiu que o prazo prescricional para ação de redução de doação inoficiosa é de 20 anos, iniciando-se sua contagem no momento da morte do doador[41], ressaltando o julgado que não se anula a escritura de doação, mas julga-se procedente em parte a ação anulatória para se declarar inoficiosa a liberalidade quanto à parte excedente que o doador poderia dispor em testamento. O prazo deve ser diminuído para 10 anos em razão da redução imposta pelo art. 205 do atual Código Civil.

Na vigência do Código Civil de 2002, firmou-se o entendimento de que o prazo prescricional se inicia a partir do ato de liberalidade. O Tribunal de Justiça de São Paulo decidiu, em que pesem precedentes jurisprudenciais e doutrinários divergentes (no sentido de que o prazo inicia-se a partir da abertura da sucessão), que a melhor doutrina e jurisprudência entende que o prazo da prescrição para ajuizamento da ação declaratória de doação inoficiosa inicia-se a partir da liberalidade[42]. Deve ser observada a data de cada ato praticado para contagem do prazo prescricional. Parte da jurisprudência entende, entretanto, que o prazo se inicia a partir do registro do ato jurídico. Nesse sentido:

> TJRS. APELAÇÃO CÍVEL. AÇÃO DE ANULAÇÃO DE ESCRITURA PÚBLICA DE DOAÇÃO INOFICIOSA. PRESCRIÇÃO. TERMO INICIAL. O prazo prescricional da ação de nulidade da doação inoficiosa inicia-se a partir do registro do ato jurídico[43].

O Superior Tribunal de Justiça, com ressalva do Ministro João Otávio de Noronha, que entende, nos termos do art. 169 do Código Civil, que a ação declaratória é imprescritível, pois a nulidade absoluta não se convalida, mas que em nome da paz social a jurisprudência tem entendido que tal nulidade não fica imune à prescrição, firmou entendimento de que a ação

---

41 TJMG, AC 217357-9/00, Rel. Juiz Lauro Bracarense, p. 21-12-1996.

42 TJSP, AC 227.5104/8-00, Rel. Des. Adelson de Andrade, j. 17-2-2009.

43 TJRS, AC 70059734707, Rel. Des. Jorge Luís Dall'Agnol, j. 2-7-2014.

declaratória de doação inoficiosa prescreve em dez anos a contar da prática do ato nulo. Consta no voto da Ministra Nancy Andrighi, relatora no REsp 1.321.998/RS, que

> (...) a jurisprudência do STJ é pacífica no sentido de que incide sobre as pretensões declaratórias de nulidade de doação inoficiosa o prazo prescricional decenal (art. 205 do CC/2002), por ausência de previsão específica, e contado a partir da data da prática do ato nulo. Nesse sentido: REsp 1.049.078/SP, Rel. Min. Ricardo Villas Bôas Cueva, 3ª Turma, *DJe* 1º-3-2013; e REsp 259.406/PR, Rel. Min. Aldir Passarinho Júnior, 4ª Turma, *DJ* 4-4-2005; entre outros[44].

A Corte Superior tem decidido, entretanto, que a prática do ato é considerada no seu registro, quando chega ao conhecimento de terceiros. Em julgamento em 2012, mas considerando os prazos do Código de 1916, quando foi realizado o ato, decidiu o Superior Tribunal de Justiça que:

> RECURSO ESPECIAL. DIREITO CIVIL. DOAÇÃO INOFICIOSA FEITA POR ASCENDENTE A DESCENDENTES. AÇÃO ANULATÓRIA. PRESCRIÇÃO. TERMO INICIAL. REGISTRO DAS DOAÇÕES. PRECEDENTES.
>
> 1. Esta Corte Superior de Justiça há muito firmou entendimento no sentido de que, no caso de ação de nulidade de doação inoficiosa, o prazo prescricional é vintenário e conta-se a partir do registro do ato jurídico que se pretende anular. 2. Tendo sido proposta a ação mais de vinte anos do registro das doações, é de ser reconhecida a prescrição da pretensão autoral. 3. Recurso especial provido para restabelecer a sentença[45].

Conta-se, portanto, a prescrição de dez anos para ajuizamento da ação declaratória de doação inoficiosa a partir do registro da doação, quando o ato se torna público, apesar de posições divergentes considerando a data do ato.

A redução das doações inoficiosas inicia-se pelas mais recentes, ou a partir da última até eliminar o excesso (art. 2.007, § 4º, do CC), como já determinavam as Ordenações Filipinas, porque as mais antigas, que não excederem a metade disponível, são válidas e, ao contrário das liberalidades

---

[44] STJ, REsp 1.321.998/RS, Rel. Des. Adilson de Andrade, j. 7-8-2014.

[45] STJ, REsp 1.049.078/SP, Rel. Min. Ricardo Villas Bôas Cueva, j. 19-12-2012.

mortis causa (art. 1.967, § 2º, do CC), o doador não pode estabelecer as preferências porque, na doação, o contrato produz os efeitos após ela ter sido concluída, por ser ato *inter vivos*.

A legitimidade ativa para propor a redução das doações inoficiosas é do pretenso herdeiro necessário, se proposta em vida do doador. Se já tiver ocorrido a morte do doador, a legitimidade é do herdeiro necessário, seus representantes, se também já for falecido, cessionário e credores.

A legitimidade passiva é do doador, se ainda estiver vivo, e do donatário.

O principal efeito da ação é a declaração de nulidade do excesso da doação, que atingiu a legítima dos herdeiros necessários, ou seja, o que ultrapassou a parte disponível. Caso toda a doação tenha atingido a legítima, será reduzida totalmente.

Se o bem doado perecer por caso fortuito ou força maior, é considerada inexistente a doação, todavia, se por dolo ou culpa do donatário, este responderá por perdas e danos.

15.5. CÁLCULO DA LEGÍTIMA

Inexistindo doações inoficiosas, para se obter a legítima, basta adicionar à metade da herança líquida (a outra é a parte disponível) as colações. As colações são para *igualar* os quinhões dos descendentes.

Se ocorreram doações com a cláusula de não colacionar, estas poderão ser reduzidas da parte disponível.

Se tiverem ocorrido doações inoficiosas, serão reduzidas e acrescidas ao monte.

Assim, a legítima é normalmente calculada da seguinte forma[46]:

a) cálculo da herança líquida, com a realização do ativo e desconto do passivo;

b) anulação das doações inoficiosas e a soma de seu valor à herança líquida;

c) como norma geral, a soma das doações em vida, já reduzidas as

[46] WALD, Arnoldo. Op. cit., p. 171.

doações inoficiosas, que não constituem adiantamento de legítima, com o valor da herança líquida, o que tem por objetivo apurar qual era o real patrimônio do falecido. O adiantamento de legítima será colacionado a esta, acrescendo-a no final (art. 2.002 do CC);

d) divisão do valor obtido (total da herança) em duas partes, obtendo-se a metade indisponível e a disponível, reduzindo-se as disposições testamentárias, para igualar as metades (art. 1.967 do CC);

e) colação das doações e dotes feitos em vida aos descendentes, cônjuge e companheiro, considerados adiantamento das legítimas, somando-as à metade indisponível para calcular a legítima e igualar os quinhões (arts. 2.002 e 544 do CC);

f) divisão da legítima pelo número de herdeiros necessários, descontando-se de cada um o que recebeu em vida, como adiantamento.

Ocorrendo qualquer violação à legítima, cabe aos herdeiros necessários pleitear em ação adequada a redução das doações inoficiosas, disposições testamentárias ou colação. Parte da doutrina entende que só se aproveita da redução o herdeiro que ajuizou, os demais se submeteram à vontade do autor da herança. Predomina, entretanto, o entendimento, inclusive na jurisprudência, de que qualquer herdeiro está legitimado a propor a ação para invalidar o ato jurídico, o que beneficiará todo o universo do acervo hereditário, já que o bem será partilhado entre todos os herdeiros[47].

[47] TJMG, AI 2.000.00.4113363-7/001, Rel. Des. Dárcio Lopardi Mendes, j. 14-8-2003.

16

INVENTÁRIO

16.1. CONCEITO DE INVENTÁRIO

O termo inventário deriva do latim *inventarium*, de *invenire*, que significa agenciar, diligenciar, promover, achar, encontrar, enumerar o que for encontrado. No sentido amplo, significa o processo ou a série de atos praticados com o objetivo de ser apurada a situação econômica de uma pessoa ou instituição, relacionando os bens e direitos, de um lado, e as obrigações ou encargos, do outro, assemelhando-se ao balanço de uma empresa com a verificação do ativo e do passivo. No sentido estrito, é o relacionamento de bens ou valores pertencentes a uma pessoa, ou existentes em determinado lugar, anotados e arrolados com os respectivos preços sabidos ou estimados, tratando-se, pois, de mero arrolamento de bens. No direito das sucessões, entende-se como a ação especial intentada para que se arrecadem todos os bens e direitos do falecido, encontrados em seu poder quando de sua morte ou de terceiros, formando-se o balanço com as obrigações e os encargos, a fim de serem apurados os resultados que serão objeto da partilha, bem como reconhecer a qualidade dos herdeiros; desse modo, o inventário é tomado no seu sentido amplo, demonstrando não apenas mero rol de bens, mas a exata situação econômica do falecido e a qualidade dos herdeiros[1].

Assim, no direito das sucessões, inventário é o processo judicial ou extrajudicial de levantamento e apuração de bens pertencentes ao falecido, visando repartir o patrimônio entre seus herdeiros, realizando o ativo e o pagamento do passivo. É, pois, o instrumento processual ou extrajudicial para oficializar a transferência dos bens deixados pelo falecido aos herdeiros e legatários, indicando os sucessores, apurando e descrevendo os bens, efetuando o pagamento das dívidas para apurar a herança líquida e promovendo a avaliação dos bens, cálculo e liquidação de impostos para fins de partilha.

16.2. FORMAS DE PROCEDIMENTO DO INVENTÁRIO

O inventário era sempre judicial na redação original do art. 982 do Código de Processo Civil de 1973, ainda que todas as partes fossem capazes e concordes. A Lei n. 11.441, de 4 de janeiro de 2007, deu nova redação ao artigo e inovou ao admitir o inventário extrajudicial, lavrado por escritura pública, no tabelionato de notas, se todas as partes interessadas forem capazes e estiverem assistidas por advogado e concordes, o que foi mantido no novo Código de Processo.

O inventário, portanto, pode ser judicial ou extrajudicial.

O inventário é obrigatório, mesmo na existência de um único herdeiro, dispensando-se, nesse caso, apenas a partilha, ocorrendo a adjudicação dos bens.

O inventário pode ser extrajudicial, mediante escritura pública, se todas as partes forem concordes, capazes e presentes, e judicial na ausência de acordo, se existirem partes incapazes ou ausentes, disposição de última vontade ou se as partes concordes e capazes fizerem a opção.

O procedimento de inventário e partilha está previsto no Código de Processo Civil, nos Procedimentos Especiais, e regulado nos arts. 610 a 613. Oportuna a lição de Cid Eduardo Brow da Silva sobre a mudança estrutural do inventário e partilha judicial no novo Código de Processo Civil:

---

1 SILVA, De Plácido e. *Vocabulário jurídico*. 3. ed. Rio de Janeiro: Forense, 2001. p. 515.

> Primeiramente a mudança do NCPC foi estrutural, pois enquanto o CPC/73 disciplinava os procedimentos especiais em livro próprio – Livro IV, o NCPC, vem dividido em duas partes: Parte Geral, com seis livros e Parte Especial, com três livros. Os procedimentos especiais estão disciplinados no Título III, do Livro I, da Parte Especial, intitulado "Do Processo de Conhecimento e do Cumprimento de Sentença". Note então que o legislador transferiu para o Livro I da Parte Especial todos os procedimentos previstos na legislação processual, agrupando-os de forma mais sistematizada.
>
> O procedimento especial para a ação de Inventário e Partilha está regulado, portanto, no Livro I, da Parte Especial, Título III – Dos Procedimentos Especiais, Capítulo VI – Do Inventário e da Partilha (arts. 610 a 673), do NCPC.
>
> O fato jurídico que se dá ensejo a sucessão é a morte, real ou presumida, no caso do ausente, nas circunstâncias em que a lei permite a abertura da sucessão definitiva (art. 745, § 3º, do NCPC e arts. 38 e 39, do CC).
>
> O inventário e partilha trata-se de procedimento especial de jurisdição contenciosa obrigatório para a regularização da sucessão, salvo na hipótese em que todas as partes forem maiores, capazes, estiverem de acordo com a partilha dos bens e não houver testamento (art. 610, § 1º, do NCPC), pois neste caso poderá fazer-se o inventário e a partilha por escritura pública, a qual constituirá documento hábil para qualquer ato de registro, bem como para levantamento de importância depositada em instituições financeiras[2].

Independentemente da forma do inventário, se judicial ou extrajudicial, o Conselho Nacional de Justiça exige que no procedimento seja obrigatório promover consulta do Registro Central de Testamentos *On-line* (RCTO), no módulo de informação da Central Notarial de Serviços Compartilhados – CENSEC, para verificar se existem testamentos públicos ou aprovação de testamentos cerrados cadastrados, conforme Provimento n. 56, de 14 de julho de 2016. Consta no art. 2º que:

> Art. 2º É obrigatório para o processamento dos inventários e partilhas judiciais, bem como para lavrar escrituras públicas de inventário extrajudicial, a juntada de certidão acerca da inexistência de testamento deixado pelo

---

[2] SILVA, Cid Eduardo Brown da. *Inventário e partilha no novo Código de Processo Civil*. Disponível em: <www.fatonotório.com.br/artigos>. Acesso em: 15 abr. 2016.

autor da herança expedida pela CENSEC - Central Notarial de Serviços Compartilhados.

O Código Civil não regula o procedimento do inventário, prevendo apenas o art. 1.991 no Capítulo I - Do Inventário, do Título IV, do Livro V, dispondo que, "desde a assinatura do compromisso até a homologação da partilha, a administração da herança será exercida pelo inventariante".

Da mesma forma que o Código de Processo Civil de 1973, o atual possibilita no inventário judicial três ritos ou modalidades distintas em razão da presença dos interessados, acordo entre eles, valor dos bens ou incapacidade das partes: o inventário comum ou tradicional, também denominado solene (arts. 610 a 658 do CPC), com fase distinta de partilha; o inventário na forma de arrolamento sumário (arts. 659 a 663 do CPC), quando todas as partes forem capazes e concordes, qualquer que seja o valor dos bens; e o inventário na forma de arrolamento comum (art. 664 do CPC), quando, mesmo existindo partes incapazes, o valor dos bens for de valor igual ou inferior a mil salários mínimos.

RITOS DO INVENTÁRIO JUDICIAL NO CPC	
	Comum ou tradicional - arts. 610 a 658 do CPC
	Arrolamento sumário - arts. 659 a 663 do CPC
	Arrolamento comum - art. 664 do CPC

O inventário comum ou tradicional é utilizado quando incabíveis as outras formas, em razão de suas diversas fases e morosidade.

16.3. FORO COMPETENTE PARA ABERTURA DO INVENTÁRIO

O requerimento para abertura do processo de inventário deve ocorrer no prazo de dois meses (e não sessenta dias, como ocorria no CPC/1973), a contar da morte, no último domicílio do autor da herança (arts. 48[3] e

---

[3] "Art. 48. O foro de domicílio do autor da herança, no Brasil, é o competente para o inventário, a partilha, a arrecadação, o cumprimento de disposições de última vontade, a impugnação ou anulação de partilha extrajudicial e para todas as ações em que o espólio for réu, ainda que o óbito tenha ocorrido no estrangeiro.

611[4] do CPC). A competência para abertura do inventário, caso o autor da herança não possua domicílio certo, será no foro de situação dos bens, se estiverem localizados apenas na sua circunscrição, ou em qualquer deles, se possuir bens em foros ou comarcas diferentes. Caso o falecido não possua imóveis, a competência será em qualquer dos foros que possua bens móveis.

O Código de Processo de 2015 trouxe uma boa inovação em relação ao Código revogado, que determinava a competência onde ocorreu o óbito se o falecido não tivesse domicílio certo e bens imóveis em locais diversos, o que trazia grandes dificuldades para o inventário se o autor da herança falecesse em local onde não possuía bens.

O pedido de abertura deve ser efetuado por quem se encontre na posse e administração do espólio, cônjuge sobrevivente, herdeiro, legatário, testamenteiro, cessionário do herdeiro ou do legatário, credor, administrador da falência de qualquer interessado, pelo Ministério Público, se houver incapazes, ou pela Fazenda Pública (arts. 615[5] e 616[6] do CPC), instruindo-o com a certidão de óbito (art. 615, parágrafo único).

Parágrafo único. Se o autor da herança não possuía domicílio certo, é competente:
I – o foro de situação dos bens imóveis;
II – havendo bens imóveis em foros diferentes, qualquer destes;
III – não havendo bens imóveis, o foro do local de qualquer dos bens do espólio."

4 "Art. 611. O processo de inventário e de partilha deve ser instaurado dentro de 2 (dois) meses, a contar da abertura da sucessão, ultimando-se nos 12 (doze) meses subsequentes, podendo o juiz prorrogar esses prazos, de ofício ou a requerimento de parte."

5 "Art. 615. O requerimento de inventário e de partilha incumbe a quem estiver na posse e na administração do espólio, no prazo estabelecido no art. 611.
Parágrafo único. O requerimento será instruído com a certidão de óbito do autor da herança."

6 "Art. 616. Têm, contudo, legitimidade concorrente:
I – o cônjuge ou companheiro supérstite;
II – o herdeiro;
III – o legatário;
IV – o testamenteiro;
V – o cessionário do herdeiro ou do legatário;
VI – o credor do herdeiro, do legatário ou do autor da herança;
VII – o Ministério Público, havendo herdeiros incapazes;
VIII – a Fazenda Pública, quando tiver interesse;
IX – o administrador judicial da falência do herdeiro, do legatário, do autor da herança ou do cônjuge ou companheiro supérstite."

O atual Código de Processo Civil não reproduziu o art. 989 do Código revogado, que determinava ao juízo, de ofício, a abertura do inventário se nenhuma das pessoas requeresse no prazo legal. A omissão permitirá o entendimento da impossibilidade de o juiz determinar a abertura do inventário, entretanto o art. 622 do novo Código Processual autoriza o juiz, de ofício, a remover o inventariante negligente, o que autoriza procedimento ativo do magistrado também na abertura do inventário, diante do interesse social na circulação e distribuição dos bens.

O inventário judicial deve ser concluído no prazo de doze meses subsequentes à sua abertura, podendo o prazo ser prorrogado pelo juiz de ofício ou a requerimento das partes (art. 611 do CPC), e atrai para o juízo do inventário todas as demandas envolvendo o espólio em razão do juízo universal previsto no art. 612[7] do Código de Processo Civil, salvo aquelas matérias que exigem outras provas além dos documentos juntados no inventário (alta indagação), as ações reais imobiliárias ou as ações em que o espólio for autor[8]. Assim, o juízo do inventário exerce a *vis atractiva* das questões de fato e de direito referentes à herança[9], como as demandas envolvendo os herdeiros e cobranças contra o espólio.

16.4. ANTECIPAÇÃO DE USO E FRUIÇÃO DOS BENS PELO HERDEIRO

O Código do Processo Civil de 2015 trouxe importante inovação no direito sucessório, ao permitir que o juiz autorize, fundamentadamente, o uso e a fruição de determinado bem da herança, antecipadamente, antes da conclusão do inventário e da partilha, desde que tal bem caiba e integre o quinhão desse herdeiro, que passará a ser o responsável pelo bem hereditário, com todos os ônus e bônus decorrentes do uso antecipado. O herdeiro não recebe a propriedade, mas apenas o direito ao exercício de usar e fruir do bem. Dispõe o parágrafo único do art. 647 que:

---

7 "Art. 612. O juiz decidirá todas as questões de direito desde que os fatos relevantes estejam provados por documento, só remetendo para as vias ordinárias as questões que dependerem de outras provas."

8 STJ, REsp 190.436/SP, Rel. Min. Sálvio de Figueiredo Teixeira, p. 10-9-2001.

9 TJPE, Agravo 0001459-04.2014.8.17.0000, Rel. Des. Itabira de Brito Filho, j. 5-3-2015.

> Art. 647. (...)
>
> Parágrafo único. O juiz poderá, em decisão fundamentada, deferir antecipadamente a qualquer dos herdeiros o exercício dos direitos de usar e de fruir de determinado bem, com a condição de que, ao término do inventário, tal bem integre a cota desse herdeiro, cabendo a este, desde o deferimento, todos os ônus e bônus decorrentes do exercício daqueles direitos.

Consta nos Enunciados 181 e 182 do Fórum Permanente de Processualistas Civis que o disposto no parágrafo único do art. 647 do Código de Processo Civil é aplicável aos legatários, quando ficar evidenciado que os pagamentos do espólio não reduzirão os legados.

A medida é extremamente benéfica ao herdeiro e à celeridade do inventário e partilha, pois antecipa o bem, amenizando os graves danos e prejuízos pela longa espera na conclusão da partilha.

Não raras vezes os filhos já estão na posse e usufruem de bens de seus pais, como, por exemplo, utilizando um apartamento como moradia, um imóvel para exercer suas atividades profissionais, um veículo para trabalho, e, com o falecimento dos genitores, os bens serão administrados pelo inventariante, que pode estar agindo no seu interesse exclusivo, discordar do uso e retomar o bem, mesmo que caiba no quinhão do herdeiro.

O Tribunal de Justiça de Goiás já decidiu que se trata de "previsão louvável que aumenta a efetividade do processo de inventário e partilha e garante que o futuro destinatário do bem dele usufrua imediatamente". Consta na ementa que "é possível aos herdeiros o exercício antecipado do uso e fruição do espólio, com a condição de que, ao término do inventário, o mesmo integre sua cota"[10].

16.5. INVENTARIANTE

16.5.1. Conceito, espécies e nomeação do inventariante

Requerido o inventário judicial por uma das pessoas legitimadas, será nomeado pelo juiz o inventariante, que é a pessoa responsável pela repre-

[10] TJGO, AI 180016-64.2016.8.09.0000, Rel. Des. Fausto Moreira Diniz, j. 7-2-2017.

sentação legal do espólio e administração da herança, seja no inventário ou no arrolamento. Compete a ele promover o inventário e a defesa dos interesses do espólio.

De Plácido e Silva ensina que o inventariante é a pessoa a quem se comete o dever de administrar o espólio, até que se julgue a partilha e sejam os quinhões hereditários e os legados atribuídos e entregues aos herdeiros e legatários. É o mandatário legal da herança com autoridade para defender todos os interesses dela e promover todas as ações necessárias a essa defesa. O mandato do inventariante é intransferível, isto é, não pode este delegá-lo a outrem nem exonerar-se do encargo que lhe foi confiado, entretanto, pode constituir mandatário, dele inventariante, para praticar atos que lhe competiriam[11]. A inventariança, portanto, gera responsabilidade própria ao inventariante, pois é encargo pessoal.

Só existe inventariante após a nomeação pelo juiz. Da abertura da sucessão até a nomeação, o espólio será administrado provisoriamente por quem se encontra na posse da maioria dos bens, e não precisa ser herdeiro, conhecido como administrador provisório, que é automaticamente o representante legal (arts. 613 e 614 do CPC).

O companheiro, na vigência do Código Civil de 1916, não podia ser inventariante legal, mas podia ser administrador legal. Após a Lei n. 8.971/1994, o Código Civil de 2002 e o julgamento do Supremo Tribunal Federal equiparando-o ao cônjuge nos direitos sucessórios, o companheiro também é herdeiro legítimo concorrente com descendentes e ascendentes, herdeiro único na ausência dos herdeiros concorrentes, e meeiro nos bens adquiridos onerosamente na constância da união estável, se não estipulado regime diverso em pacto antenupcial (art. 1.725 do CC). Assim, atualmente é herdeiro legítimo e pode ser nomeado inventariante, preferencialmente, na mesma situação do cônjuge (art. 617, I, do CPC/2015).

A nomeação do inventariante obedece à ordem de preferência prevista na lei processual, entretanto, como já decidiu o Superior Tribunal de Justiça, não é absoluta, admitindo-se a inobservância no interesse, por convenção ou comodidade dos herdeiros, e até mesmo para evitar litígios, já não ofendendo o art. 990 do Código de Processo Civil de 1973 a nomea-

---

11 SILVA, De Plácido e. Op. cit., p. 515.

ção de inventariante dativo em razão da necessidade de eliminar as discórdias atuais e prevenir outras[12].

O novo Código de Processo Civil, além de manter o companheiro, apresentou novidade ao incluir na ordem de preferência para exercer a inventariança o herdeiro menor, por seu representante, e o cessionário do herdeiro ou do legatário. Dispõe o art. 617 que:

> Art. 617. O juiz nomeará inventariante na seguinte ordem:
>
> I – o cônjuge ou companheiro sobrevivente, desde que estivesse convivendo com o outro ao tempo da morte deste;
>
> II – o herdeiro que se achar na posse e na administração do espólio, se não houver cônjuge ou companheiro sobrevivente ou se estes não puderem ser nomeados;
>
> III – qualquer herdeiro, quando nenhum deles estiver na posse e na administração do espólio;
>
> IV – o herdeiro menor, por seu representante legal;
>
> V – o testamenteiro, se lhe tiver sido confiada a administração do espólio ou se toda a herança estiver distribuída em legados;
>
> VI – o cessionário do herdeiro ou do legatário;
>
> VII – o inventariante judicial, se houver;
>
> VIII – pessoa estranha idônea, quando não houver inventariante judicial.
>
> Parágrafo único. O inventariante, intimado da nomeação, prestará, dentro de 5 (cinco) dias, o compromisso de bem e fielmente desempenhar a função.

A inventariança possui três espécies: legal ou legítima, judicial ou dativa.

A inventariança legal ou legítima é a que recai nas pessoas discriminadas na lei, incidindo no cônjuge, companheiro, herdeiro, testamenteiro ou cessionário do herdeiro ou do legatário, observando que a ordem de preferência estabelecida recai primeiro no cônjuge sobrevivente ou companheiro, desde que convivam com o falecido, depois no herdeiro que se achar na posse e administração do espólio, posteriormente, em qualquer herdeiro, no herdeiro menor, no testamenteiro e, por fim, no cessionário (art. 617, I

---

12 STJ, RE 88.296/SP, Rel. Min. Nilson Naves, j. 8-2-1999, p. 275.

a VI, do CPC). Essa ordem, todavia, não é imutável, podendo o juiz não a obedecer a requerimento das partes ou no interesse do espólio. O cônjuge sobrevivente ou companheiro que está na posse e administração dos bens é denominado cabeça de casal, sem ter essa designação qualquer vínculo no direito de família, já que na vigência do casamento não existe mais.

A preferência recai, em primeiro lugar, no cônjuge ou companheiro, se conviviam com o falecido ao tempo da abertura da sucessão. O fundamento é que o consorte ou companheiro, independentemente do regime de bens, especialmente se o regime for de comunhão parcial ou universal de bens, possui a meação dos bens, razão pela qual deve ser acolhida a preferência de nomeação do sobrevivente também no regime de participação final nos aquestos, se o falecido adquiriu bens a título oneroso na constância do casamento, em face do direito de meação (art. 1.672 do CC). Deve ser estendido e aplicado o mesmo raciocínio no regime de separação obrigatória (art. 1.641 do CC), tendo em vista a Súmula 377 do Supremo Tribunal Federal ao dispor que, "no regime de separação legal de bens, comunicam-se os adquiridos na constância do casamento", importando também em meação.

No regime de separação convencional de bens ou nos regimes de separação obrigatória (cônjuges) e participação final nos aquestos, se não existirem bens comuns, o cônjuge supérstite e o companheiro também possuem preferência em primeiro lugar para ser nomeado inventariante, na condição de herdeiro, entretanto, se não for herdeiro, não se justifica ser nomeado inventariante em detrimento dos herdeiros, únicos interessados na sucessão.

A doutrina reconhecia que o companheiro desfrutava da mesma preferência do cônjuge (art. 226, § 3º, da CF), entretanto o art. 1.790 do Código Civil, muito questionado, não equiparou os mesmos direitos sucessórios. O argumento para exercer preferência na nomeação do companheiro era fundamentado na hipótese de meação, se os bens forem comuns em razão da aplicação do regime de comunhão parcial, na ausência de contrato (art. 1.725 do CC). A Lei n. 12.195/2010 reparou a injustiça com o companheiro ao modificar os incisos I e II do art. 990 do Código de Processo Civil de 1973, equiparando-o ao cônjuge na preferência para exercer a inventariança, o que foi mantido no atual. Aos poucos, os direitos sucessórios do companheiro foram conquistando igualdade com o cônjuge na jurisprudência, até ser equiparado pelo Supremo Tribunal Federal para fins sucessórios.

Na ausência de cônjuge ou companheiro, a preferência recairá, em segundo lugar, no herdeiro que se achar na posse e administração do espólio, não fazendo a lei distinção entre herdeiro legítimo, nomeado por testamento ou a ordem de vocação sucessória, podendo ser nomeado herdeiro direto, por representação ou concorrente, desde que se ache na posse e administração dos bens.

Não se afigurando as hipóteses anteriores, a preferência recairá, em terceiro lugar, em qualquer herdeiro maior, cabendo a escolha ao juiz, de acordo com seu critério e prudente arbítrio, também sem distinção da qualidade do herdeiro, exceto quanto aos facultativos, que podem ser afastados pelo testador da inventariança.

Em quarto lugar, o juiz nomeará inventariante *o* herdeiro menor por seu representante. Na ausência de herdeiros maiores, é inequívoco o interesse de administração da herança, que lhe caberá, pelo herdeiro menor, por seu representante.

Depois do herdeiro menor, em quinto lugar na inventariança legítima, a preferência recairá no testamenteiro universal, ou seja, quando lhe foi confiada a administração do espólio pelo testador, ou, ainda, quando a herança for toda distribuída em legados, não existindo herdeiros. O art. 1.977 do Código Civil autoriza ao testador afastar os herdeiros facultativos (colaterais) da ordem de preferência, em favor do testamenteiro universal, confiando-lhe a posse e a administração da herança.

Por fim, em sexto lugar, o juiz nomeará inventariante legal, o cessionário do herdeiro ou do legatário que também são interessados no processo de inventário. A lei é contraditória quanto ao legatário, pois não existe previsão de nomeação para exercer a inventariança, entretanto prevê a nomeação do cessionário de seus direitos. Em face da possibilidade de nomeação do cessionário, com maior razão autoriza-se a nomeação do legatário.

A inventariança judicial ocorre quando é exercida pelos órgãos auxiliares do juiz, onde houver, que assume a representação legal do espólio. Somente funcionará se não for possível nomear o legal (art. 617, VII, do CPC). O inventariante judicial deve estar previsto na Lei de Organização Judiciária para ser investido no cargo, o que atualmente se encontra em desuso.

A inventariança dativa ocorre quando, na falta do legal ou judicial, o juiz nomeia inventariante pessoa estranha, idônea e de sua confiança (art.

617, VIII, do CPC). A jurisprudência dominante exige que o inventariante seja domiciliado na comarca em que corre o inventário. Não é cabível nomear inventariante pessoa jurídica.

INVENTARIANTE ART. 617 DO CPC

- Legal ou legítimo – inc. I a VI
  - Cônjuge ou companheiro
  - Herdeiro na posse e administração
  - Qualquer herdeiro
  - Herdeiro menor
  - Testamento é universal
  - Cessionário do herdeiro ou do legatário
- Judicial – inc. VII
- Dativo – inc. VIII

16.5.2. Obrigações do inventariante

O inventariante nomeado deverá prestar compromisso de bem e fielmente desempenhar o cargo (art. 617, parágrafo único, do CPC), sendo que, "desde a assinatura do compromisso até a homologação da partilha, a administração da herança será exercida pelo inventariante" (art. 1.991 do CC). No inventário sob o rito de arrolamento, para simplificar o procedimento, o inventariante é apenas nomeado, dispensando-se o compromisso (art. 660 do CPC). Na prática, em algumas comarcas o juiz dispensa o termo de compromisso também no inventário comum, autorizando a entrar em exercício no despacho de nomeação.

Quando o inventariante for o cônjuge ou herdeiro (legal), representa exclusivamente o espólio, demandando e sendo demandado em nome deste (art. 75, V, do CPC), já o inventariante dativo não se lhe confere a representação exclusiva do espólio, devendo representá-lo com intervenção dos herdeiros e sucessores (arts. 618 e 75, § 1º, do CPC). Nesta hipótese, além do inventariante, os sucessores do falecido participarão, nas ações em que o espólio for parte, como autor ou réu, devendo ser intimados. O novo Código de Processo Civil não exige mais que os sucessores do falecido atuem como autores ou réus nas ações, apenas que sejam intimados para ciência das ações e, caso queiram, possam intervir. Dispõe o § 1º do art. 75 do Código de Processo Civil que, "quando o inventariante for dativo, os sucessores do falecido serão intimados no processo no qual o espólio seja parte".

O espólio, como alguns grupos sociais, como a massa falida e o condomínio, possui características peculiares à pessoa jurídica, mas carece de requisitos imprescindíveis à sua personificação. Não obstante não sejam dotados de personalidade jurídica, esses grupos são representados em juízo pelas pessoas designadas pela lei (art. 75 do CPC), sendo o espólio representado pelo inventariante (art. 75, V, do CPC), desde a assinatura do compromisso até o trânsito em julgado da partilha (art. 1.991 do CC), momento em que cessa a comunhão hereditária, desaparecendo a figura do espólio com a atribuição dos quinhões hereditários aos herdeiros[13].

Incumbe ao inventariante exclusivamente exercer as atribuições de representar o espólio ativa e passivamente, administrá-lo, prestar as primeiras e últimas declarações no inventário, exibir em cartório os documentos do espólio para exame das partes, juntar testamento no inventário, trazer à colação os bens recebidos, prestar contas quando devido e requerer declaração de insolvência, conforme o art. 618 do Código de Processo Civil[14].

Mediante autorização do juiz, ouvidos os interessados, incumbe também ao inventariante alienar bens, transigir, pagar dívidas e fazer as despesas

---

[13] GONÇALVES, Carlos Roberto. *Direito civil brasileiro:* direito das sucessões. 11. ed. São Paulo: Saraiva, 2017. v. 7. p. 502.

[14] "Art. 618. Incumbe ao inventariante:

I – representar o espólio ativa e passivamente, em juízo ou fora dele, observando-se, quanto ao dativo, o disposto no art. 75, § 1º;

II – administrar o espólio, velando-lhe os bens com a mesma diligência que teria se seus fossem;

III – prestar as primeiras e as últimas declarações pessoalmente ou por procurador com poderes especiais;

IV – exibir em cartório, a qualquer tempo, para exame das partes, os documentos relativos ao espólio;

V – juntar aos autos certidão do testamento, se houver;

VI – trazer à colação os bens recebidos pelo herdeiro ausente, renunciante ou excluído;

VII – prestar contas de sua gestão ao deixar o cargo ou sempre que o juiz lhe determinar;

VIII – requerer a declaração de insolvência."

necessárias com conservação e melhoramento dos bens do espólio. É o que dispõe o art. 619 do Código de Processo Civil[15].

16.5.3. Remoção do inventariante

O inventariante tem o dever de ser diligente e probo na administração dos bens do espólio, como se fossem seus, e na condução do processo de inventário. Assim, será removido se não prestar as primeiras e últimas declarações; não der andamento normal ao inventário; administrar ruinosamente os bens do espólio; não defendê-lo nas ações, não cobrar as dívidas ou promover medidas necessárias para evitar o perecimento de direitos; não prestar contas ou não forem julgadas boas; sonegar, ocultar ou desviar bens do espólio, conforme previsto no art. 622 do Código de Processo Civil[16]. As hipóteses não são taxativas, podendo ser removido o inventariante por outras causas incompatíveis com o exercício da inventariança.

O inventariante só pode ser removido por sonegação depois de prestar as últimas declarações, com a declaração de não existirem outros bens por inventariar (art. 621 do CPC e art. 1.996 do CC).

O pedido de remoção pode ser efetuado por qualquer interessado, considerando-se interessado as pessoas referidas no art. 616 do Código de Processo Civil, incluindo o Ministério Público, se houver herdeiros incapa-

---

15 "Art. 619. Incumbe ainda ao inventariante, ouvidos os interessados e com autorização do juiz:
I – alienar bens de qualquer espécie;
II – transigir em juízo ou fora dele;
III – pagar dívidas do espólio;
IV – fazer as despesas necessárias para a conservação e o melhoramento dos bens do espólio."

16 "Art. 622. O inventariante será removido de ofício ou a requerimento:
I – se não prestar, no prazo legal, as primeiras ou as últimas declarações;
II – se não der ao inventário andamento regular, se suscitar dúvidas infundadas ou se praticar atos meramente protelatórios;
III – se, por culpa sua, bens do espólio se deteriorarem, forem dilapidados ou sofrerem dano;
IV – se não defender o espólio nas ações em que for citado, se deixar de cobrar dívidas ativas ou se não promover as medidas necessárias para evitar o perecimento de direitos;
V – se não prestar contas ou se as que prestar não forem julgadas boas;
VI – se sonegar, ocultar ou desviar bens do espólio."

zes ou ausentes, ou determinado de ofício pelo juiz. O atual Código de Processo Civil inovou ao incluir no art. 622 que o inventariante pode ser removido de ofício pelo juiz, para dar celeridade ao inventário.

Requerida a remoção, que deve ser fundamentada, o incidente correrá em autos apartados e apenso aos autos do inventário. O inventariante será intimado para apresentar defesa no prazo de quinze dias (art. 623 do CPC), caso queira apresentá-la.

Transcorrido o prazo, com ou sem defesa, o juiz decidirá, mantendo ou removendo o inventariante. Havendo remoção, o juiz nomeia outro, observando a ordem de preferência (art. 624 do CPC)[17]. O inventariante removido deve entregar imediatamente todos os bens e pertences do espólio ao substituto, sob pena de ser compelido a fazê-lo mediante mandado de busca e apreensão, ou de imissão na posse, conforme se tratar de bens móveis ou imóveis.

Removido o inventariante, o juiz fixa multa que pode atingir até três por cento do valor dos bens inventariados, tratando-se de inovação do novo Código de Processo Civil no art. 625[18].

O juiz, no processo de inventário, deve agir de ofício nos termos do art. 622 do Código de Processo Civil, impulsionando o regular andamento e velando pela rápida solução, inclusive removendo o inventariante relapso e negligente, substituindo-o por outro, até mesmo pelo dativo. No inventário, é inaplicável a extinção do processo por negligência ou omissão das partes na promoção dos atos e diligências, que compete ao inventariante (art. 485, II e III, do CPC), cabendo ao juiz ordenar as medidas para promover o andamento do processo[19].

---

[17] "Art. 624. Decorrido o prazo, com a defesa do inventariante ou sem ela, o juiz decidirá. Parágrafo único. Se remover o inventariante, o juiz nomeará outro, observada a ordem estabelecida no art. 617."

[18] "Art. 625. O inventariante removido entregará imediatamente ao substituto os bens do espólio e, caso deixe de fazê-lo, será compelido mediante mandado de busca e apreensão ou de imissão na posse, conforme se tratar de bem móvel ou imóvel, sem prejuízo da multa a ser fixada pelo juiz em montante não superior a três por cento do valor dos bens inventariados."

[19] OLIVEIRA, Euclides Benedito de; AMORIM, Sebastião Luiz. *Inventários e partilhas:* direito das sucessões. Teoria e prática. 17. ed. São Paulo: Livraria e Editora Universitária de Direito, 2004. p. 350-351.

O Tribunal de Justiça do Rio Grande do Sul já decidiu que, tratando-se de processo de inventário, a sua paralisação não importa em extinção do processo, todavia possibilita ao juiz, que pode e deve, de ofício, destituir o inventariante desidioso. Consta no voto do relator, Des. Jorge Luis Dall'Agnol, que, "como é sabido, o juízo pode impulsionar o processo de inventário, inclusive podendo, de ofício, abrir o inventário, bem como destituir o inventariante, que exerce a função de auxiliar do juízo, quando não impulsionar o feito"[20].

Além da remoção e da multa, o inventariante responde pelos prejuízos que porventura causou ao espólio, por dolo ou culpa, indenizando os danos aos herdeiros.

16.5.4. Prestações de contas

O inventariante tem direito ao reembolso do que despender no interesse do espólio, não lhe cabendo, porém, salvo quanto ao dativo, mesmo administrando a herança, gerindo negócios alheios, remuneração pelos encargos da inventariança.

Cabe-lhe, ainda, prestar contas aos herdeiros de sua gestão ao deixar o cargo ou sempre que o juiz determinar (art. 618, II, do CPC), de forma contábil, especificando receitas, despesas e o saldo (art. 551 do CPC), ou quando findo o inventário. O descumprimento ou a rejeição das contas sujeita o inventariante à remoção do cargo, se o inventário não foi concluído, e à obrigação de indenizar.

A prestação de contas corre, em regra, em apenso aos autos do inventário, não se impedindo, entretanto, que as situações menos complexas, como levantamento de importâncias e vendas de bens, sejam feitas nos próprios autos. Apresentadas as contas, os interessados serão intimados para se manifestar e, concordes, serão as contas aprovadas. Ocorrendo discordância, aplica-se o procedimento da ação de exigir contas nos procedimentos especiais (arts. 550 a 553 do CPC).

---

20 "APELAÇÃO. INVENTÁRIO. EXTINÇÃO DO PROCESSO SEM RESOLUÇÃO DE MÉRITO. ABANDONO. DESCABIMENTO. Em se tratando de inventário, o desatendimento das obrigações pela inventariante não tem o condão de extinguir o processo" (TJRS, AC 70063298160, Rel. Des. Jorge Luis Dall'Agnol, j. 29-5-2015).

O pagamento dos honorários do advogado contratado pelo inventariante para o patrocínio do processo de inventário deve ser arcado pela herança, não havendo conflito entre os herdeiros, ainda que um deles tenha contratado advogado próprio; bem como se houver conflito entre os herdeiros, desde que não exista com o inventariante ou este não possua interesse no espólio (STJ, RE 210.036/RJ e STJ, RE 34.672-5/SP). Existindo antagonismo entre o inventariante interessado no espólio, em especial tratando-se de cônjuge supérstite, e os herdeiros, os honorários não devem onerar o espólio, devem ser pagos pelo inventariante, impondo-se aos demais interessados, cada qual, os honorários de seus advogados (STJ, RE 324.085/RS)[21].

Predomina na jurisprudência o entendimento de que, "em tese, as despesas relativas aos honorários do advogado do inventariante constituem encargo do espólio"[22], exceto quando ocorrer conflito entre o inventariante e o advogado defender os interesses deste, e não do espólio. O grave conflito entre os interesses do inventariante e os dos herdeiros exclui, portanto, o pagamento dos honorários do advogado do inventariante pelo espólio, conforme decidiu o Tribunal de Justiça do Rio Grande do Sul:

> INVENTÁRIO. HONORÁRIOS ADVOCATÍCIOS. ENCARGO DO ESPÓLIO. 1. As despesas relativas aos honorários do advogado do inventariante constituem encargo do espólio, pois o inventário é um processo necessário, cabendo tal encargo a cada herdeiro, de forma proporcional ao seu quinhão, sendo irrelevante o fato de alguns herdeiros terem constituído o seu próprio advogado. 2. Somente diante de grave conflito de interesses e quando fica evidenciado que o patrono do inventariante advoga o interesse dele, em detrimento dos demais herdeiros, é que se justifica o afastamento de tal encargo do espólio[23].

Assim, os honorários do advogado do inventariante, em regra, são arcados pelo espólio, exceto quando "tratar-se de inventário litigioso onde os sucessores contestam as primeiras declarações do inventariante e possuem

---

21 NEGRÃO, Theotonio; GOUVÊA, José Roberto Ferreira. *Código de Processo Civil*. 39. ed. São Paulo: Saraiva, 2007. p. 1.031.

22 TJRS, AI 70060838562, Rel. Des. Sandra Brisolara Medeiros, j. 30-7-2014.

23 TJRS, AI 70059981027, Rel. Des. Sérgio Fernando de Vasconcellos Chaves, j. 30-7-2014.

causídico próprio, a inclusão dos honorários do advogado do inventariante nas despesas do espólio não se mostra pertinente"[24].

16.6. ADMINISTRADOR PROVISÓRIO

O exercício da administração do espólio pelo inventariante inicia-se a partir da assinatura do termo de compromisso (art. 1.991 do CC). O acervo hereditário, entretanto, não pode ficar sem administrador no período que compreende a abertura da sucessão até o exercício do inventariante.

Determina a lei que a pessoa que se ache na posse da herança continue até que o inventariante preste o compromisso, denominando-a de administrador provisório (art. 613 do CPC).

Administrador provisório é o que legitimamente se acha na posse da herança por ocasião da morte de seu autor até o compromisso do inventariante. Na falta de pessoa habilitada ou afastada por motivo grave, cabe ao juiz nomear pessoa de sua confiança para o desempenho da função[25].

O art. 614 do Código de Processo Civil dispõe que

> (...) o administrador provisório representa ativa e passivamente o espólio, é obrigado a trazer ao acervo os frutos que desde a abertura da sucessão percebeu, tem direito ao reembolso das despesas necessárias e úteis que fez e responde pelo dano a que, por dolo ou culpa, der causa.

O art. 1.797 do Código Civil, por seu turno, regula a preferência das pessoas para exercerem a administração provisória da herança, dispondo que,

> (...) até o compromisso do inventariante, a administração da herança caberá, sucessivamente, ao cônjuge ou companheiro, se com o outro convivia ao tempo da abertura da sucessão; ao herdeiro que estiver na posse e administração dos bens, e, se houver mais de um nessas condições, ao mais velho; ao testamenteiro; à pessoa de confiança do juiz, na falta ou escusa das indicadas nos incisos antecedentes, ou quando tiverem de ser afastadas por motivo grave levado ao conhecimento do juiz.

---

[24] TJDF, AI 0047843-33.2016.8.07.0000, Rel. Des. Leila Arlanch, p. 24-1-2017.

[25] OLIVEIRA, Euclides Benedito de; AMORIM, Sebastião Luiz. Op. cit., p. 345.

O administrador provisório, portanto, representa ativa e passivamente o espólio até a nomeação do inventariante, administrando os bens, podendo ser substituído pelo juiz se não agir devidamente. É recomendável a nomeação do administrador provisório para o cargo de inventariante, se estiver incluído na ordem de preferências, evitando a interrupção da administração dos bens da herança[26].

16.7. ARROLAMENTO[27]

Arrolamento é um inventário simplificado, de procedimento extremamente simples e mais célere, eliminando termos e formalidades próprias do inventário comum para agilizar sua conclusão. O arrolamento não dispensa o caráter judicial e ocorre quando a partilha for amigável entre partes capazes ou em razão do pequeno valor da herança. Possui duas espécies: arrolamento sumário e arrolamento comum.

Tem por objetivo agilizar a conclusão do inventário, privilegiando a celeridade e a efetividade, tanto que, como ocorre no inventário comum, a inércia do inventariante em movimentá-lo possibilita sua imediata remoção, não cabendo, como já visto, a extinção do feito[28].

16.7.1. Arrolamento sumário

O arrolamento sumário é um procedimento judicial simplificado de inventário e partilha e ocorre quando todas as partes são capazes e podem transigir, estiverem representadas e acordarem sobre a partilha dos bens, qualquer que seja o valor. Os herdeiros apresentam o plano de partilha ao juiz, que somente o homologa; é um procedimento de jurisdição voluntária, portanto não decide. É a chamada partilha amigável.

---

[26] GONÇALVES, Carlos Roberto. Op. cit., p. 68.

[27] PEREIRA, Caio Mário da Silva. *Instituições de direito civil.* 6. ed. Rio de Janeiro: Forense, 1991. p. 280; WALD, Arnoldo. *Direito das sucessões*. 12. ed. São Paulo: Saraiva, 2002. p. 218-219.

[28] "PROCESSO CIVIL. AÇÃO DE ARROLAMENTO SUMÁRIO. DESCUMPRIMENTO DE INTIMAÇÃO PARA DAR ANDAMENTO AO PROCESSO. EXTINÇÃO. IMPOSSIBILIDADE. REGRA ESPECIAL NO CÓDIGO DE PROCESSO CIVIL. SENTENÇA CASSADA. A inércia do inventariante em movimentar o processo de arrolamento sumário propicia a sua remoção mediante incidente próprio, mas não a extinção do processo" (TJMG, AC 1.0301.00001109-0/001, Rel. Des. Alberto Vilas Boas, j. 25-1-2016).

Previsto nos arts. 659 a 663 do atual Código de Processo Civil (arts. 1.031 a 1.035 do CPC/1973), é também admitido para homologar a adjudicação dos bens ao herdeiro único. Nesse arrolamento o juiz possui uma atividade apenas homologatória, acolhendo a vontade das partes.

Era comum sua utilização antes da Lei n. 11.441/2007, que deu nova redação ao art. 982 do Código de Processo Civil de 1973, permitindo, presentes os requisitos que autorizam o arrolamento sumário, a realização do inventário e da partilha extrajudicial, mediante escritura pública perante o tabelião de notas, com a assistência de advogado. A legislação, entretanto, não veda o inventário judicial na forma de arrolamento sumário por opção dos interessados, especialmente considerando que não existe previsão na lei de gratuidade na lavratura da escritura de inventário.

A opção pelo arrolamento sumário também poderá ocorrer se os bens do espólio incluírem veículos e saldos bancários, em face da histórica resistência dos estabelecimentos financeiros para efetuar o pagamento e das autoridades de trânsito para transferir a propriedade de veículos sem autorização judicial, apesar de a escritura pública no inventário extrajudicial produzir os mesmos efeitos perante os departamentos de trânsito e os estabelecimentos bancários.

A existência de herdeiros incapazes e ausentes não permite o inventário na forma de arrolamento sumário, ainda que os incapazes estejam representados ou assistidos por seus representantes legais.

A sucessão testamentária não é empecilho aos herdeiros legítimos e legatários de adotar o procedimento do arrolamento sumário, bastando, para tanto, juntar a certidão do testamento extraída pelo escrivão, após o termo de testamentária, necessitando, nesse caso, da intervenção do testamenteiro para fiscalização do cumprimento das disposições de última vontade.

A existência de testamento, como será visto oportunamente, mesmo que todas as partes estejam presentes, concordes e capazes, não permite o inventário e a partilha extrajudiciais por escritura pública, exigindo inventário judicial no rito do arrolamento sumário, para fiscalização judicial do cumprimento das disposições de última vontade do testador.

O art. 660 do Código de Processo Civil estabelece os requisitos da petição no rito de arrolamento sumário, dispondo que:

> Art. 660. Na petição de inventário, que se processará na forma de arrolamento sumário, independentemente da lavratura de termos de qualquer espécie, os herdeiros:
>
> I – requererão ao juiz a nomeação do inventariante que designarem;
>
> II – declararão os títulos dos herdeiros e os bens do espólio, observando o disposto no art. 630;
>
> III – atribuirão o valor dos bens do espólio, para fins de partilha.

O procedimento no arrolamento sumário não permite a citação de herdeiros, sendo necessário que todos estejam representados. Também não se lavrará termo de qualquer natureza, sendo o inventariante apenas nomeado, por escolha dos herdeiros, para responder pelo espólio.

Na petição inicial os herdeiros devem apresentar a qualificação do falecido, qualificação e qualidade dos herdeiros, legatários e meeiro, se houver, a relação completa e individualizada de todos os bens e direitos do espólio, com atribuição de valores, e a proposta de partilha para ser homologada (art. 660 do CPC).

Os requisitos para o arrolamento sumário são:

a) partes capazes;

b) presentes;

c) acordo na partilha;

d) bens de qualquer valor;

e) homologação da partilha.

Necessários, entretanto, ocorrendo dívidas, que não impedem o arrolamento sumário, a indicação de credores do espólio, o valor da dívida e a indicação de bens reservados para satisfação do crédito. Intimado o credor, se concordar com a avaliação e os bens reservados, o juiz homologa a partilha, caso contrário, determina avaliação judicial apenas dos bens a serem reservados. Não existe avaliação judicial dos bens no arrolamento sumário[29], exceto se existir credor e não aceitar o valor estimado pelas partes, sendo

---

[29] "Art. 661. Ressalvada a hipótese prevista no parágrafo único do art. 663, não se procederá à avaliação dos bens do espólio para nenhuma finalidade."

avaliados apenas os bens suficientes para o pagamento das dívidas, nos termos do art. 663 do Código de Processo Civil[30].

Não se fazendo presentes os requisitos para o arrolamento sumário, deve ser convertido em inventário comum, feitas as devidas adaptações; inversamente, o inventário comum pode a todo tempo ser convertido em arrolamento sumário, se for cabível[31], como no caso de os herdeiros posteriormente acordarem sobre a partilha, o menor for emancipado, o ausente comparecer e acordar.

A partilha será homologada de plano pelo juiz, sem intervenção do Ministério Público, em razão da capacidade das partes, mediante prova da quitação dos tributos relativos aos bens do espólio e às suas rendas. Assim, recomenda-se, para agilizar o procedimento sumário, a juntada antecipadamente de certidões negativas das fazendas federal, estadual e municipal, e a prova da quitação dos tributos *causa mortis*. A intimação do fisco para lançamento administrativo não excluiu o recolhimento do imposto de transmissão do valor atribuído pelos herdeiros aos bens e a quitação das dívidas do espólio com as fazendas públicas para homologação da partilha.

A Lei n. 9.280/1996 introduziu o § 2º ao art. 1.031 do Código de Processo Civil de 1973, determinando que o formal e os alvarás só serão entregues às partes após comprovação pela Fazenda Pública do pagamento dos tributos, o que era muito criticado na doutrina por possuir nítido interesse fazendário. A Fazenda era intimada para verificar o recolhimento dos valores atribuídos pelas partes, ocorrendo debates no arrolamento se discordasse dos valores atribuídos pelos herdeiros, importando em morosidade do arrolamento sumário.

O novo Código de Processo Civil não reproduziu a criticada disposição contida na Lei n. 9.280/1996, que transformava o Judiciário em fiscal da receita e conferia ao fisco o poder de paralisar a celeridade do arrolamento

---

30 "Art. 663. A existência de credores do espólio não impedirá a homologação da partilha ou da adjudicação, se forem reservados bens suficientes para o pagamento da dívida.

Parágrafo único. A reserva de bens será realizada pelo valor estimado pelas partes, salvo se o credor, regularmente notificado, impugnar a estimativa, caso em que se promoverá a avaliação dos bens a serem reservados."

31 NEGRÃO, Theotonio; GOUVÊA, José Roberto Ferreira. Op. cit., p. 1.050.

sumário se discordasse do valor atribuído pelos herdeiros. Na prática, enquanto os sucessores não acolhessem os valores impostos pelo fisco e recolhessem os impostos de transmissão, o juiz não homologava a partilha e expediam-se o formal de partilha e os alvarás.

Na vigência do atual Código de Processo Civil não se exige mais a concordância da Fazenda Pública com os valores atribuídos pelos herdeiros e o pagamento dos tributos por ela exigidos no processo judicial para a expedição dos alvarás e formal de partilha. Os alvarás e o formal de partilha serão expedidos aos sucessores e o fisco será intimado para, discordando, fazer o lançamento administrativo do imposto de transmissão e outros tributos, destravando a conclusão do inventário na forma de arrolamento sumário, conforme determina o § 2º do art. 659:

> Art. 659. A partilha amigável, celebrada entre partes capazes, nos termos da lei, será homologada de plano pelo juiz, com observância dos arts. 660 a 663.
>
> § 1º O disposto neste artigo aplica-se, também, ao pedido de adjudicação, quando houver herdeiro único.
>
> § 2º Transitada em julgado a sentença de homologação de partilha ou de adjudicação, será lavrado o formal de partilha ou elaborada a carta de adjudicação e, em seguida, serão expedidos os alvarás referentes aos bens e às rendas por ele abrangidos, intimando-se o fisco para lançamento administrativo do imposto de transmissão e de outros tributos porventura incidentes, conforme dispuser a legislação tributária, nos termos do § 2º do art. 662.

O Tribunal de Justiça de São Paulo e a Escola Paulista da Magistratura promoveram o 1º Encontro Estadual de Magistrados de Varas da Família e das Sucessões, ocorrido no dia 10 de novembro de 2017, para debater questões atuais, entre elas a inovação do art. 659, § 2º, do Código de Processo Civil, que alterou o comando do art. 1.031, § 2º, do Código revogado. Os magistrados aprovaram o Enunciado 37 com o seguinte teor:

> 37. Ao contrário do artigo 1031, § 2º, do CPC de 1973, o artigo 659, § 2º, do CPC em vigor não mais estabelece a concordância da Fazenda quanto à suficiência dos tributos como condição à expedição de alvarás e formais de partilha nos arrolamentos. Transitada em julgado a sentença, o juízo se limita a dar ciência à Fazenda da existência do procedimento sucessório, expedindo em seguida os alvarás e formais de partilha.

As autoridades fazendárias, obviamente, não ficam adstritas aos valores atribuídos pelos herdeiros, podendo, no competente processo administrativo, apurar valor diverso do estimado e exigir o pagamento das diferenças. O que o atual Código de Processo Civil facilitou foi a tramitação judicial do inventário no rito de arrolamento sumário, agilizando sua conclusão e a expedição do formal de partilha e dos respectivos alvarás, evitando a remessa dos autos à Fazenda Pública e a longa espera por sua devolução. As questões relativas ao pagamento dos impostos de transmissão nos valores exigidos pelo fisco não serão conhecidas no processo judicial, devendo ser apuradas no processo administrativo próprio, conforme determina expressamente o art. 662 do Código de Processo Civil:

> Art. 662. No arrolamento, não serão conhecidas ou apreciadas questões relativas ao lançamento, ao pagamento ou à quitação de taxas judiciárias e de tributos incidentes sobre a transmissão da propriedade dos bens do espólio.
>
> § 1º A taxa judiciária, se devida, será calculada com base no valor atribuído pelos herdeiros, cabendo ao fisco, se apurar em processo administrativo valor diverso do estimado, exigir a eventual diferença pelos meios adequados ao lançamento de créditos tributários em geral.
>
> § 2º O imposto de transmissão será objeto de lançamento administrativo, conforme dispuser a legislação tributária, não ficando as autoridades fazendárias adstritas aos valores dos bens do espólio atribuídos pelos herdeiros.

Carlos Roberto Gonçalves faz interessante ressalva no sentido de que a estimativa feita pelo inventariante no caso de imóveis não pode ser, entretanto, inferior à dos lançamentos fiscais relativos ao ano do óbito do falecido[32].

A prática forense recomenda, todavia, prévia avaliação fiscal dos bens objeto de inventário, na forma de arrolamento sumário, na administração fazendária, e o recolhimento dos impostos devidos de acordo com a avaliação, o que dispensa a intimação da Fazenda Pública para a expedição do formal de partilha ou de carta de adjudicação, prática que, lamentavelmente, continua sendo adotada por muitos juízes, que não cumprem os arts. 659 e 662 do Código de Processo Civil. Evitam-se, ainda, possíveis lançamentos administrativos.

---

[32] GONÇALVES, Carlos Roberto. Op. cit., p. 521.

Ocorre que, na atividade prática, os herdeiros não conseguem imprimir a guia de recolhimento do ITCD (DAE), já que a Fazenda Pública só expede após a sua avaliação. A solução que se vislumbra é promover o depósito judicial do imposto de transmissão e comprovar nos autos do inventário na forma de arrolamento sumário para o juiz homologar a partilha, cumprindo a inovação do Código de Processo Civil.

O art. 659 e seu § 2º deve ser interpretado em consonância com o art. 192 do Código Tributário[33], que determina que nenhuma sentença de partilha pode ser proferida sem prova da quitação dos tributos. A forma correta, portanto, é recolher o imposto de acordo com o valor dos bens atribuído pelos herdeiros e, após a homologação da partilha e a expedição do formal de partilha, intimar o fisco para lançamento administrativo, se discordar dos valores.

Ocorrendo algum vício na partilha, cabe ação anulatória, a ser proposta no prazo de um ano no juízo de primeiro grau (art. 657 do CPC), posto que foi apenas homologada.

Resumidamente, o procedimento no arrolamento sumário apresenta as seguintes fases:

1 – petição de inventário com requerimento de nomeação do inventariante indicado, declaração dos herdeiros, relação dos bens com os valores atribuídos, relação das dívidas e partilha (art. 660 do NCPC);

2 – nomeação do inventariante indicado, sem necessidade de termo;

3 – vistas ao testamenteiro, se houver testamento;

4 – reserva de bens, se houver dívidas, e avaliação judicial, se o credor impugnar o valor (única hipótese de avaliação – art. 662 do NCPC);

5 – comprovação da regularidade fiscal e recolhimento do imposto de transmissão *causa mortis*;

6 – homologação de partilha, sem apreciar questões referentes a taxa judiciária ou tributos de transmissão – ITCD;

7 – expedição do formal de partilha e alvarás, após o trânsito em julgado (art. 659, § 2º, 1ª parte, do NCPC);

---

[33] "Art. 192. Nenhuma sentença de julgamento de partilha ou adjudicação será proferida sem prova da quitação de todos os tributos relativos aos bens do espólio, ou às suas rendas."

8 – intimação do fisco para lançamento administrativo do imposto de transmissão (art. 659, § 2º, 2ª parte, do NCPC).

O gráfico a seguir apresenta uma visão geral do procedimento no arrolamento sumário:

Arrolamento sumário

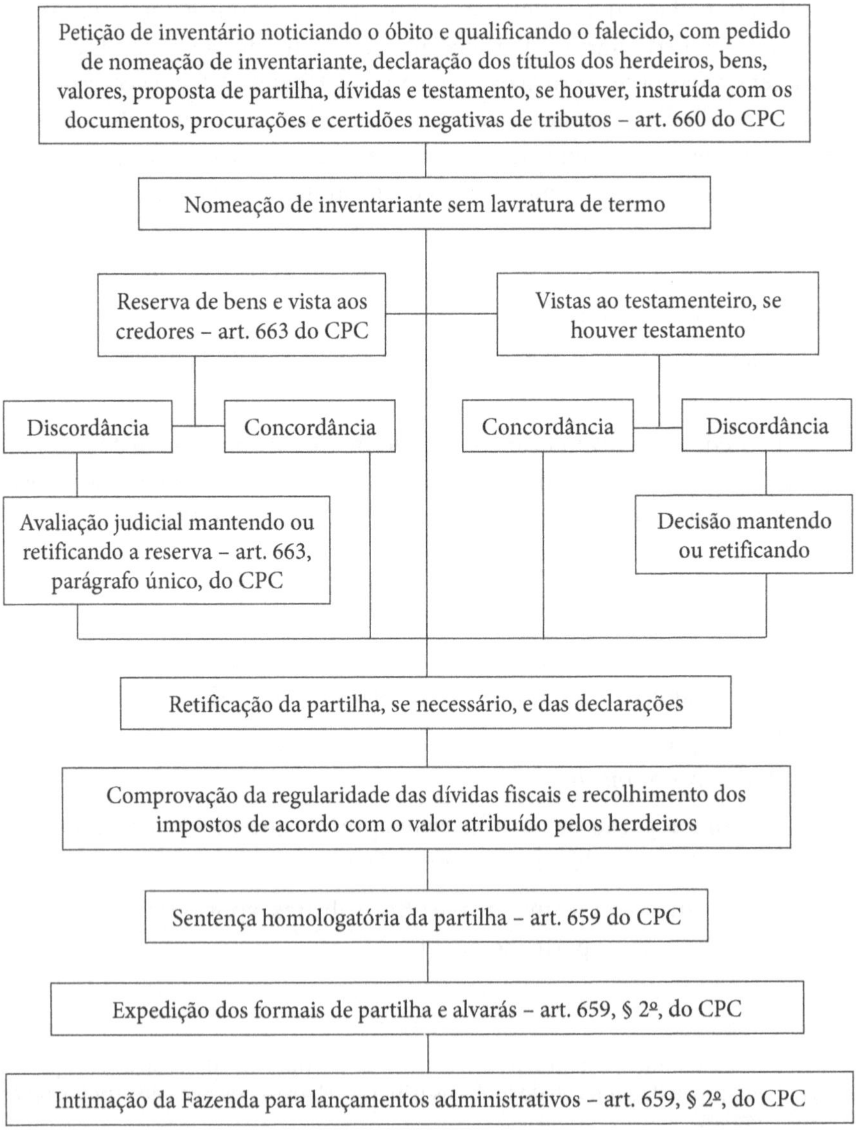

16.7.2. Arrolamento comum

A segunda espécie de forma simplificada de inventário é o arrolamento comum ou simples, cabível quando o valor dos bens do espólio for igual ou inferior a mil salários mínimos, que substituiu o valor de duas mil ORTNs, previstos no art. 1.036 do Código de Processo Civil revogado.

Trata-se de procedimento simplificado admitido nas heranças de pequeno porte ou, ainda, quando o espólio é constituído de um único bem a ser partilhado em frações ideais, mesmo existindo herdeiros ausentes ou incapazes, exigindo-se, nesse caso, a intervenção do Ministério Público e, se houver testamento, a participação do testamenteiro. É previsto no art. 664 do Código de Processo Civil atual, que dispõe:

> Art. 664. Quando o valor dos bens do espólio for igual ou inferior a 1.000 (mil) salários mínimos, o inventário processar-se-á na forma de arrolamento, cabendo ao inventariante nomeado, independentemente de assinatura de termo de compromisso, apresentar, com suas declarações, a atribuição de valor aos bens do espólio e o plano da partilha.
>
> § 1º Se qualquer das partes ou o Ministério Público impugnar a estimativa, o juiz nomeará avaliador, que oferecerá laudo em 10 (dez) dias.
>
> § 2º Apresentado o laudo, o juiz, em audiência que designar, deliberará sobre a partilha, decidindo de plano todas as reclamações e mandando pagar as dívidas não impugnadas.
>
> § 3º Lavrar-se-á de tudo um só termo, assinado pelo juiz, pelo inventariante e pelas partes presentes ou por seus advogados.
>
> § 4º Aplicam-se a essa espécie de arrolamento, no que couber, as disposições do art. 672, relativamente ao lançamento, ao pagamento e à quitação da taxa judiciária e do imposto sobre a transmissão da propriedade dos bens do espólio.
>
> § 5º Provada a quitação dos tributos relativos aos bens do espólio e às suas rendas, o juiz julgará a partilha.

Ressalta-se a ocorrência de um erro no § 4º do art. 664, ao referir-se às disposições do art. 672, relativamente ao lançamento, pagamento e quitação da taxa judiciária e do imposto de transmissão, posto que o art. 672 trata da cumulação de inventários. O artigo referido é o 662, que também regula o arrolamento sumário e dispõe que no processo de inventário judicial, na forma de arrolamento, não serão conhecidas e apreciadas questões relativas ao lançamento, pagamento ou quitação de taxas judiciárias e impostos de transmissão sobre os bens da herança. Os valores serão recolhidos pelo valor estimado pelos herdeiros, cabendo ao Fisco, no competente processo administrativo, se discordar, apurar o valor e exigir a eventual diferença. Assim, no § 4º leia-se "art. 662" e não 672.

A petição inicial do inventário pode conter desde logo os requisitos do *caput* do art. 1.036 do Código de Processo Civil, noticiando o óbito e incluindo o pedido de nomeação de inventariante. A redação do dispositivo citado, dispondo que caberá "ao inventariante nomeado" apresentar as declarações, presume o procedimento inicial de pedido de abertura do inventário na forma de arrolamento comum e a nomeação do inventariante, dispensando-se a lavratura do termo de compromisso.

O pedido de abertura e a nomeação do inventariante – não existe a figura de "arrolante", como equivocadamente denominam alguns – devem ser instruídos com a certidão de óbito, certidão e qualificação do requerente para comprovar sua preferência na nomeação e procuração ao advogado.

Após o despacho do juiz nomeando o inventariante, independentemente da lavratura de termos, o inventariante apresenta as declarações, qualificando o autor da herança e informando se deixou testamento; o cônjuge sobrevivente, se houver, especificando o regime de bens; a qualificação e o endereço dos herdeiros, bem como a qualidade e o grau de parentesco com o falecido; a qualificação e o endereço dos legatários, se houver; a relação completa e individualizada de todos os bens do espólio, atribuindo-lhes valor; a relação e a origem das dívidas; o plano de partilha; e, por fim, o pedido de citação dos herdeiros não representados.

As declarações devem ser instruídas com as procurações dos herdeiros habilitados, certidões de nascimento, casamento ou documento equivalente para comprovar a qualidade de herdeiro, bem como os documentos comprovando a propriedade dos bens e as dívidas.

Dispensa-se a intimação das partes, se todas estiverem representadas por comum procurador ou por procuradores em conjunto, caso contrário, os herdeiros não representados devem ser citados para se manifestar sobre as declarações, intimando-se o Ministério Público, se necessária sua intervenção, existindo interesses de incapazes.

O requisito para o arrolamento comum é o valor dos bens não ultrapassar mil salários mínimos.

A existência de testamento não impede a adoção do inventário no rito de arrolamento comum, desde que o valor dos bens não ultrapasse mil salários mínimos, exigindo, entretanto, a intimação do testamenteiro.

Ao contrário do arrolamento sumário – que possui como pressuposto a concordância de partes capazes qualquer que seja o valor dos bens, importando a impugnação a conversão em inventário comum –, no arrolamento comum, o pressuposto é o pequeno valor da herança, independentemente de capacidade ou concordância de todos os herdeiros, cabendo, pois, citações, impugnações e deliberação do juiz, diferenciando-se do inventário comum pela celeridade, suprindo-se diversas fases.

O art. 665 do novo Código de Processo Civil não deixa qualquer margem de dúvidas da possibilidade de sucessores incapazes, entretanto apresenta uma inovação que pode dificultar sua aplicação, ao exigir consenso de todas as partes no processo de inventário e partilha e concordância do Ministério Público. Com efeito, dispõe o art. 665 que "o inventário processar-se-á também na forma do art. 664, ainda que haja interessado incapaz, desde que concordem todas as partes e o Ministério Público".

Dessa forma, temos duas situações. Participando do arrolamento comum partes capazes, não se exige concordância ou presença de todas elas. Entretanto, se existir herdeiro incapaz, o inventário somente se processará na forma de arrolamento comum se todos os herdeiros estiverem presentes, representados e concordes, exigindo, ainda, a anuência do Ministério Público. Não existindo acordo, ainda que o valor dos bens não ultrapasse mil salários mínimos, em razão da incapacidade de um dos sucessores, obrigatoriamente será adotado o rito do inventário tradicional ou solene.

Ocorrendo impugnação quanto aos valores atribuídos aos bens pelas partes ou pelo Ministério Público, o juiz nomeia avaliador judicial para avaliar os bens e apresentar o laudo no prazo de dez dias.

Apresentado o laudo, são necessárias novas vistas às partes para que se manifestem no prazo de quinze dias (em analogia ao art. 635 do CPC). Concordes as partes com a avaliação judicial, e não existindo outras impugnações, o juiz determina, se necessário, as correções e a lavratura da partilha.

Discordando as partes do laudo, das dívidas apresentadas, do plano de partilha ou existindo outras impugnações, o juiz designa audiência e decidirá de plano sobre todas as reclamações e impugnações, mandará pagar as dívidas comprovadas e determinará como se deve proceder à partilha.

Provada a quitação dos tributos relativos aos bens do espólio e às suas rendas, bem como o imposto *causa mortis*, de acordo com o valor atribuído pelos herdeiros ou a avaliação judicial, se houver, o juiz julga a partilha (art. 664, § 5º, do CPC).

Observa-se que, existindo herdeiros incapazes ou ausentes, o juiz julga a partilha e não apenas homologa, mesmo que todas as partes estejam presentes e concordes.

Julgada a partilha e transitada em julgado, expede-se o formal de partilha ou a carta de adjudicação, se for apenas um herdeiro incapaz, sem a necessidade de comprovação pela Fazenda Pública do pagamento dos tributos, de acordo com sua avaliação, pois no arrolamento não existe apreciação das questões relativas ao pagamento de taxas e tributos, calculando-se sob o valor atribuído pelos herdeiros ou avaliação judicial, devendo as autoridades fazendárias promover lançamento administrativo, se discordarem (art. 662 do CPC).

Tratando-se de herança de pequeno valor, na sua maioria, é dispensada do pagamento do imposto *causa mortis*, cabendo ao juízo do inventário apenas intimar a Fazenda Pública, no arrolamento comum, da expedição do formal de partilha para verificar possível diferença nos valores a serem recolhidos em razão da estimativa dos herdeiros, já que a prova da quitação dos tributos é exigida antes do julgamento da partilha.

O procedimento no arrolamento comum, resumidamente, possui as seguintes fases (art. 664 do CPC):

1 – requerimento de abertura do inventário e nomeação de inventariante (sem termo);

2 – declarações do inventariante, com todos os dados necessários das partes, dos bens, atribuindo-lhes valor, dívidas e a proposta de partilha;

3 – citação dos herdeiros e intimação do Ministério Público (se existir interesses de incapazes) para impugnarem, querendo;

4 – avaliação dos bens (somente se ocorrer impugnação do valor estimado);

5 – deliberação do juiz, designando audiência, se necessário, quanto às impugnações, reclamações e pagamento das dívidas;

6 – comprovação da situação dos tributos;

7 – julgamento da partilha;

8 – expedição do formal e intimação do fisco, para lançamento administrativo de eventuais diferenças dos valores estimados.

Apresenta-se, a seguir, o gráfico do procedimento no arrolamento comum:

Arrolamento comum

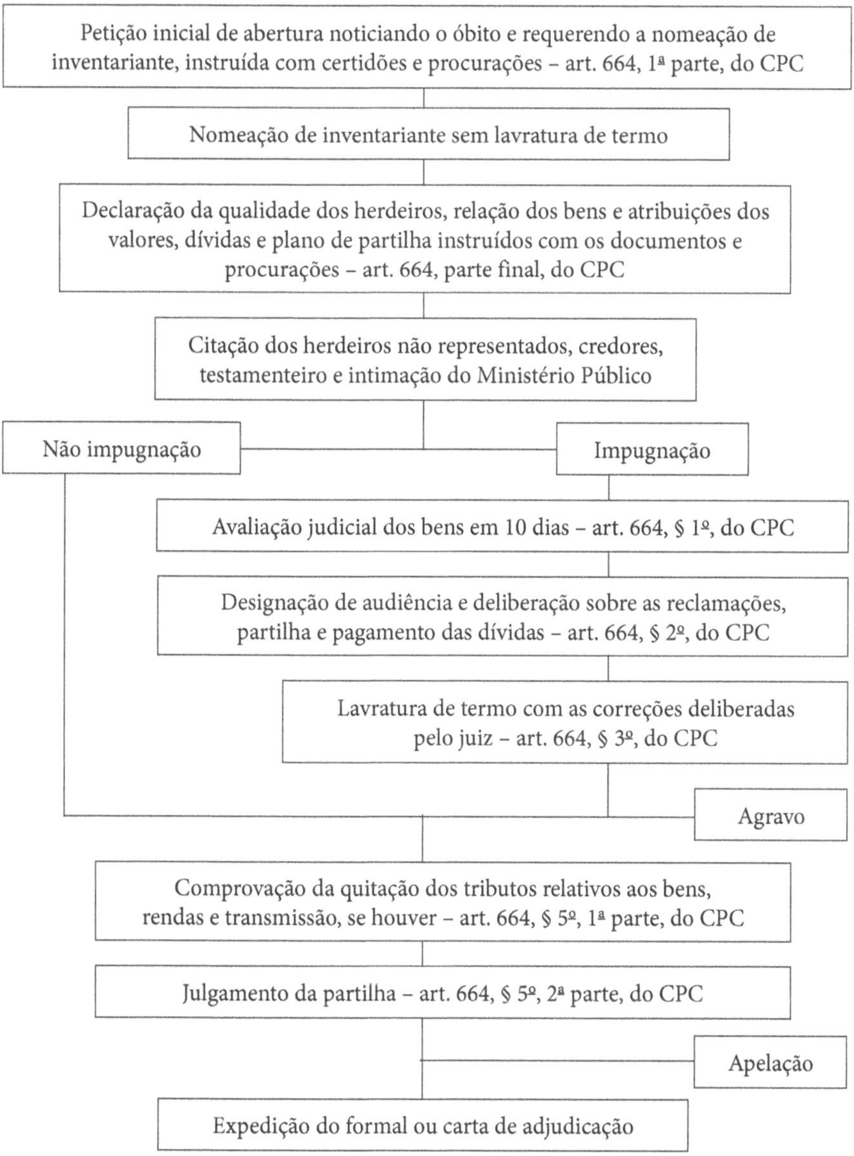

16.8. BENS DISPENSADOS E BENS NÃO SUJEITOS A ARROLAMENTO OU INVENTÁRIO

16.8.1. Bens dispensados de arrolamento ou inventário

A legislação brasileira determina que, obrigatoriamente, proceder-se-á ao inventário judicial ou extrajudicial, entretanto são dispensados de inventário ou arrolamento (art. 666 do CPC) os valores devidos pelo contrato de trabalho, FGTS, PIS-PASEP, qualquer que seja o valor, bem como as restituições do imposto de renda e outros tributos recolhidos por pessoa física. Os bens dispensáveis de arrolamento e inventário estão previstos na Lei n. 6.858/1980, ao dispor que:

> Art. 1º Os valores devidos pelos empregadores aos empregados e os montantes das contas individuais do Fundo de Garantia do Tempo de Serviço e do Fundo de Participação PIS-PASEP, não recebidos em vida pelos respectivos titulares, serão pagos, em cotas iguais, aos dependentes habilitados perante a Previdência Social ou na forma da legislação específica dos servidores civis e militares, e, na sua falta, aos sucessores previstos na lei civil, indicados em alvará judicial, independentemente de inventário ou arrolamento.
>
> § 1º As cotas atribuídas a menores ficarão depositadas em caderneta de poupança, rendendo juros e correção monetária, e só serão disponíveis após o menor completar 18 (dezoito) anos, salvo autorização do juiz para aquisição de imóvel destinado à residência do menor e de sua família ou para dispêndio necessário à subsistência e educação do menor.
>
> § 2º Inexistindo dependentes ou sucessores, os valores de que trata este artigo reverterão em favor, respectivamente, do Fundo de Previdência e Assistência Social, do Fundo de Garantia do Tempo de Serviço ou do Fundo de Participação PIS-PASEP, conforme se tratar de quantias devidas pelo empregador ou de contas de FGTS e do Fundo PIS-PASEP.

Esses valores, devidos aos dependentes habilitados perante a previdência social e originados da relação de trabalho, possuem caráter de natureza alimentar, de subsistência dos dependentes, e independem da existência de outros bens ou herdeiros. Não existe meação. O cônjuge ou companheiro, se dependente do falecido, receberá a mesma cota dos filhos incapazes e dependentes. Existindo filhos capazes e independentes, não possuem direito.

O art. 2º da Lei n. 6.858/1980 inclui na primeira parte os valores referentes às restituições do imposto de renda ou de outros tributos recolhidos pelo falecido, independentemente da existência de outros bens.

Na segunda parte do art. 2º, a Lei n. 6.858/1980 permite o levantamento de saldos bancários, caderneta de poupança e fundos de investimentos até o limite de 500 ORTNs, somente se não existirem outros bens a inventariar. Existindo outros bens a inventariar, os saldos bancários não estão dispensados de inventário ou arrolamento e devem ser incluídos na relação dos bens. Dispõe o art. 2º:

> Art. 2º O disposto nesta lei se aplica às restituições relativas ao imposto de renda e outros tributos, recolhidos por pessoa física, e não existindo outros bens sujeitos a inventário, aos saldos bancários e de contas de caderneta de poupança e fundos de investimento de valor até 500 (quinhentas) Obrigações Reajustáveis do Tesouro Nacional.
>
> Parágrafo único. Na hipótese de inexistirem dependentes ou sucessores do titular, os valores referidos neste artigo reverterão em favor do Fundo de Previdência e Assistência Social.

A jurisprudência tem decidido que a existência de bens a inventariar impede o levantamento dos valores depositados em contas judiciais. Por vezes de forma equivocada, também os valores referentes a PIS/PASEP, FGTS e restituições de imposto de renda, repita-se, de forma equivocada, pois o levantamento desses valores independe da existência de outros bens. Somente para o levantamento de depósitos bancários até 500 ORTNs a lei exige que não existam outros bens a inventariar. Existindo outros bens, não se aplica aos depósitos bancários a Lei n. 6.858/1980. Nesse sentido decisão da juíza Cristine Schutz da Silva Mattos, na Comarca de Rio do Sul/SC:

> 2. Pretende a interessada, mediante procedimento de jurisdição voluntária, previsto no art. 725, inc. VII, do NCPC, o levantamento dos valores existentes em conta-corrente/poupança de titularidade de seu falecido esposo, constante na Caixa Econômica Federal e no Banco Itaú-Unibanco. A pretensão, por sua vez, foi fundamentada nas premissas estabelecidas no art. 2º da Lei n. 6.858/1980, em que se admite, no caso de inexistência de outros bens sujeitos a inventário, o levantamento por meio de alvará judicial das quantias afetas às restituições relativas ao Imposto de Renda e outros tributos, reco-

> lhidos por pessoa física, aos saldos bancários e de contas de cadernetas de poupança e fundos de investimento de valor até 500 (quinhentas) obrigações do Tesouro Nacional. Como se vê, o procedimento adotado é condicionado:
>
> a) inexistência de bens a serem inventariados; e,
>
> b) quantia inferior a 500 OTNs.
>
> De modo que havendo bens a inventariar em conjunto com os saldos existentes em conta poupança/corrente, o levantamento de tais valores pela via estreita do alvará judicial de jurisdição voluntária, ainda que autorizado pelos demais herdeiros, se mostra inadequado[34].

O Tribunal de Justiça do Rio Grande do Sul, por outro lado, autorizou mediante alvará judicial o levantamento dos valores de conta bancária na inexistência de outros bens. Constou na ementa que "no caso, prospera a pretensão da única filha de sacar o valor depositado em conta bancária de titularidade de sua falecida genitora, sobre o qual não incide qualquer restrição judicial, na medida em que inexistem outros bens a inventariar. Art. 2º da Lei n. 6.858/1980. Cabimento do levantamento da importância"[35].

O valor de 500 ORTNs, em razão das várias mudanças dos índices de atualização monetária (ortn, otn, btn, btnf, tr), e a inclusão ou não dos expurgos inflacionários possibilitam valores diferentes e os cálculos acabam sendo divergentes nas tabelas dos tribunais estaduais. O Tribunal de Justiça do Estado de São Paulo, após os cálculos do valor de 500 OTNs elaborados pela Diretoria de Execução de Precatórios e Cálculos, autorizou o levantamento do saldo bancário por alvará, constando em parte da ementa que:

> Alvará judicial. Pretensão de levantamento de saldo de conta bancária, único bem deixado pela *de cujus*. Valor inferior ao limite de 500 OTNs, previsto no art. 2º da Lei n. 6.858/1980. Desnecessidade de inventário ou arrolamento. Sentença revista. Recurso provido.
>
> (...)

---

[34] TJSC, Proc. 0300385-05.2016.8.24.0054, Comarca de Rio do Sul, Vara da Família e Sucessões, Juíza Cristine Schutz da Silva Mattos, j. 22-4-2016. Disponível em: <www.ibdfam.org.br/jurisprudencia>. Acesso em: 2 maio 2016.

[35] TJ-RS, AC 70078935426 RS, Rel. Ricardo Moreira Lins Pastl, j. 1º-11-2018.

> Destarte, o levantamento pretendido do saldo de conta-corrente, frise-se, único bem deixado pela *de cujus*, independe mesmo de inventário ou arrolamento[36].

Os valores serão pagos, em cotas iguais, aos dependentes habilitados perante a Previdência Social e, na falta de dependentes, aos sucessores previstos na lei civil, incluindo, nesse caso, todos os herdeiros, mediante alvará judicial. O Superior Tribunal de Justiça já decidiu que os montantes das contas individuais do FGTS e do Fundo de Participação PIS-PASEP, não recebidos em vida pelos respectivos titulares, devem ser liberados aos dependentes habilitados, independentemente de inventário ou arrolamento; o levantamento só depende de autorização judicial se não houver dependentes habilitados, hipótese em que serão recebidos pelos sucessores previstos na lei civil, mediante alvará a ser requerido ao juízo competente para o inventário ou arrolamento[37].

Na prática, entretanto, os estabelecimentos bancários não efetuam administrativamente o pagamento aos dependentes habilitados perante a Previdência Social, exigindo alvará judicial.

Nos termos da Súmula 161 do Superior Tribunal de Justiça, "é da competência da Justiça Estadual autorizar o levantamento dos valores relativos ao PIS/PASEP e FGTS, em decorrência do falecimento do titular da conta".

16.8.2. Bens não sujeitos a arrolamento ou inventário

A doutrina ressalta que são dispensados de arrolamento e inventário os bens que estão na posse de um ou de alguns herdeiros ou de terceiros, já tendo transcorrido prazo para configurar a usucapião em favor dos detentores da posse.

O art. 2.013 do Código Civil dispõe que o herdeiro pode sempre requerer a partilha dos bens da herança, desde que exista um estado de indivisão entre os herdeiros, todavia, se os bens estiverem na posse de apenas um ou alguns herdeiros, sem a presença dos demais, os possuidores podem arguir a usucapião, nos termos da Súmula 237 do Supremo Tribunal Federal,

---

36 TJSP, AC 0011192-53.2015.8.26.0664, Rel. Des. Cláudio Godoy, j. 31-5-2016.

37 STJ, CComp 15.367/SC, Rel. Min. Ari Pargendler, j. 4-12-1995, p. 42.073. In: NEGRÃO, Theotonio; GOUVÊA, José Roberto Ferreira. Op. cit., p. 1.025-1.026.

em matéria de defesa, desde que tenha transcorrido prazo superior a quinze anos (art. 1.238 do CC), obstaculizando o inventário e a partilha do bem.

A usucapião, como oposição ao inventário dos bens, é questão complexa e será abordada oportunamente, tendo em vista que o herdeiro exerce a posse dos bens da herança presumidamente por tolerância dos demais coerdeiros e como representante comum, sendo incabível operar usucapião em favor de apenas um ou alguns herdeiros nos bens da herança, salvo se comprovar a ocorrência de partilha de fato e se exerce exclusivamente *pro suo* a posse.

O bem de família convencional, mesmo com a ampliação do conceito nos arts. 1.711 a 1.722, sem referência de que não fica sujeito a inventário e partilha, não pode ser partilhado. Sustenta a doutrina predominante que ainda se encontra em vigor o art. 20 do Decreto-lei n. 3.200/1941, que dispõe que "o prédio instituído em bem de família não entrará em inventário, nem será partilhado, enquanto continuar a residir nele o cônjuge sobrevivente ou filho menor de idade". Sustenta-se, ainda, que o bem de família instituído no atual Código Civil é impenhorável e inalienável (art. 1.717 do CC), não ficando sujeito à partilha enquanto não for extinto pela morte dos cônjuges e maioridade dos filhos ou por decisão judicial a pedido dos interessados (arts. 1.719 e 1.722 do CC)[38]. Não se vislumbra, entretanto, obstáculo em incluir o bem de família convencional no inventário, resguardando a impenhorabilidade e a partilha enquanto não for extinto.

O bem de família legal ou obrigatório, instituído pela Lei n. 8.009/1990, não é inalienável, portanto fica sujeito ao inventário e à partilha, resguardando-se, todavia, a impenhorabilidade enquanto os sucessores utilizarem como moradia.

16.9. INVENTÁRIO NEGATIVO

Apesar de a expressão ser contraditória, pois inventário consiste em relação de bens, sendo desnecessária sua abertura se estes não existirem, há situações em que é necessário comprovar a inexistência de bens, como quando o cônjuge sobrevivente, que tenha filhos, pretende se casar nova-

---

[38] GONÇALVES, Carlos Roberto. Op. cit., p. 493-494.

mente, sem se sujeitar ao regime de separação de bens (art. 1.641, I c/c art. 1.523, I, do CC), ou no caso do sucessor que pretende demonstrar que o falecido não deixou bens para atender seus credores (art. 1.792 do CC).

A finalidade do inventário negativo é comprovar a inexistência de bens a inventariar, sendo admitido na doutrina e na jurisprudência, apesar da ausência de previsão legal.

Pode ocorrer, ainda, na hipótese de o falecido deixar apenas obrigações a cumprir, como outorga de escrituras a compromissários compradores de imóveis, vendidos e quitados antes do óbito, necessitando a nomeação de inventariante para dar cumprimento a essa obrigação deixada pelo espólio[39]. Em tais casos, o requerente promoverá um processo judicial sumário, acusando o óbito e, após prestar compromisso, mencionará a inexistência de bens. Depois de ouvir os interessados, o juiz o encerrará por sentença homologatória, desde que, citados os herdeiros, não haja impugnação, pedido de colação ou eventual reclamo de bens sonegados, que servirá como documento para os fins legais.

O inventário negativo pode ser efetuado por escritura pública (Lei n. 11.441/2007), desde que todas as partes sejam capazes e estejam representadas (art. 28 da Resolução n. 35 do CNJ)[40].

16.10. INVENTÁRIO CONJUNTO

O inventário tem por finalidade levantar, descrever e apurar os bens de uma pessoa para partilhar entre seus herdeiros. O Código de Processo Civil autoriza em seu art. 672 cumular os inventários dos cônjuges ou companheiros quando os sucessores forem comuns ao falecido e quando uma partilha depender da outra, como do herdeiro falecido no curso do inventário em que foi admitido, ao dispor que:

> Art. 672. É lícita a cumulação de inventários para a partilha de heranças de pessoas diversas quando houver:

[39] OLIVEIRA, Euclides Benedito de. Colação e sonegados. In: HIRONAKA, Giselda Maria Fernandes Novaes; PEREIRA, Rodrigo da Cunha (Coords.). *Direito das sucessões e o novo Código Civil*. Belo Horizonte: Del Rey, 2004. p. 392.

[40] "Art. 28. É admissível inventário negativo por escritura pública."

I - identidade de pessoas entre as quais devam ser repartidos os bens;

II - heranças deixadas pelos dois cônjuges ou companheiros;

III - dependência de uma das partilhas em relação à outra.

Parágrafo único. No caso previsto no inciso III, se a dependência for parcial, por haver outros bens, o juiz pode ordenar a tramitação separada, se melhor convier ao interesse das partes ou à celeridade processual.

Na hipótese de todos os sucessores serem os mesmos dos autores da herança, não se justifica a abertura de mais de um inventário, devendo-se possibilitar, por razões de economia processual, agilidade e economia, a cumulação dos inventários e a realização de uma só partilha dos bens em conjunto. Essa hipótese, inovação trazida pelo novo Código de Processo Civil, pode ocorrer, por exemplo, com o falecimento de dois irmãos, solteiros, sem descendentes e ascendentes, que possuem como herdeiros os outros irmãos e sobrinhos.

Na hipótese de falecimento de ambos os cônjuges ou companheiros (art. 672, II, do CPC), antes da abertura do inventário, ou morte do meeiro supérstite antes da partilha do premorto, a herança deixada pelo casal aos mesmos herdeiros é uma só. Daí não ser razoável a instauração de dois inventários distintos, com a nomeação de dois inventariantes, para a administração da mesma e única herança indivisa. A jurisprudência já admitiu inventário conjunto mesmo na hipótese de autor da herança com filhos de dois matrimônios, se a viúva do segundo casamento vem a falecer deixando bens a inventariar (*RT* 495/81)[41].

Theotonio Negrão, nas referências ao art. 1.043 do Código de Processo Civil de 1973 (atual art. 672), orienta que não podem existir dois processos distintos de inventário quando bens a serem conferidos aos herdeiros são os mesmos. Cita o Superior Tribunal de Justiça, para ressaltar, que o único requisito para o inventário conjunto de duas heranças é, em ambas, os herdeiros serem os mesmos, admitindo-se, pois, a existência de bens diversos (STJ, RE 311.506/AL, Rel. Min. Menezes Direito)[42].

---

[41] OLIVEIRA, Euclides Benedito de; AMORIM, Sebastião Luiz. Op. cit., p. 317-318.

[42] NEGRÃO, Theotonio; GOUVÊA, José Roberto Ferreira. Op. cit., p. 1.054.

O inventariante será um só para os dois inventários, e o segundo inventário, se o cônjuge supérstite falecer após a abertura do primeiro, será distribuído por dependência e apensado ao primeiro, prevalecendo as primeiras declarações e as avaliações (art. 673 do CPC)[43]. Na prática, observa-se que a sucessão de ambos os cônjuges tem se processado nos mesmos autos.

Ocorrendo a morte de algum herdeiro no curso do inventário (art. 672, III, do CPC), e não possuindo esse herdeiro outros bens, seu quinhão pode ser partilhado entre os seus sucessores juntamente com os bens do monte, no mesmo inventário, prevalecendo as declarações e avaliações. Possuindo o herdeiro falecido bens diversos, é preferível a abertura de seu próprio inventário para proceder à partilha de seus bens, posto que os que não compõem o quinhão são estranhos à primeira sucessão e podem prejudicar a celeridade processual e o interesse das partes, autorizando ao juiz determinar a tramitação em separado (art. 672, parágrafo único, do CPC).

16.11. INVENTÁRIO EXTRAJUDICIAL OU ADMINISTRATIVO

16.11.1. Considerações gerais e requisitos

A Lei n. 11.441/2007 inovou tanto no direito das sucessões quanto no direito de família ao dar nova redação ao art. 982 e acrescentar o art. 1.124-A ao Código de Processo Civil, permitindo-se o inventário extrajudicial ou administrativo e a separação e o divórcio consensual por escritura pública. A significativa mudança legislativa passou a autorizar atos administrativos que somente eram realizados mediante tutela jurisdicional, mesmo entre partes capazes e concordes.

A inovação legislativa no direito de família e das sucessões, introduzida pela Lei n. 11.441/2007, ao possibilitar separação, divórcio, inventário e partilha, sem necessidade de juiz e intervenção de promotor de justiça, modifica substancialmente regras e procedimentos na efetivação desses atos, possibilitando aos cidadãos autonomia para optar pela via administrativa ou pela judicial.

---

[43] "Art. 673. No caso previsto no art. 672, inciso II, prevalecerão as primeiras declarações, assim como o laudo de avaliação, salvo se alterado o valor dos bens."

Rodrigo da Cunha Pereira demonstra preocupação de que um inventário ou uma separação, resolvidos em cartório de notas, podem deixar brechas para fraudes e lesões a direitos, além do risco de possibilitar o surgimento de um profissional do direito de plantão em cada cartório (o que lamentavelmente tem ocorrido, ainda que em pequena escala); ressalta, entretanto, que a lei cumpre uma importante função de facilitar a vida de milhares de brasileiros que aguardam inexplicavelmente longos períodos de tramitação de processos judiciais, inovando ao primar pela menor intervenção do Estado na vida privada das pessoas[44].

No mesmo sentido, Maria Berenice Dias destaca que, além de aliviar a atividade judicial e diminuir o volume de demandas em juízo, a desjudicialização de questões, quando não existe conflito entre os seus titulares, redimensiona a presença do Estado na vida do cidadão. Ressalta, ainda, a significativa importância de que a dispensa da intervenção estatal empresta mais valor à vontade das pessoas, possibilitando que estas decidam as questões a elas inerentes fora do âmbito do Poder Judiciário[45].

O Desembargador Newton Teixeira de Carvalho também ressalta que a nova lei é importante, eis que afasta a ingerência do Estado na vida das pessoas; é mais uma opção. Abordando questões mais voltadas para o direito de família, o ilustre jurista conclui que a Lei n. 11.441/2007 repercute também no judiciário, simplificando os procedimentos[46].

O novo Código de Processo Civil, caminhando no sentido de desjudicialização das demandas sem litígio, agilizando e simplificando os procedimentos consensuais, manteve o inventário extrajudicial, dispondo no art. 610 que:

> Art. 610. Havendo testamento ou interessado incapaz, proceder-se-á ao inventário judicial.
>
> § 1º Se todos forem capazes e concordes, o inventário e a partilha poderão ser feitos por escritura pública, a qual constituirá documento hábil para qualquer ato de registro, bem como para levantamento de importância depositada em instituições financeiras.

---

44 PEREIRA, Rodrigo da Cunha. *Boletim IBDFAM*, n. 42, jan.-fev. 2007. p. 3.

45 DIAS, Maria Berenice. *Boletim IBDFAM*, n. 42, jan.-fev. 2007. p. 3.

46 CARVALHO, Newton Teixeira de. *Boletim IBDFAM*, n. 42, jan.-fev. 2007. p. 4.

§ 2º O tabelião somente lavrará a escritura pública se todas as partes interessadas estiverem assistidas por advogado ou por defensor público, cuja qualificação e assinatura constarão do ato notarial.

O inventário administrativo possibilita mais agilidade para partilhar a herança entre partes capazes de transigir e concordes, evitando procedimento judicial, além de reduzir os custos e desafogar o Poder Judiciário, em casos em que apenas homologa a vontade dos interessados.

Não existe vedação, e a nova regra pode ser aplicada também nas sucessões abertas anteriores à modificação legislativa.

O inventário extrajudicial não é permitido, entretanto, se existirem herdeiros incapazes, testamento, herdeiro ausente ou discordância entre as partes.

Assim, são requisitos para o inventário extrajudicial:

a) bens de qualquer valor;

b) partes capazes;

c) ausência de testamento (atualmente vem sendo permitido inventário extrajudicial com testamento na ausência de incapazes, como será abordado a seguir);

d) presença de todos os interessados pessoalmente ou por procurador;

e) acordo entre as partes com a partilha;

f) assistência de advogado, defensor público comum ou de cada uma das partes;

g) lavratura da escritura pública pelo tabelião de notas, também assinada pelo advogado.

16.11.2. Inventário administrativo com testamento

A exigência de ausência de testamento para lavratura da escritura pública de inventário tem demandado diversos debates. Funda-se o inconformismo por ter o tabelião fé pública e, tratando-se de testamento público, cabe a ele formalizar o ato de última vontade do autor da herança, lavrando o testamento, não existindo razões para seu impedimento em lavrar a escritura de inventário, cumprindo as formalidades legais e observando a vontade expressa no testamento.

Também não se justifica a alegação de grande número de divergências entre os herdeiros quanto à interpretação do testamento, pois só ocorrerá o inventário administrativo se existir consenso entre as partes.

A doutrina caminha no sentido de que, não existindo disposições de natureza pessoal no testamento, como perdão (reabilitação) do herdeiro, reconhecimento de filhos, diretivas antecipadas de vontade (testamento vital), testamento caduco ou revogado, não existe impedimento para o inventário administrativo. Ivanildo Figueiredo ressalta, entretanto, que o inventário extrajudicial somente deve ser vedado se existir interesse de incapaz ou litígio entre os herdeiros, aplicando a regra geral de que a partilha somente será judicial nessas hipóteses. Conclui que:

> A regra geral deve observar o princípio disposto no art. 2.016 do Código Civil, segundo o qual "será sempre judicial a partilha, se os herdeiros divergirem, assim como se algum deles for incapaz". Fora da hipótese desse dispositivo, ou seja, não havendo herdeiro incapaz, e estando todos de comum acordo, a partilha poderá ser extrajudicial, através de escritura pública.
>
> Diante da evidente atecnia da lei, a doutrina vem entendendo, assim como começam a surgir normas regularmente emanadas das Corregedorias-Gerais de Justiça, como no caso apontado do Estado de São Paulo, que a existência de testamento não afasta ou impede a partilha pela via extrajudicial. No entendimento de Salomão Cateb (2008, p. 253), "há muito busca a sociedade outro tipo de inventário, mais dinâmico e menos oneroso. Essa opção, pela via administrativa, pode resultar em solução mais rápida e, ao mesmo tempo, concorrer para o desafogo do Poder Judiciário".
>
> Diante desse entendimento, o inventário extrajudicial, pela sua agilidade, rapidez e eficácia de resultados, fazendo sempre convergir a cooperação entre todos os interessados, deverá ser a regra a predominar na partilha de bens quando todas as pessoas envolvidas forem capazes, tornando o lento, demorado e burocrático inventário judicial a exceção, adotado quando houver interesse de incapaz ou litígio entre os herdeiros[47].

---

[47] FIGUEIREDO, Ivanildo. Inventário extrajudicial na sucessão testamentária: possibilidade, legalidade, alcance e eficácia. *Revista Nacional de Direito de Família e Sucessões*, Porto Alegre: Magister, v. 8, set.-out. 2015. p. 113-114.

A VII Jornada de Direito Civil, promovida pelo CEJ – Centro de Estudos da Justiça Federal e pela Enfam – Escola Nacional de Formação e Aperfeiçoamento de Magistrados, realizada em Brasília, na sede do Conselho da Justiça Federal, nos dias 28 e 29 de setembro de 2015, aprovou o Enunciado 600 com o seguinte teor: "após registrado judicialmente o testamento e sendo todos os interessados capazes e concordes com os seus termos, não havendo conflito de interesses, é possível que se faça o inventário extrajudicial".

É necessário, portanto, o registro do testamento em juízo previamente, observando o procedimento de publicação, registro e cumprimento dos testamentos, de acordo com as formalidades próprias de cada espécie e autorização para o testamento administrativo, expedindo-se o termo da testamentária ao testamenteiro (art. 735, § 4º, do CPC), que, obrigatoriamente, deverá assinar a escritura pública de inventário, fiscalizando as disposições de última vontade.

Diversas Corregedorias de Justiça nos Estados têm autorizado em provimentos administrativos o inventário por escritura pública, na ausência de incapazes e autorizado pelo juiz no procedimento de registro e cumprimento do testamento. Entre eles São Paulo (Prov. 37/2016), Rio de Janeiro (art. 297, parágrafo único, Código de Normas CGJ), Rondônia (Prov. 13/2018), Paraíba (art. 310, Código de Normas, CGJ), Mato Grosso do Sul (art. 10, Prov. 165/2017), Goiás (art. 10, Prov. 24/2017), Bahia (art. 186, Código de Normas), Ceará (Prov. 18/2017, CGJ), Santa Catarina (Prov. 18/2017) e Minas Gerais.

Em Minas Gerais, o Prov. 260/CGJ/2013 autoriza o inventário e partilha "nos casos de testamento revogado, declarado nulo ou caduco, ou, ainda, por ordem judicial" (art. 195, parágrafo único). Permite-se, assim, que o juiz, no procedimento de registro e cumprimento do testamento, autorize, ao proferir o despacho de registro, a realização do inventário extrajudicial se todos os interessados forem capazes. O Prov. 260/CGJ/2013 regula o inventário e a partilha nos arts. 185 a 206.

O Superior Tribunal de Justiça abriu precedente aos juízes nos Estados para autorizarem o inventário extrajudicial, quando determinarem o registro dos testamentos, ao decidir que:

> RECURSO ESPECIAL. CIVIL E PROCESSO CIVIL. SUCESSÕES. EXISTÊNCIA DE TESTAMENTO. INVENTÁRIO EXTRAJUDICIAL. POSSIBILIDADE, DESDE QUE OS INTERESSADOS SEJAM MAIORES, CAPAZES E CONCORDES, DEVIDAMENTE ACOMPANHADOS DE SEUS

ADVOGADOS. ENTENDIMENTO DOS ENUNCIADOS 600 DA VII JORNADA DE DIREITO CIVIL DO CJF; 77 DA I JORNADA SOBRE PREVENÇÃO E SOLUÇÃO EXTRAJUDICIAL DE LITÍGIOS; 51 DA I JORNADA DE DIREITO PROCESSUAL CIVIL DO CJF; E 16 DO IBDFAM.

1. Segundo o art. 610 do CPC/2015 (art. 982 do CPC/1973), em havendo testamento ou interessado incapaz, proceder-se-á ao inventário judicial. Em exceção ao *caput*, o § 1º estabelece, sem restrição, que, se todos os interessados forem capazes e concordes, o inventário e a partilha poderão ser feitos por escritura pública, a qual constituirá documento hábil para qualquer ato de registro, bem como para levantamento de importância depositada em instituições financeiras.

2. O Código Civil, por sua vez, autoriza expressamente, independentemente da existência de testamento, que, "se os herdeiros forem capazes, poderão fazer partilha amigável, por escritura pública, termo nos autos do inventário, ou escrito particular, homologado pelo juiz" (art. 2.015). Por outro lado, determina que "será sempre judicial a partilha, se os herdeiros divergirem, assim como se algum deles for incapaz" (art. 2.016) – bastará, nesses casos, a homologação judicial posterior do acordado, nos termos do art. 659 do CPC.

3. Assim, de uma leitura sistemática do *caput* e do § 1º do art. 610 do CPC/2015, c/c os arts. 2.015 e 2.016 do CC/2002, mostra-se possível o inventário extrajudicial, ainda que exista testamento, se os interessados forem capazes e concordes e estiverem assistidos por advogado, desde que o testamento tenha sido previamente registrado judicialmente ou haja a expressa autorização do juízo competente.

4. A *mens legis* que autorizou o inventário extrajudicial foi justamente a de desafogar o Judiciário, afastando a via judicial de processos nos quais não se necessita da chancela judicial, assegurando solução mais célere e efetiva em relação ao interesse das partes. Deveras, o processo deve ser um meio, e não um entrave, para a realização do direito. Se a via judicial é prescindível, não há razoabilidade em proibir, na ausência de conflito de interesses, que herdeiros, maiores e capazes, socorram-se da via administrativa para dar efetividade a um testamento já tido como válido pela Justiça. (...)[48].

Atendidos esses requisitos, não se vislumbram razões jurídicas para impedir o inventário extrajudicial na sucessão testamentária.

---

[48] STJ, REsp 1808767/RJ, Min. Luis Felipe Salomão, j. 15-10-2019.

16.11.3. Procedimentos no inventário extrajudicial – Resolução n. 35/2007 do CNJ

O Conselho Nacional de Justiça, na vigência do Código de Processo Civil de 1973, atendendo a sugestões dos Corregedores-Gerais de Justiça dos Estados, ouvindo o Conselho Federal da Ordem dos Advogados do Brasil (OAB) e a Associação dos Notários e Registradores do Brasil, editou a Resolução n. 35, de 24 de abril de 2007, disciplinando a aplicação da Lei n. 11.441/2007 pelos serviços notariais e de registro, medida de extrema importância por uniformizar e disciplinar, prevenindo e evitando conflitos, os procedimentos em todos os Estados da Federação.

O art. 1º, tratando-se de atos notariais lavrados exclusivamente por tabelião de notas, reafirma que, "para a lavratura dos atos notariais de que trata a Lei n. 11.441/2007, é livre a escolha do tabelião de notas, não se aplicando as regras de competência do Código de Processo Civil".

A Resolução n. 35 do Conselho Nacional de Justiça estabelece requisitos na lavratura da escritura pública, inclusive com nomeação de representante do espólio com poderes de inventariante, ao dispor em seu art. 11 que:

> Art. 11. É obrigatória a nomeação de interessado, na escritura pública de inventário e partilha, para representar o espólio, com poderes de inventariante, no cumprimento de obrigações ativas ou passivas pendentes, sem necessidade de seguir a ordem prevista no art. 990 do Código de Processo Civil [art. 617 do CPC/2015].

Acrescenta no art. 20 que:

> Art. 20. As partes e respectivos cônjuges devem estar, na escritura, nomeados e qualificados (nacionalidade; profissão; idade; estado civil; regime de bens; data do casamento, pacto antenupcial e seu registro imobiliário, se houver; número do documento de identidade; número de inscrição no CPF/MF, domicílio e residência).

E no art. 21 que:

> Art. 21. A escritura pública de inventário e partilha conterá a qualificação completa do autor da herança; o regime de bens do casamento; pacto an-

tenupcial e seu registro imobiliário, se houver; dia e hora em que faleceu o autor da herança; data da expedição da certidão de óbito; livro, folha, número do termo e unidade de serviço em que consta o registro de óbito; e a menção ou declaração dos herdeiros de que o autor da herança não deixou testamento e outros herdeiros, sob as penas da lei.

A respeito dos documentos exigidos na lavratura da escritura pública, a Resolução do Conselho Nacional de Justiça orienta em seu art. 22 que:

> Art. 22. Na lavratura da escritura deverão ser apresentados os seguintes documentos: a) certidão de óbito do autor da herança; b) documento de identidade oficial e CPF das partes e do autor da herança; c) certidão comprobatória do vínculo de parentesco dos herdeiros; d) certidão de casamento do cônjuge sobrevivente e dos herdeiros casados, e pacto antenupcial, se houver; e) certidão de propriedade de bens imóveis e direitos a eles relativos; f) documentos necessários à comprovação da titularidade dos bens móveis e direitos, se houver; g) certidão negativa de tributo; e h) Certidão de Cadastro de Imóvel Rural - CCIR, se houver imóvel rural a ser partilhado.

A escritura fará menção aos documentos apresentados, devendo ser originais ou em cópias autenticadas, salvo os de identidade das partes, que serão sempre originais (arts. 23 e 24).

O Conselho Nacional de Justiça recomenda, ainda, o que deve ser prática constante do tabelião por gozar de fé pública, seja negada a lavratura da escritura, se houver fundados indícios de fraude ou dúvidas sobre a declaração de vontade de algumas das partes, fundamentando a recusa por escrito (art. 32).

A lei faculta aos herdeiros a opção pela via extrajudicial ou o inventário judicial ao dispor que, se os interessados forem capazes e concordes, "poderá fazer-se o inventário e a partilha por escritura pública", conferindo, portanto, o poder de escolha.

Facultando-se a opção pelo procedimento, e tratando-se de norma processual, aplica-se o princípio da imediatividade e permite-se aos interessados nos inventários já em curso desistir da esfera judicial e optar pelo inventário administrativo, se for mais conveniente, ou, ainda, lavrar a escritura pública e juntá-la ao processo, requerendo a extinção do feito sem resolução de mérito.

A existência de processo de inventário, ainda não encerrado, porquanto não julgada a partilha, não impede a realização do inventário por escritura pública, bastando que cópia autêntica seja posteriormente juntada ao processo para extinção do feito, por perda de objeto. No entanto, deverá o juiz examinar se na escritura de inventário e partilha foram observados os requisitos legais e recolhidos os tributos incidentais, dando ciência ao fisco de eventual sonegação para as providências administrativas ou judiciais que o ente público entender cabíveis[49].

A redação original do art. 982 do Código de Processo Civil de 1973 não previa a gratuidade para os reconhecidamente pobres. No entanto, a Lei n. 11.965/2009 alterou o referido dispositivo, acrescentando o § 2º, possibilitando a gratuidade da escritura pública de inventário e partilha, desde que as partes declarem o dispositivo perante o Tabelião de Notas. Ressalta-se, todavia, que as serventias notariais estão se recusando à lavratura da Escritura gratuitamente, pois não foi prevista nenhuma forma de compensação para esses atos, como ocorre com a gratuidade dos registros civis, não podendo os Cartórios custear as despesas por conta própria. O novo Código de Processo Civil não reproduziu o § 2º do art. 982 do Código de Processo Civil de 1973, excluindo a gratuidade do inventário administrativo.

A escritura pública não se limitará à partilha, devendo constar, obrigatoriamente, o inventário dos bens do falecido, aplicando, no que couber, o disposto nos art. 620 da legislação processual, ou seja, a qualificação completa do falecido e a data do óbito comprovada pela certidão, cujos dados devem ser transcritos; a qualificação e o título dos herdeiros e do cônjuge ou companheiro supérstite, se houver, informando o regime de bens; renúncia de herdeiros, por documento público em separado ou na própria escritura; cessão pelo herdeiro dos direitos hereditários; a qualificação dos advogados que assistem às partes; a relação completa e individualizada de todos os bens do espólio; os valores atribuídos aos bens; a prova da quitação dos tributos relativos aos bens do espólio e às suas rendas e os incidentes sobre a transmissão da propriedade – ITCD; e, finalmente, a partilha, constando o valor do quinhão de cada parte, declarando a cota a pagar-lhe, a

49 PARREIRA, Antonio Carlos. Escrituras de inventários, separações e divórcios: alguns cuidados. *Jus Navigandi*, Teresina, ano 11, n. 1293, jan. 2007. p. 3.

razão do pagamento, a relação dos bens que lhe compõem, as características que os individualizam e os ônus que os gravam.

São obrigatórias também a qualificação e a assinatura do(s) advogado(s) na escritura pública. A eles, a lei reservou papel especial de, efetivamente, assistir aos contratantes, verificando a legalidade dos acordos em seus mínimos detalhes, zelando pela autenticidade dos documentos exigidos para o ato, cuidando para que as partilhas obedeçam à igualdade e alertando pessoalmente as partes das consequências de seus atos. Trata-se de requisito essencial, e sua ausência importa nulidade do ato (art. 166, V, do CC)[50]. A Resolução n. 35 do Conselho Nacional de Justiça se preocupou em vedar a existência de profissional do direito de plantão no cartório, dispondo no art. 9º que é vedada ao tabelião a indicação de advogados às partes, recomendando-lhes, se não dispuserem de condições econômicas para contratar advogado, a Defensoria Pública onde houver e, na falta dela, a Seccional da OAB.

Não é imprescindível comparecimento pessoal das partes para lavratura e assinatura da escritura pública de inventário e partilha, como ocorre com o advogado, exigindo apenas que estejam assistidos, permitindo, portanto, sejam representados por procuradores com poderes especiais, mediante instrumento público. O art. 12 da Resolução n. 35 do Conselho Nacional de Justiça, que vedava a cumulação das funções de mandatário dos herdeiros com a de advogado das partes, foi alterada parcialmente pela Resolução n. 179/2013, permitindo que o mesmo advogado exerça as funções de mandatário (representante) e advogado das partes.

É necessário o comparecimento dos cônjuges dos herdeiros ao ato da lavratura da escritura pública, quando houver renúncia ou partilha desigual importando em transmissão de bens, exceto se o casamento se der sob o regime de separação absoluta de bens (art. 17 da Resolução n. 35 do CNJ), devendo também ser dispensada no regime de participação final nos aquestos, se os bens forem particulares e estiver convencionado no pacto antenupcial a livre disposição (art. 1.656 do CC).

Tratando-se de herdeiros capazes e concordes, pode ser reconhecida a meação do(a) companheiro(a) na escritura pública, independentemente de

---

50 PARREIRA, Antonio Carlos. Escritura de inventário e divórcio: outras questões controvertidas. *Jus Navigandi*, Teresina, ano 11, n. 1.297, jan. 2007.

ação judicial para declaração da união estável, somente exigida se não houver consenso ou o(a) companheiro(a) for o único herdeiro (arts. 18 e 19 da Resolução n. 35 do CNJ).

Não existe vedação legal, permitindo-se a realização do inventário por escritura pública por cessionário de herdeiros, desde que presentes e concordes, de inventário negativo e mesmo para levantamento das verbas previstas na Lei n. 6.858/1980, produzindo a escritura pública título hábil para os registros civil e imobiliário, levantamento de valores e materializações de transferência de bens e direitos junto às instituições financeiras, empregadores, órgãos públicos, departamentos de trânsito, junta comercial, companhia telefônica, entre outros (arts. 3º, 14, 16 e 28 da Resolução n. 35 do CNJ).

O art. 610 do atual Código de Processo Civil apresentou inovação em seu § 1º, ao acrescentar que a escritura pública constitui "documento hábil para qualquer ato de registro, bem como para levantamento de importância depositada em instituições financeiras", o que evitará as dificuldades que ocorriam antes de sua vigência, considerando que a redação do Código de Processo Civil de 1973 dispunha que era título hábil apenas "para o registro imobiliário". A nova redação facilitará o levantamento de aplicações financeiras, transferências de ações, de veículos, entre outros.

O imposto de transmissão *causa mortis* e doação (ITCD) é estadual (art. 155, I, da CF), cabendo a cada Estado instituí-lo e regular os prazos, índices e formas de pagamento. Em Minas Gerais, é regido pela Lei estadual n. 14.941, de 29 de dezembro de 2003, alterada pela Lei n. 17.272/2007, que prevê o pagamento antes da lavratura da escritura pública e antes do registro de qualquer instrumento (art. 13, § 1º).

Na seara judicial, o imposto de transmissão da propriedade dos bens do espólio – ITCD (imposto sobre a transmissão *causa mortis* e doação) deve ser recolhido de acordo com os valores atribuídos pelos herdeiros, entretanto não fica adstrita a autoridade fazendária, podendo, apurado em processo administrativo valor diverso do estimado, promover o lançamento administrativo e exigir a integralidade ou eventual diferença do crédito tributário, aplicando-se o disposto no art. 662 e parágrafos do Código de Processo Civil.

No inventário extrajudicial, o ITCD, portanto, deve ser recolhido antes da lavratura da escritura pública, observando os valores atribuídos aos bens mediante prévia avaliação do fisco.

A lavratura da escritura pública de inventário e partilha fica condicionada à comprovação, pelo tabelião, da prova de quitação verificada pela Fazenda Pública de todos os tributos relativos aos bens do espólio e às suas rendas.

O Provimento n. 164/2007 da Corregedoria-Geral de Justiça do Estado de Minas Gerais prevê que a escritura de inventário e partilha ou sobrepartilha somente será finalizada após terem sido apresentados os comprovantes de recolhimento dos tributos incidentes, que devem ser consignados no ato notarial. No mesmo sentido é a Resolução n. 35 do Conselho Nacional de Justiça, ao dispor no art. 15 que "o recolhimento dos tributos incidentes deve anteceder a lavratura da escritura", acrescentando no art. 31 que a escritura pode ser lavrada a qualquer momento, cabendo ao tabelião fiscalizar o recolhimento de eventual multa, em razão do atraso.

A partilha amigável, celebrada entre partes capazes, não exige obediência absoluta ao princípio da igualdade (art. 2.017 do CC), podendo os interessados efetuar a partilha em quinhões desiguais, conforme lhes convier e for mais cômodo, entretanto, se ocorrer pagamentos a maior para o meeiro ou entre os herdeiros que excederem as legítimas, de forma gratuita, restará caracterizada doação, sujeita ao imposto de transmissão por ato *inter vivos* devido ao Estado (ITCD), salvo isenção por ele reconhecida. Ocorrendo, ainda, desigualdade na partilha, e para compensar o recebimento a maior em bem imóvel, o beneficiado efetuar ao coerdeiro pagamento em dinheiro ou doação de bens próprios, restará caracterizada a transmissão onerosa por ato *inter vivos*, como se houvesse uma compra da parte excedente, incidindo a favor do município da situação do bem o imposto sobre a transmissão de bem imóvel (ITBI - art. 156, II, da CF), salvo isenção ou não incidência, segundo a lei municipal. O tabelião deve se atentar para essas hipóteses e exigir comprovação do indispensável recolhimento dos tributos[51].

Tratando-se de escritura pública entre partes capazes, permite-se que seja retificada, se presentes e concordes os interessados, mediante nova escritura retificatória. Ocorrendo erros materiais, poderão ser corrigidos de ofício ou a requerimento das partes, mediante anotação à margem do ato notarial e, não havendo espaço, por nova escritura com anotação remissiva no livro próprio (art. 13 da Resolução n. 35 do CNJ).

---

[51] PARREIRA, Antonio Carlos. Escritura... cit.

O art. 610 do Código de Processo Civil autoriza o inventário e a partilha por escritura pública, que se constitui título hábil para o registro imobiliário, como o formal de partilha expedido pelo juízo. Da mesma forma que se autoriza a partilha entre mais de um herdeiro, por óbvio permite-se a adjudicação quando existir apenas um herdeiro, por ser o único, em razão da renúncia dos demais ou por aquisição dos direitos sucessórios, beneficiando, nessa hipótese, também o cessionário.

A adjudicação ocorre na existência de apenas um herdeiro, sem necessidade de realizar partilha (art. 659, § 1º, do CPC). Em analogia, por razão mais forte, tratando-se de herdeiro único e capaz, são permitidos o inventário e a adjudicação por escritura pública, também hábeis para o registro imobiliário.

Da mesma forma, atendidos os requisitos legais, se aparecerem outros bens do falecido, após ultimada a partilha, é possível proceder à sobrepartilha extrajudicial, lavrando-se nova escritura pública, com referência à escritura anterior e constando todos os dados imprescindíveis. Se o inventário foi judicial, a sobrepartilha deve ser realizada nos próprios autos do processo, tendo em vista a regra do art. 670 e parágrafo único do Código de Processo Civil. A Resolução n. 35/2007 do Conselho Nacional de Justiça, entretanto, estabelece de modo diverso em seu art. 35 ao dispor que "é admissível a sobrepartilha por escritura pública, ainda que referente a inventário e partilha judiciais já findas, mesmo que o herdeiro, hoje maior e capaz fosse menor ou incapaz ao tempo do óbito ou do processo judicial".

A existência de credores do espólio não impedirá a realização de inventário e partilha ou adjudicação dos bens por escritura pública; é necessário, entretanto, serem reservados bens suficientes para pagamento da dívida, devidamente descritos, em analogia ao art. 663 do Código de Processo Civil.

16.12. PROCESSO DE INVENTÁRIO JUDICIAL COMUM OU SOLENE

16.12.1. Introdução

O Código de Processo Civil de 2015 não apresenta muitas modificações em face do Código de 1973 no processo de inventário e partilha, entretanto trouxe importantes inovações. Aumentou os prazos para os herdeiros se manifestarem no processo; simplificou as matérias no conceito abstrato de "alta indagação" para aquelas que não se provam com documentos; acrescentou o herdeiro menor, por seu representante, e o cessionário do herdeiro ou legatário entre os legitimados para inventariante; ampliou as hipóteses de cumulação de inventários; ampliou o valor da herança para mil salários mínimos para o inventário proceder-se no rito de arrolamento comum; estabeleceu que na colação a conferência da antecipação da legítima será em substância, trazendo o próprio bem doado, e não mais o valor no ato de liberalidade, valorando na data da abertura da sucessão; permite ao juiz deferir antecipadamente ao herdeiro usar e fruir dos bens da herança que comporão seu quinhão (tutela de evidência especial no âmbito do inventário); estabelece que o quinhão do nascituro ficará reservado e sob a administração do inventariante até o seu nascimento; e apresenta critérios mais objetivos na partilha, buscando igualdade, comodidade dos herdeiros e prevenção de litígios futuros[52].

Ana Luíza Maia Navares ressalta que o novo Código de Processo Civil tem a preocupação de dar efetividade ao processo, de ser eficiente na concretização do direito material, o que deve ser aplicado especialmente nos morosos processos de inventário. Acrescenta que, nessa direção, os processualistas encarregados de sua elaboração buscam alcançar os seguintes objetivos:

> 1) harmonizar a lei ordinária processual aos valores e princípios da Constituição Federal, em claro e evidente respeito à hierarquia das fontes;
>
> 2) possibilitar que o processo alcance resultados consonantes à realidade fática em que esteja inserido, enfatizando a atuação das partes na solução dos conflitos, a partir da mediação e da conciliação, bem como a partir dos instrumentos que permitem uma contratualização do processo;
>
> 3) simplificar o processo, identificando pontos complexos que mereciam redução de atos e formalidades;
>
> 4) propiciar que cada processo tenha maior rendimento possível possibilitando, por exemplo, que as partes, até a sentença, modifiquem o pedido e

---

52 NEVARES, Ana Luíza Maia. As inovações do Código de Processo Civil de 2015 no direito das sucessões. *Revista IBDFAM: famílias e sucessões*, Belo Horizonte: IBDFAM, v. 13, jan.-fev. 2016. p. 60-93.

a causa de pedir, desde que não haja ofensa ao contraditório, extraindo-se do processo o maior aproveitamento possível; e

5) obter maior coesão do sistema, a partir da organicidade das regras do processo civil[53].

16.12.2. Conceito, abertura e nomeação de inventariante

O processo de inventário é o instrumento para oficializar a transferência dos bens deixados pelo autor do patrimônio aos seus herdeiros, consiste na atividade processual endereçada à descrição detalhada de toda a herança, de modo a individualizar todos os bens móveis e imóveis que formam o acervo patrimonial do morto, incluindo as dívidas ativas e passivas e os outros de natureza patrimonial. O processamento do inventário e da partilha, nos mesmos autos, não causa unicidade processual, sendo um o processo de inventário e outro o da partilha, pois o inventário constitui o processo preparatório imprescindível para a realização da partilha e liquidação do imposto *causa mortis* e seu julgamento. O processo de inventário é a arrecadação dos bens, o chamamento dos herdeiros e a liquidação da herança, enquanto a partilha é a divisão dos bens entre os herdeiros habilitados no processo, é o complemento obrigatório deste, salvo se existir herdeiro único, quando haverá a adjudicação dos bens[54].

Rodrigo da Cunha Pereira conceitua o inventário judicial como "o procedimento pelo qual se faz a descrição pormenorizada dos bens da herança, para possibilitar o reconhecimento de tributos, pagamento de credores, e, por fim, a partilha"[55].

O foro competente para o processo de inventário e liquidação da herança é o do domicílio do *de cujus*, bem como das ações em que o espólio for réu. Caso o falecido não possua domicílio, a competência será no foro de situação dos bens imóveis. Ocorrendo a hipótese de o autor da herança possuir bens imóveis em vários locais, a competência será no foro de qualquer

---

[53] NEVARES, Ana Luíza Maia. Op. cit., p. 57-58.

[54] THEODORO JUNIOR, Humberto; SOUZA, Orlando de apud CATEB, Salomão de Araújo. *Direito das sucessões*. 3. ed. São Paulo: Atlas, 2003. p. 238-239.

[55] PEREIRA, Rodrigo da Cunha. *Dicionário de direito de família e sucessões*. São Paulo: Saraiva, 2015. p. 415-416.

deles. Nesse ponto, o atual Código de Processo Civil inovou, pois no anterior a competência era no local em que ocorreu a morte, que ocasionava grandes transtornos, já que o autor da herança pode falecer em local totalmente estranho de seus bens e negócios. Não possuindo o falecido bens imóveis, a competência será no fórum em que possuía qualquer bem. É o que dispõe o art. 48 do Código de Processo Civil:

> Art. 48. O foro de domicílio do autor da herança, no Brasil, é o competente para o inventário, a partilha, a arrecadação, o cumprimento de disposições de última vontade, a impugnação ou anulação de partilha extrajudicial e para todas as ações em que o espólio for réu, ainda que o óbito tenha ocorrido no estrangeiro.
>
> Parágrafo único. Se o autor da herança não possuía domicílio certo, é competente:
>
> I - o foro de situação dos bens imóveis;
>
> II - havendo bens imóveis em foros diferentes, qualquer destes;
>
> III - não havendo bens imóveis, o foro do local de qualquer dos bens do espólio.

A competência, entretanto, não é absoluta, podendo ser ajuizada a abertura do inventário em foro diverso do domicílio do inventariado - Súmula 58 do Tribunal Federal de Recursos[56]. Sendo relativa a competência, não pode ser declinada de ofício pelo juiz, determinando-se por prevenção do juiz que primeiro conheceu do inventário, ante a existência de mais de um domicílio do falecido que não possuir domicílio certo, existindo bens em diversos Municípios ou Estados, ainda que o óbito tenha ocorrido em local diverso dos domicílios ou da situação dos bens. Algumas ações, em que o espólio for réu, não serão no foro do inventário, mas da situação do imóvel[57],

---

[56] Súmula 58: "Não é absoluta a competência definida no art. 96 do Código de Processo Civil, relativamente à abertura de inventário ainda que existente interesse de menor, podendo a ação ser ajuizada em foro diverso do domicílio do inventariado".

[57] "Art. 47. Para as ações fundadas em direito real sobre imóveis é competente o foro de situação da coisa.

§ 1º O autor pode optar pelo foro de domicílio do réu ou pelo foro de eleição se o litígio não recair sobre direito de propriedade, vizinhança, servidão, divisão e demarcação de terras e de nunciação de obra nova.

como da ação de usucapião e de desapropriação[58]. Se o autor da herança for incapaz, o foro competente será o de seu representante legal (art. 76, parágrafo único, do CC).

O pedido de abertura de inventário deve ocorrer no prazo de dois meses, nos termos no art. 611 do Código de Processo Civil, estando legitimado para o pedido de abertura quem estiver na posse e administração do espólio. Possuem, ainda, legitimidade concorrente as seguintes pessoas, conforme o art. 616 do Código de Processo Civil:

> Art. 616. Têm, contudo, legitimidade concorrente:
>
> I - o cônjuge ou companheiro supérstite;
>
> II - o herdeiro;
>
> III - o legatário;
>
> IV - o testamenteiro;
>
> V - o cessionário do herdeiro ou do legatário;
>
> VI - o credor do herdeiro, do legatário ou do autor da herança;
>
> VII - o Ministério Público, havendo herdeiros incapazes;
>
> VIII - a Fazenda Pública, quando tiver interesse;
>
> IX - o administrador judicial da falência do herdeiro, do legatário, do autor da herança ou do cônjuge ou companheiro supérstite.

O pedido de abertura do inventário deve ser instruído com a certidão de óbito do autor da herança e documentos comprobatórios da legitimidade do requerente.

O Código de Processo Civil de 1973 dispunha que "o juiz determinará, de ofício, que se inicie o inventário, se nenhuma das pessoas mencionadas nos artigos antecedentes o requerer no prazo legal", que não foi reproduzido no atual, mas não retira a competência do juiz, que no inventário age de ofício.

---

§ 2º A ação possessória imobiliária será proposta no foro de situação da coisa, cujo juízo tem competência absoluta."

[58] NEGRÃO, Theotonio; GOUVÊA, José Roberto Ferreira. Op. cit., p. 231, citando diversos julgados do Superior Tribunal de Justiça.

O inventário, portanto, pode ser aberto a requerimento da parte interessada ou determinado de ofício pelo juiz, se, transcorrido o prazo de dois meses da abertura da sucessão, nenhuma das pessoas legitimadas requerer.

Aberto o inventário, será nomeado o inventariante, que deverá prestar o compromisso de bem e fielmente desempenhar o encargo, no prazo de cinco dias contados da intimação, administrando a herança a partir da assinatura até ultimar a partilha (art. 1.991 do CC).

A maioria dos juízes tem autorizado no despacho de nomeação do inventariante que entre em exercício de imediato, a partir da intimação da nomeação, independente de prestar compromisso, como ocorre no arrolamento.

16.12.3. Primeiras declarações

Assinado o termo de compromisso, ou apenas intimado da nomeação se dispensado do compromisso, o inventariante prestará, no prazo de vinte dias, as primeiras declarações ou declarações preliminares, oportunidade em que indicará e qualificará o *de cujus*, o cônjuge sobrevivente ou companheiro(a), os herdeiros e arrolará todos os bens da herança, descrevendo-os individualmente, com seus respectivos valores, as dívidas ativas e passivas, bem como os bens alheios encontrados no espólio. Apresenta, minuciosamente, todos os dados do falecido, dos herdeiros e do patrimônio. O Código de Processo Civil, em seu art. 620, descreve os requisitos e informações que devem constar nas declarações, incluindo o companheiro (omitido no art. 993 do CPC/1973) e a apresentação das primeiras declarações mediante petição, dispondo que:

> Art. 620. Dentro de 20 (vinte) dias contados da data em que prestou o compromisso, o inventariante fará as primeiras declarações, das quais se lavrará termo circunstanciado, assinado pelo juiz, pelo escrivão e pelo inventariante, no qual serão exarados:
>
> I – o nome, o estado, a idade e o domicílio do autor da herança, o dia e o lugar em que faleceu e se deixou testamento;
>
> II – o nome, o estado, a idade, o endereço eletrônico e a residência dos herdeiros e, havendo cônjuge ou companheiro supérstite, além dos respectivos dados pessoais, o regime de bens do casamento ou da união estável;

III – a qualidade dos herdeiros e o grau de parentesco com o inventariado;

IV – a relação completa e individualizada de todos os bens do espólio, inclusive aqueles que devem ser conferidos à colação, e dos bens alheios que nele forem encontrados, descrevendo-se:

a) os imóveis, com as suas especificações, nomeadamente local em que se encontram, extensão da área, limites, confrontações, benfeitorias, origem dos títulos, números das matrículas e ônus que os gravam;

b) os móveis, com os sinais característicos;

c) os semoventes, seu número, suas espécies, suas marcas e seus sinais distintivos;

d) o dinheiro, as joias, os objetos de ouro e prata e as pedras preciosas, declarando-se-lhes especificadamente a qualidade, o peso e a importância;

e) os títulos da dívida pública, bem como as ações, as quotas e os títulos de sociedade, mencionando-se-lhes o número, o valor e a data;

f) as dívidas ativas e passivas, indicando-se-lhes as datas, os títulos, a origem da obrigação e os nomes dos credores e dos devedores;

g) direitos e ações;

h) o valor corrente de cada um dos bens do espólio.

§ 1º O juiz determinará que se proceda:

I – ao balanço do estabelecimento, se o autor da herança era empresário individual;

II – à apuração de haveres, se o autor da herança era sócio de sociedade que não anônima.

§ 2º As declarações podem ser prestadas mediante petição, firmada por procurador com poderes especiais, à qual o termo se reportará.

Juntar-se-á certidão do testamento, se houver, pelo inventariante ou determinado pelo juiz.

As primeiras declarações devem expressar com exatidão os bens do espólio, evitando dúvidas e erros, tendo em vista que serão objeto de apreciação pelos demais herdeiros, fisco e Ministério Público, existindo incapazes, além de servirem para lavrar o formal de partilha, no qual deve constar, obrigatoriamente, referência à matrícula ou ao registro anterior, seu número e cartório (art. 222 da Lei n. 6.015/1973). Os erros na descrição dos bens, incluindo número de matrícula no registro imobiliário, impedirão futura averbação no registro, sendo necessária retificação da partilha.

Devem ser mencionadas as dívidas do espólio, bem como os ônus que recaem sobre os bens, como hipotecas, penhores e sequestros.

Tratando-se de inventário dos bens deixados por pessoa casada, sob o regime de comunhão de bens, devem ser descritos todos os bens particulares e os comuns, e não apenas a meação do falecido, resguardando-se, por ocasião da partilha, a meação do cônjuge sobrevivente.

Necessário descrever, ainda, os bens imóveis que pertencem ou estavam na posse do falecido, mesmo que não estejam transcritos em seu nome no registro imobiliário, bem como os bens alheios encontrados no espólio, indicando os legítimos proprietários, se conhecidos. Os bens alheios serão mencionados nas declarações e excluídos da partilha.

Não se exige, portanto, que o bem imóvel esteja regularizado junto ao registro imobiliário para ser inventariado. O argumento de que o bem só pode ser inventariado pelos herdeiros após regularizada a propriedade do registro imobiliário, como ocorre nos contratos de promessa de compra e venda, procedendo-se a posterior sobrepartilha, não encontra guarida no art. 620, IV, do Código de Processo Civil. Apesar de se exigir o número da matrícula na letra *a*, no *caput* do inciso IV exige-se a relação completa de "todos os bens do espólio", incluindo os "direitos" (letra *g*). É inequívoco que o bem imóvel prometido, com pagamento parcial ou integral, especialmente com as cláusulas de irrevogabilidade e irretratabilidade, obrigando as partes e seus sucessores, integra o patrimônio do falecido e transfere aos sucessores o direito de inventariá-lo. Nesse sentido é a jurisprudência:

> AGRAVO DE INSTRUMENTO. SUCESSÕES. AÇÃO DE INVENTÁRIO. EXCLUSÃO DE IMÓVEL. CONTRATO DE COMPRA E VENDA. AUSÊNCIA DE REGISTRO. EFEITOS *INTER PARTES*. ADQUIRENTE (INVENTARIADO) COMO CREDOR DE OBRIGAÇÃO DE DAR. DIREITO TRANSMISSÍVEL AOS HERDEIROS. PARTILHA. CABIMENTO. Sabe-se, por força do ordenamento jurídico pátrio, que a propriedade de bem imóvel só se transmite, em regra, com o registro. Tem-se que o ato de aquisição e transferência de bem imóvel é ato complexo, com duas fases: manifestação de vontade das partes e chancela do Estado. Assim, com o

> contrato de compra e venda, desde o seu nascedouro, já se estabelece o direito do credor (adquirente) frente ao vendedor, este último assumindo uma obrigação de dar efetivo cumprimento ao contrato, com a transferência do bem, assim se estabelecendo uma obrigação *inter partes*. Logo, advindo o falecimento daquele que era o credor na relação obrigacional, porquanto já implementadas as condições então assumidas, sobressai o direito dos seus sucessores, com expressão econômica, a ser inventariado. Com mais razão quando o próprio contrato evidencia a transmissão desse direito aos herdeiros em caso de falecimento do adquirente[59].

No mesmo sentido decidiu novamente o Tribunal Mineiro, desta vez para lançar o bem na partilha, ao fundamentar que,

> (...) conquanto a propriedade ainda não tenha sido formalmente transferida, não se exige do inventariante ou herdeiro a demonstração de regularidade do imóvel como condição para partilha, comprovado nos autos ser o referido imóvel do *de cujus*, a acarretar a procedência do pleito recursal[60].

É necessário incluir nas primeiras declarações também os bens em que o *de cujus* encontrava-se na posse, por ocasião de seu falecimento, que podem ser objeto de usucapião, e os bens litigiosos. O fato de se tratar de bens remotos não é suficiente para afastar a necessidade de inclusão nas primeiras declarações, pois não retardarão a conclusão do inventário, ficando sujeitos à sobrepartilha (art. 669, IV, do CPC). A partilha adicional tem por finalidade permitir que os bens líquidos, certos e presentes sejam partilhados de imediato, reservando-se para a sobrepartilha os bens litigiosos ou remotos descritos nas primeiras declarações[61].

As ações de empresas de sociedade anônima devem ser lançadas, observando-se a cotação na data do óbito.

O § 1º do art. 620 da Lei processual dispõe que o juiz determinará o balanço do estabelecimento, se o autor da herança era comerciante em nome

---

59 TJMG, AI 1.0241.10.002630-1/001, Rel. Des. Armando Freire, j. 23-10-2012.

60 TJMG, AI 1.0024.00.082827-7/001, Rel. Des. Fernando de Vasconcelos Lins (JD convocado), j. 25-2-2016.

61 TJMG, AI 1.0363.09.042365-0/001, 3ª Câm. Cível, Rel. Des. Elias Camilo, j. 9-9-2010.

individual, nomeando contador (art. 630, parágrafo único, do CPC), e a apuração dos haveres, se era sócio de sociedade não anônima.

A apuração se faz por intermédio de contador, não se aplicando as normas do Código de Processo Civil sobre perícia (*RT* 500/205), e não abrange lucros ou perdas posteriores à data do falecimento do autor da herança (*RT* 493/97 e 509/104)[62].

Euclides de Oliveira ensina que haverá somente a apuração dos haveres do falecido, se era sócio de sociedade não anônima, no caso de a morte do sócio não acarretar a liquidação da sociedade. No caso de sociedade simples, liquida-se sua quota (art. 1.028 do CC). Na sociedade por quotas de responsabilidade limitada, depende das cláusulas contratuais, podendo existir previsão de continuidade com os sócios remanescentes e atribuir aos herdeiros do sócio falecido o quinhão correspondente, recolhendo seus haveres à data do óbito, ou admissão dos herdeiros em substituição ao *de cujus*, desde que exista consenso entre os sócios remanescentes, sem o que faltará aos sucessores a qualidade de sócios[63].

O inventariante deve, ainda, atribuir o valor de cada um dos bens do espólio nas primeiras declarações.

16.12.4. Citação dos herdeiros, impugnações e questões de alta indagação

Apresentadas as primeiras declarações, serão citados todos os herdeiros não representados, bem como o testamenteiro, intimado o Ministério Público nos casos em que deva intervir, e a Fazenda Pública Estadual, em razão do imposto *causa mortis*, bem como a Fazenda Municipal, se ocorrer cessão de direitos hereditários ou se na partilha incidir tornas em dinheiro, ensejando o ITBI. As pessoas que residiam na comarca onde corria o inventário eram citadas pessoalmente, e as que não residiam eram citadas por edital com prazo de vinte a sessenta dias, sendo residentes no Brasil ou no estrangeiro, conforme dispunha o art. 999 e § 1º do Código de Processo Civil de 1973. O atual Código de Processo Civil inovou no art. 626[64], nota-

---

62 NEGRÃO, Theotonio; GOUVÊA, José Roberto Ferreira. Op. cit., p. 1.033.

63 OLIVEIRA, Euclides Benedito de; AMORIM, Sebastião Luiz. Op. cit., p. 358.

64 "Art. 626. Feitas as primeiras declarações, o juiz mandará citar, para os termos do inventário e da partilha, o cônjuge, o companheiro, os herdeiros e os legatários e

damente no § 1º, ao determinar a citação do cônjuge ou companheiro, herdeiros e legatários pelo correio, objetivando agilizar o procedimento. Novamente a lição de Cid Eduardo Brown:

> Outra inovação do NCPC foi a mudança na forma da citação do cônjuge, o companheiro, os herdeiros, os legatários, que antes era feita por oficial de justiça para aqueles que residissem na comarca onde tramitava o inventário, sendo todos os demais citados por edital. Conforme a previsão do § 1º, do art. 626, do NCPC, o cônjuge, o companheiro, os herdeiros, os legatários serão citados pelo correio, independentemente de seu domicílio, consoante as regras previstas no art. 247, do NCPC, utilizando-se a citação por edital, de forma genérica, apenas para se dar conhecimento do inventário aos potenciais interessados, e aqueles cujo o endereço seja desconhecido, na forma do inciso III, do art. 259, do NCPC[65].

Incumbe ao escrivão remeter cópias à Fazenda Pública Estadual, ao testamenteiro, se houver, e ao advogado, se a parte já estiver representada nos autos (art. 626, § 4º, do CPC). O Ministério Público, entretanto, possui a prerrogativa mediante lei especial de somente ser intimado por meio da entrega dos autos com vistas (art. 41, IV, da Lei n. 8.625/1993).

A doutrina e a jurisprudência majoritárias entendem que, em regra, é dispensada a citação do cônjuge do herdeiro, pois ele não desfruta da qualidade de herdeiro, bastando também outorga unilateral de procuração pelo herdeiro, uma vez que o inventário tem por fim o recebimento de bens por sucessão *causa mortis*. No entanto, é necessária a citação do cônjuge, ou sua representação no processo, em caso de disposição de bens, como renúncia

---

intimar a Fazenda Pública, o Ministério Público, se houver herdeiro incapaz ou ausente, e o testamenteiro, se houver testamento.

§ 1º O cônjuge ou o companheiro, os herdeiros e os legatários serão citados pelo correio, observado o disposto no art. 247, sendo, ainda, publicado edital, nos termos do inciso III do art. 259.

§ 2º Das primeiras declarações extrair-se-ão tantas cópias quantas forem as partes.

§ 3º A citação será acompanhada de cópia das primeiras declarações.

§ 4º Incumbe ao escrivão remeter cópias à Fazenda Pública, ao Ministério Público, ao testamenteiro, se houver, e ao advogado, se a parte já estiver representada nos autos."

[65] SILVA, Cid Eduardo Brown da. Op. cit.

à herança, alienação, partilha diferenciada e quaisquer atos que dependam de outorga uxória[66].

A dispensa de citação e a representação do cônjuge devem ser observadas com cautela, sendo exigidas não apenas nas hipóteses de disposição de bens, como defende a maioria, pois, mesmo faltando-lhe título hereditário, o cônjuge possui interesse em fiscalizar a meação, mesmo que separado de fato ou judicialmente, se posterior à abertura da sucessão. Em razão dos efeitos patrimoniais do casamento, dispensam-se a citação e a representação do cônjuge no processo de inventário, apenas se o regime for o de separação absoluta de bens, e no regime de participação final nos aquestos, se existir convenção de livre disposição dos bens no pacto antenupcial (arts. 1.647 e 1.656 do CC).

Dispensa-se a citação dos herdeiros e interessados já representados nos autos ou que compareceram espontaneamente (art. 239, § 1º, do CPC).

O juiz dará curador especial ao ausente, se o não tiver, e ao incapaz, se concorrer na partilha com o seu representante, existindo colisão de interesses, nos termos do art. 671 do Código de Processo Civil[67].

Concluídas as citações, abrir-se-ão vistas às partes, em cartório e pelo prazo comum de quinze dias (eram dez no art. 1.000 do CPC/1973), para a fase das impugnações, conforme disposto no art. 627 do atual Código de Processo Civil:

> Art. 627. Concluídas as citações, abrir-se-á vista às partes, em cartório e pelo prazo comum de 15 (quinze) dias, para que se manifestem sobre as primeiras declarações, incumbindo às partes:
>
> I - arguir erros, omissões e sonegação de bens;
>
> II - reclamar contra a nomeação de inventariante;
>
> III - contestar a qualidade de quem foi incluído no título de herdeiro.
>
> § 1º Julgando procedente a impugnação referida no inciso I, o juiz mandará retificar as primeiras declarações.

---

66 OLIVEIRA, Euclides Benedito de; AMORIM, Sebastião Luiz. Op. cit., p. 364.

67 "Art. 671. O juiz nomeará curador especial:
I - ao ausente, se não o tiver;
II - ao incapaz, se concorrer na partilha com o seu representante, desde que exista colisão de interesses."

§ 2º Se acolher o pedido de que trata o inciso II, o juiz nomeará outro inventariante, observada a preferência legal.

§ 3º Verificando que a disputa sobre a qualidade de herdeiro a que alude o inciso III demanda produção de provas que não a documental, o juiz remeterá a parte às vias ordinárias e sobrestará, até o julgamento da ação, a entrega do quinhão que na partilha couber ao herdeiro admitido.

Nesta oportunidade, permite o Código de Processo Civil tríplice impugnação pelas partes:

a) qualidade do inventariante;

b) qualidade do herdeiro; e

c) erros, omissões e sonegação de bens do inventariante nas afirmações contidas nas primeiras declarações.

A impugnação à nomeação do inventariante, nesta fase, é o ato pelo qual os herdeiros buscam demonstrar irregularidade com relação à escolha feita pelo juiz ao nomeá-lo, diverso do procedimento de remoção, quando se imputa ao inventariante falhas ou culpa no desempenho de suas funções. Cabe ao juiz nomear o inventariante observando a gradação prevista no art. 617 do Código de Processo Civil, não podendo agir discricionariamente e corrigindo os equívocos existentes quando da nomeação. A ordem prescrita, contudo, não é absoluta, facultando ao magistrado alterá-la se existirem motivos que aconselham sua desobediência[68].

No prazo dos herdeiros dizerem sobre as primeiras declarações é também o momento em que o herdeiro, obrigado à colação, conferirá, por termo nos autos, os bens que recebeu, informando o valor, para igualar as legítimas, sob pena de sonegação (arts. 2.002 e 2.003 do CC).

Nessa fase inicial ou primeira fase do inventário, é também a ocasião para as partes arguirem erros, omissões e contestarem a qualidade do herdeiro, cabendo ao juiz decidir todas as questões de direito, mesmo que complexas, e também as questões de fato, quando estas se acharem provadas documentalmente, somente remetendo para os meios ordinários as que demandarem produção de outras provas em questões de alta indagação (art. 612 do CPC).

---

[68] TJMG, AI 1.0363.09.042365-0/001, Rel. Des. Elias Camilo, j. 9-9-2010.

A nomeação de inventariante pode ser impugnada antes mesmo da apresentação das primeiras declarações. Iniciando-se a disputa pela inventariança, logo que aberto o processo de inventário, a decisão que nomeia o inventariante desafia, desde logo, agravo de instrumento, pois não põe fim ao processo de inventário. Cabe também agravo da decisão na impugnação das primeiras declarações que acolhem ou rejeitam a reclamação contra a nomeação de inventariante, inclusão e exclusão de herdeiros.

Procedente a reclamação contra a nomeação do inventariante, o juiz nomeia outro, observando a ordem de preferência.

Acolhidas as impugnações de erros e omissões, nas primeiras declarações, o juiz mandará corrigi-las, como em casos de omissão de bens não declarados, exclusão da meação de bens não comuns, validade do casamento e regime de bens que vigora. O novo Código de Processo Civil incluiu no inciso I do art. 627 a possibilidade de arguir nas primeiras declarações a sonegação de bens, entretanto, nos termos do art. 621[69], só pode ser imputada sonegação do inventariante após as últimas declarações.

Recaindo a contestação na qualidade do herdeiro, o juiz decidirá de plano, caso possua elementos de convicção no próprio inventário. Apesar de existirem julgados no sentido de que no inventário não ocorre o efeito da revelia (*RJTJESP* 51/222), Carlos Roberto Gonçalves cita julgado do Superior Tribunal de Justiça (REsp 114.524/RJ) para ensinar que, não tendo impugnado, nessa oportunidade, a qualidade de herdeiros, não mais poderão fazê-lo os interessados. Se impugnarem, as questões de direito, mesmo intricadas, e as questões de fato documentadas resolvem-se no juízo do inventário, e não na via ordinária, apenas remetendo para os meios ordinários se depender de prova *aliunde*, isto é, de prova que virá de fora do processo[70].

Verificando o juiz que a qualidade do herdeiro constitui matéria de alta indagação, a demandar produção de provas, remeterá as partes para as vias ordinárias e sobrestará, até o julgamento da ação, a entrega do quinhão que na partilha cabe ao herdeiro impugnado, reservando os bens para entrega futura ao herdeiro ou para sobrepartilha. Os fatos mais comuns de remessa

---

[69] "Art. 621. Só se pode arguir sonegação ao inventariante depois de encerrada a descrição dos bens, com a declaração, por ele feita, de não existirem outros por inventariar."

[70] GONÇALVES, Carlos Roberto. Op. cit., p. 512.

para as vias ordinárias, quanto à qualidade dos herdeiros, são as hipóteses de necessidade de investigatória de paternidade ou maternidade do herdeiro em face do autor da herança e comprovação de união estável quando não demonstrada documentalmente no inventário. Além da qualidade de herdeiros, também são remetidas para as vias ordinárias questões relativas à meação, tanto no casamento quanto na união estável, como alegação de que o bem é sub-rogado de bens anteriores, adquirido pelo falecido antes da união ou em período de separação de fato, discussão, apesar das fortes críticas da doutrina sobre a culpa da separação de fato, bem como a propriedade dos bens, como venda simulada para beneficiar certos herdeiros em detrimento de outros.

Aquele que se julgar preterido no inventário, poderá demandar sua admissão antes da partilha, sendo ouvidas as partes no prazo de quinze dias. Concordando as partes, será admitido no inventário. Não concordando as partes, o juiz decidirá, se a questão for de direito ou de fato, se achar provada por documento. Se alguma outra dúvida surgir, o juiz também decidirá sumariamente, podendo os interessados juntar documentos.

Não acolhido o pedido de admissão do herdeiro no inventário por demandar outras provas, o juiz remeterá o requerente para as vias ordinárias, determinando reserva de bens em poder do inventariante para garantir o pagamento do quinhão do herdeiro não admitido, se procedente a ação ordinária, ou sobrepartilhar entre os demais herdeiros, se improcedente. É o que determina o art. 628 do Código de Processo Civil[71].

A reserva de bens, no inventário, beneficia herdeiro, cônjuge e companheiro preterido, ressaltando a jurisprudência que o pedido de reserva de bens possui as características de uma tutela provisória, exigindo os seus pressupostos. O Superior Tribunal de Justiça tem decidido, na vigência do Código de Processo Civil de 1973, que a reserva de quinhão é medida cautelar e, portanto, sujeita aos requisitos do *fumus boni iuris* e do *periculum in mora*. O *fumus*

---

[71] "Art. 628. Aquele que se julgar preterido poderá demandar sua admissão no inventário, requerendo-a antes da partilha.

§ 1º Ouvidas as partes no prazo de 15 (quinze) dias, o juiz decidirá.

§ 2º Se para solução da questão for necessária a produção de provas que não a documental, o juiz remeterá o requerente às vias ordinárias, mandando reservar, em poder do inventariante, o quinhão do herdeiro excluído até que se decida o litígio."

boni iuris se verifica presente com a propositura da ação de nulidade parcial do assento de nascimento cumulada com investigação de paternidade (podendo ser incluídos aqui reconhecimento de união estável, anulação de pacto antenupcial no regime de separação de bens, reconhecimento de aquesto, entre outros). O *periculum in mora* está caracterizado no pedido de reserva de bens, porquanto a posterior procedência do pedido de investigação de paternidade gerará o desfazimento da partilha com risco de não ser possível repor o monte partível no estado anterior. Não são todos os casos, portanto, que autorizam reserva de bens, mas tão somente os que podem interferir em futura partilha, já existindo decisões determinando reserva de bens em razão de pendência de ação de reconhecimento de sociedade de fato, proposta por companheiro do *de cujus*, com quem mantinha união homoafetiva[72].

A ação ordinária deve ser proposta no prazo de trinta dias da reserva de bens, sob pena de cessar a eficácia da tutela provisória (art. 668, I, do CPC), e antes da partilha.

Transitada em julgado a partilha, sem observância do herdeiro ou meeiro preterido, deve ser ajuizada ação anulatória, rescisória ou de nulidade, conforme o caso, cumulada com petição de herança.

No inventário, portanto, não existe fase probatória com audiência, provas periciais e testemunhais, ou seja, somente se decidirá matéria de direito ou de fato comprovado documentalmente. Toda questão de alta indagação ou que depender de outras provas será remetida para as vias ordinárias.

A expressão "alta indagação" refere-se às questões que necessitam fazer prova em juízo, como as relativas à propriedade dos bens, condição de herdeiro, investigação de paternidade, nulidade de atos praticados pelo finado, exclusão de herdeiro, sonegação de bens, entre outras. São questões que não podem ser resolvidas no processo de inventário, exigindo elementos externos trazidos pelos interessados e que só podem ser apreciados no rito ordinário próprio. As questões jurídicas de alta indagação, normalmente, se apresentam como fatos controvertidos e contestados, exigindo ação ordinária para sua apuração com ampla oportunidade de produção de provas testemunhais, periciais e diligências, incompatível com o rito do inventário.

[72] NEGRÃO, Theotonio; GOUVÊA, José Roberto Ferreira. Op. cit., p. 1.038-1.039.

O novo Código de Processo Civil substituiu o termo genérico e abstrato de alta indagação, dispondo que somente remeterá para as vias ordinárias as questões que exigem outras provas além das documentais (art. 612).

As matérias de alta indagação, ou que exigem provas não documentais, não suspendem o inventário. O interessado deverá requerer reserva de bens ou de crédito para garantir seu eventual direito.

A Fazenda Pública informará ao juízo do inventário, no prazo de quinze dias, após as vistas concedidas às partes para se manifestarem sobre as primeiras declarações, o valor dos bens de raízes de acordo com seus cadastros, conforme o art. 629 do Código de Processo Civil[73].

16.12.5. Avaliação dos bens

Na prática, na maioria dos casos, não existe essa fase de avaliação dos bens, considerando que a Fazenda Pública Estadual procede à avaliação ao serem declarados os bens e direitos ao Fisco antecipadamente, para o recolhimento do imposto *causa mortis* nos Estados em que é concedido descontos e evitar multas, ou na fase das primeiras declarações. Discordando os herdeiros da avaliação do Fisco ou existindo herdeiros incapazes, com intervenção do Ministério Público, procede-se à avaliação judicial.

Após serem ouvidos os interessados sobre as declarações, resolvidas de plano as dúvidas ou questões suscitadas ou remetidas para a via ordinária, proceder-se-á à avaliação dos bens, por avaliador judicial, pelo preço médio de mercado. Dispõe o art. 630 do Código de Processo Civil que, "findo o prazo previsto no art. 627 sem impugnação ou decidida a impugnação que houver sido oposta, o juiz nomeará, se for o caso, perito para avaliar os bens do espólio, se não houver na comarca avaliador judicial". Complementa o parágrafo único que, "na hipótese prevista no art. 620, § 1º, o juiz nomeará perito para avaliação das quotas sociais ou apuração dos haveres".

A avaliação dos bens situados fora da comarca do inventário será efetuada mediante carta precatória, salvo se forem de pequeno valor ou conhecidos do perito, dispondo o art. 632 do Código de Processo Civil que "não

[73] "Art. 629. A Fazenda Pública, no prazo de 15 (quinze) dias, após a vista de que trata o art. 627, informará ao juízo, de acordo com os dados que constam de seu cadastro imobiliário, o valor dos bens de raiz descritos nas primeiras declarações."

se expedirá carta precatória para a avaliação de bens situados fora da comarca onde corre o inventário se eles forem de pequeno valor ou perfeitamente conhecidos do perito nomeado".

Dispensa-se a avaliação se as partes forem capazes e concordarem com o valor atribuído aos bens, bem como a Fazenda Pública (art. 633 do CPC)[74]. Da mesma forma, não se procederá à avaliação se as partes concordarem com os valores atribuídos pela Fazenda Pública, ainda que superiores aos apresentados pelo inventariante (arts. 629 e 634[75] do CPC), o que ocorre na maioria das vezes, dispensando-se a avaliação judicial. Se as partes também acordarem sobre a partilha, pode ser adotado o procedimento do arrolamento comum.

Dispensa-se, ainda, a avaliação judicial se a meação e os quinhões hereditários forem em frações ideais de todos os bens do espólio, mesmo existindo herdeiros incapazes, pela ausência de prejuízos a qualquer das partes.

Na prática, a avaliação judicial ocorre quando não existe consenso entre os herdeiros e ocorrerá partilha em bens diversos envolvendo incapazes.

Washington de Barros leciona que, dentre as regras mais importantes na avaliação, destaca-se que ela deve se regular pelo preço médio dos bens; deve ser contemporânea aos valores correntes ao tempo da abertura da sucessão; a avaliação não se repete, salvo quando se provar erro ou dolo do avaliador ou se verificar, posteriormente à avaliação, que houve diminuição do valor dos bens; os bens existentes em jurisdição diversa avaliam-se mediante precatória, exceto se forem de pequeno valor ou perfeitamente conhecidos do perito nomeado; as partes podem indicar assistentes técnicos para acompanhar as diligências; a avaliação constitui termo essencial e só se dispensa se houver plena concordância de todos os interessados[76].

---

[74] "Art. 633. Sendo capazes todas as partes, não se procederá à avaliação se a Fazenda Pública, intimada pessoalmente, concordar de forma expressa com o valor atribuído, nas primeiras declarações, aos bens do espólio."

[75] "Art. 634. Se os herdeiros concordarem com o valor dos bens declarados pela Fazenda Pública, a avaliação cingir-se-á aos demais."

[76] MONTEIRO, Washington de Barros. *Curso de direito civil*. 35. ed. rev. e atual. por Ana Cristina de Barros Monteiro França Pinto. São Paulo: Saraiva, 2003. v. 6. p. 286-287.

Apresentado o laudo com a descrição minuciosa dos bens, serão intimados todos os interessados para se manifestarem, no prazo de quinze dias, repetindo-se a avaliação, ocorrendo erro ou dolo do perito ou, ainda, se ocorrer defeitos nos bens após a avaliação, diminuindo-lhes o valor. A jurisprudência tem admitido, apesar de haver divergências, que, para se alcançar na partilha a igualdade dos quinhões, deve-se renovar a avaliação, se pelo decurso de longo tempo tiver ocorrido grande alteração dos valores atribuídos inicialmente aos bens. Em posição contrária, entende-se, especialmente para o caso de recolhimento dos impostos *causa mortis*, que basta a aplicação de correção monetária ao valor apurado na avaliação, não se repetindo se incorrer as hipóteses do art. 1.010 do Código de Processo Civil de 1973, não reproduzido no atual. Decidiu-se, ainda, que a Fazenda Pública não pode requerer avaliação, se foi feita a prova do valor fiscal ou cadastral dos bens inventariados e os herdeiros concordarem com esse valor[77].

O Código de Processo Civil dispõe, no art. 635, sobre a impugnação e retificação da avaliação sobre os bens inventariados:

> Art. 635. Entregue o laudo de avaliação, o juiz mandará que as partes se manifestem no prazo de 15 (quinze) dias, que correrá em cartório.
>
> § 1º Versando a impugnação sobre o valor dado pelo perito, o juiz a decidirá de plano, à vista do que constar dos autos.
>
> § 2º Julgando procedente a impugnação, o juiz determinará que o perito retifique a avaliação, observando os fundamentos da decisão.

16.12.6. Últimas declarações

Concluída e aprovada a avaliação, que servirá de base para todos os atos subsequentes, como cálculo do imposto *causa mortis*, partilha dos bens, venda judicial ou adjudicação para pagamento de débitos ou não couber divisão, tomam-se por termo as últimas declarações ou declarações finais do inventariante, nas quais poderá aditar ou complementar as primeiras. Dispõe o art. 636 do Código de Processo Civil que, "aceito o laudo ou resol-

---

77 NEGRÃO, Theotonio; GOUVÊA, José Roberto Ferreira. Op. cit., p. 1.040-1.041; GONÇALVES, Carlos Roberto. Op. cit., p. 514, citando STJ, RE 14.880/MG; *RSTJ* 127/218; *RTJ* 110/416 e *RT* 492/104.

vidas as impugnações suscitadas a seu respeito, lavrar-se-á em seguida o termo de últimas declarações, no qual o inventariante poderá emendar, aditar ou completar as primeiras".

Apresentadas as últimas declarações, as partes serão ouvidas em seguida, no prazo de quinze dias, em comum (art. 637 do CPC)[78], podendo impugná-las, o que exige nova decisão do juiz.

É necessário, portanto, que o inventariante se manifeste sobre as últimas declarações, mesmo que para informar que não possui mais nada a declarar. Nesse momento, cumpre ao inventariante declarar os bens que porventura omitiu; incluir bens descobertos posteriormente às primeiras declarações; corrigir erros nas descrições dos bens declarados; declarar frutos e rendimentos do espólio após a abertura da sucessão; acrescentar os bens colacionados pelos herdeiros; incluir as despesas e dívidas do espólio após a abertura da sucessão, como despesas de funeral, inventário e conservação dos bens; entre outros.

Somente após as últimas declarações do inventariante, informando não existirem outros bens a inventariar, é que lhe pode ser imputada sonegação dos bens que sabia ser do espólio e omitiu (art. 621 do CPC), não cabendo sonegação se surgir algum bem que desconhecia, cabendo apresentá-lo no inventário, se ainda não ocorreu a partilha, ou requerer, se após, sobrepartilha.

16.12.7. Cálculo e liquidação do imposto

Na prática, o imposto de transmissão *causa mortis* é recolhido antes dessa fase, em razão da avaliação dos bens e cálculos efetuados pela Fazenda Pública, aproveitando os descontos para o pagamento nos prazos concedidos e evitando multas, juros e correção monetária. Não efetuado o recolhimento antecipado, depois de ouvir as partes, no prazo de quinze dias, sobre as últimas declarações e decidir as possíveis impugnações, o juiz determinará que se proceda ao cálculo do imposto (art. 637, parte final, do CPC), se ainda não foi recolhido, intimando os interessados para se manifestarem no prazo de cinco dias e, em seguida, a Fazenda Pública, conforme dispõe o art. 638 do Código de Processo Civil:

---

[78] "Art. 637. Ouvidas as partes sobre as últimas declarações no prazo comum de 15 (quinze) dias, proceder-se-á ao cálculo do tributo."

Art. 638. Feito o cálculo, sobre ele serão ouvidas todas as partes no prazo comum de 5 (cinco) dias, que correrá em cartório, e, em seguida, a Fazenda Pública.

§ 1º Se acolher eventual impugnação, o juiz ordenará nova remessa dos autos ao contabilista, determinando as alterações que devam ser feitas no cálculo.

§ 2º Cumprido o despacho, o juiz julgará o cálculo do tributo.

Necessário dar vistas do cálculo do imposto ao Ministério Público, se existir incapaz no inventário.

O art. 155, I, da Constituição Federal[79] estabelece que compete ao Estado e ao Distrito Federal instituir impostos sobre a transmissão *causa mortis* e doação, de quaisquer bens ou direitos, o ITCD; enquanto o art. 156, II[80], concede ao Município instituir impostos sobre a transmissão *inter vivos*, a qualquer título, por ato oneroso, de bens imóveis, por natureza ou acessão física, e de direitos reais sobre imóveis, exceto os de garantia, bem como cessão de direitos a sua aquisição, o ITBI.

Portanto, na transmissão da herança incide o ITCD, instituído por cada Estado da União, variando as isenções e alíquotas de acordo com a legislação estadual, abrangendo bens móveis e imóveis. O ITCD também abrange as doações de quaisquer bens ou direitos. O fato gerador do ITCD é, portanto, a abertura de sucessão ou doações, mesmo com encargo.

Na aquisição de bens imóveis, inclusive direitos hereditários, que pode ocorrer na partilha com a reposição em dinheiro (tornas) de um herdeiro a outro para compensar quinhão maior, igualando a partilha, incide o ITBI, que tem por fato gerador a transmissão onerosa de bens imóveis, instituído pelo município.

---

79 "Art. 155. Compete aos Estados e ao Distrito Federal instituir impostos sobre:
I – transmissão *causa mortis* e doação, de quaisquer bens ou direitos; (...)."

80 "Art. 156. Compete aos Municípios instituir impostos sobre:
I – (...);
II – transmissão 'inter vivos', a qualquer título, por ato oneroso, de bens imóveis, por natureza ou acessão física, e de direitos reais sobre imóveis, exceto os de garantia, bem como cessão de direitos a sua aquisição; (...)."

O imposto *causa mortis* tem essa denominação por incidir sobre a transmissão do domínio e da posse dos bens em razão da morte, abrindo-se a sucessão dos herdeiros e legatários. Dá-se com o óbito do autor da herança, aplicando-se o imposto pela alíquota vigente de acordo com a legislação estadual[81] (Súmula 112 do STF).

O imposto incide somente sobre a transmissão da herança, não se aplicando, evidentemente, sobre a meação, direito próprio do cônjuge ou do companheiro sobrevivo em razão do regime de bens no casamento ou união estável.

Necessário, portanto, distinguir a situação do cônjuge ou companheiro na sucessão, posto que, se meeiro, não incide o imposto, entretanto, se herdeiro concorrente ou herdeiro único, a parte que receber nessa condição incide o imposto.

O ITCD não é exigível antes da homologação do cálculo (Súmula 114 do STF[82]) e, tratando-se de contrato de promessa de compra e venda, com parte das prestações quitadas, calcula-se o imposto de transmissão *causa mortis* sobre o saldo credor da promessa de compra e venda de imóvel, no momento da abertura da sucessão do promitente vendedor (Súmula 590 do STF[83]), ou seja, calcula-se o imposto sobre as parcelas não pagas pelo comprador ao autor da herança antes de sua morte. Da mesma forma, para o cálculo de imposto sobre bens comprados pelo falecido e ainda com parcelas a serem quitadas, deve incidir sobre os valores já pagos, sob pena de ser efetuado pagamento de ITCD sobre as dívidas do espólio.

O imposto de transmissão incide somente sobre a herança líquida, abatendo-se as despesas funerárias e as dívidas (art. 1.847 do CC).

Também não incide imposto de transmissão na renúncia por não operar qualquer transmissão de bens a ele. O herdeiro renunciante simplesmente abdica do seu direito, sem transmiti-lo voluntariamente, não produzindo efeito de transmitir bens. Não incide também imposto de transmissão, se

---

81 OLIVEIRA, Euclides Benedito de; AMORIM, Sebastião Luiz. Op. cit., p. 398.

82 Súmula 114: "O imposto de transmissão *causa mortis* não é exigível antes da homologação do cálculo".

83 Súmula 590: "Calcula-se o imposto de transmissão *causa mortis* sobre o saldo credor da promessa de compra e venda de imóvel, no momento da abertura da sucessão do promitente vendedor".

todos os filhos do autor da herança renunciam aos seus quinhões, beneficiando a viúva, que era a herdeira subsequente, cabendo a esta o recolhimento do imposto. O ITCD incidirá naturalmente sobre a transmissão ao herdeiro beneficiado pelo quinhão renunciado. A não incidência se aplica na renúncia abdicativa pura e simples.

A aceitação tácita e a cessão de direitos a certos herdeiros, denominada renúncia translativa, conforme já abordado, importa em ato complexo e incide dois tributos: o *causa mortis*, por ter aceito, e o *inter vivos*, por ter transferido os direitos hereditários a herdeiro determinado.

Euclides de Oliveira e Sebastião Amorim lecionam que é possível ao cônjuge viúvo renunciar à meação, atribuindo sua parte aos herdeiros, com ou sem reserva de usufruto, entretanto não se sujeita ao imposto *causa mortis*. Trata-se de cessão de direitos à meação, semelhante à renúncia translativa, com incidência apenas do imposto *inter vivos*. Faz-se por escritura pública, mas também se admite sua formalização por termo judicial, nos autos do inventário, por analogia com a renúncia da herança[84].

Ao cônjuge ou companheiro meeiro não incide o imposto *causa mortis*, por não ser herdeiro, e sim titular da meação, em razão do regime de bens do casamento, tratando-se de direito próprio.

Necessário abordar a questão do imposto de reposição, quando ocorrer desigualdade nos valores partilhados. O Supremo Tribunal Federal sumulou que, em desquite ou inventário, é legítima a cobrança do chamado imposto de reposição, quando houver desigualdade nos valores partilhados (Súmula 116 do STF)[85]. Nesse caso, entretanto, é necessária a partilha para verificar se ocorreu desigualdade entre os quinhões, podendo ocorrer doação entre os herdeiros, beneficiando-se o melhor aquinhoado, incidindo o ITCD, ou ato oneroso, na hipótese de torna em dinheiro de um herdeiro ao outro, incidindo o ITBI, atribuído ao município.

A comprovação do pagamento dos impostos de transmissão no inventário comum deve ocorrer antes do julgamento da partilha e não dispensa a juntada de certidões negativas da Fazenda Municipal, Estadual e Federal,

---

84 OLIVEIRA, Euclides Benedito de; AMORIM, Sebastião Luiz. Op. cit., p. 423.

85 Súmula 116: "Em desquite ou inventário, é legítima a cobrança do chamado imposto de reposição, quando houver desigualdade nos valores partilhados".

conforme determina o art. 654 do Código de Processo Civil[86], devendo a receita prestar ao juízo todas as informações necessárias.

O Imposto sobre Transmissão *Causa Mortis* e Doação de Quaisquer Bens ou Direitos possui siglas diferentes nos Estados da Federação, sendo denominado, apenas a título de exemplo, de ITCD nos Estados de Minas Gerais (Lei n. 14.941/2003) e Rio Grande do Sul (Lei n. 8.821/1989), denominação adotada nesta obra, ITCMD no Estado de São Paulo (Lei n. 10.705/2000) e ITD no Estado do Rio de Janeiro (Lei n. 1.427/1989 e Secretaria do Estado da Fazenda).

As alíquotas e isenções também se diferenciam nos Estados da Federação.

No Estado de Minas Gerais, além das hipóteses de não incidência do imposto, são isentos do ITCD, nos termos do art. 3º, I, da Lei n. 14.941/2003:

a) o imóvel residencial com valor total de até 40.000 UFEMGs (quarenta mil Unidades Fiscais do Estado de Minas Gerais), desde que seja o único bem imóvel do monte partilhável cujo valor total não exceda 48.000 (quarenta e oito mil) UFEMGs, excetuando-se os bens descritos na alínea *c* desse inciso;

b) fração ideal de um único imóvel residencial, desde que o valor total desse imóvel seja de até 40.000 (quarenta mil) UFEMGs e o monte partilhável não contenha outro imóvel nem exceda 48.000 (quarenta e oito mil) UFEMGs, excetuando-se os bens descritos na alínea *c* desse inciso;

c) roupa e utensílio agrícola de uso manual, bem como de móvel e aparelho de uso doméstico que guarneçam as residências familiares.

Considerando-se que a UFEMG, no ano de 2020, possui o valor de R$ 3,7116, são isentos os imóveis residenciais avaliados em até R$ 148.464,00.

O art. 10 da Lei Estadual Mineira n. 14.941/2003, com as alterações introduzidas pela Lei n. 17.272/2007, estabelece as seguintes alíquotas do ITCD:

---

[86] "Art. 654. Pago o imposto de transmissão a título de morte e juntada aos autos certidão ou informação negativa de dívida para com a Fazenda Pública, o juiz julgará por sentença a partilha.
Parágrafo único. A existência de dívida para com a Fazenda Pública não impedirá o julgamento da partilha, desde que o seu pagamento esteja devidamente garantido."

> Art. 10. O imposto será calculado aplicando-se a alíquota de 5% (cinco por cento) sobre o valor total fixado para a base de cálculo dos bens e direitos recebidos em doação ou em face de transmissão *causa mortis*.
>
> Parágrafo único. O Poder Executivo poderá conceder desconto, nos termos do regulamento:
>
> I – na hipótese de transmissão *causa mortis*, de até 20% (vinte por cento) do valor do imposto devido, desde que recolhido no prazo de até noventa dias contados da abertura da sucessão;

O Decreto n. 43.981, de 3 de março de 2005, de Minas Gerais, com suas atualizações, estabelece no art. 22[87], com a redação dada pelo Decreto n. 46.441, de 13 de fevereiro de 2014, a alíquota única de 5% de ITCD sobre o valor da herança líquida, alterando as alíquotas escalonadas da redação original de acordo com o valor dos bens. O art. 23[88] do referido Decreto, com as alterações dadas pelo Decreto n. 45.115, de 18 de junho de 2009, prevê a concessão de desconto de 15% se o contribuinte apresentar à Administração fazendária a Declaração de Bens e Direitos e efetuar o pagamento do imposto no prazo de noventa dias a contar da abertura da sucessão. Transcorrido o prazo, o contribuinte perde o desconto e terá que recolher o imposto no prazo de cento e oitenta dias da transmissão da herança (art. 26), aplicando-se, a partir dessa data, multa de mora (art. 36).

O Estado do Rio Grande do Sul isenta do ITCD o imóvel urbano, desde que o recebedor seja descendente, ascendente, cônjuge ou a ele equiparado, do transmitente, não seja proprietário de outro imóvel e não receba mais do que um imóvel na herança, desde que o valor não ultrapasse o equivalente a 4.379 UPF-RS, ou seja, até R$ 82.366,36, bem como, nas mesmas condições, o imóvel rural de até vinte e cinco hectares de terras, desde que o valor não ultrapasse o equivalente a 6.131 UPF-RS, até o valor de R$ 115.320,43 (art. 7º, I e IV, da Lei Estadual n. 8.821/1989, com as atualizações

---

87 "Art. 22. O ITCD será calculado aplicando-se a alíquota de 5% (cinco por cento) sobre o valor total fixado para a base de cálculo dos bens e direitos recebidos em virtude de sucessão legítima ou testamentária ou de doação, observado o disposto nos arts. 23 e 24."

88 "Art. 23. Na transmissão *causa mortis*, observado o disposto no § 1º deste artigo, para pagamento do imposto devido será concedido desconto de 15% (quinze por cento), se recolhido no prazo de 90 (noventa) dias, contado da abertura da sucessão."

introduzidas pela Lei n. 14.741/2015). O Estado gaúcho fixou alíquotas de 4% na transmissão *causa mortis* e de 3% na transmissão por doação, de acordo com a nova redação dada pela Lei n. 13.337/2009.

A Lei n. 14.741/2015-RS deu nova redação ao art. 18 da Lei n. 8.821/1989, alterando a alíquota fixa de 4% na transmissão *causa mortis*, estabelecendo alíquotas variáveis de 0 a 6%, de acordo com o valor da totalidade dos bens. O valor da alíquota passou a obedecer à seguinte tabela:

> Art. 18. Na transmissão "causa mortis", a alíquota do imposto é definida com base no resultado da soma dos valores venais da totalidade dos bens imóveis situados neste Estado, bens móveis, títulos, créditos, ações, quotas e valores, de qualquer natureza, bem como dos direitos a eles relativos, compreendidos em cada quinhão, avaliados nos termos do art. 12, aplicando-se a seguinte tabela: (Redação dada pelo art. 1º da Lei n. 14.741, de 24-9-2015 (*DOE* 25-9-2015) – Efeitos a partir de 1º-1-2016.)

Faixa	Valor do quinhão (em UPF-RS)		Alíquota
	Acima de	Até	
I	0	2.000	0%
II	2.000	10.000	3%
III	10.000	30.000	4%
IV	30.000	50.000	5%
V	50.000		6%

A UPF-RS para o ano de 2020 é de R$ 20,2994.

Dispõe, ainda, o inciso I do art. 18 que, ocorrendo sobrepartilha, com efeitos a partir de 1º de janeiro de 2016, "o valor a sobrepartilhar relativo a cada quinhão será somado ao valor partilhado, tornando-se devida a complementação do imposto sobre o valor partilhado se houver mudança de faixa em função do referido acréscimo". Considera-se o valor da UPF-RS na data da avaliação (inciso III).

No Estado de São Paulo, a Lei n. 10.705/2000, atualizada até a Lei n. 16.050/2015, dispõe em seu art. 6º, I, que fica isenta do imposto a transmissão *causa mortis*:

a) de imóvel de residência, urbano ou rural, cujo valor não ultrapassar 5.000 (cinco mil) Unidades Fiscais do Estado de São Paulo – UFESPs e os familiares beneficiados nele residam e não tenham outro imóvel;

b) de imóvel cujo valor não ultrapassar 2.500 (duas mil e quinhentas) UFESPs, desde que seja o único transmitido;

c) de ferramenta e equipamento agrícola de uso manual, roupas, aparelho de uso doméstico e demais bens móveis de pequeno valor que guarneçam os imóveis referidos nas alíneas anteriores, cujo valor total não ultrapassar 1.500 (mil e quinhentas) UFESPs;

d) de depósitos bancários e aplicações financeiras, cujo valor total não ultrapassar 1.000 (mil) UFESPs;

e) de quantia devida pelo empregador ao empregado, por Institutos de Seguro Social e Previdência, oficiais ou privados, verbas e prestações de caráter alimentar decorrentes de decisão judicial em processo próprio e o montante de contas individuais do Fundo de Garantia do Tempo de Serviço e do Fundo de Participações PIS-PASEP, não recebido em vida pelo respectivo titular;

f) na extinção do usufruto, quando o nu-proprietário tiver sido o instituidor.

A UFESP possui o valor de R$ 27,61 no ano de 2020, isentando o imóvel residencial na parte tributável até o valor de R$ 128.500,00.

A Lei Paulista n. 10.705/2000, em seu art. 35, revogou a Lei Estadual n. 9.591/66, entrando em vigor no dia 1º de janeiro de 2001, e inovou ao introduzir o ITCMD de forma progressiva, com isenção até 2.500 UFESPs, alíquota de 2,5%, até o montante dos bens tributáveis correspondente a 12.000 UFESPs e aplicação da alíquota de 4% acima desse limite (arts. 6º e 16), calculando-se o imposto devido com a soma total da quantia, apurada na operação de aplicação sobre cada uma das parcelas em que vier a ser decomposta a base de cálculo (art. 16, parágrafo único).

A Lei Estadual n. 10.992/2001, publicada no dia 21 de dezembro de 2001, produzindo efeitos a partir do dia 1º de janeiro de 2002 (art. 4º), entretanto, deu nova redação ao art. 16 da Lei n. 10.705/2000, retornando à alíquota única da legislação anterior, ao dispor que: "O imposto é calculado aplicando-se a alíquota de 4% (quatro por cento) sobre o valor fixado para a base de cálculo".

Assim, no Estado de São Paulo, a alíquota do ITCMD é única de 4%, exceto no período de 1º de janeiro a 31 de dezembro de 2001, em que vigorou o imposto progressivo, mantidas as isenções do art. 6º.

No Estado do Rio de Janeiro, o Imposto sobre Transmissão *Causa Mortis* e Doação - ITD é regulado atualmente pela Lei n. 7.174, de 28 de dezembro de 2015, que revogou a Lei Estadual n. 1.427/89. O art. 8º trata das isenções, incluindo as doações e transmissão *causa mortis*, dispondo nos incisos IV, VI, VII, XI, XII, XIII e XIV que são isentos de recolhimento do imposto *causa mortis*:

> Art. 8º (...)
>
> IV - a caducidade ou extinção do fideicomisso, com a consolidação da propriedade na pessoa do fiduciário ou do fideicomissário;
>
> (...)
>
> VI - a transmissão *causa mortis* de valores não recebidos em vida pelo falecido, correspondentes a salário, remuneração, rendimentos de aposentadoria e pensão, honorários e saldos das contas individuais do Fundo de Garantia do Tempo de Serviço - FGTS e do Fundo de Participação PIS-PASEP, excluídos os casos de que trata o art. 23;
>
> VII - a transmissão *causa mortis* de bens e direitos integrantes de monte-mor cujo valor total não ultrapasse a quantia equivalente a 13.000 (treze mil) Unidades Fiscais de Referência do Estado do Rio de Janeiro (UFIRs-RJ);
>
> (...)
>
> XI - a transmissão *causa mortis* de imóveis residenciais a pessoas físicas, desde que a soma do valor dos mesmos não ultrapasse o valor equivalente a 60.000 (sessenta mil) UFIRs-RJ (redação dada pela Lei n. 7.786/2017);
>
> XII - a transmissão *causa mortis* de um único imóvel para residência própria, por única vez, quando feita a herdeiros necessários de policiais militares e civis, e agentes penitenciários mortos comprovadamente em decorrência do desempenho da atividade profissional;
>
> XIII - a transmissão *causa mortis* de imóveis residenciais dos Programas de Arrendamento Residencial (PAR) e Minha Casa Minha Vida, observados os valores dos respectivos programas;
>
> XIV - a transmissão *causa mortis* de imóveis localizados em Unidades de Conservação da Natureza onde os residentes pertençam à comunidades tradicionais e quilombolas, devidamente comprovados, na forma da legislação;
>
> (...)

A base de cálculo é progressiva, adotando-se as alíquotas de 4 a 8%, de acordo com os valores dos bens, conforme dispõe o art. 26 da Lei n. 7.174/2015, com as alterações promovidas pela Lei n. 7.786, de 16 de novembro de 2017:

> Art. 26. O imposto é calculado aplicando-se, sobre o valor fixado para a base de cálculo, considerando-se a totalidade dos bens e direitos transmitidos, a alíquota de:
>
> I – 4,0% (quatro e meio por cento), para valores até 70.000 UFIR-RJ;
>
> II – 4,5% (quatro e meio por cento), para valores acima de 70.000 UFIR-RJ e até 100.000 UFIR-RJ;
>
> III – 5,0% (cinco por cento), para valores acima de 100.000 UFIR-RJ e até 200.000 UFIR-RJ;
>
> IV – 6% (seis por cento), para valores acima de 200.000 UFIR-RJ até 300.000 UFIR-RJ;
>
> V – 7% (sete por cento), para valores acima de 300.000 UFIR-RJ e até 400.000 UFIR-RJ;
>
> VI – 8% (oito por cento) para valores acima de 400.000 UFIR-RJ.
>
> § 1º Em caso de sobrepartilha que implique a mudança de faixa de alíquotas, será cobrada a diferença do imposto, com os acréscimos legais, sem prejuízo da aplicação das penalidades previstas no art. 37, caso não comprovados os requisitos previstos no Código de Processo Civil.
>
> § 2º Aplica-se a alíquota vigente ao tempo da ocorrência do fato gerador.

A UFIR/RJ possui em 2020 o valor de R$ 3,5550, conforme Resolução SEFAZ n. 101/2019. Assim, são isentos de imposto de transmissão os imóveis residenciais que não ultrapassem o valor de R$ 213.300,00 (art. 8º, XI, da Lei n. 7.786/2017).

No Estado de Goiás, o ITCD foi instituído pela Lei Estadual n. 10.721/1988 e atualmente é regulado pela Lei Estadual n. 11.651/1991 (Código Tributário Estadual), fixando alíquotas progressivas. As alíquotas foram alteradas pela Lei n. 19.021/2015, aumentando significativamente os valores a partir de 1º de janeiro de 2016, dispondo o art. 78 com a nova redação que:

> Art. 78. As alíquotas progressivas do ITCD são:

> I – de 2% (dois por cento), quando o valor da base de cálculo for até R$ 25.000,00 (vinte e cinco mil reais);
>
> II – de 4% (quatro por cento), sobre o valor da base de cálculo que exceder a R$ 25.000,00 (vinte e cinco mil reais) até R$ 200.000,00 (duzentos mil reais);
>
> III – de 6% (seis por cento), sobre o valor da base de cálculo que exceder a R$ 200.000,00 (duzentos mil reais) até R$ 600.000,00 (seiscentos mil reais);
>
> IV – de 8% (oito por cento), sobre o valor da base de cálculo que exceder a R$ 600.000,00 (seiscentos mil reais).

São isentos de pagamento de imposto de transmissão *causa mortis* o herdeiro ou legatário que fora aquinhoado com um bem imóvel (art. 79):

> a) urbano, edificado, destinado à moradia própria ou de sua família, desde que, cumulativamente:
>
> 1. o beneficiário não possua outro imóvel residencial;
>
> 2. a doação, a legação ou a participação na herança limite-se a esse bem;
>
> 3. o valor do bem seja igual ou inferior a R$ 25.000,00 (vinte e cinco mil reais);
>
> b) rural, cuja área não ultrapasse o módulo da região;

O Estado de Santa Catarina também fixou alíquotas progressivas para cobrança do imposto sobre transmissão *causa mortis* – ITCMD, dispondo no art. 9º da Lei n. 13.136/2004 que as alíquotas para a cobrança são de:

> I – um por cento sobre a parcela da base de cálculo igual ou inferior a R$ 20.000,00 (vinte mil reais);
>
> II – três por cento sobre a parcela da base de cálculo que exceder a R$ 20.000,00 (vinte mil reais) e for igual ou inferior a R$ 50.000,00 (cinquenta mil reais);
>
> III – cinco por cento sobre a parcela da base de cálculo que exceder a R$ 50.000,00 (cinquenta mil reais) e for igual ou inferior a R$ 150.000,00 (cento e cinquenta mil reais);

> IV – sete por cento sobre a parcela da base de cálculo que exceder a R$ 150.000,00 (cento e cinquenta mil reais); e
>
> V – oito por cento sobre a base de cálculo, quando o sucessor for parente colateral ou herdeiro testamentário ou legatário, que não tiver relação de parentesco com o *de cujus*; e quando o donatário ou cessionário for parente colateral ou não tiver relação de parentesco com o doador ou cedente.

O Estado catarinense isenta do ITCMD, conforme disposto no art. 10 da Lei n. 13.136/2004:

a) o testamenteiro, com relação ao prêmio instituído pelo testador, desde que o valor deste não exceda à vintena testamentária;

b) o beneficiário de seguros de vida, pecúlio por morte e vencimentos, salários, remunerações, honorários profissionais e demais vantagens pecuniárias decorrentes de relação de trabalho, inclusive benefícios da previdência, oficial ou privada, não recebidos pelo *de cujus*;

c) o herdeiro, o legatário ou o donatário que houver sido aquinhoado com um único bem imóvel, que se destine à moradia própria do beneficiário; não possua qualquer outro bem imóvel; e o valor total do imóvel não seja superior a R$ 20.000,00 (vinte mil reais);

d) o herdeiro, o legatário ou o donatário, quando o valor dos bens ou direitos recebidos não exceder ao equivalente a R$ 2.000,00 (dois mil reais).

O juiz deve deliberar sobre as impugnações quanto ao cálculo do imposto, de acordo com a legislação estadual pertinente, devendo ser excluídas do cálculo a meação, dívidas, valores recebidos em vida em razão de remuneração oriunda de trabalho, pensão ou aposentadoria (art. 2º, § 3º, da Lei n. 14.941/2003-MG). Depois de apreciar as impugnações, determinando as devidas correções das procedentes, o juiz julga por sentença o cálculo do imposto (art. 638, § 2º, do CPC), decidindo as reclamações dos herdeiros.

Da decisão que homologa o cálculo do imposto cabe agravo, por tratar-se de decisão interlocutória, apesar de parte da doutrina fundamentar que encerra o inventário, prosseguindo para fase distinta da partilha, cabendo, portanto, apelação.

O inventário, entretanto, é o instrumento para preparação da partilha, quando só então termina a comunhão hereditária, desaparecendo a figura do espólio, tratando-se a decisão que homologa cálculo do imposto de decisão interlocutória por não encerrar a liquidação da herança, não ser terminativa. A jurisprudência é predominante no sentido de que na decisão que homologa o cálculo do imposto *causa mortis* no processo de inventário cabe recurso de agravo.

Julgado o cálculo, encerra-se a fase do inventário propriamente dito, achando-se o processo em condições de se realizar a partilha.

16.12.8. Resumo das fases do inventário

De forma bem sucinta, pode-se resumir o procedimento do inventário nas seguintes fases:

1 – requerimento de abertura de inventário, no prazo de dois meses da morte (arts. 48 e 611 do CPC);

2 – nomeação de inventariante, cabendo pedido de remoção em autos em apenso (arts. 617 e 622 a 625 do CPC);

3 – compromisso do inventariante, no prazo de cinco dias contados da intimação (art. 617, parágrafo único, do CPC e art. 1.991 do CC);

4 – primeiras declarações, no prazo de vinte dias da data em que o inventariante prestou o compromisso (art. 620 do CPC);

5 – citação dos herdeiros pelo correio (art. 626 do CPC), com impugnações no prazo de quinze dias (arts. 627 a 629 do CPC) e após decisão, remetendo para as vias ordinárias as matérias de alta indagação;

6 – avaliação dos bens (art. 630 do CPC) com impugnações no prazo de quinze dias (art. 635 do CPC), correções e decisão (art. 635, §§ 1º e 2º, do CPC);

7 – últimas declarações (art. 636, parte final, do CPC) com impugnações em quinze dias (art. 637 do CPC), após decisão;

8 – cálculo e liquidação do imposto (art. 637, parte final, do CPC), com oitiva das partes e, em seguida, a Fazenda Pública, no prazo de cinco dias (art. 638 do CPC). Após decisão (art. 638, § 2º, do CPC).

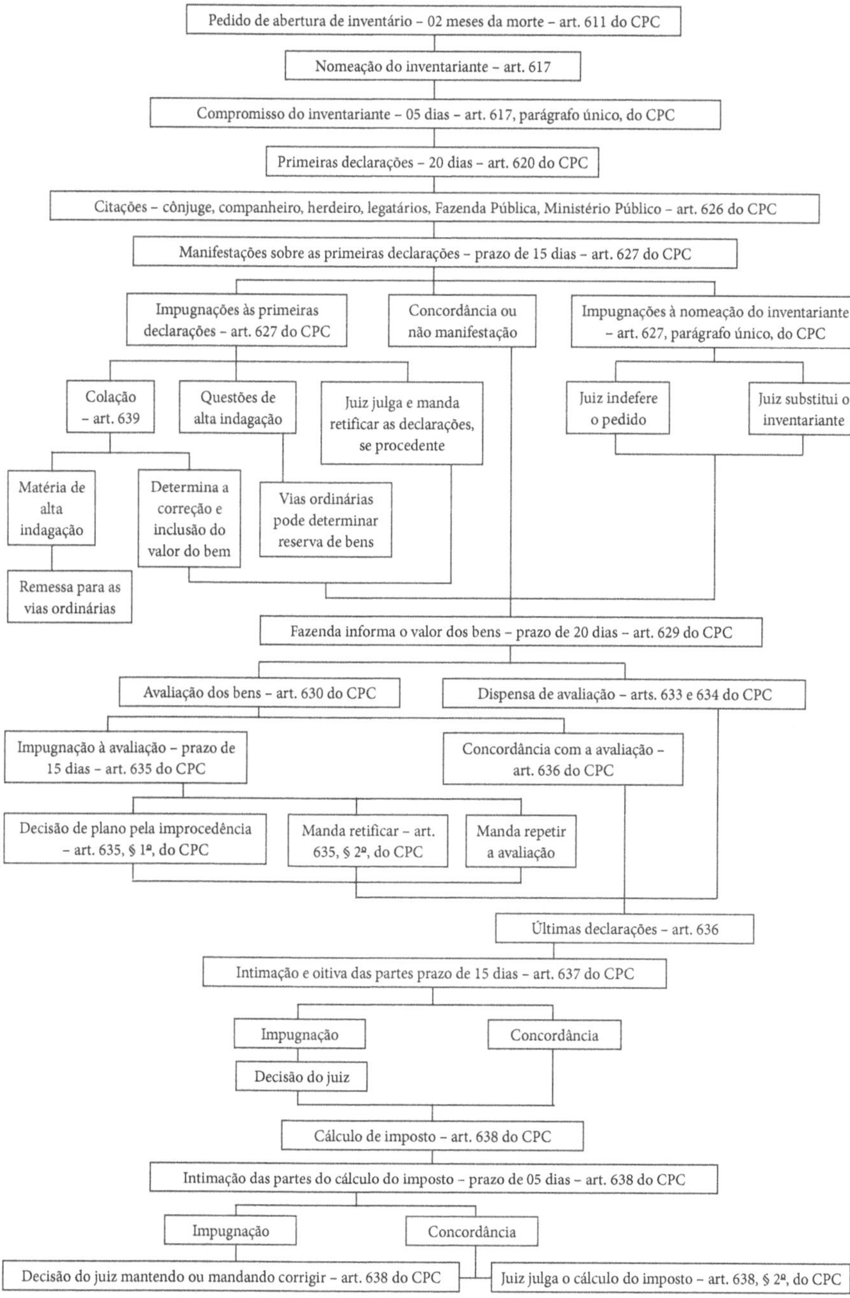
Pedido de abertura de inventário – 02 meses da morte – art. 611 do CPC
Nomeação do inventariante – art. 617
Compromisso do inventariante – 05 dias – art. 617, parágrafo único, do CPC
Primeiras declarações – 20 dias – art. 620 do CPC
Citações – cônjuge, companheiro, herdeiro, legatários, Fazenda Pública, Ministério Público – art. 626 do CPC
Manifestações sobre as primeiras declarações – prazo de 15 dias – art. 627 do CPC
Impugnações às primeiras declarações – art. 627 do CPC
Concordância ou não manifestação
Impugnações à nomeação do inventariante – art. 627, parágrafo único, do CPC
Colação – art. 639
Questões de alta indagação
Juiz julga e manda retificar as declarações, se procedente
Juiz indefere o pedido
Juiz substitui o inventariante
Matéria de alta indagação
Determina a correção e inclusão do valor do bem
Vias ordinárias pode determinar reserva de bens
Remessa para as vias ordinárias
Fazenda informa o valor dos bens – prazo de 20 dias – art. 629 do CPC
Avaliação dos bens – art. 630 do CPC
Dispensa de avaliação – arts. 633 e 634 do CPC
Impugnação à avaliação – prazo de 15 dias – art. 635 do CPC
Concordância com a avaliação – art. 636 do CPC
Decisão de plano pela improcedência – art. 635, § 1º, do CPC
Manda retificar – art. 635, § 2º, do CPC
Manda repetir a avaliação
Últimas declarações – art. 636
Intimação e oitiva das partes prazo de 15 dias – art. 637 do CPC
Impugnação
Concordância
Decisão do juiz
Cálculo de imposto – art. 638 do CPC
Intimação das partes do cálculo do imposto – prazo de 05 dias – art. 638 do CPC
Impugnação
Concordância
Decisão do juiz mantendo ou mandando corrigir – art. 638 do CPC
Juiz julga o cálculo do imposto – art. 638, § 2º, do CPC

16.13. ALVARÁ JUDICIAL

O alvará judicial é um expediente utilizado com muita frequência no direito sucessório, tanto nas hipóteses da Lei n. 6.858/80, que dispensa abertura de inventário, quanto nas atribuições do inventariante no exercício da inventariança, ao necessitar de autorização judicial para a prática dos atos, como ocorre nas alienações de bens do espólio, transações, pagamento de dívidas e despesas para conservação e manutenção dos bens (art. 619 do CPC).

De Plácido e Silva ensina que o termo alvará possui diversos sentidos. Era decreto do executivo e tinha vigência anual, sendo empregado para designar a espécie de lei geral, que tinha por objeto fazer modificações ou impor declarações sobre coisas já estabelecidas. Atualmente, alvará é a ordem escrita, emanada de uma autoridade judicial ou administrativa, para o cumprimento de um despacho ou para praticar determinado ato. O alvará judicial tem a equivalência de um mandado judicial, expedido pelo juiz, para autorizar a prática de determinado ato em uma decisão por ele tomada, seja em sentença dada, seja por mero despacho. O alvará administrativo implica uma licença para a prática de determinados atos, como o alvará de construção, o alvará de licença para exercício de comércio, o alvará para porte de arma, entre tantos outros[89].

Alvará, do termo árabe *al-barã*, significa carta ou cédula. O alvará judicial, decorrente de sentença, decisão interlocutória ou despacho, constitui-se em autorização para determinado ato, divergindo, nesse sentido, de mandado, por ser uma faculdade ou permissão ao interessado, sem obrigá-lo à utilização do instrumento[90].

Marcelo Paulo Salgado ensina que no alvará judicial não se decide controvérsia, não se realiza direito, não cabendo, por meio do procedimento de jurisdição voluntária do pedido de alvará, estabelecer o contraditório em procedimento contencioso exigindo decisão condenatória. Cita Ernane Fidélis dos Santos para ressaltar que ao juiz também se atribui, além da jurisdição contenciosa, um conjunto de atribuições administrativas integrati-

---

89 SILVA, De Plácido e. Op. cit., p. 143.

90 OLIVEIRA, Euclides Benedito de; AMORIM, Sebastião Luiz. Op. cit., p. 479-480.

vas confiadas pela lei, chamadas de jurisdição voluntária, em que não há litígio nem direito a se realizar; em consequência, não há processo, mas simplesmente procedimento. Complementa, com o magistério de Ricardo Rodrigues Gama, para lecionar que o alvará judicial sempre será procedimento de jurisdição voluntária, incabível para amplas discussões, e, ainda, jamais terá âmbito probatório dilatado; é um procedimento de jurisdição voluntária em que se objetiva a expedição de um mandado judicial, determinando-se a prática de um ato[91].

Lecionam Sebastião Amorim e Euclides de Oliveira que, no campo dos inventários e arrolamentos, várias são as espécies de alvarás, classificáveis em incidentais, apensos e independentes.

O alvará incidental é o requerido pelo inventariante, herdeiro ou sucessor, no curso do inventário e juntado nos autos, independentemente de distribuição, ensejando decisão interlocutória. Efetuado o pedido, deve ser aberta oportunidade para manifestação das partes, do fisco e do Ministério Público, quando obrigatória a intervenção. As hipóteses mais comuns são o levantamento de depósitos para pagamento de dívidas, despesas de funerais, custas processuais, impostos de transmissão e honorários de advogado; alienação de bens que não interessam à manutenção, para pagamento de dívidas e despesas do espólio; para recebimento ou permuta de bens; para emissão de recibos de veículos vendidos pelo falecido; para outorga de escrituras; para aplicação de numerários; para o recebimento de verbas trabalhistas e saques do FGTS e PIS-PASEP, quando existem outros bens a inventariar. Nesses casos, a prestação de contas é efetuada normalmente nos autos do inventário e no prazo de trinta dias.

O alvará em apenso é o requerido por terceiros, desde que apresente matéria conexa com o processo principal. O pedido deve ser devidamente instruído com documentos e procuração e será autuado separadamente, sujeitando-se às custas, e apensado aos autos principais, intimando-se para se manifestar os interessados, a Fazenda e o Ministério Público, se necessária a sua intervenção. O juiz pode ordenar diligências antes de decidir e decidirá observando os interesses do espólio, se concorde o inventariante e

---

91 SALGADO, Marcelo Paulo. Autos 46.831-8, Comarca de Lavras-MG, Juízo da Primeira Vara Cível.

a providência for necessária, observando as normas da conveniência e oportunidade, ainda que nem todos os herdeiros tenham aquiescido. Existem julgados, entretanto, indeferindo o alvará judicial para a outorga de escritura, quando há recusa à sua concessão pelos herdeiros, posto que, enquanto mero procedimento de jurisdição voluntária, não se destina ao suprimento de vontade privada, cabendo ao interessado valer-se dos meios próprios, como a adjudicação compulsória. A hipótese mais comum é o alvará para autorizar a outorga de escritura referente a imóvel compromissado à venda pelo falecido e já quitado.

O alvará independente, ou autônomo, é o que dá efetividade à Lei n. 6.858/80, que dispõe sobre os bens dispensados de arrolamento e inventário, como os valores devidos pelo contrato de trabalho, FGTS, PIS- PASEP, restituições do imposto de renda, saldos bancários e de cadernetas de poupança e fundos de investimentos, já abordados. Existindo outros bens, deve ser requerido alvará nos próprios autos do inventário, sendo incabível alvará autônomo[92].

A jurisprudência já decidiu que é incabível alvará independente ou autônomo na hipótese de existirem outros bens a partilhar e fora das hipóteses da Lei n. 6.858/80. Nesse sentido decidiu o Tribunal de Justiça do Ceará, constando na ementa que:

> APELAÇÃO CÍVEL. DIREITO CIVIL E PROCESSUAL CIVIL. ALVARÁ JUDICIAL AUTÔNOMO. AUTORIZAÇÃO PARA TRANSFERÊNCIA DE VEÍCULO. ESPÓLIO COMPOSTO POR OUTROS BENS. NECESSIDADE DE ABERTURA DE INVENTÁRIO OU ARROLAMENTO. POSSIBILIDADE DE PROCESSAMENTO DE OFÍCIO PELO JUIZ. INTELIGÊNCIA DO ARTIGO 989 DO CPC. APELO CONHECIDO E IMPROVIDO. AUTOS REMETIDOS *EX OFFICIO* À INSTÂNCIA *A QUO*. 1 – Trata-se de apelação interposta em face de sentença que julgou improcedente pedido de alvará judicial autônomo, que visa a concessão de autorização para venda de automóvel a terceiro. 2 – O processo de Alvará Judicial autônomo somente pode ser manejado quando inexistem bens móveis ou imóveis e nos limites estabelecidos na lei que o regula-

[92] OLIVEIRA, Euclides Benedito de; AMORIM, Sebastião Luiz. Op. cit., p. 480 e 489.

menta, qual seja, Lei nº 6.858/80. *In casu*, os herdeiros visam transferir automóvel que compõe o cabedal mediante procedimento autônomo, mesmo havendo outros bens a serem inventariados, o que é impossível, haja vista a obrigatoriedade de se processar a partilha na seara judicial, através de inventário ou arrolamento, ou na extrajudicial perante o Ofício de Notas. (...)[93].

O levantamento dos valores só depende de alvará judicial, se não houver dependentes habilitados perante a Previdência Social[94], entretanto a histórica resistência dos estabelecimentos bancários em não efetuar o pagamento, sem determinação da justiça, acaba por obrigar os interessados, mesmo que habilitados, a requerer o alvará judicial.

Mesmo tratando-se de saldos de FGTS e PIS-PASEP, a competência é da Justiça Estadual que conhecer do inventário, nos termos da Súmula 161 do Superior Tribunal de Justiça, que dispõe que "é da competência da Justiça Estadual autorizar o levantamento dos valores relativos ao PIS- PASEP e FGTS, em decorrência do falecimento do titular da conta".

O pedido de alvará judicial autônomo ou independente deve ser efetuado pelos dependentes habilitados ou, na ausência, pelos herdeiros, instruído com certidão de óbito do titular, procurações, documentos pessoais, comprovando tratar-se de pessoa habilitada ou a qualidade de herdeiro, declaração de inexistência de outros bens a inventariar e informações dos valores a serem resgatados.

Devem ser citados os interessados não representados nos autos e abrir vistas ao Ministério Público para intervir, se existirem incapazes, antes de o juiz decidir por sentença.

O pagamento será efetuado em cotas iguais aos dependentes habilitados e, na falta, aos herdeiros, conforme previsto na lei civil, depositando-se as cotas dos menores em caderneta de poupança, prestando-se contas em juízo. Não cabe meação à viúva, mas a mesma quota a todos os dependentes.

---

[93] TJCE, AC 0003755-50.2010.8.06.0095, Rel. Des. Maria Gladys Lima Vieira, j. 3-11-2015.

[94] STJ, CC 15.367-C, Rel. Min. Ari Pargender, j. 4-12-1995, p. 42.073.

16.14. PAGAMENTO DAS DÍVIDAS

16.14.1. Pagamento das dívidas do espólio

A herança se constitui de uma universalidade de bens, direito e obrigações, de créditos e débitos, e uma das finalidades do inventário é apurar a herança líquida para proceder à partilha dos bens apurados aos herdeiros e entregar o bem singularizado ao legatário. O patrimônio do falecido responde pelas obrigações que deixou, pois a morte não quita ou extingue suas dívidas, cumprindo ao herdeiro, em razão da teoria da continuação da pessoa, substituir o *de cujus* em todas as relações jurídicas que era titular, até os limites da força da herança, mantendo a mesma situação que vigorava em vida[95].

O espólio responde por todos os débitos do falecido, tantos os que existiam antes de sua morte quanto os que ocorreram posteriormente, denominados dívidas póstumas, como as despesas de funeral. Assim, os credores do espólio, em sentido amplo, podem ser classificados em credores do falecido, quando as dívidas foram contraídas em vida pelo autor da herança, e credores póstumos, referentes às dívidas contraídas após a morte, pelo próprio espólio[96].

Dispõe o art. 1.997 do Código Civil que "a herança responde pelo pagamento das dívidas do falecido, mas, feita a partilha, só respondem os herdeiros, cada qual em proporção da parte que na herança lhe coube", acrescentando o § 1º que:

> § 1º Quando, antes da partilha, for requerido no inventário o pagamento de dívidas constantes de documentos, revestidos de formalidades legais, constituindo prova bastante da obrigação, e houver impugnação, que não se funde na alegação de pagamento, acompanhada de prova valiosa, o juiz mandará reservar, em poder do inventariante, bens suficientes para solução do débito, sobre os quais venha recair oportunamente a execução.

---

95 GONÇALVES, Carlos Roberto. Op. cit., p. 539.

96 VENOSA, Sílvio de Salvo. *Direito civil:* direito das sucessões. 15. ed. São Paulo: Atlas, 2015. v. 7. p. 442.

Complementa o § 2º que, "no caso previsto no parágrafo antecedente, o credor será obrigado a iniciar a ação de cobrança no prazo de 30 (trinta dias), sob pena de se tornar de nenhum efeito a providência indicada".

O credor do espólio, portanto, pode adotar uma das seguintes providências:

a) acionar diretamente o espólio, independentemente do processo de inventário, baseado nos seus títulos, recorrendo às vias regulares em ação ordinária de cobrança ou execução contra devedor solvente, pois não se acha obrigado a habilitar-se no inventário;

b) requerer ao juízo do inventário, antes da partilha, o pagamento das dívidas e habilitação, inclusive das não vencidas com a concordância dos herdeiros, reservando-se bens se forem impugnadas;

c) acionar os herdeiros, após a partilha, e receber *pro rata*, tendo como garantia o conjunto patrimonial deixado.

Não se exige, assim, que o credor do espólio se habilite no inventário para receber a dívida, podendo cobrá-la pelos meios ordinários, mediante cobrança ou execução, diretamente contra o espólio, inclusive penhorando bens. Apesar de o Código de Processo Civil estabelecer um rito de habilitação das dívidas no processo de inventário, o credor possui a faculdade de adotar esse procedimento não contencioso[97].

A execução direta pode ocorrer por créditos trabalhistas, execução de alimentos ou por qualquer outro crédito, não se exigindo a concorrência de todos os credores no inventário se não foi declarada a insolvência civil do falecido.

A competência para a execução e penhora de bens no espólio é do juízo da execução, e não do inventário, conforme vem reiteradamente decidindo o Superior Tribunal de Justiça.

No Conflito de Competência 122.918/SP, em que foi relator o Ministro Raul Araújo, decidiu-se que

> (...) não há como acolher, em princípio, a argumentação do d. Juízo da Vara de Sucessões no sentido de que todos os credores devem concorrer, no in-

---

[97] THEODORO JÚNIOR, Humberto. *Direito processual civil*: procedimentos especiais. Rio de Janeiro: Forense, 2012. v. III. p. 247.

ventário, em igualdade de condições. Não se trata de processo de falência, não se tendo notícia, ademais, da declaração de insolvência civil do falecido. (...). Assim, não há qualquer óbice para o prosseguimento da execução na Justiça do Trabalho, inclusive com a penhora e alienação de bem do espólio, não sendo pertinente, portanto, o bloqueio efetivado na matrícula do imóvel por determinação do juízo do inventário, pois extrapola a sua competência[98].

Caso o credor não faça a opção pela execução direta, como no processo de inventário, o que se apura é a herança líquida, ou seja, após a apuração dos haveres e o pagamento das dívidas, os credores podem se habilitar no inventário (art. 1.997 do CC e art. 642 do CPC), inclusive os credores do herdeiro, sendo reconhecida, todavia, a preferência aos credores do morto, e só depois de solvidos os débitos deste é que as dívidas dos herdeiros serão quitadas (art. 2.000 do CC).

O pedido de pagamento das dívidas é efetuado por petição acompanhada de prova literal da dívida, distribuído por dependência e autuado em apenso aos autos do processo de inventário.

O procedimento para habilitação e pagamento das dívidas é previsto no art. 642 do Código de Processo Civil, que dispõe:

> Art. 642. Antes da partilha, poderão os credores do espólio requerer ao juízo do inventário o pagamento das dívidas vencidas e exigíveis.
>
> § 1º A petição, acompanhada de prova literal da dívida, será distribuída por dependência e autuada em apenso aos autos do processo de inventário.
>
> § 2º Concordando as partes com o pedido, o juiz, ao declarar habilitado o credor, mandará que se faça a separação de dinheiro ou, em sua falta, de bens suficientes para o pagamento.
>
> § 3º Separados os bens, tantos quantos forem necessários para o pagamento dos credores habilitados, o juiz mandará aliená-los, observando-se as disposições deste Código relativas à expropriação.
>
> § 4º Se o credor requerer que, em vez de dinheiro, lhe sejam adjudicados, para o seu pagamento, os bens já reservados, o juiz deferir-lhe-á o pedido, concordando todas as partes.

---

98 STJ, CC 122.918/SP, Rel. Min. Raul Araújo, j. 12-6-2012.

§ 5º Os donatários serão chamados a pronunciar-se sobre a aprovação das dívidas, sempre que haja possibilidade de resultar delas a redução das liberalidades.

Deverão ser pagas pelo monte, em primeiro plano, as dívidas referentes às despesas de funeral do autor da herança (art. 1.998 do CC), segundo a condição do morto e o costume do lugar; as custas judiciais; as despesas com o luto do cônjuge e dos filhos, se forem moderadas; com a doença do falecido no semestre anterior à morte; com os gastos necessários à mantença do falecido e sua família no trimestre anterior à morte; com os salários dos empregados domésticos nos últimos seis meses que antecederam a morte e as dívidas com os impostos devidos à Fazenda Pública, no ano da morte e no anterior (art. 965 do CC) e, após, as que gozam de privilégio geral e as contraídas em vida pelo falecido. Na cobrança da dívida ativa, a Fazenda não está sujeita ao concurso de credores (art. 187 da Lei n. 5.172/1966 e art. 29 da Lei n. 6.830/1980).

A Fazenda Pública não precisa habilitar-se ou requerer o pagamento dos tributos, pois não se julga a partilha sem oferecimento das certidões negativas fiscais, nem se entrega às partes o formal de partilha ou carta de adjudicação sem comprovação de quitação dos débitos fiscais, federais, estaduais e municipais (art. 654 do CPC). O credor hipotecário não depende também de prévia habilitação, dadas as garantias reais inerentes ao crédito e que lhe assegurem direito de sequela[99].

O Código de Processo Civil inovou ao permitir o julgamento da partilha, mesmo existindo dívidas para com a Fazenda Pública, desde que os herdeiros apresentem garantia idônea para o pagamento. Dispõe o parágrafo único do art. 654 que:

Art. 654. (...)

Parágrafo único. A existência de dívida para com a Fazenda Pública não impedirá o julgamento da partilha, desde que o seu pagamento esteja devidamente garantido.

Antes da partilha, os credores podem requerer ao juízo do inventário o pagamento das dívidas vencidas e exigíveis e habilitarem-se no inventário

---

[99] MONTEIRO, Washington de Barros. Op. cit., p. 302.

quanto às dívidas vincendas (art. 644 do CPC)[100], concordando os herdeiros. Se a dívida for impugnada antes da partilha, os credores poderão requerer a separação de bens necessários para o pagamento, e o juiz determinará a separação de dinheiro ou bens de outra natureza para a quitação da dívida em poder do inventariante, para assegurar a execução (art. 643, parágrafo único, do CPC). Os credores deverão intentar ação de cobrança nas vias ordinárias (art. 643 do CPC) no prazo de trinta dias, sob pena de cessar a reserva (art. 1.997, § 1º, do CC). Não ocorrerá separação de bens no inventário, se houver impugnação fundada em quitação da dívida acompanhada de prova valiosa.

Se o credor não possuir documento comprobatório da dívida, poderá justificar, em juízo, sua existência e juntar ao inventário os autos de justificação. Concordando as partes, poderá ser habilitado o credor, caso contrário, ocorrendo impugnação, também poderá pedir reserva de bens e ajuizar ação de cobrança nas vias ordinárias.

Concordando as partes com o pedido de habilitação do credor, após o juiz se declarar habilitado, mandará pagar, se houver dinheiro, ou separar tantos bens quanto bastem para o pagamento e aliená-los em leilão, determinando o pagamento. As dívidas quitadas devem constar do esboço da partilha (art. 651, I, do CPC).

Convindo a todos os interessados, poderá ser adjudicado ao credor o próprio bem separado.

Assim, se as partes concordarem com a dívida vencida, e o juiz declarar habilitado o credor, o pagamento será determinado se houver dinheiro, e, na sua falta, o juiz mandará separar bens para que sejam alienados e efetuado o pagamento ou adjudicá-los ao próprio credor, quitando-se o débito do espólio. Discordando os herdeiros, o juiz manda reservar bens em poder do inventariante para garantir a cobrança e remete o credor para as vias ordinárias (art. 643 do CPC)[101].

---

100 "Art. 644. O credor de dívida líquida e certa, ainda não vencida, pode requerer habilitação no inventário.

Parágrafo único. Concordando as partes com o pedido referido no *caput*, o juiz, ao julgar habilitado o crédito, mandará que se faça separação de bens para o futuro pagamento."

101 "Art. 643. Não havendo concordância de todas as partes sobre o pedido de pagamento feito pelo credor, será o pedido remetido às vias ordinárias.

Os bens, separados para o pagamento de dívidas pelos herdeiros, podem ser nomeados à penhora nos processos de execução ajuizados diretamente pelos credores em face do espólio, sem habilitarem no inventário (art. 646 do CPC).

Permite-se, ainda, aos credores de dívidas não vencidas se habilitarem no inventário e requererem separação de bens para pagamento futuro no vencimento, desde que concordes as partes e o juiz julgue habilitado o crédito. Discordando as partes e indeferida a habilitação, não se procede à reserva de bens, cabendo ao credor adotar as medidas de cautela nos meios ordinários e aguardar o vencimento para tornar a dívida exigível.

As despesas funerárias e as que compartilham dessa natureza, previstas no art. 965 do Código Civil, uma vez pagas pelo inventariante, incluem-se no passivo do monte da herança, sem dependência de habilitação[102].

Se o passivo for maior que o valor da herança, instaurar-se-á no próprio processo de inventário o concurso de preferências (art. 955 a 965 do CC), ocorrendo a insolvência civil (art. 748 do CPC), que pode ser requerida pelo próprio espólio (art. 759 do CPC).

Depois de realizada a partilha, os credores poderão acionar os herdeiros e receber *pro-rata* até os limites da herança (arts. 1.792 e 1.821 do CC).

O herdeiro pode quitar dívidas do espólio e agir regressivamente contra os demais. Na hipótese de ação regressiva do herdeiro que quitou dívidas do espólio contra os demais e um deles estiver insolvente, a sua parte será dividida e arcada pelos demais (art. 1.999 do CC).

O art. 2.001 do Código Civil dispõe que, "se o herdeiro for devedor do espólio, sua dívida será partilhada entre todos, salvo se a maioria consentir que o débito seja imputado inteiramente no quinhão do devedor", assim, a dívida não pode ser incluída no seu quinhão hereditário, compulsoriamente, sendo necessário seu consentimento, porque contra sua vontade atinge o princípio fundamental da igualdade na partilha e a concordância dos demais herdeiros[103]. Permite-se, entretanto, que o espólio, representado pelo

---

Parágrafo único. O juiz mandará, porém, reservar, em poder do inventariante, bens suficientes para pagar o credor quando a dívida constar de documento que comprove suficientemente a obrigação e a impugnação não se fundar em quitação."

[102] MONTEIRO, Washington de Barros. Op. cit., p. 302.

[103] MONTEIRO, Washington de Barros. Op. cit., p. 302.

inventariante, ajuíze ação de cobrança contra o herdeiro, inclusive com penhora no rosto dos autos.

16.14.2. Pagamento das dívidas do herdeiro

O credor do próprio herdeiro, e não do espólio, também pode requerer habilitação no inventário, exigindo a discriminação de bens do herdeiro devedor, concorrendo após o pagamento aos credores do espólio, ou seja, em segundo plano. Para resguardar seus direitos, o credor do herdeiro pode inclusive aceitar a herança até os limites do crédito, se o devedor renunciou, no prazo de trinta dias de conhecimento de fato (art. 1.813 do CC).

Pode, também, o credor do herdeiro executar a dívida e penhorar seus direitos hereditários no inventário, entretanto, tendo em vista a indivisibilidade do acervo hereditário, será feita a penhora no rosto dos autos do inventário, aguardando-se a conclusão e a partilha para discriminar os bens dos herdeiros e incidir a penhora, pois é vedada a penhora de bens singulares objeto de inventário para honrar dívidas de herdeiros. A herança defere-se aos herdeiros como um todo e, enquanto não ocorrer a partilha, é indivisível a posse e propriedade do acervo hereditário, ainda que tenha ocorrido adiantamento de legítima em razão da doação, pois os bens podem retornar ao monte para igualar a legítima ou se houver excesso de doação.

Dispõe o parágrafo único do art. 1.791 que, "até a partilha, o direito dos coerdeiros, quanto à propriedade e posse da herança, será indivisível, e regular-se-á pelas normas relativas ao condomínio". Da mesma forma, o § 2º do art. 1.793 dispõe que "é ineficaz a cessão, pelo coerdeiro de seu direito hereditário sobre qualquer bem da herança considerado singularmente".

No REsp 1.330.165/RJ, tendo como relatora a Ministra Nancy Andrighi, foi conferida competência ao Juízo de Família em execução de alimentos para penhora no rosto dos autos do inventário dos direitos hereditários do herdeiro e adjudicação do bem. Consta em partes da ementa que:

> PROCESSO CIVIL. AÇÃO DE EXECUÇÃO DE ALIMENTOS. PENHORA DOS DIREITOS HEREDITÁRIOS DO DEVEDOR NO ROSTO DOS AUTOS DO INVENTÁRIO. ADJUDICAÇÃO PELOS ALIMENTANDOS. POSSIBILIDADE. COMPETÊNCIA. JUÍZO DA FAMÍLIA. ART. ANALISADO: 685-A, CPC.
>
> (...)

> 2. Discute-se a possibilidade de adjudicação, pelos credores de alimentos, dos direitos hereditários do devedor, penhorados no rosto dos autos de inventário, bem como qual o Juízo competente para fazê-lo.
>
> 3. Considerando-se que o devedor responde, para o cumprimento de suas obrigações, com todos os seus bens presentes e futuros, salvo as restrições estabelecidas em lei (art. 591 do CPC); que, desde a abertura da sucessão, a herança incorpora-se ao patrimônio do herdeiro, como bem imóvel indivisível; e que a adjudicação de bem imóvel é técnica legítima de pagamento, produzindo o mesmo resultado esperado com a entrega de certa quantia; exsurge, como corolário, a conclusão de que os direitos hereditários do recorrido podem ser adjudicados para a satisfação do crédito dos recorrentes.
>
> (...)
>
> 6. Assim como o Juízo de Família determinou, por carta precatória, a penhora dos direitos hereditários no rosto dos autos do inventário, que tramita perante o Juízo de Órfãos e Sucessões, incumbe-lhe o prosseguimento da execução, com a prática dos demais atos necessários à satisfação do crédito, adjudicando aos credores, se o caso, a cota-parte do devedor de alimentos, limitado ao valor do débito[104].

Não se confunde a penhora no rosto dos autos na execução contra o herdeiro com a execução direta contra o autor da herança. Na obrigação própria do falecido a execução é direta, penhorando e alienando o bem para a satisfação do crédito. Na execução contra o herdeiro a penhora recairá somente após a partilha, quando identificados os bens que comporão seu quinhão. Assim, como deve ser aguardada a conclusão do inventário e partilha, naquele processo em que o herdeiro/devedor receberá bens ou direitos, será efetivada a penhora no rosto dos autos, para, ao final da ação, ser efetivada a penhora nos bens que lhe couberem.

Nada impede, entretanto, que o credor, em vez de requerer penhora dos bens que o herdeiro receberá na partilha, requeira a penhora do direito sucessório do herdeiro, do quinhão que irá receber. A penhora será da fração ideal que couber ao herdeiro/devedor e não de bens certos do acervo. Assim, não ocorrerá penhora no rosto dos autos, mas penhora dos direitos hereditários, tornando-se o credor cessionário na herança.

---

[104] STJ, REsp 1.330.165/RJ, Rel. Min. Nancy Andrighi, j. 13-5-2014.

A penhora, portanto, tratando-se de dívidas dos herdeiros, não pode recair em bens objeto de inventário e ser praceada enquanto não ocorrer a partilha e solvidas as dívidas do espólio, tendo em vista a indivisibilidade do acervo hereditário. Nada impede, todavia, que o credor do herdeiro se habilite no inventário, concorrendo, em segundo plano, com os credores do espólio, dispondo o art. 2.000 do Código Civil que "os legatários e credores da herança podem exigir que do patrimônio do falecido se discrimine o do herdeiro, e, em concurso com os credores deste, ser-lhes-ão preferidos no pagamento".

Necessário, assim, que o credor, após requerer a penhora dos direitos hereditários no rosto dos autos, aguarde a partilha para efetivar a penhora nos bens que couberem ao herdeiro, depois de solvidas as dívidas do espólio.

A jurisprudência tem admitido, ainda, que a penhora recaia sobre o direito de herança do herdeiro e não sobre um bem determinado isoladamente, já que a indivisibilidade da herança faz com que ela permaneça como uma universalidade de bens e direitos, possuindo cada herdeiro uma fração ideal. Assim, são possíveis a penhora e a praça de uma cota da herança, mas jamais de um bem do acervo, conforme já decidiu o Superior Tribunal de Justiça:

> Execução. Penhora de direito hereditário no rosto dos autos de inventário. Possibilidade de a execução prosseguir, embora não feita a partilha, com a alienação do direito do herdeiro. A arrematação recairá, não sobre determinado bem do acervo, mas sobre o direito a uma cota da herança[105].

Da mesma forma que o herdeiro pode alienar seu direito de herança, ou fração dele, ao dispor o art. 1.793, *caput*, do Código Civil que "o direito à sucessão aberta, bem como o quinhão de que disponha o coerdeiro, pode ser objeto de cessão", pode ser penhorado o quinhão hereditário ou uma fração ideal dele. Assim, o arrematante assume a qualidade de cessionário total ou parcial do herdeiro/devedor, substituindo-o no inventário.

O Tribunal de Justiça de Minas Gerais também já decidiu sobre a impossibilidade, diante da universalidade e da indivisibilidade dos bens do espólio, de liberar e penhorar imóvel considerado singularmente para satisfazer dívida do herdeiro, constando na ementa que "o conjunto de bens e

---

105 STJ, REsp 2.709/SP, 3ª Turma, Rel. Min. Gueiros Leire, j. 2-10-1990, *DJU* 19-11-1990, p. 13.258, *RT* 667/180.

direitos arrecadados constitui uma universalidade e uma indivisibilidade, se existirem dois ou mais herdeiros, até a adição do respectivo quinhão em favor de cada um, através da partilha, por expressa disposição contida no art. 1.791 do Código Civil"[106].

O próprio credor do herdeiro, concluído o inventário, pode requerer a partilha dos bens, para efetivar o recebimento do seu crédito (art. 2.013 do CC).

Gráfico do procedimento para pagamento das dívidas

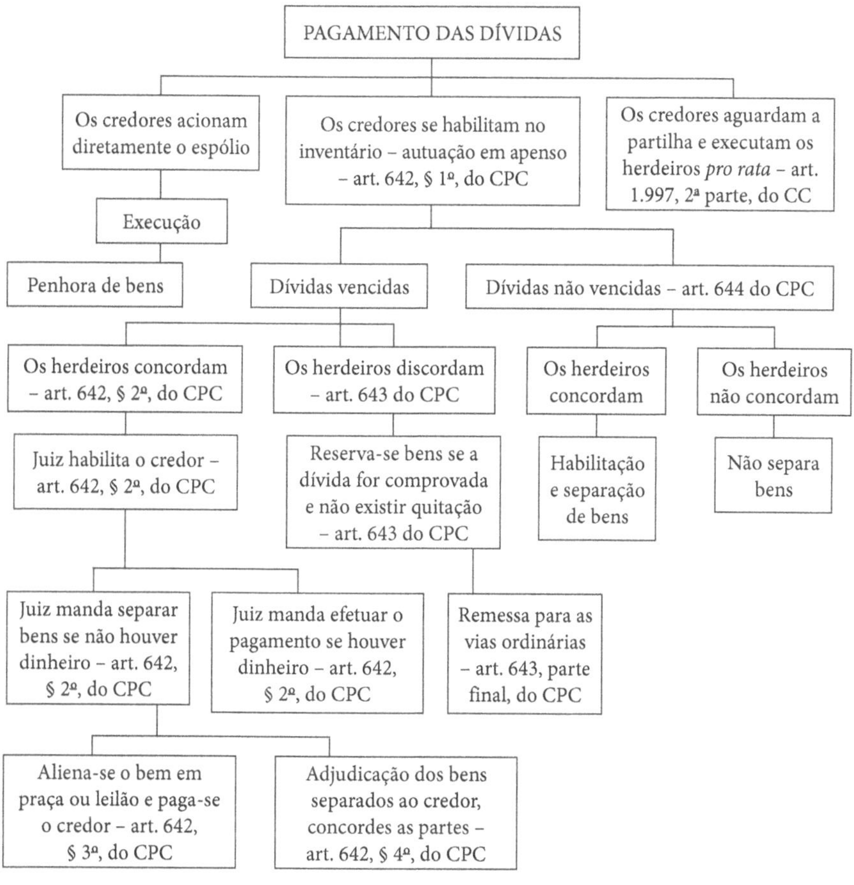

---

[106] TJMG, AC 2.0000.00.471083-2/000, Rel. Des. Alvimar de Ávila, p. 24-6-2006.

16.15. SONEGADOS

Sonegados são os bens pertencentes ao espólio ou os adiantamentos de legítima não colacionados, que o herdeiro, cessionário, inventariante ou cônjuge meeiro deixam de apresentar ao espólio. O sonegador se encontrava na posse do bem ou o retirou do acervo após a morte do autor da herança. Segundo a jurisprudência, "sonegados são os bens pertencentes ao *de cujus*, ocultados ao inventário ou que não tenham sido levados à colação, ensejando oposição da sanção civil de perda do direito sobre as coisas ocultadas, sendo instituto próprio do direito sucessório"[107].

No dizer de Euclides de Oliveira, sonegados são os bens ou valores que seu possuidor ou detentor nega-se a apresentar ao dono legítimo, dando a ideia de prática delitiva, pela omissão injustificável em declarar bens ou por seu desvio inadmissível, como se dá, por exemplo, na sonegação fiscal e na apropriação indébita. No direito sucessório, o vocábulo é empregado para significar um procedimento consciente de caráter comissivo (desvio) ou omissivo (ocultamento), quanto aos bens do espólio, em prejuízo dos demais sucessores ou credores. Configura-se tanto na ocultação dolosa dos bens pela falta de sua descrição no processo de inventário, por qualquer herdeiro, quanto no caso de não serem levados à colação pelo donatário[108].

Sonegação é sempre má-fé, é a ocultação dolosa do bem que deve ser inventariado ou apresentado para colação. Nas declarações preliminares, ou primeiras declarações, deve o inventariante apresentar a relação completa dos bens da herança, inclusive os que se encontram em poder dos herdeiros ou de terceiros para garantir na partilha a igualdade dos quinhões. Da mesma forma, devem os herdeiros, aos serem citados ou se representarem no inventário, apresentar os bens que estão em seu poder, declarar as doações que receberam em adiantamento de legítima e o respectivo valor delas e, ainda, informar sobre os bens que com seu conhecimento estejam em poder de terceiros.

A pena cominada ao sonegador é a perda dos direitos sucessórios no bem sonegado, dispondo o art. 1.992 que "o herdeiro que sonegar bens da

---

[107] TJRS, AI 70035912911, Rel. Des. Sérgio Fernando de Vasconcellos Chaves, j. 3-5-2013.
[108] OLIVEIRA, Euclides Benedito de. Op. cit., p. 383.

herança, não os descrevendo no inventário quando estejam em seu poder, ou, com o seu conhecimento, no de outrem, ou que os omitir na colação, a que os deva levar, ou que deixou de restituí-los, perderá o direito que sobre eles lhe cabia".

Caso o sonegador seja também o inventariante, além da perda do direito sobre o bem sonegado, será removido do cargo, nos termos do art. 1.993 do Código Civil[109].

Washington de Barros Monteiro esclarece que estão sujeitos à pena de sonegação, em razão da lei civil:

a) o herdeiro que sonega bens da herança, não os descrevendo no inventário, quando em seu poder;

b) o herdeiro que não denuncia a existência de bens em poder de terceiros com seu conhecimento;

c) o herdeiro que deixa de conferir no inventário bens sujeitos a colação;

d) o inventariante que não inclui ou omite bens do espólio nas declarações prestadas;

e) o cessionário do herdeiro, quando declara que não possui bens hereditários[110].

Qualquer interessado pode requerer, no próprio inventário, que o bem seja reintegrado. Se o herdeiro citado o devolve, extingue-se a sonegação. Ao serem citados para se manifestarem sobre as primeiras declarações, cabe aos interessados arguir a sonegação dos bens (art. 627, I, do CPC).

Se o bem não for devolvido, os demais herdeiros, credores ou o inventariante podem ajuizar ação própria, denominada ação de sonegados, que deve ser proposta no foro do inventário.

A ação de sonegados encontra previsão legal no art. 1.994 do Código Civil, ao dispor que "a pena de sonegados só se pode requerer e impor em ação movida pelos herdeiros ou pelos credores da herança", complementan-

---

[109] "Art. 1.993. Além da pena cominada no artigo antecedente, se o sonegador for o próprio inventariante, remover-se-á, em se provando a sonegação, ou negando ele a existência dos bens, quando indicados."

[110] MONTEIRO, Washington de Barros. Op. cit., p. 295-296.

do o parágrafo único que "a sentença que se proferir na ação de sonegados, movida por qualquer dos herdeiros ou credores, aproveita aos demais interessados".

A legitimidade para propor a ação de sonegados é dos herdeiros e credores da herança, ou seja, todo beneficiário dos bens da herança, sendo parte passiva o herdeiro que se beneficiou da sonegação[111]. Pode ser proposta, também, pelo inventariante, por ser o representante legal ativa e passivamente do espólio (art. 75, VII, do CPC) e quem administra a herança (art. 1.991 do CPC), e pelo testamenteiro, por estar incumbido do cumprimento e da defesa das disposições de última vontade do testador (arts. 1.976, 1.977 e 1.981 do CC).

A ação só pode ser proposta contra o inventariante após as últimas declarações e contra o herdeiro que não atender ao requerimento de devolução ou declarar no inventário que não o possui, no prazo prescricional de dez anos (art. 205 do CC), conforme dispõe o art. 1.996 do Código Civil:

> Art. 1.996. Só se pode arguir de sonegação o inventariante depois de encerrada a descrição dos bens, com a declaração, por ele feita, de não existirem outros por inventariar e partir, assim como arguir o herdeiro, depois de declarar-se no inventário que não os possui.

A perda do direito que couber ao inventariante e aos herdeiros sobre os bens sonegados só pode ser cominada por sentença proferida em ação ajuizada para esse fim, pois tal questão, por ser de alta indagação, não se decide em inventário. A ação de sonegados prescreve em dez anos e ajuizar-se-á no foro do inventário[112].

A decisão que julgar procedente a ação aproveitará aos demais interessados, tenham ou não sido representados na ação. Necessário comprovar na ação que o bem sonegado pertença efetivamente ao espólio e não ao herdeiro ou a terceiro, sob pena de improcedência da ação de sonegados.

A ação não suspende o andamento do inventário nem a partilha dos bens, que se realizará independentemente do bem objeto da lide. Julgada

---

111 TJRS, AC 70023654544, Rel. Des. José Ataídes Siqueira Trindade, j. 10-7-2008.

112 MONTEIRO, Washington de Barros. Op. cit., p. 298.

procedente e transitada em julgado, a ação de sonegados será transformada em sobrepartilha, dividindo o bem entre os herdeiros, com exclusão do sonegador.

O prazo prescricional de dez anos (art. 205 do CC) para ajuizar a ação de sonegados, orienta Carlos Roberto Gonçalves, citando Eduardo de Oliveira Leite e Caio Mário, começa a fluir, quanto ao inventariante, no momento em que este declara não existirem outros bens a inventariar e, quanto ao herdeiro, no momento em que se manifesta no inventário, afirmando não possuir os bens sonegados, ou na sua omissão a partir da data de vencimento do prazo de sua interpelação (art. 189 do CC). Mesmo já encerrados o inventário e a partilha, pode ser ajuizada ação de sonegados, descobrindo-se a ocultação dolosa, desde que dentro do prazo prescricional. A procedência da ação não anula nem rescinde a partilha, devendo ser promovida tão somente a sobrepartilha, nos termos do art. 2.022 do Código Civil[113].

A doutrina é predominante na exigência de dolo para caracterizar a sonegação, não se admitindo culposamente, até mesmo porque a retirada de bens do espólio ou a ocultação exige conduta consciente e maliciosa. O mero esquecimento ou ignorância em relacionar e informar o bem não importa má-fé e, portanto, não configura sonegação. A partir do momento, entretanto, em que o herdeiro é intimado para apresentar ou colacionar o bem e, conscientemente, não o faz, sabendo de sua obrigatoriedade e responsabilidade, patente está o dolo.

Configura-se, ainda, o dolo quando o herdeiro utiliza de ardil, de fraude, para assenhorar-se de bem do espólio, como, por exemplo, destruir títulos que comprovam dívidas com o falecido, simular pagamentos efetuados a terceiros, falsificar assinatura para venda fictícia de bens para terceiros, desviar ou ocultar bens móveis, utilizar sua marca em animais que pertencem ao espólio, alterar cadastro do produtor rural do falecido, diminuindo animais e mercadorias, entre outros.

A jurisprudência, da mesma forma, exige a comprovação do dolo, podendo citar, entre outros, o seguinte julgado do Tribunal de Justiça do Rio Grande do Sul:

---

[113] GONÇALVES, Carlos Roberto. Op. cit., p. 536.

APELAÇÃO CÍVEL. AÇÃO DE SONEGADOS.

1. Sonegados são os bens ocultados ao inventário ou que não tenham sido levados à colação.

2. A ação de sonegados pressupõe a ocultação dolosa de bens por quem deveria trazê-los à colação, sendo imprescindível provar não apenas a existência dos bens sonegados, mas, sobretudo, do dolo na ocultação.

3. Não estando configurado o dolo, não se cogita de sonegação, nem da aplicação da pena de sonegados[114].

A pena principal aplicada ao sonegador no direito sucessório é, além da obrigação de trazer o bem sonegado que pertence ao espólio, ou se o bem não estiver mais em sua posse, a sua importância acrescida de perdas e danos (art. 1.995 do CC)[115], a perda dos direitos hereditários que lhe cabiam sobre tal bem. O sonegador, para recompor o patrimônio da herança, deverá, portanto, trazer o bem sonegado ao espólio, ou pagar o seu valor, se não mais o possuir, e ressarcir os demais herdeiros em perdas e danos, na perda dos direitos sobre o bem.

Se o herdeiro sonegador também for inventariante, será removido do cargo. O sonegador, se não for herdeiro, somente inventariante, apenas será removido, sendo aplicada a multa de até 3% do valor dos bens inventariados (art. 625 do CPC).

Independentemente da perda do direito sucessório que lhe cabia nos bens, pena civil, o sonegador fica sujeito às penas criminais, de acordo com o delito cometido, que pode configurar apropriação indébita simples ou qualificada, se era inventariante (art. 168, *caput*, e § 1º, II, do CP), estelionato (art. 171 do CP) e falsificação de documentos ou ideológica (arts. 298 e 299 do CP).

Para o sonegador, tratando-se de cônjuge supérstite ou companheiro, com direito a meação dos bens, a perda do direito não é pacífica na doutrina. Washington de Barros Monteiro sustenta que a combinação dos arts. 1.992 e 1.993 do Código Civil refere-se ao inventariante sem distingui-lo do

---

114 TJRS, AC 70064830961, Rel. Des. Liselena Schifino Robles Ribeiro, j. 23-5-2015.

115 "Art. 1.995. Se não se restituírem os bens sonegados, por já não os ter o sonegador em seu poder, pagará ele a importância dos valores que ocultou, mais as perdas e danos."

inventariante-herdeiro, cabendo-lhe, portanto, a pena de sonegados no seu duplo aspecto (remoção da inventariança e perda dos direitos sobre os bens sonegados). Argumenta que sujeitar o cônjuge sobrevivente a simples remoção, poupando-se-lhe a inibição do direito sobre os bens, eliminaria ou estancaria, certamente, poderoso estímulo a submetê-lo ao caminho da probidade e do dever. O mesmo renomado doutrinador cita outra corrente doutrinária, que acredita que a perda dos direitos sonegados só se comina ao herdeiro, não se aplicando ao cônjuge meeiro[116].

A meação do cônjuge ou companheiro sobrevivente, entretanto, é direito próprio, vinculado ao regime de bens do casamento, portanto não integra a herança, não perdendo o cônjuge meeiro ou companheiro(a) os direitos sobre ela, cabendo apenas a remoção do cargo de inventariante. Se o cônjuge ou companheiro(a) sobrevivente for o inventariante e também herdeiro concorrente, ele perderá o direito à herança e será removido do cargo.

O testamenteiro sonegador será removido da testamentária e perderá o direito à vintena, exercendo ou não o cargo de inventariante cumulativamente (art. 1.989 do CC).

---

[116] MONTEIRO, Washington de Barros. Op. cit., p. 296-297.

17

PARTILHA

17.1. CONCEITO E NATUREZA

Partilha é a repartição ou distribuição dos bens do falecido. É o ponto culminante da liquidação da herança, pondo termo ao estado de indivisão, discriminando e especificando os quinhões hereditários. Fixa o momento em que o acervo deixa de ser uma coisa comum e se transforma em coisas particulares. Nesse sentido, diz Carlos Roberto Gonçalves que "a partilha tem como principal efeito a extinção da comunhão hereditária que se estabeleceu, por força da lei, com o falecimento do *de cujus*"[1].

Possui a partilha efeitos meramente declaratórios e não atributivos da propriedade, pois esta transferiu-se aos herdeiros, no momento da morte, e independe de partilha. Washington de Barros Monteiro ensina que no direito romano a partilha era translativa da propriedade, ou seja, o herdeiro tornava-se proprietário do quinhão respectivo no momento da partilha. No

[1] GONÇALVES, Carlos Roberto. *Direito civil brasileiro:* direito das sucessões. 11. ed. São Paulo: Saraiva, 2017. v. 7. p. 560.

direito moderno, a partilha é simplesmente declarativa e não atributiva de direitos. O próprio autor da herança, por ficção, com sua morte, investe seu sucessor no domínio e posse da herança. O ato dessa transmissão era denominado *saesina juris*, traduzido pelos franceses como *droit de saisine*, princípio consagrado no direito pátrio e mantido no art. 1.784 do atual Código Civil. Apesar da indivisibilidade da herança, em razão da ficção de transmissão imediata de sua propriedade, por força da abertura da sucessão, pode o herdeiro, mesmo antes da partilha, ceder seus direitos hereditários, preferencialmente aos coerdeiros, em razão da aplicação das regras do condomínio, e depois a terceiros. O herdeiro, entretanto, não pode alienar a outrem parte a determinada da herança, apenas sua quota ideal, sendo ineficaz a cessão sobre qualquer bem destacado do espólio (art. 1.793, § 2º, do CC)[2].

A despeito de a doutrina ser predominante no sentido de que a partilha é simplesmente declaratória, deve ser ressaltado que ela modifica o conteúdo dos direitos de propriedade dos herdeiros, não no sentido translativo da propriedade, mas na extinção do estado de comunhão e possibilidade de livre transmissão de bem individual. Antes da partilha, o herdeiro pode dispor apenas de seus direitos hereditários, observando a preferência dos coerdeiros em estado de indivisão dos bens. Após a partilha, os direitos são modificados tanto pela extinção do estado de indivisão quanto pela livre disposição dos bens considerados singularmente.

A partilha tem como principal efeito a extinção da comunhão hereditária, que se estabeleceu por determinação legal com a morte do autor da herança, fazendo desaparecer o caráter transitório da indivisão do acervo hereditário, desaparecendo a figura do espólio. A herança passa do estado de comunhão *pro indiviso* ao estado de quotas completamente separadas, exclusivas e concretas de cada um, partilhando-se os bens entre os herdeiros e cessionários e separando-se a meação do cônjuge supérstite, se houver[3].

Inventário e partilha figuram como conceitos jurídicos diversos, desenvolvendo-se em processos próprios, embora de natureza continuativa. O inventário consiste em relacionar os bens do falecido e descrevê-los, tendo por fim chegar à partilha dos bens. A partilha se constitui complemento

---

2 MONTEIRO, Washington de Barros. *Curso de direito civil*. 35. ed. rev. e atual. por Ana Cristina de Barros Monteiro França Pinto. São Paulo: Saraiva, 2003. v. 6. p. 319.

3 GONÇALVES, Carlos Roberto. Op. cit., p. 560.

necessário e lógico do inventário, especialmente se houver sucessores incapazes ou ausentes, quando os bens são distribuídos entre os sucessores do falecido. Pode, entretanto, ocorrer inventário sem partilha quando os herdeiros são capazes e não se interessam em partilhar os bens, quando no inventário há um só herdeiro ou quando as dívidas passivas absorvem o valor dos bens da herança[4]. Da mesma forma, inexiste partilha no inventário negativo, quando o falecido não deixou bens a partilhar.

Existindo um único herdeiro por falta, renúncia ou exclusão dos demais, ou, ainda, se existir um único cessionário de todos os herdeiros, é desnecessária a partilha, expedindo-se a carta de adjudicação.

17.2. ESTADO DE INDIVISÃO E USUCAPIÃO DO HERDEIRO NOS BENS DA HERANÇA

Terminadas as avaliações e pagas as dívidas, procede-se à colação dos bens, para igualar as legítimas, apurando-se, finalmente, por meio do inventário, a herança líquida ou monte partível, em condições de ser partilhada entre os herdeiros. Julgada a partilha, cessa a comunhão hereditária, extinguindo o espólio, que será substituído pelos herdeiros ou legatários no que couber a cada um nas frações dos bens ou nos bens determinados.

O estado de indivisão da herança, entretanto, pode ser mantido por convenção ou testamento, desde que por prazo não superior a cinco anos, podendo a convenção ser prorrogada pelos herdeiros, porém, não acordando qualquer herdeiro, cessionário ou credor, poderá requerer imediatamente a partilha. O Código Civil dispõe que a herança se defere como um todo unitário, ainda que vários sejam os coerdeiros, e o direito quanto à propriedade e à posse será indivisível, regulando-se pelas regras do condomínio (art. 1.791, parágrafo único). Estabelece, ainda, o art. 1.320, ao tratar do condomínio voluntário, que:

> Art. 1.320. A todo tempo será lícito ao condômino exigir a divisão da coisa comum, respondendo o quinhão de cada um pela sua parte nas despesas da divisão.

---

[4] OLIVEIRA, Euclides Benedito de; AMORIM, Sebastião Luiz. *Inventários e partilhas:* direito das sucessões. Teoria e prática. 17. ed. São Paulo: Livraria e Editora Universitária de Direito, 2004. p. 301.

§ 1º Podem os condôminos acordar que fique indivisa a coisa comum por prazo não maior de 5 (cinco) anos, suscetível de prorrogação ulterior.

§ 2º Não poderá exceder de cinco anos a indivisão estabelecida pelo doador ou pelo testador.

§ 3º A requerimento de qualquer interessado e se graves razões o aconselharem, pode o juiz determinar a divisão da coisa comum antes do prazo.

Assim, apesar de o condômino poder exigir a divisão a todo tempo, as regras do condomínio autorizam que os condôminos mantenham a coisa indivisa, posto que possibilita prorrogação ulterior do prazo de cinco anos, desde que todos concordem, podendo qualquer um deles, discordando, requerer a qualquer tempo a extinção.

Admite-se, ainda, que tanto o doador quanto o testador estabeleçam, na doação e na herança, o estado de indivisão limitado até o prazo de cinco anos, sem possibilidade de prorrogação, salvo se acordado pelos próprios condôminos. Permite, porém, a divisão pelo juiz, existindo razões justificáveis.

A regra prevista no condomínio voluntário parece confrontar com o direito sucessório ao estabelecer o art. 2.013 do Código Civil que "o herdeiro pode sempre requerer a partilha, ainda que o testador o proíba, cabendo igual faculdade aos seus cessionários e credores".

A doutrina, ao interpretar o artigo citado, ressalta que autoriza o herdeiro a requerer a partilha a qualquer momento, ainda que o testador o proíba, cabendo igual faculdade aos seus cessionários e credores. Detentor de parte ideal da herança, é natural que o herdeiro, assim como seus cessionários e credores, almeje concretizar a partilha, de modo que seu direito recaia sobre bem certo e individuado[5]. Acrescenta, ainda, que nenhum condômino pode ser obrigado a permanecer na comunhão; cada um deles tem o direito de requerer, a todo tempo, que se divida a coisa comum, pois o condomínio é tido por escritores antigos e modernos como fonte de atrito e desavenças, baseados na convicção de ser impossível um harmonioso funcionamento da comunhão, consagrando os romanos que *communio est mater discordiarum*[6].

---

5 MONTEIRO, Washington de Barros. Op. cit., p. 320.

6 GONÇALVES, Carlos Roberto. Op. cit., p. 561.

As normas, entretanto, não se conflitam, mas se completam. É ineficaz a disposição testamentária proibindo ao herdeiro, cessionário ou credor de requerer a partilha dos bens da herança (art. 2.013 do CC), entretanto é válida a indivisão dos bens determinada pelo testador, no prazo máximo de cinco anos, que deve ser contado a partir da abertura da sucessão, atendendo à observância da sua vontade (art. 1.899 do CC), salvo se a medida for prejudicial ao espólio ou aos herdeiros que justifique a imediata divisão, ordenada pelo juiz (art. 1.320, §§ 2º e 3º, do CC).

Remanesce, portanto, a possibilidade de o autor da herança suspender por até cinco anos, a partir da morte, mediante testamento, a partilha dos bens hereditários, sendo ineficaz, todavia, vedar ao herdeiro requerê-la fora desse prazo, ou a qualquer momento, se não estabeleceu a indivisão.

O Código Civil atual, no art. 1.848, veda a inclusão de gravames nos bens da legítima, o que era permitido no art. 1.723 do Código de 1916, ao autorizar clausular a legítima de inalienabilidade, impenhorabilidade e incomunicabilidade sem justa causa. Assim, a legítima deve ser liberada sem ônus aos herdeiros necessários, sendo incompatível a suspensão da divisão por testamento na legítima, admitindo-a tão somente na sucessão testamentária e facultativa.

A partilha dos bens pode ser requerida por qualquer herdeiro, a qualquer tempo, entretanto ressalta a doutrina o prazo prescricional de quinze anos, previsto no art. 1.238 do Código Civil do aludido diploma, para que o possuidor impeça a partilha do bem mediante invocação da usucapião[7]. Não obsta a partilha estar um ou mais herdeiros na posse de certos bens do espólio, salvo se da morte do proprietário houver decorrido vinte anos (art. 1.722, § 2º, do CC/1916), caso em que se tem a usucapião extraordinária em favor do possuidor, ainda que não esteja de boa-fé nem tenha justo título[8].

Usucapião, do latim *usucapio*, de *usucapere* (usucapir), exprime o modo de adquirir pelo uso, ou adquirir pela prescrição, denominada prescrição aquisitiva. É a aquisição do domínio pela posse continuada, durante o tempo que se fixar em lei. Exige-se que a coisa usucapível seja hábil e individua-

---

[7] GONÇALVES, Carlos Roberto. Op. cit., p. 561.

[8] DINIZ, Maria Helena. *Curso de direito civil brasileiro*. Direito das sucessões. 21. ed. São Paulo: Saraiva, 2007. v. 6. p. 392-393.

lizada, mostrando características e limitações que bem determinem a necessária identidade e utilidade, enquanto a posse deve ser mansa, pública e contínua. Mansa ou pacífica porque a posse violenta não deriva aquisição. Pública porque deve ser exercida à vista de todos, não se configurando posse a ocupação às escondidas, sem possibilidade de ser contestada ou sofrer oposição. Contínua porque deve ser ininterrupta, sem oposição ou contestação de outrem. Necessário, ainda, o *animus domini* do possuidor, praticando atos que exteriorizem sua qualidade de dono, o ânimo de possuir o bem como próprio[9].

A usucapião pode ser ordinária, quando o possuidor possui justo título e boa-fé, e extraordinária, quando não precisa provar ou não possui justo título e boa-fé. Nos bens móveis configura-se a usucapião ordinária quando o usucapiente possui a coisa durante três anos com justo título e boa-fé e a extraordinária quando possui a coisa por cinco anos, independentemente de título ou boa-fé (arts. 1.260 e 1.261 do CC).

Nos bens imóveis, existem três modalidades de usucapião: a extraordinária, a ordinária e a especial, que pode ser urbana ou rural.

A usucapião extraordinária é prevista no art. 1.238 e parágrafo único do Código Civil, ao dispor que aquele que, por quinze anos (reduzidos para dez anos se o possuidor estabelecer moradia habitual ou realizar obras ou serviços de caráter produtivo), sem interrupção ou oposição, possuir o imóvel como seu, independentemente de justo título ou boa-fé, poderá adquirir o domínio por sentença declaratória. Os requisitos são, portanto, a posse mansa, pacífica e contínua, o *animus domini* e o transcurso do prazo de quinze anos, reduzido para dez anos se possuir moradia ou atividade produtiva, sem necessidade de justo título de boa-fé. Dispõe o art. 1.238 do Código Civil que:

> Art. 1.238. Aquele que, por quinze anos, sem interrupção, nem oposição, possuir como seu um imóvel, adquire-lhe a propriedade, independentemente de título e boa-fé; podendo requerer ao juiz que assim o declare por sentença, a qual servirá de título para o registro no Cartório de Registro de Imóveis.

---

9 SILVA, De Plácido e. *Vocabulário jurídico*. 3. ed. Rio de Janeiro: Forense, 2001. p. 442-443.

> Parágrafo único. O prazo estabelecido neste artigo reduzir-se-á a dez anos se o possuidor houver estabelecido no imóvel a sua moradia habitual, ou nele realizado obras ou serviços de caráter produtivo.

A usucapião ordinária é prevista no art. 1.242 e parágrafo único do Código Civil, prevendo o prazo de dez anos se o possuidor, além dos requisitos do anterior, possuir justo título e boa-fé, reduzindo o prazo para cinco anos se o imóvel foi adquirido onerosamente e o registro cancelado posteriormente, desde que os possuidores estabeleçam moradia ou realizem investimento de interesse social e econômico.

A usucapião especial se divide em urbana e rural, acolhendo o Código Civil, em seus arts. 1.239 e 1.240, a usucapião especial ou constitucional previstas nos arts. 183 e 191 da Constituição Federal. A usucapião especial rural, também denominada *pro labore*, permite a aquisição da propriedade rural, não superior a cinquenta hectares, desde que o possuidor não seja proprietário de outro imóvel urbano ou rural, possuindo-a como sua por cinco anos ininterruptos, tornando-a produtiva por seu trabalho ou de sua família e mantendo nela sua moradia. A usucapião especial urbana permite a aquisição da propriedade urbana de até 250 m^2, se o possuidor não for proprietário de outro imóvel urbano ou rural, possuindo-a como sua, por cinco anos, ininterruptamente, e sem oposição, utilizando-a para sua moradia ou de sua família.

Washington de Barros Monteiro ensina que não obsta à realização da partilha estar um ou mais herdeiros na posse de certos bens do espólio, salvo se da morte do proprietário tiverem decorrido dez anos, extinguindo-se para os demais se o coerdeiro (ou terceira pessoa) se achar na posse dos bens durante aquele espaço de tempo, desde que exercida com exclusão dos demais herdeiros. Acrescenta, todavia, que, suspenso o prazo em relação a um herdeiro, os demais aproveitam em razão da indivisibilidade da herança[10]. Considera, nesse caso, que o possuidor estabeleceu moradia no imóvel para reduzir o prazo para dez anos (art. 1.238, parágrafo único, do CC).

Carlos Roberto Gonçalves complementa que cada condômino pode requerer, a qualquer tempo, a divisão da coisa comum, mas ressalva-se o

[10] MONTEIRO, Washington de Barros. Op. cit., p. 320.

prazo prescricional de quinze anos previsto no art. 1.238 do Código Civil, contado da morte do autor da herança para que o possuidor obste à partilha do bem mediante a invocação da usucapião. Decorridos quinze anos, ter-se-á consumado em favor do possuidor a usucapião extraordinária, ainda que não tenha justo título nem boa-fé, desde que aquela se exerça com exclusão dos demais coerdeiros. Ressalta, porém, que a prescrição aquisitiva, em regra, é incompatível com a convivência condominial, posto que o herdeiro que administra o espólio sem oposição dos outros presume-se representante comum. A modalidade aquisitiva do domínio pela usucapião tem sido admitida na jurisprudência, quando caracterizada a posse exclusiva do herdeiro com o ânimo exclusivo de dono, como se proprietário único do imóvel, caracterizada por atos exteriores que demonstrem impedir a posse dos demais herdeiros[11].

O parágrafo único do art. 1.791 do Código Civil, além de estabelecer a indivisibilidade da herança até a partilha, dispõe que será regulada pelas normas relativas ao condomínio.

Ao tratar da administração do condomínio, dispõe o art. 1.324 do Código Civil que "o condômino que administrar sem oposição dos outros presume-se representante comum".

A presunção, portanto, é que o herdeiro que exerce a posse da coisa indivisa entende-se representante dos demais, posto que o direito de cada um diz respeito à coisa toda, igualmente, e não a uma fração dela, ainda que diversas as quotas ideais. O herdeiro que administra e exerce a posse dos bens indivisos presume-se possuir uma tolerância ou permissão dos demais herdeiros para ocupar e representar o todo.

Maria Helena Diniz, ao tratar da usucapião no Direito das Coisas, cita diversos julgados para orientar que jamais poderão ser objeto de usucapião os bens possuídos pelo condômino em face dos demais comunheiros, se estiver de posse de uma área de terra excedente à correspondente ao seu quinhão ou à sua quota, entendendo a doutrina que é impossível aquisição por usucapião contra os outros condôminos, enquanto subsistir o estado de indivisão, pois não pode haver usucapião de área incerta. Cita, ainda, diversos doutrinadores para acrescentar que não pode um condômino usucapir

---

[11] GONÇALVES, Carlos Roberto. Op. cit., p. 562.

contra outro se detiver o imóvel em nome dos comunheiros, se não exercer a posse com exclusividade e se a exercer a título de administrador. Assim, somente poderá usucapir contra consorte se puder provar que possui *pro suo*, porque de fato a comunhão cessou, ou se houver mudança da posse por fato de terceiro ou oriunda da oposição feita pelo condômino contra o direito dos demais comunheiros. As coisas possuídas em comum não são suscetíveis de usucapião, porque importaria isso em ir o usucapiente contra o seu próprio título[12].

A jurisprudência mineira já decidiu que o imóvel comum e indiviso é insusceptível de ser usucapido por um dos condôminos isoladamente, devendo a pretensão ser deduzida em conjunto por todos os compossuidores[13]. É impossível de se operar o instituto da usucapião para o reconhecimento de domínio em favor de herdeiro titular de título de propriedade decorrente de direito sucessório, pois implicaria a alteração do modo de aquisição da propriedade, mormente ante a impossibilidade de se usucapir imóvel do qual se é proprietário, em condomínio com os demais herdeiros[14].

A possibilidade de o herdeiro requerer usucapião de bens da herança somente se tem permitido, excepcionalmente, quando já ocorreu uma divisão de fato entre os condôminos, cada um ocupando com exclusividade e como dono seu quinhão ou, ainda, se comprovar que efetivamente exerceu a posse exclusiva do bem, e não por mera tolerância dos demais herdeiros, desvencilhando do ônus que lhe cabia de administrador comum, devendo iniciar a contagem do prazo a partir do momento em que efetivamente passou a exercer a posse com *animus domini*, e não necessariamente da morte do autor da herança.

Nesse sentido, têm orientado os julgados que a posse por mera tolerância e sem provas não gera a aquisição do domínio na prescrição aquisitiva. A ação de usucapião extraordinária, ajuizada por um dos herdeiros, somente se torna admissível desde que comprovado o exercício da posse de forma exclusiva, com *animus domini* e pelo decurso do tempo de vinte anos

---

12 DINIZ, Maria Helena. *Curso de direito civil brasileiro.* Direito das coisas. 22. ed. São Paulo: Saraiva, 2007. v. 4. p. 158-159.

13 TJMG, AC 2.0000.00.429024-0/000, Rel. Des. Maurício Barros, p. 25-9-2004.

14 TJMG, AC 1.0000.00.220944-3/000, Rel. Des. Pinheiro Lago, p. 9-5-2003.

(hoje quinze anos)[15]. A alegação de usucapião extraordinária, deduzida por um dos herdeiros contra os outros, somente se torna admissível desde que comprovado o exercício da posse de forma exclusiva, com *animus domini* e pelo decurso de tempo de vinte anos (hoje quinze)[16].

A juíza Fernanda Icassati Corazza, em ação de usucapião proposta por uma herdeira sob o fundamento de estar na posse do imóvel de forma continuada, mansa e pacífica há mais de trinta anos somando a posse de seus familiares, julgou improcedente o pedido por carência do requisito *animus domini* para usucapir o imóvel. Fundamentou a magistrada que, embora a autora exercesse a posse em razão da morte dos possuidores originários, abriu-se a sucessão, e a herança transmitiu-se imediatamente aos herdeiros, operando-se o *droit de saisine*, surgindo um condomínio entre os herdeiros nos bens da herança, exercendo o possuidor a administração presumida em nome de todos (arts. 1.784 e 1.324 do CC). Concluiu que, aberta a sucessão, mantendo-se um dos sucessores na posse do imóvel, o faz em nome dos demais, por força da lei, não podendo opor essa posse direta em relação aos coproprietários, que exercem a posse indireta, porque a lei disciplina, expressamente, a hipótese. Ressaltou que é uso e costume em nossa sociedade a permissão dos coerdeiros de permitir que somente um deles, na condição de condômino, ocupe um imóvel dos antepassados sem que os demais cobrem dele aluguel ou representação expressa, ou seja, sem aparência de resistência à posse, pois ele a exerce como representante dos demais condôminos, direito que a lei ampara, já que haveria grande insegurança jurídica em admitir-se o contrário. Finalizou destacando que, transmitida a herança e estando os herdeiros em condomínio, cumprirá à autora demonstrar a extinção do condomínio para poder usucapir o imóvel, o que foi afastado pela oposição dos demais herdeiros[17].

Ocorrendo posse do autor da herança em bens sem possuir o domínio, ainda que ocupado por apenas um herdeiro, a aquisição da propriedade pela usucapião deve ser requerida em nome do espólio para posterior partilha entre todos os herdeiros.

---

15 TJMG, AC 2.0000.00.364793-0/000, Rel. Des. Alvim de Ávila, p. 8-2-2003.

16 TJMG, AC 2.0000.00.364793-0/000, Rel. Desemb. Edílson Fernandes, p. 5-10-2002.

17 CORAZZA, Fernanda Icassati. Autos 4153. Comarca de Itumirim, sentença p. em 14-5-2007.

Apenas excepcionalmente, se comprovar que após a morte do antecessor manteve a posse exclusiva, *pro suo*, por mais de quinze anos, com exclusão dos demais coerdeiros, poderá o herdeiro pleitear a usucapião em nome próprio.

17.3. LEGITIMIDADE PARA REQUERER A PARTILHA E EXERCÍCIO ANTECIPADO DE DIREITOS SOBRE OS BENS PELOS HERDEIROS

A partilha pode ser requerida pelos herdeiros, cessionários, credores (art. 2.013 do CC) e, ainda, pelo meeiro, pondo termo à indivisibilidade ou comunhão sobre a universalidade da herança, especificando os bens de cada herdeiro, que passa a ser o proprietário exclusivo de seu quinhão.

Da mesma forma, o art. 1.320 do Código Civil dispõe ser lícito ao condômino a todo o tempo exigir a divisão da coisa comum, respondendo o quinhão de cada um pela sua parte nas despesas da divisão.

Possuidores de parte ideal na universalidade da herança, ainda que proibidos pelo testador, excetuada a possibilidade de estipular o prazo de indivisão, conforme já visto, os herdeiros, bem como seus cessionários e credores, podem almejar a concretização da partilha para estabelecer os bens certos e definidos em que recairão seus direitos hereditários.

Salomão Cateb leciona que a partilha pode ser requerida pelo cônjuge sobrevivente, os herdeiros, os legatários, os cessionários e os credores do herdeiro, não obstando estar um ou mais herdeiros na posse de certos bens do espólio. O direito de exigir a partilha é irrenunciável, no sentido de que o coerdeiro, ou outro titular, não pode privar-se de sua titularidade, não significando, entretanto, que a partilha tenha que ser feita imediatamente[18].

No requerimento de partilha judicial, é facultado às partes já formularem o pedido de quinhão, conhecido nos meios forenses por plano de partilha ou proposta de partilha. Dispõe o art. 647, *caput*, do Código de Processo Civil que:

> Art. 647. Cumprido o disposto no art. 642, § 3º, o juiz facultará às partes que, no prazo comum de 15 (quinze) dias, formulem o pedido de quinhão

[18] CATEB, Salomão de Araújo. *Direito das sucessões*. 3. ed. São Paulo: Atlas, 2003. p. 275-276.

> e, em seguida, proferirá a decisão de deliberação da partilha, resolvendo os pedidos das partes e designando os bens que devam constituir quinhão de cada herdeiro e legatário.

Assim, concluído o inventário, o juiz faculta às partes que formulem o pedido de quinhão no prazo comum de dez dias, apresentando o chamado plano de partilha, proferindo, em seguida, o despacho de deliberação, apreciando o pedido das partes, acolhendo-o se for consensual, ou decidindo quanto aos pedidos, se não houver consenso, indicando os sucessores, a proporção dos direitos hereditários e designando os bens que devem compor o quinhão de cada herdeiro ou cessionário e os bens que devem compor o legado.

O novo Código de Processo Civil trouxe relevante inovação no parágrafo único do art. 647[19], ao possibilitar ao juiz, mediante decisão fundamentada, deferir antecipadamente o direito de o herdeiro usar e fruir de determinado bem da herança antes da partilha, condicionando que esse bem integre a sua quota, conforme já visto.

A antecipação do exercício dos direitos do herdeiro de usar e fruir de determinado bem, com a obrigação de se responsabilizar por ele e assumir todos os ônus e bônus, ocorrendo uma tutela antecipada na entrega do bem que lhe caberá na partilha, pode ocorrer em diversas hipóteses, especialmente se o herdeiro já usufruía desse bem em vida do autor da herança, como uma casa, veículo e até mesmo um comércio do qual retira o necessário para sua sobrevivência.

É uma medida conveniente em determinadas situações ao espólio, ao evitar a depreciação do bem não utilizado, e vantajosa ao herdeiro, em receber antecipadamente o bem. É possível no direito sucessório se comprovada a qualidade do herdeiro e que o valor do bem não ultrapassa o seu quinhão hereditário, conferindo efetividade ao processo de inventário.

---

19 "Art. 647. (...)
Parágrafo único. O juiz poderá, em decisão fundamentada, deferir antecipadamente a qualquer dos herdeiros o exercício dos direitos de usar e de fruir de determinado bem, com a condição de que, ao término do inventário, tal bem integre a cota desse herdeiro, cabendo a este, desde o deferimento, todos os ônus e bônus decorrentes do exercício daqueles direitos."

17.4. FORMAS OU ESPÉCIES DE PARTILHA

O instrumento de partilha pode revestir-se de forma amigável, quando resultar de consenso entre todas as partes capazes, podendo realizar-se no processo de inventário com homologação do juiz ou extrajudicialmente; ou judicial, quando não existe acordo entre as partes, presença de incapazes ou existência de ausente, realizando-se no processo de inventário com deliberação do juiz; sendo lícita, ainda, a partilha feita em vida pelo titular, respeitando a legítima se possuir herdeiros necessários, mediante doação ou testamento.

PARTILHA
- Amigável - art. 2.015 do CC
- Judicial - art. 2.016 do CC
- Em vida
  - Partilha - doação - art. 2.018 do CC
  - Partilha - testamento - arts. 2.018 e 2.014 do CC

17.4.1. Partilha amigável

A partilha amigável representa um acordo de vontade de todos os herdeiros, que obrigatoriamente terão de ser capazes. É mais conveniente, por possuir maior flexibilidade na distribuição dos bens, atendendo à preferência dos herdeiros. É negócio jurídico plurilateral, exigindo a participação de todos os herdeiros e unanimidade entre eles. Se um dos herdeiros não participar, a partilha é inexistente[20].

É prevista no art. 2.015 do Código Civil e no art. 610 do Código de Processo Civil. Dispõe o art. 2.015 do Código Civil que, "se os herdeiros forem capazes, poderão fazer partilha amigável, por escritura pública, termo nos autos do inventário, ou escrito particular, homologado pelo juiz".

A partilha amigável judicial pode ser realizada mesmo existindo testamento, obedecendo-se à vontade do testador, sendo necessária a intervenção do testamenteiro.

---

[20] VELOSO, Zeno. In: FIUZA, Ricardo (Coord.). *Novo Código Civil comentado*. São Paulo: Saraiva, 2003. p. 1.817.

Possui a partilha amigável vantagens notórias. Além de poupar despesas inúteis, vem a ser a forma ideal, já que reparte os bens em conformidade com as preferências dos herdeiros e pode evitar a fragmentação dos imóveis ou a dispersão de empreendimentos comerciais ou industriais[21].

Tratando-se de partilha em juízo, pode ser efetuada por escritura pública, instrumento particular ou termo nos autos, sendo necessária a assinatura de todos os interessados, ou por procurador com poderes especiais, e, após ser anexada aos autos, deve ser homologada pelo juiz, para produção de efeitos e expedição do formal de partilha.

Ocorrendo discordância entre os herdeiros, inexiste partilha amigável e não pode ser homologada pelo juiz, devendo obedecer aos procedimentos da partilha judicial e julgada por sentença, conforme ementa a seguir, citando o art. 1.026 do Código de Processo Civil de 1973, atual art. 654:

> APELAÇÃO - AÇÃO DE INVENTÁRIO - PARTILHA - HOMOLOGAÇÃO - PLANO DE PARTILHA - INCONFORMISMO DE HERDEIRO - ANUÊNCIA DO MINISTÉRIO PÚBLICO - IRREGULARIDADE FISCAL - EMPECILHO - ARTIGO 1.026 - CÓDIGO DE PROCESSO CIVIL - INOBSERVÂNCIA - NULIDADE - SENTENÇA CASSADA. Merece ser cassada a sentença que homologa plano de partilha apresentado pelo inventariante a despeito da manifesta discordância de herdeiro, da cota ministerial em oposição à homologação e, ainda, sem observar o disposto no artigo 1.026, do Código de Processo Civil, que dispõe sobre a regularidade fiscal para a decretação da partilha. Recurso provido[22].

A partilha amigável judicial não se confunde com o inventário e a partilha extrajudicial ou administrativa.

A Lei n. 11.441/2007, que deu nova redação ao art. 982 do Código de Processo Civil de 1973, inovou ao permitir que, se todas as partes forem capazes e concordes, poderão fazer o inventário e a partilha por escritura pública, a qual constituirá título hábil para o registro imobiliário, perante o tabelião de notas, assistidas por advogado comum ou advogados de cada

---

21 MONTEIRO, Washington de Barros. Op. cit., p. 323.

22 TJMG, AC 1.0024.01.554182-4/002, Rel. Des. Kildare Carvalho, j. 17-5-2011.

uma delas. Não se exige, nessa forma de partilha, prévio inventário judicial, procedendo-se na própria escritura ao inventário e à partilha, o que foi mantido no § 1º do art. 610 do novo Código de Processo Civil[23].

Assim, a partilha amigável, realizada em inventário extrajudicial ou administrativo por escritura pública, independe de homologação judicial para produção de efeitos, constituindo-se em título hábil para transcrição no registro de imóveis, transferência de bens e direitos, levantamento de valores junto às instituições financeiras, departamentos de trânsito, juntas comerciais, registro civil de pessoas jurídicas, entre outros (art. 3º da Resolução n. 35 do CNJ), conforme já tratamos no inventário extrajudicial.

Euclides de Oliveira e Sebastião Amorim abordam, ao tratarem da partilha amigável, a possibilidade de instituição de usufruto, inclusive citando jurisprudência do Tribunal de Justiça de São Paulo, para lecionar que o usufruto é destacável da nua-propriedade como direito autônomo, nada obstando que tanto a viúva quanto os herdeiros, que possuem partes ideais no todo, concretizem tanto a nua-propriedade quanto o usufruto distintamente na partilha, ou seja, que se defina na partilha a quem cabe o usufruto e a quem cabe a nua-propriedade, sem que tal fato importe doação. Citam o Superior Tribunal de Justiça, no REsp 88.681-96/SP, em partilha amigável em que coube à viúva meeira o usufruto vitalício dos bens e, aos filhos, a parte ideal na nua-propriedade, para lecionarem que não há vedação jurídica em se efetivar a renúncia *in favorem* e em se instituir usufruto nos autos de arrolamento, o que justifica até mesmo para evitar as quase infindáveis discussões que surgem na partilha dos bens. Destacam, ainda, o julgado em que, partindo da validade da renúncia, os bens passam *incontinenti* ao domínio dos herdeiros, que já haviam recebido a cota do pai quando de sua morte, pelo *droit de saisine*. Sendo, portanto, proprietários, não subsiste qualquer empecilho para gravarem os bens com usufruto vitalício em favor da mãe, assinalando que a escritura pública exigida resta substituída pelo termo nos autos, o qual, como se viu, dá segurança e formalidade ao ato[24].

---

23 "Art. 610. (...).

§ 1º Se todos forem capazes e concordes, o inventário e a partilha poderão ser feitos por escritura pública, a qual constituirá documento hábil para qualquer ato de registro, bem como para levantamento de importância depositada em instituições financeiras."

24 OLIVEIRA, Euclides de; AMORIM, Sebastião Luiz. Op. cit., p. 435-436.

O Tribunal de Justiça de São Paulo já decidiu sobre a possibilidade de atribuir valores distintos ao usufruto e à nua-propriedade, considerando, na omissão do Código Civil, a legislação tributária dos Estados, que, na sua maioria, imputam nas doações o valor de um terço ao usufruto e dois terços à nua-propriedade. Com esses critérios, é possível elaborar o plano de partilha, cabendo o usufruto normalmente ao meeiro e a nua-propriedade, aos herdeiros, não caracterizando doação e não incidindo o imposto de transmissão *inter vivos*. A imputação de valores distintos ao usufruto e à nua-propriedade possibilita equilibrar os quinhões das partes na partilha[25].

Tendo em vista que o usufruto é destacável da nua-propriedade, nenhum impedimento existe para que o cônjuge supérstite deixe de receber a nua-propriedade, mantendo seus direitos de meação apenas no usufruto dos bens, sem importar doação.

17.4.2. Partilha judicial

Concluído o inventário, com a identificação dos herdeiros e meeiro, liquidação dos bens apurando o ativo e pagando as dívidas, avaliando e calculando o imposto, procede-se, a seguir, à partilha, divisão dos bens aos sucessores. Os herdeiros e meeiro serão intimados, no prazo de quinze dias, para formular os pedidos de quinhão, indicando os bens que desejam receber, para que o juiz, observando a igualdade e a comodidade de cada um, delibere a partilha, conforme determina o art. 647 do Código de Processo Civil[26].

A partilha judicial é deliberada por sentença de mérito, em que o juiz decidirá quanto aos requerimentos dos interessados, determinando os qui-

---

[25] "Arrolamento de bens. Partilha amigável. Recurso tirado contra decisão que, ao acolher parecer da contadoria judicial, determinou a apresentação de novo plano. Possibilidade de atribuição da nua-propriedade aos herdeiros-filhos e a reserva do usufruto à viúva-meeira. Necessidade, ademais, de se atribuir valores distintos ao usufruto e à nua-propriedade a fim de equilibrar os quinhões. Inexistindo disposição a respeito no Código Civil, há de se aplicar, por analogia, o que prevê o art. 9º, § 2º, números 3 e 4, da Lei nº 10.705/2000. Dispensa da retificação da partilha" (TJSP, AI 2224267-33.2014.8.26.0000, Rel. Des. José Araldo da Costa Telles, j. 20-1-2016).

[26] "Art. 647. Cumprido o disposto no art. 642, § 3º, o juiz facultará às partes que, no prazo comum de 15 (quinze) dias, formulem o pedido de quinhão e, em seguida, proferirá a decisão de deliberação da partilha, resolvendo os pedidos das partes e designando os bens que devam constituir quinhão de cada herdeiro e legatário."

nhões. É obrigatória, mesmo que não ocorra acordo entre os herdeiros, ou se existirem incapazes ou ausentes, determinando o art. 2.016 do Código Civil que "será sempre judicial a partilha, se os herdeiros divergirem, assim como se algum deles for incapaz".

A partilha judicial, conforme leciona o Desembargador Kildare Gonçalves, consiste na divisão dos bens deixados pelo *de cujus* aos seus sucessores, extinguindo a comunhão e a indivisibilidade dos bens existentes desde o falecimento do autor da herança, competindo ao julgador sanar as divergências e discordâncias entre os herdeiros, de maneira que se atenda, a contento, sua finalidade. A partilha judicial não deve ser feita de maneira que represente a mera igualdade matemática, mantendo-se entre os herdeiros, em frações ideais, todos os bens, o que comprovadamente gera discórdia entre os comunheiros, acarretando inimizades e contrariedades na família. Observadas as questões relativas aos bens inventariados, tais como valor, natureza, liquidez, divisão cômoda, entre outros, deve o juiz, após comprovado o devido pagamento dos impostos de transmissão e juntadas aos autos certidões ou informações negativas de dívida para com a Fazenda Pública (art. 624 do CPC), decidir quanto aos requerimentos dos interessados e determinar a partilha, de forma individualizada, atendendo-se, assim, ao interesse de todos os herdeiros[27].

Após a separação dos bens para pagamento das dívidas, se houver, é facultado às partes formularem os pedidos de quinhões no prazo de quinze dias, seguindo-se o despacho de deliberação da partilha pelo juiz, ocasião em que apreciará o pedido das partes e designará os bens que devam compor os quinhões.

No despacho de deliberação da partilha, o juiz não deve se restringir às solicitações dos interessados, mas observar a perfeita igualdade entre os herdeiros, procurando atender, com maior solicitude, aos direitos e interesses de todos, sobretudo dos incapazes[28]. Dispõe o art. 2.017 do Código Civil, ao ressaltar o princípio da igualdade, que, "no partilhar os bens, observar-se-á, quanto ao seu valor, natureza e qualidade, a maior igualdade possível".

---

[27] TJMG, AC 1.0024.01.554182-4/002, Rel. Des. Kildare Carvalho, j. 17-5-2011.

[28] MONTEIRO, Washington de Barros. Op. cit., p. 324.

O novo Código de Processo Civil apresenta critérios para nortear a partilha, observando que deve buscar a melhor igualdade possível no valor, na natureza e na qualidade dos bens de forma que cada herdeiro seja aquinhoado com bens bons e valorizados, e também com bens ruins, buscando, ainda, com a partilha, evitar litígios futuros e a melhor comodidade entre as partes, conforme disposto no art. 648:

> Art. 648. Na partilha, serão observadas as seguintes regras:
>
> I – a máxima igualdade possível quanto ao valor, à natureza e à qualidade dos bens;
>
> II – a prevenção de litígios futuros;
>
> III – a máxima comodidade dos coerdeiros, do cônjuge ou do companheiro, se for o caso.

Ana Luiza Maia Navares, ao tratar das inovações processuais no Direito das Sucessões, esclarece quanto aos critérios da partilha que:

> O citado art. 648 do Código de Processo Civil reforça, portanto, os princípios que segundo a lei devem nortear a partilha, estando em consonância com o que dispõe o Código Civil quanto à matéria, inclusive em relação aos bens insuscetíveis de divisão cômoda, sobre os quais resta determinada a venda judicial ou a licitação entre os interessados quando mais de um deles requerer a sua adjudicação com reposição em dinheiro ao monte, partilhando-se o valor apurado, salvo se houver acordo para que sejam adjudicados a todos (Código de Processo Civil de 2015, art. 649 e Código Civil, art. 2.019).
>
> Nas palavras de Paulo César Pinheiro Carneiro, a interpretação do princípio da igualdade não enseja que cada herdeiro fique com uma parte de cada um dos bens, mas, sim, que a partilha procure ser equitativa quanto à distribuição dos bens pela sua natureza, pois, mais importante do que "a rigorosa igualdade na divisão em espécies dos bens componentes do acervo hereditário é a divisão que conceda maior comodidade aos herdeiros e, ao mesmo tempo, possa prevenir futuros litígios", ainda que seja utilizado o instituto da reposição.
>
> Desse modo, como alerta Pontes de Miranda, "a igualdade quanto ao valor dos quinhões é absoluta", pois, esta não se pode atenuar por comodidade

ou por qualquer outro motivo. No entanto, consoante Carlos Maximiliano, "prefere-se dar a cada herdeiro os bens mais proveitosos a ele, em razão da idade, profissão ou residência"[29].

A regra da igualdade não significa que, ao deliberar sobre a partilha, o juiz determina que os herdeiros devam ficar com uma parte ideal em todos os bens, pois a partilha judicial é aquela em que o juiz estabelece, na ausência de acordo, a divisão dos bens e as partes que cabem a cada herdeiro da forma que lhe pareça mais justa e cômoda. A igualdade entre os herdeiros na partilha não se assenta em que todos tirem uma parte aritmética e ideal em cada um dos bens, pois, dessa forma, tudo continua indiviso, produzindo inquietação entre os herdeiros no uso comum e possibilitando o surgimento de discórdias e demandas. A partilha judicial não consiste em atribuir a cada herdeiro parte ideal em cada bem do espólio, devendo o juiz designar, na deliberação, os bens que devem constituir a meação e os que devem integrar o quinhão de cada herdeiro, legatário ou cessionário, atribuindo aos incapazes, preferencialmente, bens de raiz e os que mais dificilmente se deteriorem, evitando o condomínio incômodo. A indivisão somente deve persistir quando desejada pelos próprios interessados ou em casos de impossibilidade física[30].

Por se tratar de mero despacho interlocutório ordinatório, entende a corrente doutrinária e jurisprudencial predominante que é irrecorrível o despacho de deliberação da partilha, ficando a questão em aberto para eventual recurso de apelação da posterior sentença de partilha, entretanto corrente minoritária, por seu teor decisório, entende ser passível de recurso, por agravo de instrumento[31].

Na impossibilidade de divisão cômoda dos bens, por não caber, por inteiro, na meação ou no quinhão do herdeiro ou, ainda que caiba, diminuir-lhe sensivelmente o valor, ressaltando que o imóvel rural não pode ser dividido em quinhões inferiores ao módulo rural, e não existindo concordân-

---

[29] NEVARES, Ana Luiza Maia. As inovações do Código de Processo Civil de 2015 no direito das sucessões. *Revista IBDFAM: famílias e sucessões*, Belo Horizonte: IBDFAM, v. 13, jan.-fev. 2016. p. 72.

[30] OLIVEIRA, Euclides de; AMORIM, Sebastião Luiz. Op. cit., p. 324.

[31] OLIVEIRA, Euclides de; AMORIM, Sebastião Luiz. Op. cit., p. 436.

cia entre os interesses de atribuição da parte ideal a cada um, deve ser vendido em leilão e divididos os valores. Exerce o direito de preferência para adjudicação do bem qualquer um dos herdeiros, compensando-se os demais com torna ou reposição após avaliação judicial atualizada.

Disputando mais de um herdeiro a adjudicação do bem, procede-se à licitação entre eles, sendo adjudicado ao que oferecer maior valor. A preferência recai não apenas nos herdeiros, mas também no cônjuge ou companheiro sobrevivente e no cessionário, não existindo venda judicial se algum deles se interessar na adjudicação do bem. Regulando o procedimento, dispõe o art. 2.019 do Código Civil:

> Art. 2.019. Os bens insuscetíveis de divisão cômoda, que não couberem na meação do cônjuge sobrevivente ou no quinhão de um só herdeiro, serão vendidos judicialmente, partilhando-se o valor apurado, a não ser que haja acordo para serem adjudicados a todos.
>
> § 1º Não se fará a venda judicial se o cônjuge sobrevivente ou um ou mais herdeiros requererem lhes seja adjudicado o bem, repondo aos outros, em dinheiro, a diferença, após avaliação atualizada.
>
> § 2º Se a adjudicação for requerida por mais de um herdeiro, observar-se-á o processo de licitação.

O Código de Processo Civil reproduziu as disposições do art. 2.019 do Código Civil, dispondo que:

> Art. 649. Os bens insuscetíveis de divisão cômoda que não couberem na parte do cônjuge ou companheiro supérstite ou no quinhão de um só herdeiro serão licitados entre os interessados ou vendidos judicialmente, partilhando-se o valor apurado, salvo se houver acordo para que sejam adjudicados a todos.

Outra inovação do Código de Processo Civil foi dispor que, "se um dos interessados for nascituro, o quinhão que lhe caberá será reservado em poder do inventariante até o seu nascimento" (art. 650). Nascendo vivo, os bens são transferidos imediatamente à criança, ainda que sobreviva poucos instantes. Nesse caso, por força do princípio de *saisine*, os bens serão transferidos logo após a morte do recém-nascido para os seus sucessores (ascendentes). Nascendo morto, não se opera a transmissão dos bens, que serão sobrepartilhados entre os sucessores do autor da herança.

Tratando-se de herdeiros capazes, o bem pode ser vendido sem necessidade de leilão, desde que concordes, admitindo-se, ainda, se existentes incapazes, desde que a proposta de compra seja igual ou superior à avaliação judicial, a dispensa de leilão judicial que onera ainda as despesas arcadas pelos menores, permissão que encontra amparo no art. 1.750 do Código Civil[32], que não reproduziu a exigência de venda de menores sob tutela por hasta pública (art. 429 do CC/1916).

Deliberada a partilha por despacho judicial, o inventário será remetido ao partidor para organizar o esboço, função normalmente exercida pelo escrivão judicial e que, posteriormente, se traduzirá na partilha se não houver correções. O esboço é também denominado plano de partilha e, na prática, é comum o juiz determinar que as próprias partes façam as correções necessárias de acordo com sua deliberação e que serão conferidas e certificadas pelo escrivão judicial.

O esboço ou plano de partilha deve conter as dívidas atendidas, a meação do cônjuge ou companheiro, a meação disponível e os quinhões hereditários, a começar pelo coerdeiro mais velho (art. 651 do CPC), incluindo na prática também os requisitos do art. 653 do Código de Processo Civil, posto que o próprio plano de partilha será aproveitado para julgamento e expedição do formal.

Apresentado o plano de partilha, as partes serão intimadas para se manifestarem no prazo comum de quinze dias, prazo ampliado pelo art. 652 do novo Código de Processo Civil. Concordes as partes, será desnecessário lavrar-se nova partilha nos autos, aproveitando-se o esboço aprovado, dispensando-se a lavratura de auto específico por desnecessário.

Apresentadas reclamações, que não podem ser repetição dos pedidos formulados e já deliberados anteriormente, o juiz decidirá, determinando, se for o caso, as devidas correções, lançando-se a partilha nos autos, que deverá conter, nos termos do art. 653 da legislação processual:

---

[32] "Art. 1.750. Os imóveis pertencentes aos menores sob tutela somente podem ser vendidos quando houver manifesta vantagem, mediante prévia avaliação judicial e aprovação do juiz."

Art. 653. (...)

I – de um auto de orçamento, que mencionará:

a) os nomes do autor da herança, do inventariante, do cônjuge ou companheiro supérstite, dos herdeiros, dos legatários e dos credores admitidos;

b) o ativo, o passivo e o líquido partível, com as necessárias especificações;

c) o valor de cada quinhão;

II – de folha de pagamento para cada parte, declarando a quota a pagar-lhe, a razão do pagamento e a relação dos bens que lhe compõem o quinhão, as características que os individualizam e os ônus que os gravam.

Parágrafo único. O auto e cada uma das folhas serão assinadas pelo juiz e pelo escrivão.

Comprovado, nos autos, que o espólio está quite com a Fazenda Pública, mediante certidões negativas ou positivas com efeito negativo das Fazendas Municipal, Estadual e Federal, bem como recolhido o imposto de transmissão *causa mortis*, o juiz julga a partilha por sentença.

O art. 654 do novo Código de Processo Civil inovou, ao possibilitar no parágrafo único que "a existência de dívida para com a Fazenda Pública não impedirá o julgamento da partilha, desde que o seu pagamento esteja devidamente garantido". Assim, mediante parcelamento da dívida ou garantia em bens, na hipótese de o débito estar sendo questionado, o juiz pode julgar a partilha, independentemente da quitação.

O imposto de transmissão deve ser recolhido antes do julgamento da partilha judicial, conforme determinam o art. 654 do Código de Processo Civil e o art. 192 do Código Tributário, ao dispor que "nenhuma sentença de julgamento de partilha ou adjudicação será proferida sem prova da quitação de todos os tributos relativos aos bens do espólio ou às suas rendas".

O Superior Tribunal de Justiça já decidiu ser cabível ao juiz isentar os herdeiros declaradamente pobres do pagamento do imposto de transmissão *causa mortis* com fundamento na justiça gratuita[33], entretanto a decisão

---

33 "TRIBUTÁRIO. RECURSO ESPECIAL. IMPOSTO DE TRANSMISSÃO 'CAUSA MORTIS'. ART. 179 DO CTN. COMPETÊNCIA PARA DECLARAR ISENÇÃO. 1.

sofre críticas, tendo em vista que a dispensa de pagamento do tributo devido exige expressa previsão legal na legislação (art. 176 do CTN), não estando previsto nas isenções do art. 3º da Lei n. 1.060/1950 e no art. 98 do Código de Processo Civil. A assistência judiciária pode ser assegurada no inventário àqueles que comprovarem insuficiência de recursos, como taxas judiciárias, emolumentos, custas, inclusive do formal de partilha, e outras despesas, entretanto não inclui no rol de isenções o imposto de transmissão que depende de previsão legal, não cabendo ao judiciário dispensá-lo[34].

Com efeito, dispõe o art. 176 do Código Tributário que "a isenção, ainda quando prevista em contrato, é sempre decorrente de lei que especifique as condições e requisitos exigidos para a sua concessão, os tributos a que se aplica e, sendo caso, o prazo de sua duração".

A partilha judicial é julgada por sentença, sendo denominada impropriamente de homologação, que se aplica apenas na partilha judicial para confirmar o acordo celebrado pelas partes. A partilha judicial depende de julgamento, podendo a sentença ter ou não caráter homologatório[35].

A sentença que julga a partilha encerra, termina o processo de inventário em sentido amplo, cessando a comunhão hereditária, e as funções do inventariante, desaparecendo a figura do espólio, que será substituído pelo herdeiro que recebeu os bens, cabendo, portanto, o recurso de apelação.

Transitada em julgado a sentença que julgou a partilha judicial ou homologou a amigável, expede-se o formal de partilha, denominação que se dá à carta ou título entregue aos herdeiros no qual se dá a propriedade e enumeram os bens que receberam na herança, a "forma" da partilha, devidamente aprovada e julgada pelo juiz, expedido pelo escrivão e assinado pelo juiz. Equipara-se a uma carta de sentença e tem força executória para que se possa valer ao herdeiro os direitos que ali lhe são assegurados[36]. O

'Cabe ao juiz do inventário à vista da situação dos herdeiros, miseráveis na forma da lei, por isto ao apanágio da Justiça Gratuita, declará-los isentos do pagamento do imposto de transmissão *causa mortis*'" (REsp 238.161/SP, Rel. Min. Eliana Calmon, p. 9-10-2000). Outros precedentes: STJ, REsp 138.843/RJ, Rel. Min. Castro Meira. j. 8-3-2005.

34 GONÇALVES, Carlos Roberto. Op. cit., p. 565.

35 OLIVEIRA, Euclides de; AMORIM, Sebastião Luiz. Op. cit., p. 441.

36 SILVA, De Plácido e. Op. cit., p. 317.

art. 655 do Código de Processo Civil determina os seguintes documentos que devem constar do formal de partilha:

> Art. 655. (...)
>
> I – termo de inventariante e título de herdeiros;
>
> II – avaliação dos bens que constituíram o quinhão do herdeiro;
>
> III – pagamento do quinhão hereditário;
>
> IV – quitação de impostos;
>
> V – sentença.

O formal de partilha, dispõe o parágrafo único do art. 656, poderá ser substituído por certidão do pagamento do quinhão hereditário, quando este não exceder a cinco vezes o salário mínimo, caso em que se transcreverá nela a sentença de partilha transitada em julgado.

O formal de partilha ou a certidão de pagamento do quinhão hereditário têm força executória, para fazer valer os direitos do herdeiro em face dos coerdeiros e meeiros, e é título hábil para proceder ao registro no Cartório de Registro de Imóveis (arts. 167, I, e 25 da Lei n. 6.015/1973) e à materialização da transferência de bens móveis e direitos junto aos estabelecimentos financeiros, comerciais e de trânsito.

Resumo do procedimento na partilha judicial:

1 – intimação dos interessados (herdeiros, meeiro, cessionários) para formularem o pedido de quinhão – prazo de 15 dias (art. 647, 1ª parte, do CPC);

2 – decisão de deliberação da partilha (art. 647, 2ª parte, do CPC);

3 – esboço da partilha efetuado pelo partidor;

4 – intimação dos interessados para se manifestarem – prazo de 15 dias (art. 652, 2ª parte, do CPC);

5 – decisão das reclamações (art. 652, 2ª parte, do CPC);

6 – lançamento da partilha nos autos (art. 652, parte final, do CPC);

7 – comprovação do pagamento dos tributos e juntada de certidões negativas da Fazenda Pública (art. 654, 1ª parte, do CPC);

8 – julgamento da partilha (art. 654, parte final, do CPC);

9 – expedição do formal de partilha (art. 655 do CPC).

Gráfico do procedimento na partilha judicial

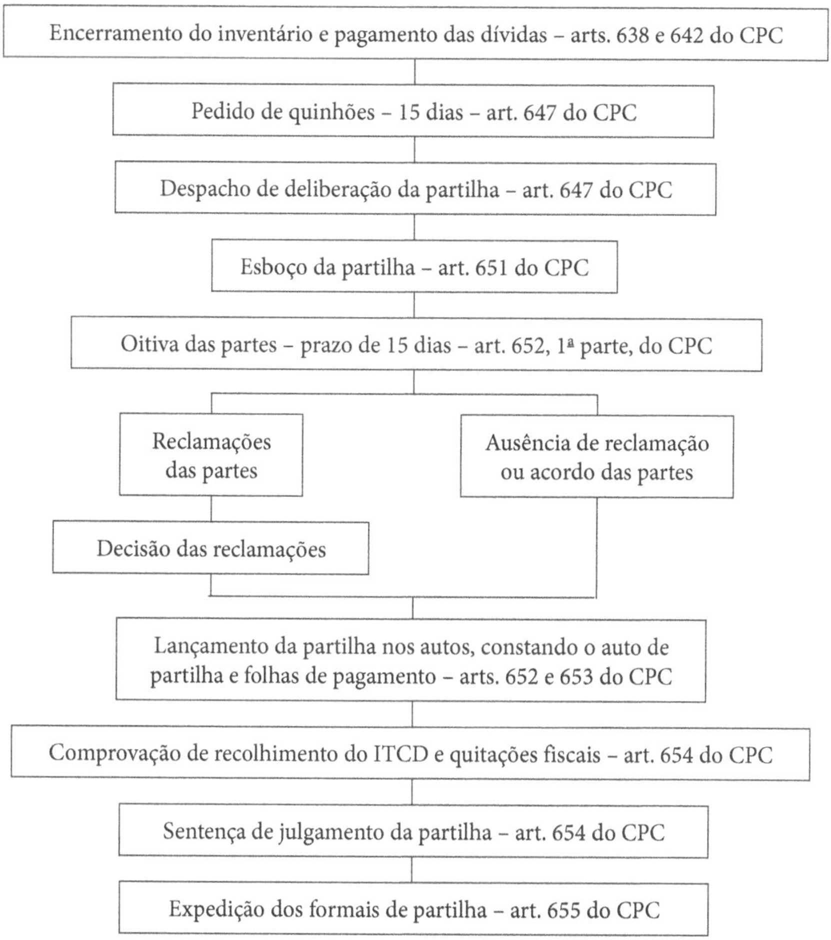

17.4.3. Partilha em vida – planejamento sucessório

17.4.3.1. Introdução

O próprio autor da herança pode antecipar a divisão de seus bens, mediante uma terceira forma de partilha, feita em vida pelo titular dos bens, por testamento ou distribuindo os bens em doações, respeitando-se a legítima, conforme dispõe o art. 2.018 do Código Civil: "É válida a partilha feita por ascendente, por ato entre vivos ou de última vontade, contanto que não prejudique a legítima dos herdeiros necessários".

O Código Civil permite, portanto, sem restrições, desde que respeitada a legítima, que o testador ou doador delibere a partilha, sendo válida mesmo existindo herdeiros necessários.

O art. 426 do Código Civil dispõe que "não pode ser objeto de contrato a herança de pessoa viva", portanto não possui validade qualquer pacto firmado entre os herdeiros sobre a herança de pessoa viva, afastando a chamada sucessão contratual entre os herdeiros. Permite-se a partilha em vida apenas pelo autor da herança aos eventuais herdeiros.

A partilha em vida pode ter a forma de partilha-doação e partilha-testamento, realizando o ascendente, no dizer de Carlos Roberto Gonçalves, uma sucessão antecipada, exercendo a faculdade que é inerente ao direito de propriedade, com o objetivo de dispensar os descendentes da feitura de arrolamento ou inventário, afastando-se a colação, podendo haver, no entanto, a redução dos quinhões se ofendida a legítima[37]. Alguns autores apresentam três modalidades de partilha em vida, entre eles Paulo Lôbo, ao lecionar que:

> Pode haver partilha em vida do patrimônio da pessoa, que deseja antecipá-la, como prevenção de conflitos entre seus futuros herdeiros, dispensando-se o inventário após a morte. No direito brasileiro, há três modalidades de partilha em vida: a testamentária (negócio jurídico unilateral), a doação (negócio jurídico bilateral) e a partilha *inter vivos* (negócio jurídico plurilateral)[38].

Acrescenta quanto à partilha *inter vivos*, plurilateral, que:

> A terceira modalidade (partilha *inter vivos*) é a genuína partilha em vida. Pontes de Miranda (1973, v. 60, § 5.993) entende que é erro dizer-se que a partilha em vida é doação aos herdeiros necessários, de modo que o autor perde sempre, desde logo, a propriedade. Para ele, quando se faz a partilha em vida, princi-

---

[37] GONÇALVES, Carlos Roberto. Op. cit., p. 567.

[38] LÔBO, Paulo Luiz Netto. *Direito civil:* sucessões. 3. ed. São Paulo: Saraiva, 2016. p. 309.

palmente mediante escritura pública, não se dispensa o inventário, pois apenas a partilha não poderá ser objeto de decisão judicial ou deliberação dos herdeiros; a partilha feita unilateralmente pelo autor pré-exclui a partilha amigável ou por termo nos autos, mas ela tem de ser homologada pelo juiz do inventário. Não há adiantamento da legítima dos herdeiros necessários, posto que esse negócio jurídico de partilha – que Pontes de Miranda qualifica como plurilateral, quando o ascendente convocar os descendentes para participarem – é para ter eficácia se os prováveis herdeiros vierem a receber a herança.

Essa modalidade genuína de partilha da herança, mas sem antecipação das titularidades, não é exclusiva, nada impedindo que ela se dê também mediante doação única aos herdeiros, com identificação de suas partes, com ou sem reserva de usufruto ao autor, no que igualmente se realizaria a função social da norma. Nesse sentido, disse Clóvis Beviláqua (2000, § 104) que a partilha em vida "vale como doação entre vivos", respeitadas as legítimas e sujeitas à colação e à anulabilidade, sob o fundamento de fraude a credores[39].

Não se vislumbra a forma de estabelecer disposições de partilha, para produção de efeitos para após a morte, nos termos dos arts. 2.018 e 426 do Código Civil, que não seja mediante testamento, em face da vedação de contrato de herança de pessoa viva. Assim, as modalidades de partilha em vida ocorrem mediante partilha-doação e partilha-testamento.

Na hipótese de o autor da herança não incluir todos os bens na partilha ou adquirir novos bens após realizá-la, aplica-se quanto a esses bens a sucessão legítima.

17.4.3.2. Partilha-doação

A partilha-doação é a típica partilha em vida. Feita pelo ascendente, deve abranger todos os filhos e sujeita-se aos requisitos das doações em geral. É, na realidade, um contrato de doação e não direito sucessório. Depois de efetuada, é irrevogável e produz efeitos imediatos. Após a morte do doador, é incabível colação, pois se trata de partilha antecipada, sendo inaplicável a regra do art. 2.002 do Código Civil, que obriga a colação para igualar as legítimas.

---

39 LÔBO, Paulo Luiz Netto. Op. cit., p. 311.

A partilha pode abranger a totalidade ou apenas parte do patrimônio e, por tratar-se de ato *inter vivos*, na existência de herdeiros necessários, a legítima deve ser respeitada, sob pena de a doação ser considerada inoficiosa, sendo nula se excluir herdeiro necessário[40].

Os bens partilhados mediante doação não estão sujeitos a inventário e partilha, posto que a transferência da propriedade dos bens e direitos operou-se pela doação, sendo recolhido o imposto de transmissão por ato *inter vivos*.

A dura realidade da vida e exemplos marcantes infelizmente têm demonstrado a inconveniência dessa partilha, quando os pais doam todos os bens aos filhos e, no final da vida, muitas vezes acabam abandonados, sem recursos suficientes para arcar com suas despesas de manutenção e, especialmente, cobrir os gastos com saúde, que aumentam sensivelmente na velhice. A obrigatória reserva de renda suficiente para a subsistência do doador, nos termos do art. 548 do Código Civil, pode não ser suficiente para a sobrevivência do doador, como pode ocorrer, por exemplo, ao doar o imóvel residencial com reserva de usufruto, confiando nos filhos ou em pouca aposentadoria, e depois necessitar vendê-lo para tratamento de saúde ou para custear novas despesas em razão da velhice.

A partilha em vida constitui uma antecipação da herança e, apesar de o art. 2.018 do Código Civil fazer referência aos ascendentes, por ser a situação mais comum e para ressaltar o respeito à legítima, também vale para outros titulares de bens, sem limitação quanto à qualidade parental, mesmo não possuindo herdeiros necessários, podendo, nesse caso, dispor livremente dos bens. A partilha por ato entre vivos confunde-se com o ato de doação de bens, devendo obedecer às formalidades desse ato jurídico, mas difere da simples doação por constituir uma verdadeira antecipação da herança. Também difere da partilha por testamento e da partilha amigável ou judicial, porque os beneficiários já entram na posse e no domínio dos bens doados, independentemente de inventário e sem necessidade de aguardar a morte do titular dos bens para a transmissão do seu patrimônio[41].

A partilha-doação também difere da partilha-testamento por seu caráter irrevogável, após a consumação do ato jurídico, exceto nas hipóteses

---

[40] DINIZ, Maria Helena. *Código Civil anotado*. 3. ed. São Paulo: Saraiva, 1997. p. 1.081.

[41] OLIVEIRA, Euclides Benedito de. Colação e sonegados. In: HIRONAKA, Giselda Maria Fernandes Novaes; PEREIRA, Rodrigo da Cunha (Coords.). *Direito das sucessões e o novo Código Civil*. Belo Horizonte: Del Rey, 2004. p. 418-419.

de ingratidão do donatário e descumprimento do encargo (art. 555 do CC), enquanto a partilha testamentária pode ser modificada ou revogada a qualquer momento pelo testador.

17.4.3.3. Partilha-testamento

Na partilha-testamento é adotada a forma testamentária, prevalecendo como disposição de última vontade, repartindo o acervo entre os herdeiros. Pode ser revogada a qualquer tempo e só produz efeitos após a morte do testador. Na partilha-testamento podem ser atribuídos valores desiguais aos herdeiros, desde que a parte disponível comporte, preservando a legítima. É prevista no art. 2.014 do Código Civil ao dispor que "pode o testador indicar os bens e valores que devem compor os quinhões hereditários, deliberando ele próprio a partilha, que prevalecerá, salvo se o valor dos bens não corresponder às quotas estabelecidas".

A partilha em vida, feita por testamento, possui a vantagem de o testador poder modificá-la, no caso de ocorrer alterações após a feitura do testamento, e utilizar livremente os bens em caso de necessidade, não ficando desagasalhado das vicissitudes que se apresentam na velhice, já que o testamento, perfeito e acabado no ato de sua feitura, só produzirá efeitos após a morte.

A partilha-testamento sujeita-se ao inventário ou arrolamento, com intervenção do testamenteiro, em razão das disposições de última vontade, e do Ministério Público, se existirem interesses de incapazes, pagamento das dívidas, recolhimento do imposto de transmissão *causa mortis* e a partilha, sem obedecer, entretanto, ao princípio da igualdade, realizando-se, com estrita observância, as deliberações do testador na composição dos quinhões hereditários, somente podendo ser contestada se atingir a legítima, cabendo, nesse caso, redução das disposições testamentárias.

Nos quinhões de cada herdeiro serão atribuídos os bens e valores indicados pelo testador, desde que respeitada a legítima, evitando-se demandas e discussões pela preferência de bens, descabendo aos herdeiros formular proposta de quinhões, apresentando-se o plano de partilha de acordo com as disposições do testamento.

Após o testamento, se o autor da herança aumentar o patrimônio sem previsão na partilha, aplica-se ao acréscimo a sucessão legítima, entretanto, se o patrimônio reduzir, algumas regras devem ser observadas, como leciona Paulo Lôbo:

> Para que a partilha em vida mediante testamento possa produzir integralmente seus efeitos é necessário que o testador mantenha imodificável seu patrimônio. A redução do patrimônio que foi objeto da partilha, após o testamento, mediante alienações, não impede sua observância, desde que consideradas as seguintes circunstâncias: a) se tiver deixado herdeiros necessários e a redução tiver atingido bens que a estes destinou, operar-se-á redução correspondente e proporcional das quotas hereditárias relativas à parte disponível; b) se tiver deixado herdeiros necessários e a redução se der em bens da parte disponível, permanece protegida a partilha quanto àqueles; c) se não houver herdeiros necessários e a partilha se destinar a outros herdeiros legítimos ou a herdeiros testamentários, a alienação de bens prejudica apenas a quem ele destinou esses bens, em virtude da revogação tácita parcial do testamento[42].

O inventário e a partilha-testamento não podem ser efetuados por escritura pública pelo tabelião, em razão das disposições de última vontade, o que vem sendo contestado em face da fé pública do notário e sua legitimidade para fazer o testamento.

17.4.3.4. Planejamento sucessório na partilha em vida

A partilha em vida pode ser uma das formas de a pessoa planejar sua sucessão, evitando conflitos e preparando os sucessores para a continuidade patrimonial da família.

Rolf Madaleno define planejamento sucessório como um:

> (...) conjunto de projeções realizadas em vida, para serem cumpridas como manifestação de um querer especial, sobrevindo a morte do idealizador, sendo então cumprida sua vontade em sintonia com seus antecipados desígnios tudo com vistas ao bem comum de seus herdeiros, construindo um ambiente de pacífica transição de titularidade da herança, contribuindo o planejamento da sucessão para a melhor perenização do acervo do espólio[43].

---

42 LÔBO, Paulo Luiz Netto. Op. cit., p. 310.

43 MADALENO, Rolf. Planejamento sucessório. *Revista IBDFAM: família e sucessões*, Belo Horizonte: IBDFAM, v. 1, jan.-fev. 2014. p. 12.

O planejamento sucessório pode ser efetuado de várias formas, sempre observando a existência de herdeiros necessários e o respeito à legítima. Além da partilha em vida, Paulo Lôbo cita Rolf Madaleno (2014, p. 20-31) para apresentar os seguintes instrumentos legais para efetivar o planejamento sucessório:

> a) doação com cláusula de reversão, subordinada à condição de o doador sobreviver ao donatário (CC, art. 547);
>
> b) doação com reserva de usufruto, muito utilizada no Brasil. Tem sido frequente, igualmente, a doação com reserva do usufruto de participações societárias;
>
> c) pacto antenupcial, que pode estabelecer regime matrimonial de bens inteiramente distinto dos modelos legais, desde que não contradite disposição absoluta da lei;
>
> d) alteração do regime de bens, considerando que seu efeito é não retroativo (*ex nunc*);
>
> e) contrato de regime de bens em união estável, que pode eleger outros regimes, que não seja o suplemento de comunhão dos bens adquiridos onerosamente, durante a união;
>
> f) bem de família convencional, que pode abranger até um terço do patrimônio líquido da pessoa, que ficará insuscetível de penhora (CC, art. 1.711);
>
> g) plano de previdência privada, que tem a natureza de seguro, não se incluindo entre os bens da herança deixada pelo *de cujus*. Apenas toca ao direito sucessório, se não houver indicação de beneficiário, quando o capital assegurado será pago por metade ao cônjuge não separado e os restante aos demais herdeiros, de acordo com a ordem de vocação hereditária (CC, art. 792);
>
> h) fideicomisso, mediante o qual a propriedade resolúvel é transferida para o fiduciário, para posterior transferência ao fideicomissário, quando ocorrer determinado evento;
>
> i) *holding* familiar, sociedade que congrega o patrimônio familiar e que tem por objetivo o controle do capital de outras sociedades, estabelecendo quanto cabe a cada um dos familiares, permitindo controlar a sucessão hereditária[44].

[44] LÔBO, Paulo Luiz Netto. Op. cit., p. 312.

A partilha em vida, em especial a partilha-testamento, por produzir efeitos após a morte, é, sem dúvida, o instrumento mais eficaz para materializar o planejamento sucessório, planejando e estruturando antecipadamente a transferência do patrimônio familiar, evitando conflitos e debates no processo de inventário.

17.5. PRINCÍPIO DA IGUALDADE

O princípio da igualdade não se aplica na partilha em vida, pois tanto na partilha-testamento quanto na partilha-doação prevalece a vontade do testador, desde que respeitada a legítima na atribuição dos quinhões.

A partilha amigável entre partes capazes atenderá à melhor comodidade entre os herdeiros, sendo que uns podem, por exemplo, preferir imóveis, outros, dinheiro, e outros, ainda, veículos, observando a fração ideal de cada um e a doação entre eles ou tornas e reposições, facultando maior liberdade no acordo, recolhendo os possíveis tributos, se necessário.

Na partilha judicial, entretanto, deve ser observada a maior igualdade possível dos quinhões, não apenas matemática, mas também qualitativa, instituindo aos herdeiros o mesmo valor dos quinhões, mas buscando atender à comodidade de cada um. Estabelece o art. 2.017 do Código Civil que, "no partilhar os bens, observar-se-á, quanto ao seu valor, natureza e qualidade, a maior igualdade possível".

O princípio da igualdade não obriga ou incentiva que todos os herdeiros devam ficar com a parte ideal em todos os bens.

A igualdade não deve ser cega, mas procurar atender à comodidade dos herdeiros e às circunstâncias dos bens do monte, evitando fragmentar demasiadamente a propriedade e estabelecer condomínios desnecessários, quase sempre fonte de discórdia entre os herdeiros. É necessário, entretanto, que os herdeiros sejam aquinhoados com toda a sorte de bens, no bom e no ruim, no certo e no duvidoso, evitando atribuir a um herdeiro os melhores bens da herança e a outro os piores, ainda que, aritmeticamente, possam coincidir os valores dos quinhões. Viola o princípio da igualdade aquinhoar apenas alguns herdeiros em imóvel sujeito a crescente e constante valorização e outros em imóvel em local decadente que representa peso morto[45].

---

[45] MONTEIRO, Washington de Barros. Op. cit., p. 326.

Nesse sentido, o novo Código de Processo Civil inovou ao dispor que na partilha deve ser observada a máxima igualdade possível, considerando o valor, a natureza e a qualidade dos bens; a prevenção de litígios futuros e a comodidade dos sucessores (art. 648).

A igualdade na partilha não obriga a existência de condomínio em bens melhores ou piores, devendo ser observado o próprio interesse dos herdeiros em evitar a manutenção do estado de indivisão e fonte de discórdia futura, bem como a comodidade dos sucessores tanto quanto permitir a igualdade, como deixar um imóvel ao herdeiro que possua prédio contíguo ou conferir ao herdeiro o imóvel onde resida ou efetuou benfeitorias, tudo isso, repetindo, sem ofender a exata igualdade da herança[46].

Na hipótese de um bem não admitir divisão cômoda e o quinhão tornar-se desigual, resolve-se pelas tornas ou reposições em dinheiro ao credor que aceitou seu quinhão ser diminuído. Pode ocorrer também a venda em hasta pública ou adjudicação, fazendo licitação se mais de um herdeiro requerer a adjudicação, ficando com o bem o que pagar mais, como ocorre no processo de licitação (art. 2.019, §§ 1º e 2º, do CC).

Aos herdeiros menores devem-se atribuir, de preferência, bens de raiz.

17.6. PRESTAÇÃO DE CONTAS DOS FRUTOS, REEMBOLSO DE DESPESAS E INDENIZAÇÃO POR DANOS AOS BENS DO ESPÓLIO

Na descrição dos bens objeto da partilha, ainda que já concluído o cálculo dos impostos, devem o inventariante, os herdeiros, o cônjuge meeiro ou o companheiro que administram ou administraram bens do espólio trazer ao acervo os frutos que perceberam desde a abertura da sucessão para igualar os quinhões, sob pena de configurar sonegação. Os frutos colhidos após a morte do autor da herança pertencem aos sucessores, não mais existindo transmissão e incidência de impostos *causa mortis*.

Por outro lado, os administradores possuem o direito de serem reembolsados pelas despesas úteis e necessárias que fizeram para aumentar ou facilitar o uso do bem e para conservá-lo ou evitar que se deteriore.

---

46 GONÇALVES, Carlos Roberto. Op. cit., p. 568.

O inventariante, os herdeiros, o cônjuge ou os companheiros que administram ou têm a posse do bem do espólio possuem responsabilidades e respondem pelos danos causados por dolo ou culpa, aplicando-se o princípio geral da responsabilidade civil. Dispõe o art. 2.020 do Código Civil que:

> Art. 2.020. Os herdeiros em posse dos bens da herança, o cônjuge sobrevivente e o inventariante são obrigados a trazer ao acervo os frutos que perceberam, desde a abertura da sucessão; têm direito ao reembolso das despesas necessárias e úteis que fizeram, e respondem pelo dano a que, por dolo ou culpa, deram causa.

Oportuna a lição de Euclides de Oliveira de que, embora o texto legal não explicite, cumpre ao companheiro sobrevivente a mesma obrigação de trazer ao acervo os frutos que tenha percebido, consumido ou alienado. Apesar da distinção entre frutos, que consistem nas utilidades que o bem produz, e produtos da coisa, que não se reproduzem e são extraídos com perda de sua substância, como pedras extraídas e areias retiradas dos poços, enquadram-se na categoria geral de acessórios, que se ligam ao principal, e transmitem-se por igual aos herdeiros, devendo dar conta dos valores auferidos[47].

17.7. SOBREPARTILHA

A sobrepartilha ou partilha adicional vem a ser uma nova partilha de bens que, por razões fáticas ou jurídicas, não puderam ser divididos entre os titulares dos direitos hereditários. É uma outra partilha que sobrevém à partilha, correndo nos mesmos autos, pondo fim à indivisão dos bens não partilhados por ocasião da partilha original, como os bens remotos da sede do inventário, os bens litigiosos, os bens que apresentarem dificuldade ou morosidade na liquidação e os bens sonegados[48]. No dizer de Rodrigo da Cunha Pereira, sobrepartilha "é o procedimento pelo qual se partilha novo bem, ou novo conjunto de bens, que os herdeiros à época do inventário não

---

[47] OLIVEIRA, Euclides Benedito de. Op. cit., p. 422.

[48] DINIZ, Maria Helena. *Código Civil anotado.* 21. ed. São Paulo: Saraiva, 2007. v. 6. p. 1.082-1.083.

tinham ciência, seja por desconhecimento, seja por sonegação praticada por qualquer um dos coerdeiros"[49].

O Tribunal de Justiça de Minas Gerais, em julgado que teve como relatora a Desembargadora Hilda Teixeira da Costa, conceituou a sobrepartilha e admitiu sua possibilidade quanto ao bem que constava em nome do falecido e não foi incluído na partilha e dividido entre os herdeiros. Consta na ementa que:

> AGRAVO DE INSTRUMENTO – INVENTÁRIO – SOBREPARTILHA – PEDIDO FORMULADO PELO CREDOR – BEM NÃO INVENTARIADO – AUSÊNCIA DE ÓBICE AO PROCESSAMENTO DO PEDIDO – DECISÃO REFORMADA – RECURSO PROVIDO.
>
> – Sobrepartilha é a nova partilha de bens e direitos eventualmente sonegados, ou que foram descobertos somente depois da partilha.
>
> – Dessa forma, estando o bem ainda em nome do falecido, para regularizar sua situação. Deve ser admitida a sobrepartilha, por inexistir óbice legal a sua propositura[50].

Dispõe o art. 669 do Código de Processo Civil que ficam sujeitos à sobrepartilha os bens sonegados; da herança que se descobrirem depois da partilha; litigiosos, assim como os de liquidação difícil ou morosa; os situados em lugar remoto da sede do juízo onde se processa o inventário.

Os bens litigiosos ou remotos serão reservados à sobrepartilha sob a guarda e administração do mesmo ou de inventariante diverso, de acordo com a maioria dos herdeiros (art. 669, parágrafo único, do CPC).

Se na herança existirem bens remotos, litigiosos ou de liquidação demorada, poderão ser relegados a segundo plano e sobrepartilhados após a partilha dos bens livres e apurados, para não retardar esta, o mesmo ocorrendo com os bens desconhecidos ou sonegados. Nos bens não arrolados por sonegados ou desconhecidos procede-se à sobrepartilha. O Superior Tribunal de Justiça já decidiu que, na hipótese de existirem bens sujeitos à

---

49 PEREIRA, Rodrigo da Cunha. *Dicionário de direito de família e sucessões*. São Paulo: Saraiva, 2015. p. 649.

50 TJMG, AI 1.0024.85.260328-1/001, Rel. Des. Hilda Teixeira da Costa, j. 9-3-2016.

sobrepartilha por serem litigiosos ou por estarem situados em lugar remoto da sede do juízo onde se processa o inventário (portanto bens conhecidos), o espólio permanece existindo, ainda que transitada em julgado a sentença que homologou a partilha dos demais bens do espólio[51].

Como visto, esses bens ficam sob a guarda e administração do próprio inventariante ou de outro escolhido e do agrado da maioria dos herdeiros, o que é reiterado no art. 2.021 do Código Civil, ao dispor que:

> Art. 2.021. Quando parte da herança consistir em bens remotos do lugar do inventário, litigiosos, ou de liquidação morosa ou difícil, poderá proceder-se, no prazo legal, à partilha dos outros, reservando-se aqueles para uma ou mais sobrepartilhas, sob a guarda e a administração do mesmo ou diverso inventariante, e consentimento da maioria dos herdeiros.

O espólio, portanto, não se extingue com a partilha dos bens líquidos, se existirem outros bens a serem apurados. Na hipótese de não existirem bens em apuração, extingue-se o espólio, mas, surgindo outros bens até então desconhecidos, não se rescinde ou retifica a partilha já realizada, procedendo-se à sobrepartilha dos bens que surgiram, determinando o art. 2.022 do Código Civil que "ficam sujeitos a sobrepartilha os bens sonegados e quaisquer outros bens da herança de que se tiver ciência após a partilha".

A sobrepartilha correrá nos mesmos autos do inventário do autor da herança, obedecendo ao rito do inventário e partilha no que couber, como citações dos herdeiros, avaliação de bens, cálculo de imposto e formas da partilha, conforme dispõe o art. 670 do Código de Processo Civil[52].

---

51 STJ, RE 284.669/SP, Rel. Min. Nancy Andrighi, j. 13-8-2001, p. 152.

52 "Art. 670. Na sobrepartilha dos bens, observar-se-á o processo de inventário e de partilha.
Parágrafo único. A sobrepartilha correrá nos autos do inventário do autor da herança."

18

Efeito Declaratório da Partilha e Garantia dos Quinhões Hereditários

Após a partilha, ficam os herdeiros circunscritos aos bens dos seus quinhões, extinguindo-se a comunhão hereditária, passando o herdeiro a ser o proprietário de uma parte específica e determinada da herança, desaparecendo a figura do espólio e, em consequência, o acervo hereditário comum.

Washington de Barros Monteiro ensina que a decisão que julga a partilha é declarativa e não atributiva ou translativa de direitos, adquiridos desde o momento da morte, concretizando-se com a *droit de saisine*, assegurado no art. 1.784 do Código Civil. A sentença que determina a partilha faz direito entre os interessados e prevalece contra eles ou seus sucessores em relação aos bens inventariados, extinguindo a comunhão hereditária, devendo ser registrada no cartório competente. Esclarece, ainda, sobre a existência de duas teorias que tratam do efeito declarativo da sentença. A primeira, mais antiga, é denominada teoria da condição resolutiva, pois cada herdeiro possui um direito condicional sobre todos os bens do espólio e, com a divisão, torna-se o único proprietário dos bens de seu quinhão, desaparecendo, pelo inadimplemento da condição, os direitos que possuía nos quinhões dos coerdeiros. A segunda teoria, mais moderna, é denominada de teoria da ficção da lei, pois, realizada a partilha, supõe-se, por ficção, que o herdeiro recebeu seu quinhão, tal como ficou constituído, diretamente do autor da herança, sem a menor ingerência por parte dos demais coerdeiros. Por meio da teoria da ficção da lei é que faz retroagir os efeitos da divisão ao momento em que se abre a sucessão[1].

Luiz Paulo Vieira de Carvalho esclarece que:

> Explicitam os especialistas que, concluída a partilha, cujo efeito, como já o dissemos, é meramente declaratório e não constitutivo da propriedade sucessória, desaparece o estado provisório de indivisão, rompido o condomínio hereditário forçado (arts. 1.971, parágrafo único, e 2.023 do CC), sendo reconhecida a cada herdeiro a titularidade exclusiva dos bens do quinhão que lhe coube, cuja posse *in concreto* resta o mesmo investido ao menos, em princípio, de maneira definitiva[2].

Por determinação legal, estabelece-se, entretanto, uma obrigação recíproca entre os herdeiros de se indenizarem no caso de evicção dos bens aquinhoados, isto é, se for reconhecido judicialmente que não pertencia ao espólio, mas a terceiro, ocorrendo a perda da coisa por decisão judicial (arts. 447 a 457 do CC), desde que o fato gerador seja anterior à partilha. É o comando do Código Civil, ao dispor no art. 2.023 que, "julgada a partilha, fica o direito de cada um dos herdeiros circunscrito aos bens do seu quinhão". Complementa o art. 2.024 que "os coerdeiros são reciprocamente obrigados a indenizar-se no caso de evicção dos bens aquinhoados".

A partilha, conforme já ressaltado, possui efeitos meramente declaratórios, já que a propriedade se transferiu aos herdeiros com a abertura da sucessão, remanescendo, portanto, uma corresponsabilidade entre os herdeiros de arcarem, em conjunto, com algum dano ou desfalque sofrido nos bens da herança, sem culpa do herdeiro aquinhoado.

A responsabilidade, todavia, será afastada se houver convenção em sentido contrário, se o fato ou se a evicção após a partilha se der por culpa

---

1 MONTEIRO, Washington de Barros. *Curso de direito civil.* 35. ed. rev. e atual. por Ana Cristina de Barros Monteiro França Pinto. São Paulo: Saraiva, 2003. v. 6. p. 331.

2 CARVALHO, Luiz Paulo Vieira de. *Direito das sucessões*. 3. ed. São Paulo: Atlas, 2017. p. 1.004.

do herdeiro ou por não ter se defendido convenientemente e denunciado à lide os coerdeiros, como, por exemplo, usucapião cujo período aquisitivo se completou após a partilha. É o comando do art. 2.025 do Código Civil ao dispor que "cessa a obrigação mútua estabelecida no artigo antecedente, havendo convenção em contrário, e bem assim dando-se a evicção por culpa do evicto, ou por fato posterior à partilha".

A responsabilidade pela evicção se exclui, portanto, em três hipóteses:

a) a primeira exclui a ação de evicção desde que haja na partilha convenção em contrário, que pode constar na própria partilha ou em documento separado;

b) a segunda ocorre quando a evicção se dá por culpa do herdeiro evicto, por inépcia ou negligência, como, por exemplo, deixar de invocar ou contestar usucapião;

c) a terceira exclui a responsabilidade por fato subsequente à partilha ou *ex post facto*, cuidando-se, pois, de fatos posteriores à partilha, como força maior, falência, furto dos bens, apreensão por motivos fiscais ou sanitários, entre outros[3].

A garantia não depende da forma da partilha e tanto se dá na evicção total quanto na parcial, tomando-se o valor da coisa ao tempo da partilha (art. 450[4], parágrafo único, do CC).

O evicto será indenizado em dinheiro pelos coerdeiros na proporção dos quinhões de cada um, incluindo a parte daquele, para refazer a partilha em obediência ao princípio da igualdade. Se, porventura, algum dos herdeiros encontrar-se em estado de insolvência, os demais herdeiros, inclusive o indenizado, respondem por sua parte, proporcionalmente, para resguardar a

---

[3] MONTEIRO, Washington de Barros. Op. cit., p. 333.

[4] "Art. 450. Salvo estipulação em contrário, tem direito o evicto, além da restituição integral do preço ou das quantias que pagou:

I – à indenização dos frutos que tiver sido obrigado a restituir;

II – à indenização pelas despesas dos contratos e pelos prejuízos que diretamente resultarem da evicção;

III – às custas judiciais e aos honorários do advogado por ele constituído.

Parágrafo único. O preço, seja a evicção total ou parcial, será o do valor da coisa, na época em que se evenceu, e proporcional ao desfalque sofrido, no caso de evicção parcial."

igualdade na partilha, pois não seria justo que o evicto suportasse sozinho a parte do herdeiro insolvente, conforme dispõe o art. 2.026 do Código Civil:

> Art. 2.026. O evicto será indenizado pelos coerdeiros na proporção de suas quotas hereditárias, mas, se algum deles se achar insolvente, responderão os demais na mesma proporção, pela parte desse, menos a quota que corresponderia ao indenizado.

Não se anula, portanto, a partilha, apenas recompõe o quinhão do herdeiro prejudicado pela evicção, dividindo-se os prejuízos entre todos os coerdeiros na proporção de suas quotas hereditárias para resguardar a igualdade.

Carlos Roberto Gonçalves leciona, citando Eduardo de Oliveira Leite, que a ação de evicção a que faz jus o herdeiro evicto é de natureza pessoal e prescreve em dez anos (art. 205 do CC), contando-se o início do prazo prescricional a partir da sentença que reconheceu a evicção. A indenização é paga em dinheiro, não se dando outro bem ao evicto nem se procedendo a nova partilha[5]. O prazo prescricional e o *dies a quo* já se encontram consolidados na jurisprudência na vigência do Código Civil de 1916, mantendo-se no atual (*RT* 152:589).

Lembra Maria Helena Diniz que, como o fundamento da garantia dos quinhões hereditários reside no princípio da igualdade de partilha entre os coerdeiros, não possui o legatário direito algum de ser indenizado na hipótese de evicção do bem legado[6].

---

5 GONÇALVES, Carlos Roberto. *Direito civil brasileiro:* direito das sucessões. 11. ed. São Paulo: Saraiva, 2017. v. 7. p. 575.

6 DINIZ, Maria Helena. *Curso de direito civil brasileiro.* Direito das sucessões. 21. ed. São Paulo: Saraiva, 2007. v. 6. p. 415.

19

Anulação, Rescisão e Nulidade da Partilha

A partilha está sujeita a requisitos de forma e substância. A amigável requer acordo e capacidade das partes, enquanto a judicial requer obediência ao princípio da igualdade.

A partilha amigável, mesmo após o trânsito em julgado, permite-se ser retificada e emendada, se todos os herdeiros e interessados estiverem presentes e concordes; não existindo concordância, não pode ser modificada, admitindo-se que seja anulada judicialmente, se ocorrerem vícios de consentimento.

Com efeito, uma vez feita e aprovada, a partilha vale como um negócio jurídico e, como tal, produz seus efeitos, podendo, portanto, ser atacada pelas mesmas causas que a invalidam.

O Código Civil refere-se apenas aos casos de anulação da partilha, dispondo em seu art. 2.027 que "a partilha, uma vez feita e julgada só é anulável pelos vícios e defeitos que invalidam, em geral, os negócios jurídicos". Estabelece, ainda, o prazo de um ano para a ação anulatória, ao prever no parágrafo único que "extingue-se em 1 (um) ano o direito de anular a partilha".

Assim, o Estatuto Civil regula, portanto, apenas os casos de anulação da partilha por vícios e defeitos que invalidam os negócios jurídicos e estabelece o prazo decadencial de um ano para ajuizamento da ação.

Esse prazo, entretanto, aplica-se somente à partilha amigável, mantendo o Código Civil atual a omissão do anterior (art. 1.805) em não distinguir as hipóteses de invalidar as partilhas amigável e judicial, cabendo ao Código de Processo Civil avançar no direito material para diferenciar as espécies de partilha e as respectivas ações e prazos.

O Superior Tribunal de Justiça diferencia a partilha amigável, mediante escritura pública ou sentença homologatória, da partilha judicial, mediante sentença de mérito, ao decidir que:

> RECURSO ESPECIAL. PROCESSUAL CIVIL E SUCESSÕES. PARTILHA AMIGÁVEL E PARTILHA JUDICIAL. ARROLAMENTO. AÇÃO ANULATÓRIA DE PARTILHA. POSSIBILIDADE (CPC, ART. 1.031). VIOLAÇÃO CARACTERIZADA. RECURSO PROVIDO.
>
> 1. Analisando a sentença e o v. acórdão estadual, que divergem ao interpretar a forma de partilha, é forçoso reconhecer a ocorrência de partilha amigável, pois presentes os seus requisitos.
>
> 2. A partilha amigável (CC/1916, art. 1.773; CC/2002, art. 2.015) é passível de anulação, nos termos dos arts. 486, 1.029 e 1.031 do CPC, enquanto a partilha judicial é rescindível, conforme preconizam os arts. 485 e 1.030 do CPC.
>
> 3. No caso em liça, ocorrida a partilha amigável, cabível é a ação de anulação da partilha. Assim, o pedido posto na exordial não é juridicamente impossível, motivo pelo qual deve ser reformado o v. acórdão estadual, reconhecendo-se não caracterizada a carência da ação.
>
> 4. Recurso especial provido[1].

Caio Mário[2], citando diversos autores, esclarece que a lei não distingue a partilha nula de anulável, cujo prazo decadencial para ajuizamento da ação é de um ano, salvo se a causa que invalida for de direito processual (nulida-

---

[1] STJ, REsp 803.608/MG, Rel. Min. Raul Araújo, j. 25-3-2014.

[2] PEREIRA, Caio Mário da Silva. *Instituições de direito civil*. 6. ed. Rio de Janeiro: Forense, 1991. p. 313-315.

de do processo ou da sentença, ofensa à disposição literal da lei ou à coisa julgada), quando caberá ação rescisória, que se extingue em dois anos (arts. 975 e 966 do CPC)[3].

Esses prazos, todavia, só valem para quem foi parte no processo, ou seja, foi representado no inventário.

O herdeiro a cuja revelia a partilha se processou, foi omitido ou teve sua qualidade hereditária conhecida posteriormente, não fica adstrito aos prazos da anulatória ou rescisória, mas ao de direito comum, que era de vinte anos no Código de 1916. O atual Código Civil reduziu o prazo comum de prescrição para dez anos (art. 205)[4], também reduzindo o prazo para aquisição da propriedade pela usucapião para quinze anos, independentemente de justo título ou boa-fé (art. 1.238), e para dez anos, se a pessoa reside no imóvel ou o torna produtivo (parágrafo único).

Theotonio Negrão[5] cita acórdão publicado na *RTJ* 103/706-709, que apresenta os seguintes prazos para a ação visando anular ou desconstituir a partilha judicial: um ano, se anulável a partilha (art. 2.027, parágrafo único, do CC); dois anos, na hipótese de violação de direito expresso (art. 495 do CPC); vinte anos, nos casos de nulidade absoluta. No atual Código Civil, o prazo é de dez anos (art. 205), observado o disposto no art. 2.028, que mantém os prazos anteriores se já transcorrida mais da metade do tempo.

---

3 "Art. 966. A decisão de mérito, transitada em julgado, pode ser rescindida quando:
I - se verificar que foi proferida por força de prevaricação, concussão ou corrupção do juiz;
II - for proferida por juiz impedido ou por juízo absolutamente incompetente;
III - resultar de dolo ou coação da parte vencedora em detrimento da parte vencida ou, ainda, de simulação ou colusão entre as partes, a fim de fraudar a lei;
IV - ofender a coisa julgada;
V - violar manifestamente norma jurídica;
VI - for fundada em prova cuja falsidade tenha sido apurada em processo criminal ou venha a ser demonstrada na própria ação rescisória;
VII - obtiver o autor, posteriormente ao trânsito em julgado, prova nova cuja existência ignorava ou de que não pôde fazer uso, capaz, por si só, de lhe assegurar pronunciamento favorável;
VIII - for fundada em erro de fato verificável do exame dos autos."

4 "Art. 205. A prescrição ocorre em dez anos, quando a lei não lhe haja fixado prazo menor."

5 NEGRÃO, Theotonio. *Código de Processo Civil e legislação processual em vigor*. 33. ed. São Paulo: Saraiva, 2002. p. 513-927.

Luiz Paulo Vieira de Carvalho ressalta que, apesar de ser sustentado que os prazos de anulação da partilha são prescricionais, trata-se de direito potestativo e não de direito subjetivo, portanto, o prazo é decadencial. No que se refere às ações, esclarece que:

> Resumindo, conclui-se que enquanto a ação de anulação de partilha amigável pode ser intentada nos casos de incapacidade do herdeiro ou legatário ou por vícios do consentimento, no prazo decadencial de 1 (um) ano, contado a partir do trânsito em julgado da sentença homologatória, para a ação rescisória de partilha, o interessado dispõe do prazo também decadencial de 2 (dois) anos a contar do trânsito em julgado da decisão, uma vez caracterizadas as circunstâncias também presentes para a anulação da partilha amigável, tais como erro, dolo, coação, etc., incapacidade do interessado, preterição das formalidades legais, prevaricação, concussão ou corrupção do julgador, ofensa à coisa julgada, manifesta violação de norma jurídica, fundada em prova cuja falsidade tenha se apurado no Juízo criminal ou venha a ser demonstrada na própria ação rescisória, consoante o estatuído no art. 658 e incisos e art. 966 e incisos do CPC[6].

As ações de anulação e rescisão da partilha e os respectivos prazos se aplicam apenas para os herdeiros que participaram do processo de inventário, ainda que excluídos ao final da partilha, não se aplicando aos que não participaram do processo, o que importa em nulidade absoluta.

A nulidade absoluta por ausência de herdeiros não se convalida, aplicando-se, entretanto, o prazo prescricional da petição de herança (art. 1.824 do CC/2002)[7], conforme Súmula 149 do Supremo Tribunal Federal, que dispõe que "é imprescritível a ação de reconhecimento de paternidade, mas não o é a de petição de herança". Na vigência do Código Civil de 2002, a petição de herança prescreve em dez anos, nos termos do art. 205, que dispõe que "a prescrição ocorre em dez anos, quando a lei não lhe haja fixado prazo menor".

---

6 CARVALHO, Luiz Paulo Vieira de. *Direito das sucessões*. 3. ed. São Paulo: Atlas, 2017. p. 1.008-1.009.

7 "Art. 1.824. O herdeiro pode, em ação de petição de herança, demandar o reconhecimento de seu direito sucessório, para obter a restituição da herança, ou de parte dela, contra quem, na qualidade de herdeiro, ou mesmo sem título, a possua."

A jurisprudência, nesse sentido, diferencia a anulação da partilha de nulidade absoluta, não se aplicando os prazos do art. 2.027 do Código Civil:

> APELAÇÃO. AÇÃO DE NULIDADE DE PARTILHA. DECADÊNCIA. INOCORRÊNCIA. O prazo decadencial de 01 ano para anular partilha, tal qual previsto no art. 2.027, do CCB, se aplica apenas aos casos em que se alega vício de anulabilidade, como os vícios de vontade ("vícios e defeitos que invalidam, em geral, os negócios jurídicos"). Mas tratando-se de alegação de nulidade absoluta, o prazo do art. 2.027, do CCB, não se aplica. Pois nulidades absolutas não convalidam jamais (CCB, art. 169). Precedentes jurisprudenciais. Hipótese de desconstituição da sentença que decretou decadência, e determinação de retorno dos autos à origem para prosseguimento[8].

Assim, o herdeiro que não participou do inventário e foi excluído da partilha possui o prazo de dez anos, contados da abertura da sucessão, para propor a ação de petição de herança em conjunto com a nulidade da partilha. Oportuna a lição de Zeno Veloso, citado por Luiz Paulo Vieira de Carvalho:

> É também de se trazer à baila, aqui, a arguta observação de Zeno Veloso: "A jurisprudência já se pacificou no entendimento de que, independentemente da forma como a partilha foi feita – amigável ou judicialmente –, se houver a exclusão do herdeiro (que não participou do inventário), está a partilha eivada de nulidade absoluta e o herdeiro prejudicado não fica adstrito à ação de anulação, nem à rescisória, e seus respectivos prazos de decadência, podendo utilizar-se da *querela nullitatis*, da ação de nulidade ou de petição de herança, que decisões do STF (RE 97.566-2) e do STJ (RE 45.693-2) afirmam estar sujeita a prazo de prescrição *longi temporis*, de vinte anos, devendo ser observado que, por este código, o prazo máximo de prescrição é de dez anos (art. 205)"[9].

Arnoldo Wald[10], após citar vários autores e posições jurisprudenciais, apresenta os seguintes prazos:

a) um ano, para anulação da partilha amigável nos casos de vícios de vontade, erro, dolo, simulação, violência;

---

8 TJRS, AC 70059794990, Rel. Des. Rui Portanova, j. 19-5-2014.

9 CARVALHO, Luiz Paulo Vieira de. Op. cit., p. 1.011.

10 WALD, Arnoldo. *Direito das sucessões*. 12. ed. São Paulo: Saraiva, 2002. p. 217.

b) dois anos, nos casos que dão margem ao recurso à ação rescisória;

c) vinte anos (dez no Código Civil de 2002), para a petição de herança, quando a partilha importou em indevida transferência da propriedade em relação a bens ou pessoas.

O Código de Processo Civil, em seu art. 657, complementa o art. 2.027 do Código Civil, inclusive estipulando o início da contagem do prazo de um ano, para os casos de anulação da partilha amigável por vícios de vontade, dispondo que:

> Art. 657. A partilha amigável, lavrada em instrumento público, reduzida a termo nos autos do inventário ou constante de escrito particular homologado pelo juiz, pode ser anulada por dolo, coação, erro essencial ou intervenção de incapaz, observado o disposto no § 4º do art. 966.
>
> Parágrafo único. O direito à anulação de partilha amigável extingue-se em 1 (um) ano, contado esse prazo:
>
> I - no caso de coação, do dia em que ela cessou;
>
> II - no caso de erro ou dolo, do dia em que se realizou o ato;
>
> III - quanto ao incapaz, do dia em que cessar a incapacidade.

Observa-se que somente a partilha amigável, suscetível de mera homologação ou extrajudicial, é objeto de ação de anulação, ao passo que a partilha judicial, julgada por sentença, é passível de ação rescisória, ação autônoma, ajuizada no Tribunal, para revogar sentença de mérito, ou acórdão, transitada em julgado[11]. O novo Código de Processo Civil ressalta, entretanto, rescindibilidade da partilha mesmo quando a decisão não julgou o mérito, mas que impeça nova propositura da demanda ou admissibilidade do recurso correspondente. Autoriza, ainda, rescindir apenas um dos capítulos da sentença, apenas uma parte da decisão. Por fim, ainda ao tratar da ação rescisória, ressalta que os atos de disposição de direitos homologados pelo juízo, bem como os atos homologatórios ocorridos no curso da execução estão sujeitos à ação anulatória, e não à rescisão (art. 966, §§ 2º a 4º).

---

[11] NERY JUNIOR, Nelson; NERY, Rosa Maria de Andrade. *Código de Processo Civil anotado*. 4. ed. São Paulo: RT, 1999. p. 1.340.

Ressalta-se que para anular a partilha o vício de consentimento deve estar devidamente comprovado. O Tribunal de Justiça de Minas Gerais, em julgado de relatoria do Des. José Eustáquio Lucas Pereira, decidiu que a ausência de prova de vício de consentimento entre partes litigantes que concordaram com a partilha nos autos do inventário impossibilita sua anulação. A conclusão que se extrai do julgado é de que mero arrependimento não é causa de anulação. Consta na ementa que "a partilha realizada nos autos do inventário, envolvendo as partes litigantes, configura-se negócio jurídico pronto, acabado e irretratável, que só pode ser invalidado pela prova de dolo, coação ou erro essencial. Afasta-se a anulação da divisão homologada por sentença transitada em julgado, porquanto não comprovado o vício de consentimento apontado pela parte autora nos pontos relativos à definição da partilha e valores dos bens[12].

Euclides de Oliveira leciona que a partilha julgada por sentença se mostra rescindível, nos termos do art. 1.030 do Código de Processo Civil (art. 658 do NCPC), nos mesmos casos do art. 1.029 (art. 657 do NCPC), e também, se feita com preterição de formalidades legais ou se preteriu herdeiro ou incluiu quem não fosse. Tem liame com outras situações de consequência jurídica igual, como as previstas no art. 485 (art. 966 do NCPC) da mesma lei adjetiva, relacionadas à ação rescisória de sentenças de mérito[13].

Dispõe o art. 658 do Código de Processo Civil que:

> Art. 658. É rescindível a partilha julgada por sentença:
>
> I – nos casos mencionados no art. 657;
>
> II – se feita com preterição de formalidades legais;
>
> III – se preteriu herdeiro ou incluiu quem não o seja.

O prazo para propositura da rescisória é decadencial, por tratar-se de ação desconstitutiva com prazo de exercício previsto em lei, portanto não se interrompe nem se suspende, extinguindo-se em dois anos, contados do

---

12 TJMG, AC 10439150048270001 MG, Rel. Des. José Eustáquio Lucas Pereira, j. 23-1-2020.

13 OLIVEIRA, Euclides Benedito de. Colação e sonegados. In: HIRONAKA, Giselda Maria Fernandes Novaes; PEREIRA, Rodrigo da Cunha (Coords.). *Direito das sucessões e o novo Código Civil*. Belo Horizonte: Del Rey, 2004. p. 426.

trânsito em julgado da partilha judicial[14]. Realmente dispõe o art. 975 do Código de Processo Civil que o direito à rescisão se extingue em dois anos, contados do trânsito em julgado da última decisão proferida no processo.

Assim, a sentença simplesmente homologatória é anulável no prazo de um ano, no juízo que homologou o acordo, portanto não precisa ser desconstituída pela rescisória. Contudo, se forem julgados incidentes ou controvérsias judiciais no processo do inventário e, a respeito desse ponto, ocorrerem as hipóteses do art. 966 do Código de Processo Civil, cabe rescisória[15], no prazo de dois anos, por que a sentença então proferida não é meramente homologatória[16].

A anulabilidade da partilha, mediante ação anulatória, se aplica, portanto, nos casos de partilha amigável, homologada pelo juiz ou por escritura pública extrajudicialmente, no prazo de um ano e ajuizada em primeira instância no mesmo juízo do inventário, seguindo o rito ordinário.

A rescindibilidade da partilha, mediante ação rescisória, se aplica nos casos de partilha judicial, julgada pelo juiz em sentença de mérito, no prazo de dois anos, processando-se perante o Tribunal de Justiça.

Carlos Roberto Gonçalves ressalta que o Código de Processo Civil é mais minucioso do que o Código Civil no tocante à invalidade da partilha, distinguindo a partilha amigável, homologada pelo juiz, que pode ser objeto de ação anulatória no prazo decadencial de um ano, da partilha judicial, decidida por sentença, demérito, em situações de partilha contenciosa, que é passível de ação rescisória no prazo decadencial de dois anos, contados do trânsito em julgado da sentença[17].

A ação anulatória ou rescisória da partilha somente é exigida para quem foi parte no processo. Os herdeiros que não participaram do inventário ou arrolamento, onde ocorreu a partilha, ou da escritura pública no inventário extrajudicial, podem ajuizar ação de nulidade da partilha combinada com petição de herança no prazo de dez anos, nos termos do art. 205 do Código

---

[14] NERY JUNIOR, Nelson; NERY, Rosa Maria de Andrade. Op. cit., p. 1.340.

[15] NERY JUNIOR, Nelson; NERY, Rosa Maria de Andrade. Op. cit., p. 1.340.

[16] PAULA, Alexandre de. *Código de Processo Civil anotado*. 7. ed. São Paulo: RT, 1998. v. 4. p. 3.920.

[17] GONÇALVES, Carlos Roberto. *Direito civil brasileiro:* direito das sucessões. 11. ed. São Paulo: Saraiva, 2017. v. 7. p. 576-578.

Civil, que dispõe que "a prescrição ocorre em 10 (dez) anos, quando a lei não lhe haja fixado prazo menor".

A jurisprudência estabelece o termo inicial do prazo prescricional da petição de herança combinada com nulidade da partilha e da abertura da sucessão. Nesse sentido:

> AÇÃO DECLARATÓRIA DE NULIDADE DE PARTILHA E INVENTÁRIO – HERDEIRO EXCLUÍDO – PRESCRIÇÃO – VINTENÁRIA – CÓDIGO CIVIL DE 1916 – TERMO INICIAL – ABERTURA DA SUCESSÃO – PRINCÍPIO DA *SAISINE* – OCORRIDA – PRESCRIÇÃO DO DIREITO DE AÇÃO – SENTENÇA REFORMADA – RECURSO CONHECIDO E PROVIDO.
>
> O marco inicial do prazo prescricional é a abertura da sucessão, que se verifica com o óbito do autor da herança. E, se a ação de nulidade e petição de herança foi proposta mais de vinte e três anos depois da abertura da sucessão, então efetivamente se verificam os efeitos da prescrição[18].

Reconhecida a procedência de qualquer das ações e invalidada a partilha, deve ser realizada nova divisão, apenas recompondo o quinhão do novo herdeiro ou indenizando se os bens foram alienados onerosamente a terceiros de boa-fé.

A ação de nulidade de quem não foi citado ou não foi parte no processo independe se a partilha foi amigável ou judicial, tratando-se de nulidade absoluta, podendo ser cumulada com a petição de herança.

Pode-se, assim, resumir as três hipóteses de invalidade da partilha:

a) se a partilha foi amigável, é anulável no prazo de um ano;

b) se foi judicial, cabe ação rescisória no prazo de dois anos;

c) se o terceiro prejudicado não foi citado e não participou do processo ou da escritura pública, a partilha amigável ou judicial é nula, cabendo ação de nulidade combinada com petição de herança no prazo de dez anos.

Invalidada a partilha, os bens voltam ao monte para que nova partilha se proceda e, se o vício atingir o processo de inventário, será renovado e sanada a irregularidade.

---

[18] TJMS, AC 0001.1758-71.2010.8.12.0028, Rel. Des. Marcos José de Brito Rodrigues, j. 17-11-2015.

Ao ser procedida nova partilha, deverão integrar os quinhões dos herdeiros, tanto quanto possível, os mesmos bens que os compunham. Se algum bem pereceu ou foi extraviado sem culpa do herdeiro, todos arcarão com o prejuízo; se com culpa, o responsável suportará sozinho e responderá pelas perdas e pelos danos.

A jurisprudência não é pacífica quanto às consequências em relação à partilha, realizada sem a presença do herdeiro, que teve a sua qualidade hereditária reconhecida posteriormente.

O Superior Tribunal de Justiça já decidiu que, julgados procedentes os pedidos formulados em sede de ação de investigação de paternidade cumulada com petição de herança, disso resulta lógica e automática a nulidade da partilha realizada sem a presença e participação do autor vitorioso[19].

O Tribunal de Justiça de Minas Gerais, no entanto, já decidiu que, se o reconhecimento da paternidade com o consequente título de herdeiro se deu após o trânsito em julgado da partilha, a hipótese não é de anulação, ou de nulidade da partilha, mas de reivindicar o filho reconhecido a sua quota-parte, por meio de execução da sentença que na petição de herança deu-lhe ganho de causa, fazendo citar todos os herdeiros contemplados para que componham o seu quinhão hereditário[20].

A boa-fé do terceiro que adquirir bens do herdeiro aparente é resguardada, tanto que o Código Civil de 2002 inovou ao dispor no art. 1.827, parágrafo único, que "são eficazes as alienações feitas, a título oneroso, pelo herdeiro aparente a terceiro de boa-fé".

Reconhecida a procedência de qualquer das ações e invalidada a partilha, deve ser realizada nova divisão, apenas recompondo o quinhão do novo herdeiro ou indenizando se os bens foram alienados onerosamente a terceiros de boa-fé.

Assim, ainda que nula, rescindível ou anulável a partilha, são válidas as alienações onerosas dos bens hereditários a terceiro de boa-fé, praticados pelo herdeiro aparente, cabendo ao herdeiro prejudicado demandar-lhe perdas e danos.

---

[19] STJ, REsp 16.137-0, Rel. Min. Sálvio Figueiredo, p. 7-4-1995.

[20] TJMG, AC 44647/4, Rel. Des. Lúcio Urbano, p. 11-6-1996.

INVALIDADE DA PARTILHA				
AÇÃO	HIPÓTESES	PRAZOS	JUÍZO	PREVISÃO LEGAL
Anulatória	Vício de consentimento na partilha amigável	Um ano	1º grau	Art. 2.027 do CC e art. 657 do CPC
Rescisória	Vícios de consentimento, preterição de formalidades legais, de herdeiro ou inclusão indevida e hipóteses de rescisão na partilha judicial	Dois anos	2º grau	Arts. 658, 966 e 975 do CPC
De nulidade	Omissão de herdeiro que não foi parte no processo	Dez anos	1º grau	Art. 205 do CC

20

Erro de Fato e Inexatidões Materiais na Partilha

Os erros ou incorreções de fato na partilha ou no formal, atinentes à nomenclatura dos imóveis partilhados, menção de área, designação de seu número, nome correto do antigo proprietário ou do sucessor que figurava na matrícula, bem como erro de grafia no nome do herdeiro ou legatário, e confrontantes atuais do imóvel, podem ser corrigidos a requerimento da parte ou de ofício pelo juiz, existindo consenso, independentemente de nulidade ou anulação, dispondo o art. 656 do Código de Processo Civil que:

> Art. 656. A partilha, mesmo depois de transitada em julgado a sentença, pode ser emendada nos mesmos autos do inventário, convindo todas as partes, quando tenha havido erro de fato na descrição dos bens, podendo o juiz, de ofício ou a requerimento da parte, a qualquer tempo, corrigir-lhe as inexatidões materiais.

Procede-se, portanto, mediante simples petição do interessado, à retificação dos dados no auto de partilha e posterior aditamento ou expedição de novo formal de partilha, certidão de pagamento ou carta de adjudicação, nos próprios autos de inventário.

Referências

ALVES, Jones Figueiredo. In: FIUZA, Ricardo (Coord.). *Novo Código Civil comentado*. São Paulo: Saraiva, 2003.

AZEVEDO, Antônio Junqueira de. *Negócio jurídico* – existência, validade e eficiência. 3. ed. São Paulo: Saraiva, 2000.

CAHALI, Francisco José; HIRONAKA, Giselda Maria Fernandes Novaes. *Direito das sucessões*. 4. ed. São Paulo: RT, 2012.

CAPITANT, Colin. *Cours elémentaire de droit vivil e français*. 9. ed. Paris: Dalloz. t. III.

CARVALHO NETO, Inácio de. *Direito sucessório do cônjuge e do companheiro*. São Paulo: Método, 2007.

CARVALHO, Dimas Messias de. *Direito das famílias*. 4. ed. São Paulo: Saraiva, 2015.

______. *Direito das famílias*. 5. ed. São Paulo: Saraiva, 2017.

______. *Direito das sucessões* – inventário e partilha. 4. ed. Lavras: Unilavras, 2016.

______. *Direito das famílias*. 8. ed. São Paulo: Saraiva, 2020.

CARVALHO, Luiz Paulo Vieira de. *Direito civil:* questões fundamentais. 4. ed. Niterói: Impetus, 2010.

______. *Direito das sucessões*. São Paulo: Atlas, 2014.

______. *Direito das sucessões*. 2. ed. São Paulo: Atlas, 2015.

______. *Direito das sucessões*. 3. ed. São Paulo: Atlas, 2017.

______. *Direito das sucessões*. 4. ed. São Paulo: Atlas, 2019.

CARVALHO, Newton Teixeira de. *Boletim IBDFAM*, n. 42, p. 4, jan.-fev. 2007.

CASTRO FILHO, José Olympio. *Comentários ao Código de Processo Civil*: art. 1.133. Rio de Janeiro: Forense, 1976.

CATEB, Salomão de Araújo. *Direito das sucessões.* 3. ed. São Paulo: Atlas, 2003.

______. *Direito das sucessões.* 8. ed. São Paulo: Atlas, 2015.

CENEVITA, Walter. *Lei dos Registros Públicos comentada.* 18. ed. São Paulo: Saraiva, 2008.

CORAZZA, Fernanda Icassati. Autos 4153. Comarca de Itumirim, sentença p. em 14-5-2007.

CRUZ, Maria Luiza Póvoa. A ordem de vocação hereditária: cônjuge e companheiro. In: CARVALHO, Dimas Messias de. *Direito das sucessões* – inventário e partilha. 4. ed. Lavras: Unilavras, 2016.

CURIA, Luiz Roberto. Herdeiro aparente: definição, tratamento legal, controvérsias doutrinárias e efeitos. In: DINIZ, Maria Helena (Coord.). *Sucessão do cônjuge, do companheiro e outras histórias.* São Paulo: Saraiva, 2013 (2ª tiragem 2014).

DANTAS JÚNIOR, Aldemiro Rezende. Concorrência sucessória do companheiro sobrevivo. *Revista Brasileira de Direito de Família*, Porto Alegre: Síntese/IBDFAM, v. 29, abr.-maio 2005.

DELGADO, Mário Luiz; MARINHO JÚNIOR, Jânio Urbano. Posso renunciar à herança em pacto antenupcial? *Revista IBDFAM família e sucessões*, v. 31, Belo Horizonte: IBDFAM, 2019.

DEL GUÉRCIO NETO, Arthur. Testamento público. Aspectos técnicos e práticos. In: DEL GUÉRCIO NETO, Arthur; DEL GUÉRCIO, Lucas Barelli (Coords.). *O direito notarial e registral em artigos.* São Paulo: YK Editora, 2016.

DIAS, Maria Berenice. *Boletim IBDFAM*, n. 42, jan.-fev. 2007.

______. *Manual das sucessões.* São Paulo: RT, 2008.

______. *Manual de direito das famílias.* 4. ed. São Paulo: RT, 2007.

DINIZ, Maria Helena. *Código Civil anotado.* 3. ed. São Paulo: Saraiva, 1997.

______. *Código Civil anotado.* 21. ed. São Paulo: Saraiva, 2007. v. 6.

______. *Curso de direito civil brasileiro*. 4. ed. São Paulo: Max Limonad, 1952. v. 1.

______. *Curso de direito civil brasileiro.* Direito das coisas. 22. ed. São Paulo: Saraiva, 2007. v. 4.

______. *Curso de direito civil brasileiro.* Direito das sucessões. 17. ed. São Paulo: Saraiva, 2003. v. 6.

______. *Curso de direito civil brasileiro.* Direito das sucessões. 21. ed. São Paulo: Saraiva, 2007. v. 6.

______. *Curso de direito civil brasileiro:* direito das sucessões. 26. ed. São Paulo: Saraiva, 2012. v. 6.

______. *Direito de família.* 18. ed. São Paulo: Saraiva, 2002. v. 5.

FARIA, Mário Roberto Carvalho de. *Direito das sucessões:* teoria e prática. 3. ed. Rio de Janeiro: Forense, 2003.

FARIAS, Cristiano Chaves de. Incidentes à transmissão da herança: aceitação, renúncia, cessão de direitos hereditários e petição de herança. In: HIRONAKA, Giselda Maria Fernandes Novaes; PEREIRA, Rodrigo da Cunha. *Direito das sucessões e o novo Código Civil.* Belo Horizonte: Del Rey, 2004.

______; ROSENVALD, Nelson. *Curso de direito civil.* Sucessões. São Paulo: Atlas, 2015. v. 7.

FIGUEIREDO, Ivanildo. Inventário extrajudicial na sucessão testamentária: possibilidade, legalidade, alcance e eficácia. *Revista Nacional de Direito de Família e Sucessões*, Porto Alegre: Magister, v. 8, set.-out. 2015.

FIUZA, César. *Direito civil* – curso completo. 4. ed. Belo Horizonte: Del Rey, 2001.

FREITAS, Douglas Phillips. Reprodução assistida após a morte e o direito de herança. In: CARVALHO, Dimas Messias de. *Direito das sucessões:* inventário e partilha. 4. ed. Lavras: Unilavras, 2016.

GAGLIANO, Pablo Stolze; PAMPLONA FILHO, Rodolfo. *Manual de direito civil.* São Paulo: Saraiva, 2017.

______; ______. *Novo curso de direito civil:* parte geral. 13. ed. São Paulo: Saraiva, 2011. v. I.

GAIO JÚNIOR, Antônio Pereira. *Direito processual civil.* Belo Horizonte: Del Rey, 2008. v. 2.

GAMA, Guilherme Calmon Nogueira da. Substituição e fideicomisso. In: HIRONAKA, Giselda Maria Fernandes Novaes; PEREIRA, Rodrigo da Cunha (Coords.). *Direito das sucessões e o novo Código Civil*. Belo Horizonte: Del Rey, 2004.

GODINHO, Adriano Marteleto. *Testamento vital e o ordenamento brasileiro*. Disponível em: <jus.uol.br/revista/texto/15066>.

GONÇALVES, Carlos Roberto. *Direito civil brasileiro:* direito das sucessões. 7. ed. São Paulo: Saraiva, 2013.

______. *Direito civil brasileiro:* direito das sucessões. 11. ed. São Paulo: Saraiva, 2017. v. 7.

HIRONAKA, Giselda Maria Fernandes Novaes. Comentada: concorrência sucessória do companheiro. Reclamação 18.896. *Revista IBDFAM: família e sucessões*, São Paulo/Belo Horizonte: IBDFAM, jan.-fev. 2015.

______. *Comentários ao Código Civil*. São Paulo: Saraiva, 2003. v. 20.

______. *Morrer e suceder:* passado e presente da transmissão sucessória concorrente. São Paulo: RT, 2011.

HIRONAKA, Giselda Maria Fernandes Novaes et al. *Direito das sucessões*. Belo Horizonte: IBDFAM/Del Rey, 2004.

______; PEREIRA, Rodrigo da Cunha. *Direito das sucessões e o novo Código Civil*. Belo Horizonte: Del Rey, 2004.

LEITE, Eduardo de Oliveira. A nova ordem de vocação hereditária e a sucessão dos cônjuges. *Revista dos Tribunais*: São Paulo, v. 815, set. 2003.

LÔBO, Paulo Luiz Netto. *Direito civil:* sucessões. São Paulo: Saraiva, 2014.

______. *Direito civil:* sucessões. 2. ed. São Paulo: Saraiva, 2014.

______. *Direito civil:* sucessões. 3. ed. São Paulo: Saraiva, 2016.

MADALENO, Rolf. *Sucessão legítima*. Rio de Janeiro: Forense, 2019.

______. Renúncia da herança no pacto antenupcial. *Revista IBDFAM família e sucessões*, v. 27, Belo Horizonte: IBDFAM, 2018.

______. *Direito de família*. 7. ed. Rio de Janeiro: Forense, 2017.

______. Planejamento sucessório. *Revista IBDFAM: família e sucessões*, Belo Horizonte: IBDFAM, v. 1, jan.-fev. 2014.

______. Testamentos inválidos e ineficazes: revogação, rompimento, caducidade, anulabilidade e nulidade. In: HIRONAKA, Giselda Maria

Fernandes Novaes; PEREIRA, Rodrigo da Cunha (Coords.). *Direito das sucessões e o novo Código Civil.* Belo Horizonte: Del Rey, 2004.

MARTINS, Sérgio Pinto. *Instituições de direito público e privado.* 4. ed. São Paulo: Atlas, 2004.

MONTEIRO, Washington de Barros. *Curso de direito civil.* 35. ed. rev. e atual. por Ana Cristina de Barros Monteiro França Pinto. São Paulo: Saraiva, 2003. v. 6.

______. *Curso de direito civil.* Direito das sucessões. 29. ed. São Paulo: Saraiva, 1990. v. 6.

MOREIRA FILHO, José Roberto; CORREIA, Januza Caroline Gonçalves. Inseminação artificial homóloga *post mortem* e as suas consequências no direito de família e das sucessões. In: CARVALHO, Dimas Messias de. *Direito das sucessões:* inventário e partilha. 4. ed. Lavras: Unilavras, 2016.

______; SOALHEIRO, Luiza Helena Messias. A concorrência sucessória do cônjuge sobrevivente no regime da separação de bens: uma análise crítica do REsp 992.749-MS do Superior Tribunal de Justiça. In: CARVALHO, Dimas Messias de. *Direito das sucessões* – inventário e partilha. 4. ed. Lavras: Unilavras, 2016.

NEGRÃO, Theotonio. *Código de Processo Civil e legislação processual em vigor.* 33. ed. São Paulo: Saraiva, 2002.

______; GOUVÊA, José Roberto F. *Código Civil e legislação civil em vigor.* 27. ed. São Paulo: Saraiva, 2008.

______; ______. *Código de Processo Civil.* 39. ed. São Paulo: Saraiva, 2007.

NERY JUNIOR, Nelson; NERY, Rosa Maria de Andrade. *Código de Processo Civil anotado.* 4. ed. São Paulo: RT, 1999.

NEVARES, Ana Luiza Maia. *A sucessão do cônjuge e do companheiro na perspectiva do direito civil-constitucional.* 2. ed. São Paulo: Atlas, 2015.

______. As inovações do Código de Processo Civil de 2015 no direito das sucessões. *Revista IBDFAM: famílias e sucessões*, Belo Horizonte: IBDFAM, v. 13, jan.-fev. 2016.

OLIVEIRA, Euclides Benedito de. Colação e sonegados. In: HIRONAKA, Giselda Maria Fernandes Novaes; PEREIRA, Rodrigo da Cunha (Coords.). *Direito das sucessões e o novo Código Civil.* Belo Horizonte: Del Rey, 2004.

______; AMORIM, Sebastião Luiz. *Inventários e partilhas:* direito das sucessões. 23. ed. São Paulo: Livraria e Editora Universitária de Direito, 2013.

______; ______. *Inventários e partilhas*: direito das sucessões. Teoria e prática. 17. ed. São Paulo: Livraria e Editora Universitária de Direito, 2004.

OLIVEIRA, Itabaiana de. *Tratado de direitos das sucessões.* 4. ed. São Paulo: Max Limonad, 1952. v. 1.

ORSELLI, Helena de Azeredo; SPIESS, Stephanie. Análise da doação inoficiosa e seus reflexos no direito sucessório. *Revista Nacional de Direito de Família e Sucessões*, Porto Alegre: Magister, v. 6, 2015.

OTERO, Marcelo Truzzi. *Justa causa testamentária.* Porto Alegre: Livraria do Advogado, 2012.

PACHECO, José da Silva. *Inventários e partilhas na sucessão legítima e testamentária.* 5. ed. Rio de Janeiro: Forense, 2004.

PARREIRA, Antonio Carlos. Escritura de inventário e divórcio: outras questões controvertidas. *Jus Navigandi*, Teresina, ano 11, n. 1297, jan. 2007.

______. Escrituras de inventários, separações e divórcios: alguns cuidados. *Jus Navigandi*, Teresina, ano 11, n. 1293, jan. 2007.

PASOLD, Cesar Luiz. *Livro sobre testamento vital.* Disponível em: <www.advocaciapasold.com.br>.

PAULA, Alexandre de. *Código de Processo Civil anotado.* 7. ed. São Paulo: RT, 1998. v. 4.

PEREIRA, Caio Mário da Silva. *Instituições de direito civil.* 6. ed. Rio de Janeiro: Forense, 1991.

PEREIRA, Rodrigo da Cunha. *Boletim IBDFAM*, n. 42, jan.-fev. 2007.

______. *Dicionário de direito de família e sucessões.* São Paulo: Saraiva, 2015.

RIBEIRO, Diaulas Costa. *Um novo testamento: testamentos vitais e diretivas antecipadas.* Disponível em: <www.ibdfam.org.br/anais/vcongresso>.

ROCHA, Patrícia Ferreira; PAMPLONA FILHO, Rodolfo. Uma análise crítica do artigo 1.830 do Código Civil brasileiro: legitimidade sucessória do cônjuge separado de fato. *Revista Nacional de Direito de Família e Sucessões*, Porto Alegre: LexMagister, v. 19, jul.-ago. 2017.

RODRIGUES, Silvio. *Direito civil*: direito das sucessões. 19. ed. São Paulo: Saraiva, 1995. v. 7.

______. *Direito civil*: direito das sucessões. 26. ed. São Paulo: Saraiva, 2003. v. 7.

ROSA, Conrado Paulino da; RODRIGUES, Marco Antônio. *Inventário e partilha*. 4. ed. Salvador: Editora JusPodivm, 2019.

SALGADO, Marcelo Paulo. Autos 46.831-8, Comarca de Lavras-MG, Juízo da Primeira Vara Cível.

SILVA, Cid Eduardo Brown da. *Inventário e partilha no novo Código de Processo Civil*. Disponível em: <www.fatonotório.com.br/artigos>.

SILVA, De Plácido e. *Vocabulário jurídico*. 3. ed. Rio de Janeiro: Forense, 2001.

SIMÃO, José Fernando. *Repensando a noção de pacto sucessório*: de "lege ferenda". Disponível em: <www.cartaforense.com.br>.

TARTUCE, Flávio. *Manual de direito civil*. Rio de Janeiro: Forense; São Paulo: Método, 2013.

______; SIMÃO, José Fernando. *Direito civil:* direito de família. Rio de Janeiro: Forense, 2010. v. 5.

TEIXEIRA, Ana Carolina Brochado; RETTORE, Anna Cristina de Carvalho. Divergências doutrinárias e jurisprudenciais no direito sucessório: a sucessão do cônjuge no regime da separação convencional de bens e a sua concorrência com descendentes nos casos de filiação híbrida. *Revista Brasileira de Direito Civil*, São Paulo: IBD Civil, v. 5, 2015.

THEODORO JÚNIOR, Humberto. *Direito processual civil:* procedimentos especiais. Rio de Janeiro: Forense, 2012. v. III.

VELOSO, Zeno. *Direito hereditário do cônjuge e do companheiro*. São Paulo: Saraiva, 2010.

______. In: FIUZA, Ricardo (Coord.). *Novo Código Civil comentado*. São Paulo: Saraiva, 2003.

______. Testamentos – noções gerais; formas ordinárias; codicilo; formas especiais. In: HIRONAKA, Giselda Maria Fernandes Novaes; PEREIRA, Rodrigo da Cunha (Coords.). *Direito das sucessões e o novo Código Civil*. Belo Horizonte: Del Rey, 2004.

VENOSA, Sílvio de Salvo. *Direito civil*: direito das sucessões. 3. ed. São Paulo: Atlas, 2003. v. 7.

______. *Direito civil*: direito das sucessões. 15. ed. São Paulo: Atlas, 2015. v. 7.

VIANA, Marcos Aurélio S. *Curso de direito civil*. Direito das sucessões. Belo Horizonte: Del Rey, 1994. v. 6.

WALD, Arnoldo. *Direito das sucessões*. 12. ed. São Paulo: Saraiva, 2002.